晚明破與變

絲綢、白銀、啟蒙與解放，16—17世紀的世界與中國

樊樹志——著

目次

引言

撰寫《晚明破與變》這本書，並非心血來潮。大約十年前，我在《解放日報》的學術版發表一篇幾千字的文章，題為〈晚明的大變局〉，主旨是：近來人們常說「晚清的大變局」，殊不知，晚明也有大變局。希望引起人們的注意。但這篇文章似乎沒有什麼反響，於是我立志要寫這樣一本《晚明破與變》。這十年間，閱讀、蒐集各種史料，參考前人的研究成果，增補自己已有的認知，逐漸集中於六個問題，也就是諸位現在看到的本書的六個章節。從各章的標題可以約略看到各個方面的「破與變」：「海禁—朝貢」體制的突破；捲入全球化貿易的浪潮；江南市鎮：多層次商品市場的繁榮；思想解放的潮流；西學東漸與放眼看世界的先進中國人；新氣象：文人結社與言論。

晚明的大變局自然不是中國內部悄悄發生，而是有世界背景的，或者說是在世界潮流的激盪下逐漸顯現的。

十五世紀末至十六世紀初，世界歷史出現了大變局，歷史學家稱為地理大發現時代，或大航海時代。歐洲的航海家發現了繞過非洲好望角，通往印度和中國的新航路；越過大西洋，發現了美洲新大陸。這些發現，標誌著一個新時代的開始，西方歷史學家把它作為中世紀與近代劃分的里程碑。這一轉折，最值得注意的是「全球化」初露端倪。從此，人類的活動不再侷限於某一個洲，而是全球各大洲；

人類的視野不再是半個地球，而是整個地球。中國當然不可能置身事外。

葡萄牙人繞過好望角進入印度洋，占領印度西海岸的貿易重鎮果阿、東西洋交通咽喉馬六甲，以及香料群島，從一五二四年（嘉靖三年）起，在中國東南沿海進行走私貿易。當他們獲得澳門貿易的許可後，澳門開始成為溝通東西方交往的商埠，把中國市場捲入全球貿易網絡之中。澳門－果阿－里斯本之間的遠程貿易，澳門－長崎貿易，澳門－馬尼拉貿易，輸出以絲貨為主的中國商品，輸入以白銀為主的外國商品，人們概括為「絲－銀貿易」。

西班牙人到達美洲以後，繞過美洲南端，橫渡太平洋，來到菲律賓群島。一五八〇年（萬曆八年）以後，西班牙的馬尼拉當局，為生絲、絲織品、棉布等中國商品找到了一條通往墨西哥的貿易航路——太平洋絲綢之路，這就是馳名於歷史，持續兩百年之久，溝通菲律賓馬尼拉與墨西哥阿卡普爾科之間的大帆船貿易。聲名遠揚的「馬尼拉大帆船」，運去的是以絲貨為主的中國商品，運回的是墨西哥銀元。

無論是葡萄牙、西班牙還是後來的荷蘭，在與中國的貿易中，始終處在逆差之中。正如德國學者弗蘭克在《白銀資本：重視經濟全球化中的東方》中所說：「外國人，包括歐洲人，為了與中國人做生意不得不向中國人支付白銀，這也確實表現為商業上的『納貢』」；「『中國貿易』造成的經濟和金融後果是，中國憑藉著在絲綢、瓷器等方面無可匹敵的製造業和出口，與任何國家進行貿易都是順差。因此，正如印度總是短缺白銀，中國則是最重要的白銀淨進口國，用進口美洲白銀來滿足它的通貨需求。美洲白銀或者通過歐洲、西亞、印度、東南亞輸入中國，或者用從阿卡普爾科出發的馬尼拉大帆船直接運往中國。」根據他的研究，十六世紀中期至十七世紀中期，美洲生產白銀三萬噸，日本生產白銀八千噸，最終流入中國的白銀達到七千噸至一萬噸，約占世界白銀產量的四分之一至三分之一。有的學者認為，通過貿易渠道，全世界白銀的一半最終流入中國。不管具體數據有什麼差異，巨額白銀流入中國是確鑿無疑的，任何人都不能不承認，這是中國歷史上罕見的輝煌。

在全球化貿易浪潮頻頻襲來之際，大明王朝的統治者依然沿襲著開國皇帝朱元璋制定的海禁政策，禁止人民私自出海與外國商人貿易。在巨大的利益誘惑下，貿易雙方都不遺餘力地衝擊這條禁令，東南沿海走私貿易非常興旺。走私與海禁較量的結果，終於使得統治集團明白，時代的潮流不可阻擋，海禁政策已經不合時宜。隆慶元年（一五六七），福建巡撫涂澤民上疏，請求朝廷開放海禁，准許人民前往東西二洋貿易。朝廷權衡利弊得失之後，批准了這個建議。在東南沿海的港口，設立海關，向從事對外貿易的商船徵收關稅，使得「私販」轉化為「公販」，走私貿易轉化為合法貿易。這是具有劃時代意義的重大轉折，顯示了晚明時代對外開放的胸襟。

各種力量的作用，鑄就了晚明對外貿易的輝煌。正如全漢昇所說：「中國的絲織工業，因為具有長期發展的歷史背景，技術比較進步，成本比較低廉，產量比較豐富，故各種產品能夠遠渡太平洋，在西屬美洲市場上大量廉價出賣，連原來在那裡獨霸市場的西班牙絲織品也要大受威脅。因此，當西班牙帝國自歐洲本部擴展至美洲和菲律賓後，中國絲貨的輸入美洲，竟引起西班牙國內絲織業者與海外殖民者間的嚴重衝突。這一事實告訴我們：在近代西方工業化成功以前，中國工業的發展，就它的產品在國際市場上的競爭能力來說，顯然曾經有過一頁光輝燦爛的歷史。」

而創造這一頁光輝燦爛歷史的正是晚明的江南，具體地說，是江南的絲綢業市鎮。太湖流域的絲綢業市鎮，其四鄉皆以能出產優質的生絲而聞名於世，統稱為「湖絲」，它的著名品牌「輯里絲」（七里絲），就是以南潯鎮的輯里村（七里村）為中心的地區出產的「湖絲」，在國際市場上享有極高的聲譽，成為各國商人爭購的搶手貨。用這種「湖絲」織成的各色綢緞，也是行銷海內外的名牌產品。或者從福建的月港銷往馬尼拉，再由馬尼拉大帆船橫渡太平洋，運往美洲；或者從澳門銷往印度的果阿，再轉銷歐洲。外銷商品中，僅次於絲貨的棉布，主要產地也在江南，江南的棉布業市鎮出產的精品棉布，號稱「衣被天下」，不僅行銷全國，還遠銷海外。一五八〇年代至一五九〇年代，中國商人運往馬尼拉的商品，排在首位的是生絲、綢緞，其次就是棉布、夏布。中國的棉紡織品還由馬尼拉大帆船運往西班牙的美洲殖民地，早在十六世紀末，中國棉布已在墨西哥市場上排擠了西班牙貨。一六〇〇年，從澳門開往日本長崎的葡萄牙商船運去三千匹棉布，見於博克瑟（C. R. Boxer）的著作。其實，中國的徽州海商，早已從寧波走私棉布前往日本。刊印於嘉靖四十一年（一五六二）的《籌海圖編》就已記載，運往日本的中國商品，第一位是生絲，第二位是絲綿，第三位就是棉布。而這些棉布的產地就是江南的棉布業市鎮。

隨著歐洲商人的步伐，以利瑪竇為代表的耶穌會士，通過澳門這個渠道進入中國。他們在傳播天主教的同時，也傳播歐洲文藝復興以來的科學文化知識，使得中國在文化上融入世界。「西學」以前所未見的巨大魅力，深深吸引一大批正在探求新知識的士大夫們，短短幾年，就掀起了西學東漸的高潮。無怪乎西方學者把利瑪竇稱為「科學家傳教士」，中國士大夫則把他叫作「西儒利氏」。

梁啟超在《中國近三百年學術史》中說：「中國知識線與外國知識線相接觸，晉、唐間的佛學為第一次，明末的曆算學便是第二次。」佛學傳入對於中國文化影響之深遠，人所共知；而明末西學東漸的影響可以與之媲美，或許更勝一籌，使得中國人看到了歐洲先進的天文曆算、數學物理、農田水利、機械製造等領域的新知識。

在耶穌會士的影響下，中國人開始真切地瞭解世界，湧現出第一代放眼看世界的先進中國人：瞿汝夔、徐光啟、李之藻、楊廷筠、王徵、方以智等，他們與耶穌會士合作編譯各種歐洲科學著作，向國人普及新的科學理念，一時間鑽研西學蔚然成風。裴化行神父在《利瑪竇神父傳》中說，十六世紀的中國出現了一場文化倫理革命，其先鋒「並不是出國考察者，因為誰也不能走出帝國之外去異邦尋求這些新科學，他們只是譯者或編者，是他們讓讀者得以接觸外來的著作」。他推崇瞿汝夔「把西方文明的成就系統引入遠東世界」；讚揚與利瑪竇合作翻譯《幾何原本》的徐光啟，可以和英國人文主義最純淨的代表人物湯瑪斯．摩爾相媲美。徐光啟起用耶穌會士修訂曆法，編成《崇禎曆書》，吸收歐洲先進的天文學知識，使中國傳統天文學轉型，開啟了中國人認識宇宙的新階段。李之藻把利瑪竇的《坤輿萬國全圖》刊刻出版，並且加上許多文字說明，打破了中國傳統的「天圓地方」的觀念，讓中國人認識到人類居住的地方其實是一個圓球，中國只是地球的一小部分。從艾儒略的《職方外紀》，人們知道了地球上有五大洲，大大開拓了士大夫的眼界，改變了中國人的世界觀。

崇禎五年（一六三二）浙江寧波的天主教徒朱宗元把中國與歐洲相比較，感慨系之：「天載之義，格物之書，象數之用，律曆之解，莫不窮源探委……則我中土之學問不如也」；「自鳴之鐘，照遠之鏡，舉重之器，不鼓之樂，莫不精工絕倫，我中土之技巧不如也」；「土地肥沃，百物繁衍，又遍賈萬國，五金山積，我中土之富饒不如也」。人們在驚訝之餘，不能不反思，以老大自居的天朝，應當急起直追了。

西學東漸的成功，還得歸功於晚明社會提供了一個寬鬆的接受氛圍。周振鶴教授說，此次天主教來華的運氣比較好，客觀環境正處於晚明「天崩地解」時代，有利於基督教義的傳播。王陽明心學的興起，大大解放了讀書人的思想。思想愈解放，就愈需要新的資源。天主教傳教士的傳教活動除了其他吸引力，新鮮感本身就是一種號召。晚明的中國大環境讓傳教士們感覺到如魚得水。

王陽明思想的精髓，可以用他自己的一句話來概括：「夫學貴得之心，求之於心而非也，雖其言之出於孔子，不敢以為是也。」他認為，學問是天下的公學，不是朱子可以私有的，也不是孔子可以私有的，拒絕拜倒在聖賢和經典的腳下。明中葉思想界沉悶而無新意，科舉取士都以宋儒朱熹對儒家經典所作的注釋作為考試的標準答案，士子們沒有自覺、自由的思想。王陽明的大聲呼喊，掀起了思想解放的浪潮。此後，人才輩出，都以追求思想自由為旨歸，形成波瀾壯闊的個人主義與博愛主義的思潮。

王陽明的大弟子王畿，把師說發揚光大，主張學貴自得，「不從人腳跟轉」。王門的另一大弟子王艮，高唱「六經皆注腳」。所謂「六經皆注腳」，顧憲成把它解釋為「六經注我，我注六經」。從儒家經學的正統立場來看，這顯然是大不敬。但是那種「原教旨主義」，使得人們的思想僵化，只知背誦教條，人云亦云。要想打破牢籠，自由思想，「六經注我，我注六經」是必然的選擇。經典的生命力就在於與時俱進，不斷賦予新的解釋，為我所用。王門後學宣揚「不從人腳跟轉」、「六經皆注腳」，被正統派視為「非聖人之道」，斥為「異端」。王艮反唇相譏：「聖人之道無異於百姓日用，凡有異者，皆謂之異端。」與「非聖人之道」的衡量標準唱反調，主張「百姓日用」才是衡量是否「異端」的標準。李贄也被貶為「異端」，他的應對策略更為巧妙、機警，揚言說，既然假道學把我看作「異端」，索性以「異端」自居，我行我素。他著書立說，大膽地責問：為什麼千百年來無是非？答案只有一條：「咸以孔子之是非為是非，故未嘗有是非。」振聾發聵，令思想界「莫不膽張心動」。

衝破思想的桎梏，掙脫名教的牢籠，思想解放的浪潮滾滾而來，思想界流派紛呈，講學之風盛行，互相辯駁詰難。有了這樣的氛圍，使得西方科學文化得以順利地傳播、弘揚，培養出了一大批放眼看世界的先進中國人。

一個啟蒙時代來臨了。

更多的士子、文人有了自主意識，文人結社蔚然成風。在經濟文化最為發達的江南，湧現出許多文社，其中以常熟的應社、松江的幾社和活躍於江南的復社最為有名，影響所及，遍於全國。學人們以文會友，以友輔仁，暢所欲言地交流心得，無所顧忌地高談闊論，成為晚明社會一道明麗的亮色。復社鼎盛時期，擁有三千多成員，遍布全國各地，主要集中於太湖周邊的蘇州、松江、常州、鎮江、嘉興、杭州、湖州等最為富庶的七府之地（有一千二百多人），其中又以蘇州府為最多（有五百多人）。崇禎六年（一六三三）春，復社在蘇州虎丘舉行大會，盛況空前，陸世儀《復社紀略》寫道：「先期傳單四出，至日，山左、江右、晉、楚、閩、浙，以舟車至者，數千餘人。大雄寶殿不能容，生公臺，千人石，鱗次布席皆滿，往來絲織。遊於市者，爭以復社會命名，刻之碑額。觀者甚眾，無不詫嘆：以為三百年來從未一有此也！」豈但三百年來所未有，此後也不曾再有，簡直是空前絕後，令人嘆為觀止。

德國學者耶格爾（Friedrich Jaeger）在《德國歷史中的回憶文化》中，意味深長地指出：「歷史意識並非只瞄向過去……『歷史就是為了未來而回顧往事。』」提出晚明的破與變，並不是故意聳人聽聞，而是希望人們放寬歷史的視野，回過頭去看一看十六世紀至十七世紀的中國曾經發生的巨變，不僅對於重新評估晚明史，而且對於看清近代史以及當代史，都有莫大的好處。

第一章
「海禁—朝貢」體制的突破

一、海禁政策與朝貢體制

嚴禁「交通外番，私易貨物」的海禁政策

明朝建立以後，實行嚴厲的海禁政策，禁止人民私自出海，與海外各國交往，當然包括民間貿易往來。

洪武四年（一三七一），幾乎同時頒布兩道禁令。一道是：「仍禁瀕海民不得私自出海。」另一道是皇帝對最高軍事長官——大都督府臣——的訓誡：「朕以海道可通外邦，故嘗禁其往來。近聞福建興化衛指揮李興、李春私遣人出海行賈，則瀕海軍衛豈無知彼所為者乎？苟不禁戒，則人皆惑利，而陷於刑憲矣。爾其遣人諭之，有犯者論如律。」[1]

洪武十四年（一三八一）重申：「禁瀕海民私通海外諸國。」[2]

洪武二十三年（一三九〇），皇帝給戶部發去「申嚴交通外番」的禁令：「中國金銀、銅錢、段匹、兵器等物，自前代以來不許出番，今兩廣、浙江、福建愚民無知，往往交通外番，私易貨物，故嚴禁之。沿海軍民官司縱令私相交易者，悉治以罪。」[3]

洪武二十七年（一三九四），禁止民間用外國香料外國貨物，禁令稱：「緣海之人往往私下諸番，貿易香貨，因誘蠻夷為盜，命禮部嚴禁絕之。敢有私下諸番互市者，必置之重法。」[4]

洪武三十年（一三九七）重申：「禁人民無得擅出海與外國互市。」[5]

永樂時期把太祖高皇帝的禁令視為祖宗法度，仍然禁止沿海人民私自出海。明成祖朱棣即位之初，在詔書中申明：「緣海軍民人等，近年以來往往私自下番，交通外國，今後不許，所司一遵洪武事例禁治。」[6]永樂二年（一四〇四）又下令禁止民間製造海船，原有海船全部改為平頭船，並且要沿海有關部門，嚴防海船出入。一般人誤以為鄭和下西洋意味著海禁政策似乎已經取消，其實大謬而不然。鄭和下西洋是國家行為，目的在於「宣教化於海外諸番國」。龐大的鄭和船隊出海遠航，並不意味著民間船隻也可以自由出海。這一時期以及此後相當長的一段時間內，海禁政策並沒有取消。

與海禁政策相配合的是朝貢體系。明成祖朱棣剛剛登上皇位，就對派往日本、東南亞、印度的使節說：「太祖高皇帝時，諸番國遣使來朝，一皆遇之以誠，其以土物來市易者，悉聽其便。或有不知避忌而誤干憲條，皆寬宥之，以懷遠人。今四海一家，正當廣示無外，諸國有輸誠來貢者聽。爾其諭之，使明知朕意。」王賡武在〈永樂年間（1402-1424）中國的海上世界〉一文中引用這條史料之後，做了這樣的評論：「他（永樂皇帝）沿用了父親的政策，把所有的貿易都看作進貢體系的一部分。中國與海上世界的關係，與它同陸上世界的關係，仍然存在著差別。陸上貿易基本是與蒙古人以及邊境上其他民族之間的馬匹交易，馬是中國所需要的。作為交換，中國人提供各種各樣的貨物，最主要的還是茶、絲和紡織品，還有中國製造的其他商品。但是在南方海外，就沒有這種經濟動機。南方提供的東西對中國的

1《明實錄．明太祖實錄》卷七十，洪武四年十二月丙戌。
2《明實錄．明太祖實錄》卷一三九，洪武十四年十月己巳。
3《明實錄．明太祖實錄》卷二〇五，洪武二十三年十月乙酉。
4《明實錄．明太祖實錄》卷二三一，洪武二十七年正月甲寅。
5《明實錄．明太祖實錄》卷二五一，洪武三十年四月乙酉。
6《明實錄．明太宗實錄》卷十，洪武三十五年七月壬子。

經濟沒有什麼是至關重要的，大多數商品只能說是異國特產。一些東西，例如胡椒、大米和各種香料是中國所需要的，但需要量不大。中國不依賴於其中的任何一種商品……所有的貿易都應通過進貢體系開展，這是永樂皇帝的父親的決定，永樂皇帝加強了這一體系而沒有做任何的變動。」[7]

海禁政策嚴禁人民私自出海與外國貿易，只留下了一個官方的通道，保持國與國之間的貿易往來，不過它被嚴格限制在朝貢體系之內。正如王賡武所說：「同外部世界的關係，一切都通過進貢的形式表現出來。從官方角度來說，進貢也是唯一可行的外貿形式。……強調所有的對外關係都是臣民與君主的關係，強調所有的禮物都是送給中國皇帝的貢品，皇帝送出的禮物則被看作居高臨下的皇帝賜給臣服的統治者的禮物。」[8]

所謂官方的通道，就是洪武三年（一三七〇）設立的寧波、泉州、廣州三個市舶司，此後雖然一度關閉了這三個市舶司，但是永樂元年（一四〇三）重新開放這三個市舶司，並且在這三個市舶司所在地，設置賓館招待外國朝貢使節。寧波的賓館叫做「安遠」，泉州的賓館叫做「來遠」，廣州的賓館叫做「懷遠」，一概帶有居高臨下的口吻——安撫與懷柔。這些賓館的職責，除了接待朝貢使節，還附帶轉運朝貢方物，安排隨船外國商人與當地中國商人在賓館附近進行有限制的小額貿易。

負責朝貢事宜的禮部，先後在首都南京和北京設置接待使節的賓館——會同館，安排各國使節朝見皇帝，獻上貢品之後，領取皇帝的賞賜，一應禮儀完成之後，允許隨船外國商人與中國商人在會同館附近進行貿易，時間是三天或五天，只有朝鮮和琉球可以超過三、五天的限制。

關於會同館，萬曆《大明會典》是這麼記載的：

> 舊設南北兩會同館，接待番夷使客。遇有各處貢夷到京，主客司員外郎、主事輪赴會同館，點視方物，譏防出入……凡貢使至館，洪武二十六年定：凡四夷歸化人員及朝貢使客，初至會同館，主

客部官隨即到彼點視正從，定其高下房舍鋪陳，一切處分安妥，仍加撫綏，使知朝廷恩澤。[9]

關於會同館的貿易，萬曆《大明會典》有具體的描述：

> 各處夷人朝貢領賞之後，許於會同館開市三日或五日，惟朝鮮、琉球不拘期限。俱主客司出給告示，於館門首張掛，禁戢收買史書及玄黃、紫皀、大花、西番蓮、段匹，並一應違禁器物。各鋪行人等將物入館，兩平交易。染作布絹等項立限交還。如賒買及故意拖延，騙勒夷人久候不得起程，並私相交易者，問罪，仍於館前枷號一個月。若各夷故違，潛入人家交易者，私貨入官，未給賞者量為遞減……凡會同館內外四鄰軍民人等，代替夷人收買違禁貨物者，問罪，枷號一個月，發邊衛充軍……私將應禁軍器賣與夷人圖利者，比依「將軍器出境因而走泄事情者律」，各斬，為首者仍梟首示眾。[10]

這就是朝貢貿易。它與一般貿易截然不同，有著嚴格的限制，不僅時間、地點有限制，而且貿易物品也有限制。把武器列入違禁貨物名單，似乎可以理解，把史書與中藥材乃至紡織品也列入違禁貨物名單，有點匪夷所思。難怪民間走私貿易都瞄準了這些「違禁貨物」，生意做得十分興旺。

---

7 王賡武，〈永樂年間（1402-1424）中國的海上世界〉，《王賡武自選集》（上海：上海教育出版社，二〇〇二），頁一四四。

8 同前注，頁一五〇。

9 萬曆《大明會典》卷一百九《禮部六十七・賓客・會同館》。

10 萬曆《大明會典》卷一百八《禮部六十六・朝貢四・朝貢通例》。

俯視周邊的朝貢體制

所謂朝貢，有著悠久的歷史，明朝繼承了這一傳統。歷朝皇帝以中央之國的姿態俯視周邊國家，把它們看作甘心臣服的藩屬國。維繫的紐帶就是該國國王派遣使節定期朝貢，並且接受明朝皇帝的冊封。明朝建立伊始，朝貢體系就開始運作，朱元璋一方面派遣使節出訪各國，一方面接受各國使節的朝貢。在《明太祖實錄》中留下了許多紀錄：

> 命使出疆，周於四維，歷諸邦國，足履其境者三十六，聲聞於耳者三十一，風殊俗異，大國十有八，小國百四十九。[11]
>
> 海外諸番與中國往來，使臣不絕，商賈便之。近者安南、占城、真臘、暹羅、爪哇、大琉球、三佛齊、浡尼、彭亨、百花、蘇門答剌、西洋、邦哈剌等，凡三十國。[12]

日本學者檀上寬的〈明初的海禁和朝貢〉指出：從本質上來說，朝貢制度是把中國國內的君臣關係擴大到周邊諸國，把國內的政治統治照搬到周邊諸國。伴隨著朝貢的交易方面的經濟利潤是次要的，中國方面的「出超」是常態。明朝要求周邊國家呈獻的貢物是簡素化的，它所強調的是朝貢的政治禮儀；與貢物相比，明朝皇帝的「回賜」數量是巨大的，往往是貢物的數倍，並且對朝貢國的附帶品實施免稅的恩惠。對於明朝方面而言，通過朝貢關係，確立東亞「禮的秩序」，才是最重要的事情。[13]

萬曆《大明會典》用了整整五卷的篇幅來談朝貢，分別是東南夷（上）、東南夷（下）、北狄、東北夷、西戎（上）、西戎（下）等。很顯然，對周邊鄰國與民族的這種稱謂，反映了中國皇帝的世界觀：自己是「中央之國」的至高無上的統治者，君臨天下，周邊的蠻夷戎狄，必須對中央之國表示臣服，而表示臣服的方式就是定期的朝貢。所以朱元璋的「祖訓」開列了「不征諸夷」：朝鮮、日本、大小琉球、安南、真臘、暹羅、占城、蘇門答剌、西洋、爪哇、彭亨、百花、三佛齊、渤尼等十五國。[14]

關於朝鮮國：「洪武二年，國王王顓遣使奉表、賀即位、請封、貢方物。詔封為高麗國王，賜龜鈕金印、誥命……若朝廷有大事，則遣使頒詔於其國。國王請封，亦遣使行禮。其歲時朝貢，視諸國最為恭慎……貢道由鴨綠江歷遼陽、廣寧，入山海關達京師。」[15]

關於琉球國：「大琉球國朝貢不時，王子及陪臣之子皆入太學讀書，禮待甚厚。小琉球國不通往來，不曾朝貢。按：琉球國有三王，洪武初，中山王察度、山南王承察度、山北王帕尼芝，皆遣使奉表箋貢馬及方物。十六年，各賜鍍金銀印。二十五年，中山王遣子侄入國學，以其國往來朝貢，賜閩人三十六姓善操舟者。永樂以來，國王嗣立，皆請命冊封……諭令二年一貢，每船百人，多不過百五十人。貢道由福建閩縣。」[16]

關於占城國：「自占城以下（蘇門答剌、西洋、爪哇、彭亨、百花、三佛齊、渤尼）諸國，來朝時內帶行商，多行譎詐，故沮之。自洪武八年至洪武十二年，方乃得止。按：占城國瀕海，即古越裳林邑。洪武二年其國王阿答阿者遣使朝貢，詔封為占城國王，賜鍍金銀印……永樂後，其國與諸國皆來朝

11《明實錄．明太祖實錄》卷五十三，洪武三年六月戊寅。
12《明實錄．明太祖實錄》卷二百五十四，洪武三十年八月丙午。
13 參見森正夫等主編，《明清時代史的基本問題》（東京：汲古書院，一九九七），頁二一五。
14 萬曆《大明會典》卷一百五《禮部六十三．朝貢一．東南夷上》。
15 萬曆《大明會典》卷一百五《禮部六十三．朝貢一．東南夷上．朝鮮國》。
16 萬曆《大明會典》卷一百五《禮部六十三．朝貢一．東南夷上．琉球國》。

貢，始定三年一貢，貢道由廣東。」[17]

關於浡尼國：「洪武四年，其國王馬合謨沙遣使，以金表銀箋貢方物。永樂三年，遣使往封麻那惹加那乃為王，給印誥、敕符、勘合。六年，王率其妃及家屬、陪臣來朝……是年，王卒於會同館，輟朝三日，祭賻甚厚。詔謚恭順，賜葬南京城外石子岡，以西南夷人隸籍中國者守之，樹碑立祠。」[18]

關於滿剌加國：「永樂三年，其酋長拜里迷蘇剌遣使奉金葉表朝貢，詔封為國王，給印誥。使者言：『王慕義，願同中國屬郡，歲效職貢……』」[19]

朝貢使節向皇帝進獻貢品的儀式十分隆重。《大明會典》載：

> 凡朝貢方物，洪武二十六年定，凡諸番國及四夷土官人等，或三年一朝，或每年朝貢者，所貢之物，會同館呈報到部。主客部官赴館點檢見數。遇有表箋，移付儀部。其方物分豁進貢上位若干、殿下若干，開寫奏本，發落人夫管領。先具手本，關領內府勘合，依數填寫，及開報門單，於次日早朝照進內府，或於奉天門，或奉天殿丹陛，或華蓋殿及文華殿前陳設。本部正官奏啟進納。或遇慶賀聖節、正旦，貢獻之物初到，即以數目具本奏聞，物候至日，通進。
>
> 凡進虎豹禽鳥之類，到於會同館，就令畜養之人餵養，具數奏聞，送所司收領。至期，進內府，丹墀內陳設。
>
> 凡進金銀、器皿、珍寶、段匹之類，須同貢獻之人，驗視明白，具寫奏本，仍以器具裝盛，或黃袱封裹，分撥館夫，一同貢獻之人收管。先期一日，關填勘合，開報門單。次日早照進內府，於殿前丹陛等處陳設，一一交付長隨內使收受。[20]

至於國王親自來朝覲皇帝的禮儀，也有規定：「凡蕃國王來朝，先遣禮部勞於會同館。明日，各服其國服，如賞賜朝服者則服朝服，於奉天殿朝見。行八拜禮畢，即詣文華殿朝皇太子，行四拜禮。見親王亦如之，親王立受二拜，答二拜。其從官隨蕃王班後行禮。凡遇宴會，蕃王班次居侯伯之下。其蕃國使臣及土官朝貢，皆如常朝儀。」[21]

由此可以看到當時朝貢關係的大體狀況。鄭和下西洋其實是維繫和發展朝貢關係的一種主動姿態，正如《大明會典》所說：「永樂中，數有事於西洋，遣中使以舟師三萬，齎金帛諭賜之，隨使朝貢者十有六。」[22]因此可以說，鄭和下西洋是天朝大國放下身段，主動出行，把朝貢關係延伸到了「海外諸番國」的身邊，鄭和作為使節，代表皇帝接受當地君王的朝貢，並且代表皇帝把大量禮品回賜給那裡的君王。不過是改變了朝貢的地點與形式而已，朝貢的本質並沒有變。

日本學者濱下武志，積二十年之研究，寫成《近代中國的國際契機——朝貢貿易體系與近代亞洲貿易圈》，對朝貢貿易體系有獨到的見解。他認為，作為朝貢的前提是朝貢國接受中國對當地國王的承認並加以冊封，在國王交替之際，以及慶慰謝恩的機會，去中國朝見皇帝，以這種臣服於中央政權的各種活動，作為維繫與中國關係的基本方式。用「朝貢—回賜」維繫的兩國關係，是以中國為中心的呈放射狀構成的體制。另一方面，它是以商業行為進行的活動，使得以朝貢貿易為基礎的貿易網絡得以形成。他特別指出，十四至十五世紀以來，亞洲區域內的貿易在逐步擴大，存在著一個以中國為中心的東亞貿

17　萬曆《大明會典》卷一百五《禮部六十三・朝貢一・東南夷上・占城國》。
18　萬曆《大明會典》卷一百五《禮部六十三・朝貢一・東南夷上・浡尼國》。
19　萬曆《大明會典》卷一百五《禮部六十三・朝貢一・東南夷上・滿剌加國》。
20　萬曆《大明會典》卷一百八《禮部六十六・朝貢四・朝貢通例》。
21　萬曆《大明會典》卷五十八《禮部十六・蕃國禮・蕃王來朝儀》。
22　萬曆《大明會典》卷一百五《禮部六十三・朝貢一・東南夷上》。

易圈，以印度為中心的南亞貿易圈，以及在這兩個貿易圈之間，由若干貿易中轉港為中心的亞洲貿易圈。[23]

二、日本的朝貢關係與寧波爭貢事件

日本的朝貢關係

日本的朝貢關係頗為複雜，《大明會典》對此有一個簡要敘述：

> 祖訓：日本國雖朝實詐，暗通奸臣胡惟庸為不軌，故絕之。按：日本古倭奴國，世以王為姓。其國有五畿七道及屬國百餘，時寇海上。洪武五年，始令浙江、福建造海舟防倭。七年，其國王良懷遣僧朝貢，以無表文卻之。其臣亦遣僧貢馬及茶、布、刀、扇等物，以其私貢卻之。又以頻年為寇，令中書省移文詰責。自後屢卻其貢，並安置所遣僧於川陝番寺。十四年，從其請遣還。十六年，築登萊至浙並海五十九城。二十年，築福建並海十六城，各置衛所。永樂初，復來朝貢，賜龜鈕金印、誥命，封為日本國王，名其國鎮山曰「壽安鎮國之山」，御製碑文賜之，給勘合百道。始令十年一貢，貢道由浙江寧波府，每貢正副使等毋過二百人。若貢非期，人船逾數，夾帶刀槍，並以寇論……貢物：馬、盔、鎧、劍、腰刀、槍、塗金裝彩屏風、灑金廚子、灑金文臺、灑金手箱、描金粉匣、描金筆匣、抹金銅提銚、灑金木銚角盥、貼金扇、瑪瑙、水晶數珠、硫黃、蘇木、牛

皮。[24]

這裡所說的「暗通奸臣胡惟庸為不軌」云云，是指左丞相胡惟庸派遣親信陳得中，與日本朝貢使節歸廷密謀，由林賢前往日本請求國王發兵，打著朝貢的幌子，配合胡惟庸發動叛亂。其實這是子虛烏有之事，吳晗〈胡惟庸黨案考〉列舉大量史實，證明純係捏造。[25]但是，這在當時是皇帝欽定的結論，因此對於日本的朝貢影響巨大，基本上處於斷絕狀態。

明成祖即位後，朝貢恢復正常，對於日本的朝貢採取比較寬鬆的政策，永樂元年（一四〇三），主管此事的禮部尚書李至剛向他報告，日本朝貢使節到寧波，宜派官員前往稽查，防止運載違禁兵器，私與民間交易。他回覆說：「外夷向慕中國，來修朝貢，危蹈海波，跋涉萬里，道路既遠，資費亦多，其各齎以助路費，亦人情也，豈當一切拘之禁令！」[26]此後，他一再重申不必拘泥於禁令。事實上日本的朝貢也沒有遵守有關時間、人數、船隻等規定，嘉靖《寧波府志》的紀錄可見一斑：

> （永樂）九年以後，貢者僅一再至，而其寇松門、寇沙園諸處者不絕。宣宗朝，入貢逾額，復增定格例，船毋過三隻，人毋過三百，刀劍毋過三千把。正統四年五月，夷船四十餘隻，夜入大嵩港，襲破所城，轉寇昌國，亦陷其城。

23 參見濱下武志，《近代中國的國際契機——朝貢貿易體系與近代亞洲貿易圈》（北京：中國社會科學出版社，一九九九），頁五九—六〇。

24 萬曆《大明會典》卷一百五《禮部六十三・朝貢一・東南夷上・日本國》。

25 參見吳晗，〈胡惟庸黨案考〉，《吳晗史學論著選集》第一卷（北京：人民出版社，一九八四），頁四四二—四八〇。

26 （明）陳仁錫，《皇明世法錄》卷十一《文皇帝寶訓》，永樂元年九月己亥。

（正統）七年，夷船九隻，使人千餘來貢。朝廷責其越例，然以遠人慕化，亦包容之。[27]

因此，嘉靖二年（一五二三）的寧波爭貢事件，絕非偶然，倘若沒有雙方大打出手，局面鬧得不可收拾，輿論譁然，地方當局也許一如既往那樣，開一眼閉一眼，「包容」過去。

日本的朝貢貿易，也叫做勘合貿易或貢舶貿易，由浙江市舶司掌管。日本使節進入中國，必須持有明朝禮部頒發的「勘合」，才可以在浙江市舶司所在地寧波上岸，在專門接待朝貢使節的「安遠驛」的嘉賓館歇腳。安遠驛的門口匾額上寫「浙江市舶提舉司安遠驛」，兩旁的關坊，東曰「觀國之光」，西曰「懷遠以德」。嘉賓館規模不小，中間有三間廳堂，周圍有三十六間井屋，廳堂後面有三間川堂、五間後堂，後堂的左面是廚房，右面是土神祠。嘉靖《寧波府志》記載：「凡遇倭夷入貢，處正副使臣於中，處夷眾於四旁舍。」[28]

日本船隊到達後，一面與附近的中國商人進行小額貿易，一面等候朝廷的入京許可。一旦獲得許可，使節一行便攜帶國書、貢物以及夾帶的貨物，在明朝官吏的護送下前往京師，下榻京師會同館。在向皇帝提交國書，貢獻方物以後，夾帶的貨物方可在會同館附近出售，先由政府有關部門購買，然後才可由商人購買，並允許日本商人買進非違禁的貨物，隨船回國。

據日本學者研究，從建文三年（一四〇一）到嘉靖二十六年（一五四七），將近一個半世紀內，日本的遣明使節所率領的勘合貿易船隊，共計十八批。由於嘉靖二年（一五二三）發生了寧波爭貢事件，使得朝貢貿易發生危機，因而成為「後期倭寇的發端」。[29]

這時日本的朝貢貿易的經營權已經脫離足利義持將軍之手，落入了細川氏和大內氏兩大家族的掌控之中。遣明船一向有幕府船、大名船、相國寺船、三十三間堂船之分，隨著大寺社勢力的消退，細川氏、大內氏作為遣明船的主力登場。細川氏是所謂「堺商人」——瀨戶內海東部沿岸一帶的商人；大內氏是所謂「博多商人」——從瀨戶內海西部到北九州沿岸一帶的商人。

據日本學者研究，日本的勘合貿易，包括朝貢貿易、公貿易和私貿易三部分。朝貢貿易是給明朝皇帝進獻貢品，並由此得到大量的「回賜」物品；「公貿易」是遣明船搭載的商品與明朝官方的交易；「私貿易」是遣明船在寧波安遠驛、京師會同館與中國商人的交易。日本出手的物資，在朝貢貿易的場合是金、馬、扉、屏風、鎧甲、硫磺等，得到的「回賜」物品是絲、紗、絹、鈔、銅錢等；在公貿易中，日本方面出售的是刀劍，中國方面支付的是銅錢；在私貿易中，日本方面得到的是以生絲、絲織物為主，此外還有絲綿、棉布、藥材、砂糖、瓷器、書畫、銅器、漆器等。動用巨額資金的勘合貿易所獲得利潤的具體數字難以統計，僅僅根據楠葉西忍《大乘院寺社雜事記》的資料，就可以知道，遣明船在生絲一項所獲得的利潤率達到二〇〇%。[30]

在商業利益的驅動下，大內義興與細川高國爭奪勘合貿易主導權的鬥爭愈演愈烈。正德六年（一五一一）第十五批遣明船，是由大內義興主宰的，引起細川高國的不滿。嘉靖二年（一五二三）第十六批遣明船，也由大內義興派遣。大內義興於室町後期的一四九四年繼承「家督」，成為周防、長門、豐前、築前、安藝、石見等地的「守護」，是日本戰國時期西國的大名之雄。以他為後援的正使謙道宗設率領三艘船舶駛向寧波。細川高國為了與之抗衡，憑藉已經失效的「弘治勘合」，派出另一艘遣明船。

27 嘉靖《寧波府志》卷二十二《海防書》。按：此志刊刻於嘉靖三十九年，南京兵部尚書張時徹纂修，寧波府知府周希哲訂正。當地人以目擊者身分記錄史事，有不少寶貴資料。

28 嘉靖《寧波府志》卷八《公署志．嘉賓館》。

29 參見山根幸夫，〈明帝國與日本〉，《圖說中國史》第七卷（東京：講談社，一九七七），頁五六。

30 參見大隅晶子，〈十六、十七世紀中日葡貿易〉，《東京國立博物館紀要》第二三期（一九八八），頁二六四—二六五。此處大隅晶子綜合了田中健夫與小葉田淳的研究成果。

細川高國是「官領」細川政元的養子，一五〇八年成為「官領」，長期掌握室町幕府的實權。以他為後援的正使鸞岡瑞佐、副使宋素卿率領一艘船舶駛向寧波。先後抵達寧波的大內船、細川船發生了正面衝突，不僅互相大打出手，而且燒毀了市舶司的招待所——嘉賓館，襲擊了武器庫，殃及沿途民眾。引起寧波爭貢事件的表面原因是，同一時期派出了兩批遣明船；深層原因則是，足利幕府權力的弱化，遣明船的派遣成為僅憑經濟實力的競爭。

此事與流亡日本的寧波人宋素卿有很大的關係。正德四年（一五〇九），日本方面以宋素卿為正使、源永壽為副使，前來寧波朝貢，向朝廷請求祭祀孔子的儀注，未獲許可。此時，寧波人朱澄向官府告發，宋素卿乃是他的從子，本名朱縞，賣給日本商人，越境逃亡，現在竟然作為正使前來朝貢，官府應該作為「叛附夷人」論處。嘉靖《寧波府志》寫道：

> 正德四年，遣使宋素卿來貢，請祀孔子儀制，朝議弗許。素卿者，即鄞人朱縞，其家鬻於夷商湯四五郎，越境亡去。至是，充使入貢，重賂逆瑾，蔽覆其事。蓋縞在倭國偽稱宗室苗裔，傾險取寵，輔庶奪嫡，爭貢要利，而夷夏之釁遂釀於茲。[31]

鄭曉《皇明四夷考》把此事繫於正德六年（一五一一），文字也略有不同：「正德六年，宋素卿、源永壽來貢，求祀孔子儀注，不許。鄞人朱澄告言：素卿本澄從子，叛附夷人。守臣以聞，主客以素卿正使，釋之，令諭王效順，無侵邊。」[32]

大內氏與細川氏的寧波爭貢事件

嘉靖二年（一五二三）四月，大內義興派遣使節謙道宗設率領三船隨從五、六百，來寧波朝貢。幾天後，又有細川高國派遣的使節鸞岡瑞佐、宋素卿率船一艘隨從百餘，前來寧波朝貢。於是乎形成了兩大勢力集團的爭貢事件，由於宋素卿賄賂寧波市舶太監賴恩，得到額外照顧，引起宗設一派不滿，大打出手。這就是震驚朝野的寧波爭貢事件。由於這一事件的後果極其嚴重，影響深遠，有必要對它的細節予以關注。

嘉靖《寧波府志》記載：「聖上龍興，改元嘉靖。明年四月，夷船三隻，譯稱西海道大內誼興[33]國遣使宗設謙道[34]入貢。越數日，夷船一隻，使人百餘，復稱南海道細川高國遣使瑞佐[35]、宋素卿入貢，導至寧波江下。時市舶太監賴恩私素卿重賄，坐之宗設之上，且貢船後至，先與盤發。遂至兩夷仇殺，毒流廛市。宗設之黨追逐素卿，直抵紹興城下，不及，還至餘姚，遂縶寧波衛指揮袁璡，越關而遁。時備倭都指揮劉錦追賊，戰歿於海。定海衛掌印指揮李震與知縣鄭余慶，同心濟變，一日數警，而城以無患。賊有漂入朝鮮者，國王李懌擒獲中林望古多羅，械送京師，發浙江按察司，與素卿監禁候旨。法司勘處者凡數十次，而夷囚竟死於獄。」[36]

---

31 嘉靖《寧波府志》卷二十二《海防書》。

32（明）鄭曉，《皇明四夷考》卷上《日本》。

33 引者按：「大內誼興」應為「大內義興」。

34 引者按：「宗設謙道」應為「謙道宗設」。

35 引者按：「瑞佐」應為「鸞岡瑞佐」。

36 嘉靖《寧波府志》卷二十二《海防書》。

鄭曉《皇明四夷考》所記大體相同：「嘉靖元年，王源義植無道，國人不服，諸道爭貢。大內藝興遣僧宗設，細川高（國）遣僧瑞佐及（宋）素卿，先後至寧波。故事，凡番貢至者，閱貨宴席並以先後為序。時瑞佐後至，素卿奸狡，通市舶太監，饋寶賄萬計，太監令先閱瑞佐貨，宴又令坐宗設上。宗設席間與瑞佐忿爭，相仇殺。太監又以素卿故，陰助佐，授之兵器，殺總督備倭都指揮劉錦，大掠寧波旁海鄉鎮。素卿坐叛論死，宗設、瑞佐皆釋還。」[37]

寧波爭貢事件的影響極壞，給明朝中央政府內部主張嚴厲實行海禁政策的一派官僚抓住了一個口實。兵科給事中夏言就是其中的代表人物，他在奏疏中說：

> 頃者倭夷入貢，肆行叛逆，地方各官先事不能防禦，臨事不能剿捕，而前後章奏言辭多遁，功罪未明。該部按據來文，遷就議擬，雖云行勘，亦主故常。乞敕風力近臣重行複勘。且寧波系倭夷入貢之路，法制具存，尚且敗事，其諸沿海備倭衙門廢弛可知。宜令所遣官，由山東循維揚、歷浙閩，以及於廣，會同巡撫逐一按視，預為區畫。其倭夷應否通貢絕約事宜，乞下廷臣集議。[38]

顯然，夏言對於浙江地方官對寧波爭貢事件的處理，極為不滿，指責他們是「遷就議擬」、「亦主故常」，一如既往地睜一眼閉一眼。他敦請皇上派遣「風力近臣」前往複查，並且推而廣之，對於從山東直到廣東的沿海衙門，進行徹底勘查。鑑於此次由市舶司引發事件的嚴重性，是否斷絕日本的朝貢，請皇上指示有關部門大臣討論決定。皇帝當即批示：「差風力給事中一員往。其餘事宜兵部議處以聞。」[39]接到浙江巡按御史關於寧波爭貢事件的報告後，皇帝下旨：「切責巡視守巡等官，先事不能預防，臨事不能擒剿，姑奪俸。令鎮巡官即督所屬，調兵追捕，並核失事情罪以聞。其入貢當否事宜，下禮部議報。」[40]

皇帝再次提及日本「入貢當否」，命主管此事的禮部提出處理意見。夏言堅決主張「禍起於市舶」，禮部採納他的意見，敦請皇帝「罷市舶」，立即關閉寧波市舶司，斷絕日本的朝貢渠道。[41]這一決定過於草率，操之過急，最高當局顯然對於中日之間的朝貢貿易的發展狀況所知甚少，武斷地以為「禍起於市舶」，堵塞正常渠道，刺激了走私貿易的迅猛氾濫，成為嘉靖倭患的一個誘因。

兵科給事中夏言強調「禍起於市舶」，意思是禍患起源於寧波市舶司，似是而非。當時人紛紛指出，應當罷斥的不是市舶司這個機構，而是掌管市舶司的太監。因為爭貢事件除了日本方面的因素，浙江市舶司的市舶太監賴恩處置不當，激化了雙方的矛盾，負有不可推卸的責任。細川氏的副使宋素卿是寧波人，長期從事貿易中介業，為人奸狡，用重金賄賂市舶太監賴恩。市舶司破例，在檢查貿易物品時，推遲先期到達的大內氏船舶，反而提前後到的細川氏船舶。在招待宴會的座次安排上，賴恩故意安排細川氏使節坐在大內氏使節的上座。雙方仇殺時，賴恩有意偏袒宋素卿，暗中資助兵器，致使械鬥一發不可收拾。

鄭曉就這樣評論：「給事中夏言上言：『禍起於市舶』，禮部遂請罷市舶。而不知所當罷者市舶太監，非市舶也。夷中百貨皆中國不可缺者，夷必欲售，中國必欲得之，以故祖訓雖絕日本，而三市舶司不廢。」[42]鄭曉的話講對了一半，應當罷去的是貪腐的市舶太監賴恩，而不是市舶司這個機構。至於他

37（明）鄭曉，《皇明四夷考》卷上《日本》。
38《明實錄．明世宗實錄》卷三十三，嘉靖二年十一月癸巳。
39（明）王士騏，《皇明馭倭錄》卷五，嘉靖二年。
40（明）王士騏，《皇明馭倭錄》卷五，嘉靖二年。
41 參見鄭曉，《皇明四夷考》卷上《日本》。
42（明）鄭曉，《皇明四夷考》卷上《日本》。

所說的「夷中百貨皆中國不可缺者」，只知其一不知其二，其實外商更加需要中國百貨，需求量十分龐大，比中國對外國百貨的需求量大千百倍。不過鄭曉作為當時的大臣（鄭曉官至兵部侍郎兼漕運總督、兵部尚書），能有這種見識，已屬難能可貴了。

崇禎年間的吏部候選監生許重熙在《嘉靖以來注略》中評論道：「鄭曉有云：夏言謂倭禍起於市舶，遂請罷之。不知當罷者內臣，非市舶也。祖訓雖絕日本，而市舶不廢，蓋以通華夷之情，使利權在上也。市舶罷，而利孔在下，奸豪外交內訌，海上無寧日矣。噫，曉言不為無見。然使番舶不至，則奸豪何從誑取其貨以階厲耶？夷貨非衣食所急，何謂中國不可缺耶？朱紈嚴其禁令，而言者紛紛，則衣冠之盜甚於夷狄也。」[43]許重熙前幾句話說得不錯，尤其是罷廢市舶造成「海上無寧日」的分析，頗為精當。但後兩句——「然使番舶不至，則奸豪何從誑取其貨」云云，見識顯然不及鄭曉。縱觀鄭曉的其他言論可見，他是主張開海禁的，而許重熙則傾向於嚴海禁。立場不同，觀點自然相異。[44]

從嘉靖二年（一五二三）浙江市舶司關閉後，日本的朝貢停止了十七年。嘉靖十八年（一五三九），日本國王派遣使節來寧波朝貢，《皇明馭倭錄》如此記錄：

> 嘉靖十八年，日本國王源義復遣使來貢……至是，復修貢。浙鎮巡官以聞。上曰：「夷性多譎，不可輕信，所在巡按御史督同三司官，嚴加詳審，果系效順，如例起送。仍嚴禁所在居民無私與交通，以滋禍亂。餘如所擬。」
>
> 嘉靖十九年，日本王源義晴差正副使顧門等來朝，貢馬及獻方物。宴賞如例，又加賜國王王妃使臣，方物各給以價……言官論其不可。上命禮部會兵刑二部、都察院會議以聞。覆言：「夷情譎詐難信，勘合令將舊給繳完，始易以新。素卿等罪惡深重，貨物已經入官，俱不宜許。以後貢期定以十年，夷使不過百名，貢船不過三隻，違者阻回，督遣使者歸國，仍飭沿海備倭衙門，嚴為之

備。」詔從之。[45]

三、海上走私貿易與海禁政策的較量

明朝當局也許不曾料到，關閉市舶司，實行更為嚴厲的海禁政策，恰恰為走私貿易的興旺提供了有利時機。寧波爭貢事件被稱為「後期倭寇的發端」，就是因為它直接導致勘合貿易的中止，刺激了海上走私貿易的橫行。[46]

需要說明的是，儘管朝廷三令五申禁止人民私自出海與外國貿易，但是總是禁而不止。沿海民眾一向有出海貿易的傳統，作為維持生計的重要手段。明初以降，最高當局實行海禁政策，無異於斷絕沿海民眾的生計，激化社會矛盾。道理是顯而易見的，浙江、福建、廣東三個市舶司控制的朝貢貿易，根本無法適應隨著經濟發展而日益增長的海外貿易的需求，因此在市舶司貿易渠道之外，早已存在走私貿易渠道。

43（明）許重熙，《嘉靖以來注略》卷一，嘉靖四年「而曰」條。

44 鄭曉〈乞收武勇亟議招撫以消賊黨疏〉（《鄭端簡公奏議》卷二）有言：「華夷之貨往來相易，其有無之間貴賤頓異，行者逾旬，而操倍蓰之贏；居者倚門，而獲牙行之利。今欲一切斷絕，竟至百計交通，利孔既塞，亂源遂開，驅扇誘引，徒眾日增。」因此，他主張在「誅剿」之後恢復市舶。

45（明）王士騏，《皇明馭倭錄》卷五，嘉靖十八年及十九年條。

46 這裡需要對「走私貿易」一詞稍加說明。《辭海》把「走私」釋義為：「不遵守國家法令，運輸或攜帶金銀、外幣、貨物或其他違禁品等進出國境的行為。」明代的走私貿易，與現代海關制度下的走私貿易，不能混為一談。

海上走私貿易面面觀

臺灣學者陳文石發表在《歷史語言研究所集刊》上的長篇論文〈明嘉靖年間浙福沿海寇亂與私販貿易的關係〉指出：「在貢舶貿易制度下雖然有勘合的國家，可享有貿易上的種種特殊權益，但究為貢約所限，不能隨其所欲自由往還。同時，此僅為貢舶國家王室或官方支持下的貿易，一般番商因不能取得勘合，便無法進口。而貢舶輸入的貨物，猶為政府壟斷。雖然市舶司或會同館開市時，中國商人可承令買賣，但僅為官方所不肯收買的殘餘物品，貨色粗劣，數量亦微，品類價格又都有限制，而且往往供求兩不相投，雙方俱不能滿足所欲，於是貢使、中外商人，遂互相勾結，窩藏接引，進行祕密私販活動。尤其中國海商，在政府禁海壟斷，外舶特權強占的雙重刺激下，既不能取得公平合法的貿易，便只有越關冒禁，挑戰下海，從事非法貿易了。」[47]

陳文石論文的第二章〈國人私販貿易與沿海地理經濟條件〉、第三章〈嘉靖前期的私販活動〉，詳細論述了福建、浙江沿海人民衝破海禁，進行私販貿易的情況。他指出，明代寸板不許下海的禁海措施，不但違反自唐、宋以來中外海上貿易的歷史潮流，阻抑了國人向南洋開發活動的趨勢；同時更嚴重地漠視了邊海地區的自然地理因素與人民生活條件。冒禁下海者，以福建沿海最為昌盛，其中漳州、泉州尤為嚴重。廣大貧無立錐之地的農民，只有「以船為家，以海為田，以販番為命」。而執政者全然無視這種客觀現實，嚴禁下海，無異於扼斷了他們的生命線。他還說，明代海禁，廣東較寬，浙江、福建以接近日本，禁令特嚴。然而日久弊生，禁令往往成為空文，常時如水上無寇，海防官員且得納賄要利，則漫不之禁，採取半放任態度。一旦生事起釁，事態擴大，為逃避罪譴，遂張皇禁治。如此張弛反覆，欺蔽矇騙，及至積重難返而不能制，於是朝廷簡派重臣銜命禁海，窮根推排，嚴急追捕。私販者生路乏絕，轉而為盜，內地人民久失生理，不逞者又起而從之，相率入海，推演激盪，遂釀禍亂。大抵以嘉靖二十年（一五四一）為界，此前，浙閩沿海已經所在通番，不過大多為海上及濱海人民為生計所迫，冒禁下海，豪門巨室參加者較少，尚不敢公然出入。此後，情況更趨嚴重，此時的私販分為兩種，一種是由閩浙大姓貴家操縱主持，私梟舶主與勢要土豪結合的上層勢力，挾制官府，包庇窩藏，公然進出海上。另一種是沿海貧民與桀驁者結船行販的下層勢力，他們在急迫時也往往賄投勢家為之掩護。[48]

張燮《東西洋考》說：「成、弘之際，豪門巨室，間有乘巨艦貿易海外者，奸人陰開其利竇，而官人不得顯收其利權。初亦漸享奇贏，久乃勾引為亂，至嘉靖而弊極矣。」[49]究其原因，與「海禁—朝貢」體制弊端日益顯現有關。地方政府接待朝貢使節、運送貢物等，是沉重的財政負擔。因而地方政府對於朝貢以及與此相關的勘合貿易不感興趣，而對於打著朝貢幌子的走私貿易趨之若鶩。

李慶新《明代海外貿易制度》指出：正統以後，朝貢貿易萎縮，主持其事的市舶太監無事可管。非法的商船貿易日趨興旺，有利可圖，引起市舶太監的垂涎，地方當局與市舶太監之間權利爭奪隨之展開。市舶太監利用權勢，不按規矩辦事，導致原有的制度不斷崩壞，形同虛設。他列舉了廣東市舶太監韋眷違法亂紀的事例，來加以證明。成化二十二年（一四八六），番商馬力麻假冒蘇門答剌使臣來貢，「私通貿易」，廣東市舶太監韋眷「利其貨，不究問之」。同年，撒馬爾罕貢使由海路回國，賄賂韋眷。弘治二年（一四八九），撒馬爾罕國王阿黑麻遣使由滿剌加來貢獅子、鸚鵡等物，太監韋眷等官「違例起送」。禮部尚書倪岳上疏指出，撒馬爾罕朝貢道路應該是陸路的甘肅、陝西，而不應走海路，「今若

47 陳文石，〈明嘉靖年間浙福沿海寇亂與私販貿易的關係〉，《歷史語言研究所集刊》第三十六本上冊，頁三七八。

48 陳文石，〈明嘉靖年間浙福沿海寇亂與私販貿易的關係〉，《歷史語言研究所集刊》第三十六本上冊，頁三八三。

49（明）張燮，〈餉稅考〉，《東西洋考》卷七。

聽從海道前來，則後次倘有附近本地浮海商夷詭稱本處差來入貢，則既無勘合，又無印信，何由知其真偽？」[50]由此可見，廣東市舶太監假公濟私，使得當地的「海禁—朝貢」體制弊端百出。

陳文石說得更為直接：「海防官軍，由於待遇菲薄，且不得按時支給，往往有拖延數月或經年不發，故常賣關取賄，放縱出入。而提督市舶太監包庇主使，尤足刺激私販活動。如憲宗時的韋眷，《實錄》：『廣東布政使陳選奏，據番禺縣呈鞫犯人黃肆招稱：縣民王凱父子招集各處客商，交結太監韋眷，私出海洋通番交易，謀財殺人，警擾鄉村。』《雙槐歲抄》：『廣東市舶太監韋眷，招集無賴駔儈數百十人，分布郡邑，專魚鹽之利。又私與海外諸番相貿易……』」他指出：「市舶太監除提督貢舶外，並負有代王室沿海採辦任務，是以彼等得乘機弄權，挾制有司，瀆法為弊。此輩不但破壞國家法令，且常啟禍肇事，嘉靖二年日本貢使仇殺事件，即因此輩受賄偏頗，顛倒舊例所引起。」[51]地方當局可以從走私貿易中獲取好處，是不爭的事實。

海禁的突破口：月港與雙嶼港

在這種背景下，閩浙沿海的走私貿易習以為常。最突出的事例是漳州的月港，早在成化、弘治年間，月港民間的走私貿易十分興旺，帶來了非凡的繁榮景象，號稱「小蘇杭」。如果沒有長期的積累，絕不可能形成這種景象。崇禎《海澄縣志》寫道：「有力者往往就波濤為阡陌，倚帆檣為耒耜。凡捕魚緯簫之徒，咸奔走焉。蓋富家以資，貧人以傭，輸中華之產，騁彼遠國，易其方物以歸，博利十倍，故民樂之……十方巨賈競鶩爭馳，真是繁華地界……成弘之際，稱小蘇杭者，非月港乎！」[52]該志還寫道：「以區區之澄在海濱，而貪人聚焉，駔儈輳焉，大盜睨焉。其民非有千畝漁陂千章材，千畝桑麻卮茜也。以海市為業，得則潮湧，失則漚散。不利則輕棄其父母妻子，安為夷鬼；利則倚錢作勢，以訟為威。至罔常難治也。」[53]該志還說：月港周邊「夷艘鱗集，遊業奇民捐生競利，滅沒風濤間，少抵牾輒按劍相視，剽悍成俗，莫可禁遏」。[54]

漳州府的月港鎮（嘉靖二十七年升格為海澄縣）之所以能夠憑藉走私貿易而繁榮，是多種勢力協同促成的，單憑富商巨賈（包括外商）難以成事，必須得到當地勢要之家的支撐，還必須獲得官府的默認或縱容。關於這一點，嘉靖二十六年（一五四七）以都察院右副都御史出任浙江巡撫兼攝福建地方軍務的朱紈深有體會，他在給朝廷的奏疏中多次提及。在〈請明職掌以便遵行事〉中，朱紈說：「大抵治海中之寇不難，而難於治窩引接濟之寇；治窩引接濟之寇不難，而難於治豪俠把持之寇。聞此地事未舉而謗先行，效未見而肘先掣。蓋山海淵藪視為表裡，衣冠劍戟相為主賓，利於此必不利於彼，善於始必不善於終。此海道歷年養亂，所以至於此極也。」[55]在〈閱視海防事〉中說：「（漳州沿海）賊船番船則兵利甲堅，乘虛馭風，如擁鐵船而來。土著之民公然放船出海，名為接濟，內外合為一家……漳泉地方本盜賊之淵藪，而鄉官渡船又盜賊之羽翼。臣反覆思維，不禁鄉官之渡船，則海道不可清也。故不恤怨謗，行令禁革，以清弊源。」[56]然而「禁革」談何容易！

與月港南北呼應的另一個走私貿易基地，是寧波的雙嶼港。雙嶼是一個島，又名雙嶼山，位於「昌國東南海中」。昌國是定海縣東北二里的招寶山近旁的一個小山。嘉靖《寧波府志》寫道：「招寶山，

50 李慶新，《明代海外貿易制度》（上海：社會科學文獻出版社，一九九七），頁一七〇—一七一。
51 陳文石，〈明嘉靖年間浙福沿海寇亂與私販貿易的關係〉，《歷史語言研究所集刊》第三十六本上冊，頁三八三。
52 崇禎《海澄縣志》卷十一《風土志》。
53 崇禎《海澄縣志》卷十九《藝文志・贈姚海澄奏績序》。
54 崇禎《海澄縣志》卷十七《藝文志・新建海澄縣城碑記》。
55（明）朱紈，〈請明職掌以便遵行事〉，《皇明經世文編》卷二百五。
56（明）朱紈，〈閱視海防事〉，《皇明經世文編》卷二百五。

縣東北二里，舊名候濤，後以諸番入貢停船，改名招寶……山之東南峙一小山，僅高尋丈，名昌國山。」「中中、中左千戶所，郡治東南海中二百里，即古翁州，亦名舟山，今定海縣昌國四里地……洪武二十年改昌國守禦千戶所。」[57] 簡單地說，雙嶼就是舟山群島中的一個島嶼。由於它得天獨厚的地理形勢，成為海外各國前來寧波貿易的最佳港口。嘉靖《寧波府志》對於定海縣的形勝有這樣的描述：「至如高麗、日本、琉球、三韓之屬，峙列島嶼，若鳧若鷺，若隱若見，納質貢琛，帆船踵至，魚鹽商賈，航甌舶閩，浮會達吳，率以是為通衢，萬灶雲屯，舟師鱗萃，扼險而守，於今最稱重鎮焉。」[58]

雙嶼港在中外貿易上的重要地位，完全可以與月港相媲美。主張嚴厲海禁的浙江巡撫朱紈，上任伊始就搗毀了雙嶼港的一切設施，他向朝廷申明理由時說：「浙江定海雙嶼港，乃海洋天險，叛賊糾引外夷，深結巢穴。名則市販，實則劫擄。有等嗜利無恥之徒交通接濟，有力者自出資力，無力者轉展稱貸；有謀者詎領官銀，無謀者質當人口；有勢者揚旗出入，無勢者投托假借。雙桅、三桅連檣往來，愚下之民一葉之艇，送一瓜、運一罇，率得厚利，馴致三尺童子亦知雙嶼之為衣食父母，遠近同風，不復知華俗之變於夷矣……不然，何近日雙嶼一傾，怨讟四起；防閑夷館之禁少嚴，謀殺撫臣之書遂出，此中華何等地耶！人心內險，雙嶼外險，非一朝一夕之故矣。」[59]

朱紈不僅搗毀雙嶼港的地面設施，而且要從根本上杜絕後患，主張填塞港口，所以他的奏疏題目叫做「雙嶼填港工完事」，似乎有不達目的絕不罷休的架式。他在奏疏開頭就表明態度：「雙嶼四面大洋，勢甚孤危，難以立營戍守，只塞港口為當。」根據巡按浙江監察御史裴紳對於「賊巢」的調查，他強調那裡「賊情」的嚴重性：「訪得賊首許二等糾集黨類甚眾，連年盤踞雙嶼，以為巢穴。每歲秋高風老之時，南來之寇悉皆解散，惟此中賊黨不散，用哨馬為游兵，脅居民為嚮導，體知某處單弱，某家殷富，或冒夜竊發，或乘間突至，肆行劫擄，略無忌憚。彼進有必獲之利，退有可依之險，正門庭之寇也。此賊不去，則寧波一帶永無安枕之期。」[60]

從他的字裡行間可以獲悉許多信息：其一，雙嶼的走私貿易由來已久，規模之龐大，利益鏈之複雜，絕非一朝一夕之功；其二，走私貿易能獲取豐厚利潤，富商巨賈自然是最大的得益者，沿海居民也因此而生計無虞，把雙嶼港看作為衣食父母；其三，一旦遭到摧毀，「怨讟四起」是必然的，甚至揚言要殺死巡撫朱紈，並非戲言，後來果然一語成讖。雙方的較量剛剛開始。朱紈以為只要除去許二等「賊首」，搗毀雙嶼的陸上設施並填塞港口，便可獲得寧波的「安枕之期」。這不過是一廂情願的設想，實際情況恰恰相反。正如嘉靖《寧波府志》所說，從此「東南弗靖」：「先是，福建繫囚李七、許二等百餘人逸獄下海，勾引番倭……上命巡撫都御史朱紈調發福建掌印都指揮盧鏜，統督舟師，搗其巢穴，俘斬溺死者數百（有蟹眉須黑番鬼、倭奴，俱在獲中）。餘黨遁至福建之浯嶼。（盧）鏜復剿平之，命指揮李興帥兵發木石塞雙嶼，賊舟不得復入。然窟穴雖除，而東南弗靖。」[61]

其實，朱紈不明白雙嶼的「賊情」之所以猖獗，與寧波市舶司關閉大有關係。曾經作為胡宗憲幕僚的鄭若曾編撰的《籌海圖編》，就清楚地認識到這一點：「寧波自來海上無寇」，近年以來才「寇島紛然」。請看他的論述：

> 寧波自來海上無寇，每年止有漁船出近洋打漁樵柴，並無敢過海通番者。後有一二家止在廣東、福建地方買貨，陸往船回，潛泊關外，賄求把關官，以小船早夜進貨，或投托鄉宦說關，祖宗之法

57 嘉靖《寧波府志》卷六《山川志》；卷八《兵衛志》。按：此後，昌國千戶所升格為昌國衛，從定海縣移駐象山縣。
58 嘉靖《寧波府志》卷四《疆域志．形勝》。
59（明）朱紈，〈雙嶼填港工完事〉，《皇明經世文編》卷二百五。
60（明）朱紈，〈雙嶼填港工完事〉，《甓餘雜集》卷四。亦見《皇明經世文編》卷二百五。
61《寧波府志》卷二十二《海防書》。

> 尚未壞也。二十餘年來始漸有之。近年海禁漸弛，貪利之徒勾引番船，紛然往來，而寇盜亦紛然矣。然各船各認所主，承攬貨物，裝載而還，各自買賣，未嘗為群。後因海上強弱相凌，互相侵奪，因各結船依附一雄強者，以為船頭，或五十隻，或一百隻，成群分黨，分泊各港。有用舢板草撇船不可計數，在於沿海。[62]

別的史料也證實了這一點：「許二、許三先年下海通番，贅於大宜、滿刺加，自後許四與兄許一嘗往通之。嘉靖庚子，始誘佛郎機夷往來浙海，泊雙嶼港，私通交易。每與番夷賒出番貨，於寧、紹人易貨抵償。濱海遊民視以禁物，輒捕獲之。於是遊民得志，乃駕小船沿海邀劫，致殺傷人。被害之家乃以許一、許二賺騙下海嗚於海道……副使張一厚親自統兵以捕之，敗績。自是番舶競泊雙嶼。」[63]

朱紈的悲劇：海上實情實事未得其要領

朱紈企圖改變海禁鬆弛的狀況，重現明初片板不許下海的局面，申嚴海禁，不僅搗毀雙嶼的陸上設施，填塞雙嶼港口，而且制訂了嚴厲的「革渡船」、「嚴保甲」、「搜捕奸民」等措施。雖然收到了一時的效果，卻激起強烈的反彈，導致自己的悲慘結局。根本的原因是他對於大航海時代的全球化貿易形勢一無所知，以為憑藉高壓就可以堵塞海外貿易的潮流，低估了海上走私貿易集團盤根錯節的強大勢力。嚴厲的海禁措施激化了閩浙沿海各種勢力的反彈，正如萬斯同所說：「（朱）紈以閩浙勢家多庇賊，憤甚，嘗上疏言：『去外國盜易，去中國盜難，去中國衣冠之盜尤難。』於是閩浙士大夫家與為怨。」[64]

不但海上貿易的商人對他不滿，而且與海商關係密切的勢家乃至士大夫，也對他極為反感。官至大理寺正的漳州府同安縣人林希元，就是一個顯例。他的家族至少有五艘大船，打著渡船的幌子，進行走私貿易，地方官既畏懼又厭惡，卻無可奈何。[65]朱紈了解到這一情況，在奏疏中點名揭發林希元。許重熙說：「（朱）紈嚴於任事，海道為之肅清，奏曰：『今不依臣區處，十年後，國皆倭賊矣！時通番皆宦家子姓，而林希元以講學竊名，其家尤甚，厚賂閣臣，必欲敗（朱）紈。』」[66]

當然，被朱紈譴責的「勢家」與「士大夫」絕非僅此一人，從閩浙籍官員紛紛彈劾朱紈，便可看出其中的利益糾葛。御史周亮說：「（朱）紈原系浙江巡撫，所兼轄者止於福建海防，今每事節制，諸司往來奔命，大為民擾。」給事中葉鏜說：「（朱）紈以一人兼二省，非獨閩中供應不便，即如近日倭夷入貢，艤舟浙江海口，而紈方在福建督捕惠安等縣流賊，彼此交急，簡書押至，紈一身奔命，已不能及矣。今閩浙既設有海道專管，苟得其人，自不必用都御史。」吏部接受了他們的建議，回覆道：「浙江舊無巡撫，或遇有警，遣重臣巡視，事寧即止。今宜裁革巡撫，而復巡視舊制。」皇帝批准了吏部的決定，下達聖旨：「浙江巡撫去歲無故添設，一時諸臣依違議覆，以致政體紛更。今依擬，朱紈仍改巡視，事寧回京，凡一切政務，巡按御史如舊規行。」[67]如此一來，朱紈由巡撫改為巡視，權力大為縮小。朝中兩種勢力的較量，朱紈明顯處於劣勢，事事受到掣肘。《明世宗實錄》在引述周亮、葉鏜的奏

62（明）鄭若曾，〈敘原寇〉，《籌海圖編》卷十一。

63（明）鄭舜功，〈流逋〉，《日本一鑑：窮河話海》卷六。

64（清）萬斯同，《明史》卷二百九十五〈朱紈傳〉。按：張廷玉領銜的官修《明史》之〈朱紈傳〉大多據此，但並無「閩浙士大夫家與為怨」一句，僅寫「閩浙人益恨之」。

65 參見藍達居，《喧鬧的海市》（江西：高校出版社，一九九九），頁一〇三—一〇四。按：查林希元的《同安林次崖先生文集》，全無一字涉及此事。

66（明）許重熙，《嘉靖以來注略》卷四，嘉靖二十八年四月。

67（明）王士騏，《皇明馭倭錄》卷五，嘉靖二十七年。

疏之後，一語道破其中的玄機：「以殺其權，而為逐步去之之計。閩浙人在朝者復從而合之，於是朝命遂改紈為巡視。」[68]萬斯同也說，這一事件反映了「諸勢家在朝者」對於朱紈中嚴海禁的不滿情緒。[69]

這僅僅是較量的開始，此後的較量逐步升級。

嘉靖二十八年（一五四九）三月，佛郎機（葡萄牙）商船來到漳州府詔安縣，朱紈督師迎擊於走馬溪，俘虜李光頭等九十六人。朱紈當即命令副使柯喬、都指揮盧鏜，全部就地處死，然後向朝廷報捷：「閩賊蟠結已深，成擒之後，奸徒切齒，變且不測。臣訊得所俘偽千總李光頭等九十六人，交通內應，即以便宜檄都指揮盧鏜、海道副使柯喬斬之。」字裡行間影射勢家大姓與之勾結，引起勢家大姓不滿，指使御史陳九德彈劾朱紈「專擅殺戮」，請求朝廷對朱紈及盧鏜、柯喬治罪。[70]兵部及三法司都以為朱紈「不得無罪」，奏請派官前往按治。

兵科都給事中杜汝禎受命前往處理此事，朱紈停職候勘。杜汝禎的勘查報告對朱紈非常不利：「前賊乃滿剌加番國人，每歲私招沿海無賴之徒，往年海中販鬻番貨，未嘗有僭號流劫之事。二十七年，復至漳州月港、浯嶼等處，各地方官當其入港，既不能羈留人貨，疏聞廟堂，反受其賄賂，縱容停泊，使內地奸徒交通無忌。及事彰露，乃始狼狽追逐，以致各番拒捕殺人，有傷國體。其後，諸賊已擒，又不分番民首從，擅自行誅，使無辜並為魚肉，誠有如九德所言者。紈既身負大罪，反騰疏告捷，而鏜、喬復相與佐成之，法當首論其冒功。」[71]皇帝下旨，逮捕朱紈至京訊鞫，福建都司指揮僉事盧鏜、海道副使柯喬下獄論死。

朱紈怎麼也沒有料到會有這樣的結局，慷慨流涕說：「吾貧且病，又負氣，不任對簿，縱天子不欲死我，閩浙之人必殺我。我死自決之，不須人也。」[72]然後自撰〈壙志〉——自己寫自己的「墓誌銘」，作為最後的遺言。這篇〈壙志〉簡要回顧了一生，尤其是出任浙江巡撫兼福建海道提督軍務以來的政績，頗為感慨：

時以海寇猖獗，創建此官。而禁奸除寇，勢利家所深害，怠與忌者乘之……戊申三月至寧波，撫海島倭夷，六百餘人悉受約束入城。四月，襲破雙嶼賊巢。五月，寧波詐傳詔指，教夷作亂，以殺巡撫為辭。於時駐定海以鎮群夥，渡炎海入雙嶼，以定不拔之計，賊失其巢，往來外洋者一千二百九十餘艘，上下連戰皆捷。六月，閩人周亮奏革巡撫，既而漳囚逸入於海，大擔嶼、大步門、大江諸警繹騷。時疾甚呻吟，規畫無敗績。九月，兵部錄雙嶼之功，奏旌之，賜白金一、彩幣一。十月，拜敕改命巡視，遂與疾督兵追賊，下溫盤、南麂諸洋……趙文華啗以南京侍郎，脅以身後之禍，說以市舶之利，與屠喬、屠大山內外交煽尤多。乃連疏請骸骨，申辯蹇蹇。己酉自溫進駐福寧，漳海大捷，擒佛郎機名王及黑白諸番喇噠諸賊甚眾。度其必變，乃傳令軍前執訊，斬其渠魁，安其反側。先後以聞，浙閩悉定。五月，得請生還，困臥蕭寺。屠喬嗾御史陳九德，論以殘橫專擅，眾欲殺之。賴聖明在上，姑褫職候勘。竊自嘆，一介書生，叨冒至此，靜思稱塞，不過數事……[73]

68《明實錄．明世宗實錄》卷三百三十八，嘉靖二十八年七月壬申。

69 參見萬斯同，《明史》卷二百九十五〈朱紈傳〉。

70 參見萬斯同《明史》卷二百九十五〈朱紈傳〉。萬氏說：「御史陳九德受諸勢家風指，劾紈不俟奏請，專擅殺戮。」

71（明）王士騏，《皇明馭倭錄》卷五，嘉靖二十九年。

72（清）萬斯同，《明史》卷二百九十五〈朱紈傳〉。

73（明）焦竑，〈都察院右副都御史秋厓朱公壙志（自撰）〉，《國朝獻徵錄》卷六十二。按：文中提到的屠喬、屠大山都是高官。屠喬，字安卿，號東洲，寧波府鄞縣人，官至都察院左都御史。屠大山，字國望，號竹墟，寧波府鄞縣人，官至南京兵部尚書、應天巡撫。

當逮捕他至京訊問的聖旨下達之時，朱紈已經自殺身死了。對於他的死，人們大多表示惋惜，王士騏說：「國史謂紈張皇太過，又謂功過未明，尚非曲筆。」[74]萬斯同說：「紈清強峭深，勇於任事，不恤人怨，故及於禍。……紈在事三載，號為有功，徒為滃訾者所擠，而勘官務深入，不恤國典，致勞臣受禍，朝野為之太息。」[75]不能說毫無根據，但流於表面，各人立場不同視角亦異。深層的問題在於，他所全力維護的海禁，究竟是否合理？究竟是否符合時代潮流？他至死都不明白。

徐光啟說得好：「朱秋厓紈，清正剛果，專以禁絕為事，擊斷無避，當時譁然。卒被論劾，憤懣以死，至今人士皆為稱冤。冤則冤矣，海上實情實事未得其要領，當時處置果未盡合事宜也。此如癰疽已成，宜和解消導之法，有勇醫者憤而割去之。去與不去，皆不免為患耳。」[76]歷史就是這樣奇妙，拉開一段距離，才容易看得明白，徐光啟對朱紈充滿理解之同情，卻毫不客氣地指出他的政見頗有問題。那麼徐光啟所批評的「海上實情實事未得其要領」，究竟是什麼意思？請看他的分析：「有無相易，邦國之常。日本自宋以前，常通貢市，元時來貢絕少，而市舶極盛，亦百年無患也。高皇帝絕其貢，不絕其市。永樂以後，仍並貢、市許之。蓋彼中所用貨物，有必資於我者，勢不能絕也。自是以來，其文物漸繁，資用亦廣。三年一貢，限其人船，所易貨物，豈能供一國之用？於是多有先期入貢，人船逾數者，我又禁止之，則有私通市舶者。私通者商也，官市不開，私市不止，自然之勢也。又從而嚴禁之，則商轉為盜，盜而後得為商矣。」

這種深邃的見識，寬闊的視野，只屬放眼看世界的先進中國人徐光啟，朱紈哪裡可以與之比肩呢？這也許就是朱紈的侷限性，正是這種侷限性鑄就了他的悲劇下場。正如陳文石所說：「朱紈之敗，乃明代海禁政策下所釀成的悲劇。……朱紈徒以嚴急執法，不能就海禁政策與廣大沿海貧民生計根本問題上檢討議處，實為失策。而濱海勢家，僅知就個人利益，挾制玩弄其間，恩怨相傾，意氣相鬥，尤足令人嘆息。」[77]

走私貿易與海禁政策的較量，以這樣的結果收場，發人深思，海禁政策的不合時宜，已經昭然若揭了。

四、嘉靖倭患的真相

相對於廣東沿海對南洋的貿易而言，浙閩沿海對日本的貿易控制更嚴，這種矛盾更為突出。一旦浙江市舶司關閉以後，海上貿易的供求失衡尖銳地凸顯出來，大規模的走私集團興起，為了對付官方的彈壓，他們都配備武裝。這種武裝走私集團的貿易對象是日本商人，由於種種原因，被蒙上了「倭寇」的色彩。這是「罷市舶」所引起的嚴重後果，當時人幾乎眾口一詞地指出：「罷市舶，則利孔在下，奸商外誘，島夷內訌，海上無寧日矣。」[78]參與「平倭」的譚綸說得非常深刻：

閩人濱海而居者不知其凡幾也，大抵非為生於海則不得食。海上之國方千里者不知凡幾也，無中國綾錦絲枲之物則不可以為國。禁之愈嚴則其值愈厚，而趨之者愈眾。私通不得即攘奪隨之。昔人謂弊源如鼠穴也，須留一個，若還都塞了，好處俱穿破。意正在此。今豈惟外夷，即本處魚蝦之利

74（明）王士騏，《皇明馭倭錄》卷五。

75（清）萬斯同，《明史》卷二百九十五〈朱紈傳〉。

76（明）徐光啟，〈海防迂說〉，《徐文定公集》卷四。

77 陳文石，〈明嘉靖年間浙福沿海寇亂與私販貿易的關係〉，《歷史語言研究所集刊》第三十六本上冊，頁三九四—三九五。

78（明）黃侯卿，《倭患考》卷上。

> 與廣東販米之商，漳州白糖諸貨，皆一切禁罷，則有無何所於通，衣食何所從出？如之何不相率而勾引為盜賊也。[79]

譚綸的話揭示了一個簡單的事實：「一切禁罷」，海禁愈趨嚴厲，沿海民眾「私通不得即攘奪隨之」，由海上走私而轉化為「盜賊」。這是值得注意的大背景。

關閉市舶司，中止日本與中國的朝貢貿易的結果，斷絕了官方貿易，民間走私貿易乘機取而代之。沿海走私貿易商人向日本商人提供他們所需的生絲、絲織品、棉布、陶瓷、鐵鍋、水銀、藥材、書籍等中國商品。海禁愈嚴，價格愈貴，鋌而走險者愈多。《籌海圖編》記載了當時運往日本的中國商品情況，非常有意思：

> 絲，所以為織絹紵之用也。蓋彼國自有成式花樣，朝會宴享，必自織而後用之。中國絹紵但充裡衣而已。若番舶不通，則無絲可織。每百斤值銀五六十兩，取去者其價十倍。
>
> 絲綿，髡首裸裎不能耐寒，冬月非此不暖。常因匱乏，每百斤價銀至二百兩。
>
> 布，用為常服，無綿花故也。
>
> 綿綢，染彼國花樣，作正衣服之用。
>
> 錦繡，優人劇戲用之，衣服不用。
>
> 紅線，編之以綴盔甲，以束腰腹，以為刀帶、書帶、畫帶之用。常因匱乏，每百斤價銀七十兩。
>
> 水銀，鍍銅器之用，其價十倍中國。常因匱乏，每百斤價銀三百兩。
>
> 針，女工之用，若不通番舶而止通貢道，每一針價銀七分。
>
> 鐵鍋，彼國雖自有而不大，大者至為難得，每一鍋價銀一兩。

> 磁器，擇花樣而用之。
> 古文錢，倭不自鑄，但用中國古錢而已。每一千文價銀四兩。若福建私新錢，每千文價銀一兩二錢。
> 藥材，諸味俱有，惟無川芎，常價一百斤價銀六十七兩；其次則甘草，每百斤價銀二十金以為常。[80]

你看，如此一個巨大的市場，如此高額的利潤，對商人的誘惑力之大可想而知，要想禁是禁不住的。面對如此洶湧的潮流，堵塞不如疏導。

全漢昇指出：「日本在戰國時期（一四六七—一五七三）後，內戰結束，人民生活安定，對絲貨的消費跟著增加。在另一方面，由於銀礦生產豐富，人民購買力提高，從而輸入更多的絲貨。可是，當日本華絲入口貿易擴展的時候，葡人卻不能像過去那樣壟斷華絲市場，因為利之所在，中、日商人看見葡人那樣發財致富，自然要違反明朝政府禁止通商的法令，從事走私貿易了。」又說：「看見葡人經營中、日貿易，大發其財，中國東南沿海商人，早就不顧明朝政府有關中、日通商的禁令，祕密派船輸出華絲及其他貨物，運往日本及其他國家出售獲利。」[81]

79（明）譚綸，〈海寇已寧比例陳情疏〉，《譚敏襄公奏議》卷二。
80（明）鄭若曾，〈倭國事略〉，《籌海圖編》卷二。
81全漢昇，〈明中葉後中日間的絲銀貿易〉，《歷史語言研究所集刊》第五十五本第四分冊，頁六四〇—六四二。

何謂「嘉靖大倭寇」

長期以來，關於明代的倭寇，尤其是「嘉靖大倭寇」（或曰「後期倭寇」），在學術界一直爭議不斷，關鍵在於概念與史實的混淆。一九九〇年代出版的《中國歷史大辭典》也留下明顯的痕跡。該辭典的「倭寇」條說，倭寇是指「明時騷擾中國沿海一帶的日本海盜」。[82]這個說法過於籠統，缺少分析，顯得似是而非。應該說，不同時期的倭寇，其內涵是不同的，對中國影響最大的是後期倭寇，即「嘉靖大倭寇」，如何界定，似乎是一個問題。

一九八〇年代以來，史學界一些有識之士對倭寇（主要指「嘉靖大倭寇」）重新加以檢討，從考證歷史事實出發，提出令人耳目一新的解釋。林仁川〈明代私人海上貿易商人與「倭寇」〉，根據大量歷史事實得出這樣的結論：「倭寇」的首領及基本成員大部分是中國人，即海上走私貿易商人，嘉靖時期的禦倭戰爭是一場中國內部海禁與反海禁的鬥爭。[83]戴裔煊《明代嘉隆間的倭寇海盜與中國資本主義萌芽》在實證研究的基礎上，提出獨特見解：倭患與平定倭患的戰爭，主要是中國社會內部的階級鬥爭，不是外族入寇。[84]王守稼〈嘉靖時期的倭患〉，說得更徹底：明朝政府把王直集團稱為「倭寇」，王直集團也故意給自己披上「倭寇」的外衣，他們其實是「假倭」，而「真倭」的大多數卻是王直集團雇傭的日本人，處於從屬、輔助的地位。[85]

為什麼長期以來人們都把嘉靖倭患說成是日本海盜的入侵呢？原因是複雜的，不外乎這樣幾點：其一，倭寇中確有一部分真正的日本人，即所謂「真倭」，正如《明史·日本傳》所說：「大抵真倭十之三，從倭十之七。」其二，王直等人有意製造混亂，保護自己。曾經參與胡宗憲平倭的幕僚茅坤指出：海寇每船約二百人，首領大都為福建及浙江溫州、台州、寧波人，也有徽州人，「所謂倭而椎髻者特十數人焉而已，此可見諸寇特挾倭以為號而已，而其實皆中州之人也。」王直等人每攻掠一地，必放出風聲，詭稱為「島夷」所為，以致明朝官方不明真相，誤以為日本海盜入侵。其三，明朝的平倭將領為了冒報戰功，虛張聲勢，在作戰失利時謊稱倭寇進犯，誇大敵情；稍有斬獲，便把一般海盜當作「真倭」上報。因為官方規定，擒斬「真倭賊首」一名，可以連升三級獲賞銀一百五十兩；擒斬「真倭從賊」一名，可以升一級或賞銀五十兩。無怪乎當時人要說：「嘗聞吾軍斬首百餘，其間止有一二為真賊者……官兵利於斬倭而得重賞，明知中國人而稱為倭夷，以訛為訛，皆曰倭夷，而不知實中國人也。」[86]

以上新論或許有待完善，但就其主要傾向而言，更加接近歷史真實是毫無疑問的。陳文石一九六五年發表的論文〈明嘉靖年間浙福沿海寇亂與私販貿易的關係〉，從五個方面展開論證：一、明代的海禁政策貢舶貿易制度與私販貿易的關係；二、國人私販貿易與沿海地理經濟條件；三、嘉靖前期的私販活動；四、私販轉為海盜與朱紈禁海失敗；五、嘉靖後期的私販與寇亂。他在文末指出：嘉靖年間的大禍（即所謂倭患）是明代海禁政策造成的後果，「凡違禁私販出入海上者，官府皆以海盜視之，嚴予剿除。彼等既不能存身立足，自新復業，則只有往來行剿，或奔命他邦，開闢生路」。[87]另一位臺灣學者林麗月對於嘉靖年間閩南士紳捲入海上走私貿易，給與正面的評價：「閩南士紳投身海上貿易無非以追逐私利為動機，難免有蔑視朝廷法令與地方官府之譏，但就促進閩南沿海地區的經濟發展而言，應不無

82《中國歷史大辭典．明史卷》（上海：辭書出版社，一九九五），頁四一一。

83 參見林仁川，〈明代私人海上貿易商人與「倭寇」〉，《中國史研究》一九八〇年第四期。

84 參見戴裔煊，《明代嘉隆間的倭寇海盜與中國資本主義萌芽》（北京：中國社會科學出版社，一九八二），頁一六。

85 王守稼，〈嘉靖時期的倭患〉，《封建末世的積澱和萌芽》（上海：上海人民出版社，一九九〇），頁二七七。

86（明）王文祿，〈截寇源〉，《策樞》卷四。

87 陳文石，〈明嘉靖年間浙福沿海寇亂與私販貿易的關係〉，《歷史語言研究所集刊》第三十六本上冊，頁四一七。

正面意義。」[88]

讀者不難發現，上述新論與二十世紀三、四〇年代以來過多摻雜民族情緒的「倭寇」論相比，是大異其趣的，顯示了史學家追求客觀認知的真誠態度。

眾所周知，倭寇問題涉及日本，日本學者做了大量研究，令人不解的是，以往中國大陸學者在研究這個問題時，有意無意地忽略了日本學者的研究成果。在我看來，日本學者以他們特有的實證風格，努力揭示歷史真相的努力，是令人欽佩的。

明史專家山根幸夫在《明帝國與日本》中，談到「後期倭寇」時，強調以下兩點：一、後期倭寇的主體是中國的中小商人階層——由於合法的海外貿易遭到禁止，不得不從事海上走私貿易的中國商人；二、倭寇的最高領導者是徽商出身的王直——要求廢止「禁海令」，追求貿易自由化的海上走私貿易集團的首領。[89]

曾經寫過《倭寇與勘合貿易》的倭寇問題專家田中健夫，為《日本史大事典》撰寫的「倭寇」條，釋義既客觀又精細，大大有助於廓清倭寇的概念，很值得細細品讀：

> 在朝鮮半島、中國大陸的沿岸與內陸、南洋方面的海域行動的、包括日本人在內的海盜集團，中國人和朝鮮人把他們稱為「倭寇」。它本來帶有「日本侵寇」或「日本盜賊」的意味，但是由於時代和地域不同，它的意味和內容是多樣的，把倭寇當作連續的歷史事象是不可能的。
>
> 「倭寇」二字初見於四〇四年的高句麗〈廣開土王陵碑〉，此後豐臣秀吉的朝鮮出兵，以至二十世紀的日中戰爭等事件中，都有倭寇的文字表述。由於時期、地域、構成人員等規模的不同，對倭寇的稱呼是各式各樣的：「高麗時代的倭寇」「朝鮮初期的倭寇」「麗末鮮初的倭寇」「元代的倭寇」「明代的倭寇」「嘉靖大倭寇」「萬曆的倭寇」「二十世紀的倭寇」「朝鮮半島的倭寇」「山東的倭寇」

「中國大陸沿岸的倭寇」「浙江的倭寇」「杭州灣的倭寇」「雙嶼的倭寇」「瀝港的倭寇」「臺灣的倭寇」「呂宋島的倭寇」「南洋的倭寇」「支那人的倭寇」「朝鮮人的倭寇」「葡萄牙人的倭寇」「王直一黨的倭寇」「徐海一黨的倭寇」「林鳳一黨的倭寇」等等。

在以上這些倭寇中，規模最大，活動範圍最廣的是十四—十五世紀的倭寇和十六世紀的倭寇。[90]

關於十四—十五世紀的倭寇，田中健夫認為這時期的倭寇以朝鮮半島為主舞臺，也在中國大陸沿岸行動，高麗、朝鮮（李氏朝鮮）、元、明受到各種各樣的損害。《高麗史》於一二二三年首次出現記錄倭寇的文字。日本方面《吾妻鏡》記載，貞永元年（一二三二）肥前鏡社的人在高麗當海盜的事。但是，在高麗的倭寇行動成為大問題的是一三五〇年以後，這年以後每年都有倭寇的船隊騷擾朝鮮半島沿岸，全羅道和楊廣道（現忠清道）受害特別大。倭寇的構成人員是以對馬、壹岐、松浦地方的名主、莊官、地頭等為中心的海盜群、海上流浪者群、武裝商人等，還有朝鮮稱為禾尺、才人的賤民。日本人在倭寇集團中所占比率約為一〇％到二〇％，大部分的倭寇集團是日本人和高麗人、朝鮮人的聯合體。襲擊朝鮮半島的倭寇，他們的行動地域延伸到中國大陸，攻擊了元、明。明朝在加固沿岸警備的同時，明太祖取締和日本的西征將軍懷良親王有交涉的倭寇，沒有取得成果。明成祖時，和足利義滿之間達成交通關係，倭寇勢頭趨於和緩。[91]

關於十六世紀的倭寇（亦即後期倭寇），田中健夫這樣寫道：

88　林麗月，〈閩南士紳與嘉靖年間的海上走私貿易〉，《臺灣師範大學歷史學報》第八期。

89　參見山根幸夫，《明帝國與日本》（東京：講談社，一九七七），頁六一—六二。

90　《日本史大事典》（東京：平凡社，一九九四），頁一三一二—一三一三。

91　參見《日本史大事典》，頁一三一二—一三一三。

> 因為依託於勘合船的日明間的交通中途斷絕，中國大陸沿岸發生了大倭寇。最激烈的是明嘉靖年間為中心，持續至隆慶、萬曆年間的約四十年時間，因而稱為「嘉靖大倭寇」。這個時期的倭寇，日本人參加數量是很少的，大部分是中國的走私貿易者，以及追隨他們的各色人等。這時在東亞海域初現身姿的葡萄牙人被當作倭寇的同類對待。自從明太祖以來稱為「海禁」的一種鎖國政策，禁止中國人在海上活動。隨著經濟的發達，維持這種政策是困難的，於是產生了大量走私貿易者。他們和地方富豪階層（鄉紳、官僚）勾結，形成強大的勢力，推進走私貿易。葡萄牙人因為得不到明政府正式貿易的許可，也不得不加入走私貿易，日本的商船則以國內豐富的銀生產為背景，與之合流。中國官府把這些人一概當作倭寇。浙江省的雙嶼港和瀝港作為走私貿易基地，遭到中國官軍的攻擊而毀滅殆盡，走私貿易者一變而為海盜群。薩摩、肥後、長門、大隅、筑前、筑後、日向、攝津、播磨、紀伊、種子島、豐前、豐後、和泉等地的日本人投靠了倭寇。作為倭寇的首領，有名的是王直、徐海。王直以日本的平戶、五島地方為根據地，率大船隊攻擊中國的沿海。明朝方面胡宗憲、戚繼光、俞大猷等負責海防，取得了各種功績。不久與海禁令解除的同時，日本方面豐臣秀吉國內統一的進行，倭寇次第平息。[92]

如果平心靜氣地把《日本史大事典》的「倭寇」條與《中國歷史大辭典》的「倭寇」條加以比較，那麼其間的高下是不難辨明的，把倭寇簡單地斷定為「明時騷擾中國沿海的日本海盜」，看來頗有商榷之餘地。

徽州商人（日本學者稱為新安商人）研究的奠基人——藤井宏，最早注意到這個問題。他的成名作《新安商人的研究》，注意到徽商在浙閩沿海的進出口貿易。他追述了藤田豐八在〈葡萄牙人占據澳門以前的諸問題〉一文中，揭示了《日本一鑑》和其他相關資料關於徽州海商活動的記載，並在此基礎上，廣泛蒐集資料展開分析。

藤井宏指出，嘉靖十九年（一五四〇），許一、許二、許三、許四勾引葡萄牙人絡繹於浙海，並在雙嶼、大茅等地開港互市。《籌海圖編》卷五〈浙江倭變記〉云：「嘉靖十九年李光頭、許棟引倭聚雙嶼港為巢……光頭者，福（州）人李七；許棟，歙人許二也……其黨有王直、徐惟學、葉宗滿、謝和、方廷助等，出沒諸番，分跡剽掠，而海商始多事矣。」此時的王直不過是許氏兄弟的僚屬。《日本一鑑》海市條云：「嘉靖二十二年鄧獠等寇閩海地方，浙海盜寇併發。海道副使張一厚因許二等通番，致延害地方，統兵捕之。許一、許二等敵殺得志，乃與佛郎機競泊雙嶼，夥伴王直於乙巳歲往日本，始誘博多津倭助才門等三人，來市雙嶼。」嘉靖二十七年（一五四八），浙江巡撫朱紈派遣都指揮盧鏜等突襲雙嶼港，一舉覆滅所謂海賊老巢，生擒李光頭、許棟，王直等收集餘黨，重整勢力，把老巢移到金塘山（定海縣西八十里海中）的烈港（即瀝港），直到嘉靖三十六年（一五五七）被胡宗憲擒捕以前，東南海上全是王直的獨占舞臺。[93]

藤井宏還指出，王直是徽州鹽商出身，後來為日本人當經紀人，是貨物貿易的中介者，在雙嶼、烈港開闢走私市場。他借助閩廣海商的實力稱雄浙海，遭官軍打擊後，在日本平戶建立根據地，建都稱王，部署官屬，控制要害，形成了以「徽王」王直為中心的徽浙海外貿易集團，把徽州海商的海外貿易活動推進到一個前所未有的鼎盛階段。王直以後，日本平戶港一直是明末清初中國民間往來日本的一個

92《日本史大事典》，頁一三一二—一三一三。

93 參見藤井宏，〈新安商人的研究〉，《徽商研究論文集》（安徽：安徽人民出版社，一九八五），頁一八四—一八九。藤井宏文章原載《東洋學報》第三十六卷一、二、三、四號（一九五三—一九五四年），傅衣凌、黃宗煥譯文載於《安徽歷史學報》總號第二期和《安徽史學通訊》總字第九、第十號，後收入《徽商研究論文集》。

主要據點。

這種基於史料的實證研究，為理解王直與倭寇提供了很好的借鑑。令人不解的是，藤井宏的研究成果很少被研究倭寇問題的中國學者所關注，遲至三十年後才激起反響。

在這方面最有力度的當推徽商研究的後起之秀唐力行，他的〈論明代徽州海商與中國資本主義萌芽〉一文，從徽州海商的角度來考察倭寇，反過來考察日後成為倭寇首領的徽州海商：「為了對抗明王朝的武力鎮壓和擴大貿易，海商們漸次組合成武裝集團……這些船頭又在競爭兼併中聚合成幾個大的武裝海商集團。其中，較著名的以徽州海商為首領的有許氏海商集團、王直海商集團和徐海海商集團。」唐力行的另一大貢獻是考證了《明史》改王直為汪直很有必要。王直本姓汪，從事海上走私，風險大，為家屬安全計，隱瞞真姓（汪）。《明史》有汪直傳，以前均以為有誤，其實王直本來姓汪。汪為徽州大姓，「為賈於杭紹間者尤多」。橫行東南沿海幾十年的「倭寇」首領許氏兄弟、王直（汪直）、徐海等，莫不是徽州海商。唐文的主旨是闡明這樣一個觀點：正是徽州海商和其他海商的走私貿易衝破了明王朝的海禁，把江南與世界市場聯繫起來，從而造成了江南社會經濟的一系列連鎖反應。[94]

相隔二十年之後，唐力行在〈結緣江南：我的學術生涯〉中回顧這篇文章時，還頗為激動。他說：

> 自明末直至上世紀七〇年代，史家眾口一詞地指責嘉、隆年間的海商為「倭寇海盜」。這就涉及到一個如何對待傳統史學的問題。不少史學工作者至今沒有突破忠君愛國的正統觀念，他們以是否能保持封建王朝的穩定性作為評判歷史事件的標準，而不是以是否有利於歷史的進步作為研究工作的著眼點。戴裔煊先生以耄耋之年推出他的開創之作《明代嘉隆間的倭寇海盜與中國資本主義萌芽》，為「倭寇」正名，其堅持實事求是的學術勇氣是可欽的。[95]

他還說，一九九〇年文章發表後，居然引來了麻煩——「被列入有組織的批判對象之一」。時過境遷之後，唐力行感慨地說：「此事並未了結，恐怕也難了結。在民族主義情緒高漲的情勢下，二〇〇五年網絡和輿論對亦寇亦商的王直的功過是非發生激烈爭論，浙江麗水和南京師範大學的兩名教師，乘著夜色，帶著斧頭和榔頭來到安徽歙縣，熱血沸騰地將刻有王直名字的墓碑和刻有日本人名字的『芳名塔』砸毀。上海《新民晚報》也接連刊出整版的文章為之推波助瀾。」[96]

這確實是值得深長思之的。人們應當反思，對歷史的無知是多麼的可怕。關於倭寇問題的最新研究成果，從另一個方面提供了思路。臺灣學者吳大昕的論文〈猝聞倭至——明朝對江南倭寇的知識（1552-1554）〉，為探究歷史而別開生面。他的結論之一是：「嘉靖大倭寇的形象，是由各式各樣不同性質與目的之記載所構成的：有記載一地倭寇的著作，士紳文集中偶見的書信與奏議，《實錄》上的記載，以及為數不多的兵部奏議，與幾部由胡宗憲掛名主編的作品。留下的倭寇文字紀錄雖多，但可用來說明『真實』的卻很少，這是由兩個原因所造成，一是倭寇發生時江南普遍籠罩在『猝聞倭至』的恐慌心理中；二是北京與地方訊息傳播的不確實。」結論之二是：「當時各式出版品的出版風潮下，助長了嘉靖大倭寇形象的再建立，倭寇全是日本人，他們都是無知、愚昧而殘忍好殺的，靠著中國人王直的領導，才能成功的劫掠東南沿海。此時的倭寇出版品充滿了目的性，述說著倭寇不難平定，對日本應採取嚴厲的打擊而非合作；而這個目的性，便完全掩蓋了嘉靖大倭寇的真實面貌。」有意思的是，這篇文章提到了一個鮮為人知的史事：江南人對於嘉靖大倭寇的記憶，居然來自一個叫做蕭顯的中國人。嘉靖三十二

94 參見唐力行，〈論明代徽州海商與中國資本主義萌芽〉，《中國經濟史研究》一九九〇年第三期。

95 唐力行，〈結緣江南：我的學術生涯〉，《明清江南史研究三十年（1978-2008）》（上海：上海古籍出版社，二〇一〇），頁五一一—五一二。

96 唐力行，〈結緣江南：我的學術生涯〉，《明清江南史研究三十年（1978-2008）》，頁五一二。

年（一五五三），明朝官軍進攻烈港，把王直驅逐出浙江的據點，使得王直的海上勢力一時瓦解，由於缺乏補給，一部分人冒險登陸松江府的柘林，其中一個叫作蕭顯的人尤為桀驁狡猾，當時人這樣描述他：「率勁倭四百餘人，攻吳淞、南匯所，俱破之，屠掠極慘。分兵掠江陰，圍嘉定、太倉。」吳大昕說：「蕭顯這次的冒險，開始了嘉靖大倭寇的時代，也烙印了江南人對大倭寇的記憶。」他還說：「許多學者就根據紀錄中『言如鳥語，莫能辨也』來判斷是否是真倭。實際上，在那個沒有『國語』的時代，即使是同為中國人，是否真能相互溝通都是令人懷疑的，特別是對江南而言，倭寇幾乎等同於『外地人』。無形中『倭』也就變得更多了。」[97]這種基於史料實證的嚴謹考辨，揭示了當時人對倭寇的認識，令人耳目一新。

倭患與真倭、假倭

親歷平倭事宜的唐樞，在一篇寫於嘉靖三十一年（一五五二）的公文中，提及「寇之緣由」，說的還是比較客觀的：「海寇之熾，自嘉靖五六年始。彼因商道禁嚴，橫行劫掠，然止以南紀澳為巢穴，居有定處。至嘉靖二十年後，許棟、李光頭等掠人責贖，聲勢衍蔓，然止偶遇佛郎機船數隻，黨有定夥。昔時在倭為寇，在我國為民；行者為寇，居者為良民。今則華夷渾處，內外連結，善惡莫辨。官府舉動方下堂階，而聲傳賊眾；賊有勾當，不時遣入，而即作施行，推厥所終，誠可疑懼。」[98]

地方政府第一次以「倭賊入寇」上報朝廷，與「內地奸商」汪直、徐海與餘姚謝氏在海外貿易上的糾紛有關。朱紈在奏報漳州走馬溪大捷時，說「夷患率中國並海居民為之」，王士騏引用這一奏疏，所寫的按語很值得注意：

海上之事，初起於內地奸商汪直、徐海等，常闌出中國財物，與番客市易，皆主於餘姚謝氏。久之，謝氏頗抑勒其值，諸奸索之急，謝氏度負多不能償，則以言恐之曰：「吾將首汝於官。」諸奸既恨且懼，乃糾合徒黨、番客，夜劫謝氏，火其居，殺男女數人，大掠而去。縣官倉惶申聞上司云：「倭賊入寇。」巡撫紈下令捕賊甚急，又令濱海居民有素與番人通者，皆得自首，及相告言。於是人心洶洶，轉相告引，或誣良善，而諸奸畏官兵搜捕，亦遂勾引島夷及海中巨盜，所在劫掠，乘汛登岸，動以倭賊為名，其實真倭無幾。[99]

顯然，地方官所謂「倭賊入寇」完全是訛傳。所謂「內地奸商」汪直、徐海，不過是從事海外貿易的徽州商人，他們代理餘姚謝氏貨物的外銷業務，另一方則是停泊在寧波外海的日本或葡萄牙商船，汪直、徐海從中起到中介作用，收取佣金而已。由於謝氏經常拖欠應付的佣金，引起糾紛，最終導致一場焚劫事件，轟動一時，卻與「倭賊」全然無關。此處所說的餘姚謝氏，即前任大學士謝遷家族，與同安林氏一樣，都有強硬的背景，可見勢豪之家都捲入走私貿易，所以難禁。但是，走私貿易者並非倭寇。這條關於倭寇緣起的重要史料，值得重視。

同時代的嘉興人李日華，在〈嘉禾倭寇紀略〉中也有類似的說法：

海上之事，初起於內地奸商汪直、徐海輩，闌出中國財物，與番舶市易。主於餘姚謝氏，頗抑勒

97 吳大昕，〈猝聞倭至——明朝對江南倭寇的知識（1552-1554）〉，臺北《明代研究》第七期，二〇〇四年。

98（明）唐樞，〈復林石海大巡公帖（壬子七月）〉，《木鐘台雜集》利卷《海議》。按：壬子即嘉靖三十一年。

99（明）王士騏，《皇明馭倭錄》卷五，嘉靖二十八年朱紈奏疏之按語。按：焦竑《國朝獻徵錄》卷六十二焦氏為朱紈自撰〈壙志〉所寫按語，引用了王士騏這段文字。

> 其值，謝復多所負，度不能悉償，則恐之曰：「吾將首汝」。諸奸恨且懼，糾合徒黨，夜焚劫謝氏，殺男婦數人，掠資而去。有司張皇其事，稱「倭入寇」。巡撫都御史朱紈下令捕賊甚急，又令沿海居民得互訐察相告言。於是人心洶洶，諸奸莫必其命，遂勾島夷及海中亡命，乘潮登岸行劫。[100]

李日華與王士騏是同時代人，王是萬曆十七年（一五八九）進士，李是萬曆二十年（一五九二）進士；王是太倉人，李是嘉興人，就時間與空間而言，都是嘉靖倭患的親歷者，所見略同，不足為奇。然而文字如此雷同，人們或許會問，究竟是誰影響了誰？抑或二人都接受了同一信息源？這其實無關宏旨，重要的是，兩位重量級人物的看法如此一致，有力地證明了事實的真相。海上之事起初不過是海商的走私活動，由於地方官謊報軍情，朱紈的嚴厲海禁，促使海商轉化為海盜。王氏說「勾引島夷及海中巨盜，動以倭賊為名，其實真倭無幾」；李氏說「勾島夷及海中亡命，乘潮登岸行劫」，從不同角度揭示了倭患緣起的真相。

當時人幾乎都認同這樣一點，即真倭所占比例極少，大部分是假倭。嘉靖三十三年（一五五四），身任兵部侍郎兼漕運總督的鄭曉，於四月十三日寫的奏疏中說：「倭寇侵犯，其中類多福建、浙江並江南、江北、直隸之人，或奸豪射利之徒，或勇悍無聊之眾，齎糧漏師，肆無忌憚，結黨效尤，苟活旦夕。若不早為區處，日甚一日，其禍不啻烈於戎狄而已。」[101]

同年五月十二日，他在另一份奏疏中說：「臣原籍浙西，叨役江北，切見倭寇類多中國之人，間有膂力、膽氣、謀略可用者，往往為賊躧路踏白，設伏張疑，陸營水寨，據我險要，聲東擊西，知我虛實。以故數年之內，地方被其殘破，至今未得殄滅。緣此輩皆粗豪勇悍之徒，本無致身之階，又乏資身之策，苟無恆心，豈甘喙息，欲求快意，必致鴟張。是以忍棄故鄉，番從異類。倭奴藉華人為耳目，華人藉倭奴為爪牙，彼此依附，出沒海島，倏忽千里，莫可蹤跡。況華夷之貨往來相易，其有無之間，貴賤頓異。行者逾旬，而操倍蓰之贏；居者倚門，而獲牙行之利。今欲一切斷絕，竟至百計交通。利孔既塞，亂源遂開，驅扇誘引，徒眾日增。」[102]

他一再指出，所謂倭寇大多是中國人，既有東南沿海省份的奸豪，也有破產的勇悍人群。海禁愈嚴，斷絕了他們的生計，禍亂愈發嚴重。對於這一點，他寫的《皇明四夷考》，從政治腐敗入手予以分析：「近年寵賂公行，上下相蒙，官邪政亂，小民迫於貪酷，苦於徭賦，困於饑寒，相率入海從之。凶徒、逸囚、罷吏、黠僧，及衣冠失職、書生不得志，群不逞者，皆為之奸細，為之嚮導。人情忿恨，不可堪忍，弱者圖飽暖旦夕，強者奮臂欲泄其怒。於是王忤瘋（王直）、徐必欺（徐海）、毛醢瘋（毛海峰）之徒，皆我華人，金冠龍袍，稱王海島，攻城掠邑，劫庫縱囚，遇文武官發憤砍殺，即伏地叩頭乞餘生不聽，而其妻子、宗族、田廬、金谷公然富厚，莫敢誰何，浙東大壞。」[103]

明末陳仁錫在談到海防時，引用了鄭氏這段話，不過立意稍有不同：「或云，罷市舶而利孔在下，奸豪外交內訌，海上無寧日矣。番貨至，輒賒奸商，久之，奸商欺負，多者萬金，乃投貴家；久之，貴家又欺負，不肯償。番人乏食，出沒海上為盜。貴官家欲其亟去，輒以危言撼官府出兵，輒齎糧啖番人，利他日貨至，且復賒我。番人大恨，言我貨本倭王物，盤踞海洋不肯去。小民迫於貪酷，相率入海從之。凶徒、逸囚、罷吏、黠僧，及衣冠失職、書生不得志，群不逞者，皆為之奸細。於是，汪五峰、徐碧溪、毛海峰之徒，皆我華人，金冠龍袍，稱王海島，攻城掠邑，劫庫縱囚，遇文武官發憤砍殺，浙

---

100 （明）李日華，〈嘉禾倭寇紀略〉，《李太僕恬致堂集》卷三十九《雜文》。李氏退官後致力於地方志編纂，此文當為地方志而寫，應是實錄。

101 （明）鄭曉，〈重大倭寇乞處錢糧疏〉，《鄭端簡公奏議》卷一。

102 （明）鄭曉，〈乞收武勇亟議招撫以消賊黨疏〉，《鄭端簡公奏議》卷一。

103 （明）鄭曉，《皇明四夷考》上卷《日本》。

東大壞。」[104]

當時的地方官紛紛指出，倭寇大多是中國人。例如嘉靖三十二年（一五五三）太平府同知陳璋向朝廷上〈禦倭十二事〉，重點就是「倭寇多中國人，宜早圖區處」。興化知府董士弘認為，「江南海警，倭居十三，而中國叛逆居十七」。又如嘉靖三十四年（一五五五）南京湖廣道御史屠仲律，向朝廷上〈禦寇五事〉，第一就是「絕亂源」：「夫海賊稱亂，起於負海奸民通番互市，夷人十一，流人十二，寧、紹十五，漳、泉、福人十九。雖概稱倭夷，其實多編戶之濱民也。臣聞海上豪勢為賊腹心，標立旗幟，勾引深入，陰相窩藏，展轉貿易。此所謂亂源也。」[105]

明白了所謂倭寇大多是中國人，也就是說，真倭少而假倭多，並不能解釋本質問題。必須進一步揭示真倭與假倭的關係，如果假倭從屬真倭，聽從真倭指揮，那麼把這些假倭概稱為倭寇，並無不可；假如真倭從屬假倭，聽從假倭指揮，那麼就不能把假倭一概稱為倭寇。

在這方面，當時的內閣大學士徐階向皇帝奏對時所說的話，最有說服力：「臣去歲具奏之時，尚聞此賊是真倭，近來細訪乃知，為首者俱是閩浙積年販海劇賊，其中真倭不過十分之三，亦是雇募而來者。只因初時官司不能討捕，彼見地方無人，又得利甚厚，故舊者屯據不去，新者續增無窮，而沿海無賴貧民為所誘脅，因而從之，故其徒日繁，其勢日猖獗。」[106]

徐階的這段話，是對於皇帝諮詢的回話，是兩人之間的意見交換，與公開場合的官樣文章截然不同，他坦率地講了真話。那些海賊並非真倭，而是長年在閩浙沿海從事貿易的「劇賊」，而十分之三的真倭，是他們雇募而來的日本人。因此真倭是從屬「劇賊」的，當然不能籠統地把「劇賊」一概視為倭寇。

那麼這些雇募而來的真倭充當什麼角色呢？一是用他們來對付官軍，二是用他們來混淆視聽。請看胡宗憲的幕僚鄭若曾的說法：「海商原不為盜，然海盜由海商起，何也？許二、王直輩通番渡海，常防刼奪，募島夷之驍悍而善戰者，蓄於舟中。」[107]話說得很直白，那些真倭都是王直等人從日本雇募而來的，處在從屬的被雇傭的地位。這也印證了徐階所說，「真倭不過十分之三，亦是雇募而來者」，確有所據。反觀鄭曉所說，「倭奴藉華人為耳目，華人藉倭奴為爪牙，彼此依附」，就顯得過於含糊，不分主從。所以關於倭寇的記載中，有名有姓的真倭寥寥無幾，稍微有點名氣的有一個名叫辛五郎，此人不過是徐海的偏裨。[108]

曾經作為胡宗憲幕僚的茅坤，親歷倭患，談及此事，非常注意把「海上之寇」與「倭寇」、「倭患」加以區分。他在一篇議論「海寇事宜」的書信中，向浙江巡撫李天寵條陳八事，即諜賊情、申軍令、利器械、分戰守、擇官使、籍兵伍、築城堡、練鄉兵。其中第一條「諜賊情」寫得最為精彩，特別強調「諸寇特挾倭以為號而已，其實皆中州之人」：

> 即如近年黃岩以來，眾並稱倭奴入寇。倭特東海諸夷之總名，而不聞其某島為首，亂以某事始釁也。或謂其誘之者海賈王五峰、徐碧溪等。然要之，諸海賈特以射利而出爾，非欲長子孫海島也……若海上之寇乘潮往來，自溫、台、寧、紹，以及杭、嘉、蘇、松、淮陽之間，幾三千里。東備則西擊，南備則北擊，絕非國家戍守之兵所可平定者。近聞里中一男子，自昆山為海寇所獲，凡

104（明）陳仁錫，《皇明世法錄》卷七十五《海防》。

105（明）沈越，《皇明嘉隆兩朝聞見紀》卷九。

106（明）徐階，〈再答倭情諭一〉（嘉靖三十四年五月十七日），《世經堂集》卷二《奏對二》。

107（明）鄭若曾，〈敘寇原〉，《籌海圖編》卷十一。

108 參見張鼐，《吳淞甲乙倭變志》卷上《紀捷》。張鼐寫道：「宿寇辛五郎者，徐海之偏裨也，與陳東、葉宗滿、葉麻輩同巢柘林……」

沒於賊五十日而出，歸語海寇大約艘凡二百人，其諸酋長及從，並閩及吾溫、台、寧波人，間亦有徽人，而閩所當者什之六七。所謂倭而椎髻者，特十數人焉而已。此可見諸寇特挾倭以為號而已，而其實皆中州之人也。夫既皆吾中州之人，其始也，本操資冒重利而入；其既也，則相與行劫，畏重罪而不能出。109

《籌海圖編》專門寫了〈寇蹤分合始末圖譜〉，提及的倭寇，其實都是假倭。陳文石的論文引用了這一《圖譜》，令人一目了然。簡要摘引如下：

金子老、李光頭：雙嶼之寇，金子老倡之，李光頭以梟勇雄海上。子老引為羽翼。迨子老去（歸福建），光頭獨留，而許棟、王直相繼而興者也。

許棟：此浙、直倡禍之始，王直故主也。初亦止勾引西番人交易，嘉靖二十三年始通日本，而夷夏之釁開矣。許棟滅，王直始盛。

王直：嘉靖二十三年入許棟船，為許棟領哨馬船，隨貢使至日本交易。嘉靖二十七年，許棟為都御史朱紈所破，王直收其黨自為船主。嘉靖三十一年，併吞陳思盼，因求開市不得，掠浙東沿海。嘉靖三十二年閏三月，在烈港為俞大猷所破。分掠沿海各地，敗走白馬廟，往日本，屯松浦。

陳思盼：屯長塗，尋為王直所滅。

鄧文俊、林碧川、沈南山：屯日本楊哥，攻仙遊寨，攻瑞安、黃岩，出洋，巢柘林，分掠蘇州、杭州。林碧川、鄧文俊、沈南山皆海上巨寇也。嘉靖三十一年浙直之禍林碧川實為之首，破黃岩得利，遂啟群盜貪心。三十三年，蕭顯繼出。碧川與顯以次敗亡，而徐海、陳東又繼之為浙東大患。

蕭顯：寇太倉，陷上海，巢柘林，破南匯，據川沙，攻嘉定，敗走海鹽。南直隸之禍，蕭顯實為首，善戰多謀，王直亦憚而讓者也。

徐海：率和泉、薩摩、肥前、肥後、津州、對馬島諸倭入寇，屯柘林，攻乍浦，犯平湖，破崇德，犯湖州，分掠各地。嘉靖三十四年、三十五年之亂，徐海為之首，陳東、葉麻為之輔，眾至數萬。

陳東：率肥前、筑前、豐後、和泉、博多、紀伊諸倭入寇，攻南匯、金山，入崇明，攻青村，圍上海，遁歸日本，復屯川沙，併入柘林，與徐海合，攻乍浦，圍桐鄉，分屯新場，與徐海、葉麻合。[110]

陳文石引用了上述《圖譜》後評論說：「這些有的原為海盜，純以劫掠為事。有的原為海商，轉而為盜。三十三年前後，諸股渠帥多被誅服，惟王直、徐海等仍為亂不已。」[111]

「市禁則商轉為寇」，「禁愈嚴而寇愈盛」

明白了海商轉而為盜的背景，我們不能不佩服當時人唐樞的犀利目光，他在回答胡宗憲的諮詢時，直言不諱地指出，由於海禁嚴厲，商人轉而為寇：「嘉靖六七年後，守臣奉公嚴禁，商道不通，商人失其生理，於是轉而為寇。嘉靖二十年後，海禁愈嚴，賊夥愈盛。許棟、李光頭輩然後聲勢蔓衍，禍與歲積。今日之事，造端命意，始系於此。夫商之事順而易舉，寇之事逆而難為，惟其順易之路不容，故逆難之圖乃作。」他特別強調所謂倭寇其實是中國百姓：「海上逐臭之夫無處無之，惡少易動之情，亦無處無之。樵薪捕魚，逞俠射利者，原無定守，不得安於其業，則隨人碌碌，乃常情之所必至。使有力者既已從商而無異心，則瑣瑣之輩自能各安本業，無所效尤，以為適從。故各年寇情歷歷可指，壬子（嘉

109（明）茅坤，〈與李汲泉中丞議海寇事宜書〉，《茅鹿門先生文集》卷二。

110（明）鄭若曾，〈寇蹤分合始末圖譜〉，《籌海圖編》卷八。

111 陳文石，〈明嘉靖年間浙福沿海寇亂與私販貿易的關係〉，《歷史語言研究所集刊》第三十六本上冊，頁三九九。

靖三十一年）之寇，海商之為寇也；癸丑（三十二年）之寇，各業益之而為寇也；甲寅（三十三年）之寇，沙上之黠夫、雲間之良戶復大益之而為寇也；乙卯（三十四年）之寇，則重有異方之集矣。跡是而觀，能無治其始乎？」[112]很清楚，倭患最嚴重的嘉靖三十一年到三十四年，先是海商轉而為寇，繼之各行各業隨之為寇，沿海的黠夫與松江的良戶也從而為寇，到了後來四方雲集，魚龍混雜，形勢愈發嚴重。

萬曆時福建長樂人謝傑對倭寇的分析與唐樞有異曲同工之妙，至少有以下幾點值得注意：

（一）、成為中國大患的「倭寇」，其實多是中國人：「倭夷之蠢蠢者，自昔鄙之曰奴，其為中國患，皆潮人、漳人、寧紹人主之也。其人眾，其地不足以供，勢不能不食其力於外，漳潮以番舶為利，寧紹及浙沿海以市商灶戶為利，初皆不為盜。」

（二）、由於政府實行嚴厲的海禁政策，閩浙沿海民眾海上貿易的生路受到遏止，由商轉而為寇：「嘉靖初，市舶既罷，流臣日嚴其禁，商市漸阻。浙江海道副使傅鑰申禁於六年，張一厚申禁於十七年。六年之禁而胡御史璉出，十七年之禁而朱御史紈出。視撫設而盜愈不已，何也？寇與商同是人，市通則寇轉為商，市禁則商轉為寇。始之禁禁商，後之禁禁寇，禁愈嚴而寇愈盛。『片板不許下海』，艨艟巨艦反蔽江而來；『寸貨不許入番』，子女玉帛恆滿載而去。商在此者，負夷債而不肯償；商在彼者，甘夷據而不敢歸。向之互市，今則嚮導；向之交通，今則勾引。於是濱海人人皆賊，有誅之不可勝誅者。」

（三）、政府推行政策的偏頗是導致「倭患」愈演愈烈的根本原因：「初但許棟、李光頭等數人為盜，既則張月湖、蔡未山、蕭顯、徐海、王直輩出而稱巨寇矣！初但宮前、南紀、雙嶼等數澳有盜，既則烈港、柘林、慈溪、黃岩、崇德相機失事，而稱大變矣！初但登岸擄人，責令赴巢取贖，既則盤踞內地，隨在成居，殺將攻城，幾於不可收拾矣！」

（四）、歸根結柢，「倭患」根源在於海禁太嚴：「推原其故，皆緣當事重臣意見各殊，更張無漸，但知執法，而不能通於法外；但知導利，而不知察乎利之弊，或以過激起釁，或以偏聽生奸……閩廣事體大約相同，觀丙子（萬曆四年）、丁丑（萬曆五年）之間，劉軍門堯誨、龐軍門尚鵬調停販番，量令納餉，而漳潮之間旋即晏然，則前事得失亦大略可睹也已。夫由海商之事觀之，若病於海禁之過嚴。」[113]

既然倭患的根源在於海禁太嚴，最好的解決辦法不是「堵」，而是「疏」，換言之，必須開放海禁，才能緩解倭患以及由此引起的社會動亂。事實已經證明，用軍事圍剿來解決倭患並不成功，從朱紈、張經、李天寵到胡宗憲，調動重兵圍剿倭寇，勞民傷財，財政不堪重負，民不聊生，社會愈發動亂。平倭總督胡宗憲之所以會乞靈於「招撫」的一手，就是看到了圍剿難以奏效，不得不另謀出路的無奈之舉。而「招撫」必須以開港通市作為交換條件，開放海禁便成了無法繞開的話題。

五、王直之死與海禁的開放

胡宗憲招撫王直

平倭戰爭中最富戲劇性的一幕，無疑是胡宗憲在趙文華的支持下，派人赴日招撫王直。趙文華、胡

112（明）唐樞，〈論處王直奏情復總督胡梅林公〉，《木鐘台雜集》利卷《海議》。

113（明）謝傑，〈倭原二〉，《虔台倭纂》上卷。

宗憲人品極差，都沒有好下場，但是他們都傾向於開放貢市卻是事實，我們不必因人廢言。

朱紈寫於嘉靖二十八年（一五四九）的〈壙志〉，透露了趙文華向他指出「市舶之利」，對嚴海禁頗有微詞：「趙文華啖以南京侍郎，脅以身後之禍，說以市舶之利，與屠喬、屠大山內外交煽尤多。」[114]

胡宗憲的幕僚茅坤在〈紀剿徐海本末〉中提到一個不易覺察的細節，胡宗憲決定派人赴日招撫王直之前，曾經與趙文華有過密謀，得到趙的認可後，才付諸實施。茅坤寫道：「先是，胡公始為提督時，嘗與監督尚書趙公謀曰：『國家困海上之寇數年於茲矣，諸酋奴乘潮出沒，將士所不得斥堠而戍者。人言王直以威信雄海上，無他罪狀，苟得誘而使之，或可陰攜其黨也。』於是遣辯士蔣洲、陳可願及故嘗與王直有善者數輩，入海諭直。」[115]

茅氏沒有標明此事的年月，從「尚書趙公」云云，可以推斷，當在嘉靖三十五年（一五五六）三月至四月之間。趙文華由工部侍郎晉升為工部尚書在此年三月，胡宗憲派遣蔣洲、陳可願赴日招撫王直，是在此年四月。這條史料的價值在於，胡宗憲事事唯趙文華馬首是瞻，因為趙的後臺是內閣首輔嚴嵩及其子嚴世蕃，如此重大的舉措，如果沒有趙文華的點頭，他絕不敢擅自行動，此其一。其二，在他看來，王直沒有什麼大的罪狀，是最合適的招撫對象，他一旦受撫，帶動一大批同黨來歸，倭患便可不戰而平。對於胡宗憲而言，可以獲得戰場上無法達到的豐功偉績。

兩年之前，即嘉靖三十三年（一五五四），兵部尚書聶豹就主張招撫王直，遭到兵科給事中王國禎的反對，他在〈禦寇方略〉中指出：「懸賞招降賊首王直非計。」聶豹反駁道：「海賊與山賊異，山賊有巢穴，可以力攻；海賊乘風飄忽，瞬息千里，難以力取。臣聞王直本徽人，以通番入海，得罪後，嘗為官軍捕斬陳嶼主（陳思盼）等，及餘黨二三百人，欲以自贖。而當時有司不急收之，遂貽今日大患。故仿岳飛官楊么、黃佐故事，懸賞購募，以賊攻賊，非輕王爵以示弱也。」雖然聶豹講得很有道理，但是皇帝不以為然，支持王國禎的意見，指示沿海五省總督張經：「一意剿賊，脅從願降者，待以不死，賊首不赦。」[116]因此之故，胡宗憲不可能公然亮明招撫王直的底牌，而是打出冠冕堂皇的幌子，請求皇帝派遣使節，「宣諭日本國王」，「往時日本入貢多不及期，請待其復來，得以便宜謝遣，仍令有司移檄於王，問以島夷入寇之狀」。兵部尚書楊博答覆：「按臣[117]移檄日本國王，責問何人倡亂，令於半年間立法鈐制，號召還國，即見忠款，雖使貢期未及，必為奏請，否則，是陽為入貢，陰蓄異謀也。」[118]得到皇帝批准後，他奉旨行事，派遣寧波府生員蔣洲、陳可願前往日本。其實所謂「宣諭日本國王」不過是一個幌子，本意就是招撫王直。胡宗憲是做了精心準備的，事先把王直的母親、妻子、兒子從金華監獄中釋放，接到杭州款待，並且讓蔣洲等帶了王直母親與兒子的手書前往，向王直表示：「悉釋前罪不問，且寬海禁，許東夷市」。[119]

王直是海商集團的首領，在商言商，他最關注的是進出口貿易的正常化，使走私貿易轉化為合法貿易。

王直其人其事

王直，徽州歙縣人，由鹽商轉而為海商，再由海商轉而為海盜，兼具海商與海盜的雙重身分。明人

114（明）朱紈，〈都察院右副都御史秋厓朱公紈壙志（自撰）〉，焦竑，《國朝獻徵錄》卷六十二。

115（明）茅坤，〈紀剿徐海本末〉，《茅鹿門先生文集》卷三十《雜著》。

116（明）沈越，《皇明嘉隆兩朝聞見紀》卷九，嘉靖三十三年五月。

117 引者按：「按臣」，指巡按浙江御史胡宗憲。

118（明）吳瑞登，《兩朝憲章錄》卷十五，嘉靖三十四年四月辛巳。

119《嘉靖倭亂備抄》（不分卷），嘉靖三十六年八月辛巳，《四庫全書存目叢書》史部第四十九冊。

關於他的零星記述，更看重他的海商身分，較為客觀。不妨略舉一二。

焦竑〈日本志〉：

王直，歙人，母夢弧矢星入懷而生。少任俠多略，不侵然諾，鄉中有傜役訟事，常為主辦，諸惡少因倚為囊橐。嘉靖十九年直奸出禁物，歷市西洋諸國，致富不貲，夷人信服之，皆受成事，倚辦於直。直乃招亡命千人，徐海、陳東、葉明為將領，王汝賢、王滶為腹心，偽稱徽王，部署官屬，據居薩摩州之松浦津。閩浙蜂起之徒皆爭往歸附，直推許二為帥，引倭奴窟雙嶼港，浸淫蠶食濱海村聚矣。[120]

嘉靖《寧波府志》：

徽歙奸民王直、徐惟學，先以鹽商折閱，投入賊夥，繼而竄身倭國，招集夷商，聯舟而來，棲泊島嶼，潛與內地奸民交通貿易，而鄞人毛烈質充假子。時廣東海賊陳四盼等來劫擾，王直用計掩殺，叩關獻捷，乞通互市，官司弗許。壬子二月，直令倭夷突入定海關奪船，福建捕盜王瑞士率兵敵卻之。直移泊金塘之烈港，去定海水程數十里而近，亡命之徒從附日眾。自是夷航遍海，為患孔棘……巡按御史胡宗憲具奏，遣使諭其國王，一弭邊患。是年八月，朝廷以宗憲有才略可大任，遂進都御史提督軍務，復與工部侍郎趙文華合奏，申前事，報可。乃令福浙藩司檄宣德，生員蔣洲、陳可願充市舶提舉以往。[121]

王世貞《倭志》：

王直者，故徽人也，以事走海上，後為舶主，頗尚信，有盜道，雖夷主亦愛服之。而其姓名常借他舶，以是凡有入掠者，皆云直主之。蹤跡詭祕，未可知也。（胡）宗憲亦徽人，乃以金帛厚賂誘之云：「若降吾，以若為都督，置司海上，通互市。」[122]

張鼐《吳淞甲乙倭變志》：

王直，歙人，任俠多略，常出禁物市西洋諸國，夷人信之。直既習於海，以其徽人姓王，人稱徽王，因部署其黨據薩摩州之松浦津，而為閩浙逋逃藪。是時，徐海者少為杭州虎跑寺僧，代領其叔徐碧溪之眾，雄海上，僭稱「天差平海大將軍」，而其黨陳東輔之。又倭奴惟薩摩人最喜寇，遂引入雙嶼港，吞食濱海村聚矣。當是時，直不欲負叛逆名，顧托言夷寇，偷而陰主其事。閩浙巡撫朱公紈，督兵剿雙嶼，據險築寨而還。而直收餘燼，巢烈港，並殺海賊陳思盼[123]，勢益大，而海上寇悉受直節制，且獻殺思盼功求市，官勿許，而盜海邊益甚。[124]

王直本有開港互市的願望，蔣洲、陳可願一行抵達日本以後，進展頗為順利。他們在五島（今長崎

120（明）焦竑，〈日本志〉，《國朝獻徵錄》卷一百二十《四夷》。
121《寧波府志》卷二十二《海防書》。
122（明）王世貞，《弇州史料前集》卷十八《倭志》。
123 引者按：「陳思盼」，嘉靖《寧波府志》作「陳四盼」，唐樞稱作「陳思泮」。
124（明）張鼐，《吳淞甲乙倭變志》卷上《紀殲渠》。

縣福江市）先見了王激，而後見了王直。王直設宴款待，酒過三巡，蔣洲等道出了胡宗憲的誠意：如能歸降，赦前罪不問，授予官職，且寬海禁，許東夷市。王直表示：「我輩昔坐通番嚴禁，以窮自絕，實非本心，誠令中國貸前罪，得通貢互市，願殺賊自效……成功之後，惟願進貢開市而已。」[125]

王直隨即偕同日本商人善妙等四十餘人，前來開通貢市，於嘉靖三十六年（一五五七）十月初抵達寧波外海的岑港。多年遭受倭患的浙江官民，驟然聽聞王直等帶領倭船前來，十分恐懼。浙江巡按御史王本固報告朝廷：王直等「意未可測，納之恐招侮」。於是，朝議哄然，指責胡宗憲「且釀東南大禍」。[126]王直察覺情狀有異，派王激去見胡宗憲，責問吾等奉招而來，將以息兵安邦，理應信使遠迎，宴犒交至，如今卻儼然陳兵於岑港周圍，即使販賣蔬菜的小舟也不讓靠近，胡公豈不是在耍弄吾輩？胡宗憲再三解釋，國禁原本如此，發誓本心未變，還讓王激看到了他寫的赦免王直罪狀疏稿，並且答應王直要求，派指揮夏正為人質，隨王激回到岑港。王直疑慮打消，偕同葉宗滿、王清溪前往胡宗憲的軍門，正式接受招撫。[127]

胡宗憲的本意是企圖用招撫王直，利用其影響力，一舉平定倭患，無意殺死王直。授意幕僚起草了一份奏疏，以浙江、南直隸、福建三省總督的身分，向朝廷報告「擒獲海寇汪直」，講了招撫的經過。有兩處值得注意：一是稱王直為汪直，因為他與汪直是同鄉，知道汪直為了避禍改汪姓為王姓；二是不把他定性為倭寇，而是定性為海寇。疏稿這樣寫道：

> （汪）直本徽州大賈，狎於販海，為商夷所信服，號為汪五峰。凡貨賄貿易，直多司其質契。會海禁驟嚴，海濡民乘機局，賺倭人貨數多，倭責償於直，直計無所出，且憤恨海濡民，因教使入寇……直恐，乃與諸中國商，若毛激、葉宗滿、謝和、王清溪等，共以其眾，屯五島洲自保。激，寧波人，號毛海峰；宗滿，號碧川；謝和，號謝老，與王清溪皆漳州人，悉積年販海通番為奸利

者。宗憲與直同鄉，習知其人，欲招之，則迎直母與其子入杭，厚撫犒之。而遣生員蔣洲等持其母與子書，往諭以意。謂直等來，悉釋前罪不問，且寬海禁，許東夷市。直等大喜……乃裝巨舟，遣夷目善妙等四十餘人，隨直等來貢市。以十月初至舟山之岑港泊焉。[128]

浙江巡按御史王本固極力反對招撫，揚言胡宗憲收受王直等金銀數十萬的賄賂，為之請求「通市貸死」，一時江南人心洶洶。胡宗憲大為恐懼，追還「擒獲海寇汪直」疏稿，立即銷毀，另寫一份措辭完全不同的奏疏，強調：「直等實海氛禍首，罪在不赦，今幸自來送死，實藉玄庇，臣等當督率兵將殄滅餘黨，直等惟廟堂處分之。」[129]

雖然胡宗憲改口說「罪在不赦」、「自來送死」、「為廟堂處分」，言官仍窮追不捨，浙江巡按御史王本固、御史李瑚分別彈劾胡宗憲「岑港養寇溫台失事」之罪，並且追論他「私誘汪直啟釁」之罪。胡宗憲一再進獻祥瑞討好皇帝，皇帝對他頗有好感[130]，批示道：「逆直罪浮於賊，宗憲用計誘獲，人皆知之，小人嫉功，不明功罪。」胡宗憲自己趕緊上疏辯解：「汪直為東南大患，節經兵部題奉，先有購求之文，後有許降之議。臣不惜身家，百計以困之，茲幸擒獲。言者誣臣為啟釁，是嫁無窮之禍於任事者

125（明）王士騏，《皇明馭倭錄》卷七，嘉靖三十五年。（明）沈越，《嘉隆兩朝聞見紀》卷九，嘉靖三十五年四月。

126 參見《嘉靖倭亂備抄》（不分卷），嘉靖三十六年十一月庚戌。

127 參見《嘉靖倭亂備抄》（不分卷），嘉靖三十六年十一月庚戌。

128《嘉靖倭亂備抄》（不分卷），嘉靖三十六年十一月庚戌。

129（明）許重熙，《嘉靖以來注略》卷五，嘉靖三十六年十一月。《嘉靖倭亂備抄》（不分卷），嘉靖三十六年十一月庚戌。

130 胡宗憲頗有才幹，卻心術不正，正如萬斯同《明史·胡宗憲傳》所說：「宗憲為人多權術，喜功名，因文華結嚴嵩父子，歲遺金帛子女、奇珍淫巧無數。嵩父子德甚。」不僅如此，他還「自媚於上」——拍皇帝馬屁，不斷向皇帝進獻祥瑞，如白鹿、白龜、靈芝之類，並且附上表文，稱頌皇上道德超越堯舜，事功凌駕夏禹，令龍顏大悅。

之身耳。」皇帝下旨安慰道：「卿計擒妖賊，人皆所曉，且竭誠展布，以平餘氛。」[131]

迫於輿論壓力，胡宗憲為了自保，違背先前的諾言，向朝廷提請處死王直。嘉靖三十八年（一五五九）十一月，他上疏朝廷，聲稱王直等「勾引倭夷，肆行攻掠，東南繹騷，海宇震動，臣等用間遣諜，始能擒獲，乞將王直明正典刑，以懲於後。葉宗滿、王汝賢姑貸一死，以開來者自新之路」。三法司不同意寬恕葉、王二人。最後由皇帝做出裁決，支持胡宗憲的提議：王直就地斬首示眾，葉宗滿、王汝賢姑貸不死，永遠戍邊。[132]

同年十二月二十五日，王直在杭州官巷口斬首示眾。[133]臨刑前，他嘆息道：想不到死在這裡，死我一人，恐怕苦了兩浙百姓。關於他死於何地，史書記載各異。嘉靖《寧波府志》說他死於寧波的定海：「（嘉靖三十八年）十二月，法司奏讞王直罪逆，遂即誅，梟首定海關。」[134]這部《寧波府志》編成於嘉靖三十九年，編者應該是目擊者，不至於信口開河。但是，王世貞寫的《倭志》卻說，王直受撫後，到了杭州：「宗憲亦徽人，乃以金帛厚賂誘之云：『若降吾，以若為都督，置司海上，通互市。』而直亦自奮，言必能肅清海波贖死命。宗憲與之誓甚苦，直信之，從入杭州。宗憲具狀聞上，然不敢悉其故。廷議以直元兇，不可赦，棄市。」[135]既然已經到了杭州，不可能再回到定海去執行死刑。何況王直受撫後，關押於省城的按察司監獄，是有確證的。《皇明馭倭錄》說：「直與宗滿、清溪來見，宗憲好言慰之，令系按察司獄，具以狀聞，請顯戮直等，正國法……」[136]《嘉靖以來注略》說：「直久不得報，復遣澈見宗憲，且要中國一官為質。宗憲反覆諭以無他，命指揮夏正同澈往，召直入見。直遂與葉宗滿、王清溪入，宗憲令直自系按察司獄，為之奏請，曲貸其死，以系番夷心。」[137]可見王直並非死於定海而是死於杭州。

在招撫王直的同時，胡宗憲用同樣的手法招撫了徐海，而後又利用徐海與陳東之間的矛盾，各個擊破。身為幕僚的茅坤對胡宗憲此舉讚不絕口：「（徐）海以一緇衣起島上，五年之間，百戰百勝，朝廷遍徵海內諸名將，與之喋血吳越諸州郡間，未聞有俘其偏卒者。方其擁兵數萬人……當是時，其氣飄忽奮迅，固已欲吞江南而下噉矣。何其猛也！已而困於胡公區區之餌，卒之糾纏狼狽，以自翦而死，若刲羊豕然。」[138]

然而這並不意味著「倭患」的平定，正如沈越所說：「然直雖就擒，而三千人無所歸，益恚恨，謂我不足信，撫之不復來，日散掠浙東溫台、江北淮揚、閩中、嶺表，為禍更慘。」[139]嘉靖三十九年（一五六〇）三月，兵科給事中王文炳向朝廷指出了形勢的嚴重性：「邇者浙直倭患稍寧，而閩廣警報踵至，蘇松淮揚間博徒悍卒所在繹騷。」[140]

言官們對已經升官兵部尚書兼右都御史的胡宗憲的彈劾日甚一日。嘉靖四十年（一五六一）言官羅嘉賓、龐尚鵬揭發平倭戰爭中各級官員的貪贓枉法、中飽私囊，令人觸目驚心：「浙直軍興以來，督撫侵盜無慮數千萬，張灼可數者，趙文華十萬四千，周玩二萬七千，胡宗憲三萬三千，阮鶚五萬八千，史褒善萬一千，趙忻四千七百。乞通行追究。」[141]嘉靖四十一年（一五六二）南京戶科給事中陸鳳儀彈劾

131（明）許重熙，《嘉靖以來注略》卷五，嘉靖三十七年十一月。
132（明）王士騏，《皇明馭倭錄》卷七，嘉靖三十八年。
133 參看陳文石〈明嘉靖年間浙福沿海寇亂與私販貿易的關係〉中有關王直之死的敘述。
134 嘉靖《寧波府志》卷二十二《海防書》。
135（明）王世貞，《弇州史料前集》卷十八《倭志》。
136（明）王士騏，《皇明馭倭錄》卷七，嘉靖三十六年十一月。
137（明）許重熙，《嘉靖以來注略》卷五，嘉靖三十六年十一月。
138（明）茅坤，〈紀剿徐海本末〉，《茅鹿門先生文集》卷三十《雜著》。
139（明）沈越，《皇明嘉隆兩朝聞見紀》卷十。
140（明）沈越，《皇明嘉隆兩朝聞見紀》卷十。
141（明）許重熙，《嘉靖以來注略》卷五，嘉靖四十年閏五月。

胡宗憲：「意欲既滿，縱飲長夜，坐視江西、福建之寇，不發一矢，徒日取驛遞官民軍前糧餉，而斬艾之朘削之。督府積銀如山，聚奸如蝟，如鄉官呂希周、田汝成、茅坤等輩皆遊舌握槧，遞為門客。又且宣淫無度，納鄉民之女為妾，……干紀亂常之甚者，乞加顯斥。」[142]因此，平倭戰爭成了財政支出的無底洞，也成了貪腐的淵藪。早在幾年前，戶科給事中楊允繩就已指出，東南的海寇與北方的邊患不同：「北邊所患胡也，若海寇則十九皆我中華之人，倭奴特所勾引驅率者耳。夫患在胡，則事重於外攘；患在中華之人，則事重於內修。」他所說的「內修」，直指官場的腐敗：「近年督撫之臣蒞任謝恩，必有常例銀兩，饋送在京權要，大者數百，小者數十，名曰『謝禮』。至於任內有所題請，開送揭帖，則又伴以儀物，名曰『候禮』。又其歷任頗深，榮名美擢，或遇地方有事，希求脫任，或以有罪而求彌縫，或以失事而求覆蔽，如此數遂不貲。然大率此等銀兩，在省取諸各布政司，直隸取之府州縣司。府州既為巧取承迎，不無得色。督撫諸司自知非法，接受亦有靦顏。既入牢籠，實難展布……且官司所以賂媚督撫，又皆取具於民。近來督撫之交代頻繁，則官司之需索亦從而加倍。其不肖者又因之影射乾沒，其間指一科十，椎膚剝髓，即令江南四野為墟，赤地千里，區區孑遺待盡之民，尚猶日苦掊剋侵剝之患，臣恐民窮盜起，莫知終極，異日國家之隱憂，蓋不止於海島之間已也。」[143]

開放海禁之議

既然剿與撫兩手都以失敗告終，財政已經不堪重負，必須另謀出路，於是乎開放海禁提上了議事日程。

當初胡宗憲招撫王直時，曾向幕僚唐樞諮詢，唐樞寫了長篇大論，從胡宗憲的立場反覆權衡是否可以接受王直「開港互市」的請求。他畢竟是一個學者，沒有官僚的瞻前顧後，傾向於開港互市。這篇

〈論處王直奏情復總督胡梅林公〉[144]，實在是不可多得的好文章，值得細細閱讀。他首先說「順其請有五利」：

其一是應允開港互市實為大利：「今方海寇熾虐，殘害地方，財費靡極，公私具困。久經四五年來，算無全策，賊未盡滅。王直自願招諭島倭，以夷攻夷，立功報效。坐令地方安堵，東南稅賦之場，復舊生理，似亦便宜良計，實為利之大者。」

其二是商道不通使商人轉而為寇：「切念華夷同體，有無相通，實理勢之所必然。中國與夷各擅土產，故貿易難絕，利之所在，人必趨之。本朝立法，許其貢而禁其為市。夫貢必持貨與市兼行，蓋非所以絕之。律款通番之禁，下海之禁，止以自治吾民，恐其遠出以生釁端……若其私相商販，又自來不絕，守臣不敢問，戍哨不能阻。蓋因浩蕩之區，勢難力抑，一向蒙蔽公法，相延百數十年。然人情安於睹記之便，內外傳襲，倚為生理之常。嘉靖六七年後，守奉公嚴禁，商道不通，商人失其生理，於是轉而為寇。嘉靖二十年後，海禁愈嚴，賊夥愈盛。許棟、李光頭輩然後聲勢蔓衍，禍與歲積。今日之事，造端命意，實系於此。夫商之事順而易舉，寇之事逆而難為，惟其順易之路不容，故逆難之圖乃作。訪之公私輿論，轉移之智，實藏全活之仁。」

其三是開市收稅一舉兩得：「開市必有常稅。向來海上市貨暗通，而費歸私室。若立官收料，倍於廣福多甚……舊時兩浙，北起乍浦，南迄蒲門，縈紆二千里，衛所巡司各衙門兵卒約二十萬有奇，歲費

142（明）王士騏，《皇明馭倭錄》卷八，嘉靖四十一年。

143（明）王士騏，〈戶科左給事中楊允繩言〉，《皇明馭倭錄》卷六。

144（明）唐樞，〈論處王直奏情復總督胡梅林公〉，《木鐘台雜集》利卷《海議》。《皇明經世文編》卷二百七十收錄此文，標題作〈復胡梅林論處王直〉。《皇明經世文編》為此文寫的按語：「此復胡總督札也。當時俞總戎（大猷）主剿，胡總督主撫，二者各有利害，故一庵（唐樞號一庵）詳論之。」

五十萬有奇，各縣徵發舊額已定，見今客兵大增，何以處給？且兵荒之餘，百姓貧苦，不忍加賦，若得海上之稅以濟海上年例之用，則一舉兩得，戰守有賴，公私不相困矣。」

其四是使有力者得以從商，則瑣瑣之輩自能各安本業：「海上逐臭之夫無處無之，惡少易動之情亦無處無之。樵薪捕魚，逞俠射利者，原無定守，不得安於其業，則隨人碌碌，乃常情之所必至。使有力者既已從商而無異心，則瑣瑣之輩自能各安本業，無所效尤，以為適從。故各年寇情歷歷可指，壬子（嘉靖三十一年）之寇，海商之為寇也；癸丑（三十二年）之寇，各業益之而為寇也；甲寅（三十三年）之寇，沙上之黠夫、雲間之良戶復大益之而為寇也；乙卯（三十四年）之寇，則重有異方之集矣。跡是而觀，能無治其乎？」

其五是此舉可以緩解目前之困境：「東南鄉兵孱弱，未易練成，所調各處驍悍之卒，前事有鑑，恐為地方不測之變。況土尚各別，長技莫施。又居民久疲思息，便宜一節，縱非經久可行，亦姑為目前紓急計，其分量蓋得算多而眾心願者。」

接下來他分析了「順其請有五慮」、「卻其請有四利」、「卻其請有四慮」。其中「卻其請有四慮」頗值得注意：一是「如其絕望，必大肆奸猾，鼓動諸島，增益松江等諸巢」；二是「失此機會，或直惡貫而斃，則在系者不為奇貨，承應者無此才力，雖欲為此，又不可作」；三是「天順以後，市舶權重，市者私行，雖公法蕩然，而海上晏然百年。此乃通商明驗。今之議者若謂王直不當宥則可，若以市法永不當開，則恐非細思而詳考也」；四是「去年賊勢猖獗，進兵不收全效，督察趙侍郎延訪群情，故有蔣洲、陳可願之計。二人遠涉紓謀，略有次第，卻之是棄二人而罔小丑，非所示信矣」。

由於胡宗憲臨事變卦，唐樞的建議未被採納，更談不上付諸實施了。用歷史的眼光來看，這些主張是務實的，具有前瞻性的。這位仰慕聖賢之學，受業於湛若水的儒者，深造實踐，留心經世之略，並非浪得虛名。在他的文集中，還有不少精彩的論述，例如：「海寇之熾，自嘉靖五六年始，彼因商道禁嚴，橫行劫掠，然止以南紀澳為巢穴，居有定處。至嘉靖二十年後，許棟、李光頭等掠人責贖，聲勢衍蔓，然止偶遇佛郎機船數隻，黨有定夥。昔時在倭為寇，在中國為我民；行者為寇，居者為良民。今則華夷深處，內外連結，善惡莫辨」；「惟其商道不通，而利之所在，人必趨之，不免巧生計較，商轉而為寇。商道既通，則寇復轉而為商」。[145]又如：「海寇小劫，自嘉靖五六年後始，其擄人索贖，自嘉靖二十年後始。若今日之事，則又所創見者。賊頭許棟、李光頭既敗，張月湖、蔡未山已死，陳思泮為汪五峰所殺，今只林同泉、王萬山、陳太公、曾老輩而已，而皆服比於汪。是昔日之寇尚各自立門頭，今已渾同一夥，若欲用間除之，頗有機會。」[146]

由此可見，他答覆胡宗憲諮詢所提出的建議，是經過深思熟慮的，為此他還為胡宗憲設計了「開市事宜」十條，宗旨是突破海禁政策，允許人民出海貿易，政府設關收稅，使走私貿易轉化為合法貿易。具體事宜有：一、「收稅則例，悉准廣東夷貨事理定額」；二、「夷商泊船烈港，內地人往彼處交易，事畢各散，毋得久居本處」；三、「內地人賫貨出海，先於定海關開遞報單，驗過取照，隨赴提舉司起票，赴收稅衙門納稅，才往烈港成交。其買回夷貨，亦先於定海關開遞報單，驗過取照，復赴提舉司起票，赴收稅衙門納稅」；四、「收稅專設布政司官一員，往札定海關，稅物隨送定海縣貯解」；五、「賫貨往來，限定海港一路，不得別由他道，違者即同私自通番」。[147]如此等等。令人遺憾的是，這些精心的設計，沒有被採納，淪為一紙空文。

聯繫到王直受撫後在監獄中所寫的〈自明疏〉，就更加凸顯出唐樞見解之高明。王直有一定的文字

145（明）唐樞，〈復林石海大巡公帖（壬子七月）〉，《木鐘台雜集》利卷《海議》。
146（明）唐樞，〈軍門對巡撫王思質公（癸丑五月）〉，《木鐘台雜集》利卷《海議》。
147（明）唐樞，〈上督府開市事宜〉，陳子龍等編《皇明經世文編》卷二百七十。

功底，這篇〈自明疏〉寫得情真意切：「帶罪犯人王直，即汪五峰，直隸徽州府歙縣民，奏為陳悃報國、以靖邊疆、以弭群凶事。切臣直覓利商海，賣貨浙、福，與人同利，為國捍邊，絕無勾引黨賊侵擾事情，此天地神人所共知者。夫何屢立微功，蒙蔽不能上達，反罹籍沒家產，舉家竟坐無辜？臣心實有不甘。前此嘉靖二十九年，海賊首盧七搶擄戰船，直犯杭州江頭西興壩堰，劫掠婦女財貨，復出馬跡山港停泊。臣即擒拿賊船一十三隻，殺賊千餘，生擒賊黨七名，被擄婦女二口，解送定海衛掌印指揮李轉送巡按衙門。三十年，大夥賊首陳四在海，官兵不能拒敵，海道衙門委寧波府唐通判、張把總托臣剿獲。得陳四等一百六十四名，被擄婦女一十二口，燒毀大船七隻，小船二十隻……以夷攻夷，此臣之素志，事猶反掌也。如皇上仁慈恩宥，赦臣之罪，得效犬馬微勞，馳驅浙江定海外長塗等港，仍如廣中事例，通關納稅，又使不失貢期。宣諭諸島，其主各為禁制，倭奴不得復為跋扈，所謂不戰而屈人之兵者也。」[148]

一方願意招撫，一方願意歸降，在開港互市這點上達成共識，可惜以王直處死而告終，不僅令王直遺憾，也令唐樞及其他持相同觀點的有識之士感到遺憾。

與唐樞同時代的人，也發表了類似的主張，雖然深度與廣度遠遠不及，但已經難能可貴了。

嘉靖三十九年（一五六〇）正月，巡撫淮揚都御史唐順之，向朝廷條陳海防經略，其中第三條「圖海外」，談及「招赦逋逃」與「宣諭日本」，對於此前招撫王直的變卦頗有微詞。指出：「逋逃不歸，東南誠未可以息肩也」；「至於宣諭日本，則浙江軍門亦嘗請命遣使矣，竟不能盡得其要領，使者坐罪，而其事遂罷」。為了從長計議，他主張恢復日本的貢市：「倭夷素性貪詐，利我中國之貨，既不與貢則無復望矣，因此遂被奸徒勾引同利，為寇不止，則以偶蹉一年貢期阻回之故也。為今之計，乞題請聖裁，行令各衙門遵照，今後夷人復來求貢，果有真正表印勘合，別無詐偽，姑不計其限例，就與奏請，起送赴京……則倭夷知有貢路之可通，而詭計自銷，黨類自攜，勾引之徒亦可暫縛矣。」[149]其中第六條「復舊制」，主張恢復市舶貿易的舊制：「國初，浙、福、廣三省設三市舶司，在浙江者專為日本入貢，帶有貨物，許其交易。在廣東者，則西洋番船之輳，許其交易而抽分之。若福建，既不通貢，又不通船，而國初設立市舶司之意漫不可考矣。船之為利也，譬之礦然，封閉礦洞，驅斥礦徒，是為上策；度不能閉，則國收其利權而自操之，是為中策；不閉不收，利孔洩漏，以資奸萌嘯聚，其人斯無策矣。今海賊據浯嶼、南嶼諸島，公然擅番船之利，而中土之民交通接濟，殺之而不能止，則利權之在也。宜備查國初設立市舶司之意，毋泄利孔，使奸人得乘其便。」[150]

嘉靖四十三年（一五六四），原任福建巡撫譚綸在回籍守制前，向皇帝條陳「經久善後六事」，其第四事是「寬海禁」：「閩人濱海而居，非往來海中則不得食。自通番禁嚴，而附近海洋魚販一切不通，故民貧而盜愈起。宜稍寬其法。」[151]

看來開放海禁業已成為有識之士比較一致的共識，因此，隆慶元年朝廷准許開放海禁，絕非偶然之舉。

關於隆慶元年（一五六七）朝廷批准開放海禁，應是確鑿的事實，卻不見於《實錄》等正史的記載。學者們大多引用明人張燮《東西洋考》的文字：隆慶元年，福建巡撫涂澤民上疏請開放海禁，准販東西二洋，朝廷允准。[152]

更早的記載，也許是福建巡撫許孚遠寫於萬曆二十年（一五九二）左右的〈疏通海禁疏〉，他用追

148（明）王直，〈自明疏〉，《倭變事略》卷四《附錄》。
149（明）吳瑞登，《兩朝憲章錄》卷十六，嘉靖三十九年正月丙子。
150（明）吳瑞登，《兩朝憲章錄》卷十六，嘉靖三十九年正月丙子。
151（明）王士騏，《皇明馭倭錄》卷八，嘉靖四十三年。
152（明）張燮，《東西洋考》卷七《餉稅考》。

述的語氣寫道：「迨隆慶年間，奉軍門涂（澤民）右僉都御史議開禁例，題准通行，許販東西諸番，惟日本倭奴素為中國患者，仍舊禁絕。二十餘載，民生安樂，歲徵稅餉二萬有奇，漳南兵食藉以充裕。」「隆慶初年，前任撫臣涂澤民，用鑑前轍，為因勢利導之舉，請開市舶，易私販而為公販。」[153]這兩段話，比《東西洋考》具體而精準，從明初以降延續二百年的海禁政策開始宣告廢弛，允許商民可以前往東洋、西洋與外國商販進行貿易，使得「私販」轉化為「公販」，即走私貿易轉化為合法貿易。這是有劃時代意義的大事。

萬曆二十年（一五九二），日本豐臣秀吉發動侵略朝鮮的戰爭，明朝應邀派兵前往援助，戰事驟起，海上形勢吃緊，兵部重新申嚴海禁：「凡有販番諸商，告給文引者，盡行禁絕。敢有故違者，照例處以極刑。官司有擅給文引者，指名參究。」皇帝批准了兵部舉措，下達聖旨：「著該撫按官嚴加禁緝，犯者依律究治。」[154]

許孚遠的奏疏就是在這樣的背景下提出的，列舉了再度申嚴海禁造成的危害，希望二十多年開放海禁的政策能夠正常延續。因此他的〈疏通海禁疏〉，對於評估隆慶元年開放海禁的意義，具有重大價值，值得細細分析。

首先，反映了沿海商民對於申嚴海禁的不滿情緒。根據福建按察司巡視海道僉事余懋中報告，海澄縣番商李福等連名上訴：本縣僻處海濱，田受鹹水，多荒少熟，民業全在出海貿易，賦役也都仰給於此。往年海禁嚴絕，人民倡亂，幸蒙建縣通商，數十年來，餉足民安。近因倭寇進犯朝鮮，廟堂為防奸人接濟硝黃，通行各省禁絕商販出海，因而貽禍海澄縣商販引船百餘隻，貨物億萬計。生路阻塞，商者傾家蕩產，從業者束手斷餐，闔地呻嗟，坐以待斃。又據漳州府海防同知王應乾報告，漳州府所屬龍溪、海澄二縣，地臨濱海，半系斥鹵之區，多賴海市為業。先前官府顧慮勾引外夷，一再嚴禁，人民手足無措，漸生邪謀，遂致煽亂，貽禍地方。自從隆慶年間開海禁，准許出海貿易東西二洋，二十餘年，民生安樂。近來再度禁絕番商，民心洶洶告擾。

其次，指出海禁有四大隱患：

——「沿海居民憑藉海濱，易與為亂。往者商舶之開，正以安反側、杜亂萌也。乃今一禁，彼強悍之徒，俯仰無賴，勢必私通，繼以追捕，急則聚黨遁海，據險流突，如昔日之吳、曾、林、何，變且中起。」

——「東西二洋商人，有因風濤不齊，壓冬未回者，其在呂宋尤多。漳人以彼為市，父兄久住，子弟往返。見留呂宋者，蓋不下數千人。一旦舟楫不通，歸身無所，無論棄眾庶以資外夷，即如懷土之恩既切，又焉保其不勾引而入寇也。」

——「邇者關白[155]陰蓄異謀，幸有商人陳申、朱均旺在番探知預報，盛為之防，不至失事。今既絕通商之路，非惟商船不敢下水，即如宣諭哨探之船亦無由得達，設或夷酋有圖不軌如關白者，胡由得而知之？」

——「漳南沿海一帶，守汛兵眾數千，年費糧賞五萬八千有奇，內二萬則取足於商稅，若奉禁無徵，軍需缺乏，勢必重斂於民，民窮財盡，勢難取給。」

他還針對有關當局申嚴海禁的理由——戰端既開，戰略物資硝黃之類必須禁止運往日本，予以反駁：「若緣此而禁絕商路，不幾於因噎廢食乎？」他鄭重向朝廷請求弛禁、復舊通商，為此目的，再度重申弛禁的理由：「東南濱海之地，以販海為生，其來已久，而閩為甚。閩之福、興、泉、漳，襟山帶

153（明）許孚遠，〈疏通海禁疏〉，《敬和堂集·撫閩稿》。

154（明）許孚遠，〈疏通海禁疏〉，《敬和堂集·撫閩稿》。

155 引者按：「關白」指豐臣秀吉。

海，田不足耕，非市舶無以助衣食，其民恬波濤而輕生死，亦其習使然，而漳為甚。先是，海禁未通，民業私販，吳越之豪淵藪卵翼，橫行諸夷，積有歲月，海波漸動，當事者嘗為厲禁。然急之而盜興，盜興而倭入。嘉靖之季，其禍蔓延，攻略諸省，荼毒生靈，致煩文武大師殫耗財力，日尋干戈，歷十有餘年，而後克底定。於是隆慶初年，前任撫臣涂澤民用鑑前轍，為因勢利導之舉，請開市舶，易私販而為公販，議止通東西二洋，不得往日本倭國，亦禁不得以硝黃銅鐵違禁之物夾帶出海，奉旨允行，幾三十載。幸大盜不作，而海宇晏如。」

因此他認為，開放海禁已是大勢所趨，「市通則寇轉而為商，市禁則商轉而為寇。禁商猶易，禁寇實難，此誠不可不亟為之慮。且使中國商貨通於暹羅、呂宋諸國，則諸國之情嘗聯屬我，而日本之勢自孤。日本動靜虛實，亦因吾民往來諸國，偵得其情，可謂先事之備」。[156]

隨著戰事的消停，海禁也漸趨鬆弛，直至廢止。或者說，沿海商人可以合法地前往東西二洋貿易，但是與日本的貿易仍舊處於禁止狀態。這實在是一個自相矛盾的政策，而且很難收到實效。許孚遠已經察覺到這一點：「同安、海澄、漳浦、詔安等處奸徒，每年於四五月間，告給文引，駕駛鳥船，稱往福寧卸載北港捕魚，及販雞籠、淡水者，往往私裝鉛硝等貨，潛去倭國，徂秋及冬或來春方回。亦有藉言潮、惠、廣、高等處糴買糧食，徑從大洋入倭，無販番之名，有通倭之實。」[157]

明末的徐光啟在回顧這段歷史時，也看到了這一點，對於開放東西二洋貿易的同時仍然禁止日本貿易頗為不解，事實上也難以做到。不僅中國商人出洋後難以控制，而且西洋商人也會乘虛而入，填補空缺。「官市不開，私市不止，自然之勢也」——這是他的基本觀點。他在〈海防迂說〉中寫道：

> 倭自知釁重，無由得言貢市，我邊海亦真實戒嚴，無敢通倭者，即有之，亦渺小商販，不足給其國用。於是有西洋番舶者，市我湖絲諸物，走諸國貿易，若呂宋者，其大都會也。而我閩浙直商

人，乃皆走呂宋諸國，倭所欲得於我者，悉轉市之呂宋諸國矣。倭去我浙直路最近，走閩稍倍之，呂宋在閩之南，路迂回遠矣，而市物又少，價時時騰貴，湖絲有每斤價（白銀）至五兩者。其人未能一日忘我貢市也。[158]

因此在他看來，既然開放東西二洋貿易，卻要把日本作為例外而繼續禁止，是不合時宜的，開通與日本的民間貿易，是合乎世界潮流之舉，而且對雙方都有好處：

向者固云官市不通私市不止矣，必明與之市，然後可以為兩利之道，可以為久安之策，可以稅應稅之貨，可以禁應禁之物。論者徒恐貢市往來，導之入寇，不知入寇與通市兩事也，來市則予之，來寇則殲之，兩不相妨也。必絕市而後無入寇，必日本通國之中無一人識中國之海道者然後可，此必無之理也。絕市而可以無入寇，必日本通國之中並絲帛、瓷器、藥品諸物悉屏去不用然後可，又必無之理也。[159]

徐光啟與進入中國的耶穌會士有深入的交往，對世界大勢了然於胸，說得有理有節。日本所需中國商品，通過月港、澳門、臺灣、馬尼拉等渠道，源源不斷運入，海禁已經沒有實際意義。

156（明）許孚遠，〈疏通海禁疏〉，《敬和堂集．撫閩稿》。
157（明）許孚遠，〈疏通海禁疏〉，《敬和堂集．撫閩稿》。
158（明）徐光啟，〈海防迂說〉，《徐文定公集》卷四。
159（明）徐光啟，〈海防迂說〉，《徐文定公集》卷四。

月港貿易合法化與廣中事例

隆慶元年（一五六七）福建巡撫題准的「許販東西諸番」，具體是指在漳州府的月港開放海禁，允許民間商人出海往東西二洋貿易。與之配套的是，把月港鎮升格為海澄縣，在此設立海關（當時稱為督餉館），對進出口貨物徵收關稅（當時稱為商稅），使得以往的走私貿易轉化為合法貿易。這種稅收，包含引稅、水餉、陸餉。

民間出海貿易的船隻，必須由政府核准後頒發「船引」，這種船引的稅收，叫做「引稅」。東西洋船每張船引抽取引稅白銀三兩（後增至六兩），臺灣雞籠（即基隆）、淡水船每張船引抽取引稅白銀一兩（後增至二兩）。

水餉是對出口貨物徵收的商稅，由船商繳納。為了簡便起見，按照船隻大小，即按照可能裝載貨物的數量，制訂固定的稅則：西洋船面闊一丈六尺以上，每船徵收水餉白銀五兩（面闊每多一尺，加銀五錢）；東洋船稍小，徵收西洋船的十分之七；雞籠、淡水船更小，船面闊一尺，徵水餉銀五錢。

陸餉是對進口貨物徵收的商稅，由鋪商繳納。按照貨物數量與價值制定稅則，如胡椒、蘇木等貨價值白銀一兩者，徵收陸餉白銀二分。

此外還有加增餉。月港商船前往呂宋銷售中國貨物，返回時大多不載貨物，而是一船白銀貨幣，難以徵收陸餉，政府另設一種特別稅，叫做「加增餉」，每船繳納白銀一百五十兩（後減為一百二十兩）。[160]

李慶新認為：「從隆慶元年『准販東西二洋』，到萬曆年間，月港對外貿易五十餘年，形成有地方特色的管理體制，在明後期福建社會經濟發展與對外關係中發揮重要作用。首先，為福建地方軍餉以及財政開闢了大筆可靠來源。萬曆三年開徵引稅時，稅額六千兩。萬曆四年至十一年，稅收累增至二萬餘兩。萬曆二十二年，稅餉達二‧九萬餘兩。其次，月港稅制也體現了明中後期稅收制度從實物稅制向貨幣稅制轉變的歷史趨勢，其稅收結構也為清代外貿稅收提供若干制度準備。此外，月港開放海禁適應了明後期福建社會經濟發展的要求，為漳泉民眾出海貿易提供一條合法渠道。福建商民正是利用這一通道，大規模出海經商貿易，移居南洋、日本，不僅在華商中一枝獨秀，而且是南海貿易強勁的海商勢力。這恐怕是『月港體制』最值得稱道的客觀效應。」[161]

月港貿易的意義並不侷限於福建一地，諸如發展了地方經濟，增加了多少稅收。它的意義帶有全域性——最高當局第一次批准民間商人可以出海，可以與外商貿易，否定了沿用達二百年之久的海禁政策，在漳州月港撕開了一個大大的缺口。此後，隨著海外貿易的蓬勃發展，帶動了沿海地區經濟繁榮，從側面證實了這樣一個道理，在全球化的大航海時代，開放海禁是唯一可取的選擇。統治者意識到這一點，但是在付出了沉重的代價之後。

而廣東地方當局似乎更早認識到這一點，在民間海外貿易方面採取逾越海禁的靈活政策，這就是所謂「廣中事例」。當年王直接受招撫時所寫的〈自明疏〉，就明確提出，在浙江沿海採用「廣中事例」：「如皇上仁慈恩宥，赦臣之罪，得效犬馬微勞，驅馳浙江定海外長塗等港，仍如廣中事例，通關納稅，又使不失貢期。」[162]可見「廣中事例」的本質就是「通關納稅」，變私販為公販。

早在嘉靖八年（一五二九），廣東巡撫林富就提出「通市舶」的建議，其主旨與幾十年後福建巡撫涂澤民「准販東西二洋」是一致的。他指出了四大好處：一、「番夷朝貢之外，抽解具有則例，足供御用」；二、「除抽解外，即充軍餉。今兩廣興兵連歲，庫藏日耗，藉此可以充羨，而備不虞」；三、「廣

160（明）張燮，《東西洋考》卷七〈餉稅考〉。

161 李慶新，《明代海外貿易制度》（上海：社會科學文獻出版社，二〇〇七），頁三四三—三四四。

西一省，全仰給廣東，今小有徵發，即措辦不前，雖折俸椒木，久已缺乏，科擾於民，計所不免。查得舊番舶通時，公私饒給，在庫番貨旬月可得銀兩數萬」；四、「貿易舊例，有司擇其良者，如價給之。其次資民買賣，故小民持一錢之貨，即得握椒，展轉交易，可以自肥。廣東舊稱富庶，良以此耳。」[163]

廣東的情況有一些特殊，澳門已經成為葡萄牙的通商口岸，不在海禁政策制約的範圍。因此廣東籍官員龐尚鵬提議，不再糾纏於「禁」與「通」的爭論，而是提出管理措施：「自後番舶入境，仍泊往年舊澳，照常貿易。無失其關市歲利。」[164]另一廣東籍官員霍與瑕談到了閩浙沿海由於倭患，外商船舶大量雲集廣東所帶來的問題：「近日閩浙有倭寇之擾，海防峻密，凡番夷市易皆趨廣州。番船到岸，非經抽分不得發賣。而抽分經撫巡海道行移委官，動逾兩月。番人若必抽分乃得易貨，則餓死久矣。」因此他提出「恤海商」的主張：「大易有之，惟能容民，即所以畜眾。今能恤海商，即所以固海防也。」[165]

因此，廣東和浙江、福建不同，海禁最為鬆弛，出現了變通靈活的「廣中事例」。李慶新說：「明中葉廣東海外貿易制度轉型，主要體現在三方面：一是商舶『抽分』的出現以及稅收結構的改變，區分貢舶、商舶已經沒有太大意義；二是葡萄牙人在爭議聲中最終獲允在澳門居留貿易，澳門與廣州形成廣東貿易管理體系的『二元中心』結構；三是一些新貿易組織的出現。時人把這些新制度稱為『廣中事例』。」[166]「廣中事例」為民間的海外貿易開創了一個新局面，與月港貿易遙相呼應，營造了東南沿海前所未有的繁榮景象。

162（明）王直，〈自明疏〉，《倭變事略》卷四《附錄》。
163（明）黃佐，〈代巡撫通市舶疏〉，《黃泰泉先生全集》卷二十。按，此處巡撫指林富。
164（明）龐尚鵬，〈題為陳末議以保海隅萬世治安事〉，《皇明經世文編》卷三百五十七。
165（明）霍與瑕，〈上潘大巡廣州事宜〉，《皇明經世文編》卷三百六十八。
166 李慶新，《明代海外貿易制度》，頁二五三。

第二章

捲入全球化貿易的浪潮

「全球化」一詞，早已成為現在的時髦話語。也許是缺乏歷史眼光，當代人有一種錯覺，以為「全球化」是當今世界的新現象。其實不然。德裔美國學者弗蘭克（Andre Gunder Frank）尖銳地批評道：「近來流行的一種說法是，世界經濟只是到現在才開始『全球化』。」[1]他寫的引起巨大反響的《白銀資本》一書，副標題就是「重視經濟全球化中的東方」，而他所討論的時間段是一五〇〇—一八〇〇年，在他看來，在這幾個世紀中已經存在「經濟全球化」。他比華勒斯坦（Immanuel Wallerstein）、布勞岱爾（Fernand Braudel）（編按：中國大陸譯名為布羅代爾）更明確地認定，從地理大發現到工業革命之前的時代，已經是經濟全球化的時代。

這並非他的獨創。美國學者羅伯特・基歐漢（Robert O. Keohane）和約瑟夫・奈（Joseph S. Nye）在他們的論著——〈全球化：來龍去脈〉中，對「全球化」做出了具有歷史縱深感的分析：「全球性因素是指世界處於洲際層次上的相互依存的網絡狀態。這種聯繫是通過資本、商品、信息、觀念、人員、軍隊，以及與生態環境相關的物質（如酸雨、病原體）的流動及其產生影響而實現的。」「我們認為，全球性因素是一種古已有之的現象。而全球化，不論過去還是現在，都是指全球因素增加的過程。」[2]

弗蘭克的特殊貢獻在於，他批判了華勒斯坦、布勞岱爾「世界體系」的歐洲中心論。他認為，一五〇〇—一八〇〇年的「經濟全球化中的東方」是世界經濟的中心，換言之，當時的經濟中心並不在歐洲。他寫道：

> 在一八〇〇年以前，歐洲肯定不是世界經濟的中心。無論從經濟分量看，還是從生產、技術和生產力看，或者從人均消費看，或者從比較「發達的」「資本主義」機制的發展看，歐洲在結構上和功能上都談不上稱霸。十六世紀的葡萄牙、十七世紀的尼德蘭或十八世紀的英國在世界經濟中根本沒有霸權可言……在所有這些方面，亞洲的經濟比歐洲「發達」得多，而且中國的明—清帝國、印

度的莫臥爾帝國，甚至波斯的薩菲帝國和土耳其奧斯曼帝國所具有的政治分量乃至軍事分量，比歐洲任何部分和歐洲整體都要大得多。[3]

他特別強調，在一五〇〇—一八〇〇年，「整個世界經濟秩序當時名副其實地是以中國為中心的」，因為，「外國人，包括歐洲人，為了與中國人做生意不得不向中國人支付白銀，這也確實表現為商業上的『納貢』」；「『中國貿易』造成的經濟和金融後果是，中國憑藉在絲綢、瓷器等方面無與匹敵的製造業和出口，與任何國家進行貿易都是順差。因此，正如印度總是短缺白銀，中國則是最重要的白銀淨進口國，用進口美洲白銀來滿足它的通貨需求。美洲白銀或者通過歐洲、西亞、印度、東南亞輸入中國，或者用從阿卡普爾科出發的馬尼拉大帆船直接運往中國」。[4]

歐洲大約在一三〇〇年開始了商業革命，兩個世紀後，海外探險蔚然成風，西班牙和葡萄牙都想在東方貿易中搶占先機。航海探險以及隨之而來的殖民帝國，所產生的後果幾乎是難以估價的。首先是，使得以往侷限於狹窄範圍的地中海貿易擴展為世界性事業，航海大國的商船首次航行於「七大洋」（西方人的習慣說法）；其次是，商業貿易的數額和消費品的種類大量增長，出現了歷史上第一次經濟全球化。對於中國而言，影響也是巨大而深遠的，一言以蔽之，就是把封閉的「天朝」捲進了全球化貿易浪潮之中。

1〔德〕弗蘭克著，劉北成譯，《白銀資本：重視經濟全球化中的東方》（北京：中央編譯出版社，二〇〇八），頁五三。
2〔美〕羅伯特．基歐漢、約瑟夫．奈著，陳昌升譯，〈全球化：來龍去脈〉，《國外社會科學文摘》，二〇〇〇年第十期。
3〔德〕弗蘭克著，劉北成譯，《白銀資本：重視經濟全球化中的東方》，頁五。
4〔德〕弗蘭克著，劉北成譯，《白銀資本：重視經濟全球化中的東方》，頁一一〇、一〇七、一〇八。

一、新航路發現與葡萄牙人東來

尋找通往印度的航路

十五世紀的最後二十五年，尋找通往印度的航線，成為葡萄牙海外政策的主要目的。迪亞士（Bartolomeu Dias）奉命率領三艘帆船，於一四八七年八月離開里斯本，從海上探尋通往印度的道路。一四八八年底，迪亞士回到里斯本，帶回了環繞非洲大陸順利航行和打開通往印度的消息，堅定了國王約翰二世進一步探險的決心。一四九六年十二月，新國王曼紐一世在御前會議上提出繼續探險的打算。一四九七年七月，瓦斯科．達伽瑪（Vasco Da Gama）率領四艘帆船，由里斯本啟航，幾個月後，在好望角附近的海岸登陸，然後沿著非洲海岸航行到東非的馬林迪，再由馬林迪越過印度洋抵達印度西海岸的港口。達伽瑪採購了印度的珍珠、胡椒、棉布等商品，滿載而歸，巨額利潤高達資本的六十倍。四年之後，達伽瑪再次率領船隊來到印度，帶來的資本約值二百四十萬法郎，帶回去的貨物變價到一千兩百萬法郎。一四九九年七月十日，達伽瑪返回里斯本。他所探尋的新航路使得歐洲人持續一百年來的努力，終於圓滿結束，使得葡萄牙奠定了在東方的基礎。[5]

十六世紀初，葡萄牙人占領了印度西海岸的貿易港口果阿（Goa）、東西洋交通咽喉馬六甲（Malacca，《明史》稱為滿剌加），以及號稱香料群島的摩鹿加群島（Molucca Islands）。

明朝與馬六甲有著悠久的交往歷史。一四〇三年明成祖派遣使節到此，馬六甲統治者於一四〇五年和一四〇七年派遣使節，向明朝皇帝進獻貢品，要求明朝承認它的國家為明朝的藩屬。鄭和下西洋時曾經訪問馬六甲，雙方之間締結鬆弛的政治聯盟。《大明會典》記載：「滿剌加國，永樂三年，其酋長拜里迷蘇剌遣使奉金葉表朝貢，詔封為國王，給印誥。使者言王慕義，願同中國屬郡，歲效職貢。又請封其國西山，詔封為鎮國之山，御制碑文賜之。」[6]

馬六甲位於馬來半島南部，當時是國際貿易的中轉港，也是南洋群島海上要衝。葡萄牙人攻占其地後，使之成為葡萄牙在東方的軍事要塞與國際貿易基地，也是當時的香料集散中心。葡萄牙人由此出發，一面控制香料群島，一面北上溝通中國。[7]

葡萄牙國王曼紐一世對中國這片神奇的土地懷有極大的興趣，一五〇八年發出指令：「要弄清中國人的情況。他們來自哪裡？距離有多遠？到馬六甲貿易間隔時間有多長？攜帶什麼商品？每年來往商船的數目和船的規模如何？是否在當年返回？他們在馬六甲或者其他什麼地方是否設有商館和公司？他們是否很富有？性格怎麼樣？有沒有武器和大炮？」一連串的問題，既反映了對中國的極大興趣，也反映了對中國的一無所知。[8]

藥材代理商出身的托梅·皮雷斯（Tomé Pires）一五一二年到達馬六甲，在葡屬印度總督手下任商館祕書、會計師兼藥材管理官。他在馬六甲四處蒐集情報，編成《東方諸國記》，呈獻給葡萄牙國王，為東方決策提供依據。看看一五一五年葡萄牙人筆下的中國，是饒有興味的事。書中寫道：

---

5 參見波特，《新編劍橋世界近代史》第一卷（北京：中國社會科學出版社，一九九九），頁五六二—五六七。

6 萬曆《大明會典》卷一百六《禮部六十四·朝貢二》。

7 參見梁嘉彬，〈《明史稿·佛郎機傳》考證〉，《明史論叢》之七《明代國際關係》（臺北：學生書局，一九六八），頁八—一〇。

8 〈明代中葡兩國第一次正式交往〉，《中國史研究》，一九九七年第二期。

中國不以掠奪他國為榮，看來中國無疑是一個重要的、樂善不倦且又十分富饒的國家。

中國輸出的大宗商品為本色湖絲，數量甚巨；大量散裝的彩色絲綢，各種顏色的緞子，五顏六色帶格子圖案的「恩羅拉多斯」錦緞，塔夫綢與薄如蟬翼的紗（xaas），以及其他各種五彩繽紛的絲綢……上述這些帆船自中國航海抵達馬六甲後，中國人無須交納關稅。

（中國人從馬六甲運回的）大宗商品為胡椒——中國人每年要購買十船胡椒，如果能有許多胡椒運往中國的話——丁香、少量的肉豆蔻，一些木香和兒茶。中國人還大量購買薰香、象牙、錫、藥用蘆薈、堆積如山的婆羅洲樟腦、紅色的燒珠、白檀、蘇木、不可悉數的新加坡出產的烏木、為數甚巨的坎貝紅瑪瑙、鮮紅色的羽紗以及彩色的羊毛織品。除了胡椒之外，他們對所有其他商品都不太重視。[9]

這些具體而細緻的描述，較之先前的一無所知，有了很大的進步。這位當時的中國通，被國王委任為第一任使節出使中國，兩者的相遇會碰出什麼樣的火花，是耐人尋味的。相映成趣的是，當時中國人對他們的了解是影影綽綽的，從統稱他們為「佛郎機」這點來看，就顯得模模糊糊。對海外事務有所研究的鄭若曾這樣寫道：「刑部尚書顧應祥云：佛郎機，國名也，非統名也。正德丁丑（十二年，一五一七）予任廣東僉事，署海道事，驀有大海船二隻，直至廣城懷遠驛，稱係佛郎機國進貢，其船主名甲必丹。人皆高鼻深目，以白布纏頭，如回回打扮。即報總督陳西軒公金，臨廣城，以其人不知禮，令於光孝寺習儀三日而後引見。查《大明會典》並無此國入貢，具本參奏，朝廷許之。」[10]

以上所說，就是一五一七年（正德十二年）由一支葡萄牙艦隊載著使臣托梅．皮雷斯在廣州城外的珠江拋錨下泊，請求通使之事。在《明實錄》中留下了紀錄：「佛郎機國差使臣加必丹末等貢方物請封，並給勘合。廣東鎮撫等官以海南諸番無謂佛郎機者，況使者無本國文書，未可信，乃留其使者以請。下禮部議處，得旨：令諭還國，其方物給與之。」[11]

這個皮雷斯很會鑽營，買通廣東地方官，終於獲得進京的許可，在正德十五年（一五二〇）進入北京。由於同年年底滿剌加（馬六甲）國王呈送的求救公文到達北京，明朝君臣獲悉這幫佛郎機東來的意圖，以及強占東莞縣的屯門島，在那裡劫奪財富、掠買人口種種劣跡，便把皮雷斯遣返廣州。這就是《明史・滿剌加傳》所說：「後佛郎機強舉兵侵奪其地，王蘇端媽末出奔，遣使告難。時世宗嗣位，敕責佛郎機，令還其故土，諭暹羅諸國王以救災恤鄰之義，迄無應者。滿剌加竟為所滅。時佛郎機亦遣使朝貢請封，抵廣東，守臣以其國素不列王會，羈其使以聞，詔予方物之直遣歸。」[12] 葡萄牙人當然不甘心放棄對中國的貿易，徑直前往福建與浙江沿海，參與走私貿易。

葡萄牙人的中國貿易

英國歷史學家博克瑟（C. R. Boxer）在《十六世紀的華南》（South China in the Sixteenth Century）中，如此描述這一段歷史：

9〔葡〕皮雷斯著，夏茂譯，〈一五一五年葡萄牙人筆下的中國〉，《中外關係史譯叢》第四輯（上海：上海譯文出版社，一九八八），頁二七四—二八九。

10 鄭若曾，〈經略三〉，《籌海圖編》卷十三。梁嘉彬〈《明史稿・佛郎機傳》考證〉指出：此處所謂「船主甲必丹」，即葡語Capitao Mov之譯音，意為船主，並非人名。「船主甲必丹」云云，語義重複。

11《明實錄・明武宗實錄》卷一百五十八，正德十三年正月壬寅。

12《明史》卷三百二十五《外國傳・滿剌加》。

對於葡萄牙人來說，與中國的貿易是非常寶貴的，不經過一場鬥爭就讓他們放棄這一新興的、前途無量的市場是絕對辦不到的。故而在隨後的三十年內，佛郎機繼續遊弋於中國沿海，他們有時在地方官員的默許下進行貿易，有時則完全不把地方官放在眼裡。由於最初是在廣東相當嚴厲的那道明王朝禁止其貿易的詔令，葡萄牙人便將自己的注意力轉移向較北面的沿海省份——福建與浙江，他們在那兒隱蔽的、無名的諸島嶼及港灣內越冬。在那些暫時的居留地中，最繁盛的要數寧波附近的雙嶼港，以及位於廈門灣南端的浯港[13]和月港。[14]

博克瑟的說法是可信的，在中文史料中可以找到印證。當時的漳州籍官員林希元說：「佛郎機之來，皆以其地胡椒、蘇木、象牙、蘇油、沉束檀乳諸香與邊民交易，其價尤平。其日用飲食之資於吾民者，如米、麵、豬、雞之數，其價皆倍於常，故邊民樂與為市，未嘗侵暴我邊疆，殺戮我人民，劫掠我財物。且其初來也，慮群盜剽掠累己，為我驅逐，故群盜畏憚不敢肆。」[15]走私貿易的基地，就是福建的浯嶼與月港，以及浙江方面的雙嶼港。鄭舜功說：「浙海私商始自福建鄧獠。初以罪囚按察司獄，嘉靖丙戌（五年）越獄，逋下海，誘引番夷私市浙海雙嶼港，投托合澳之人盧黃四等，私通交易。嘉靖庚子（十九年）繼之許一、許二、許三、許四勾引佛郎機國夷人，絡繹浙海，亦市雙嶼、大茅等港，自此東南釁門始開矣。嘉靖壬寅（二十一年）寧波知府曹誥以通番船招致海寇，故每廣捕接濟通番之人，鄞鄉士夫嘗為之拯救，知府曹誥曰：『今日也說通番，明日也說通番，通得血流滿地方止。』明年，鄧獠等寇掠閩海地方，浙海寇盜亦發。海道副使張一厚，因許一、許二等通番致寇，延害地方，統兵捕之。許一、許二等敵殺得志，乃與佛郎機夷竟泊雙嶼，夥伴王直，於乙巳歲（二十四年）往市日本……」[16]

葡萄牙人從一五二四年起，在中國東南沿海閩浙一帶進行貿易，他們活動的地域——寧波外海的雙嶼島，是遠近聞名的走私貿易據點。它孤懸海外，島民早在明初已經內遷，長期無人居住，極有利於走私貿易。許棟（許二）、李光頭（李七）、王直等，以此為據點，進行走私貿易。葡萄牙人貿易之餘，在那裡棲息越冬，許棟、王直從葡商手中買進各種番貨，轉手倒賣，還從他們那裡購買先進的武器，裝備自己的船隻，用來對付官軍。從一五二四年到一五四七年，葡商在雙嶼島上建造了千餘座房屋，設立了市政廳、教堂、醫院、慈善堂，居民達三千人，其中葡萄牙人一千兩百人，其餘是各國的天主教徒。當時的走私貿易十分興旺，以致形成港口擁堵不堪的景象。據說葡萄牙人每年在雙嶼島的交易額達到三百萬葡元以上，絕大部分交易用日本銀錠作為支付手段，交易的商品主要是中國的絲綢、瓷器、棉布、糧食，以及從東南亞運來的胡椒等土特產。因此之故，雙嶼島一時號稱葡屬東方殖民地最富庶的商埠。[17]西方史家龍思泰（Anders Ljungstedt）說：「在其繁榮興旺的日子裡，雙嶼成為中國人、暹羅人、婆羅洲人、琉球人等等的安全地帶，使他們免遭為數眾多、橫行於整個海域的海盜之害。這個地方向來繁華，但自一五四二年（嘉靖二十一年）起，由於對日本貿易而變得特別富庶。其地有兩座教堂、一座市政廳、兩家醫院，以及超過一千幢的私人房屋。儘管這裡屬中國管轄，但實際上由一個自治市政機構統治著，這個機構由行政司法官、審計官、法官、市議員以及其他六、七種官員組成。」[18]

13 引者按，「浯港」即「浯嶼」，今稱金門。

14〔英〕博克瑟著，錢江譯，《佛郎機之東來》，《中外關係史論叢》第四輯（上海：上海譯文出版社，一九八八）。

15（明）林希元，〈與翁見愚別駕書〉，《林次崖先生文集》卷五。

16（明）鄭舜功，《日本一鑑：窮河話海》卷六《海市》。

17 參見張天澤，《中葡早期通商史》（香港：中華書局，一九八八），頁八七—八八頁。亦見陳炎，《海上絲綢之路與中外文化交流》（北京：北京大學出版社，一九八六），頁一八八；黃慶華，〈早期中葡關係與澳門開埠〉，《史學集刊》，一九九七年第四期。

18〔瑞〕龍思泰著，吳義雄譯，《早期澳門史》（上海：東方出版社，一九九七），頁五。

這種繁榮狀況僅僅持續了幾年，嘉靖二十六年（一五四七）朱紈巡撫閩浙，為了消除倭患，調集軍隊把雙嶼島的走私貿易據點徹底搗毀，隨後又有漳州的走馬溪之戰，葡萄牙商人不得不從浙閩沿海退回到廣東。這一時期最值得注意的事當屬王直引導葡萄牙商人前往日本。據日本文獻《鐵炮記》記載，天文十二年即嘉靖二十二年（一五四三），一艘從中國駛來的大型船舶，抵達九州東南部的大隅半島南面的種子島，船上一百多名船員服裝與語言都很奇特。其中有一名大明儒生，名叫五峰，以沙灘當紙，與當地人筆談，介紹這些人是「西南蠻種之賈胡」。[19]所謂大明儒生五峰，就是大名鼎鼎的五峰船主王直。此舉的意義非同小可，從此開啟了中、葡、日的三邊貿易的新格局。日本文獻《大麴記》說：「有個名叫五峰的從大唐來到平戶津，住在現在的印山邸址修建的中國式房屋。他（指平戶領主松浦隆信）利用了五峰，於是大唐商船來往不絕，甚至南蠻的黑船也開始駛來平戶津。大唐和南蠻的珍品年年充斥，因而京都、堺港等各地商人，雲集此地，人們稱作西都。」[20]

廣東方面的情況稍好一些。由於廣東方面對佛郎機「悉行禁止」，導致「番船幾絕」，對廣東經濟造成負面影響。嘉靖八年（一五二九）新任廣東巡撫林富向朝廷請求重開廣東海禁，允許佛郎機互市，有四大好處：一是「番夷朝貢之外，抽解俱有則例，足供御用」；二是「借此可以充羡，而備不虞」；三是「查得舊番舶通時，公私饒給，在庫番貨旬月可得銀兩數萬」；四是「小民持一錢之貨，即得握椒，輾轉交易，可以自肥」。[21]朝廷批准了林富的奏請，從此形成了廣東的特殊政策——「廣中事例」。《明史．佛郎機傳》說：「自是，佛郎機得入香山澳為市。」

從香山澳到濠鏡澳

所謂香山澳，就是位於香山縣的港灣——浪白澳。廣東地方當局規定，東南亞國家的商船在廣州附近的洋澳「駐歇」，等候官府的處理。暹羅、占城等國的商船在香山縣的浪白等洋澳以及鄰近的一些洋澳，等待官員前來抽稅，然後與中國商人進行交易。於是浪白澳便成了最為繁忙的交易地點。晚明學者王士性如此描繪道：「香山澳，乃諸番旅泊之處，海岸去邑二百里，陸行而至，爪哇、浡尼、暹羅、真臘、三佛齊諸國俱有之。其初止舟居，以貨久不脫，稍有一二登陸而拓架者，諸番遂漸效之。今則高居大廈，不減城市，聚落萬頭。」[22]但是浪白澳的地理條件並不理想，一是它距離廣州太遠，常有海盜出沒；二是此地過於荒僻，缺乏經商所需的基本生活保障。因此，外商逐漸把位於珠江口的濠鏡澳作為理想的交易場所。

濠鏡澳是澳門的別名，它成為中外貿易的一個口岸，據說是負責廣東沿海事務的都指揮使黃慶接受葡萄牙人賄賂的結果。中文書籍記載澳門史事最早最詳的《澳門紀略》寫道：「嘉靖十四年（一五三五），都指揮黃慶納賄，請之上官，移泊口於濠鏡，歲輸課二萬金。澳之有番市自黃慶始。」[23]這一說法似乎源於《明史》，該書寫道：「佛郎機遂縱橫海上無所忌，而其市香山澳、濠鏡者，至築室建城，雄踞海畔，若一國然。將吏不肖者，反視為外府矣。濠鏡在香山縣南虎跳門外。先是，暹羅、占城、爪哇、琉球、浡尼諸國互市俱在廣州，設市舶司領之……嘉靖十四年，指揮黃慶納賄，請於上官，移至濠鏡，歲輸課二萬金，佛郎機遂得混入……閩粵商人趨之若鶩，久之，其來益眾，諸國人畏而避之，遂專

19 參見洞富雄，《鐵炮：傳入及其影響》（京都：思文閣出版，一九九一），頁四六三—四六四頁。亦見松浦章，《中國的海商和海賊》（東京：山川出版社，二〇〇三），頁五〇—五一頁。

20（日）木宮泰彥著，胡錫年譯，《日中文化交流史》（北京：商務印書館，一九八〇），頁六一八。

21（明）黃佐，〈代巡撫通市舶疏〉，《黃泰泉先生全集》卷二十。

22（明）王士性，《廣志繹》卷四《江南諸省・廣東》。

23（清）印光任、張汝霖，《澳門紀略》上卷《官守篇》。

為所據。」[24]《明史》的說法過於含糊其辭，實際上嘉靖十四年以後葡萄牙人只是獲得了與東南亞各國商人同等的權利，可以在濠鏡泊船與經商。博克瑟〈佛郎機之東來〉說得較為確切：關於在澳門本島定居之起源已有諸多論述，但迄今未有明確的定論。正如我們某些耶穌會士於一五五五年在該島寫的那些信件中所知道的那樣，在一五五七年之前，葡萄牙人無疑已經常出入於該地。[25]

關於葡萄牙人入居澳門的時間，以往學者大多依據萬曆《廣東通志》的說法：「嘉靖三十二年舶夷趨濠鏡者，托言舟觸風濤縫裂，水濕貢物，願借地晾晒，海道副使汪柏循賄許之。時僅蓬磊數十間，後工商牟奸利者，始漸運磚瓦木石為屋，若聚落然。」[26]《澳門紀略》因此說，番人之入居澳門自汪柏始。以後學者大多信以為真。梁嘉彬認為，《澳門紀略》把此事繫於嘉靖三十二年（一五五三）是一個錯誤，據他考證，汪柏借地是在嘉靖三十六年（一五五七）。他徵引葡萄牙人賓陀所說，在葡人經中國官兵數度屠逐後，只有浪白一口尚可互市，一五五七年葡人以慣用之賄賂方法，博得中國政府允許在濠鏡築廬，以曝晒、存儲貨物。梁氏還引徵瑞典人龍思泰的說法，認為至一五五七年，葡人始得入澳。梁嘉彬的結論是：葡人入居澳門，洋人多主一五五七年之說，揆之情理，當亦無誤。[27]近年來研究早期中葡關係史的萬明，對此也有詳細的考證，她認為嘉靖三十二年葡人入居澳門的說法，雖然流傳至今，具有相當大的影響，卻是站不住腳的；國外近年研究澳門史的專著多已採用一五五七年的說法。[28]

從一五五七年（嘉靖三十六年）開始，葡萄牙人在澳門搭建住房，營造村落，為長久定居之計。到了一五六二年，澳門成為葡萄牙人在中國的唯一居留地，定居人口包括大約九百名葡萄牙人，幾千名從非洲、東南亞掠買來的奴隸，以及四千名中國商民。經過幾年的發展，逐漸建成了一個非常大的居留地，擁有三座教堂，一所醫院，一座善堂，五千多名基督徒。這個地方隸屬於駐紮在果阿的葡萄牙印度總督，由每年從印度前往中國、日本的中日貿易船隊司令管轄。每年五、六月間，這支船隊從印度啟航前往澳門，在那裡停泊十個月或一年，購入大量的中國貨物，等候下一個季風，於第二年六月至八月由澳門駛往日本。澳門成為重要的貿易中轉港。

此後，由於廣州貿易的重新開放，每年一月和六月，外國商人可以兩次到廣州參加交易會，東南亞各國商人不必經由澳門徑直前往廣州交易，澳門逐漸成為葡萄牙人獨占的商埠。葡萄牙人給它重新命名，因為當地有座供奉「阿媽」（媽祖）的天妃廟，所以把它叫做「阿媽港」或「阿媽澳」，葡文簡化為Macau（英文作Macao）。據學者們研究，福建、臺灣、廣東一帶，媽祖崇拜十分盛行。澳門所在的香山縣境內，明清兩代至少有十一座媽祖廟。澳門民間相傳，明代憲宗成化年間（一四六五—一四八七年）閩粵商賈來澳門興建媽祖廟；或謂澳門媽祖閣的最早建築弘仁殿建於弘治元年（一四八八）。一九八四年，澳門舉行「澳門媽祖閣五百年」紀念。可見葡萄牙人入據澳門以前，澳門媽祖閣早已存在是毫無疑問的。[29]這與澳門名稱的由來，有著密切的關係。瑞典人龍思泰在他的名著《早期澳門史》中如此說：

> 因在娘媽角炮臺（Bar Fort）附近有一座供奉偶像的神廟，所供奉的女神成為阿媽（Ama），所以外國作家稱之為「阿媽港」（Amangao,port of Ama）。一五八三年葡萄牙人將其命名為「神名之港」（Porto de nome de Deos）和「阿媽港」（Porto de Amacao）。這些都是「澳門」（Macao）一詞的詞源。[30]

24《明史》卷三百二十五《外國傳·佛郎機》。

25 參見博克瑟著，錢江譯，〈佛郎機之東來〉，《中外關係史論叢》第四輯。

26 萬曆《廣東通志》卷六十九《番夷》。

27 參見梁嘉彬，〈《明史稿·佛郎機傳》考證〉，《明史論叢》之七《明代國際關係》，頁八—一〇。

28 參見萬明，《中葡早期關係史》（上海：社會科學文獻出版社，二〇〇一），頁八五—八七。

29 章文欽，〈澳門媽祖閣與中國媽祖文化〉，《澳門歷史文化》（北京：中華書局，一九九九），頁四二一—四二六。

這是從外國人的視角而言的。中國人另有一種說法。之所以把濠鏡澳叫做澳門，是因為此地以南有十字門，人們把兩者合稱「澳門」；或者說濠鏡澳有南台山、北台山作為門戶，所以稱為澳門。[31]

二、以澳門為中心的全球化貿易

「東方第一商埠」——澳門

一五五七年葡萄牙人在中國的澳門獲得了一個可靠的基地，一五七一年在日本的長崎得到了另一個基地。此後，這一獲利頗豐的貿易便達到其鼎盛時期。正是在葡萄牙東方貿易蓬勃發展的大背景下，澳門從一五八〇年代進入了繁榮的黃金時代，一直持續達半個多世紀。廣東巡按御史龐尚鵬說：「近數年來，（夷人）始入濠鏡澳築室居住，不逾年多至數百區，今殆千區以上，日與華人相接，歲規厚利，所獲不貲。故舉國而來，負老攜幼，更相接踵。今夷眾殆萬人矣。」[32]

從一五六一年到一五八〇年，澳門由五百多人增長至兩萬多人，商業欣欣向榮，迅速向海港城市發展。到一六三五年，澳門已經號稱「東方第一商埠」，在這裡出現了中國最早的西式洋房、醫院、學堂、教堂，以及早期的火炮、船舶、鐘錶的製造工業，都是在澳門開始的。[33]正如龍思泰所說：「葡萄牙人在印度殖民地，策劃將整個貿易掌握在自己手中。他們達到了目的，在近一個世紀的時期中，獨自享有許多亞洲港口與里斯本之間的通商利益。他們在澳門的不毛之地定居下來，在七八十年的時期中，獨占著中國市場……（葡萄牙）商人們大體上幾乎獨占了整個日本、亞洲與歐洲的貿易而洋洋得意。」[34]

澳門逐漸成為溝通東西方經濟的重要商埠，不僅是晚明中國對外貿易的重要通道，而且是葡萄牙—印度—中國—日本貿易航線的重要樞紐，對於葡萄牙人而言，這是一條十分有利可圖的航線。原因是顯而易見的：第一，由於東南沿海的倭患，中日之間的正常貿易中斷，使得葡萄牙人長期處在獨占中日貿易的優越地位；第二，葡萄牙人可以通過澳門這個窗口，直接從中國內地大批採購生絲、絲綢等中國特產，這些中國特產極受日本歡迎，可以在日本高價出售；第三，中國以白銀為通貨，銀價較高，日本盛產白銀，又以黃金為通貨，白銀對黃金的比價遠低於中國，葡萄牙人可以利用金銀的差價，把中國的黃金以及其他貨物換取廉價的日本白銀，再用日本白銀購買中國貨物，轉手倒賣給日本，獲取巨利；第四，歐洲同樣酷愛中國的絲綢、瓷器，以及其他遠東特產，從澳門經由印度運回葡萄牙出售，帶來豐厚的利潤。[35]

30〔瑞〕龍思泰著，吳義雄譯，《早期澳門史》，頁一九。梁嘉彬〈《明史．佛郎機傳》考證〉謂：西人稱澳門為Macao，或為北麓馬蛟石之譯音，或為南麓娘媽閣的譯音。湯開建〈澳門諸名芻議〉對此做了考證，不同意馬蛟石說，認為Macau一詞的中文形式應是「阿媽港」或「媽港」。

31（清）張甄陶，〈澳門圖說〉（《小方壺齋輿地叢鈔》第九帙）：「澳門在廣州府香山縣之東南，去縣治陸路一百四十里，水路一百五十里，凡海中依山可避風，有淡水可汲曰澳。又東有大十字門，西有小十字門，海舶由以出入，因呼曰澳門。」印光任、張汝霖，《澳門紀略》：「濠鏡澳之名，著於《明史》，其曰澳門，則以澳南有四山離立，海水縱橫貫其中成十字，曰十字門，故合稱澳門。」

32（清）龐尚鵬，〈區畫濠鏡保安海隅疏〉，《百可亭摘稿》卷一。

33 陳炎，〈澳門港在近代海上絲綢之路中的特殊地位和影響——兼論中西文化交流和相互影響〉，《海上絲綢之路與中外文化交流》（北京：北京大學出版社，一九八六），頁一九五。

34〔瑞〕龍思泰著，吳義雄譯，《早期澳門史》，頁一〇〇。

35 參見費成康，《澳門四百年》（上海：上海人民出版社，一九八八），頁四三—四四。

有鑑於此，葡萄牙人以澳門為中心，來安排遠東的貿易活動。每年五、六月間，他們乘坐中日貿易船隊司令指揮的大帆船，順著夏季的西南季風，從果阿啟航。這種大帆船載重量為六百—一千六百噸，載客量為五百—六百人，船上裝載胡椒、蘇木、象牙、檀香等印度特產，以及產於美洲經里斯本輾轉運來的白銀貨幣。在抵達澳門的近一年時間裡，他們把船上裝載的白銀和貨物，都換成中國的生絲、絲綢、黃金、鉛、錫、水銀、糖、麝香、茯苓、棉紗、棉布等貨物。第二年初夏，他們乘著季風前往日本。起初入泊於平戶、橫瀨浦、福田浦等口岸，從一五七〇年開始，長崎成為葡萄牙對日貿易的固定商埠。在日本，他們把生絲、絲綢、黃金等中國貨以高昂的價格迅速脫手，然後帶著大量日本白銀與少量日本貨，乘著同年秋天的季風返回澳門。抵達澳門後，他們用日本白銀大量收購中國生絲、絲綢、瓷器以及其他商品，在第三年秋天，乘著季風返回印度果阿。這樣形成的每一個環節：果阿—澳門，澳門—長崎，長崎—澳門，澳門—果阿，都可以賺很多錢，整個過程可以賺取十多萬塊金幣（相當於十多萬西班牙銀幣比索）。[36]

就這樣，中國捲入了全球化的遠洋貿易之中，西方學者把它概括為「絲—銀對流」，這種特徵此時已經初露端倪。十七世紀末的蘇薩（Fariay Sousa）在《葡萄牙的亞細亞》一書的「澳門條」寫道：這裡是中華帝國最繁盛的港口，葡萄牙人獨家經營，每年五千三百箱絲織物，每個淨重十二盎司的金條三千二百個，七筐麝香、珍珠、砂糖、瓷器。要之，絲織物、黃金、瓷器等是中國運往歐洲的主要貨物。為此，葡萄牙人向中國輸入的是南洋特產和歐洲的毛織物，以及印度的琥珀、珊瑚、象牙、白檀、銀幣，更多的是胡椒。著名的《林斯霍頓旅行記》，在〈一五八二年里斯本出發〉一節中所寫的銀幣，就是墨西哥鑄造的西班牙銀元，是當時歐洲以國際信用而流通的貨幣。這些銀幣經由印度、南洋流入中國，這種趨勢一直延續到明末。一份一六三七年的文書說，從墨西哥經過菲律賓流入中國的白銀數量巨大，不僅如此，從墨西哥走私到西班牙的白銀，轉移到英吉利人、法蘭西人、荷蘭人、葡萄牙人之手，然後再由葡萄牙人輸送到印度，最後流向白銀的集中地中國。另一方面，由於中國的絲綢向日本輸送，每年因此流向中國的白銀有二百多萬兩。白瀨弘說，從一五五七年葡萄牙人得到澳門貿易的許可，一直到一六四〇年，將近一個世紀，葡萄牙獨占了歐洲與中國間、日本與中國間、南洋與中國間的多邊貿易，從而獲得巨額商業利潤。一六〇七年在西班牙—葡萄牙的首都馬德里的大官會議上，某官員在談及澳門貿易時指出，在今日狀態之下，以下一事究竟對我帝國有利還是不利？應該慎重考慮，那就是：為了從那個地方輸送來不太重要的貨物，每年送往印度數以百萬計的西班牙銀元。所謂向印度運去數以百萬計的西班牙銀元或許過於誇張，但是其中的半數流入了中國則是毫無疑問的。[37]

以澳門為中心的轉口貿易，把中國捲入全球貿易的網絡之中。澳門成為溝通東西方經濟的重要國際商埠，葡萄牙人操縱了以澳門為中心的幾條國際航線。

澳門—果阿—里斯本之間的遠程貿易

葡萄牙人的大帆船把中國的生絲、絲織品、黃金、銅、水銀、麝香、朱砂、茯苓、瓷器等貨物，從澳門運往果阿，再由果阿運往里斯本。其中數量最多的貨物首推生絲，一五八〇年至一五九〇年，從澳門運往果阿的中國生絲三千擔，價值白銀二十四萬兩，利潤白銀三十六萬兩；一六三六年從澳門運往果阿的生絲六千擔，價值白銀四十八萬兩，利潤白銀七十二萬兩。從果阿運回澳門的貨物，有白銀、胡

36 參見費成康，《澳門四百年》，頁四四—四五。

37 參見百瀨弘，〈明代中國的外國貿易〉，《明清社會經濟史研究》（東京：研文出版，一九八〇），頁一六—一七，頁四四—四九。

椒、蘇木、象牙、檀香等，而以白銀為大宗，即以一五八五年至一五九一年為例，用生絲和其他貨物換回澳門的白銀達九十萬兩。這些白銀是墨西哥、祕魯出產的，由西班牙、葡萄牙商人運至塞維利亞和里斯本，再從那裡運往果阿，以至於當時的馬德里商人說：葡萄牙人從里斯本運往果阿的白銀，幾乎全部經由澳門流入中國了。十七世紀，一艘葡萄牙商船從澳門駛向果阿，裝載的貨物中，數量最大的是生絲與絲織品，其中有白絲一千擔，各色絲綢一萬—一萬二千匹。每擔白絲在澳門的售價僅為白銀八十兩，運到果阿後的售價高達白銀二百兩，利潤率達二五〇%。此外還有大量染色的生絲與瓷器運到歐洲，利潤率高達一〇〇%至二〇〇%。葡萄牙商人在這種遠程貿易的利潤是驚人的。[38]

臺灣學者李隆生的研究表明，葡萄牙船隻載運木材、深紅色衣料、水晶和玻璃製品，每年四月或五月離開果阿前往澳門，中途常在馬六甲停留，把部分貨物換成香料、蘇木、鯊魚皮、鹿皮，如果趕得上季風，可於同年六月至八月間抵達澳門。從澳門返航的船隻，裝載中國的絲貨、麝香、珍珠、瓷器等商品，抵達果阿時，一部分商品在印度當地銷售；一部分運到霍爾木茲，供應阿拉伯世界；一部分運到里斯本，供應歐洲市場。一六〇〇年前後，每艘由澳門駛往果阿的葡萄牙商船，載運的貨物中，生絲占商品總價值的三五%，絲織品占商品總價值的二五%，兩者合計占六〇%。每年可能有一到三艘葡萄牙商船來往於澳門與果阿之間。每年約有價值四十萬兩白銀的中國商品（其中絲貨價值二十四萬兩），由澳門運往果阿，毛利率約為一〇〇%，甚或更高一點。值得注意的是，在這條航線上，葡萄牙的官方貿易額與私人貿易額之比為七：九三，私人貿易占絕對優勢。[39]

澳門—長崎之間的遠程貿易

葡萄牙人以澳門為中心來安排遠東貿易，每年五月至六月，他們的大帆船順著夏季的西南季風從果阿啟航，裝載著印度等地的貨物：胡椒、蘇木、象牙、檀香以及白銀，抵達澳門，把貨物出售，用白銀買進中國的生絲、絲織品、棉紗、棉布等，於第二年初夏前往日本長崎，出售貨物後，換回日本的白銀及其他商品，順著秋季的季風返回澳門，再在澳門用白銀買進中國的商品，在第三年秋天返回果阿。因為這樣的關係，博克瑟把一五五七—一六四〇年稱為澳門與日本貿易的時代。

據日本學者研究，葡萄牙和日本的最初接觸，是葡萄牙船漂流到種子島的一五四三年，一五四六年至少有三艘葡萄牙船來到九州。當時葡萄牙還沒有獲得在中國的穩固基地，因此葡萄牙船直接從印度的果阿駛向日本，大約要花十七個月時間。葡萄牙船在薩摩的港口出入，為了謀求貿易更有利的地方，一五五〇年來到博多附近的平戶，一五七九年選擇了長崎。葡萄牙人在日本與中國之間從事轉口貿易，一方面把中國的生絲、絲織品等貨物運到日本，另一方面把日本的白銀帶回澳門，用這些白銀購入中國的生絲、絲織品等貨物，再運往日本，如此循環往復。日本對中國的生絲需求量很大。從戰國時代以來，由於國內統一，社會秩序漸次恢復，生活安定，各地的機織業勃興，大內氏城下町山口的機織業名聞遐邇，最大的機織地莫過於京都的西陣。十七世紀初，日本的生絲總需求量約為三、四十萬斤，幾乎完全仰賴葡萄牙人從中國運來。由於明朝嚴厲打擊倭寇，中國與日本之間的走私貿易趨於斷絕，從澳門前往日本的葡萄牙商船獨占了與日本的貿易，因而被稱為長崎貿易的獨占時代。[40]

一六〇〇年前後，一艘葡萄牙商船從澳門運往長崎的中國貨物，其數量、價格、利潤率都有紀錄，

38 參見全漢昇，〈略論新航路發現後的海上絲綢之路〉，《歷史語言研究所集刊》第五七本第二分冊，同時刊載《近代中國史研究通訊》第二期。並參見萬明，《中葡早期關係史》，頁一五二。

39 參見李隆生，《晚明海外貿易數量研究——兼論江南絲綢產業與白銀流入的影響》（臺北：秀威資訊，二〇〇五），頁三二—三四。

40 參見大隅晶子，〈十六、十七世紀的中日葡貿易〉，《東京國立博物館紀要》第二十三期，一九九八年。

極有個案價值，由此可以清楚看到當時澳門－長崎貿易的一般狀況。請見下表：

據統計，崇禎時期每年由澳門運往長崎的中國商品的總價值都在白銀一百萬兩以上，其中崇禎十年（一六三七）為二百多萬兩，有時甚至超過三百萬兩。生絲在其中占很大的比重，例如崇禎八年運往長崎的生絲達二千四百六十擔，以每擔售價白銀六百－一千兩計，總價值達白銀一百四十七萬六千－二百四十六萬兩。利潤率大多在一〇〇％以上。棉布的利潤率更是高達一七七％－一八六％。這也印證了法國年鑑派學者布勞岱爾（Fernand Braudel）在《十五至十八世紀的物質文明、經濟和資本主義》中的論斷：「遠程貿易肯定創造出超額利潤：這是利用兩個市場相隔很遠，供求雙方互不見面，全靠中間人從中撮合而進行的價格投機。」[41]

表1　1600年前後澳門—長崎貿易狀況一覽表

貨名	數量	進貨價格（銀）	日本售價（銀）	銷售收入（銀）
白色生絲	500-600擔	80兩（擔）	140-150兩（擔）	79,750兩
絲線	400-500擔	特級140兩（擔）	370-1400兩（擔）	86,250兩
		普通55-60兩（擔）	100兩（擔）	
		次品40兩（擔）	90兩（擔）	
綢緞	1,700-2,000匹	1.1-1.4兩（匹）	2.5-3.0兩（匹）	5,088兩
黃金	3,000-4,000兩	5.4-6.6兩	7.8-8.3兩	28,175兩
棉紗	200-300擔	7兩（擔）	16-18兩（擔）	4,250兩
棉布	3,000匹	0.12-8.50兩（匹）	0.23-17.0兩（匹）	14,816兩
汞	150-200擔	40-53兩（擔）	90兩（擔）	15,750兩
鉛	2,000擔	3兩（擔）	6.4兩（擔）	12,800兩
錫	500-600擔	12兩（擔）	22兩（擔）	12,100兩

資料來源：李隆生，《晚明海外貿易數量研究——兼論江南絲綢產業與白銀流入的影響》，頁八六，表三一五。黃啟臣、鄧開頌《明清時期澳門對外貿易的興衰》，《中國史研究》一九八四年第三期。

澳門—馬尼拉之間的遠程貿易

這種貿易時而表現為澳門的葡萄牙當局和中國、日本、印度支那之間的貿易競爭形式，時而又以相互補充的形式出現。正如博克瑟所說：「南中國海兩個伊比利亞殖民帝國（引者按：指葡萄牙、西班牙）所屬中轉港相互之間在協同競爭中並存。」[42] 一五八〇年，西班牙國王菲利普二世兼任葡萄牙國王後，托馬爾議會通過了禁止兩個中轉港之間的貿易協定，形勢趨於複雜化。一六一四年上半年，荷蘭對這兩個海上帝國構成了威脅，這項禁令才稍有鬆動，但兩國間的貿易仍處於禁止狀態。一方面，在澳門的葡萄牙人希望能同馬尼拉進行貿易，因為西班牙商船把西屬美洲生產的白銀從阿卡普爾科運到了馬尼拉，他們不希望西班牙商船直接到中國、日本、澳門進行貿易。另一方面，馬尼拉的西班牙人不喜歡花太大代價通過澳門中介，更喜歡直接同中國日本進行貿易。不過儘管有禁令限制，澳門與馬尼拉兩個中轉港之間的正式或非正式貿易始終未曾中斷。

從一六一九年到一六三一年，中國與菲律賓之間的貿易幾乎被澳門的葡萄牙人所壟斷，澳門成為中菲貿易的主要通道。從澳門啟航的商船，乘著冬季的北風駛向馬尼拉，第二年五、六月間，乘著夏季的西南風從馬尼拉返航。澳門運往馬尼拉的商品有日本貨、印度貨，最多的是中國貨，主要是生絲、絲織品以及棉布、瓷器、食物、家具、鐵鍋等。這些中國商品的一部分供應菲律賓當地居民，大部分（如生

41〔法〕布羅代爾著，顧良、施康強譯，《十五至十八世紀的物質文明、經濟和資本主義》第二卷（北京：生活・讀書・新知三聯書店，一九九六），頁四三五。

42〔英〕博克瑟著，黃鴻釗等譯，〈16—17世紀澳門的宗教和貿易中轉港之作用〉，《中外關係史譯叢》第五輯，頁八一—一〇三。

絲、絲織品、棉布、瓷器等）由西班牙的馬尼拉大帆船運往墨西哥。西班牙人從墨西哥運回的主要是銀幣，通過葡萄牙人從澳門採購中國商品。據估計，一六一九年到一六三一年，每年從馬尼拉輸入澳門的銀幣約為一三五萬比索。和澳門—長崎貿易一樣，澳門—馬尼拉貿易也為葡萄牙人帶來了巨額利潤，這兩個中轉港之間的「絲—銀對流」一個來回，葡萄牙人能夠賺取百分之百的利潤。澳門因此而更加趨向繁榮。

此外，還有澳門—東南亞的貿易。約從一六三〇年起，這條貿易路線開始顯得重要，每年都有一、二艘葡萄牙商船往返於澳門與東南亞之間。到了約一六四〇年，由於澳門—果阿、澳門—長崎、澳門—馬尼拉航線受到嚴重打擊，這條航線成為澳門的生命線。

無論是哪一條航線，以澳門為中心的海外貿易，有一個共同的特點，輸出的大多是生絲、絲織品、棉布、瓷器等質優價廉的中國貨，輸入的除了少量各地土特產，大量的是為了彌補貿易逆差的白銀貨幣。中國捲入全球化貿易浪潮的這一特點，引人注目，值得細細探究。

三、尼古拉・一官與「海上馬車夫」

看到這樣的標題，各位可能會有一點奇怪，「尼古拉・一官」何許人也？其實他就是明末清初聲名顯赫的鄭芝龍——閩粵沿海和臺灣海上貿易集團的首領。由於他會講葡萄牙語，充當外商的代理人，接受了基督教的洗禮。Nicolas Iquan這個名字有一半是「洋」的，即尼古拉，是教名；另一半則是「土」的，即他的小名一官的譯音（當地人習慣把排行第一的兒子叫作一官），因此西方史籍稱呼鄭芝龍為「尼古拉・一官」。英國歷史學家博克瑟寫的〈尼古拉・一官興衰記〉，就是一個典型的例子。[43]

明朝末年，葡萄牙人的澳門貿易陷入了重重危機之中。葡萄牙擺脫了西班牙，恢復獨立地位，澳門不再對西班牙國王效忠，因而失去了利益攸關的馬尼拉貿易。與此同時，荷蘭人不斷騷擾澳門的海上貿易，使得澳門陷入混亂。澳門只能另闢蹊徑，開發同東帝汶、望加錫、印度支那、暹羅的貿易，作為彌補。聲名遠揚的鄭芝龍巧妙地利用這一形勢，穿梭於海盜與官軍之間，操縱對日本的貿易。

提起鄭芝龍，不能不提及他的前輩李旦。

泉州海商李旦

李旦是泉州海商，是繼林鳳之後又一個前往呂宋（菲律賓）進行貿易的巨頭，曾經一度成為中國人在馬尼拉的首領。李旦的發財致富，引起當地的西班牙人的覬覦，尋找藉口把他關入囚犯船中。神通廣大的李旦從囚犯船中逃脫，前往日本，投奔他的兄弟華宇——即西人所說的「甲必丹華」（Captain Whow）。幾年之後，李旦建立起一個往返福建、澎湖與日本（平戶、長崎）的海上貿易集團。

據臺灣學者張增信研究，英國東印度公司駐平戶商館代理人理查・科克斯（Richard Cooks）一六一八年二月十五日在一封信中說：「最近兩三年中，中國人開始與某一個被他們稱為高砂，而在我們海圖上稱作福爾摩薩（Formosa）的中國近海島嶼進行貿易。當地僅容小船經由澎湖島進入，而且只與中國人進行交易。該島距離中國大陸約三十『里格』，以至於每次季風來臨時，中國人利用小船從事二到三次航行。安得瑞・狄提士（Andrea Dittis）與他的弟弟甲必丹華（Captain Whow）無疑是在當地進行走私貿易的最大冒險投機者。」[44]

43 參見博克瑟著，松儀摘譯，〈尼古拉・一官興衰記〉，《中國史研究動態》，一九八四年第五期。

據日本學者岩生成一考證，所謂Andrea Dittis就是泉州海商李旦，而Captain Whow就是李旦的兄弟華宇。李旦的大弟華宇以長崎為據點，他的二弟二官（Niquan）以平戶（今長崎縣平戶市）為據點，三弟則在老家泉州策應，形成一個海上貿易網。[45]

天啟年間的福建巡撫南居益對於這種情況頗為關注，他指出：福建和浙江的商人，前往日本定居的有數千人之多，在那裡和日本人結婚成家，形成聚落，稱為「唐市」，他們裝載中國貨物運往日本交易的商船稱為「唐船」，聲勢很大，這種貿易很難取締。僑寓日本的著名人物就是李旦。他是由於江戶幕府初期對中國商人的優待政策，而在平戶定居的。[46]

在李旦去世前兩年，福建巡撫南居益向朝廷建議，利用李旦的特殊勢力，驅逐霸占臺灣的荷蘭人。一六二四年，李旦的部下海澄人顏思齊、南安人鄭芝龍，堂而皇之率領部眾前往臺灣。天啟五年（一六二五）顏思齊在臺灣病死，鄭芝龍被推為首領。就在這一年八月，李旦死於日本平戶，鄭芝龍巧妙地接收了李旦龐大的資產和船隊，成為天啟、崇禎年間東南沿海的海上霸主。他憑藉自己的制海權，向航行於中國東南沿海的商船發放「通行證」，確保他們的航行安全，由此獲得可觀的收益。[47]

尼古拉·一官——鄭芝龍

萬曆三十二年（一六〇四），鄭芝龍出生於福建省泉州府南安縣安平鎮。泉州南部的安海港，是宋代泉州兩大港口之一，海商雲集，生意興隆，政府在此設置石井鎮，負責治安與稅收。明代此地有石井巡檢司，所以史書說，鄭芝龍是「泉州南安縣石井巡司人也」。[48]這個沿海港口歷來海上貿易興旺發達，為了謀生，很多人一生漂泊海上，鄭芝龍也不例外。他的父親鄭紹祖是泉州知府衙門的庫吏，舅舅黃程是海商，從事澳門與日本、澳門與馬尼拉的遠程貿易。天啟元年（一六二一年），他前往澳門投奔黃程，開始了漫長的海商生涯。天啟三年（一六二三），黃程有一批銷往日本的貨物，搭載在同鄉李旦的商船上，派鄭芝龍負責押運。由此，鄭芝龍開始與海商李旦結緣。鄭氏兄弟三人，他排行第一，所以小名叫作一官，弟弟芝虎、芝豹就是二官、三官。當時的澳門已經成了葡萄牙的殖民地，擁有三個教會，一所貧民醫院和一個仁慈堂，大約有五千多基督徒。在這樣的氛圍下，鄭芝龍接受了基督教的洗禮，取教名尼古拉（Nicolas）。以後他隨母舅黃程前往日本，受雇於早已發財致富的中國商人李旦。

李旦以日本平戶、長崎為基地，從事日本與中國福建及臺灣的貿易。荷蘭人進入臺灣後，李旦又把臺灣作為與日本、澳門、馬尼拉、巴達維亞貿易的中轉港。李旦很欣賞鄭芝龍精明狡詐的經商本領，把他收為養子，又把幾艘商船和巨額資金交給他掌握，讓他從事與越南、柬埔寨等地的貿易。鄭芝龍獲得了意想不到的成功，這使他得到了李旦加倍的信任。李旦在日本去世後，鄭芝龍名正言順地繼承了他的事業，一躍成為可以和外國商人抗衡的中國海商集團的首領。

大約在一六二一年（天啟元年）或一六二三年抵達平戶不久，鄭芝龍和姓田川的日本女子結婚，生下了兒子鄭森，也就是日後鼎鼎大名的鄭成功。一六二五年，鄭芝龍接收了李旦的船隊和財產後，活躍於閩粵沿海，被明朝當局視為海盜頭目。崇禎元年（一六二八）福建巡撫熊文燦無力對付這個海上霸主，便用「招撫」的手段加以籠絡，封給他一個「福建遊擊」的官銜，讓他把總部設在廈門，專門對付

---

44 張增信，〈明季東南海寇與巢外風氣（1576-1644）〉，《中國海洋發展史論文集》第三輯，《中央研究院中山人文社會科學研究所叢刊（24）》，一九八八年，頁三三四—三三五。

45 參見岩生成一，〈明末僑寓日本支那人甲必丹李旦考〉，《東洋學報》第二三卷第三號。

46 參見松浦章，《中國的海商和海賊》（東京：山川出版社，二〇〇三），頁六三。

47 參見松浦章，《中國的海商和海賊》，頁六五—六六。

48（清）谷應泰，《明史紀事本末》卷七十六《鄭芝龍受撫》。

海商與海盜一身而二任的劉香。當時劉香的勢力非同小可，擁有一百多艘船和幾千部下，一六三五年敗於鄭芝龍之手。此後鄭芝龍勢力如日中天，根本不聽熊文燦的節制，我行我素，地方政府奈何他不得。因此博克瑟說：「他實際上成了福建及其鄰近海域的主人。」[49]王賡武認為：「鄭芝龍之所以能將其龐大的海上勢力統領在一起，靠的是軍事上和外交上的技巧，靠的是成功的貿易活動，更重要的是依靠其大家族和忠實的閩南同鄉的支持。」[50]

鄭芝龍在澳門的一段生活令他終生難忘，因而對澳門有特別的偏愛。當時日本發布禁令，禁止澳門的葡萄牙人前往日本貿易，鄭芝龍出面協助澳門的葡萄牙人。他派船來到澳門，裝載葡萄牙人的貨物，運往日本，只收取運費，利潤全歸葡萄牙人。

荷蘭人也企圖利用鄭芝龍。一六四〇年荷蘭人和他達成協議，他本人不直接和日本通商，由他向荷蘭東印度公司提供合適的中國生絲和其他商品，每年賒銷一百萬弗羅林，月息二・五%，為期三個月。作為交換，荷蘭人在他們的船上給他裝運五萬元貨物和五萬元金塊，記在公司的帳上，他分得最終利潤的四成。這種協議不過是一紙空文，一六四〇年以後，鄭芝龍的船隊依舊不斷地前往日本貿易。當時出入日本長崎港的外商船隻的狀況如下：

一六四一年，荷蘭船九艘，中國船八十九艘；
一六四二年，荷蘭船五艘，中國船三十四艘；
一六四三年，荷蘭船五艘，中國船三十四艘；
一六四四年，荷蘭船八艘，中國船五十四艘；
一六四五年，荷蘭船七艘，中國船七十六艘；
一六四六年，荷蘭船五艘，中國船五十四艘。

中國船的相當大一部分是鄭芝龍的，他的海商霸主地位由此可見一斑。[51]

「海上馬車夫」——荷蘭東印度公司

歐洲歷史學家認為，義大利的城邦是近代資本主義的搖籃，威尼斯就是一個典型。然而，當北方的文藝復興取代義大利的文藝復興時，尼德蘭（Netherlands）取代了威尼斯，成為歐洲最先進的貿易國家。大航海時代的尼德蘭的領域大於如今的荷蘭，擁有安特衛普、阿姆斯特丹等海港，善於航海貿易，被人們稱為「海上馬車夫」。他們不滿足於北海、波羅的海貿易，希望涉足東方貿易。

十六世紀歐洲對統稱「印度貨」的中國商品懷有極大的興趣，逐步富裕起來的市民階層以及藝術品收藏家們，願意出高價購買來自中國的絲綢、瓷器、漆器。但是，當時操縱亞歐貿易大權的葡萄牙人更注重亞洲內部的貿易，特別是中國和日本之間的轉口貿易。因此很長一個時期內，中國商品進入歐洲的數量十分有限，而且價格昂貴。

荷蘭人試圖打破這種格局。一五八一年，荷蘭脫離西班牙而獨立，並於一五八八年成立共和國，隨即開始了向海外擴張的步伐，與葡萄牙、西班牙爭奪殖民地。十七世紀的荷蘭已經號稱「海上霸主」，締造了經濟繁榮的「黃金世紀」。

一五九五—一五九七年，荷蘭人霍特曼（Cornelisde Houtman）率船隊繞過好望角的航行取得成功，使得大批荷蘭貿易公司短時間內紛紛崛起，介入了同印度人的貿易。一六〇〇年，范・內克（Van

49〔英〕博克瑟著，松儀摘譯，〈尼古拉・一官興衰記〉，《中國史研究動態》，一九八四年第三期。

50 王賡武，〈沒有帝國的商人：僑居海外的閩南人〉，《海交史研究》，一九九三年第一期。

51 參見博克瑟著，松儀摘譯，〈尼古拉・一官興衰記〉，《中國史研究動態》，一九八四年第三期。

Neck）率領六艘帆船前往東方，他的使命是，抵達東方後，派遣其中兩艘船前往中國。他們的意圖是，仿效澳門的葡萄牙人，在廣東建立一個貿易基地。遭到了葡萄牙人和西班牙人的聯合抵制，並沒有成功。葡萄牙學者施白蒂（Beatriz A. O. Basto da Silva）寫道：一六〇一年九月二十七日，澳門海面出現了荷蘭阿姆斯特丹號和戈烏達號戰船，及范・內克海軍上將船隊的一艘雙桅小船……船上有七百荷蘭人，其中七人乘小船上岸，立即被俘虜。第二天，荷蘭人又命令雙桅小船闖入澳門，船和船上的九個人也立即被俘。[52]

關於荷蘭人第一次來到廣東沿海，中國史籍也有記載。萬曆《廣東通志》寫道：「紅毛鬼，不知何國，萬曆二十九年冬，二三大舶頓至濠鏡之口。其人衣紅，眉髮連鬚皆赤，足踵及趾，長尺二寸，形壯大倍常，似悍澳夷。數詰問，輒譯言不敢為寇，欲通貢而已。兩台司道皆訝其無表，謂不宜開端。」[53]

荷蘭人試圖獲得類似澳門那樣的口岸，沒有成功，卻開啟了廣州貿易的第一步。當時廣州每年春季和夏季都有交易會，外商都可以前往那裡進行貿易，於是有了荷蘭人的第一次廣州貿易。

一六〇二年，在官員和貴族的仲裁下，荷蘭的各公司終於組成了統一的「聯合東印度公司」，這就是在遠東顯赫一時的荷蘭東印度公司的由來。國會為東印度公司頒發了一份「自好望角以東至麥哲倫海峽整個地域」的貿易特許狀，使它獲得了貿易壟斷權，有權經營東至日本西至波斯灣大片海域的貿易。它的總部所在地巴達維亞（即今雅加達），不僅成為荷蘭東印度公司的貨物集散中心，而且也是東方殖民地統治中心。

荷蘭東印度公司對中國貿易懷有濃厚的興趣。歷史學家皮特・范・丹的《東印度公司志》，有〈論中國〉一章，開宗明義寫道：「公司剛建立即著眼對華貿易，因為這個產品可望在歐洲獲得巨額利潤。」[54]

荷蘭人企圖結束葡萄牙人獨占這個海上貿易的優勢，但是他們沒有澳門這樣的據點，不可能與中國建立起直接貿易關係，無法與葡萄牙人競爭。一六〇九年，事情發生了轉機，荷蘭東印度公司在日本平戶開設了一家商館，打開了一直由葡萄牙人控制的中國產品在日本的市場，它可以根據自己的需求進口中國貨物，並且切斷了葡萄牙人控制的貨源。

荷蘭東印度公司擁有在東方開戰、訂約、占地等特殊強權，內有堅強的組織，外有強大的艦隊，駐地有軍隊、炮臺。從十六世紀到十七世紀四〇年代，東方的商業大權幾乎為荷蘭人所獨占。荷蘭人以馬來半島、爪哇、香料群島為根據地，既向中國、日本發展，又向印度發展，蘇門答剌、爪哇、馬六甲等地出產的胡椒、香料的經營，成了荷蘭人的專利。一六〇二至一六一〇年的八年間，荷蘭東印度公司來往於東方的商船增加到了六十九艘。從一六〇五年到一六二二年，荷蘭東印度公司每年的紅利分配在一五％至七五％之間。

荷、葡競爭的結果，終於導致武裝衝突。早在一六〇三年，荷蘭人先後攔截從澳門開往馬六甲、從澳門開往日本的葡萄牙商船，奪得價值昂貴的貨物。這樣的武裝襲擊一直持續了很多年，使得葡萄牙人的澳門中轉貿易損失慘重。例如：一六〇三年的一次劫奪，荷蘭人獲取葡萄牙人的一千二百包（相當於二千零二十五擔）生絲、六十噸瓷器；次年在阿姆斯特丹拍賣這批貨物，售價高達三百五十萬荷蘭盾，相當於一百一十二萬兩白銀。由此，阿姆斯特丹成為歐洲最主要的中國絲貨市場。

52 參見施白蒂，《澳門編年史》（澳門：澳門基金會，一九九五），頁三一。

53《廣東通志》卷六十九《外志‧番夷》。

54〔荷〕約爾格著，袁偉強譯，〈荷蘭東印度公司對華貿易〉，《中外關係史譯叢》第三輯（上海：上海譯文出版社，一九八六）。

荷蘭東印度公司和中國、日本的貿易

為了獲得商品，荷蘭人吸引中國商人到巴達維亞貿易，但他們運來的中國貨質量不好，來自萬丹、錦石、北大年及馬魯古群島的商品也不能令人滿意。荷蘭人再次生起占領澳門的企圖，以犧牲葡萄牙人來壟斷對華貿易。關於這一點，一六一四年一月，荷屬巴達維亞總督科恩（J. P. Koen）寫信給東印度公司董事長，建議進攻澳門，趕走葡萄牙人，奪取與中國的貿易權。他說：如果荷蘭人攻占了澳門，不僅能代替葡萄牙人成為日本市場的中國絲貨供應商，而且可以打垮露西塔尼亞帝國在亞洲的主要支柱，還可以斷絕菲律賓的西班牙人的支援，輕而易舉地占有馬六甲和馬尼拉，把伊比利亞殖民地帝國一分為二；占領澳門不僅可以封殺中國的海外貿易，而且使荷蘭人可以直接獲得全世界都渴望得到的中國的財富和產品；如果不能攻占澳門，就應該去占領澎湖和臺灣。後來的事態正是這樣發展的。一六二二年，荷蘭艦隊攻擊澳門的戰爭以失敗告終。此後，荷蘭人試圖占據澎湖列島，沒有成功；便以臺灣作為立腳點，在此與中國商船進行貿易。荷蘭歷史學家約爾格寫道：一六二四年，荷蘭人在臺灣的安平設立商館，以後又在淡水、雞籠（基隆）設立貨棧。臺灣很快發展成為荷蘭進口中國產品的穩固貿易基地，之後迅速成為中國和日本之間的貿易中轉港。一六三九年，除了中國和荷蘭，日本向其他國家實施鎖國政策，臺灣這個中轉港的地位日趨重要。[55]

為了獲取更多的中國商品，荷蘭東印度公司竭力吸引中國商人前往它所屬的商館進行貿易。

荷蘭東印度公司在亞洲各地都建立了商館，例如：日本、臺灣、暹羅、柬埔寨、萬丹、錫蘭、波斯等。這些商館組成一個巨大的貿易網絡。大量從歐洲帶來白銀，用來採購亞洲的香料、絲貨、瓷器。

李隆生提供的統計數字足以顯示當時荷蘭東印度公司貿易數量的巨大。

一六二九—一六三二年，日本對荷蘭的禁運解除後，荷屬臺灣的中日貿易額顯著增加，一直到約一六四〇年，可以說此期間是荷蘭在東亞的「蜜月期」。一六三六—一六四四年，荷蘭與中國的貿易絕大部分是由臺灣中轉的。一六四〇年以前，由臺灣輸出的中國商品，以黃金、絲貨、瓷器、砂糖為主；由臺灣輸往中國的商品大多是東南亞的香料（特別是胡椒）。一六四〇年以後，由於中國內部動亂和其他因素，大陸商品供應減少，臺灣本地商品出口增多。根據李隆生的研究，荷據時期臺灣對外貿易航線和商品的具體情況如下：

中國至臺灣航線：生絲、紗綾、緞子、棉布、麻布、衣服、砂糖、瓷器、黃金、白蠟、茯苓、茶葉、大米、小麥、麵粉、酒、明礬、水銀、錫、鐵鍋、木器等。

臺灣至中國航線：白銀、胡椒、蘇木、丁

55 參見〔荷〕約爾格著，袁偉強譯，〈荷蘭東印度公司對華貿易〉，《中外關係史譯叢》第三輯（上海：上海譯文出版社，一九八六）。

表2 1640年前後亞洲—荷蘭貿易狀況一覽表

年份	開往亞洲船數	自亞洲返荷船數	輸往東印度白銀（萬兩）
1602-1609	76	40	166
1610-1619	115	50	309
1620-1629	141	71	399
1630-1639	157	75	293
1640-1649	165	93	308
1650-1660	205	103	294
1661-1670	238	127	417
1671-1680	232	133	384
1681-1690	204	141	690

資料來源：李隆生：《晚明海外貿易數量研究—兼論江南絲綢產業與白銀流入的影響》（臺北：秀威資訊，二〇〇五），頁四八。

香、白檀、豆蔻、紅檀、沉香、犀牛角、象牙、琥珀、珊瑚等。

日本至臺灣航線：銀錠、蠟、木材、大米等。

臺灣至日本航線：生絲、緞子、毛織品、麻布、棉布、砂糖、錫、珊瑚、胡椒等。

巴達維亞至臺灣航線：胡椒、紅檀、沉香、豆蔻、椰子油、大米、琥珀、錫、棉紗、幾內亞麻布等。

臺灣至巴達維亞航線：生絲、絹、緞子、棉布、絲棉、砂糖、冰糖、人參、麝香、安息香、茯苓、草藥、茶葉、大米、小麥、麵粉、瓷器、硫磺、黃金、白蠟、黃銅、明礬、日本木材、雜貨等。[56]

根據他的估算，荷蘭人經營的中國貿易，大多處於逆差，歷年流入中國的白銀數量如下：

一六三六年	三十七・七萬兩
一六三七年	十九・三萬兩
一六三八年	四十六・二萬兩
一六三九年	五十三・一萬兩
一六四〇年	六十九・九萬兩
一六四一年	五十二・一萬兩
一六四二年	五十一・三萬兩
一六四三年	三十四萬兩
一六四四年	二十・九萬兩[57]

這些數據看上去有點低估，因為他把荷蘭東印度公司與日本的貿易另外計算。其實它的對日貿易中，來自中國的絲貨占有很大的比例。荷蘭東印度公司的商船於一六〇九年抵達日本平戶，不僅得到日

本官方的許可，而且還在平戶建立了商館，開始了荷日之間的直接貿易。一六二四年以前，荷蘭東印度公司的生絲、絲織品、瓷器等中國商品，主要是在北大年、暹羅、廣南、爪哇等地採購而來，約一六二〇年起，荷蘭每年進口五百三十擔中國絲貨，絕大部分供應日本。一六二四年，荷蘭人占領大員（今臺灣臺南），以此為基地，從事中日間的轉口貿易。荷蘭商船運往日本的貨物以中國絲貨為主，從日本運出的貨物以白銀為主。

請看荷蘭東印度公司輸入日本的商品額（以白銀計價，單位為兩）：

一六三三至一六四〇年，總計絲貨輸入額約為四百五十九萬兩白銀（其中八〇％來自中國），占總輸入額的七一．九％，中國絲貨在荷日貿易中所占比率之高，由此可見一斑。

表3　1633—1640年間荷蘭東印度公司—日本貿易狀況一覽表

年份	絲貨輸入額	總輸入額	絲貨占總輸入額的比率（％）
1633	8,938	41,481	21.5
1634	138,135	225,589	61.2
1635	229,648	322,965	71.1
1636	347,484	472,343	73.6
1637	526,633	838,190	62.8
1638	770,479	1,227,986	62.7
1639	906,149	1,209,168	74.9
1640	1,660,225	2,044,612	81.2

資料來源：李隆生，《晚明海外貿易數量研究—兼論江南絲綢產業與白銀流入的影響》，頁一〇一。

56 參見李隆生，《晚明海外貿易數量研究——兼論江南絲綢產業與白銀流入的影響》，頁五一—五四。

57 參見李隆生，《晚明海外貿易數量研究——兼論江南絲綢產業與白銀流入的影響》，頁六八。

四、「馬尼拉大帆船」與太平洋絲綢之路

美洲新大陸的發現與西班牙人東來

一四九二年八月三日，西班牙人哥倫布率領一百二十人的遠征隊，分乘「聖瑪麗亞號」、「平塔號」、「尼凡亞號」離開西班牙的帕洛斯，越過大西洋，於十月十二日發現了巴哈馬群島，繼而又發現了古巴、海地。一四九三年三月十五日哥倫布回到帕洛斯，受到了狂熱的歡迎，加的斯和塞維利亞商人們相信，一條到達東印度的航路是通向無可估量的財富之路。

與此同時，為南美洲這塊土地尋找一條出路的嘗試，也在不斷進行。一五一九年八月，麥哲倫從塞維利亞出發，沿著美洲海岸航行，進入了西面的海洋。這個海洋與狂暴的大西洋相比，顯得十分平靜，因此被麥哲倫命名為太平洋。他們越過太平洋，於一五二〇年四月在菲律賓群島登陸，麥哲倫本人在宿霧島附近與土著人的戰爭中陣亡。這個號稱「無畏」的遠征隊碩果僅存的「維多利亞號」，在一五二二年九月七日返回西班牙的桑盧卡爾港，原先的二百五十人只剩下了十八人。然而這次航行意義深遠，不但證明了地球是圓的，還證明了美洲是亞洲以外的另一塊大陸。由於科爾特斯發現墨西哥的巨大財富，美洲本身愈來愈受到西班牙人的重視，而原先孜孜以求的東方已經退居次要了。[58]當西班牙人終於意識到哥倫布及其追隨者所發現的既不是中國，也不是真正的印度時，他們全力以赴地尋找一條繞過美洲直抵東方海域那令人垂涎的香料群島之間的通道，麥哲倫達到了這一目的。

西班牙人在美洲殖民地攫取的利益，似乎並不如葡萄牙人在亞洲的香料—絲貨貿易那麼可觀。他們全力以赴地要找到通往香料群島的通道。早已在香料群島駐紮下來的葡萄牙人，不能容忍西班牙人進入這個利潤最為豐厚的貿易圈。西班牙人便把眼光投向了菲律賓群島。由於一五四五—一五四八年間發現了墨西哥和祕魯豐富的銀礦，西班牙人暫時把菲律賓擱置一旁。

二十年後，西班牙人再一次關注菲律賓。一五六五年，海軍上將黎牙實比（Miguel López de Legazpi）奉命遠征菲律賓，占領了宿霧島。兩年後，黎牙實比在宿霧島給西班牙國王菲利普二世報告：中國人和日本人每年都前往呂宋島和民都洛島進行貿易，他們帶來的貨物是絲綢、瓷器、香料、印度棉布等。島上的居民（摩洛人）從中國人和日本人手中獲得這些貨物後，便四處貿易。一五六九年，西班牙王室駐菲律賓群島的代理商從宿霧島寫信給西班牙國王，報告葡萄牙人與中國、日本的貿易，是迄今為止所見到的規模最大、利潤最豐厚的貿易。[59]一五七〇年，黎牙實比致函西班牙的墨西哥總督，指出：如果把貿易中心放在馬魯古群島，那麼宿霧島作為基地是可取的；如果把貿易中心轉向中國沿海，那麼最好把呂宋島作為基地。基於這一考慮，黎牙實比攻占了呂宋島，在巴石河畔建立了一個以耶穌的名字命名的城市，就是後來的馬尼拉。[60]黎牙實比慫恿國王儘快把馬尼拉作為殖民地，因為它的地理位置十分理想，便於同日本、中國、爪哇、婆羅洲、香料群島進行貿易。

西班牙人占領馬尼拉時，那裡已有一百五十名華人居住，從事絲綢、棉布和其他雜貨的販賣。於是西班牙人和中國人的直接貿易就開始走上軌道，每年航行到馬尼拉港口的中國商船逐年增加。西班牙

---

58 參見托馬斯著，壽進文譯，《拉丁美洲史》（北京：商務印書館，一九七三），頁七一—七九，頁九九—一〇一。

59 參見博克瑟著，錢江譯，〈佛郎機之東來〉，《中外關係史譯叢》第四輯，頁三〇九—三一〇，頁三一二。

60 參見裴化行，〈明代閉關政策與西班牙天主教傳教士〉，《中外關係史譯叢》第四輯（上海：上海譯文出版社，一九八八），頁二六〇。

人的到來，勢必與早就在那裡的中國商人發生矛盾。矛盾的聚焦點就是中國海商巨頭林鳳襲擊馬尼拉事件。[61]

林鳳，即西文史料所稱Limahong，已由中外史家考證確定。他是潮州饒平人，是海商集團的首領，手下擁有海船上百艘，人員三千，經常來往於臺灣、澎湖與閩粵沿海。明朝官方把他視為海盜，不斷追剿。林鳳逃離沿海，在呂宋島附近截獲一艘從馬尼拉返航的商船，奪走船上的黃金、墨西哥銀幣以及其他貨物，隨即率領六十二艘船隻，駛向馬尼拉港。他兩次襲擊馬尼拉港失敗後，率領船隊殘餘的三十七艘船退向澎湖。當時的福建把總王望高前往馬尼拉，請求西班牙人合力捉拿；當他獲悉林鳳已經逃跑後，返回福建，把這一事件奏報朝廷。於是此事便在《明實錄》、《明史》留下了紀錄：

> 福建巡撫劉堯誨奏報，把總王望高等以呂宋夷兵敗賊林鳳於海，焚舟斬級，（林）鳳潰圍遁，復斬多級，並呂宋所齎貢文、方物以進。[62]
>
> 明年（萬曆四年，一五七六年）秋，把總王望高以呂宋番兵討平之。[63]

這是中國官方與西班牙的首次接觸，反映了對海上實情的無知，也暴露了中國官員的腐敗一面。例如：王望高根本沒有在菲律賓參戰，卻向福建巡撫謊稱在菲律賓臨陣督戰，並對每名士兵賞賜四百兩銀子。又如：王望高要求西班牙總督證明林鳳已被殺死，並設法尋找一個人頭冒充林鳳首級，遭到西班牙總督拒絕。再如：王望高把隨船帶來的一部分絲織品、棉織品等贈送給西班牙總督、司令官、隊長及軍士，其餘物品一律高價出售，做了一筆假公濟私的生意。[64]

對於林鳳襲擊馬尼拉事件，學者卻有不同的評價：「林鳳南犯呂宋，昔人視為盜寇逃亡之窮技，今則視為英雄殖民海上之壯圖。蓋林鳳誠能立國呂宋，驅走西人，華人在菲島之勢力，或可日漸雄厚，而於華人殖民南洋之事業，亦或可自此漸盛。惜明人見不及此，必邀西人共期驅除，林鳳固無所容身，而華人之寄居菲島者，亦由是痛遭屠戮，而無可如何矣。」[65]

這種說法並非毫無根據。前往呂宋經商的中國人，一五七一年不過一百五十名，一五八八年增長為一萬名，一六〇三年三萬名。而在那裡的西班牙人不過區區一千名，兩者的對比意味深長。西班牙殖民者既仰賴華商源源不斷運來的生絲、絲織品，又擔心難以控制，處心積慮地在馬尼拉的巴石河南岸，劃定一個華人集中居住地區，以便強化管制。在商言商，西班牙商人難以和中國商人競爭，正如一位學者所說：「華商一直是這個國家最成功的商人……起初，西班牙商人試圖與華商競爭，但是他們很快就對更加精明、更加節儉和更加堅忍不拔的華人甘拜下風。華人在事業中保持低生活水平，從而他們能夠用較低的售價擠垮他們的大部分競爭者。」[66]

萬曆三十年（一六〇二），福建「妄男子」張某、閻某，詭稱呂宋有機宜山，其上生金豆，若派人採摘，一年可得黃金十萬兩。朝廷命福建礦稅太監高寀派人前往核實。引起西班牙的菲律賓總督懷疑，謠言四起。西班牙當局當即命令寓居馬尼拉城內的華商全部移居城外。華商恐生不測，陸續遷回城內，設防自衛。遭到西班牙軍隊圍攻，擒殺華商達幾千人之多。以後又乘勢屠殺，死傷兩萬多人，其中多數是漳州、泉州商人和他們的家屬。此後，華商視呂宋為畏途，不敢前往貿易。但是在菲律賓的西班牙殖

61 參見陳荊和，〈林鳳襲擊馬尼拉事件〉，《明史論叢》之七《明代國際關係》（臺北：學生書局，一九六八），頁一一〇。
62《明實錄．明神宗實錄》卷五十四，萬曆四年九月丙申。
63《明史》卷二百二十二《凌雲翼傳》。
64 參見陳荊和，〈林鳳襲擊馬尼拉事件〉，《明史論叢》之七《明代國際關係》，頁一一二。
65 張維華，〈明季西班牙在呂宋與中國之關係〉，《明史論叢》之七《明代國際關係》（臺北：學生書局，一九六八），頁九七。
66〔菲〕阿利普，〈華人在馬尼拉〉，《中外關係史譯叢》第一輯（上海：上海譯文出版社，一九八四），頁一〇八。

民者，非常依賴華商的馬尼拉貿易，一旦斷絕，經濟陷入困境，特地派遣使節前來中國粉飾真相。福建沿海商人則因為馬尼拉貿易有利可圖，繼續前往。

西班牙殖民者始終對華商有所戒備，頒布一系列禁令：一是，華商船只往返呂宋，離港時，須將同來之客旅舟人全數附船回國，不得任意留居；二是，在馬尼拉城內指定三地，歸華商居住，不得隨意遷移；三是，華商不得隨意在呂宋島內往來，如無馬尼拉政府的執照，不得到離城二英里的地方行動。華人來不過十幾年以後，禁令鬆動，華人聚居日漸增多，華人聚居處自行管理，司法制度與當地不同。華人來者既眾，西班牙當局疑慮愈深，終於在一六三九年（崇禎十二年）再度發生屠殺華人的慘案，歷時四個月，死傷二萬二千人。[67]究其根本原因，一言以蔽之，就是善於經營的華商與西班牙人以及土著居民的利害衝突。

一位學者分析道：「中國商人前往呂宋經營，對呂宋人和西班牙人在該島生存的利害關係是顯而易見的。中國商人以呂宋為外層貿易帶，參與世界市場的流通，對於世界市場中的活躍分子西班牙商人來說，意義重大。而中國商人也是趨之若鶩，當仁不讓。所以西班牙人的心情十分矛盾。一方面企盼中國商人送來他們需要的商品，一方面又時時對中國人存有戒心；一方面藉機尋釁，挑起當地土著人一道向華人華商多次揮起屠刀，殺害無辜，一方面在每次屠殺後血跡未乾之時，就因市場蕭條不得不又一次向華人華商開放市場。」[68]

事實確實如此。

從馬尼拉到阿卡普爾科的太平洋絲綢之路

由於葡萄牙人獨占了對日本的貿易，西班牙人便致力於中國貿易，他們把中國商品從菲律賓運往墨西哥。一五六五年六月一日，「聖巴勃羅號」帆船從宿霧返回墨西哥，於十月八日抵達阿卡普爾科，從此開闢了橫渡太平洋的航線。一五六六年，「聖赫羅尼莫號」帆船從阿卡普爾科抵達馬尼拉，於是乎，連接馬尼拉與阿卡普爾科，亦即往返於亞洲與美洲的遠程貿易航線初露端倪。從馬尼拉到阿卡普爾科的航行頗為艱鉅，需要耗費五、六個月時間，抵達後，在阿卡普爾科逗留兩、三個月，然後揚帆朝南航行，遇到順風，僅需四十到六十天就可抵達馬尼拉。

航行於太平洋上的馬尼拉大帆船，屬於總船隊的一部分，大約將近兩年往返於阿卡普爾科與馬尼拉一次。西班牙商人在菲律賓群島，除了與島上的土著交易外，主要致力於同中國乃至印度進行廣泛的交易，因此可供運回墨西哥的貨物十分豐富，包括中國的生絲、絲綢、瓷器，印度的細棉布、蜜蠟、寶石。船隊抵達阿卡普爾科以後，就在當地舉辦盛大的集市，來此交易的，有帶去土產品的印第安人，還有來自墨西哥城和祕魯利馬的西班牙商人。中國的生絲和絲綢有現成的市場，富有的白人喜歡用來製成華麗的服裝。一五七九年，西班牙批准了利馬和阿卡普爾科之間的貿易，此後，從阿卡普爾科運往祕魯的絲綢、香料、細棉布運銷於巴拿馬直到智利一帶；祕魯商船向阿卡普爾科帶去水銀、可可和銀幣。西班牙的美洲殖民地，早就有自己的絲織業，馬尼拉大帆船運來了中國的生絲、綢緞，質量精美、價格低廉，當地的絲織業就此衰落。一六〇〇年，西班牙當局對當地的養蠶業加以限制，斷絕了本地蠶絲的供應，源源不斷輸入的中國生絲，成為墨西哥工廠的原料。[69]

對於馬尼拉大帆船貿易，不同學者的兩種觀點值得注意。一種是：「初期的貿易並不受任何限制，

---

67 參見張維華，〈明季西班牙在呂宋與中國之關係〉，《明史論叢》之七《明代國際關係》，頁一〇〇—一〇四。

68 陳東有，《走向海洋貿易帶》（江西：江西高校出版社，一九九八），頁一三二—一三三。

69 參見〔美〕托馬斯著，壽進文譯，《拉丁美洲史》，頁七一—七九、九九—一〇一。

於是從菲律賓駛往新西班牙、祕魯和美洲其他地區的船舶數目迅速增加。因為這些地區的商人已經發現這種貿易所帶來的巨額利益，他們紛紛通過代理人或經紀人加入這種貿易行列。這就導致雙重的後果：首先，西班牙開始意識到，由於中國絲綢的競爭，它在西印度的貿易已日暮途窮；其次，大量白銀流入中國人手裡。這種形勢使王室不得不進行干預，以制止災禍的蔓延。」另一種是波旁王朝的經濟學家、貿易自由主義的擁護者何塞・德坎皮約・科西奧表達的不同見解：「要設法擴大馬尼拉貿易的範圍及商品種類；利用西班牙比其他歐洲國家更優越的方面，即西班牙擁有為整個亞洲所廣泛接受的白銀，開展既同亞洲人，也同在亞洲的歐洲人的雙重貿易。而且他還建議，要在原有的基礎上增加商船的數量，在不損害宗主國利益的前提下，進口東方的絲、棉織品是適宜的。他認為最好購買中國貨，不購買歐洲貨，因為中國永遠不會構成對美洲的威脅；而歐洲一旦以西班牙的白銀養肥了自己，就會用武力來對付西班牙。」[70]

西班牙王室在權衡利弊得失之後，開始對馬尼拉大帆船貿易採取官方控制措施。這種控制在不同時期體現在不同的法令中：從一五八九年規定的「整批交易」制，到一七〇三年的「定期集市」制。後一種形式成為中國商人同馬尼拉的西班牙商人進行貿易的一般形式。在集市中買賣雙方可以自由議價，直接交易，這一方式一直維持到馬尼拉大帆船貿易停止之時。[71]

中國經濟史專家嚴中平的論文〈絲綢流向菲律賓白銀流向中國〉，對馬尼拉大帆船與太平洋絲綢之路，有精當而概要的論述。一五七四年和一五七六年的文獻資料表明，中國商人運到馬尼拉的貨物有：麵粉、食糖、乾鮮果品、鋼、鐵、錫、鉛、銅、瓷器、絲織品和小物件。到了一五八〇年代，情況有所變化，貨物的排位是：生絲、綢緞、棉布、夏布、陶器、瓷器、玻璃器、麵粉、餅乾、鹹肉、火腿、黃油、乾鮮果品、家畜、家禽、家具等。一五九〇年代中國來貨還包括：天鵝絨、織錦緞（本色的和繡花的）、花綾、厚綢、棉布、夏布、面紗、窗簾、被單、銅鐵器具、火藥以及其他生活用品，應有盡有。

而其中生絲、絲綢、瓷器等中國特產，遍銷西班牙本土和它的各殖民地；棉布、麻布也為西屬殖民地土著居民普遍接受，西班牙占領馬尼拉後，中國的棉布很快成為菲律賓群島土著居民的生活必需品。一五九一年菲律賓總督發現，菲律賓群島的土著居民由於用中國棉布作為衣料，不再種棉紡紗織布，以至於下令禁止土著居民服用中國絲綢和棉布。一五九二年，這位總督向西班牙國王報告：中國商人收購菲律賓棉花，轉眼就從中國運來棉布，棉布已經成為菲律賓銷路最大的中國商品。如果土著居民自行紡織，不僅可以自給，還可以向墨西哥輸出四十萬比索的布匹。這位總督的話毫無實際意義，以後土著居民還是大量穿用中國衣料。

中國的紡織品還由馬尼拉大帆船運銷到西屬美洲殖民地。早在十六世紀末葉，中國棉布就在墨西哥市場上排擠了西班牙貨。原因很簡單，因為中國貨價廉物美，所以印第安人和黑人都用中國貨，而不用歐洲貨。中國絲綢就更為暢銷了，正如嚴中平所說：中國對西班牙殖民帝國的貿易關係，實際上就是中國絲綢流向菲律賓和美洲，白銀流向中國。十六世紀末，中國絲綢就已經威脅到西班牙產品在美洲的銷路，十七世紀初，墨西哥人穿絲綢多於穿棉布，絲綢當然是中國產品。一六一一年，墨西哥總督再一次呼籲禁止中國絲貨進口。到了一六三七年，情況愈發嚴重，墨西哥的絲織業工廠都以中國絲為原料，墨西哥本土的蠶絲生產幾乎被消滅了。墨西哥的近鄰祕魯，也是中國絲綢的巨大市場，因為中國絲綢在祕魯的價格只抵得上西班牙製品價格的三分之一。從智利到巴拿馬，到處出售中國絲綢。中國絲綢不僅氾濫於美洲市場，而且繞過大半個地球，遠銷到西班牙本土，在那裡直接破壞了西班牙的絲綢生產。[72]

70〔墨〕加西亞，〈馬尼拉帆船（1739-1745）〉，《中外關係史譯叢》第一輯，頁一五四—一五五。
71 參見劉文龍等，《中國與拉丁美洲大洋洲文化交流志》（上海：人民出版社，一九九八），頁一二九。
72 參見嚴中平，〈絲綢流向菲律賓白銀流向中國〉，《近代史研究》一九八一年第一期。

法國年鑑派歷史學家布勞岱爾寫到馬尼拉大帆船時，把它納入十五至十八世紀的全球經濟事業來考察，他說：十六世紀各種因素協力促成的運動，是從西班牙「前往美洲」，「從貿易角度看，馬尼拉大帆船代表著一條特殊的流通路線……在這裡每次都是墨西哥商人占有利地位。他們匆匆光顧阿卡普爾科交易會，卻在時隔數月或數年後遙控馬尼拉的商人（後者轉而牽制住中國商人）」。他還說：「美洲白銀一五七二年開始一次新的引流，馬尼拉大帆船橫跨太平洋，把墨西哥的阿卡普爾科港同菲律賓首都（馬尼拉）連接起來，運來的白銀用於收集中國的絲綢和瓷器、印度的高級棉布，以及寶石、珍珠等物。」[73]

從月港到馬尼拉

以絲貨為主的中國商品的輸出地，是福建的月港。小小的月港有著不凡的經歷，它與福建沿海由來已久的菲律賓走私貿易有著密切的關係。當時漳州的月港、詔安的梅嶺、泉州的安海、福鼎的桐山，都是海商進行走私貿易的據點，而月港最為引人注目，因為走私貿易——當時稱為「販夷」、「販番」或「販洋」，使得這個小鎮成為「人煙輻輳」、「商賈成聚」的商港，號稱「小蘇杭」，明朝中葉以後一躍而為福建最為發達的對外貿易港口。嘉靖二十七年（一五四八），福建地方官根據當地百姓請求，上疏朝廷，希望把月港由鎮升格為縣。嘉靖四十五年（一五六六）這一請求獲得批准，月港鎮成為漳州府屬下的一個新縣——海澄縣。那主要原因，在政府看來，月港形勢險要，作為對外貿易港口，加強管理是當務之急，在此設縣適應了這一需要。

從月港出發的商船主要的目的地就是呂宋，由於呂宋貿易獲利豐厚，刺激了貿易日趨興旺。萬曆時代晉江人何喬遠說：「比歲人民往往入番商呂宋國矣，其稅則在漳（州）之海澄海防同知掌之。民初販呂宋，得利數倍，其後四方賈客叢集，不得厚利，然往者不絕也。」[74]何氏所說「不得厚利」云云，並不確切，《海澄縣志》認為「博利可十倍」：「富家以資，貧人以傭，輸中華之產，騁彼遠國，易其方物以歸，博利可十倍，故民樂之。」[75]另一萬曆時代晉江人李廷機也說：「少時嘗見海禁甚嚴，及倭訌後始弛禁，民得明往，而稍收其稅以餉兵。自是波恬，或言弛禁之便，蓋貧民藉以為生，冒禁陰通，為患滋大。而所通乃呂宋諸番，每以賤惡什物貿其銀錢，滿載而歸，往往致富。」[76]

大量事實證明，隆慶元年（一五六七）政府當局開放海禁，准許人民出海貿易，把先前的走私貿易引向合法化軌道，是有遠見卓識的。這種開明的舉措進一步促進了月港的繁榮，利民而且利國——百姓因外貿而富裕，國家因開關徵稅而多了財源。利民的一面，已如上述。利國的一面，有人把月港稱之為皇帝的小金庫：「自穆廟（隆慶）時除販夷之律，於是五方之賈熙熙水國，刳艅艎，分市東西路……而所貿金錢，歲無慮數十萬，公私並賴，其殆天子之南庫也。」[77]

從月港運往馬尼拉的中國貨物，大多是一些生活用品，如水瓶、瓷器、銅器、鐵器之類，尤其受歡迎的大宗貨物是生絲、絲織品。中國精美的生絲與綢緞很受歡迎，往往以高價向中國商人收購。隨著貿易的發展，福建商人逐漸移居馬尼拉，專門從事商業中介職業，與西班牙人約定價格，回國採辦。為了減少運輸的不便，移居當地的華人就在當地生產、供應，於是出現了一批華人經營的織造、彩繪的作

73（法）布羅代爾著，顧良、施康強譯，《十五至十八世紀的物質文明、經濟和資本主義》，第二卷，頁一六七、一七二、一九七。

74（明）何喬遠，《閩書》卷三十九《版籍志》。

75 崇禎《海澄縣志》卷十一《風俗》。

76（明）李廷機，〈報徐石樓〉，《皇明經世文編》卷四百六十。

77（明）張燮，《東西洋考》卷首，周起元序。

坊、商店。這就更加促進了中菲之間的貿易。

根據李隆生的統計，一五七四年至一六四四年，每年進入馬尼拉港的商船，來自中國大陸的數量遠遠大於來自臺灣、澳門及日本的數量。在總計一千三百二十艘商船中，來自中國大陸的有一千零一十三艘，來自澳門的有六十艘，來自日本的有五十七艘，來自臺灣的有三十二艘。[78]而來自中國大陸云云，主要是指從月港出發的商船。李隆生統計，一六一九年至一六三一年的十三年間，輸入馬尼拉的商品總值為四七二・八萬兩白銀，其中來自中國大陸的商品價值一九四・八萬兩，占總價值的四一％。請看下表（單位：白銀萬兩）：

表4　1619—1631年間中國輸入馬尼拉商品狀況一覽表

年份	中國大陸	%	葡澳價值	%	其他地區價值	%	總值
1619	14.9	61	1.5	6	7.9	33	24.3
1620	37.0	54	11.8	17	19.7	29	68.5
1621	8.9	25	12.9	36	13.8	39	35.6
1622	10.7	32	9.8	29	12.9	38	33.4
1623	2.3	13	5.7	31	10.2	56	18.2
1624	4.0	30	7.2	54	2.2	16	13.4
1625	14.6	41	9.2	26	11.4	32	35.2
1626	30.1	52	13.7	24	14.2	24	58.0
1627	27.2	66	10.8	26	3.1	8	41.1
1628	3.9	20	12.1	63	3.1	16	19.1
1629	5.3	20	9.0	33	12.6	47	26.9
1630	8.4	19	15.5	35	20.6	46	44.5
1631	27.5	50	10.0	18	17.1	31	54.6
總計	194.8	41	121.2	27	148.8	31	472.8

資料來源：李隆生，《晚明海外貿易數量研究—兼論江南絲綢產業與白銀流入的影響》，頁一四一。

從澳門到馬尼拉

中國商品進入馬尼拉的另一個渠道是生意興隆的馬尼拉—澳門航線。早在一五八〇年，有二艘澳門商船和來自福建沿海的十九艘商船一起抵達馬尼拉港。就在這一年，葡萄牙被西班牙兼併，按照雙方簽訂的條約，在海外貿易方面，原葡萄牙屬地可以自由地同西班牙屬地進行貿易。葡萄牙人把他們擅長的澳門—長崎貿易納入這個貿易圈中，構成了澳門—馬尼拉—長崎三角貿易。葡萄牙人從澳門把中國生絲和絲織品運往馬尼拉，換取白銀，再用這些白銀換取更多的中國絲貨，運往長崎，換回日本白銀。在澳門—馬尼拉貿易鼎盛時期，即一六一九至一六三一年間，每年從馬尼拉流入澳門的白銀價值一百三十五萬比索，大約相當於一艘馬尼拉大帆船從墨西哥運來的白銀。[79]

從上表可知，澳門與馬尼拉的貿易量，在中菲貿易中所占比重不大。儘管如此，博克瑟仍然對澳門的中轉港作用給與高度評價，他認為，經由澳門葡萄牙人之手，向中國輸入日本和美洲白銀，對晚明經濟繁榮起過一定作用；澳門—馬尼拉貿易時而表現為澳門和中國、日本、越南之間貿易競爭形式，時而又以相互補充的形式出現。因此南中國海兩個伊比利亞殖民帝國所屬中轉港，在相互協同競爭中並存。一五八〇年菲利普二世就任葡萄牙國王後，托馬爾議會通過了禁止這兩個中轉港（即澳門、馬尼拉）之間的貿易協定，此後形勢變得更加複雜。一六一四年上半年，荷蘭對這兩個海上帝國構成了相當大的威脅，此項禁令才緩和下來。澳門的葡萄牙人希望能同馬尼拉進行貿易，因為西班牙商船把西屬美洲出產

78 參見李隆生，《晚明海外貿易數量研究——兼論江南絲綢產業與白銀流入的影響》，頁一三六。

79 參見紀宗安，〈十六世紀以來澳門在太平洋大帆船貿易網中的作用與地位〉，《暨南學報》一九九九年第六期。

的白銀，從阿卡普爾科運到了馬尼拉，有著巨大的誘惑力；但是他們不希望西班牙商船直接到中國、日本、澳門插手貿易。儘管兩國有著利害衝突，這兩個中轉港之間的正式或非正式的貿易一直未曾中斷過。[80]

法國耶穌會漢學家裴化行在〈明代閉關政策與西班牙天主教傳教士〉一文中說：馬尼拉方面擺脫了澳門，直接與中國來往，從大陸運載貨物到菲律賓來的沙船，從每年十二艘至十五艘，增加到二十多艘，每艘船上有一百多名船員。從十一月到次年五月，這些船往返於海上。絲貨如此充沛，以至於菲律賓土著都放棄了紡織業。這些中國絲貨從菲律賓運往西班牙人的美洲，與來自塞維利亞的產品爭奪市場，獲得成功。美洲和菲律賓的殖民者從事著這種利潤可觀的販運，始終吸引著更多的中國人去馬尼拉。[81]

中國商人運往馬尼拉的生絲種類繁多，從品質上看，有精細的（細絲），也有較粗的（粗絲）；從顏色上看，有白色的（本絲），也有其他顏色（色絲）。絲織品的種類更多，有絹紗、錦緞、白綢、彩綢、印花絹、線絹、天鵝絨、絲襪、花綢陽傘、絲麻混紡織品等。生絲與絲織品成為中菲貿易的大宗商品。中國商船抵達後，在生絲市場，與西班牙人交易，買主以銀錠或銀幣作為支付手段。西班牙人把這些貨物裝上大帆船，在六月底以前開往美洲。[82]

因此，史家評論說，馬尼拉不過是中國與美洲之間的太平洋絲綢之路的中轉港，馬尼拉大帆船嚴格說來是運輸中國貨的中國大帆船。舒爾茨在《馬尼拉大帆船》中有一段非常精彩的評論：「中國往往是大帆船貿易貨物的主要來源。就新西班牙（墨西哥及其附近的廣大地區）的人民來說，大帆船就是中國船，馬尼拉就是中國與墨西哥之間的轉運站，作為大帆船貿易的最重要商品的中國絲貨，都以它為集散地而橫渡太平洋。在墨西哥的西班牙人，當無拘無束地談及菲律賓的時候，有如談及中華帝國的一個省那樣。就馬尼拉方面來說，每年航經中國海的商船，著實是它的繁榮基礎。」[83]

中菲貿易的鼎盛時代

有鑑於此，晚明時期從中國沿海開往馬尼拉的商船源源不斷，形成了中菲貿易的鼎盛時代。從月港、澳門開往馬尼拉的商船，滿載著中國的生絲、綢緞、瓷器及其他商品，每年在馬尼拉海關交納的進口稅，占該海關進口稅總額的五〇％以上，十七世紀初上升至八〇％，最高年份達到九二．〇六％，每年的貿易額超過一百萬比索。[84]

全漢昇對明季中菲貿易做了精深的研究，請看他所做的一五八六—一六四五年馬尼拉港每年平均徵收入口稅額表（見下頁）：

據此，全氏分析道：「可知在十六、七世紀之交的數十年內，馬尼拉海關課徵的入口稅，在入口稅總額中每年都占很高的百分比，有時高至百分之九十以上。由此我們可以推知，在馬尼拉每年輸入外國貨的總值中，中國貨價值所占百分比，一定非常之高。不特如此，輸入菲律賓的中國貨物，並不都要繳納關稅，例如糧食（甚至各種食物）、軍需品等的輸入，自一五八九年起都得到免稅的優待……如果把這些免稅進口的貨物也包括在內，價值當然更大了。」全氏還依據當時對中國貨物課徵三％的入口稅，

80 參見博克瑟著，黃鴻釗等譯，〈十六—十七世紀澳門的宗教和中轉港之作用〉，《中外關係史譯叢》第五輯，頁八六—八七。
81 參見裴化行，〈明代閉關政策與西班牙天主教傳教士〉，《中外關係史譯叢》第四輯，頁二六一。
82 參見全漢昇，〈自明季至清中葉西屬美洲的中國絲貨貿易〉，《中國經濟史論叢》第一冊，香港新亞研究所，一九七二年，頁四五九—四六〇。
83 全漢昇，〈明季中國與菲律賓間的貿易〉，《中國經濟史論叢》第一冊，頁四二五—四二六。
84 參見陳炎，〈澳門港在近代海上絲綢之路中的特殊地位和影響〉，《海上絲綢之路與中外文化交流》（北京：北京大學出版社，一九八六），頁一九〇—一九五。

推算出這一時期菲律賓每年從中國輸入貨物的價值（除免稅物品以外），約為一百三十三萬三千三百三十三西元（比索）。[85]

全漢昇對一五七七年至一六四四年馬尼拉每年進港商船數量統計表明，一五八八年、一五九六年、一六〇九年、一六一〇年、一六一二年、一六三五年、一六三七年，來自中國大陸的商船都在四十艘以上，最多的一年達到五十艘（一六三七年）。每年到達馬尼拉的商船，除了墨西哥來的大帆船，中國商船占絕大多數，有時等於進港船舶的全部。因而中國商品在馬尼拉港的進口稅中占有的比重，從一五八六至一五九〇年的三六．六八％，增長到一六一一至一六一五年的九一．五〇％，一六三六至一六四〇年的九二．〇六％，是有充分依據的。

錢江認為，中國與菲律賓的貿易大致可以分為五個階段：

一五七〇—一五七九年是初興階段，前往馬尼拉的中國商船數量迅速上升，從平均每年

表5　1586—1645年間馬尼拉港每年平均徵收入口稅額表

年代	進口稅總額（A）	向中國商品徵收的進口稅（B）	B與A之比（%）
1585-1590	13,383.0	4,909.0	36.68
1591-1595	36,155.5	22,065.5	61.00
1596-1600	43,104.5	24,155.5	56.04
1601-1605	42,982.9	30,304.2	70.50
1606-1610	59,066.0	46,390.6	78.52
1611-1615	70,355.0	64,482.0	91.50
1616-1620	51,337.0	37,843.0	73.50
1626-1630	25,720.0	18,623.5	72.40
1631-1635	42,194.0	34,283.8	81.10
1636-1640	31,037.0	27,483.8	92.06
1641-1645	22,075.0	18,599.4	84.06

資料來源：全漢昇，〈明季中國與菲律賓間的貿易〉，《中國經濟史論叢》第一冊，香港新亞研究所，一九七二年，頁四三一。

二艘，增加至每年七至八艘。在這十年中，共約七十五艘中國商船到馬尼拉，最多一年（一五七五年）有十四艘。

一五八〇—一六四三年是鼎盛階段，貿易規模在不斷擴大，在這六十四年中，前往馬尼拉的中國商船共約一千六百七十七艘，平均每年約二十六艘，如果扣除缺乏紀錄的三年（一五九〇、一五九三、一五九五），那麼平均每年二十七至二十八艘。

一六四四—一六八四年是停滯階段，平均每年只有六至七艘中國商船前往馬尼拉。

一六八五—一七一六年是復興階段，平均每年有十六至十七艘中國商船前往馬尼拉。

一七一七—一七六〇年是衰退階段，平均每年有十二至十三艘中國商船前往馬尼拉。[85]

由此可見，晚明時期正處在中菲貿易的鼎盛階段，中國商船每年進入馬尼拉的數量大多在二十五艘上下波動，貿易額是相當可觀的。西班牙駐菲律賓總督在一六〇三年十二月的一份報告中說，中國商品入口關稅一年就是五萬二千比索。按照關稅率三%計算，一六〇三年進入馬尼拉港的中國貨物的價值約為一百七十三萬三千三百三十三比索。一六〇九年中國商品的入口關稅為三萬二千一百一十三點三三比索；一六〇八年為三萬八千二百八十八點四二比索；一六一二年為九萬五千六百三十九點二八比索；一六一四年為三萬六千一百零五點二六比索。每艘中國商船的平均貨值約為三萬五千比索，當時中國商船的平均利潤率為一五〇%，那麼三萬五千比索的商品在馬尼拉出售後可得八萬比索（約合白銀六萬兩）。不僅中國商人獲得厚利，而且中國官府每年從前往馬尼拉的商船那裡可以徵收八千—一萬兩白銀的關稅。[86]

85 參見全漢昇，〈明季中國與菲律賓間的貿易〉，《中國經濟史論叢》第一冊，頁四三一—四三二。

86 參見錢江，〈1570-1760年中國和呂宋貿易的發展及貿易額的估算〉，《中國社會經濟史研究》一九八六年第三期。

中國與馬尼拉的貿易，到一六二〇年代發生了變化，荷蘭人占據臺灣並把它發展成中國與日本之間的中轉站以後，中國大陸沿海來的商船到此休整，然後向北駛向日本，向南駛向馬尼拉，以及棉蘭老、印度尼西亞、印度支那半島。法國歷史學家維也納根據荷蘭史料《巴達維亞城日誌》提供的數據，一六二五—一六四一年間經由臺灣中轉的中國商船的走向，主流依然是最有誘惑力的馬尼拉。例如：一六二五年，由華南出發的中國商船，前往馬尼拉的有三十—五十艘，前往柬埔寨的有七艘，前往印度支那的有八艘，前往暹羅的有六—七艘。一六二六年，由華南出發的中國商船，前往馬尼拉的有七十—八十艘，前往柬埔寨的有四艘，前往印度支那的有四艘，前往馬來半島北大年的有一艘。到了一六三二年、一六三三年、一六四〇年，中國與馬尼拉的貿易中斷，原因是馬尼拉的華人在貿易上所占的優勢使西班牙當局感到不安，不斷製造排華事件，據說有三萬七千華人在馬尼拉郊區遇害。但是這種中斷是暫時的，因為西班牙人無法直接和中國大陸開展貿易，所以動盪一過，中國沿海商船前往馬尼拉貿易又得以恢復。這一時期中國商船牢牢控制了馬尼拉貿易，因為西班牙人需要源源不斷地把中國絲貨通過馬尼拉大帆船運往墨西哥阿卡普爾科港。馬尼拉生絲市場的繁榮，吸引了中國移民前往馬尼拉經商發展，無怪乎有人說，十七世紀時的馬尼拉城，與其說是歐洲式的，還不如說是中國式的。[87]

五、貿易順差與巨額白銀流入中國

「商業上的『納貢』」

無論是葡萄牙還是西班牙、荷蘭，在與中國的貿易中始終處於結構性的貿易逆差地位，為了彌補這種逆差，不得不支付硬通貨——白銀。因此，美洲和日本的白銀源源不斷流入中國，成為當時全球經濟中一道獨特的風景。德國學者弗蘭克在《白銀資本：重視經濟全球化中的東方》中，戲稱這種結構性貿易逆差為「商業上的『納貢』」，他說：「『中國貿易』造成的經濟和金融後果是，中國憑藉在絲綢、瓷器等方面無與匹敵的製造業和出口，與任何國家進行貿易都是順差」，「外國人，包括歐洲人，為了與中國人做生意，不得不向中國人支付白銀，這也確實表現為商業上的『納貢』。」[88]

中國的貿易順差與巨額白銀的流入，引起學者們的關注，做了各種角度的研究，最有代表性的是梁方仲、百瀨弘、艾維四、嚴中平、全漢昇、弗蘭克。梁方仲一九三九年發表的長篇論文《明代國際貿易與銀的輸出入》，著重論述「歐人東來以後的海舶貿易時期」，其結論是：「歐洲東航以後銀錢及銀貨大量地由歐洲人自南北美洲運至南洋又轉運來中國。關於這方面的數字，雖然亦缺乏不堪，但根據前面

87 參見瑪麗西比爾・德・維也納，〈十七世紀中國與東南亞的海上貿易〉，《中外關係史譯叢》第三輯，頁二一七—二一九。

88〔美〕弗蘭克著，劉北成譯，《白銀資本：重視經濟全球化中的東方》，頁一〇七—一〇八。

所說，由萬曆元年至崇禎十七年（一五七三—一六四四）的七十二年間合計各國輸入中國的銀元由於貿易關係的至少超過一萬萬元以上。此時中國為銀的入超國家，已毫無疑問」。[89]

日本學者百瀨弘的專著《明清社會經濟史研究》指出：由於中國絲綢向日本轉送，每年可以獲得一百三十五萬兩白銀。除此之外，還有美洲的白銀。墨西哥鑄造的西班牙比索——當時歐洲具有國際信用的流通貨幣，經由印度、南洋流入中國。從墨西哥運送到西班牙的白銀，由葡萄牙人輸送到印度，最後流向中國。而西班牙人與葡萄牙人相比，處於不利地位，對中國貿易不可能憑藉其他物資，只能憑藉新大陸豐富的白銀來發展對華貿易。因此向中國流去的白銀逐年增加，最初的年額是三十萬比索（西班牙銀元），一五八六年達到五十萬比索，一六〇〇年達到二百萬比索，其後多年超過了二百萬比索大關，一六二一年一艘大帆船就打破了三百萬比索的紀錄。[90]

美國學者艾維四（William S. Atwell）對白銀流入中國課題有長期的研究。一九八〇年他在中美史學討論會上提交的論文〈從國內外銀產和國際貿易看明史的時代劃分〉指出：中國銀產低落的情形似乎維持到十八世紀初，幸虧十六世紀和十七世紀中國能夠輸入許多外國的白銀。從一五三〇年到一五七〇年，中國最重要的白銀來源是日本，因為當時的中日貿易多為非法，所以我們無法知道日本流入中國白銀究竟多少。有一個估計，十六世紀中葉可能達到五十三萬兩。無可否認，日本白銀對這一時期中國有很大的影響，至少可以解釋一五六〇至一五七〇年代龐尚鵬和海瑞為什麼在浙江與福建實行一條鞭法。由於一五六七年政府放鬆對海上貿易的控制，長崎貿易、馬尼拉貿易的繁榮，使得一五七七年進入太倉的白銀一躍而成為一五六〇年代最高紀錄的兩倍。[91]

他在此後的論著中繼續深化研究，指出：一五七〇年代中國深受貨幣革命的影響，比如南美洲以水銀提煉的方法提高了銀產量，在祕魯最有名的銀礦，銀產量開始大增。十六世紀末至十七世紀初，日本的銀產量也大量增加，一五六〇至一六〇〇年，日本白銀年輸出平均數在三萬三千七百五十至四萬八千七百五十公斤之間。日本學者小葉田淳認為，十七世紀初，日本、中國、葡萄牙、荷蘭商船運出的日本白銀可能達到十五萬至十五萬七千公斤之間，其中的大多數流入了中國。他認為，從南美洲運到中國的白銀也相當多，十六世紀末到十七世紀初，從菲律賓流入中國的南美洲白銀達到五萬七千五百至八萬六千二百五十公斤之間。據他的估算，美洲流入中國的白銀，每年大約在五十七噸到八十六噸之間。而且馬尼拉不是南美洲白銀進入中國的唯一門戶，還有一部分從澳門、臺灣和東南亞進入中國。因此總數可能更大一些。[92]

中國學者嚴中平的論文〈絲綢流向菲律賓白銀流向中國〉指出：從馬尼拉向西屬美洲販賣中國絲綢的利潤，最高可達十倍。大利所在，人爭趨之。墨西哥和祕魯的西班牙商人紛紛湧到馬尼拉去販運中國貨物。西班牙當局曾多次限制貿易額，比如從馬尼拉運往阿卡普爾科的貨物總價值不得超過二十五萬比索，從阿卡普爾科運往馬尼拉的貨物和白銀總價值不得超過五十萬比索；以後又不斷限制向中國輸出白銀。但是屢禁不止。從馬尼拉向阿卡普爾科運去的貨物價值最大的是中國紡織品，特別是絲綢；從阿卡普爾科返航馬尼拉時裝載的貨物中，價值最大的是白銀，特別是白銀鑄幣比索。關於流入中國的白銀數量，只有零星的記載，例如一個文件說，一五八六年馬尼拉流入中國的白銀，由每年三十萬比索增加到五十萬比索；一五九八年的文件說，馬尼拉進口貨物價值常在八十萬比索左右，有時超過一百萬比索；一五九八年另一個文件說，從墨西哥運往馬尼拉的白銀一百萬比索，都流到中國去了。有人估計，在一

89《明清賦稅與社會經濟》（北京：中華書局，二〇〇八），頁五六二。
90 參見百瀨弘，《明清社會經濟研究》（東京：研文出版，一九八〇），頁五六—六〇。
91 參見艾維四，〈從國內外銀產和國際貿易看明史的時代劃分〉，「自宋至1900年中國社會及經濟史」中美史學討論會，一九八〇年，北京。
92 參見弗蘭克，《白銀資本：重視經濟全球化中的東方》，頁二〇四—二〇五、四七七。

五六五—一八二〇年間，墨西哥向馬尼拉輸送了白銀四億比索，絕大部分流入了中國。[93]

另一位中國學者錢江對此也做過估算，結論如下：十七世紀航行於東南亞地區的商船，每艘船的商品貨值在八萬比索（折合白銀六萬兩）以上，是普遍的情形。如以每艘中國商船平均貿易額八萬比索，便可根據歷年馬尼拉港中國商船數量對貿易額做出初步估算：一五七〇至一七六〇年，中國與呂宋的貿易總額約為二萬四千七百五十二萬比索（折合白銀一萬八千五百六十四萬兩），平均每年貿易額約為一百二十九點五九萬比索（折合白銀九十七點二十萬兩）。[94]

中國經濟史專家吳承明修正了錢江的估計，用經濟學方法，列出一五七〇—一六四九年抵達馬尼拉的中國商船數量和運回白銀數量：

一五七〇—一六四九年，經由馬尼拉流入中國的白銀（不包括經由澳門流入中國的白銀）累計六千三百二十二點八萬兩。

表6　吳承明關於1570—1649年間抵達馬尼拉之中國商船數量與運回白銀數量統計表

年代	船隻數	輸入白銀（萬兩）
1570-1579	75	28.5
1580-1589	234	88.9
1590-1599	185	70.3
1600-1609	274	104.1
1610-1619	273	103.7
1620-1629	237	90.1
1630-1639	368	139.8
1640-1649	181	68.8

資料來源：吳承明《市場・近現代化・經濟史論》（雲南：雲南大學出版社，一九九六），頁二七一—二七二。

全漢昇：美洲白銀的1/2被運到中國

在這方面最有深度的研究當推全漢昇，他的論文〈明清間美洲白銀的輸入中國〉，系統而精深地分析了這個問題。從一五六五年至一八一五年的兩個半世紀，西班牙政府每年都派遣一艘至四艘載重三百—一千噸的大帆船，橫渡太平洋，來往於墨西哥阿卡普爾科與菲律賓馬尼拉之間。據墨西哥發表的文獻說，西班牙人購買中國貨的代價，必須用白銀或銀幣來支付，因為中國商人既不要黃金，也不收任何其他物品作為代價，而且也不把其他貨物從菲律賓輸入中國。他根據比較可靠的記載，把十六世紀到十八世紀西班牙人每年用大帆船從美洲運往菲律賓的白銀數量列表如下（見下頁）：

全漢昇解釋道：由上表可知，在十六至十八世紀，每年由大帆船自美洲運往菲律賓的白銀，有時多達四百萬西元，有時只有一百萬西元，大多時候在二百—三百萬西元間。當然，有時因為遭受敵人的劫掠，或在海洋中航行失事，大帆船運往菲律賓的銀子不免要大受損失。不過無論如何，到了一七六五年二月十日，馬尼拉最高法院檢察長向西班牙國王上奏說：「自從菲律賓群島被征服（一五六五年）以來，運到這裡的白銀已經超過二萬萬西元。」

全氏論文另有「明清間美洲白銀每年經菲輸華數額表」，數據如下（見下頁）：

他對此解釋道：我們可知自十六世紀下半葉西班牙人抵達菲律賓以後，每年由菲律賓輸入中國的美洲白銀，初時為數十萬西元，其後愈來愈增加，到了十六世紀末葉已經超過一百萬西元；到了十七世

93　參見嚴中平，〈絲綢流向菲律賓白銀流向中國〉，《近代史研究》，一九八一年第一期。
94　參見錢江，〈1570-1760年中國和呂宋貿易的發展及貿易額估算〉，《中國社會經濟史研究》一九八六年第三期。

表7　16—18世紀西班牙大帆船從美洲運往菲律賓之白銀數量統計表

年代	數額（單位：西班牙銀元即peso）
1598年	1,000,000
1602年及以前	2,000,000
1604年	2,500,000
1620年	3,000,000
1633年	2,000,000
1688年及以前	2,000,000
1698—1699年	2,070,000
1712年及以前	2,600,000
1714年及以前	3,000,000—4,000,000
1723年	4,000,000
1729年及以前	3,000,000—4,000,000
1731年	2,434,121
1740年前後	3,000,000
1746—1748年	4,000,000
1762年	2,309,111
1764年	3,000,000
1768—1773年	1,500,000—2,000,000
1784年	2,791,632

資料來源：全漢昇，〈明清間美洲白銀的輸入中國〉，《中國經濟史論叢》第一冊，香港新亞研究所，一九七二年，頁四三八—四三九。

表8　明清間美洲白銀每年經菲輸華數額表

年代	數額（單位：西元）
1586年以前	300,000
1586年	500,000
1598年及以前	800,000—1,000,000
1602年及以前	2,000,000
1604年	2,500,000
1633年及以前	2,000,000
1729年及以前	3,000,000—4,000,000
1815年	1,550,000

資料來源：全漢昇，〈明清間美洲白銀的輸入中國〉，《中國經濟史論叢》第一冊，頁四四四。

紀，增加至二百餘萬西元；及至十八世紀，增加更多，可能達到三、四百萬西元；十九世紀初期，又下降至一百五十餘萬西元。德科民（De Comyn）估計，自一五七一年至一八二一年的二百五十年中，由西屬美洲運往馬尼拉的銀子共約四萬萬西元，其中四分之一或二分之一都流入中國。全漢昇認為德科民說的「四分之一」顯然估計太低，「二分之一」即二萬萬西元或更多些，可能比較接近事實。[95]

全漢昇的這一研究成果受到西方學者的廣泛關注。布勞岱爾在他的巨著《十五至十八世紀的物質文明、經濟和資本主義》中說：「一位中國歷史學家最近認為，美洲一五七一至一八二一年間生產的白銀至少有半數被運到中國，一去而不復返。」就是徵引全漢昇的觀點。他在書中論述，十六世紀「各種因素協力促成的運動」是從下半葉前往美洲。從貿易角度看，馬尼拉大帆船代表著一條特殊的流通路線。在這裡每次都是墨西哥商人占有利地位。他們匆匆光顧短暫的阿卡普爾科交易會，卻在時隔數月或數年後遙控馬尼拉的商人（後者轉而牽制住中國商人）。美洲白銀一五七二年開始一次新的分流，馬尼拉大帆船橫跨太平洋，把墨西哥的阿卡普爾科港同菲律賓首都馬尼拉連接起來，運來的白銀被用於收集中國的絲綢、瓷器、印度的高級棉布，以及寶石、珍珠等物。[96]

至於從日本流入中國的白銀，全氏也有涉及，他說：「因為中國市場上白銀的購買力遠較日本為大，中國商人在日售貨所得的白銀，自然大量運載回國。上述王在晉記載往日本貿易的中國商船，有兩名銀匠，利用船中的爐冶、風箱、器具，把倭銀傾銷熔化，煉成一錠一錠的銀子。根據小葉田淳教授的研究，在一五四二年，有三艘自日本開往泉州的商船，共載銀八萬兩，即每艘載銀二萬六千餘兩，或約一千公斤。又據岩生成一教授的計算，在十七世紀初期，赴日貿易的中國商船，每艘平均自日運銀二萬

95　參見全漢昇，〈明清間美洲白銀的輸入中國〉，《中國經濟史論叢》第一冊，頁四三五－四三九、四四四－四四六。
96　參見布羅代爾著，顧良、施康強譯，《十五至十八世紀的物質文明、經濟和資本主義》，頁四三二－四三五。

三千五百兩回國。到了一六四一年，中國各商船共自日輸出白銀三萬五千六百二十五公斤，或九十餘萬兩；及一六四六年，輸出白銀更多至六萬三千七百五十公斤，或一百六十餘萬兩。」又說：「出國貿易的朱印船，除載運各種日本物產外，因為日本銀產豐富，每艘都輸出大量白銀，有時一艘多至五千六百公斤。據估計，朱印船每年自日運出的銀子，共約三萬至四萬公斤，多過中國商船自日本運出的數量，差不多有葡船自日運出的那麼多。」[97]

在論及遠程貿易的巨額利潤時，布勞岱爾說，遠程貿易肯定創造出超額利潤。這是利用兩個市場相隔很遠，供求雙方互不見面，全靠中間人撮合而進行的價格投機。這種遠程貿易對於中國東南沿海經濟發展起到了巨大的影響。他說了一段意味深長的話：

> 中國南方從福州和廈門到廣州一帶，海面和陸地犬牙交錯，形成一種溺谷型海岸，那裡的情況不也同樣如此嗎？在這一帶，海上的旅行和冒險推動著中國資本主義的發展，中國資本主義只是在逃脫國內的監督和約束時，才能充分施展其才能。這部分從事對外貿易的中國商人在一六三八年日本實行閉關鎖國後，同荷蘭商人一樣，甚至比後者更加有效地參與日本列島的銅和銀的貿易；他們在馬尼拉接收大帆船從阿卡普爾科運來的白銀；中國始終派人出外經商，中國的工匠、商人和貨物深入南洋群島的每個角落。[98]

弗蘭克：中國占有了世界白銀產量的1/4至1/3

這一領域的最新研究成果首推弗蘭克的《白銀資本：重視經濟全球化中的東方》，該書的第三章第一節，標題是〈世界貨幣的生產與交換〉，全面回顧了這一問題的研究狀況，並提出自己的看法。他的看法是，跨太平洋的白銀貿易，有很大一部分是走私活動，沒有紀錄，具體數字也無法搞清，因此跨太平洋運送的白銀總數始終被低估。這是確鑿無疑的。其實與日本貿易的走私活動更多，流向中國的白銀更容易低估。這一難題一時難以破解，目前只能就現有學者的研究成果做出綜合估算。弗蘭克指出，每年從美洲跨太平洋流入中國的白銀數量，全漢昇的統計數字最小，艾維四其次，弗林（Dennis Flynn）最大。每年從美洲流入中國的白銀具體數字如下：

全漢昇：五十噸

艾維四：五十七—八十六噸

弗林：一百二十五噸

弗蘭克特別強調，亞洲的白銀供應大戶是日本。從一五六〇年到一六〇〇年，它每年生產和供應五十噸白銀；從一六〇〇年到一六四〇年，每年生產和供應一百五十噸到一百九十噸白銀；最高峰的一六〇三年為二百噸。從一五五〇年到一六四五年的近一百年內，總產量將近四千噸至八千噸。一五六〇—一六四〇年的八十年間，日本成為一個主要的世界白銀生產國和出口國。日本出口到中國的白銀數量，比從太平洋運來的美洲白銀多三倍到七倍，平均為六倍到七倍。[99]

根據沃德·巴雷特（Ward Barrett）估算，從一六〇〇年到一八〇〇年，亞洲大陸至少吸收了經歐洲轉手的美洲白銀三萬二千噸，經馬尼拉轉手的美洲白銀三千噸，以及來自日本的白銀大約一萬噸，總

97 全漢昇，〈明中葉後中日間的絲銀貿易〉，《歷史語言研究所集刊》第五十五本第四分冊，頁六四三—六四四。

98〔法〕布羅代爾著，顧良、施康強譯：《十五至十八世紀的物質文明、經濟和資本主義》，頁六四七。

99 參見弗蘭克著，劉北成譯，《白銀資本：重視經濟全球化中的東方》，頁二〇四—二〇六。

數至少為四萬五千噸。美洲白銀產量迅速增長，十六世紀總產量為一萬七千噸，平均年產量為一百七十噸。十七世紀總產量為四萬二千噸，平均年產量為四百二十噸；其中大約三萬一千噸輸入歐洲，歐洲又把四〇%即一萬二千噸以上的白銀運到亞洲。十八世紀總產量為七萬四千噸，平均年產量為七百四十噸，其中五萬二千噸輸入歐洲，又有四〇%即二萬噸運往亞洲。但是弗林和其他一些學者提示，未輸入歐洲的大部分白銀沒有留在美洲，而是從太平洋運往亞洲，即每年有十五噸白銀是從墨西哥的阿卡普爾科用馬尼拉大帆船直接運到馬尼拉，幾乎所有這些白銀都又轉送到中國。跨越太平洋運送的白銀數量，有時相當於從歐洲流向中國的白銀數量。

至於十六世紀至十七世紀中葉，流入中國的白銀數量，根據弗蘭克的綜合，大體如下：

美洲生產的白銀	三萬噸
日本生產的白銀	八千噸
總數	三萬八千噸
最終流入中國的白銀	七千噸—一萬噸

弗蘭克的結論是：「因此中國占有了世界白銀產量的四分之一至三分之一。」[100]這些白銀並非一般商品，而是貨幣形態的資本，由此可見，這一時期「整個世界經濟秩序當時名副其實地是以中國為中心的」。[101]

這樣的結論確實是令人驚訝的，十六世紀至十七世紀中葉的一百多年中，憑藉貿易的渠道流入中國的白銀貨幣，竟然高達七千噸至一萬噸。把白銀貨幣用「噸」來衡量，中國讀者很不習慣，如果換算成中國的「兩」，大約是二點二四億兩至三點二億兩。這並非誇張之詞，李隆生的研究結論與此相近：「不難看出每位學者的估計結果都不相同，且差異頗大，若取各家平均，則明季由日本流入中國的白銀為一百七十百萬兩，西屬美洲流向中國的白銀為一百二十五百萬兩（經菲律賓和經歐洲的比例約為二比一），合計二百九十五百萬兩。所以，整個明季由海外流入的白銀可能近三百百萬兩，每年平均三百萬兩左右。」[102]也就是說，在這一百多年中，有三億兩白銀貨幣流入中國，大體相當於國庫稅銀收入的總和。貿易力量之巨大，令人歎為觀止！

全漢昇研究明季至清中葉西屬美洲的中國絲貨貿易，得到的結論有助於理解上述現象。他說：「中國的絲織工業，因為具有長期發展的歷史背景，技術比較進步，成本比較低廉，產量比較豐富，故各種產品能夠遠渡太平洋，在西屬美洲市場上大量廉價出賣，連原來在那裡獨霸市場的西班牙絲織品也要大受威脅。因此，當西班牙帝國自歐洲本部擴展至美洲和菲律賓後，中國絲貨的輸入美洲，竟引起西班牙國內絲織業者與海外殖民者間的嚴重衝突。這一事實告訴我們：在近代西方工業化成功以前，中國工業的發展，就它的產品在國際市場上的競爭能力來說，顯然曾經有過一頁光輝燦爛的歷史。」[103]其實，豈止西屬美洲貿易是如此，歐洲、日本的貿易也是如此，才成就了巨額白銀流入中國的輝煌紀錄。

100〔美〕弗蘭克著，劉北成譯，《白銀資本：重視經濟全球化中的東方》，頁四〇七—四〇八。
101〔美〕弗蘭克著，劉北成譯，《白銀資本：重視經濟全球化中的東方》，頁一一〇。
102 李隆生，《晚明海外貿易數量研究——兼論江南絲綢產業與白銀流入的影響》，頁一六五。
103 全漢昇，〈自明季至清中葉西屬美洲的中國絲貨貿易〉，《中國經濟史論叢》第一冊，頁四七三。

第三章

江南市鎮：多層次商品市場的繁榮

地理大發現後的全球經濟帶動了晚明的進出口貿易，源源不斷流入中國的白銀，作為「一般等價物」的硬通貨，為晚明社會的銀本位貨幣體制奠定了堅實的基礎。由於生絲、綢緞、棉布等商品的出口持續增長，這種「外向型」經濟，極大地刺激了東南沿海地區商品經濟的高度成長，刺激了多層次商品市場的繁榮，它的載體就是多種類的商品集散中心——市鎮。誠然，商品經濟的高度成長與商品市場的繁榮，有它的內在動力，這種動力從宋代以來一直在穩定而持續地起作用，到了明代中葉達到一個新高峰。由於葡萄牙人、西班牙人、荷蘭人、日本人全面介入中國的對外貿易，把原先主要面向國內市場的商品生產，轉化為同時兼顧國內和國外兩個市場。

集市與市鎮是既有聯繫又有區別的兩個概念。集市或市集，是初級商品交易場所，換言之，是低層次的商品市場，廣泛存在於全國各地。以中國之大，地無分南北東西，幾乎都可以見到集市的蹤影，他們大多有固定的集期，形成定期趕集的習俗。市鎮是在集市高度發展的基礎上成長起來的，它已經超越定期趕集的層次，成為每天都生意興隆的工商業中心。如果說集市比較接近於鄉村，那麼市鎮就比較接近於城市，日本學者把市鎮稱為「地方小都市」是十分恰當的。明代江南的許多市鎮的規模與功能都不亞於縣城，某些特大型市鎮的經濟地位甚至凌駕於縣城之上，這是晚明破與變中引人注目的現象。

一、江南經濟的高水平發展

從「蘇湖熟，天下足」到「湖廣熟，天下足」

近世江南經濟的高水平發展，有一個漫長的過程。經歷永嘉之亂、安史之亂，北方兩次移民高潮，促進了江南的開發與經濟成長。經過五代十國時期的割據局面，刺激了區域經濟進一步開發，南唐、吳越尤為顯著，太湖流域農業生產得到長足進步，正如《宋史・范祖禹傳》所說：「國家根本，仰給東南。」而以蘇州為中心的「吳中」又是「國家根本」的根本，陸游〈常州奔牛閘記〉說：「而吳中又為東南根柢，語曰：『蘇湖熟，天下足。』」宋朝時出現的「蘇湖熟，天下足」的現象，似乎是當時人普遍的看法，范成大《吳郡志》就有和陸游一樣的說法；高斯得〈寧國府勸農文〉說得更為深刻，他在分析兩浙路的水稻高產區時說：「上田一畝，收五六石。故諺曰：『蘇湖熟，天下足。』雖其田之膏腴，亦由人力之盡也。」高斯得強調的是「人力之盡」，即精耕細作，高度集約化經營，顯然和人口增加有著密切的關係。

美國經濟家珀金斯（Dwight H. Perkins）《中國農業的發展（1368-1968）》，採用英國人類學家埃斯特・博塞勒普（Ester Boserup）所總結的一個模式：人口增長是人類歷史上農業發展（也就是集約化）的主要動力。從多年一收的刀耕火種農業，發展到一年三收的水稻經濟，就是一個由於人口因素而集約化的例證。他認為，人口增長是傳統農業從粗放到集約化的動力，人口增長決定了農業生產率的提高。[1]

宋金對峙時期，北方人民大量南遷，形成第三次移民浪潮，大約有五百萬北方移民遷入並定居於江南地區，為江南農業集約化經營奠定了基礎。另一方面，南宋政府為了維持與北方政權的對峙局面，必須大力發展農業生產，勸農政策成為當務之急。當時大批農書、勸農文陸續刊印，陳旉《農書》與樓璹《耕織圖詩》的流行絕非偶然。在這種情況下，「蘇湖熟，天下足」的形成，便不足為奇了。

進入明代，情況發生了變化。原先曾經以天下糧倉聞名的蘇州、湖州及其周邊地區，由於商品經濟高度成長，手工業、商業迅猛發展，促使農家經營的商品化傾向日益加劇，大量耕地改種收益更高的經濟作物（如桑、棉之類），以適應市場不斷增長的需求。農業生產格局由先前的糧食作物為主，改變為經濟作物為主，使得原先的「糧倉」逐漸轉化為缺糧區。與此同時，另一個新的「糧倉」正在悄悄形成，那就是長江中游的湖廣地區。大約在十五世紀，湖廣作為「天下糧倉」已成定局，所產糧食沿著長江而下，源源不斷供應江浙各地。於是，「湖廣熟，天下足」的格局，取代了「蘇湖熟，天下足」的格局，形成了一個劃時代的變化。

「湖廣熟，天下足」何時形成？

「湖廣熟，天下足」，對於研究中國歷史尤其是明清史至關緊要，吸引了許多學者來考證它出現的時間。

一九四七年，日本學者加藤繁在他的論文〈關於在中國的棉作特別是它的品種的發達〉中，首次探討了這個問題。他發現明末刊本——朱紹本《地圖綜要》內卷「湖廣總論」，提到了這樣一點：「楚固澤國，耕稼甚饒，一歲再獲，柴桑吳楚多仰給焉。諺曰：『湖廣熟，天下足。』言土地廣沃，而長江轉輸便易，非他省比。」加藤繁據此推斷，「湖廣熟，天下足」形成於明末。[2]

一九五三年，日本學者藤井宏在其長篇論文〈新安商人的研究〉中，也提及這個問題。他指出，加藤博士把《地圖綜要》作為明末的著作，但是從內閣文庫本《地圖綜要》的內容來看，此書的編撰年代不能追溯到清朝順治以前。不過他還是判斷，「湖廣熟，天下足」這一諺語「至遲當在明末即已出現」。他寫道：「湖廣方面，首先必須大書特書的是，明末到清代這地方成為中國米穀主要產地。它成為長江下游的江蘇、浙江、安徽南部以及廣東、福建的米穀供給地。順治年間所作的《地圖綜要》中初次見到諺曰『湖廣熟，天下足』之語，在清代諸書中此諺迭見。從來所謂『江浙熟，天下足』之諺，此時遂為上述諺語所代替，這是中國農業經濟史上最值得注目的一個現象。」他還引用《廣豔異編》、《近事叢殘》、萬曆《秀水縣志》等文獻，推論說：「自明代中葉以後，湖廣米豆已逐漸補充江浙糧食的不足，到明末終於出現了如上的諺語。」[3]

一九六二年，日本學者岩見宏在〈湖廣熟，天下足〉的短文中考證出，嘉靖七年（一五二八）作序的何孟春《餘冬序錄》已經提到「湖廣熟，天下足」這個諺語，從而推測，湖廣米的輸出成為注目的現象，至遲應在正德年間（一五〇六—一五二一）。[4]

一九七六年，日本學者安野省三在〈「湖廣熟，天下足」考〉中，對岩見宏的新見解表示贊同。他認為，作為湖廣米向外地輸出的條件，是湖廣地方產米的增加，並且特別分析了「一歲再獲」的內涵，

1 參見珀金斯著，宋海文等譯，《中國農業的發展（1368-1968）》（上海：上海譯文出版社，一九八四），頁二五—二八。黃宗智，《華北小農經濟與社會變遷》（北京：中華書局，一九八六），頁八—九。

2 〔日〕加藤繁，〈關於在中國的棉作特別是它的品種的發達〉，載《東洋學報》第三十一卷一號（一九四七年）。

3 〔日〕藤井宏，〈新安商人的研究〉，載《東洋學報》第三十六卷一號（一九五三年）；傅衣凌的中譯文載，《徽商研究論文集》（安徽：安徽人民出版社，一九八五），頁一五七及頁二五一注三五。

4 參見岩見宏，〈湖廣熟，天下足〉，載《東洋史研究》第二十卷第四期（一九六二年）。

以及它對於湖廣農業生產的意義——導致米穀產量的迅猛增長。[5]

一九七七年，韓國學者吳金成在〈明末洞庭湖周邊垸堤的發達〉中指出，湖廣米經由商人之手向省外流出的事實，可以追溯到十五世紀中期。他不再著眼於「湖廣熟，天下足」諺語更早出現於哪一本文獻，而是著眼於十五世紀中期洞庭湖周邊農業生產發展水平的可能性分析，並由此得出結論：洞庭湖周邊地域的稻作地帶上升為中國糧倉的地位，是十五世紀中期漸次形成的。[6]

一九七九年，日本學者寺田隆信在〈湖廣熟，天下足〉一文中，在李延昰《南吳舊話錄》中找到了一條新資料，證明「湖廣熟，天下足」諺語早在天順年間（一四五七—一四六四）就已經存在。因而他推測，十五世紀中期，湖廣地方已經被認為是天下糧倉。[7]

至此，我們可以認定，十五世紀中期，湖廣成為全國糧倉，「湖廣熟，天下足」已成定局。這一點還可以從湖廣內部農業的發展狀況得到證實。美籍華裔學者何炳棣一九五九年由哈佛大學出版的《1368-1953年的中國人口研究》一書已經指出：占城稻的引進和水稻早熟品種的進一步發展，保證了兩熟制（即「一歲再獲」）的成功，使中國農業特別是水稻區農業著稱於世。直到南宋時，水稻早熟品種的傳播範圍還侷限於浙江、江蘇南部、福建和江西。近代中國的糧倉——皖南低地和湖北、湖南的大部分地區還缺乏早熟品種，因而農業並不發達。他說：「早熟稻不僅保證兩熟制的成功，而且延長了長江地區的經濟霸權。這一霸權的確鑿證據是：在整個宋元明時期，稻米區的人口增長比華北的（人口增長）快得多。在元明二代，早熟稻的栽種在西南各省和湖北、湖南也相當普遍，兩湖從此成了中國的穀倉。」[8]

吳金成的專著《明代社會經濟史研究》第二章第一節，標題是〈明代漢水下游的農業發達〉，首先論述的問題是「明代的湖廣米流出」。他發掘一些史料，證明在十五世紀後半期，湖廣作為穀倉的地位，已經為長江下游的人們廣為知曉。例如他引用邵陛《兩臺奏議》中的奏疏，揭示這樣的史實：「外省巨商，鱗集輻輳，搬運不絕，以致本省（湖廣）米價騰湧……富家見價之高，甘心商販，貧民絕稱貸之路。」[9]他認為這是萬曆年間湖北荊州、承天、漢陽、黃州等府，以及湖南嶽州、衡州、永州等府，能夠見到的米穀輸出的紀錄。此外，他還列舉正統年間、成化年間、嘉靖年間、隆慶年間湖廣米穀輸出的紀錄，來證明這一點。

日本學者重田德關於清代湖南米市的研究，使人們對「湖廣熟，天下足」有了立體的理解。他指出：其一，湘潭是湖南內部米穀最大的集散地，乾隆《湘潭縣志》寫道：「湖南米穀，自衡州而下，多聚賣於湘潭。大約視湖北、江南之時價為低昂。」其二，漢口是湖廣、四川米穀最大的交易市場。據趙申喬《自治官書》所載的康熙四十八年（一七〇九）一個奏疏說：「湖南相距江浙甚遠，本處所產之米，運下江浙居多。或在漢口地方出售，或專賣與江浙貿易之人。」[10]

以上所說，只是問題的一個方面，另一方面是江南地區本身的變化。原先曾以全國糧倉著稱的蘇州、湖州及其周邊地區，明中葉以後，隨著商品經濟的發展，大量耕地用於桑、棉等經濟作物種植，對外地商品糧需求日趨增加。加上這一地區人口稠密的特點，致使仰賴湖廣糧食接濟的趨勢日益凸顯。晚明蘇州地方官黃希憲說：「吳中五方雜處，日食甚繁……吳所產米原不足供本地之用，若江廣（江西、湖廣）之米不特浙屬藉以濟運，即蘇屬亦望為續命之膏。」[11]同時代人吳應箕的話可以作為一個旁證：

5 參見安野省三，《「湖廣熟，天下足」考》，載《木村正雄先生退官記念・東洋史論集》（東京：汲古書院，一九七六）。

6 參見吳金成，〈明末洞庭湖周邊垸堤的發達及其歷史意義〉，載《史朋》第十期（一九七九年）。

7 參見寺田隆信，〈湖廣熟，天下足〉，載《文化》第四十三卷一、二期（一九七九年）。

8 〔美〕何炳棣，《1368-1953年的中國人口研究》（中譯本）（上海：上海古籍出版社，一九八九1），頁一七〇—一七五。此書英文版一九五九年由哈佛大學出版。

9 〔韓〕吳金成，《明代社會經濟史研究》（日文本）（東京：汲古書院），頁一九五—一九八。

10 〔日〕重田德，〈清初湖南米市場的考察〉，東京大學《東洋文化研究所紀要》第十冊（一九五六年），後收入《清代社會經濟史研究》（東京：岩波書店，一九七五）。

江南「地阻人稠，半仰食於江、楚、廬、安之粟」。[12]也就是說，江南所需的糧食的一半是從湖廣、江西及皖南運來。

清初以降，這種形勢更趨明朗化。細讀《雍正朱批諭旨》可以發現，無論是封疆大吏的密折，還是皇帝的朱批，都不約而同地探討江浙仰賴湖廣的問題。

鄂爾泰說：「湖廣全省向為東南諸省所仰賴，諺所謂『湖廣熟，天下足』者，誠以米既充裕，水又通流之故。」[13]

謝明說：「惟江西、湖廣產米尤多，向來鄰省每於江楚羅買，江楚之民亦賴糶賣米石，得價資用。」[14]

楊宗仁說：「湖廣產米之地，為東南所仰給。」[15]

雍正帝本人深知此種情況，在王景灝的奏摺上朱批道：「朕知江浙糧米歷來仰給於湖廣。」[16]

江南地區需要湖廣等地糧食，除了這一地區「地窄人稠」的因素，最主要的因素是，這一地區的經濟發展已經進入到一個新階段，出現了鄉村工業化（或曰「早期工業化」），絲織業、棉織業的蓬勃發展，大量耕地種植經濟作物，為絲織業、棉織業提供原料，尋求最大經濟效益，因而不得不輸入商品糧。正如雍正年間浙江巡撫程元章所說：「杭嘉湖三府屬地，地窄人稠，民間多以育蠶為業，田地大半植桑，歲產米穀，除辦漕外，即豐收之年尚不敷民食，向藉外江商販接濟。」[17]這種分析是中肯的，可以從地方志中找到佐證。例如康熙《嘉興府志》說：「（糧食）每不能自給，待食於轉輸者十之三四。」[18]原先盛產糧食的嘉興府尚且要輸入三〇%至四〇%的商品糧，其他地區可想而知。

與杭嘉湖三府屬地「田地大半植桑」相類似，蘇松二府屬地的棉作區耕地大半用來植棉，一般棉作區的比例大多是「棉七稻三」（例如松江府、太倉州），亦即「三分宜稻七分宜棉」，有的地方（例如嘉定縣）甚至「專種棉花」，「不產米」。這一地區仰給於外地糧食的程度似乎更勝一籌。

宋代的農業革命和商業革命，以及「蘇湖熟，天下足」局面的出現，為江南市鎮的興起提供了有力的經濟支撐，不少江南市鎮都可以追溯到這一時代。南宋嘉泰年間編撰的《吳興志》記載，吳興（即以後的湖州府）已有六個市鎮：烏墩鎮（即烏鎮）、施渚鎮、梅溪鎮、四安鎮、新市鎮、和平鎮。[19]此外，南潯鎮、雙林鎮、菱湖鎮都興起於南宋。編撰於元代至元年間的《嘉禾志》記載當時的秀州（嘉興府）已有魏塘鎮、寧海鎮、澉浦鎮、廣陳鎮，以及白牛市（楓涇鎮的前身）、陶莊市、新城市、永樂市（濮院鎮的前身）、當湖市、半邏市、青鎮市（青鎮的前身）、語兒市、石門市、皂林市、鳳鳴市、洲錢市。[20]湖州府與嘉興府商品市場的蓬勃發展氣勢，已經躍然紙上。據陳國燦、奚建華《浙江古代城鎮史》，南宋時秀州（嘉興府）有市鎮三十九個，臨安府（杭州府）有市鎮三十六個，吳興（湖州府）有市鎮三十五個。[21]鄰近的蘇州、松江等地情況大體如此。

11（明）黃希憲，《撫吳檄略》卷一〈為祈飭糴之禁大沛鄰郡封事（崇禎十三年三月二十九日移牒蘇州府長洲吳縣檄）〉。

12（明）吳應箕，《樓山堂集》卷十《兵事策第十》。

13《雍正朱批諭旨》，鄂爾泰（八年四月二十日）奏疏。

14《雍正朱批諭旨》，謝明（九年正月二十四日）奏疏。

15《雍正朱批諭旨》，楊宗仁（元年十一月十七日）奏疏。

16《雍正朱批諭旨》，王景顥（二年八月二十日）奏疏。

17《雍正朱批諭旨》，程元章（年月不明）奏疏。

18 康熙《嘉興府志》卷十二《風俗》。

19 嘉泰《吳興志》卷十《管鎮》。

20 至元《嘉禾志》卷三《鎮市》。

21 陳國燦、奚建華，《浙江古代城鎮史》（安徽：安徽大學出版社，二〇〇三），頁一二〇。

江南的鄉村工業化

進入明代以後，商品經濟不斷向縱深發展，日益深入農村，促使農家經營的商品化程度不斷提升，集中體現在傳統的蠶桑絲織經濟與新興的棉紡織經濟，帶動了農民家庭手工業的專業化與市場化，經濟收益明顯增加，導致農業結構發生變化——蠶桑壓倒稻作，棉作壓倒稻作，從而改變了先前以糧食作物為主體的農業模式，代之以與市場密切相關的經濟作物的栽培，以及對蠶繭、棉花的深加工帶動的手工業的飛速繁榮，於是出現了「早期工業化」。

李伯重《江南的早期工業化（1550-1850）》指出：一八五〇年以前的三個世紀中，江南工業的發展，使得工業在江南經濟中所占的比重日益提高。到了十九世紀初，在江南大部分地區，工業的地位已與農業不相上下，在經濟最發達的江南東部，甚至可能已經超過農業。為了避免誤解，李伯重在該書〈導論——本書題解〉中，對「早期工業化」做了解釋：「所謂早期工業化，指的是近代工業化之前的工業發展，使得工業在經濟中所占的地位日益重要，甚至超過農業所占的地位。由於這種工業發展發生在一般所說的工業化（即以工業革命為開端的近代工業化）之前，因此又被稱為『工業化前的工業化』。」[22]

在這種背景之下，江南成為國家財賦重地，是不言而喻的。明孝宗時的大學士丘濬在《大學衍義補》中，對韓愈關於「賦出天下而江南居十九」的論斷，加以補充「以今觀之，浙東西又居江南十九」，「而蘇、松、常、嘉、湖五郡又居兩浙十九也」。他還說：「今國家都燕，歲漕江南米四百餘萬石，以實京師，而此五郡者，幾居江西、湖廣、南直隸之半。」[23]明世宗時的大學士顧鼎臣一再強調「蘇、松、常、鎮、杭、嘉、湖七府，供輸甲天下」，是「東南財賦重地」。[24]從他們的言論中可以看到兩點：其一，他們或是把蘇松常嘉湖五府並提，或是把蘇松常鎮杭嘉湖七府並提，可見朝野上下已經把這一地區看作一個有著共同特點的整體；其二，這一地區向國家繳納的賦稅數量之大，其他地區無法望其項背，因此號稱財賦重地。

編成於明中葉的《大明一統志》記錄了全國二百六十多個府州的賦稅數字，極為珍貴。把這些分散的數字放在一起，可以清晰地看到，蘇、松、常、杭、嘉、湖六府的賦稅在全國是名列前茅的：

蘇州府　二百五十二萬九百石
松江府　九十五萬九千石
常州府　七十六萬四千石
嘉興府　六十一萬八千石
湖州府　四十七萬石
杭州府　二十三萬四千二百石[25]

把這些數字與全國賦稅總額二千六百五十六萬二百二十石加以比較，那麼，蘇州府的賦稅占全國賦稅總額的將近十分之一，蘇松常嘉湖杭六府的賦稅占全國賦稅總額的五分之一至四分之一；而蘇、松二府的賦稅分別名列全國的第一位與第二位。這種態勢到了明代後期更加明顯，據顧炎武《肇域志》記載，當時蘇州府賦稅已增至三百五十三萬九百八十石，松江府賦稅已增至一百零三萬一千四百六十石。[26]

22 李伯重，《江南的早期工業化（1550-1850）》（上海：社會科學文獻出版社，二〇〇〇），頁一六、頁二一、頁六一—七。

23（明）丘濬，《大學衍義補》卷二十四《經制之義．下》。

24（明）顧鼎臣，〈陳愚見鏟積弊以裨新政疏〉，《顧文康公集》卷一。

25《大明一統志》（萬曆中萬壽堂增訂本，日本汲古書院影印）相關各卷。按：該書提供的稅糧數字前四十名，占第二位的平陽府數字有誤，因此實際第二位應該是松江府。

二、晚明：江南市鎮的迅猛發展時代

蘇州府與松江府的典型分析

明代的蘇州府、松江府、杭州府、嘉興府、湖州府，不僅是財賦重地，而且是農工商各業發達的經濟重心。農家經營的商品化與市場化，需要有更高層次的市場與之相適應，這就給市鎮的發展提供了巨大的空間。

從發展經濟學的觀點來看，傳統社會的經濟發展大體經歷三個階段：第一階段是傳統農業擴張式發展，即以擴大耕地面積來謀取發展；第二階段是農業的商品化與專業化階段，不再依賴外延式的發展，而是謀求內涵式的發展；第三階段是工業化階段。明代的江南已經超越了第一階段，進入第二階段，並且向第三階段邁進。市鎮經濟的蓬勃繁榮就是在這種背景下出現的。試以蘇州府和松江府為例稍加分析。經濟最發達的蘇州府，據正德《姑蘇志》記載，蘇州府屬各州縣的市鎮是十分稠密的。吳縣有六鎮一市，長洲縣有三鎮五市，昆山縣有五鎮四市，常熟縣有五鎮九市，吳江縣有四鎮三市，嘉定縣有八鎮九市，太倉州有四鎮十市。[27]如果把一個縣的前後記載加以對比，那麼這種迅猛發展之勢顯示得更加清楚。

先看吳江縣。弘治《吳江縣志》記載了四鎮二市：平望鎮、黎里鎮、同里鎮、震澤鎮、縣市、江南市。嘉靖《吳江縣志》記載了四鎮十市，也就是說，幾十年間新增了八個市。四個鎮依然是平望鎮、黎里鎮、同里鎮、震澤鎮；十個市除了原先的縣市、江南市，新增了八斥市、雙楊市、嚴墓市、檀丘市、梅堰市、盛澤市、新杭市、庉村市。[28] 到了清朝初年，新增了三個鎮，所以在康熙《吳江縣志》中是七鎮十市：平望鎮、黎里鎮、同里鎮、震澤鎮、盛澤鎮、蘆墟鎮、章練塘鎮、縣市、江南市、新杭市、八斥市、雙楊市、嚴墓市、檀丘市、梅堰市、庉村市、黃溪市。[29] 其中尤其值得注意的是，盛澤由一個村落升格為市，再由市升格為鎮，一舉成為吳江縣以及鄰近地區綾綢集散中心，最典型地顯示了吳江縣經濟成長的軌跡。

再看嘉定縣。正德年間有八鎮九市，到了萬曆年間，增加到十七鎮、三市、六行。[30] 值得注意的是，大批「市」由於規模巨大、地位重要，逐漸升格為「鎮」，因此鎮的數量增加了一倍多。具體情況如下：南翔鎮、婁塘鎮、新涇鎮、羅店鎮、月浦鎮、外岡鎮、廣福鎮、大場鎮、真如鎮、楊家行鎮、江灣鎮、青浦鎮、徐家行鎮、安亭鎮、黃渡鎮、紀王鎮、葛隆鎮、練祁市、錢門塘市、封家浜市、殷行市、陸家行、劉家行、吳家行、蔣家行、趙家行。正德年間的真如市、婁塘市、新涇市、廣富市、紀王廟市，萬曆年間都升格為鎮，此外還新增了月浦、外岡、楊家行、徐家行、葛隆等鎮，其中一些大鎮，如南翔鎮、羅店鎮成了與全國市場緊密聯繫的超地域市場。[31]

常熟縣市鎮的發展也令人矚目。正德年間有十四個市鎮，到了嘉靖年間增加到二十二個市鎮，即

26 參見顧炎武，《肇域志・江南・南直隸》。
27 正德《姑蘇志》卷十八《鄉都》。
28 弘治《吳江縣志》卷二《市鎮》。
29 康熙《吳江縣志》卷三《疆域》。
30 按：蘇松一帶，民間把新興的基層市場稱為「行」，類似於「市」。
31 正德《姑蘇志》卷十八《鄉都》。

從原先的五鎮九市，一變而為六鎮十六市：福山鎮、許浦鎮、梅李鎮、慶安鎮、常熟鎮、塗崧鎮、楊尖市、河陽市、奚浦市、徐家市、唐市、李市、支塘市、歸家市、雙鳳市、直塘市、李墓市、沙頭市、甘草市、璜涇市、張家市、練塘市。由於嘉靖《常熟縣志》把劃歸太倉州的一些原屬常熟縣的市鎮也列入其中，因而實際增加的數量並沒有那麼多。不過市鎮的規模確實有明顯的拓展。例如福山鎮，「居民可二千餘家，中有甃衢，有通（州）、泰（州）、蘇（州）、湖（州）商舶」；又如梅李鎮，「居民可二千餘家，中有甃衢，許浦未塞，有通、泰、蘇、湖商舶」；再如支塘市，「居民可二千餘家，有商舶」。[32]

經濟發展水平僅次於蘇州府的松江府，從正德《松江府志》可知，當時松江府兩個縣共有市鎮四十四處，數量少於蘇州府，但是松江府只有華亭、上海二縣，而蘇州府有七個州縣，相比較而言，並不遜色於蘇州府。松江府的華亭縣有十六鎮六市，上海縣有十一鎮十一市。其中一些較大的市鎮已經相當繁榮，如烏泥涇鎮、楓涇鎮、朱涇鎮、北七寶鎮、三林鎮都有發達的棉紡織業，共同構築了松江府「綾布二物，衣被天下」的盛況。而依靠鹽場繁榮起來的新場鎮、下沙鎮、周浦鎮，在鹽場衰退後，迅速轉型，依然保持工商業興旺的態勢，尤其是新場鎮，歌樓酒肆鱗次櫛比，其繁華程度超過了上海縣城，有「賽蘇州」之譽。[33]

據崇禎《松江府志》記載，明末時，松江府市鎮增加到六十一個，其中華亭縣增加了莘莊鎮、龍華鎮、陳家行市；而萬曆元年由華亭、上海二縣析置的青浦縣，除了上述二縣劃歸的市鎮外，新增了朱家角鎮、沈巷鎮、劉夏鎮、北竿山鎮、郟店鎮、重固鎮、艾祁鎮、古塘鎮、金家橋鎮、楊扇鎮、天興莊鎮、雙塔鎮（商榻鎮）、王巷市、杜家角市。[34]

新析置的青浦縣，介於蘇州府與松江府之間，市鎮的發展最為可觀，高潮在萬曆年間。這從萬曆《青浦縣志》可以看得很清楚。最值得注意的是嘉靖、萬曆之際興起的朱家角鎮，一舉成為青浦縣最繁華最重要的市鎮，所謂「商賈輳聚，貿易花布，為今巨鎮」。與它形成網絡的其他市鎮，也生氣蓬勃：

雙塔鎮（商榻鎮）是「商人往來蘇松適中之地，至夕駐此停榻」，是一個人流、物流的樞紐；跨吳淞江兩岸的黃渡鎮，江北老街屬嘉定縣，江南新街屬青浦縣，正處在興起階段——「近來商販頗盛」；先前已經見諸記載的金澤鎮，則日趨興旺發達，除了「市盛」（商業繁盛），「列肆又他鎮所無」，「佛廬窮極壯麗」是它的一大特色。[35]

二〇〇二年，臺灣學者范毅軍的論文〈明中葉以來江南市鎮的成長趨勢與擴張性質〉，對蘇州府、松江府市鎮的數量增長進行了細緻的研究。根據他的統計，蘇州府（七個州縣）的市鎮數量增長大體如下：

一五五〇年以前	一〇二
一五五一－一七二二年	一二八
一七二三－一八六一年	一五七
一八六二－一九一一年	二六四
一九一二－一九四九年	二八三

從上述統計中可以看到一個宏觀的趨勢：明代以來直至民國時代，蘇州府市鎮數量是在逐步增加的，後一個時間段都超過前一個時間段，即民國超過晚清，晚清超過清中葉，清中葉超過明末清初，明末清初超過明中葉以前。

32《常熟縣志》卷二《市鎮志》。
33 正德《松江府志》卷九《鎮市》。並參考正德《金山衛志》下卷《鎮市》，正德《華亭縣志》卷五《鎮市》，弘治《上海縣志》卷二《鎮市》，嘉靖《上海縣志》卷三《建置》。
34 崇禎《松江府志》卷三《鎮市》。
35 萬曆《青浦縣志》卷二《鎮市》。

松江府（七個縣）的市鎮數量增長也是如此：

一五五〇年以前	五九
一五五一—一七二二年	一一三
一七二三—一八六一年	一六七
一八六二—一九一一年	三六九
一九一二—一九四九年	三五二[36]

上述兩個統計數字清楚地表明，經濟最發達的蘇松二府的市鎮，在明末清初、清中葉以及晚清，都有迅猛的增長，而尤以晚清最為突飛猛進，顯然與通商口岸上海的發展有著密切的關係。

江南市鎮的規模與結構

當然，僅僅關注數量的增長是不夠的，如要再進一步，就必須關注江南市鎮的規模與結構的變化。人們通常說「市鎮」，其實「市」與「鎮」並非一個概念，「市」的規模比「鎮」小得多。從嘉靖《吳江縣志》提供的數據可以知道，「市」的居民大約在一百戶至三百戶之間，如盛澤市（一百戶）、嚴墓市（二百餘戶）、八斥市（三百餘戶）、雙楊市（三百餘戶）；五百戶至一千戶的為數較少，如梅堰市（五百戶）、新杭市（一千戶）。[37]但是有些「市」，規模雖小，經濟地位卻十分顯赫。例如：吳縣的月城市，號稱「各省商賈所集之處，又有南北濠、上下塘，為市尤繁盛」。[38]又如長洲縣的楓橋市，「與閶門相屬」，「為水陸孔道，販貿所集，有豆米市」，[39]是長江三角洲最大的糧食集散中心。再如長洲縣的山塘市，「儲積商販亞於楓橋，而川廣諸貨駢集焉」，這就是著名的「虎丘山塘」，街長七里，故有「七里山塘」的美譽。[40]

一般而言，「鎮」的規模比「市」大多了，大致在一千戶至數千戶之間。據嘉靖《吳江縣志》記載，黎里鎮和同里鎮，嘉靖年間居民二千餘家，震澤鎮居民一千家。[41]據順治《臨平記》記載，明末的臨平鎮，「地不滿十里，戶不滿萬人」。[42]某些特大型的鎮，居民達到或超過一萬戶。潘爾夔《潯溪文獻》說，南潯鎮「市廛雲屯櫛比」，「闤闠鱗次，煙火萬家，苕水流碧，舟航輻輳，雖吳興之東鄙，實江浙之雄鎮」。[43]類似這樣「煙火萬家」的，還有烏青鎮，康熙《烏青文獻》說：「居民殆萬家，又為烏程之巨鎮……乃若烏鎮一區，實為浙西龍斷之所，商賈走集四方，市井數盈於萬戶。」[44]

烏青鎮堪稱江南市鎮中的巨無霸，號稱「宛然府城氣象」。康熙《烏青文獻》說：「地僻人稠，商賈四集，財賦所出甲於一郡……烏程、歸安、桐鄉、秀水、崇德、吳江等六縣輻輳，四通八達之地……叢塔宮觀，周布森列，橋梁闤闠，不煩改拓，宛然府城氣象。」烏青鎮規模之宏大，經濟之繁榮，可以和湖州府城、嘉興府城相媲美，所以說「宛然府城氣象」。嘉靖、萬曆時期，烏青鎮充分發揮經濟發達交通便利商賈雲集的有利因素，成為居民萬戶的特大型市鎮，管轄它的烏程縣、桐鄉縣的縣城根本無法

36 范毅軍，〈明中葉以來江南市鎮的成長趨勢與擴張性質〉，載《歷史語言研究所集刊》第七三卷第三分冊（二〇〇二年），頁四五一。

37 嘉靖《吳江縣志》卷一《疆域》。

38 正德《姑蘇志》卷十八《鄉都》。

39 康熙《長洲縣志》卷八《市鎮》。

40 康熙《長洲縣志》卷八《市鎮》。

41 嘉靖《吳江縣志》卷一《疆域》。嘉慶《同里志》卷一《沿革》。

42 順治《臨平記》卷一《事記第一》。

43 咸豐《南潯鎮志》卷一《疆域》。

44 康熙《烏青文獻》卷一《疆域》。

望其項背。烏鎮縱七里橫四里，青鎮縱七里橫二里，共有東西南北四個坊門：南昌門——青鎮之南門，通杭州；澄江門——烏鎮之北門，通蘇州；朝宗門——青鎮之東門，通嘉興；通霅門——烏鎮之西門，通湖州。康熙《烏青文獻》解釋道，雖無城垣，卻有坊門，實際上是「以郡城規模名之」。[45]

確實，烏青鎮名義上是鎮，其實無論規模與格局，都具備府城的架式，「巨麗甲他鎮，市達廣袤十八里」（當時湖州府城、嘉興府城的周長不過十二里）。鎮中街巷密布，萬曆《烏青鎮志》記載，全鎮除了東街、西街、龔慶坊、積善坊等四條大街，另外還有街巷五十八條。有些街巷頗具歷史色彩，例如：波斯巷——在興德橋西，舊名南瓦子，萬曆三年（一五七五）同知劉公辟為大街；北瓦子——在安利橋南，西通太平橋，原先是「妓館戲劇上緊之處」；沈家巷——在金鼓橋西，北通沈侍郎百花莊；顧家巷——在通安橋北，乃顧尚書花園所在；慶和巷——在烏將軍廟東，北至吳家浜，舊有樓；穿錢巷——在監鎮衙前，臨河有望佛橋。四座坊門以及密集的街道，完全具備了縣城的條件，無怪乎萬曆年間當地人上書朝廷，請求在那裡建立縣治。[46]但是一直到清末民國時代，它始終是一個鎮而已。

興起於南宋的南潯鎮，由於得天獨厚的自然條件和經濟優勢，很快成為與烏青鎮並駕齊驅的特大型市鎮。它是江南市鎮中唯一有城牆建築的，元末張士誠占據此地時，在鎮四周修建城牆，周長一千多丈，高三丈，寬一丈。明朝建立後，皇帝下令拆毀南潯城牆，以其磚石修築蘇州城牆。但是城牆基址尚存，周長三里，成為南潯鎮的古跡——「吊橋」、「城隍上」、「太尉城」。

拆城後，代之以四柵，建東西南北四柵，東柵、西柵皆有吊橋、城隍。南潯鎮商業中心逐漸向北遷移，形成以通津橋為中心的「中市」，通津橋橫跨運河（湖州府城至平望鎮之間的運河），周圍是繁華的商業區，自西而東的運河與自南而北的市河在通津橋附近相交，構成十字港，周圍有通津橋、清風橋、明月橋相連，運河及南市河、北市河兩岸是通衢大街。

據潘爾夔《潯溪文獻》說，嘉靖、隆慶以來，南潯鎮日趨興旺，「闤闠鱗次，煙火萬家」，進入了持續數百年的繁榮時期。正如萬曆時當地名人朱國楨所說：「（南）潯雖鎮，一都會也。」它南北長七里，東西寬三里，每當蠶絲上市時，「客商雲集，四民各司其業，彬彬然一大鎮會」，與宋元時代已經不可同日而語了。這一變化，集中體現在荻塘（東塘）的重修上。萬曆十六年至十七年（一五八八—一五八九），烏程知縣重修了湖州府城至平望鎮的運河塘岸，全長一百二十里，成為與運河平行的，從湖州通往蘇州的陸路要道。萬曆三十六年（一六〇八）政府當局用青石加固堤岸，尤其是南潯至平望一段，起到了馳道（國道）的作用。荻塘在南潯鎮的一段，正好處於商業繁華的鬧市——「市廛叢簇，夾岸駢闐」。[47]

以上透過烏青鎮與南潯鎮兩個例子，看到了江南市鎮的繁榮。需要強調的是，江南市鎮的優勢在於它是一個「網絡」，而不是孤立的「點」。發達的市鎮網絡，把各個市鎮聯成一體，發生密切的經濟聯繫。例如盛澤鎮，它的周邊地區盛產絲綢，尤以吳綾久負盛名，它的集散地不在吳江縣城而在盛澤鎮。乾隆《吳江縣志》說：「凡邑中所產，皆聚於盛澤鎮，天下衣被多賴之，富商大賈數千里輦萬金來買者，摩肩連袂，如一都會焉。」[48]這裡所說的「凡邑中所產，皆聚於盛澤鎮」云云，就是說周邊市鎮、鄉村生產的絲綢都要向盛澤鎮聚集，充分顯示了市鎮網絡的功能。由於盛澤鎮及其周邊地區絲織業發達，本地所產蠶絲不能滿足，鎮上絲行大多向鄰近市鎮採購。沈雲《盛湖雜錄》說：「東則嘉善、平湖，西則新市、洲錢、石門、桐鄉，南則王店、濮院、新篁、沈蕩，北則溧陽、木瀆，由絲行躉買，分售機戶。」如果沒有一個完善的市鎮網絡，是難以想像的。

---

45 康熙《烏青文獻》卷一《建置》。

46 萬曆《重修烏青鎮志》卷一《門坊街巷志》。

47 咸豐《南潯鎮志》卷六《古跡》。

48 乾隆《吳江縣志》卷五《物產》。

南潯鎮是湖絲的集散地，當地有兩句名言：一句是「繅絲莫精於南潯人」。把這兩者集中在一處的就是南潯鎮，它的優勢透過市鎮網絡盡顯無遺。每當新絲上市，各地商賈紛紛前來收購，蘇州、杭州的織造衙門也派員前來收貨。這是一個方面，另一方面是，南潯鎮及其周邊地區精於繅絲，但蠶繭原料不足，需要透過市鎮網絡供應，於是形成這樣的局面：南潯鎮商人多前往嘉興一帶買繭，提供給繅絲者；而嘉興的各個市鎮的商人則運送蠶繭前來南潯出售。[49]烏青鎮也有類似情況。它與南潯鎮比鄰，也以出產湖絲而聞名。每當小滿新絲上市時，各地的商人紛至遝來，大批收購，盛況空前。康熙《烏青文獻》說「各處大郡商客投行收買」，「平時則有震澤、盛澤、雙林等鎮各處機戶零買經緯自織」，又有販子「貿絲詣各鎮賣於機戶」。[50]看得出來，烏青鎮與震澤鎮、盛澤鎮、雙林鎮是構成緊密網絡的。

朱涇鎮、楓涇鎮、呂巷市、楊巷市所構成的棉紡織市鎮網絡，則是另一種典型。朱涇鎮是明清兩代聞名全國的棉布集散地，所產標布尤為精良，鎮中標行（經營標布的牙行）林立，估客雲集。楓涇鎮的大布、小布、棉花、棉紗，遠近聞名，鎮中布局（布行）遍布，局中雇傭的染匠、砑匠（踹匠）往來成群。[51]楓涇鎮是與朱涇鎮齊名的棉紡織業中心，清初當地人如此描述這兩個鎮的盛況：「前明數百家布號，皆在松江楓涇、朱涇樂業。」[52]在這兩個鎮上，居然有數百家經營棉布貿易的商號，足見其時的繁華。朱涇鎮、楓涇鎮與呂巷市、楊巷市構成的市鎮網絡，起到互補的作用：「楊巷市與呂巷、朱涇鱗次鼎分。」[53]朱涇鎮的鐵錠、呂巷市的紡車，馳名於蘇州、松江、嘉興各地，號稱「朱涇錠子呂巷車」。這種網絡不僅限於鄰近地區，而且是跨地區的。例如青浦縣的金澤鎮，以其精湛的工藝生產的錠子、紡車，吸引各市鎮的商人、機戶前來購買，據《金澤小志》說：「錠子以鐵為之，車以繩竹為輪，夾兩柱，中樞底橫三木，偏左而昂其首，以著錠子，輪旋而紗成焉。到處同式，而金澤為工。東松郡（松江府），西吳江，南嘉善，北昆山、常熟，咸來購買。故『金澤錠子謝家車』，方百里間習成諺語。」[54]

可見金澤鎮的名牌產品，透過市鎮網絡，輻射範圍可達百里方圓。

市鎮的基礎在四鄉農村，與四鄉農村的產業有著密切的關係，與農業經濟的商品化程度不斷提高有著密切的關係，與家庭手工業的專業化，或者說早期工業化有著密切的關係。由於各地的地理狀況、產業結構有所不同，所以市鎮普遍呈現出不同的專業化色彩。從經濟地理的角度來看，蘇、松、杭、嘉、湖地區大體可以分為蠶桑區、棉作區、稻作區，有些地方或許會有所交叉，但三者之中必有一項為主。因此，絲綢業市鎮、棉布業市鎮、糧食業市鎮就成為市鎮的主要類型。此外，基於各地的特色產業，還分布著其他專業市鎮，例如鹽業市鎮（周浦鎮、新場鎮）、榨油業市鎮（石門鎮）、筆業市鎮（善璉鎮）、冶業市鎮（爐頭鎮、庉村市）、窯業市鎮（幹家窯鎮、瓶窯鎮）、漁業市鎮（青村鎮、沈港鎮、福山鎮）、編織業市鎮（黃埭鎮、唯亭鎮、唐市鎮）、竹木山貨業市鎮（埭溪鎮、簰頭鎮）、刺繡業市鎮（光福鎮、下沙鎮）、菸葉業市鎮（屠甸鎮）、製車業市鎮（章練塘鎮）、造船業市鎮（織里鎮）、海運業市鎮（澉浦鎮、乍浦鎮、瀏河鎮）等。[55]

以下專就絲綢業市鎮與棉布業市鎮，展開分析。

---

49 民國《南潯鎮志》卷三十一《農桑二》，卷三十二《物產》。

50 康熙《烏青文獻》卷二《土產》。

51 嘉慶《朱涇志》卷一《疆域志・沿革》。光緒《楓涇小志》卷十《拾遺志・拾遺》。

52 顧公燮，《消夏閑記摘抄》卷中《芙蓉塘》。

53 乾隆《金山縣志》卷一《疆域・鎮市》。

54 道光《金澤小志》卷一《土產》。

55 參見樊樹志，《江南市鎮：傳統的變革》（上海：復旦大學出版社，二〇〇五），頁二〇三—二一四。

三、絲綢業市鎮的分布及其特色

太湖流域是傳統的蠶桑絲織地區，號稱「湖絲遍天下」。所謂「湖絲遍天下」，不僅是指生絲行銷天下，而且是指各色絲織品行銷天下，這是一層意思。另一層意思是，這一地區的生絲、絲織品不僅行銷全國，而且行銷全世界，此「天下」可謂大矣。因此湖絲特別是它的精品「輯里絲」，名冠一時，聲名遠揚各大洲。

在生絲與絲織品的生產與流通過程中，太湖周邊的絲綢業市鎮網絡的集散功能與市場機制，發揮著重要的作用。

絲綢業市鎮的分布

大批絲綢業市鎮分布於太湖東南面的扇形地帶，星羅棋布，使得原先的鄉村迅速趨於城市化，這在其他經濟區域是罕見的。從其分布密度就可以看到，這些市鎮有著非同一般的經濟活力。最近的相距只有幾里，例如盛澤鎮與王江涇鎮相距六里，南潯鎮與震澤鎮相距九里。較遠的也不過二、三十里，例如濮院鎮與王店鎮、王店鎮與硤石鎮，相距二十里；盛澤鎮與震澤鎮相距三十里，濮院鎮與烏青鎮相距三十二里，長安鎮與臨平鎮相距三十五里；南潯鎮與雙林鎮、雙林鎮與菱湖鎮、烏青鎮與雙林鎮、南潯鎮與烏青鎮，相距均為三十六里。他們相互之間聯繫密切，人流物流從不間斷，構成了充滿活力的市鎮網絡，向各地市場輻射，形成「湖絲遍天下」的局面。

太湖周邊的絲綢業市鎮，就其經營性質而言，可以區分為絲業市鎮與綢業市鎮兩大類。

（一）絲業市鎮

震澤鎮。地濱太湖，位於吳江縣治西南九十里。宋代還是一個市——震澤市，居民數十家，明代成化年間居民增至三、四百家，由市成鎮。嘉靖年間發展到「地方三里，居民千家」的規模。清初以降進一步發展，「貨物並聚，居民且二三千家」。震澤鎮四鄉，居民以蠶桑為業，農家精於繅絲，所繅之絲較他處更為光白，細的可為紗緞經，俗名經絲；稍粗的多用來織綾，俗名綢絲。四鄉農家生產的經絲、綢絲匯集於鎮上絲行，由絲行批發給各地前來的客商，震澤鎮因而成為蠶絲的集散中心。

南潯鎮。西距湖州府治（烏程縣附郭）六十一里，北距太湖口十八里，湖州至平望的運河穿越全鎮，與南北向的市河相交於鎮中。它興起於南宋，到明代嘉靖、萬曆年間日趨興旺，成為「煙火萬家」、「舟航輻輳」的巨鎮。范穎通《研北居瑣錄》對它的描述是這樣的：「前明中葉，科第極盛」，「當蠶絲入市，客商雲集」，「彬彬然一大都會矣」。鎮南的絲行埭是絲行集中之地，「列肆購絲」，「商賈駢集，貿絲者群趨」，既有「鄉農賣絲爭赴市」，也有「客商大賈來行商」。明清兩代成為湖絲的主要集散中心。

烏青鎮。烏鎮隸屬於湖州府烏程縣，青鎮隸屬於嘉興府桐鄉縣，卻隔河相望，近在咫尺，當地人習慣合稱烏青鎮。南宋時已很著名，其後幾度浮沉興衰。明代成化、弘治年間，日趨繁榮，正如陳觀〈校正烏青志序〉所說，當時鎮上店鋪民居「鱗次櫛比，延接於四柵」。到嘉靖年間出現了「商賈四集，財賦所出甲於一邑」的盛況，「居民殆萬家」，「宛然府城氣象」。四鄉生產的湖絲，以西鄉所產為上品，號稱「輯里絲」（俗稱七里絲），北鄉所產次之。小滿新絲上市時，「各處大郡商客投行收買」，一派繁忙景象。

菱湖鎮。位於湖州府治（歸安縣附郭）南四十里，興起於南宋，元末毀於兵火。明初復興，設稅務司，由市升格為鎮。嘉靖、萬曆年間迅速趨於繁榮，當時人描述道：「第宅連雲，闤闠列螺，舟航集鱗」，號稱「歸安雄鎮」。菱湖四鄉盛產湖絲，萬曆《湖州府志》說：「（湖絲）屬縣俱有，惟出菱湖洛舍者第一。」[56]天啟《吳興備志》說，菱湖前後左右三十里內所產湖絲，由農家搖絲船運到鎮上，絲行臨河收絲，「四五月間，鄉人貨絲船排比而泊」，「投主交易而退」。[57]

新市鎮。位於德清縣治東北四十五里，興於宋而盛於明。根據正德《新市鎮志》及康熙《德清縣志》記載，該鎮「街衢市巷之盛，人物屋居之繁，琳宮梵宇之壯，蠶絲粟米貨物之盛」，為全縣之冠。西鄉北鄉農村栽桑養蠶繅絲，鎮上葉市絲市興旺，絲的品質以純正而著稱。[58]

石門鎮。位於崇德縣治北二十里，俗稱石門灣，康熙二年（一六六三）崇德縣改名為石門縣，石門鎮遂改名為玉溪鎮。明人王穉登《客越志》說：「（石門）地饒桑肥，蠶絲成市，四方大賈歲以五月來貿絲，積金如丘山。」康熙《石門縣志》說，明清之際，「農桑視昔更盛」，絲市繁榮，「公私取償絲市」，「絲市之利胥仰給賈客腰纏，乃大駔小儈遞潤其腹，而後得抵鄉民之手」。[59]與絲行相呼應的桑葉行、綢行也因之繁忙，「歲盛時坐賈持衡，行商麕至，資以貿遷」，「民間紡綢、花綢、綾羅、紗帛，織者輸困，貿者輻輳，機杼可謂勤矣」。

塘棲鎮。位於杭州府治北五十里，與湖州府德清縣合轄。光緒《塘棲志》說，嘉靖年間，「市區氓椽鱗次櫛比，北鄉左右越墟出販者，晨馳夕騖，肩摩跡累」；又說，塘棲四鄉「遍地宜桑，春夏間一片綠雲，幾無隙地，剪聲梯影，無村不然，出絲之多，甲於一邑，為生殖大宗」。

臨平鎮。位於杭州府治東五十七里，興起於南宋，萬曆《杭州府志》描述當時的盛況：「戶口蕃盛，商賈買賣者十倍於昔。」元末明初，塘棲鎮興起以後，它的重要地位有所下降，但仍是一個中型市鎮，順治《臨平記》說它「地不滿十里，戶不滿萬人」。四鄉農家經濟主要仰賴蠶絲，臨平鎮因而成為附近蠶絲的集散地──「海寧、仁和、上塘蠶絲於臨平貿易居多」。

當然，絲業市鎮並非只有這些，以上不過略舉數例而已。

（二）綢業市鎮

濮院鎮。位於桐鄉縣與秀水縣之間，舊名永樂市，以絲綢業聞名，《濮川所聞記》說：「收積機產，遠方商賈旋至旋行。」[60]據縣志與鎮志記載，明初時，「居者漸繁，人可萬餘家」，「民務織絲紵」，「商旅輻輳」。萬曆年間，「改土機為紗綢，製作絕工，濮綢之名遂著遠近，自後織作尤盛」，鎮上街巷「接屋連簷，機聲盈耳」。當地人說：「吾里機業十室而九，終歲生計於五月新絲時尤亟。富者居積，仰京省鏢至，陸續發賣。而收買機產，相傳設市翔雲（觀），今則俱集大街，所謂永樂市也。日中為市，接領踵門。至於輕重諸貨，名目繁多，總名曰綢。而兩京、山西、湖廣、陝西、江西、福建等省各以時至，至於琉球、日本。濮綢之名幾遍天下。」[61]

王江涇鎮。位於秀水縣治北三十里，宋代稱為聞川市，元代稱為王江涇鎮，明代萬曆年間達於鼎盛──「多織綢，收絲縞之利，居者可七千家」。據《聞川志稿》說，明末清初已發展成「煙火萬家」的大鎮，「其民多織繒為業，日出千匹，衣被數州郡」。

56 萬曆《湖州府志》卷三《物產》。
57《吳興備志》卷二十九《瑣徵》。
58 正德《新市鎮志》卷一《物產》，康熙《德清縣志》卷二《市鎮》。
59 康熙《石門縣志》卷一《紀疆・市鎮》。
60 嘉慶《濮川所聞記》卷一《總敘》。
61 乾隆《濮鎮紀聞》（不分卷）《總敘・風俗》。

雙林鎮。位於湖州府治東南五十四里，興起於明初，其時「戶不過數百，口不過千餘」；明末清初增至三千餘戶，嘉慶、道光之際發展成接近萬戶的大鎮。它的代表性產品是包頭紗（絹），有「通行於天下」的說法。這一產業在明代成化年間就很有名，四方商賈紛紛前來採購農家織造的紗絹。《雙林鎮志》說：「明正（德）嘉（靖）以前僅有高溪紗帕，隆（慶）萬（曆）以後機戶巧變百出，名目繁多，有花有素，有重至十六七兩者，有輕至二三兩者……客商雲集，販往他方者不絕。又有官絹、燈絹、裱絹。」[62]

盛澤鎮。原名青草灘，直至明初仍是一個村落，居民僅五、六十家，只有稱為「寅亥市」[63]的村市。四鄉的蠶桑絲織業卻由來已久。乾隆《吳江縣志》說：「綾綢之業，宋元以前惟郡人為之。至明（洪）熙、宣（德）間，邑民始漸事機絲，猶往往雇郡人織挽。成（化）、弘（治）以後，土人亦有精其業者，相沿成俗。於是盛澤、黃溪四五十里間，居民乃盡逐綾綢之利。有力者雇人織挽，貧者皆自織，而令其童稚挽花，女工不事紡績，日夕治絲。」盛澤鎮就是在這個基礎上發展起來的。據明末馮夢龍《醒世恆言》的描述，明末的盛澤鎮真是盛況空前：「市河兩岸綢絲牙行約有千百餘家，遠近村坊織成綢匹，俱到此上市。四方商賈來收買的，蜂攢蟻集，挨擠不開。」進入清代以後，迅猛發展成為「以綾綢為業」的萬戶大鎮，其繁華程度可以與蘇州商業區閶門相媲美，成為吳江縣無可匹敵的綾綢貿易中心。

絲綢業市鎮還有很多，以上僅舉數例。即使以米市著稱的硤石鎮，所產絲綢也很有特色，其中一款「紫微綢」就是價格昂貴的上品。萬曆時嘉興人李日華在日記中寫道：「硤石人來言，用雪水澡繭作綿，有天然碧色，織以為綢，謂之松陰色，甚雅觀，但不易多得也。余謂，蠶食桑，腸中抽繹，青蒼是其本色，特木氣既極，反兼金化，故繭被白章耳。雪者天地至潔之物，故能濯露其本色，非謬巧也。」[64]當地人說：「以丹井水繅繭，色微碧」，「名松陰色，享上價」。[65]

江南市鎮的各色絲綢巧奪天工，有天時地利人和的優勢，故而能夠暢銷天下。

絲綢業市鎮的經營方式

市鎮作為手工業與商業中心，具有商品生產與流通的功能，既與本地鄉村聯繫密切，又與全國各地市場聯成一體。絲綢業市鎮首先是一個生絲、絲織品以及其他商品的交流中心，它的經濟結構與經營方式，必然帶有強烈的商品色彩和市場色彩，迥然不同於鄉村，也不同於作為行政中心的府城和縣城，傳統的經濟結構正在悄無聲息地發生變化，正是這樣的活力和魅力，使得它們可以持續興旺發達幾個世紀之久。

以下透過牙行、客商、機坊三大經濟支柱，稍加分析。

市鎮上經濟實力最為雄厚的是各類牙行，它們構成了市場的主體，成為商品生產者和商品銷售者的中介，亦即鄉人與客商之間的溝通者。它們一方面招徠生產絲、綢的鄉人，另一方面接待從各地前來收購絲、綢的客商，左右著市面繁榮與生意興旺。牙儈開設的牙行，以往學者對他們多加非議，以為是「中間盤剝」，殊不知，如果缺失了牙行這個環節，商品將無法有序地流通，市場將無法有序地運作。牙行既然是市場經濟發展的必然產物，自有它存在的合理性。從山根幸夫的專著《明清華北定期市的研

62 民國《雙林鎮志》卷十六《物產》：「包頭絹，婦女用為首飾，故名。惟本鎮及近村鄉人為之，通行天下。」民國《雙林鎮志》卷十二《碑碣・張廉：化成橋碑銘（成化十一年）》：「溪左右延袤數十里，俗皆織絹，於是四方之商賈咸集以貿易焉。」

63 按：這種六日一集的「寅亥市」，在經濟發達的蘇州府吳江縣十分罕見，在周邊地區幾乎沒有類似的現象，因此可以推定是宋元時代的遺風。

64（明）李日華，《味水軒日記》卷四，萬曆四十年五月二十四日條。

65 嘉慶《硤川續志》卷五《物產》，卷十九《叢譚》。

究》可以看到，即使是經濟不甚發達的鄉村集市，都有牙行的設置，以保障買賣得以有序地進行。[66]難以想像，經濟發達的江南市鎮如果沒有了牙行將會如何運作。誠然，牙行存在不少陋規陋習，上下其手，使得買賣雙方利益受損。但是，現代市場經濟中的中介公司，都有形形色色的中間盤剝，我們何必苛求於幾百年前的牙行呢！

濮院鎮可以作為一個典型，鎮上牙行門類很多，有綢行、絲行、桑葉行、菸葉行、六陳行、麻皮行等規模較大的牙行，還有一些規模較小的牙行，例如經手雞、鵝、豆、麥批量買賣的牙行，叫做「小行」；經手糠粞批量買賣的牙行叫做「糟食行」；甚至還有「招徠柴船，及每早率鄉人向各家以油易肥（用油換取人糞）者」，叫做「釃油賣柴行」。[67]

綢行又稱綢莊，是從事綢緞等絲織品貿易的中介機構，專門收購四鄉農家以及鎮上機戶、機坊生產的商品，然後成批量轉售給客商。生意繁忙季節，綢行不僅「坐莊」收貨，還主動「出莊」收購，或由「接手」（又叫「綢領頭」）居間介紹。《濮川所聞記》說：「綢行日向午赴市收綢，謂之出莊；其善看綢者，謂之看莊；歸行再按，謂之復莊。」「綢既成，有接手詣綢行售之，每一綢分值若干，謂之用錢。」[68]綢行所收的綢匹是生綢，必須練熟、平整，才能作為成品流通於市場。因此，綢行收綢後，全部交付練坊加工，然後再轉銷給各地來的客商。由於各地客商對規格要求不同，綢行也有所分工，分別有京行、建行、濟寧行、湖廣行、周村行的區分，其中京行的財力最為雄厚。[69]

絲行專門收購四鄉農家生產的生絲，每當新絲上市之時，絲行派人四處招徠鄉人，收購新絲。楊樹本《濮院瑣志》的描述十分生動：「鄉人抱絲詣行，交錯道路。絲行中著人四路招攬，謂之接絲日，至晚始散。於是泉布盈肩，鄉之人有爛醉街頭矣。」[70]絲行收購的生絲，除了銷售本地機戶、機坊之外，大量轉銷蘇州、杭州、紹興、南京、鎮江、盛澤等地各幫絲商。值得注意的是，絲行大多兼業綢行生意，綢行也兼收生絲，但綢行並不轉銷生絲，而是把它交給機戶加工成綢，這種做法叫作「拆絲」。[71]

桑葉行從事新鮮桑葉的買進賣出，由於這種商品的特殊性，為了保鮮，也為了保持價格優勢，買進與賣出之間銜接緊密。因此桑葉行大多設立於市鎮四柵河邊碼頭，以利船隻進出。立夏後三日，新桑葉上市，桑葉行紛紛開市，有頭市、中市、末市，每一市三日，三市共九日；每日又分早市、午市、晚市，市價一日三變。機戶買桑葉大多不付現錢，而是賒購，待到新絲上市後，才付清葉錢，稱為「敲絲車錢」。[72]

綢行、絲行、桑葉行構成絲綢業市鎮的基本特色，也是這類市鎮的三大經濟支柱；其餘牙行雖然處於補充地位，卻不可或缺，不僅提供其他農副產品的購銷渠道，也為市鎮的運行提供了活力。

以絲業貿易為主的市鎮，絲業牙行的經濟實力最為引人注目。雙林鎮接待各地絲商的絲行，有廣行與客行之分，遍布於鎮的四柵，生意十分興隆。《雙林鎮志》說：「絲業牙行聚四方商旅，饒富立致……在本鎮經紀者，以絲、綿、綢、絹為盛。有資設店獲利固易，而精其業者，即空手入市，亦可日有收穫……客商齎銀來者動以千萬計，供應奢華，同行爭勝，投客所好，以為迎合，無所不至。」[73]每年新絲上市，閩廣一帶富商大賈紛紛前來收購新絲，頭蠶、二蠶是大市，交易額往往「日出萬金」。每

---

66 參見山根幸夫，《明清華北定期市的研究》（東京：汲古書院，一九九五），頁五五－五八。

67 嘉慶《濮院瑣志》卷七《雜流》。該志作序於乾隆三十九年，刊刻於嘉慶十三年。

68 嘉慶《濮川所聞記》卷三《織作》。

69 嘉慶《濮川所聞記》卷三《織作》，引沈廷瑞《東畬雜記》。

70 嘉慶《濮院瑣志》卷六《歲時》。

71 民國《濮院志》卷十四《農工商》。

72 民國《濮院志》卷十四《農工商》，引沈濤《幽湖百詠》：「葉仙詩句今年好，畢竟絲車容易敲」，意為只要蠶絲收成好，不愁桑葉欠款收不到。

73 民國《雙林鎮志》卷十五《風俗》。

逢客商多而絲貨少時，絲行雇船下鄉收買，謂之「出鄉」；代替絲行收買新絲的稱為「抄莊」，買進後專賣給絲行的稱為「掇莊」（俗稱販子），代替「掇莊」招攬鄉貨出賣的稱為「撐旱船」。多種多樣的交易中介，把新絲市場搞得熱火朝天。中秋節後，客商大多滿載而歸，受雇於絲行的「夥友」（夥計）大多散去，此時鎮上的絲市稱為「冷絲市」，僅僅維持零星發賣，以期與來年的「新絲市」銜接，所以當地人說「買不盡湖絲」。[74]

菱湖鎮的絲行，有大行、小行之分，不但資本規模有大小之別，而且經營方式也有所不同。所謂大行，是指財力雄厚的牙行，它們收購新絲後，為各地客商提供巨額貨源。所謂小行，又稱「鈔莊」（或稱抄莊），它們收購的新絲大部分轉售給大行，小部分出售給購買量不大的「買絲客人」。此外還有一種完全從屬「大行」的中介人，叫做「小領頭」，俗稱「白拉主人」，專門為鄉人尋找買家，為大行組織貨源，從中收取佣金。[75]

有了大行、小行、小領頭三種層次的交易系統，新絲的交易渠道變得十分順暢。每當新絲上市，農家生產的新絲，用絲船運載到鎮上出售，叫做「投主交易」。絲行則臨河收買，一派繁忙景象。有人如此描寫道：「四五月間，鄉人貨絲船排比而泊。」[76]

南潯鎮的絲行大體類似，也有大行、小行、小領頭之分。小行又稱「劃莊」——「買之以餉大行」；小領頭（俗稱白拉主人）——「招鄉絲代為之售，稍抽微利」。南潯鎮是湖絲最大的集散中心，絲行的主角自然是大行，因其銷售對象與經營方式不同，而有京莊（京行）、廣莊（廣行）、經莊（經行）、鄉莊（鄉行）的分別。時人的詩句生動地反映了湖絲貿易的繁盛景況：

閭閻填噎駔儈忙，一榜大書絲經行。
就中分列京廣莊，畢集南粵金陵商。[77]

所謂「京廣莊」，就是南潯鎮勢力最為雄厚的絲行——京莊、廣莊。京莊也稱京行，專門供應蘇杭兩地織造局（官辦機構）所需上等湖絲，織成綢緞後解送京師，供皇宮消費。廣莊也稱廣行，專門接待廣東客商，又稱客行，經由廣東客商之手出口海外。經莊也稱經行，專門收購織造綢緞的經絲（區別於緯絲），又細分為專售蘇州客商的「蘇經」，以及專售廣東客商的「廣經」。[78]絲行是南潯鎮無可匹敵的經濟支柱，當地人說「鎮人大半衣食於此」，[79]可以推論，南潯鎮以絲行謀生者占全鎮人口一半以上，由此可見，絲行在南潯鎮經濟結構中的重要地位。

盛澤鎮作為綾綢集散中心，牙行中的龍頭老大非綢行莫屬，鎮上財大氣粗的綢行比比皆是。明末蘇州人馮夢龍筆下的盛澤熱鬧非凡：「市上兩岸綢絲牙行約有千百餘家，遠近村坊織成綢匹，俱到此上市，四方商賈來收買的，蜂攢蟻集，挨擠不開。」[80]這雖是小說家言，卻並非虛構，盛澤鎮的綢絲牙行有數百家，確是不爭的事實。新編《吳江縣志》記載：在綾綢業鼎盛時期，盛澤鎮的綢行多達百餘家，絲行有近百家，領投（或曰領頭）有近兩百家，綢、絲、領三行共計四百多家，構成盛澤鎮的經濟支柱。[81]盛澤鎮的綢行不僅要收購四鄉生產的綾綢，而且要收購整個吳江縣各地所產的綾綢，由此集中向

74 民國《雙林鎮志》卷十六《物產》。
75 《菱湖鎮志》卷十一《輿地略．物產》。
76 天啟《吳興備志》卷二十九《瑣徵》。
77 咸豐《南潯鎮志》卷二十一《農桑》，引董蠡舟〈賣蠶詩〉。又董恂〈賣蠶詩〉內容類似：「初過小滿梅正黃，市頭絲肆咸開張。臨衢高揭紙一幅，大書京廣絲經行。區區潯地雖偏小，客船大賈來行商。鄉人賣絲別粗細，廣莊不合還京莊。」
78 咸豐《南潯鎮志》卷二十四《物產》，引潘爾夔《潯溪文獻》。
79 咸豐《南潯鎮志》卷二十一《農桑》。
80 （明）馮夢龍，《醒世恆言》卷十八《施潤澤灘闕遇友》。

外輸出。正如乾隆《吳江縣志》所說：「吳綾見稱往昔，在唐充貢，今郡屬惟吳江有之，邑西南境多業此……凡邑中所產，皆聚於盛澤鎮，天下衣被多賴之。」[82]既然是「天下衣被多賴之」，就意味著這個綾綢集散中心必然萬商雲集，如果沒有數量眾多的綢行，是難以想像的。因此盛澤鎮的經濟狀況取決於「商客之盛衰」，換句話說，取決於綢行生意之盛衰，原因是顯而易見的：「蓋機戶仰食於綢行，綢行仰食於商客，而開張店肆者即胥仰食於此」。[83]

絲綢業市鎮的絲、綢行銷全國乃至海外市場，在這個流通過程中，各地客商以及由他們結成的商幫，功不可沒。當然商人熙熙攘攘都是為了逐利，在他們眼裡，精美絕倫的蠶絲和絲織品可以為他們帶來巨額利潤，因而把絲綢業市鎮視為財富之淵藪，前仆後繼，紛至遝來，致使絲綢業市鎮富商大賈雲集。那副俗不可耐的對聯「生意興隆通四海，財源茂盛達三江」，用在這裡，倒是很貼切的。

從清初的地方志可知，以出產濮綢而聞名的濮院鎮，「萬家煙火，民多織作綢絹為生，為都省商賈往來之會」；「一鎮之內，坐賈持衡，行商麕至，終歲貿易不下數十萬金」。[84]說一年的貿易額高達白銀數十萬兩，這個估計看來過於保守，清初人說，濮院鎮「日出萬綢」，一天的成交量是一萬匹。根據方志資料，綢的價格按照輕重而定，康熙時，綢每兩值銀一錢。[85]一匹綢的重量不等，重的十六、七兩，輕的二、三兩，姑以每匹十兩計，每匹綢的價格為白銀一兩，一萬匹的價格是白銀一萬兩，全年的貿易額必定超過白銀一百萬兩無疑。何況沈廷瑞《東畬雜記》說：「所謂日出萬綢，蓋不止也。」[86]由此可以推論，濮院鎮全年貿易額當在白銀數百萬兩左右。客商購買力之大，於此可見一斑。

南潯鎮的湖絲貿易也是如此。溫豐《南潯絲市行》詩云「一日貿易數萬金」，[87]如果以康熙時綾綢價每兩值銀一錢計，一天的貿易額達白銀數萬兩。湖絲貿易的旺季是從小滿到中秋，約四個半月，以每天貿易額數萬兩計，整個旺季的貿易額大概在白銀五百萬兩左右。這一估計可以得到印證。根據《南潯鎮志》記載「湖絲極盛時，出洋十萬包」，十萬包湖絲的售價約為白銀一千萬兩左右。由此可見，明清之際南潯鎮「一日貿易數萬金」，並非誇張之詞。[88]

從上述兩個典型事例，已經可以看到各地客商在絲綢業市鎮的購買力令人歎為觀止。這類富商巨賈的經營方式，當然不會停留在一般行商的水平上，他們憑藉巨額資金以及長年累月的經營，都在各個市鎮建立了營業據點，不少人從行商轉化為坐賈。為了維護自身利益，陸續設立了長期性的商務公共機構——會館、公所。這裡所說的會館，主要是指商人會館，它是一種地緣性的組織，俗稱同鄉會館，在某一地區經商的同鄉商人的公共空間，在同鄉互助的職能之外，兼具商業協調的功能。公所則是一種業緣性的組織，即依照行業劃分的同業公所，與後世出現的同業公會有著淵源關係。會館、公所的建立，成為當地工商業發達，市場經濟繁榮的一個顯著標誌。

「有力者雇人織挽，貧者皆自織」

由於各地市場對於太湖周邊地區生產的精美絕倫的絲綢的需求與日俱增，小規模的農家個體生產難

81 新編《吳江縣志》（江蘇：江蘇科學技術出版社，一九九四），頁八〇—八一。
82 乾隆《吳江縣志》卷五《物產》。
83 乾隆《盛湖志》卷下《風俗》。
84 康熙《桐鄉縣志》卷一《市鎮》。雍正《浙江通志》卷一百二《物產》。
85 乾隆《吳江縣志》卷三十八《風俗・生業》：「明嘉靖中，綾紬價每兩銀八九分，絲每兩（銀）二分。我朝康熙中，綾紬價每兩（銀）一錢，絲價尚止（銀）三四分。」
86 嘉慶《濮川所聞記》卷三《織作》，引沈廷瑞《東畲雜記》。
87 民國《南潯志》卷三十一《農桑》，引溫豐〈南潯絲市行〉詩。
88 民國《南潯志》卷四《河渠》，引徐友珂〈重浚三—六漊港議〉。

以在數量與質量上有所突破，於是在絲綢業市鎮上出現了以雇傭勞動為特徵的手工作坊——機坊。乾隆《吳江縣志》談到綾綢業發展狀況時指出：明代成化、弘治以後，「土人（指吳江本地人）亦有精其業者，相沿成俗，於是盛澤、黃溪四五十里間，居民乃盡逐綾綢之利，有力者雇人織挽，貧者皆自織」。[89]可見「有力者雇人織挽」的現象在明中葉已經出現，但規模如何，不得而知，只能從後世的記載加以推論。乾隆《盛湖志》稱：「中元夜，四鄉傭織多人，及俗稱曳花者約數千計，匯聚東廟並升明橋，賭唱山歌，編成新調，喧闐達旦。」[90]盛澤鎮受雇於機坊的雇傭勞動者——傭織及曳花——數量達數千人之多，可見機坊數量之多、規模之大。與機坊配套的練坊（一作煉坊）、染坊、踹坊、軸坊也有大批雇傭勞動者，數量也相當之多。清人說：「（盛澤鎮）凡練綢之坊十餘，染坊三十餘，踹、軸等坊亦如之，業此者近千人。」[91]由此向前追溯，晚明時「有力者雇人織挽」，絕非個別現象，是可以斷定的。

與盛澤鎮比鄰的黃溪市，「雇人織挽」也蔚然成風，不僅形成「機戶出資，機工出力」的雇傭關係，而且形成了固定的勞動力市場，有一技之長的機工，每天清晨「立長春、泰安二橋，以待雇織，名曰走橋，又曰找做」。生意繁忙時，機戶為了招徠機工，往往百般遷就，「每逢節候，肴饌必更豐焉」；傭工「或食無兼味，輒去而他適」。到了生意蕭條時，機坊減少雇工，勞動力過剩，那些「無人雇織」者，往往衣食無著，「沿途求乞以為常」。[92]顯然這些「傭織」雖有一技之長，卻是一無所有的無產者，他們可以看作近代城市無產者的先輩，他們的出現，或許標誌著江南市鎮由傳統向近代的轉型。

這種新現象是有典型意義的。吳江縣的「走橋」、「找做」，在長洲縣稱為「喚找」。康熙《長洲縣志》的一則資料反映了明清之際的情況，極有價值：

> 工匠各有專能，匠有常主，計日受值。有他故，則喚無主之匠代之，曰喚找。無主者，黎明立橋以待，以車紡絲者曰車匠，立濂溪坊。什百為群，延頸而望……若機房（即機坊）工作減，此輩衣

食無所矣。[93]

情況表明，在絲綢行業中，明清之際已經普遍使用雇傭勞動，由此而產生出頗具規模的勞動力市場。這種前所未見的社會經濟現象，透露出絲綢業市鎮的勃勃生機。

這並非蘇州府獨有的現象，嘉興府也有類似情況。介於秀水縣、桐鄉縣、嘉興縣之間的濮院鎮，織綢業有著悠久歷史，出產的濮綢聞名遐邇。鎮上擁有較多織機與資本的機坊，在生產旺季，臨事雇傭工匠，都可以求助於鎮上的勞動力市場。勞動力市場所在的鎮北太平巷，並非主幹道，卻與北大有街、北廊棚等商業街連接，方便的交通條件使它成為有一技之長的工匠待雇的集結地點，久而久之形成一個勞動力市場。當地人這樣描述道：「太平巷，本福善寺，西出正道，闔鎮織工、拽工（即曳工），每晨集此以待雇。」[94]《濮院瑣志》寫得更為具體，一則是：

> 機杼為闔鎮恆產，男婦藉此養育者累累皆是。計其名，有絡絲，有織工，有挽工（拽工），有牽經，有刷邊，有運經，有扎扣，有接頭，有收綢，有看莊。或人兼數事，或專習一業。

---

89 乾隆《吳江縣志》卷三十八《風俗・生業》。

90 乾隆《盛湖志》卷下《風俗》。按：手工織機有素機、花機兩類。花機，即提花機，又名攀花機、花樓機，操作時，由一小廝（即曳花兒）坐於花樓上，專司提花；另一名成年織工（即傭織）坐在地面操作織機，進行開口、投梭、打緯、卷取等工序，上下配合。

91 （清）沈雲，《盛湖雜錄》。

92 道光《黃溪志》卷一《疆土・風俗》。

93 康熙《長洲縣志》卷三《風俗》。

94 《濮川所聞記》卷二《地宇・坊巷》。

生平足不出巷，目不見外事，衣於是，食於是，盡其力而終身焉。

另一則是：

> 織工、拽花或遇無主，每早各向通衢分立，織工立於左，拽工立於右，來雇者一見了然，謂之「巷上」。[95]

每天早晨，織工、拽工站立於太平巷左右兩側，等待雇主招募，習以為常，除了這些織工、拽工，其他雇傭勞動者的名目還有不少，例如練坊雇傭的「練手」——「每坊傭者數十人，名曰練手」。[96]此外還有「典當司櫃，多徽州人；成衣、木局，多寧波人；鑷工，半句容人；銀匠，多紹興人；漆工，多江西人」。[97]

機坊還把生絲交給農家婦女加工，稱為絡絲。關於「絡絲」，《濮院瑣志》說：「婦女多工絡絲，每一兩給錢三文，近則倍之，一日所獲，可以自給。」[98]這是另一種形式的雇傭勞動，按照絡絲數量的多少支付工錢（由一兩三文增至一兩六文），婦女一天勞動所得可以養活自己。與絡絲相銜接的牽經、刷邊、運經，都需要雇工操作。機坊不僅對於絲的整理極其講究，而且對綢緞的花樣也很考究。在織機花樓上的拽工（曳花兒）的操作都有板有眼：「機上有木架，謂之花樓，拽工坐其上。花樣另有樣本，業是者以世相傳，需用時，向其家賃之。拽者隨其樣，兩手扯拽，令開其絲，梭跳越而過，則絲浮而亮，湊合成花，無不畢肖。」[99]分工如此細密，如此專業，無怪乎太湖周邊市鎮的絲綢巧奪天工，廣受青睞。

綜上所述，人們不難看到江南絲綢業市鎮的盛況，為全球化貿易中的「絲—銀對流」提供了強有力的支撐。全漢昇說得好：「中國的絲綢工業具有長期發展的歷史，技術比較進步，成本比較低廉，產量比較豐富，所以中國產品能夠遠渡太平洋，在西屬美洲市場上大量廉價出售，連原來獨霸該地市場的西班牙絲織品也大受威脅。由此可知，在近代西方工業化成功以前，中國工業的發展使中國產品在國際市場上的強大競爭力來說，顯然曾經有過一頁光榮的歷史。中國蠶絲生產遍於各地，而以江蘇和浙江之間的太湖區域最為重要……海外市場對中國絲綢需求量非常大，因而刺激這個地區蠶絲生產事業的發展，使人民就業機會與貨幣所得大量增加，當然是一個重要因素。」[100]

四、棉紡織業與棉布業市鎮

烏泥涇與黃道婆

原產於印度河流域的棉花，最早由陸路與海路傳入中國，然而長期停留於西北、西南邊疆地區，

95　嘉慶《濮院瑣志》卷一《機杼》，卷七《雜流》。
96　嘉慶《濮川所聞記》卷三《人物．織作》。
97　嘉慶《濮院瑣志》卷七《雜流》。
98　嘉慶《濮院瑣志》卷一《機杼》。
99　嘉慶《濮院瑣志》卷一《機杼》。
100　全漢昇，〈略論新航路發現後的海上絲綢之路〉，《近代中國史研究通訊》第二期（一九八六年）。同時刊載《歷史語言研究所集刊》第五十七本第二分冊（一九八六年）。

對中原地區並無影響。真正傳入中原尤其是江南地區，是在宋代以後。元代以降，這方面的記載日漸增多，反映了棉花種植的推廣，成效十分明顯。這就不能不提到烏泥涇鎮與黃道婆。

烏泥涇鎮，位於上海縣城西南二十六里，其舊址在今華涇鎮北、長橋鎮南，龍華鄉東灣村一帶。它得名於一條流向黃浦（今名黃浦江）的河流——烏泥涇，興起於宋代，是松江府上海縣一個古老市鎮。然而大自然對烏泥涇鎮並不特別慷慨，那裡土地貧瘠，要養活日益增多的人口並不容易。於是鄉民另謀生路，從閩廣一帶引進棉花種子，廣為栽培，因而烏泥涇畔成了松江府境內最早栽種棉花的地區。這是有文獻為證的：

> 閩廣多種木棉，紡績為布，名曰吉貝。松江府東去五十里許，曰烏泥涇，其地土田磽瘠，民食不給，因謀樹藝，以資生業，遂覓種於彼。[101]

> 木棉，宋時鄉人始傳其種於烏泥涇，今沿海高鄉多植之。[102]

> （上海）邑產棉花自海嶠來，初於邑之烏泥涇種之，今遍地皆是。[103]

如果把松江府看作「衣被天下」的棉紡織業中心，那麼烏泥涇鎮就是這個中心的策源地。這一切又和黃道婆密切相關。烏泥涇人黃道婆早年流落到海南島崖州，學習了當地黎族的棉紡織技術，於元成宗元貞年間（一二九五－一二九七）返回故里烏泥涇，帶回了當地的棉紡織技術，正如陶宗儀所說，她教農家婦女「做造扞彈紡織之具，至於錯紗配色，綜線挈花，各有其法。」[104]成果是十分明顯的。當地人王逢回顧道：「（黃道婆）躬紡木棉花，織崖州被以自給，教他姓婦不少倦。未幾，被更烏涇，名天下，仰食者千餘家。」[105]所謂「崖州被」就是海南島崖州的一種特色花布，黃道婆教烏泥涇人仿造這種特色花布，花色豔麗，成為遠近聞名的暢銷產品。這裡生產的棉布除了「崖州被」以外，見諸文獻的還有「番布」。正德《松江府志》特地在「番布」條下注明「出烏泥涇」，還說：「其後，三梭布製為象眼、綾紋、雲朵、膝襴、胸背等樣，蓋出於此。」[106]意思是說，此後松江棉布的各種品種，都是由「番布」演化而來的，可見烏泥涇對於松江以及江南棉紡織業的興起具有舉足輕重的作用。

鄭光祖說，黃道婆「以廣中治木棉之法，教當地軋彈紡織，久之，三百里內外悉司其事。」[107]明白無誤地指出棉花種植與棉紡織業由烏泥涇鎮向三百里內外的傳播幅度。吳偉業則進一步指出這種傳播的具體路徑：「（棉花）自上海、練川以延及吾州，岡身高仰，合於土宜。」[108]

從烏泥涇起步的棉花種植和棉紡織業，導致松江府境內農業經濟和農家經營發生了革命性的變化。一方面，棉花種植超過了傳統的稻穀種植，即所謂「棉作壓倒稻作」，出現了「棉七稻三」乃至「棉九稻一」的格局。[109]另一方面，棉花種植以及對棉花的深加工——紡紗織布，為農家帶來了巨大的經濟效益，成為主要的經濟來源——「衣食全賴此」。[110]無怪乎黃宗智《長江三角洲小農家庭與鄉村發展》要稱之為「棉花革命」。[111]

101（元）陶宗儀，《輟耕錄》卷二十四《黃道婆》。
102 正德《松江府志》卷五《土產》。
103（清）褚華，〈木棉譜〉，《上海掌故叢書》。
104（元）陶宗儀，《輟耕錄》卷二十四《黃道婆》。
105（元）王逢，《梧溪集》卷三《黃道婆祠並序》。
106 正德《松江府志》卷五《土產》。
107（元）鄭光祖，《一斑錄雜述》卷一。
108（清）吳偉業，〈木棉吟序〉，《梅村家藏稿》卷十。
109 康熙《嘉定縣志》卷一《風俗》。
110 萬曆《上海縣志》卷一《風俗》。
111 參見黃宗智，《長江三角洲小農家庭與鄉村發展》（北京：中華書局，一九九二），頁四。

棉紡織技術的不斷完善，不但帶動了棉紡織業的發展，也帶動了棉花種植的推廣，從松江府各縣到蘇州府所屬的嘉定、太倉、常熟等地，都是「三分宜稻，七分宜木棉」的地區。[112]明初上海縣人顧彧〈竹枝詞〉唱道：

平川多種木棉花，織布人家罷緝麻。
昨日官租科正急，街頭多賣木棉花。[113]

明中葉以降，棉花種植逐漸由岡身以東向岡身以西推移，由松江府向北向西向南推移，種植棉花從事棉紡織業的地區不斷擴大。不妨略舉數例於下：

昆山一帶，「多種木棉，土人專業紡織」，最為奇特的是，男子從事紡織，正如地方志所說：「至於麻縷機織之事，則男子素習焉，婦人或不如也。」[114]

嘉定一帶，「棉花通邑栽之，以資紡織」，「邑之民業，首藉棉布，紡織之勤，比戶相屬，家之租庸、服食、器用、交際、養生、送死之費，胥從此出。」[115]

海鹽縣一帶，「地產木棉花甚少，而紡之為紗，織之為布者，家戶習為恆業」。[116]

平湖縣北三十里新帶地區，「饒魚米花布之屬」；縣東北二十七里靈溪地區，「產細布，人爭市之」。[117]

於是，農家經營出現了新變化。嘉靖時期松江人徐獻忠在〈布賦序〉中說：「邑人以布縷為業，農氓之困藉以稍濟……鄉村紡織尤尚精敏，農暇之時，所出布匹以萬計，以織助耕。」[118]這種「以織助耕」已經迥然不同於傳統「男耕女織」的自給自足模式，而是商品化經營，市場色彩十分濃厚。

首先，農家所種棉花並非用於自己消費，而是作為商品拋入市場，因而棉花市場遍布於各個市鎮。

每當秋季棉花上市之際，棉花牙行大量收購棉農出售的棉花，然後轉銷給外來的客商，棉花交易十分興隆。嘉定縣的新涇鎮就是一個棉花交易中心。萬曆《嘉定縣志》、康熙《嘉定縣志》都說「嘉（定）土沙瘠，宜木棉，不宜禾（指水稻），而禾與木棉必相間種植，一年種稻，方可三年種棉」；「春作悉以栽（棉）花為本業」，「（棉）花財入筐，即為遠賈所販」，「民之公私皆賴焉」。

太倉的鶴王市也是一個聲名遠揚的棉花交易市場。每年秋收後遠商挾帶鉅資前來收購，因而「市廛闐溢」，「市之沃饒甲於境內」。[119]鶴王市棉花色澤纖維均佳，深受福建、廣東客商歡迎，「閩廣人販歸其鄉，必題『鶴王市棉花』」，銷路很好，因此「每年航海來市，無慮數十萬金」。[120]小小的鶴王市，每年棉花的外銷量價值白銀數十萬兩，足見商品化程度之高。

棉花作為商品進入市場，其價格隨各種因素而波動，明末清初松江府上海縣人葉夢珠，記錄了從天啟元年（一六二一）到康熙二十三年（一六八四）的棉花價格，極端最高價格每擔賣到白銀九兩，極端最低價格每擔僅值白銀五錢至六錢，通常價格每擔值銀三、四兩，較低價格每擔值銀一、二兩。[121]棉農

112（清）吳偉業，〈木棉吟序〉，《梅村家藏稿》卷十。

113 萬曆《上海縣志》卷一《地理志·風俗》。

114 嘉靖《昆山縣志》卷一《風俗》，卷二《土產》。

115 萬曆《嘉定縣志》卷七《田賦考中·物產》。

116 天啟《海鹽縣圖經》卷四《方域篇之四·縣風土記》。

117 康熙《平湖縣志》卷四《風俗志·習俗》。

118 康熙《松江府志》卷五《風俗》。

119 道光《增修鶴市志略》卷上《原始》。

120 道光《增修鶴市志略》卷下《物產》。

121 參見葉夢珠，《閱世編》卷七《食貨四》。

經濟收益受市場影響之大，由此可見一斑。其次，農家紡紗、織布的商品化、市場化。常見的一種經營方式，農家「紡木棉為紗者，市錢，不自織」。[122]不僅金山衛如此，其他地區也是如此。正德《松江府志》說：「紡織不止村落，雖城中亦然。里嫗晨抱紗入市，易木棉以歸，明旦復抱紗以出，無頃刻閒。織者率日成一匹。有通宵不寐者。田家收穫，輸官償息外，未卒歲，室廬已空，其衣食全賴此。」[123]天啟《海鹽縣圖經》所說大體相同：

地產木棉花甚少，而紡之為紗，織之為布者，家戶習為恆業，不止鄉落，雖城中亦然。往往商賈從旁郡販綿花列肆吾土，小民以紡織所成或紗或布，侵晨入市，易綿花以歸，仍治而紡織之。明旦復持以易，無頃刻閒。紡者日可得紗四五兩，織者日成布一匹。[124]

「綾布二物，衣被天下」

崇禎《松江府志》在寫到當地的棉紡織業時說「機杼軋軋，有通宵不寐者」，並且引用張世美〈織布詞〉加以映襯：

當窗織，急生計，口食相關殆非細。
泖上有田歲不熟，日資一匹聊接濟。[125]

這就為徐獻忠〈布賦序〉所說「邑人以布縷為業，農氓之困藉以稍濟」做了注釋。正是這樣的勤奮，營造了「衣被天下」的輝煌。正德《松江府志》有一段極為經典的話語，頗為膾炙人口，成為學者們引用率極高的文獻：

> 俗務紡織，他技不多，而精線綾、三梭布、漆紗方巾、剪絨毯，皆為天下第一……前志云：百工眾技與蘇杭等。要之，吾鄉所出，皆出於實用，如綾布二物，衣被天下，雖蘇杭不及也。[126]

值得注意的是，松江出產的優質棉布，諸如精線綾、三梭布、尤墩布、飛花布、稀布、標布等，都是農家織機上生產出來的，也就是說，農家的商品化手工業為國內外市場提供了名噪一時的棉布精品，連蘇州、杭州都望塵莫及。當然，與松江府毗鄰的蘇州府所屬各縣也並不遜色，正如正德《姑蘇志》所說：「木棉布，諸縣皆有之，而嘉定、常熟為盛。」[127]嘉定縣所產棉布在蘇州府首屈一指，吸引各地商人前來批量購買，萬曆《嘉定縣志》這樣描述道：「商賈販鬻，近自杭、歙、清、濟，遠至薊、遼、山、陝。」[128]這就是說，嘉定棉布近銷杭州、徽州、山東，遠銷北京、遼東、山西、陝西，也是「衣被天下」的。

乾隆時代上海縣諸生褚華，「生平留意經濟名物、海隅軼事」，[129]對於松江上海一帶農家的棉業經

122 正德《金山衛志》下卷一《風俗》。
123 正德《松江府志》卷四《風俗》。崇禎《松江府志》、康熙《松江府志》、康熙《青浦縣志》的風俗部分，都有類似記載。
124 天啟《海鹽縣圖經》卷四《方域篇之四．縣風土記》。
125 崇禎《松江府志》卷七《風俗》。
126 正德《松江府志》卷四《風俗》。
127 正德《姑蘇志》卷十四《物產》。
128 萬曆《嘉定縣志》卷六《田賦．物產》。

營，仔細觀察與詳細記載，涉及種棉、賣花、軋花、紡紗、漿紗、織布、染布、踹布、賣布等環節。鄉人賣布於牙行，牙行轉售於布商。褚華的六世祖開設牙行，招徠布商。他寫道：

> 明季，從六世祖贈長史公，精於陶猗之術，秦晉布商皆主於家，門下客常數十人，為之設肆收買，俟其將成行李時，始估銀與布，捆載而去。其利甚厚，以故富甲一邑。至國初（清初）猶然。[130]

蘇州府的嘉定、常熟、昆山一帶，情況大體相似。嘉定縣錢門塘市可為一例。它的周邊鄉村出產一種「丁娘子布」，「紗細工良，明時有徽商僦居里中，收買出販。自是，外岡各鎮多仿之，遂俱稱錢門塘布」。外岡鎮也因此而興盛，萬曆時「四方巨賈富駔，貿花布者，皆集於此，遂稱雄鎮」。[131]「綾布二物，衣被天下」，促成了這一地區的市鎮與鄉村的普遍富裕。有一條資料頗值得注意，反映的是嘉定縣諸翟鎮的情況：

> 鄉民多恃布為生。往時各省布商，先發銀於莊，而徐收其布，故布價貴。貧民竭一日之力，贍八口而有餘。[132]

農家從事紡紗織布，一天的勞動所得，足以贍養八口之家，還有富餘。這在以前是難以想像的。以前的江南農家的單一稻作經營，顯然無法與此時的棉作經營相抗衡，也就是說，棉作經營的收益遠遠高於稻作經營，是毫無疑義的。王韜曾對種植棉花與種植水稻做過比較，結論是：「辛勤倍於禾稼，而利亦贏。」[133]那意思是說，種棉花比種水稻辛苦，但獲利超過水稻。這個結論可以進一步論證於下。

松江地區，棉花與水稻的畝產量，有高有低，為便於比較，各取一個中間值：棉花每畝可收一擔

（一百斤），水稻每畝可收米二石（三百斤）。按照物價平穩年份的價格加以比較：棉花每擔價銀三兩，米每石價銀八錢，兩石米價銀一兩六錢。由此可知，種植棉花的收益是種植水稻的將近兩倍。[134]這就是當地棉花種植得以迅速推廣的深層原因。何況稻米除了作為口糧，只有出售；而棉花除了出售，還可以紡紗、織布，從深加工中獲取更多的收益。

農婦如果專門從事紡紗，扣除原料、成本，所獲得的差價，即勞動報酬，足可養活自己。褚華談到紡紗時說：「夜以繼日，得斤許即可糊口。」[135]地方志所說「里嫗晨抱紗入市，易木棉以歸，明旦復抱紗出，無頃刻閒」，[136]終於可以獲得索解，原來紡紗可以養活自己。如果紡紗之後自己織布，那麼收益更為可觀。前面已經引用《紫堤村志》所說「貧民竭一日之力，贍八口而有餘」。顧清《傍秋亭雜記》說，松江地區可以用棉布納稅，折算的標準是，細布一匹准米二石，粗布一匹准米一石。[137]織布收益之高可見一斑。

129（清）褚華，《滬城備考》卷末《自敘》。
130（清）褚華，《木棉譜》。
131 民國《錢門塘鄉志》卷一《土產》。
132 咸豐《紫堤村志》卷二《風俗》。
133（清）王韜，《瀛壖雜志》卷二。
134（清）張春華，〈護城歲時衢歌〉：「木棉……一畝之入，有百斤為滿擔，倍者為雙擔。」何良俊《四友齋叢說》：「（松江）西鄉……土肥獲多，每畝收三石者不論，只說收二石五斗……東鄉田高岸陡……若年歲豐熟，每畝收一石五，可得米七八十擔矣，故取租有一石六七斗者。」各取中間數據：棉一擔、米二石。價格資料取自葉夢珠《閱世編》卷七《食貨》。
135（清）褚華，《木棉譜》。
136 正德《松江府志》卷四《風俗》。
137 顧清《傍秋亭雜記》卷上：「吾鄉（松江）折稅布，曰：闊白三梭者，准米二石，納價銀七錢，俗謂之細布；闊白棉布者，准米一石，納價銀三錢以上至四錢，俗謂之粗布。」

這可以用另一種計算方法予以證實。清初一匹標布的價格是銀二錢，農家婦女織布一匹，按棉三斤織布一匹計算，扣除原料成本銀九分（以一百斤棉值銀三兩計算），淨餘銀一錢一分。當然，這必須自家另有人手紡紗、漿紗為支撐。如果織成十五匹布，其收益相當於一畝水稻田一熟的收益（二石米即一兩六錢銀子）。這是一種比較方法。還有一種比較方法，農村一般短工，「日給工食銀五分」。[138]即使以兩名婦女一天織布一匹計算，其收益一錢一分銀子，依然高於兩個短工的工食銀（一錢）。

這無疑是農家經營商品化、市場化所帶來的新現象，也是棉作壓倒稻作，家庭手工業收入超過純農業收入的根本原因，「綾布二物，衣被天下」因此獲得了源源不絕的動力。根據吳承明的估計，明代後期江南棉布的輸出量約為每年一千五—二千萬匹。[139]范金民的估計是，明代後期松江府棉布年產量二千萬匹，松江以外地區棉布年產量五百萬匹，總計二千五百萬匹。[140]李伯重的估計稍異於上述二人，他認為明代後期江南棉布年產量約為五千萬匹，需要一百七十萬農婦從事紡織，才能生產出如此數量的棉布。[141]這些宏觀分析數據略有差異，或許還有商榷的餘地，但他們的共識是明顯的：江南棉布集中生產於松江府及其周邊地區，絕大部分出於農村婦女之手。這顯然有助於對「綾布二物，衣被天下」的理解，也有助於對江南市鎮經濟的理解。

棉布業市鎮的分布狀況及其特色

棉布業市鎮在長江三角洲市鎮網絡中，具有舉足輕重的地位，與絲綢業市鎮遙相呼應，構成本地區經濟騰飛的雙翼。它們為棉紡織個體生產者、手工作坊、經營棉花棉紗棉布的牙行以及外來客商，搭建一個溝通的平臺，成為各地市場的聯繫渠道，也是商品生產與交易中心。這些市鎮主要集中於松江府、蘇州府及其周邊地區。從明代中葉起，它們就以引人注目的姿態，和各地市場聯成一體，源源不斷地把本地區的優質產品輸送到全國各地乃至海外，號稱「衣被天下」是當之無愧的。它們大致可以分為棉花業市鎮與棉布業市鎮兩大類。

棉花業市鎮是以棉花交易為特色的市鎮，首推新涇鎮與鶴王市。

新涇鎮。在嘉定縣治東三里，因新涇這條河流而得名，又名澄橋鎮，東西長一里。雖然不大，卻是附近有名的棉花集散中心，《嘉定縣志》說它「為棉花管履所集，頃年更盛」。[142]每當棉花上市的季節，鎮上牙行（俗稱花行）紛紛忙於收購四鄉農家出售的棉花，呈現一派繁忙景象：

> 市中交易，未曉而集。每歲棉花入市，牙行多聚。少年以羽為翼，攜燈攔接，鄉民莫知所適。搶攘之間，甚至亡失貨物。[143]

之所以會出現這種搶奪棉花的現象，根本原因在於，本地區出產的棉花質地精良，時常供不應求。

鶴王市。在太倉州治東北二十四里，原屬昆山縣，弘治十年劃歸太倉州。眾所周知，「市」的規模小於「鎮」，鶴王市也是如此，但地位並不低下，正如《鶴市續志》所說：「鶴王市居全縣中心，東濱大江，西達邑城，南控瀏河，北抵沙溪，以形勢言，實為水陸綰轂之要衝……乾嘉之際，人文蔚起，科

138（清）陸世儀，〈青浦魏令君德化記〉，《陸桴亭文集》卷六。
139 參見吳承明，《中國資本主義與國內市場》（北京：中國社會科學出版社，一九八五），頁二五九—二六三。
140 參見范金民，《明清江南商業的發展》（南京：南京大學出版社，一九九八），頁二九—三〇。
141 參見李伯重，《江南的早期工業化（1550-1850）》，頁四二。
142 康熙《嘉定縣志》卷一《疆域．市鎮》。
143 萬曆《嘉定縣志》卷三《風俗》。

第相望，循吏名儒輩出。」[144]此地屬沙質土壤，適於種植棉花，所產棉花品質優良，纖維柔韌細白，只產於方圓十餘里範圍之內。當地人這樣描述：「鶴市棉花，比之他鄉柔韌而加白，每朵有朱砂斑一點，離市十數里即無。」[145]

值得注意的是，這種情況可以追溯到元末明初，《增修鶴市志略》的編者按語這樣寫道：

棉自元世至近邑，崖州黃婆教扞彈紡織之法，而種以繁。邑高阜全恃植此。昔人所種出西番，衣被天下者也。[146]

因此，鶴王市棉花成為優質棉花的代名詞，各地商販慕名前來採購，盛況空前。志稱，楊林塘岸土沙埴得宜，閩廣人販歸其鄉，必題曰「鶴王市棉花」。每秋航海來市，無慮數十萬金。近市土厚田肥，為闔邑冠，故其民殷富，其俗淳厚。每歲木棉有秋，市廛闐溢，遠商挾重資，自楊林湖徑達，而市之沃饒甲於境內矣。[147]

《增修鶴市志略》刊刻於道光年間，但是這種盛況——閩廣商人數十萬兩銀子的採購規模，以及鶴王市富甲全太倉，由來已久。至少可以說，從明代一直延續至清代。乾隆《鎮洋縣志》說：「閩廣人販歸其鄉者，市題必曰『太倉鶴王市棉花』，每秋航海來賈於市，無慮數十萬金，為邑首產。」[148]看來，《增修鶴市志略》採用了《鎮洋縣志》的文字。從該志上下文推測，至遲晚明時已經如此興旺了，這可以從太倉人吳偉業的著作中得到證實：「隆萬中，閩商大至，（太倉）州賴以饒。」[149]吳氏所說的「州賴以饒」，當然包括棉花的外銷帶來的巨額收益。

棉花交易並不限於上述兩地，一些盛產棉布的市鎮也有興旺的棉花交易。例如七寶鎮，《蒲溪小志》寫道：「棉花，吾鄉種此者十居六七。種有早、晚，色有紫、白，吾鄉所種皆白色。以供紡織，且資遠販，公私賴之。」[150]所謂「以供紡織，且資遠販」云云，是說當地所產棉花，除了供本地人紡紗織布以外，還大批遠銷外地。真如鎮也是如此，所產棉花量多質優，「色有紫白，種有早晚，以供紡織，且資遠販，公私賴之」。[151]月浦鎮四鄉地處沿江，多沙質土壤，出產優質棉花，尤以「紫花」（天然的紫色棉花）享譽市場。《月浦志》說：「棉花，有紫、白二種，月浦以此為大宗。」陳鈞〈月溪棹歌〉說：「千家村裡人喧鬧，八月棉花滿客航。」[152]反映了棉花交易的興旺景象。

外岡鎮四鄉地勢高亢，盛產棉花，每當棉花上市時，「牙儈持燈而往，懸於荒郊要路，乘晦交易」。[153]牙行（花行）挑燈收買棉花是一個普遍現象，楊光輔這樣描寫棉花交易：「天未明，棉花上市，花行各以竹竿挑燈招之，曰收花燈。」他的〈竹枝詞〉寫道：

> 淞南好，耕織不辭勞，刷布經車沿街走，收花燈竹插簷高，辛苦利如毛。[154]

144 民國《鶴市續志》卷首《續志序》。
145 道光《增修鶴市志略》卷下《物產．木棉》。
146 道光《增修鶴市志略》卷下《物產．木棉》。
147 道光《增修鶴市志略》卷下《物產》，卷上《原始》。
148 乾隆《鎮洋縣志》卷一《物產》。
149（清）吳偉業，〈木棉吟序〉，《梅村家藏稿》卷十。
150 道光《蒲溪小志》卷一《物產》。
151 乾隆《真如里志》卷一《物產》。
152 光緒《月浦志》卷九《風俗志．物產》，卷一《輿地志．市鎮》。
153 乾隆《續外岡志》卷一《風俗》。
154（清）楊光輔，《淞南樂府》，《上海掌故叢書》。

褚華筆下的棉花交易又是一番景象：「邑產者，另有行戶，晨掛一秤於門，俟買賣者交集戶外，乃為之別其美惡而交易焉。少者以籃盛之，多者以蒲包。」他所說的行戶，即棉花牙行，是棉花交易的中介機構，農家必須把棉花賣給牙行，然後由牙行轉售給外來客商。這種棉花交易，貿易額非常巨大：「閩粵人於二三月載糖霜來賣，秋則不買布，而止買花衣[155]以歸。樓船千百，皆裝布囊累累。」[156]從「樓船千百」、「布囊累累」可知，閩粵商人運走的棉花數量相當可觀。

棉布業市鎮多是松江府與蘇州府一些規模宏大、商賈雲集的市鎮，以棉布生產與貿易為經濟支柱，最引人注目的有朱涇鎮、楓涇鎮、七寶鎮、朱家角鎮、南翔鎮、羅店鎮、外岡鎮、婁塘鎮等。

朱涇鎮。原屬松江府華亭縣，順治十三年析置婁縣後，劃歸婁縣；雍正二年析置金山縣後，劃歸金山縣，乾隆二十五年成為金山縣治。朱涇鎮四鄉生產棉花，農家精於紡織，所產標布質地精細，優於遠近聞名的尤墩布。清人趙慎徽這樣回顧朱涇鎮棉布業的興旺：

萬家煙火似都城，元室曾經置大盈。
估客往來多滿載，至今人號小臨清。

正如詩中所說，朱涇鎮興起於元代，逐漸成為一個人口萬戶的大鎮，經濟支柱就是棉布交易。趙慎徽自己為詩所作的注釋，特別強調：「（朱涇鎮）明季多標行，有小臨清之目。」[157]所謂「標行」，是從事標布貿易的牙行；所謂「估客」，是各地前來購買標布的客商。這些估客並非等閒之輩，個個攜帶巨額資金，葉夢珠《閱世編》的記載可以作為佐證：「前朝（指明朝）標布盛行，富商巨賈操重資而來者，白銀動以數萬計，多或數十萬兩，少亦以萬計，以故牙行奉布商如王侯。」[158]由於生意興旺帶來的繁榮昌盛，可以和運河沿線的商業城市臨清相媲美，故而號稱「小臨清」。這種比喻並不誇張，只消看一下顧公燮《消夏閑記摘抄》便可略知一二：「前明數百家布號，皆在松江楓涇、朱涇樂業，而染坊、商賈悉從之。」[159]所謂「布號」，是經營棉布貿易的牙行，朱涇、楓涇兩鎮有棉布牙行數百家之多，鎮上棉布交易規模之巨大，由此可見一斑。這些布行財大氣粗，還兼營染坊、踹坊，加工棉布，營業額相當可觀，由此帶動了各行各業的繁榮，使得朱涇鎮成為富庶的工商業中心：「商船鱗集，群倡雜處其間」。[160]

楓涇鎮。介於松江、嘉興兩府之間，北半部屬於華亭縣（後劃歸婁縣），南半部屬於嘉善縣。四鄉農家多植棉且精於紡織，鎮上從事棉布交易的布號（布行）鱗次櫛比，數以百計，還有眾多的染坊、踹坊，是一個棉布貿易、加工中心。《楓涇小志》說：「康熙初，里中多布局（布號），局中多雇染匠、砑匠，皆江寧人，往來成群。」[161]可見明清之際當地棉布業的繁盛程度。四鄉農家生產的棉布，有大布、小布兩種（大布以四丈為一匹，小布以二丈二尺為一匹），農家普遍以植棉、紡紗、織布為主業。[162]大量棉花、棉紗、棉布都拿到鎮上出售，促使鎮上商號生意持續興隆。沈蓉城〈楓涇竹枝詞〉寫道：

---

155 按：當地人稱皮棉為花衣。

156（清）褚華，《木棉譜》。

157 嘉慶《朱涇志》卷一《疆域志‧沿革》。

158（清）葉夢珠，《閱世編》卷七《食貨五》。

159（清）顧公燮，《消夏閑記摘抄》卷中《芙蓉塘》。

160 嘉慶《朱涇志》卷二《建置志‧節孝祠》，〈龔郡尊嶸祠堂碑記〉所寫清初朱涇鎮：「後枕秀州塘，水大且駛，有橋曰萬安，為江浙孔道，商船鱗集，群倡雜處其間。」

161 光緒《楓涇小志》卷十《拾遺志‧拾遺》引吳遇坤《天咫錄》，提及康熙二十二年，染匠、砑匠擾害鄉民案件，以及有關此案的碑記（原碑在玉虛觀）。該碑記云：「康熙初，里中多布局，局中多雇染匠、砑匠，皆江寧人，往來成群，擾害鄉里，民受其累，積憤不可遏……設計憤殺，死者數百人。」

162 光緒《楓涇小志》卷一《區域志‧食貨》。

貿易隆盛百貨全，包家橋口集人煙。
男攜白布來中市，女挈黃花向務前。

如果沒有注釋，今人很難明白其中的意思，幸好沈蓉城自己作了注釋：「隆昌橋又名務前橋，在包家橋北，元設白牛務於此。棉花晚收者為霜花，色多黃。」[163]隆昌橋又名秀興橋，與包家橋都在鎮南部的中市（鎮中心），是商業繁華之區，農家和布號、紗莊的交易，大多在此進行。新編《楓涇鎮志》說：「明清兩代，土布業興旺，商賈匯集，市場繁榮。土布莊（店）就有兩百餘家，年購銷量達兩百多萬匹（每匹約六—七米）。」[164]這種盛況從明代後期一直持續一、兩百年。清初當地人如此描繪楓涇鎮：「物阜民殷，巨賈輻輳，稱邑都會。」[165]晚清人則聲稱此地的繁華數百年一以貫之：「市廛輻輳，煙戶繁盛，農工商各安其業……雖區宇只此一隅，而靈秀鍾聚，不遜通都大邑，又地為水陸所湊，商賈駢集，田野沃饒，民務勤儉，戶號殷富，數百年來未之變也。」[166]楓涇鎮數百年的繁華，與棉布業的持續興旺密切相關。

七寶鎮。松江府上海縣的七寶鎮，既是一個棉業市鎮，也是一個布業市鎮。《蒲溪小志》說：「俗務紡織，清晨抱布入市，易花米以歸，來旦復抱布出。織者率日成一匹，其精敏者日可二匹。田家收穫，輸官償租外，未卒歲而室廬已空，其衣食全賴此以出。」[167]這條資料最值得關注的是，「織者率日成一匹」一句，其中既有技術熟練的因素，又有夜以繼日的勤奮因素。「日成一匹」並非誇張之詞，張春華《滬城歲時衢歌》也有類似的記載：「織布者皆女工，日可得布一匹。亦有極一日半夜之功，得布兩匹者，然亦僅見。」[168]《蒲溪小志》又說：「布之屬，有標、扣、稀三種。比戶織作，晝夜不輟，鄉鎮皆為之。暮成布匹，晨易錢米，以資日用。」[169]七寶鎮四鄉農家生產標布、扣布、稀布，扣布又名小布，密而狹；稀布疏而闊，闊一尺二寸，長二丈二尺。當時人說，「龍華稀、七寶稀最馳名」；「布之精者為尖，有龍華尖、七寶尖名目」。[170]可見七寶鎮的棉布是頗為精緻的。

朱家角鎮。位於青浦縣治西十二里的朱家角鎮，萬曆年間已經號稱「商賈輳聚，貿易花、布，為今巨鎮」。[171]是松江府境內與朱涇鎮、楓涇鎮並駕齊驅的棉布貿易中心，其商業繁華程度或許超過了朱涇與楓涇，因此當地人說「兩涇不及珠街閣」。所謂「兩涇」即為朱涇鎮、楓涇鎮，珠街閣乃朱家角鎮的雅稱，「兩涇不及珠街閣」，或許有當地人的自誇成分，卻並不失真，從地方志的記載就可獲得證明。崇禎《松江府志》說：「朱家角鎮，商賈輻輳，貿易花、布，京省標客往來不絕，為今巨鎮。」[172]所謂「標客」，就是從全國各地前來購買標布的客商，鎮東的明記場是標客集散之地，正如朱家角鎮志《珠里小志》所說：「明記場，在東市報安橋側。康熙時，朱家角鎮商賈貿易駢集，東市明記場，茶場酒肆，為京洛標客居停之所。今僅存茅屋數椽，瓜田廿畝。」[173]東市報安橋一帶，是各地布商交易歇腳的

163 光緒《楓涇小志》卷十《拾遺志．拾遺》。
164 新編《楓涇鎮志》（上海：漢語大詞典出版社，一九九三），頁一—六。
165 康熙《嘉善縣志》卷二《鄉鎮》。
166 光緒《楓涇小志》卷首《楓涇小志序（光緒十七年）》、《重輯楓涇小志序（光緒十七年）》。
167 道光《蒲溪小志》卷一《風俗》。
168 （清）張春華，《滬城歲時衢歌》，《上海掌故叢書》。有的學者經過計算，推定四個工作日可以織成一匹布。與「日成一匹」差距甚大，有待商榷。
169 道光《蒲溪小志》卷一《物產》。
170 民國《法華鄉志》卷三《土產》。
171 萬曆《青浦縣志》卷二《鎮市》。
172 崇禎《松江府志》卷三《市鎮》。
173 嘉慶《珠里小志》卷五《里巷》。

場所，茶樓酒肆林立，從晚明到清代前期，一直十分繁榮（嘉慶年間逐漸衰落）。朱家角鎮的物產，除了稻米，首推棉布。這裡所產的棉布有刷經、拍漿的區分，前者縝密，後者細軟；又有大號、小號之別，大號闊九寸五分，長十九尺，小號闊八寸三分，長十八尺；又有「本色布」、「青藍布」與「杜織稀」的區分。本色布由南翔、蘇州兩處布商收買；青藍布由布商販往崇明、南北二沙；杜織稀（稀布）多銷往本鄉。[174]

南翔鎮。嘉定縣的棉紡織業非常發達，所產紫花布、斜紋布、藥斑布、棋花布、諸暨布等，都是暢銷品。所謂藥斑布是一種染色布，工藝精緻：「以布抹灰藥染青，俟其乾去之，則青白相間，有樓臺、人物、花鳥之形，為帳幕衾帨頗佳。」[175]所謂棋花布是另一類型的色布，與藥斑布不同，並非織成布以後再染色，而是用染成青色的棉紗與白色棉紗間織而成，因花紋如同棋盤，故名棋花布。這些精品棉布深受各地市場歡迎，正如萬曆《嘉定縣志》所說：「首藉棉布，紡織之勤，比戶相屬……商賈販鬻，近自杭、歙、清、濟，遠至薊、遼、山、陝。」[176]棉布的集散中心就在位於嘉定縣治南二十四里的南翔鎮。南翔鎮歷史悠久，宋元時已成巨鎮，明代更趨鼎盛。它的四鄉農村生產優質棉花，「萁短花繁」，每斤可收花衣（皮棉）六、七兩，用此種棉花紡紗織布，俱成精品。農家精於紡織，所產棉布有漿紗、刷線兩種。刷線布又名扣布，是行銷遠近的名品，《南翔鎮志》如此描述它：「光潔而厚，製衣被耐久，遠方珍之。布商各字號俱在鎮，鑑擇尤精，故里中所織甲於一邑。」[177]鎮上的布商字號大多由徽州商人經營，他們收購各色棉布，販運到江淮、臨清等地。南翔鎮出產的棉布品質「甲一邑」，棉布營業額在嘉定一縣之中遙遙領先，另兩個棉布業市鎮——婁塘鎮、紀王鎮望塵莫及，故有「銀南翔」之稱，僅次於比鄰的羅店鎮（號稱「金羅店」）。

羅店鎮。原屬嘉定縣，雍正三年（一七二五）析置寶山縣後，劃歸寶山縣。四鄉盛產棉花，有「金底」者，每斤可收花衣六、七兩；另有紫棉（俗稱紫花），呈天然紫色，是織「紫花布」的原料。[178]棉花是農田主要作物，也是農家主要經濟來源，當地人說：「羅店四鄉，土產稻三棉七，農民生計惟賴木棉」；「種田之暇，惟以紗為布」；「婦女晝夜紡織，公私諸費皆賴之」。[179]所產套布、泗涇布、紫花布、斜紋布、棋花布遠近聞名。鎮上經營棉花、棉布的牙行（花行、布行）林立，成為全鎮的經濟支柱，故有「金羅店」的美譽。明代前期羅店鎮已經位居嘉定縣七大市鎮之首，萬曆年間發展成為著名的工商業中心，《羅店鎮志》說：「羅店素稱饒富，有金羅店、銀南翔之名。」[180]這是因為，從萬曆到康熙年間，羅店鎮作為棉布貿易中心，吸引了大批徽州商人，生意興隆，堪與鄰近的南翔鎮相媲美。羅店鎮的興起晚於南翔鎮，後來居上，逐漸在總體經濟水平上超過了南翔鎮，所以人們稱為金羅店、銀南翔。到清末時，羅店鎮的大小店鋪總計有六、七百家，南翔鎮稍顯遜色。《寶山縣續志》說：「羅店市鎮最巨，為全邑冠……其地東貫練祁（河），輸運靈便，百貨駢集，故雖處腹里，而貿易繁盛，綜計大小店鋪六七百家……市街凡東西三里，南北二里，以亭前街、塘西街最為熱鬧，次則塘東街、橫街等。鄉民上市，每日三次。物產以棉花、棉布為大宗。」[181]其實，清末時的羅店鎮已經趨向衰微，依然是龐然大物，由此可以推知，鼎盛時期的規模更加可觀。

外岡鎮。隸屬於嘉定縣的外岡鎮，以出產優質棉布聞名，萬曆以來，外岡布名聞遐邇，成為徽商爭

174 嘉慶《珠里小志》卷四《物產》。
175 正德《練川圖記》卷上《物產》。
176 萬曆《嘉定縣志》卷六《田賦‧物產》。
177 嘉慶《南翔鎮志》卷一《疆里‧物產》。
178 康熙《嘉定縣志》卷四《物產》。光緒《羅店鎮志》卷一《疆里志‧物產》。
179 光緒《羅店鎮志》卷一《疆里志‧風俗》。康熙《嘉定縣志》卷四《物產》。
180 光緒《羅店鎮志》卷一《疆里志‧風俗》。
181 民國《寶山縣續志》卷一《輿地‧市鎮》。

購的佳品。崇禎《外岡志》說：「神宗初年，民漸稠密，俗稱繁庶。四方之巨賈富駔，貿易花、布者，皆集於此，遂稱雄鎮焉。」又說：「惟外岡布因徽商僦居錢鳴塘收買，遂名錢鳴塘布。」[182]其中紫花布尤佳，比其他布價貴一倍。而漿紗布、飛花布堪稱絕品，「紗必勻細，工必精良，價逾常布」。布商眾口一詞：「外岡之布，名曰岡尖，以染淺色，鮮妍可愛，他處不及……故蘇郡布商在鎮開莊收買。」[183]

婁塘鎮。僻處嘉定縣北一隅的婁塘鎮，四鄉農家「習花、布以營生」，「比戶緝紡繅之具，連村機軋之聲。漿紗（布）行於本境，刷線（布）達於京師」。[184]因而在明清之際享有「花布碼頭」的美譽。康熙二十四年（一六八五）立於鎮上的一塊石碑記載了它往昔的榮光：「竊本邑婁塘一鎮，雖係彈丸，而所產木棉布匹，倍於他鎮。所以客商鱗集，號為花布碼頭。往來貿易，歲必萬餘，裝載船隻，動以百計。」[185]該鎮所產斜紋布特別有名，譽為「女紅之巧制」：「經直緯錯，織成水紋勝子，望之如絨」，「土人筐而餉客，莫不詫異絕倫」。藥斑布也很暢銷，「青白文稠，花鳥人物，錯采糾繆，雖非佳品，輒得貴酬」。[186]

棉布業市鎮的經濟結構與經營方式

（一）「士人專業紡織」

所謂「專業紡織」，意味著農家已經成為紡織專業戶，這些農家把紡紗織布當作自家的主業，亦即經濟收益的主要來源。明末嘉定人張鴻磐在寫給朝廷的奏疏〈請照舊永折疏〉中，希望政府在徵收賦稅時不必徵收實物（糧食），可以徵收折色（貨幣）。他申述的理由是：嘉定「地不產米，水不通漕」，「僅種木棉一色，以棉織布，以布易銀，以銀糴米，以米充兌。舟楫不通，糧艘莫集，百里擔負，輾轉折閱。糴之，則嘉定一石比旁縣之二石；兌之，則嘉定二石不及旁縣之一石。」[187]張氏的本意是談賦稅問題，從中透露出嘉定縣棉布業市鎮周圍農村的普遍狀況是「以棉織布，以布易銀，以銀糴米」，這是和傳統經濟結構截然不同的。以往人們所說的農民家庭副業，本意是「以織助耕」，即以紡織的收益彌補農耕收益的不足，顯然是「耕」為主，「織」為副。但是在棉布業市鎮的四鄉，情況發生了變化，原先的副業上升為主業，它的標誌就是「以棉織布，以布易銀，以銀糴米」。地方志所說「多種木棉，土人專業紡織」，「邑之民業首藉棉布」，[188]就是這個意思。諸如此類的記載比比皆是，例如徐獻忠〈布賦序〉說：「邑人以布縷為業，農氓之困，藉以稍濟。然其為生甚疲苦，非若他郡邑蠶繅枲苧之業，力少而利倍者，可同語也。」[189]專業紡織之家雖然辛苦，也不如絲織業的「力少而利倍」，但畢竟「農氓之困藉以稍濟」，是不爭的事實。《真如里志》說：「比戶織作，晝夜不輟，暮成布匹，晨易錢米，以資日用。」[190]《蒲溪小志》也說：「比戶織作，晝夜不輟，鄉鎮皆為之。暮成布匹，晨易錢米，以資日用。」[191]

這種變化帶來的顯著效益，便是農村與市鎮的逐漸富庶。《紫堤村志》追憶先前棉布業繁榮時的狀況時說：「鄉民多恃布為生，往時各省布商先發銀於莊（布行），而徐收其布，故布價貴，貧民竭一日

182 崇禎《外岡志》卷一《沿革》，卷二《物產》。
183 乾隆《續外岡志》卷四《物產》。
184 乾隆《婁塘志》卷八《雜類志》。
185 上海博物館資料圖書室編，《上海市碑刻資料選輯》（上海：上海人民出版社，一九八〇），頁九六。
186 乾隆《婁塘志》卷四《雜類志》。
187 嘉慶《南翔鎮志》卷十二《雜志．紀事》，引張鴻磐〈請照舊永折疏〉。
188 崇禎《松江府志》卷六《物產》。
189 崇禎《松江府志》卷六《物產》，引徐獻忠〈布賦序〉。
190 乾隆《真如里志》卷一《風俗》。
191 道光《蒲溪小志》卷一《物產》。

之力，贍八口而有餘。」[192]這是一個很重要的信息，貧民依賴紡紗織布的收入，贍養一家八口，還有結餘。農家的這種經營方式是一大進步，長江三角洲農村之所以富庶，這是一個至關重要的因素。

這種變化還帶來了社會風氣的新氣象，家家戶戶都把紡紗織布當作一項事業，不僅農家如此，甚至連城市中的士大夫之家也是如此，捲入紡織，向市場謀利。萬曆時的于慎行說：「吳人以織作為業，即士大夫家多以紡績求利。其俗勤嗇好殖，以故富庶。然而可議者如華亭相在位，多蓄織婦，歲計所績，與市為賈。」[193]于慎行言簡意賅地揭示了這一地區的新氣象，一是「以織作為業」；二是「士大夫家多以紡績求利」，甚至堂堂內閣首輔徐階家族也「以紡績求利」，「與市為賈」，捲入市場的商業浪潮之中。這一地區富庶的原因，由此可見一斑。

（二）**「富商巨賈操重資而來市」**。外地客商，主要是徽州商人、晉陝商人、閩粵商人等，挾帶巨額資金，前來收購棉紡織品，帶動了市場的活躍，是棉布業市鎮日趨繁榮的經濟動力。清初松江府上海縣人葉夢珠的一段文字寫得最為深刻：

> 棉花布，吾邑所產已有三等，而松城之飛花、尤墩、眉織不與焉。上闊尖細者曰標布，出三林塘者為最精，周浦次之，邑城為下，俱走秦、晉、京邊諸路……其較標布稍狹而長者曰中機，走湖廣、江西、兩廣諸路，價與標布等。前朝標布盛行，富商巨賈操重資而來市者，白銀動以數萬計，多或數十萬兩，少亦以萬計，以故牙行奉布商如王侯，而爭布商如對壘。[194]

這裡所說的「標客」，是指前來購買「標布」的客商，他們充斥於各棉布業市鎮，從「明季多標行」的朱涇鎮，[195]到「京省標客往來不絕」的朱家角鎮，[196]到處都有他們的足跡。他們身帶數萬兩至數十萬兩白銀，運銷的數量相當於數十萬匹至數百萬匹之間，由此可見，晚明時棉布業市鎮每日集散的棉布數量之大，鎮上牙行（布行、布莊）的貿易組織功能之強大。

一些外來的富商巨賈憑藉雄厚的經濟實力，陸續在市鎮開設經營機構——棉布字號，亦即布號、布莊，直接插手棉布交易，例如：「蘇郡布商多在（外岡）鎮開莊收買」[197]；「布商字號俱在（南翔）鎮，鑑擇尤精」[198]；「有陝西巨商來鎮設莊收買布匹」。[199]

（三）牙行與行霸。棉布業市鎮的經濟中樞，毫無疑問是牙行。它操縱市鎮經濟的運行：「市中貿易，必經牙行，非是，市不得鬻，人不得售」[200]；「貧民持物入市，不許私自交易，橫主索值，肆意勒索，名曰傭錢」，舉凡「花（棉花）、布、柴、米、紗、穄（穀物），下及糞田之屬（肥料），皆有牙行，類皆領帖開張」。[201]

棉布業市鎮上最有財有勢的牙行，首推布行，有的稱為「花紗布行」，操縱棉花、棉紗、棉布的交易。一種方式是各省布商先發定金給布行（布莊），分批收布；另一種方式是布商挾帶資金到市鎮直接向布行（布莊）購買現貨。褚華《木棉譜》說，他的六世祖在明代就是專門接待陝西、山西商人的布行

192《紫堤村志》卷二《風俗》。
193（明）于慎行，《谷山筆麈》卷四《相鑑》。
194（清）葉夢珠，《閱世編》卷七《食貨五》。
195 嘉慶《朱涇志》卷一《疆域志・沿革》。
196 崇禎《松江府志》卷三《鎮市》。
197 乾隆《續外岡志》卷四《物產》。
198 嘉慶《南翔鎮志》卷一《疆里・物產》。
199 民國《月浦里志》卷五《實業志・商業》。
200 嘉慶《安亭志》卷三《風俗土產・風俗》。
201 光緒《月浦志》卷九《風俗志・風俗》。

老闆，此公很會經商，「門下客常數十人，為之設肆收買。俟其將成行李時，始估銀與布，捆載而去，其利甚厚，以故富甲一邑」。[202]牙行的實力非同小可。

牙行憑藉勢要之家撐腰，以及自己的經濟實力，常常成為地方一霸，俗稱「行霸」。花行、布行、柴行、米行、豬行，都有行霸。既然稱為行霸，意味著不按市場規則辦事，一言以蔽之，就是欺行霸市。手段之一是擅自抬高或壓低價格，牟取暴利；手段之二是各種名目的敲詐勒索：「擅取用錢，賣者買者各有抑勒，曰內外用」。[203]此類行霸各個市鎮都有。康熙《嘉定縣志》說：「市鎮之為民害有二，一曰行霸。私立牙行，高低物價，擅取用錢，買者賣者各有除勒，名曰內用、外用。結連光棍，邀人貨物，賣布者奪其布，貿花者奪其花，鄉人不得自由。」[204]

這裡所說的「結連光棍，邀人貨物」，指的是行霸雇傭市井無賴欺行霸市的行徑，俗稱「打降」、「白拉」。

崇禎《太倉州志》說：「舊時棍徒赤手私立牙行，曰行霸。貧民持物入市，如花、米、布、麥之類，不許私自交易，橫主價值，肆意勒索，曰用錢。今則離市鎮幾里外，令群不逞要諸路，曰白賴。鄉人持物，不論貨賣與否，輒攫去，曰：『至某店領價。』鄉民且奈何，則隨往。有候至日暮半價者，有徒呼哭歸者，有饑餒嗟怨被毆傷者。」[205]

《南翔鎮志》說：「市井惡少無賴所謂打降、白拉者，是處有之，南翔為甚。白拉聚集惡黨，潛伏道側，候村氓入市，邀奪貨物。或私開牙行，客商經過，百計誘致，不罄其資不止。此等惡習，最為民害。」[206]

白拉即白賴，打降即打行，在吳語方言中，「拉」與「賴」、「降」與「行」同音，因而在地方志中白拉與白賴、打降與打行是一個意思，都是行霸指使流氓無賴，用各種手段欺行霸市，強買強賣。這種現象興起於萬曆年間的蘇州府各市鎮，逐漸蔓延於松江府各市鎮，明末清初愈演愈烈。[207]

牙行原本是市場運行不可或缺的一環，出現了行霸，使得牙行的劣根性惡性膨脹。因而牙行成為市鎮上新興勢力與守舊勢力的混合物，帶有自相矛盾的兩重性：一方面推動市場經濟的發展，藉以從中獲利；另一方面又用自己的手破壞市場經濟的正常發展。只要市場繼續繁榮，購銷兩旺，這類現象便不會消失。這就是為什麼地方官屢次勒石嚴禁，卻屢禁不絕的根本原因。

（四）品牌與商標。松江府及其周邊地區棉紡織業蓬勃發展，產品遠銷海內外，聲譽鵲起，逐漸形成若干優質品牌。正德《松江府志》所說的「天下第一」的品牌有：精線綾、三梭布、漆紗方巾、剪絨毯等。[208]崇禎《松江府志》所說的「尤尚精敏」的品牌有：三梭布、雲布、標布、官布、飛花布、織花絨布、尤墩布、紫花布等。[209]所謂「官布」，又稱「紅紗官布」，以兩端織紅紗為標記，一匹布折二石米，折納賦稅，足見此種布匹之精良。所謂「三梭布」，又稱三紗布，幅寬三尺餘，質地緊密。成化年間松江人把它送給京城達官貴人，流聞禁廷，於是大量仿造，織成赭黃、大紅、真紫等色。所謂「雲

202（清）褚華，《木棉譜》。

203 光緒《羅店鎮志》卷一《疆域考·風俗》。

204 康熙《嘉定縣志》卷四《風俗》。它所說的「民害有二」的另一害是「斂頭」：「迎神賽會，搭臺演戲，坐派金錢，不如意，群毆之」。

205 崇禎《太倉州志》卷五《風俗》。

206 嘉慶《南翔鎮志》卷十二《雜志·紀事》。

207 康熙時蘇州府長洲縣人褚人獲引用《亦巢偶記》說：「打行，聞興於萬曆間，至崇禎時尤盛」；「鼎革以來，官府不知其說，而吏胥又不曉文義，改作降字」（《堅瓠九集》卷二）。按：打行（打降）興起於萬曆年間的說法是有根據的，萬曆時松江人范濂說：「惡少打行，盛於蘇州……此風沿入松（江），以至萬曆庚辰（八年）後尤甚。又名撞六市，分列某處某班，肆行強橫」（《雲間據目抄》卷二）。

208 正德《松江府志》卷四《風俗》。

209 崇禎《松江府志》卷五《風俗》。

布」，是以蠶絲為經，棉紗為緯織成，又稱「絲布」，其精品美如花絨，花紋如織錦，素者極為淡雅。所謂「飛花布」，又稱「丁娘子布」，紗極細，光潔如銀。民間相傳，丁娘子是明代松江有名的織布能手，家住華亭縣東門外，她不僅善於織布，而且擅長彈棉，彈棉技術熟練，花皆飛起，用來織布，極為輕軟，故而稱為飛花布。明代松江貢布，以丁娘子布為首選，大多供宮廷製作襯衣，輕軟保暖。這些都是著名品牌。

一些無良商人非法經營，假冒品牌與商標，牟取暴利。毫無疑問，這是市場經濟迅猛發展的產物，明末清初已經成為引人注目的社會現象。可惜文獻記載缺漏，只能從碑刻資料中略窺一二。

順治十六年（一六五九）四月立於松江知府衙門的〈蘇松兩府為禁布牙假冒布號告示碑〉，揭露了牙行奸商（即所謂奸牙）沈青臣等，假冒松江金三陽字號品牌，做出裁決，在衙門口刻石立碑公示。從這個碑文可以看到以下幾點：

第一，當時假冒松江棉布品牌、商標之風，由來已久，氾濫成災，布商字號與奸牙之間的訴訟糾紛不斷，從明末延續到清初，嚴重擾亂市場秩序。因此布商懇請官府明斷，永禁假冒。官府接受了這一請求，勒石刻碑，碑文劈頭就說：「蘇松兩府遵奉撫院憲禁明文，江南松江府為假號橫行等事。本月二十九日，准蘇州府關文開：奉欽差巡撫江寧等處都御史張批。據金三陽呈，訐奸牙沈青臣假冒三陽號記，私刊刷印緣由。奉批：仰蘇州府立提，限三日連人解報。」

第二，當時各地布商前往全國最大的商業中心蘇州購買松江優質棉布，已有明確的品牌、商標意識，即碑文所說「商賈貿易布匹，惟憑字號識認，以昭信義」。

第三，經營棉布的字號，也都在布匹上印刷自己的品牌商標，即碑文所說「各照本記字號印刷貿易」，奸牙沈青臣假冒「三陽號記」，「私刻印刷」。

第四，當時江寧巡撫、蘇州知府、松江知府等地方行政當局，態度鮮明地保護優質棉布品牌商標，嚴禁假冒，碑文聲明：「金三陽字號歷年已久，乃沈青臣勾同別商，射利假冒，奸徒伎倆」；「何物奸牙沈青臣，敢於壟斷居奇，私翻摹刻，以偽亂真，醜布射利」。由此可見，假冒品牌商標的沈青臣，與別的奸商合謀，在劣質棉布上，印上「私翻摹刻」的松江金三陽品牌商標，以假亂真，牟取暴利。官府判定，這是「奸徒伎倆」，應予嚴禁。

第五，碑文重申：「自禁之後，各照本記字號印刷貿易，不許仍前構通混冒，致起釁端」；「眾商各立號記，上供朝廷之取辦，下便關津之稽查，取信遠商，歷年已久，向有定例，不容混冒」。以後再有假冒品牌商標者，必將嚴懲不貸，原因在於，不僅「起釁生端」，而且「上誤國課，下病商民」，一旦發現，「許即指名報府，以憑立拿究解撫院，正法施行，決不輕貸」。[210]

然而，由於松江優質棉布銷路十分旺盛，利潤可觀，一些奸牙仍然以身試法，一而再，再而三地假冒松江品牌商標，非法牟利。順治十六年（一六五九）立碑嚴禁之後，依然故我，康熙四十二年（一七〇三）再次立碑重申禁令。這從反面表明，以前的禁令並無成效。到了乾隆元年（一七三六）第三次立碑嚴禁，說明假冒品牌商標之風愈演愈烈。所以官府要在松江知府衙門立碑重申：「國朝定鼎以來，歷奉督撫各憲批飭，勒石永禁，蘇松兩府字號布記，不許假冒雷同，著有成案。今因法久漸弛，蘇郡又有布商竊冒字號招牌，呈請藩院飭禁。」[211]

這一切，正是晚明形成的陋習在清代的延續。由此也可以看到，明末清初的江南蘇松一帶，隨著市場經濟的繁榮，工商業者的品牌商標意識已日趨高漲，而唯利是圖的無良商人假冒品牌商標的勾當，也屢禁不絕。

210〈蘇松兩府為禁布牙假冒告示碑〉（順治十六年），《上海碑刻資料選輯》，頁八四—八五。
211〈松江府為禁蘇郡布商冒立字號招牌告示碑〉（乾隆元年），《上海碑刻資料選輯》，頁八五—八八。

看來，松江棉布「衣被天下」的道路，並不一帆風順。令人感慨唏噓的是，數百年後的當今，市場經濟所遭遇的假冒品牌商標之風，在明清之際的蘇松早已出現。

「土布出洋」一瞥

江南市鎮出產的棉布號稱「衣被天下」，是名副其實的，因為它不僅運銷全國，而且還出口海外，故而稱為「土布出洋」。

據汪敬虞研究，中國棉布遠銷南洋群島，在十六世紀後期有了歷史文獻的記載，十七世紀初，被稱為Cangas的中國棉布，由澳門出口望加錫和交趾支那。與此同時，從澳門開往日本的商船也有同樣的紀錄。一六〇〇年左右，從澳門開往長崎的葡萄牙商船，載有三千匹中國手工織造的棉布。[212]其實，刊印於嘉靖四十一年（一五六二）的《籌海圖編》早已有中國棉布出口日本的紀錄，該書說，運往日本的中國商品，第一位的是生絲，第二位的是絲棉，第三位的是棉布，書中如此描寫日本：「布，用為常服，無棉花故也。」[213]

據嚴中平研究，一五八〇—一五九〇年間，中國商人運往菲律賓馬尼拉的商品中，棉布僅次於生絲與綢緞，居於第三位。中國的土布很快就成為菲律賓群島土著居民的生活必需品。一五九一年西班牙的菲律賓總督發現，土著居民因為服用中國衣料，不再種棉織布。次年這位總督向西班牙國王報告，中國商人收購菲律賓棉花，運回國內，轉眼就從中國運來棉布，棉布已經成為菲律賓銷路最大的中國商品。不僅如此，中國棉布還由馬尼拉大帆船運銷西班牙美洲殖民地，早在十六世紀末，中國棉布在墨西哥市場上擠占了西班牙貨。有的文獻說，因為中國棉布價廉物美，所以印第安人和黑人都用中國貨而不用歐洲貨。[214]

這些情況表明，晚明時代中國棉布已經暢銷海外，而這種價廉物美的棉布主要來自江南。

此後，江南棉布的出口貿易日趨興旺，全漢昇〈鴉片戰爭前江蘇的棉紡織業〉對此有精深的研究，他這樣寫道：

早在十八世紀的三十年代，英國東印度公司已經開始購運「南京棉布（Nankeen）」。南京為清代江蘇省治，兩江總督駐在那裡，可以說是江蘇的代表，故外人稱江蘇出產的棉布為南京棉布。在鴉片戰爭後不久，一個在上海附近考察的英國植物學者也說：「在上海附近種植的棉花，名曰南京棉花，用它紡織成的棉布，叫做南京棉布。」[215]

足見「南京棉布」已在歐洲享有盛譽。精確地說，既然是「上海附近種植的棉花」紡織的棉布，理應叫做「上海棉布」或者「松江棉布」，才比較名副其實。不管叫什麼，江南棉布在海外風行一時，已經是不爭的事實。嘉定縣、寶山縣出產的紫花布，尤其成為歐洲的暢銷貨，用它製成長褲，流行於十九世紀初的法國。這種紫花布褲子，也是英國紳士的時髦服裝，在倫敦的大英博物館中，還可以看到當年進口的中國棉布。

這是一種多麼令人神往的「土布出洋」的輝煌景象。透過這種輝煌，人們看到了明清時期江南棉紡織業以及棉布業市鎮盛極一時的歷史。

212 汪敬虞，〈從棉紡織品的貿易看中國資本主義的產生〉，《汪敬虞集》（北京：中國社會科學出版社，二〇〇一），頁三六七—三六八。

213（明）鄭若曾，〈倭國事略〉，《籌海圖編》卷二。

214 嚴中平，〈絲綢流向菲律賓白銀流向中國〉，《近代史研究》一九八一年第一期。

215 全漢昇，〈鴉片戰爭前江蘇的棉紡織業〉，《中國經濟史論叢》第二冊，頁六三八—六三九。

五、經濟高度成長與奢侈習俗風靡

從宋朝以來，江南因經濟繁榮、社會富庶而蜚聲全國，「上有天堂，下有蘇杭」的民間諺語生動地表明了這一點。明中葉以降，江南經濟進入高度成長時期，農工商各業蓬勃發展，多層次市場的形成及市場經濟的活躍，十分引人注目。全國乃至海外市場對這裡的優質絲綢與棉布的需求日益增長，進一步刺激了江南經濟與社會的繁榮。這一地區的經濟中心——蘇州，成為全國最繁華的城市，直到近代上海興起以後，它的地位才被上海所取代。蘇州的繁華帶來了奢侈風尚，使它成為當時的時尚之都，鄰近的地區紛起仿效，奢侈風尚逐漸瀰漫於蘇松杭嘉湖諸府所屬各縣各市鎮。

社會風尚由儉入奢

江南地區的奢侈風尚源於蘇州，通過頻繁地往返各地的商人為媒介，很快向各地散播，各地都把蘇州當作時髦中心，紛紛仿效，以蘇州時尚為時尚。嘉靖、萬曆時人張瀚說：「至於民間風俗，大都江南侈於江北，而江南之侈尤莫過於三吳。自昔吳俗習奢華，樂奇異，人情皆觀赴焉。吳製服而華，以為非是弗文也；吳製器而美，以為非是弗珍也。四方重吳服，而吳益工於服；四方貴吳器，而吳益工於器。是吳俗之侈者愈侈，而四方之觀赴於吳者，又安能挽而之儉也？」又說：「自金陵而下，控故吳之墟，東引松（江）、常（州），中為姑蘇。其民利魚稻之饒，極人工之巧，服飾、器具足以炫人心目，而志於富侈者爭趨效之。」[216]另一位嘉靖、萬曆時人王士性說得更妙：「蘇人以為雅者，則四方隨而雅之；

俗者，則隨而俗之……海內僻遠皆效尤之，此亦嘉、隆、萬三朝為始盛。」[217]這確實是值得注意的動向。翻檢江南的地方志，幾乎都異口同聲地說，明中葉以來，社會風氣逐漸由儉入奢，即由儉樸走向奢侈。

嘉靖、萬曆時人徐獻忠：「今天下風俗惟江之南靡而尚華侈，人情乖薄，視本實者嗤鄙之。」[218]

萬曆《嘉定縣志》：「富室召客，頗以飲饌相高，水陸之珍常至方長，至於中人亦效慕之，一會之費，常耗數月之食。」[219]

崇禎《松江府志》：「吾松正德辛巳（十六年）以來，日新月異，自儉入奢……」[220]

康熙《吳江縣志》說：「明初芟夷豪門，誅戮狂士，於是俗以富為不幸……習尚儉素，男子不植黨，婦人不市遊，久而成俗……迨百年後，人始尚文樂仕，而儉素之習因而漸移。邇來彌甚，厭故常而喜新說，好品藻而善譏評，淳龐之氣鮮有存者。」[221]

光緒《常昭合志稿》引《陳司業集・風俗論》：「萬曆後，率以聲華氣誼相高，尋盟結社，千里命駕，貧不負諾，富不易交。在閭里中，峨角中，躡朱履，眼高於頂，負手逍遙，擔夫走卒望而卻避……

216（明）張瀚，《松窗夢語》卷四《百工紀》、《商賈紀》。

217（明）王士性，《廣志繹》卷二《兩都》。關於此點，可參看王衛平，《明清時期江南城市史研究——以蘇州府為中心》（北京：人民出版社，一九九九）；王家範，《百年顛沛千年往復》（上海：上海遠東出版社，二〇〇一）；陳江，《明代中後期的江南社會與社會生活》（上海：社會科學院出版社，二〇〇六）。

218（明）徐獻忠，《吳興掌故集》卷十二《風土》。徐獻忠，字伯臣，號長谷，松江府華亭縣人，嘉靖乙酉科舉人，曾任奉化知縣。為躲避倭亂，僑寓吳興，編成《吳興掌故集》。此書名為「掌故集」，實即一部湖州府志。

219 萬曆《嘉定縣志》卷二《風俗》。

220 崇禎《松江府志》卷七《風俗》。

221 康熙《吳江縣志》卷十三《風俗》。

往時履襪之屬出女紅，今率買諸市肆矣；往時茶坊酒肆無多家，販脂膏脯者恆慮不售，今則遍滿街巷，旦旦陳列，暮輒罄盡矣；往時非貴顯不乘軒，今則肩輿塞路矣。」[222]

這種情況大體從明中葉開始顯現，到萬曆年間日趨明顯，以後愈演愈烈，直到清朝前期依然如此。康熙《淞南志》引用「舊志」說，從明朝以來，「人有恆產，多奢少儉」，入清以後猶有過之而無不及，「今則家無擔石者十居其五，而飲食服飾競以侈靡相尚」。該志書編者引用清初余起霞的話來證實這一點：「吾鄉習尚日異月新，余幼時見親朋宴集，所用不過宋碗，其品或四或六，其味亦只魚蝦雞豕；婚娶盛筵果單，實以棗栗數枚而已。自後，宋碗變為宮碗，宮碗又變為水盤，水盤又變為五簋十景九雲鑼。其中所陳，窮極水陸。一席所費，可作貧家終歲需矣。往時及見里中素封之家，所服不過褐苧而已，今則綢不足而紗之，紗不足而緞之，緞不足而綾之、錦之，甚且襲以銀鼠、褐以紫貂。一帽也，倏而昂其頂，倏而廣其簷。一履也，俄而鑲其面，俄而厚其底。如是者謂之時人，否則，群以村漢目之。舉世滔滔，莫知所自始，亦莫究其所終。」[223]如此追求時尚，一頂帽子，時而講究高頂，時而講究闊簷；一雙鞋子，時而講究鑲面，時而講究厚底，與今日的時尚風氣頗有異曲同工之妙。人們追求排場，揮金如土，還自詡為「時人」——時尚中人，也就是當今所謂引領潮流的時髦人物，他們眼中的「村漢」，猶如現今上海人眼中的「鄉下人」。看了這條史料，生活於現今上海的筆者，竟有一種「穿越」的感覺。《淞南志》的說法並未誇張失實。明末松江諸生吳履震也有類似的看法：「今富貴佻達子弟，乃有綾緞為褲者，暴殄何如？奢侈之俗，紈綺之習，吾松更甚於他方。毋論膏粱勢厚，棄菅蒯而賤羅綺，下至輿臺僕隸，咸以靡麗相矜詡。」[224]

為什麼會出現「由儉入奢」的現象？一言以蔽之，農工商各業發達，市場經濟繁榮，社會生活富裕所帶來的必然結果。這種狀況，在江南市鎮的年中行事的排場中顯示得淋漓盡致。

奢侈風尚的典型分析

著名的濮綢產地濮院鎮，萬曆年間，「改土機為紗綢，製作絕工，濮綢之名遂著遠近，自後織作尤盛」，鎮上街巷「接屋連簷，機聲盈耳」。[225]濮院鎮因此成為嘉興府境內最為富庶的市鎮，年中行事也就帶上了奢華的色彩。正月初一「大年朝」，鎮上開設機坊的人家，男女更換新衣，向神祇行禮如儀，神祇包括在廳堂供奉財神，在織機左面供奉「佛馬」，謂之「機頭土地」（視為土地神）。然後參加僧寺尼庵的佛會，迎接喜神，謂之「走喜神」。四鄉以蠶桑絲織為生的農家，正月間舉行「田柴之會」，祭祀田祖、蠶花諸神，巫師唱歌侑神；入夜，燃放爆竹、花筒，夜闌送神，焚燒田柴，謂之「照田柴」或「燒田柴」，意在祈求豐年。正月上旬，年事粗了，各個機坊開始召女紅絡絲，謂之「開絡」。待到絲料齊備，於是召集機工開始織綢。鎮上商家則要等到正月半以後方才開張。正月半以前整個市鎮喜氣洋洋，地方志如此描寫道：

> 闔鎮市廛，新歲惟魚肉冠履等鋪不罷市鬻，餘須以次開張，至元宵始遍。遇天氣晴朗，春風鼓動，里人新衣絲履，頂時式紅絨冠，往來道左，鑼鼓爆竹，間時輒發。茶肆彈演小說，近村隙地豎

---

222 光緒《常昭合志稿》卷六《風俗志》。按：陳祖範，康熙、雍正間常熟人，《陳司業集》是其文集。

223 《淞南志》卷一《風俗》。

224 （明）吳履震，《五茸志逸》卷二〈尚衣縫工〉。按：吳履震，字長公，別號退庵道人，松江府華亭縣人。抗清失敗後，流離失所，晚年構築陋室「落葉居」，撰寫《五茸志逸》，記載故老傳聞。

225 嘉慶《濮川所聞記》卷三《織作》。

長竿縛芻燎之，以祈有年。助以流星花炮，舉音樂，打元宵鼓。鄉之人醵分酣飲，以盡其歡，謂之田蠶會。煙火、燭龍、馬燈之外，又有尋撞、走索、跳大頭諸戲。婦女則召柴姑（俗稱灰七姑）、葦姑（俗稱三娘子）、筲箕姑、帚姑（即如願），以蔔一歲之休咎。[226]

到了三月，繁忙的養蠶季節開始，因為是生計所繫，故有隆重的信仰儀式。三月初三日，晴主蠶熟，育蠶農家貼門神，閉門不炊，親戚朋友不相往來，揉草頭和粉，製作青白色繭圓（狀如蠶繭的湯圓），祭祀蠶花諸神，並且有全鎮集體的迎神賽會與之配合。這種迎神賽會不僅規模宏大，氣氛熱烈，而且排場豪華，一擲千金。萬曆年間嘉興名士李日華，在《味水軒日記》中記錄了萬曆三十八年三月初三日濮院鎮迎神賽會的盛況：

三月三日，秀水濮院鎮醵金為神會，結綴羅綺，攢簇珠翠，為抬閣數十座，閣上率用民間娟秀幼稚妝扮故事人物，備極巧麗，迎於市中。遠近士女走集，一國若狂。蓋無賴輩誘惑愚蕩，利其科斂乾沒，所入不貲故耳。且迎會之日，民間親戚，來聚其家，漿酒藿肉，費用甚侈，貧者至典質以應之。又有抬閣經行之處，群惡少竟自毀拆牆屋，無可告訴。甚則逾越之盜乘人盡出，恣行探胠，不良之姬，飄蕩之子，潛相拐引。其他幼弱挨擠，蹈背折支，酗狂鬥狠，喪生構訟，騷然不寧者數月未已。鎮民甚苦之，云每三年必遭一劫，蓋三年一迎會故也。特以鎮去郡邑遠，官法不能盡行，而無賴輩結黨橫肆，良民不敢觸之也。今歲郡中諸無賴輩抵掌效尤，以城隍神為由，自閏三月十四起，至二十五六日，晝夜騎馬嘶鑼，糾聚勒索。嘉興陸令君前後出示，嚴禁不止，反借他事編歌謠以汙蔑之，又假借諸鄉紳名目，公行抗拒，日夜攢簇抬閣，城內外約七八十，擁塞街巷。司理沈公出，不避道，公怒，命焚之，諸無賴慮人搶掠，各拆卸遁去。余以為令行禁止，乃可為國。令不行禁不止，何亂不釀？何法可恃？[227]

顯然，迎神賽會既是一種民間信仰，也是一種民眾狂歡，正如茅盾談到烏鎮「香市」時所說：「『清明』過後，我們鎮上照例有所謂『香市』，首尾約半個月。赴『香市』的群眾，主要是農民。『香市』的地點，在社廟。從前農村還是『桃源』的時候，這『香市』就是農村的『狂歡節』。」[228]既然是民眾的狂歡節，必然魚龍混雜，泥沙俱下，帶來一些治安問題。李日華對此頗為反感，對於令不行禁不止耿耿於懷。但是，在經濟繁榮的時代，要想禁止這種迎神賽會的狂歡活動是不可能的。他的日記透露了迎神賽會排場豪華，熱鬧非凡，故而「遠近士女走集，一國若狂」，如果沒有強大的經濟後盾支撐，是難以想像的。只要濮院鎮經濟持續繁榮，這類狂歡活動必定會繼續下去，要想禁是禁不掉的。

乾隆時人胡琢在《濮鎮紀聞》中說：「南新街，明時屢舉佑聖會，稱極盛」；「每數載，於三月三日迎佑聖會，稱為勝舉……猶於日間迎會，夜間迎燈，一國若狂，至今此風未艾」。他還引用謝天瑞《鶴林新露補》的一則記載，反映了康熙時期濮院鎮迎神賽會的盛況：「余於康熙庚子、辛丑間，見嘉興濮院三月三日有佑聖會，吳江有五方賢聖會。碎剪錦綺，飾以金玉，窮極人間之巧，靡費各數千金。艤舟萬計，男女咸集，費且無算。」[229]看來從萬曆至康熙，這種奢侈風尚始終未曾停息，在地方志中可以清晰地看到這一點。不過這種奢侈排場，並非為奢侈而奢侈，而是和生產經營密切相關的。

226 嘉慶《濮院瑣志》卷六《風俗》。

227 （明）李日華，《味水軒日記》卷二，萬曆三十八年四月二日條。又，同年四月三日條記載：「群少呼集，裝演愈熾。松江、無錫、杭（州）、湖（州）之人，萬艘鱗集。」四月四日條記載：「群少迎會未止。」一擲千金的狂歡延續數日。

228 《茅盾全集》（北京：人民文學出版社，一九八六），第十一卷，頁一六八—一七〇。

229 （清）胡琢，《濮鎮紀聞》卷末〈雜識〉，卷首《總敘・風俗》。

迎神賽會這一天，鄉人每一圩各裝一船，舉行划船會，用松毛作棚，船中敲鑼打鼓，有人椎髻簪花，扮作蠶婦，先翻「葉仙詩」，占卜桑葉價格高低；接著又有「把蠶」、「稱繭」、「繅絲」等舉動，占卜蠶絲豐歉。又有人扮作農夫，占卜田歲豐歉。濮院鎮四鄉划船數十艘，往來如織，裝載士女前往觀賞的船隻更多，民間謂之「鬧清明」。這種鬧清明，並不把祭祖掃墓放在第一位，而是突出與當地民生休戚相關的蠶桑業，關聯到桑葉價格的高低、蠶絲收成的好壞，為此祈求蠶花諸神庇佑，帶有明顯的市井色彩、商業色彩。

此後的年中行事，幾乎都與蠶桑事業息息相關。小滿時節，有所謂「動三車」儀式，即開動絲車、油車、水車，意味著農忙季節已經到來。從這一天開始，家家關門閉戶，叫做「蠶關門」。直到採繭時，才開禁，親戚之間才可以互相走動，叫做「蠶開門」。七月十五日的中元節，有盂蘭會、水陸道場、翻經會，鄉人以為此類活動「利於蠶花」，趨之若鶩。十二月十二日為「蠶生日」，養蠶人家開始暖蠶種，並做蠶繭狀的湯圓——繭圓來祭祀灶神，祈求來年蠶桑繼續興旺。[230]當人們把民間信仰與日常生產、生活融合在一起的時候，當宗教活動與生計活動融為一體的時候，信仰的色彩逐漸淡去，演化為代代相傳的習俗，這是和市場經濟繁榮趨勢相一致的巨大進步。

從經濟的角度看，濮院鎮絲綢業興旺發達，經濟實力雄厚，年中行事極盡奢侈之能事，是很自然的事。從明至清始終如此。前面說到「佑聖會」，下面不妨再看看「鼇山會」。《濮院瑣志》寫道：

> 鼇山會，數年一舉。共二十四座，每坊各出其一，以天字號為首，鳳棲次之。餘坊行走先後，悉有成規，並各分主賓迎送，不相紊也。先作山骨，凡可以點綴山色者，靡不窮搜巧購，求巧厥形。屆期募硤川（硤石鎮）冶工製細鐵條，以小兒扮神仙故事。山之巔結彩亭，用五色綢簇欄杆、藻井、榱題、梁棟之物，陳設几案金玉器具，旁坐一人或二三人，亭之上或坐一二人，用細鐵條自履

至臂，視手中所持物，隨其形屈曲而出。忽於空中立一人其上，遠望之但見虛無縹緲而來，初不解其連屬之巧，殊可觀也。其所服之裙率皆新製，又以珍珠綴其裾領，金釧珠冠皎日之下光彩眩目。雖百計挪移，好勝者在所不恤，計數日之間費且盈萬。而遠近來觀者篙楫縱橫，男女填溢，所謂舉袂成帷，揮汗如雨，不是過也。[231]

一個龍山會，豪華之極，花去銀子上萬兩，主辦者竟然「在所不恤」，成群結隊前來參與、觀賞的人群的花銷，更是一個龐大的數字。這種奢侈是有經濟後盾的，且看當地日常婚禮的排場便可明白。有意思的是，《濮院瑣志》的編者講出了很有意思的背景：這種奢侈風尚是深受蘇州影響而形成的，這點非常值得注意。請看：

婚嫁之禮宜稱其家，而濮（院）之業綢者多與蘇（州）人往來，目見耳聞，漸務奢華。如男家求吉，釵珥之外，加以果茶；女家允吉，冠履之外，佐以糕餌。此風自昔有之，今則有加無已。茶必茗器精工，果則添設果匣。向來用糕者十之一二，亦不過四盤而止，近來務從豐厚，每糕重四五十兩，五十為一架，飾以剪綵，自四架至八架，率以為常。其後道日親迎諸儀，無不稱是。[232]

湖絲集散地南潯鎮，在南宋興起以後就蔚為大觀，到明嘉靖、萬曆之際日趨繁榮，號稱「闤闠鱗

230 萬曆《嘉興府志》卷一《風俗》。民國《濮院志》卷六《風俗》。
231 《濮院瑣志》卷六《歲時》。
232 嘉慶《濮院瑣志》卷六《雜儀》。

次，煙火萬家，苕水流碧，舟航輻輳」。[233]高度發達的市場經濟，培育出日趨奢侈的社會風尚。萬曆時當地人王道隆《菰城文獻》談到風尚變化，這樣寫道：「成化（一四六五—一四八七）以前，謀饔飧者以興販為能，養子弟者以讀書為諱，嘩者好勇而爭訟，細民重釋而信巫。今則市廛以質當相先，宴席以華侈相尚，擁貲則富屋宅，買爵則盛輿服，鉦鼓鳴笳用為長樂，差有僭逾之風焉。」[234]這當然是王道隆的一己之見，眼光或許有所偏頗，有意思的是，他把「市廛以質當相先」與「宴席以華侈相尚」作為當時社會風尚的特徵，雖然是以批判語氣說出的，卻在無意中道出了社會經濟發展與風尚變化的互動關係。國內外市場對湖絲的大量需求，刺激了南潯鎮市場經濟的繁榮，工商各業欣欣向榮，帶動了作為融資渠道的典當業隨之興旺，於是出現了「市廛以質當相先」的新現象。這裡所說的「質當」，主要是指工商業者籌措資金的渠道，每天貿易額幾萬兩銀子，需要大量的現金流通，質當成為一個重要渠道。工商業者經營有道，容易富裕，才會出現「以華侈相尚」的社會風氣，才會「富屋宅」、「盛輿服」。

其後，此風更盛。這並非守舊士大夫感嘆的「世風日下」、「人心不古」，而是繁華的市場經濟帶來的必然現象。由於南潯鎮久盛不衰，這種風氣持續的時間也特別長，它的四時節慶活動極盡豪華之能事。正月初五為「五路財神」生日，以商人為主體的南潯鎮民十分重視接財神活動。五更時分，祭祀牲醴，稱為「接五路」（意為接五路財神），又叫「接路頭」，是鎮上牙行店鋪以及依賴商業謀利的各色人等祈求發財的活動，當地人謂之「祀五路神，以祈利達」，「是日，諸賈人畢集拜叩祈財」。[235]

到了元宵節，又一輪歡慶開始。鎮上鑼鼓聲不絕於耳，美其名曰「元宵鼓」。街頭巷尾到處張燈結綵，貼出藏頭詩句，任人猜測，稱為「打燈謎」。鎮民紮造龍、象、獅、馬各色燈籠，在街市提燈遊行。每夜迎神賽會，必有數十對燈籠點綴其間，望去宛若紗縠，引導出遊的神像，謂之「出燈會」。張鎮〈潯溪漁唱〉吟詠元宵燈會盛況：

元宵風景盡堪誇，畫鼓咚咚燈市嘩。
梵字欄杆珠箔卷，爭看水面放蓮花。

此種熱鬧景象持續十餘天，耗費的資財當然不是一筆小數目。

五月十三日，關聖大帝生辰，士民焚香拜祝，斂資出會，喧闐街市。五月二十日為分龍日，南潯鎮東西南北四柵，在空曠場地演練水龍。七月七日金元總管誕辰，對於南潯鎮而言有著特殊意義，排場之大不亞於春節與元宵節，鎮上商家出資，請戲班演劇竟日。七月十五日為中元節，是地官赦罪的日子，和尚抄錄亡者姓名，遍送檀越，謂之「關節」。鎮上有盂蘭盆會，夜裡放焰口，向餓鬼施食，沿河放燈，謂之「照冥」。市井之家出資，聘請僧人設瑜伽焰口，大街小巷幾乎每夜都如此。七月三十日，地藏誕辰，士女前往東藏寺燒香最盛，入夜，各家門前設供香燭，曰「點地燈」。九月初五，南潯鎮土神崔、李二承事生日，商賈先期而至，手技雜戲畢集，報賽演劇連日不停。有小艇架以紅欄，擋以青幔，仿六柱吳船樣式，讓遊客乘船看戲。鎮上茶館酒樓，家家弦歌紛喧，通宵達旦，令騷人逸士、估客寓公無不流連忘返。一直到年底，此類節慶活動持續不斷。無庸諱言，此類活動帶有濃烈的迷信色彩，但是如果單有迷信而無繁榮的經濟支撐，這種大操大辨的侈靡之風斷然難以為繼。咸豐時代當地人感嘆：「邇來風會日趨，稍不如昔，奢靡漸啟。」[236]

這種說法是有問題的。侈靡之風並非咸豐時代「漸啟」的，早在嘉靖、萬曆時代已經「漸啟」，到

233 咸豐《南潯鎮志》卷一《疆域》，引潘爾夔《潯溪文獻》。
234 道光《南潯鎮志》卷一《風俗》。咸豐《南潯鎮志》卷一《疆域》。
235 道光《南潯鎮志》卷一《風俗》。咸豐《南潯鎮志》卷一《疆域》。
236 咸豐《南潯鎮志》卷二十三《風俗》。

了咸豐時代是愈演愈烈了。原因就在於南潯鎮的湖絲貿易進入了黃金時代，社會較前更加富庶了，哪裡談得上「稍不如昔」？上述歡度節慶一擲千金的奢侈之風，映襯的是經濟繁榮帶來的歡愉，它一定是盛世才有的景象。到了衰世或亂世，此風便難覓蹤影，原因只有一條：失去了經濟的支撐。

萬曆《杭州府志》記載：「元宵前後張燈五夜，而十五夜為最盛……至期，人家各縛結山棚，懸燈其上，通衢或神廟前，醵金裝結鼇山船燈……此五夜簫鼓喧闐，往來遊觀者至二三鼓始罷。嘉家開宴，則裝放煙火架以娛客。浪遊子弟亦多造硝黃花筒，相對鬥勝，謂之賽花……街巷歌行舞隊，竟為奇勝者種種。」[237]光緒《楓涇小志》在談及「賽神之舉莫甚於楓涇」時指出：「則童子十歲以下貌端好者，遍扮諸天列宿，盡態極妍，衣皆奇麗，珠以萬計，金玉以千計。其有不足，則假諸鄰邑。互相誇耀，舉國若狂，費幾累萬。至期，士女傾室往觀，百里內聞風而來者，舟楫雲集，河塞不通，一時傳為盛舉。」[238]試問，在經濟蕭條、食不果腹的情境下，人們還有如此雅興不遠百里前來共襄盛舉嗎？此種「舉國若狂，費幾累萬」的盛況還可能再現嗎？

奢侈風尚的經濟意義

中國的傳統思想一向是批評奢侈風尚的，以為社會習俗由儉入奢不是一件好事情，這是從道德層面思考的結果。如果從經濟層面來思考的話，就會得出不同的結論。

晚明的江南，經濟突飛猛進，蠶桑絲織業與棉紡織業由農家副業一躍而為主業，李伯重把它稱為「江南的早期工業化」，與工業革命以前的歐洲有相似之處。他在《江南的早期工業化（1550-1850）》一書的導論中說：「所謂早期工業化，指的是近代工業化之前的工業發展，使得工業在經濟中所占的地位日益重要，甚至超過農業所占的地位。」他研究了一八五〇年以前三個世紀江南工業的發展，得出的結論是：工業在江南經濟中所占的比重日益提高，到了十九世紀初，在江南大部分地區，工業的地位已與農業不相上下，在經濟最發達的江南東部，甚至可能已經超過農業。[239]

社會日漸富裕，人們的思想觀念發生了變化。正德、嘉靖間松江府上海縣人陸楫便是這種思潮的代表者。他在《蒹葭堂稿．雜著》中，批判了正統的禁奢觀念，為奢侈辯誣，以深邃的目光論證奢侈風尚的經濟意義，譜寫了中國經濟思想史上極有價值的一頁。故而筆者不厭其煩地援引於下，以饗讀者：

> 論治者類欲禁奢，以為財節則民可與富也。噫！先正有言：「天地生財止有此數。」彼有所損，則此有所益，吾未見奢之足以貧天下也。自一人言之，一人儉則一人或可免於貧；自一家言之，一家儉則一家或可免於貧。至於統論天下之勢則不然。治天下者將欲使一家一人富乎？抑亦欲均天下而富之乎？
>
> 予每博觀天下之勢，大抵其地奢則其民必易為生；其地儉則其民必不易為生也。何者？勢使然也。
>
> 今天下之財賦在吳越。吳俗之奢莫盛於蘇，越俗之奢莫盛於杭。奢則宜其民之窮也。而今蘇杭之民，有不耕寸土，而口食膏粱；不操一杼，而身衣文繡者，不知其幾何也。蓋俗奢而逐末者眾也。只以蘇杭之湖山言之，其居人按時而遊，遊必畫舫肩輿，珍饈良醞，歌舞而行，可謂奢矣。而不知輿夫、舟子、歌童、舞妓，仰湖山而待爨者不知其幾。故曰：「彼有所損，則此有所益。」若使傾

---

237 萬曆《杭州府志》卷十九《風俗》。

238 光緒《楓涇小志》卷十《拾遺》。

239 李伯重，《江南的早期工業化（1550-1850）》，頁一—三六。

> 財而委之溝壑，則奢可禁。不知所謂奢者，不過富商大賈、豪家巨族自侈其宮室、車馬、飲食、衣服之奉而已。彼以梁肉奢，則耕者庖者分其利；彼以紈綺奢，則鬻者織者分其利。正孟子所謂「通功易事，羨補不足」者也。上之人胡為而禁之？
>
> 若今寧、紹、金、衢之俗最號為儉，儉則宜其民之富也。而彼諸郡之民，至不能自給，半遊食於四方，凡以其俗儉而民不能相濟也。要之，先富而後奢，先貧而後儉。奢儉之風起於俗之貧富。雖聖王復起，欲禁吳越之奢，難矣！或曰：「不然，蘇杭之境為天下南北之要衝，四方輻輳，百貨畢集，故其民賴以市易為生，非其俗之奢故也。」噫！是有見於市易之利，而不知所以市易者正起於奢。使其相率而為儉，則逐末者歸農矣，寧復以市易相高耶？且自吾海邑言之，吾邑僻處海濱，四方之舟車不一經其地，諺號為「小蘇州」，遊賈之仰給於邑中者，無慮數十萬人。特以俗尚甚奢，其民頗易為生爾。然則吳越之易為生者，其大要在俗奢，市易之利則特因而濟之耳，固不專恃乎此也。長民者因俗以為治，則上不勞而下不擾，欲徒禁奢，可乎？嗚呼，此可與智者道也。[240]

陸楫這篇反對政府當局「禁奢」政策的短論，精彩之極，猶如空谷足音，振聾發聵。思路奇特，立論嚴密，發他人所未發，令人耳目一新。對於奢侈的看法，不但超越了前人，而且超越了同時代人，面對社會的轉型，向陳腐的傳統觀念發起挑戰，對工商業發達和市場經濟繁榮帶來的奢侈現象，給予最大限度的肯定，認為它是社會富裕的產物，反過來必將促進社會進一步富裕。在此基礎上對江南地區「由儉入奢」的轉變，做出了令人信服的解釋，不必看作洪水猛獸；迂腐守舊之輩感嘆「世風日下」，倡導官府「禁奢」，是不合時宜的。

陸楫的理論不獨在當時具有創新價值，即使在今日也不無啟發意義。

首先，他指出了奢侈現象出現的社會經濟前提——「先富而後奢，先貧而後儉」，也就是說，富裕帶來奢侈，貧窮帶來儉樸。

其次，他指出了奢侈並非浪費的同義詞，消費更不是浪費的同義詞，奢侈性消費在消耗社會財富的同時，刺激了生產與市場，這就叫作「彼有所損，則此有所益」。

再次，奢侈帶動消費，帶動社會總需求的增長，促進工商各業的發展，帶動服務行業的精益求精，從而創造更多的就業機會。他說：「奢則其民必易為生。」他的家鄉上海縣因此而繁榮，號稱「小蘇州」，原因也在於此：「遊賈之仰給於邑中者，無慮數十萬人。特以俗尚其奢，其民頗易為生爾。」

再其次，以奢侈形式表現出來的消費需求，促進市場經濟繁榮，帶動社會風尚變化。此種奢侈並非無源之水無本之木，並非人們的矯揉造作，而是市場經濟的必然產物。開全國風氣之先的蘇州、杭州就是最好的例證：「蘇杭之境為天下南北之要衝，四方輻輳，故其民賴以市易為生，非其俗之奢故也」；「是有見於市易之利，而不知所以市易者正起於奢。」

對於這樣一位有思想的學者，人們所知甚少，或許是他的父親陸深名聲太大，遮蔽了他，他的小傳大多依附於陸深名下，而沒有單獨立傳。《松江府志》、《上海縣志》都在陸深傳中捎帶寫到陸楫。嘉慶《松江府志》為陸深立傳，引用《陸氏家傳》關於陸深和他子孫的記載，其中涉及陸楫：「子楫，字思豫，才思警敏，能文章，尤善決策辯難，有經世志。嘉靖己酉（二十八年），已擬解首，仍失之。日事著作，《蒹葭堂稿》一編，鴻識巨見，深中窾要，竟齎志以沒，不獲遂其學。」[241]寥寥幾十字，太過於簡略。《上海縣志》的陸深傳附帶提及陸楫，也是如此簡略：「子楫，字思豫，號小山。少穎敏，讀

240（明）陸楫，《蒹葭堂稿》卷六《雜著》。按：一九五七年楊聯陞在《哈佛亞洲學報》第二十卷發表論文〈侈靡論——傳統中國一種不尋常的思想〉，論述中國早期歷史上的侈靡論，文末有一個附錄，從《紀錄彙編》中引錄〈蒹葭堂雜著摘抄〉，較早從經濟思想史角度關注陸楫反對禁奢的主張。

241 嘉慶《松江府志》卷五十二《古今人物傳四・陸深》。

書過目不忘，屬文善議論。以父蔭，由廩生入太學。著有《蒹葭堂稿》、《古今說海》。年未四十卒，無子。」[242]儘管文字簡略，多少還是能夠窺探一些信息，例如「尤善決策辯難，有經世志」；「鴻識巨見，深中窾要」云云。明中葉以來，江南經濟高度成長帶來的社會巨變，造就了經世致用的人才，關注社會現實的眼光。當然也和陸楫所受的家教有關，吳履震寫陸深教子，有言：「陸儼山出入館閣，前後幾四十年，每見國朝前輩抄錄得一二事，便命其子熟讀而藏之。蓋士君子有志用世，非兼通古今，何得言經濟？此先儒所以貴練達朝章……今世學者盡有務為博洽，不究心當代事故，一問及朝廷典章，及一代經制沿革，恍如隔世。縱才華邁眾，恐其見諸施為，自至窒礙，宜識者目為俗子，無足怪矣！」[243]可見陸楫的庭訓有別於他人，「有志用世」，「兼通古今」，「務為博洽」，又「究心當代事故」，對於當世的見解自然不同凡響。對蘇松一帶的奢侈風尚的看法，也就迥然有別於凡夫俗子。吳履震寫道：「尚衣縫工云：上近體俱松江布，本朝家法如此。太廟紅紵絲拜褥立腳處乃紅布，其品節又如此。今富貴佻達子弟，乃有綾緞絨為褌者，暴殄何如？奢侈之俗，紈綺之習，吾松更甚於他方。毋論膏粱勢厚，棄菅蒯而賤羅綺，下至輿臺僕隸，咸以靡麗相矜詡。」對此，吳履震只能哀歎：「江北齊晉，便有古樸之風矣。嗟嗟，中流之砥，安睹朝歌勝母之鄉哉！」[244]面對奢侈風俗，吳履震只有哀歎的份，而陸楫卻給出了合理的解釋，思想家與平庸之輩的差異彰顯無遺。

臺灣學者巫仁恕說：「陸楫在晚明並非著名的士大夫，所以其說直到一九五〇年代，才被史學家傅衣凌與楊聯陞發掘出來，指出其重要性。雖然到清代仍可見陸楫說之後繼者，如清初人魏世效（一六五三—？）、乾嘉時人法式善（一七五三—一八一三）與顧公燮、嘉道時人錢泳（一七五九—一八四四）等都有類似的看法，他們都嘗試將奢侈朝向『去道德化』與『去政治化』，但是因為主張此說大部分是『小儒』，在知識界中並非主流，在思想界與知識界所造成的影響恐怕有限。再從對實際社會面的影響來觀察，明代只有少數地方志顯示部分地方官對奢侈風氣的思想與陸氏同調（如崇禎《漳州府志》），清代的地方志雖出現以平實的語言記載奢侈風氣，並將其視為客觀現象而未置褒貶之詞，然而也未見明顯贊同陸氏之奢靡論者。」[245]

毫無疑問，這是客觀存在的事實，陸楫的奢侈理論的影響確實有限，並非思想界的主流。正因為如此，他的奢侈理論的出現本身，就值得大書特書，因為他敏銳地察覺到社會經濟的巨變，人們的思想觀念也應該跟上這種變化。贊同者少，並不影響新理論的價值，思想史上的先行者往往如此。

只要不囿於傳統偏見，用社會發展的眼光來衡量，都會贊同這種遠見卓識。乾隆間蘇州人顧公燮就與陸楫遙相呼應，提出類似的觀點：「即以吾蘇郡而論，洋貨、皮貨、綢緞、衣飾、金玉、珠寶、參藥諸鋪，戲院、遊船、酒肆、茶店，如山如林，不知幾千萬人。有千萬人之奢華，即有千萬人之生理。若欲變千萬人之奢華而返於淳，必將使千萬人之生理亦幾於絕。此天地間損益流通，不可轉移之局也。」[246]蘇州是明清時代的時尚中心，奢侈風尚的發源地，通過往返蘇州的商人，向各地散播蘇州的奢侈風尚。顧公燮有這樣的見解——「有千萬人之奢華，即有千萬人之生理」，是毫不奇怪的。

江南經濟的高度成長，為奢侈風尚提供了肥沃的土壤，而奢侈風尚的瀰漫，刺激了江南經濟的更加繁榮。這一趨勢，已被歷史所證實。

放寬歷史的視野，歐洲也是如此。與馬克斯・韋伯同時代的德國學者維爾納・桑巴特（Werner Sombart）在《奢侈與資本主義》一書中，對於奢侈的論述，與兩三百年前的陸楫、顧公燮有著驚人相

---

242 同治《上海縣志》卷十八《人物・陸深》。

243（明）吳履震，《五茸志逸》卷二《陸儼山條》。

244（明）吳履震，《五茸志逸》卷二《尚衣縫工條》。

245 巫仁恕，《品味奢華：晚明的消費社會與士大夫》（臺北：聯經，二〇〇七），頁三一四—三一五。

246（清）顧公燮，《消夏閑記摘抄》卷上《蘇俗奢靡》。

似之處，都肯定了奢侈的經濟意義。桑巴特理論的精髓，他自己概括為一句話：奢侈生出了資本主義！他用經濟學與社會學的眼光分析了歐洲十七、十八世紀的奢侈現象，獨抒己見：「奢侈促進了當時將要形成的經濟形式，即資本主義經濟的發展。正因為如此，所有經濟『進步』的支持者，同時也是奢侈的大力創導者。」這一理論，被《奢侈與資本主義》的英譯本導言作者菲利普・西格曼稱為「桑巴特關於資本主義生產過程的心理學的奢侈動力理論」。西格曼在評價桑巴特關於奢侈消費對資本主義的重要性時指出：「到了十七世紀，在歐洲廣泛出現的已經增長的財富，帶動了非常強烈的奢侈需求，桑巴特認為這一變化震動了從手工業立場看待商業到關注工業資本主義的所有商人。農業也對奢侈需求產生了回應……到十八世紀時，所有真正的奢侈品企業都轉變為通常以大規模生產為特徵的資本主義企業。」[247]歐洲的海外貿易起源於奢侈品消費，而中國江南生產的生絲、綢緞、棉布等商品，正是歐洲所追求的奢侈品。歐洲的奢侈品消費刺激了海外貿易的發達，生絲、綢緞、棉布源源不斷地運往歐洲，而作為支付手段的巨額白銀流入中國，推動了江南市鎮及其四鄉蠶桑絲織業與棉紡織業的持續繁榮興旺，使得江南市鎮日趨富庶，奢侈風氣蔓延。

當然，江南市鎮的奢侈並沒有導致資本主義，卻名副其實地使傳統經濟轉型為市場經濟。這是另一個值得探討的問題。彭慕蘭（Kennerh Pomeranz）在《大分流：歐洲、中國及現代世界的發展》中文版序言中說，他很贊同法國歷史學家布勞岱爾對市場經濟與資本主義之間做出的區別：十八世紀的清代中國非常肯定已經出現了「市場經濟」，相對而言，當時的中國幾乎沒有出現「資本主義」。[248]何其獨到的見解！不過我想補充一句，這種市場經濟早在晚明的江南已經出現了。

歐洲十七、十八世紀的奢侈，與此前中國江南的奢侈，內容不盡相同，但本質是一致的。奢侈是消費觀念的更新，是伴隨經濟繁榮而衍生的新的消費方式，人們在消費社會財富的同時，刺激了社會財富更大規模的增長。十六世紀的陸楫已然認識到這一點，是難能可貴的。

六、餘論

李伯重的《江南的早期工業化（1550-1850）》，從紡織業、食品業、服裝製作業、日用百貨業、菸草加工業、造紙業、印刷業、工具製造業、建材業、造船業等方面，展開論證，得到的結論是，一八五〇年以前的三個世紀中，江南工業的發展，使得工業在江南經濟中所占的比重日益提高。到了十九世紀初，在江南大部分地區，工業的地位已與農業不相上下，在經濟發達的江南東部，甚至可能已經超過農業。用歐洲的標準來衡量，此時江南農村可能已經「過度工業化」了。[249]

為了避免引起誤解，李伯重在該書第一章〈導論——本書解題〉中，對「早期工業化」做了解釋：「所謂早期工業化，指的是近代工業化之前的工業發展，使得工業在經濟中所占地位日益重要，甚至超過農業所占的地位。由於這種工業發展發生在一般所說的工業化（即以工業革命為開端的近代工業化）之前，因此又被稱為『工業化前的工業化』。」[250]一些西方學者把近代早期歐洲農村工業的重大發展，稱為「原始工業化」，指的是歐洲許多地區農村家庭手工業生產的重大發展。多年之前，英國計量經濟學家麥迪森（Angus Maddison）出版了《中國經濟的長期表現：公元960-2030年》、《世界經濟千年史》，他的結論是：公元一〇〇〇年，中國的GDP占世界GDP總量的二二・七%，一五〇〇年占二五%，一六〇〇年占二九・二%，一七〇〇年占二二・三%。而一六〇〇年歐洲各國的情況是：法國

247〔德〕維爾納・桑巴特著，王燕平、侯小河譯，《奢侈與資本主義》（上海：上海人民出版社，二〇〇五），頁二六四。
248參見彭慕蘭著，史建雲譯，《大分流：歐洲、中國及現代世界的發展》，頁五。
249李伯重，《江南的早期工業化（1550-1850）》，頁一六。
250李伯重，《江南的早期工業化（1550-1850）》，頁二。

占四・七%，義大利占四・三%，德國占三・八%，英國占一・八%；一七〇〇年，法國占五・三%，義大利占三・九%，德國占三・七%，英國占二・九%。[251]儘管學術界對此仍有異議，但他的數據給予人們很多的啟示，是不可否認的。

無獨有偶，二〇〇〇年，美國歷史學家彭慕蘭在普林斯頓大學出版了《大分流：歐洲、中國及現代世界經濟的發展》，引起國際學術界轟動，二〇〇一年獲得美國歷史學會費正清獎、世界歷史學會年度獎。二〇〇三年，此書由江蘇人民出版社推出中譯本。他的研究結論是：直到工業化得到充分發展前，歐洲並不比東亞好多少；工業革命前夜，歐洲並沒有領先於東亞，但其制度促使工業化必然發生，東亞則不然。他的創造性在於，把中國與歐洲比較，把江南與英格蘭比較。中國與歐洲大小相當，中國有先進的江南，也有落後的西北；歐洲有先進的英格蘭，也有落後的塞爾維亞。一七五〇年的長江三角洲，有人口三千一百—三千七百萬，相當於一個歐洲國家，其經濟發達程度，可以與英格蘭比較研究。

比較的結果，顛覆了西方盛行的觀點：西方的崛起與東方的落後。他認為，歐洲核心區（北大西洋核心區）和世界其他一些地方（尤其是東亞）核心區之間經濟命運的大分流，在十八世紀相當晚的時候至十九世紀才出現。在此之前，即十八世紀的中國，在知性和其他方面都比早先著作對它的描述更有活力。[252]簡單地說，在歐洲工業革命發生之前，中國尤其是長江三角洲的經濟，並不比歐洲尤其是英格蘭的經濟落後；工業革命發生以後，歐洲尤其是英格蘭的經濟迅猛發展，而中國沒有發生工業革命，於是就落後了。這就是他所說的「大分流」，分界點就是工業革命。

這樣的視角，對於我們了解晚明的中國以及江南，其啟發意義是不言而喻的。

251 參見劉逖，《前近代中國總量經濟研究（1600-1840）——兼論安格斯・麥迪森對明清GDP的估算》（上海：上海人民出版社，二〇一〇），頁二二一—二二四。

252 參見彭慕蘭著，史建雲譯，《大分流：歐洲、中國及現代世界經濟的發展》，頁二，頁五—八。

第四章 思想解放的潮流

明代前期的思想界沉悶而僵化，科舉取士都以宋儒朱熹的經注作為標準答案，致使朱子學風靡一時，並且走向了極端，士子們一味死記硬背，人云亦云，沒有自覺自由的思想。明清之際的文史大家張岱對這種狀況深惡痛絕，用辛辣的文筆抨擊科舉八股的流弊：「我明自高皇帝開國，與劉青田（劉基）定為八股文字，專精壹力，一題入手，全於心靈、筋脈、聲口、骨節中揣摩刻畫，較之各樣文體，此為最難。三場取士，又專注頭場。二百八十二年以來，英雄豪傑埋沒於八股中，得售者什一，不得售者什九。此固場屋中之通病也……李卓吾曰：『吾熟讀爛時文百餘首，進場時做一日謄錄生，便高中矣。』此雖戲言，委是實錄。」[1]

張岱引用李贄的「戲言」，確實是「實錄」。李贄自幼浸淫於儒家經典中，先讀《易經》、《禮經》，後來改讀《尚書》，於嘉靖三十一年（一五五二）鄉試中舉。他自嘲為「竟以《尚書》竊祿」，並用輕蔑的語氣自述「竊祿」的過程：「稍長，復憒憒，讀傳注不省，不能契朱夫子深心。因自怪，欲棄置不事。而閒甚，無以消歲日，乃嘆曰：『此直戲耳。但剽竊得濫目足矣，主司豈一一能通孔聖精蘊者耶？』因取時文尖新可愛玩者，日誦數篇，臨場得五百。題旨下，但作繕寫謄錄生，即高中矣。」[2]如此率真的自白，嘲諷僵化死板的科舉考試，深得名士張岱的激賞，引入他的《石匱書》，讀來真是痛快淋漓！不過張岱忽略了最要緊的一句「讀傳注不省，不能契朱夫子深心」，流露出對儒家經典以及朱熹傳注的不滿情緒。

這恐怕不僅僅是李贄一個人的感受。關於這一點，杜維明有深刻的揭示：「在帝國的庇護下，宋代大師的私人思想著述成了每一個求取官位的人必讀的書。由於朱熹的哲學綜合是新儒學思想的不可爭議的頂點，所以他對儒學經典的解釋在一三一三年被宣布為官方學說，成為《四書大全》（《四書集注》）和《五經大全》（《五經集注》）的基礎。這些書一四一五年遵聖旨編纂。這兩套集注被指定為考試課本。結果，朱熹的宋代儒學版本成了科舉考試不可分割的一部分……不幸的是，這種融合『往好處說是鼓勵人們去關心隻言片語、孤立的細節、無關緊要的東西；往壞處說則導致死記硬背、照本宣科而不追求意義和價值的習慣』。一旦朱熹廣博的道德形而上學被轉變成純經院形式，『批判精神、創造性思想、道德目的和活力就逐漸消失了』。」[3]值得注意的是，杜維明特別強調，這是朱熹學說的異化：「毫無疑問，朱熹的本意與這種高度儀式化選拔官員的形式毫無關係。然而，隨著這個常規化和標準化的過程形成強勢，他原本要洞察人生設計，達到道德自我意識與思想和價值的外在把握的微妙平衡，後來卻淹沒在一套死記硬背、掌握經典外在化的說教中。讀書成了追求社會上進的功利性的工具，追求知識變成了要求機械地吸收詩文的形式。」[4]

有獨立思想的知識人對於這種現狀是不滿意的。首先挺身而出打破僵化沉悶空氣的是陳獻章。他力圖擺脫傳統的束縛，企求思想的解放，竭力強調懷疑的重要性——有了懷疑精神，敢於懷疑聖賢，敢於懷疑經典，才會有覺悟，才會有長進。後繼者王守仁宣稱：儒家追求的道，乃是天下的公道，儒家追求的學，乃是天下的公學，並非孔子所私有，並非朱子所私有；主張「學貴得之心」，反對以孔子之是非為是非。李贄則把陽明先生的觀點進一步發揮，大膽地喊出，千百年來之所以無是非可言，原因就在於咸以孔子之是非為是非。

於是乎，一場思想解放的浪潮席捲了一個時代，也深深地影響了後世。

1（明）張岱，《石匱書》卷二百六《文苑列傳總論》。

2（明）李贄，《焚書》卷三《卓吾論略（滇中作）》。

3 杜維明，《青年王陽明——行動中的儒家思想》（北京：生活．讀書．新知三聯書店，二〇一三），頁九。文內單引號中的語句，係杜氏引自陳榮捷《王陽明的傳習錄和其他儒學著作》一書。

4 杜維明，《青年王陽明——行動中的儒家思想》，頁九—一〇。

一、陳獻章：「小疑則小進，大疑則大進」

「江門心學」的懷疑精神

對於一般讀者而言，宋明理學令人望而生畏，太多的概念、術語，含義難以捉摸，當時人的行文與言說方式，也與今人相去甚遠。因此，願意閱讀這類文章的人似乎越來越少了。有鑑於此，我想用淺近的文字來表達自己的看法，儘量跳出玄虛的窠臼。

陳獻章的學問，被後人稱為「江門心學」，博大精深，我認為最值得稱道的是懷疑精神。他的至理名言傳誦至今，影響最大的無疑是這樣一段通俗易懂的話：「前輩謂：學貴知疑。小疑則小進，大疑則大進。疑者覺悟之機也，一番覺悟，一番長進。」[5]這段話在明代思想史上的地位，無論怎樣高度評價，都不會過分。他所說的「疑」，無論是「小疑」還是「大疑」，指向十分明確：儒家聖賢和儒家經典。他的意思很明白，如果不敢懷疑聖賢，不敢懷疑經典，就不可能有「覺悟」，也不可能有「長進」。在思想因官方箝制而日趨僵化的時代，這樣直抒胸臆的言論彌足珍貴，仿佛於無聲處聽驚雷，振聾發聵，使得無數沉迷於死記硬背聖賢語錄而無自覺思想的士子們幡然醒悟。

這一段文字，是他與弟子張詡（字廷實）討論「學詩」書信中的話，故而前面幾句說：「半江改稿，翻出窠臼，可喜。學詩至此，又長一格矣。」在這段話的後面，他強調「凡學皆然，不止學詩」，可見他是就學問的一般規律與境界而言的，並不僅僅限於「學詩」。

陳獻章能夠取得這樣的「覺悟」，絕非一朝一夕之功，而是經過不斷的挫折與探索，才漸入佳境的。他回顧道：「予少無師友，學不得其方，汨沒於聲利、支離於粃糠者蓋久之。年幾三十，始盡棄舉子業，從吳聘君（吳與弼）遊，然後益嘆迷途其未遠，覺今是而昨非，取向所汨沒而支離者，洗之以長風，蕩之以大波，惴惴焉惟恐其苗之復長也。坐小廬山十餘年間，履跡不逾於戶閾。俯焉孳孳以求，少進於古人，如七十子之徒於孔子。蓋未始須臾忘也。」[5]顯然，師從著名的儒學大師吳與弼，並沒有破解求學的迷惘，博覽群書也沒有領悟學問的真諦，真正奏效的是靜坐中的思考。他的另一段自述，講得更為清楚：「僕才不逮人，年二十七，始發憤從吳聘君學，其於古聖賢垂訓之書，蓋無所不講，然未知入處。比歸白沙，杜門不出，專求所以用力之方，既無師友指引，惟日靠書冊尋之，忘寐忘食，如是者亦累年，而卒未得焉。所謂未得，謂吾此心與此理未有湊泊吻合處也。於是舍彼之繁，求吾之約，惟在靜坐。久之，然後見吾此心之體隱然呈露，常若有物，日用間種種應酬，隨吾所欲，如馬之銜勒也。體認物理，稽諸聖訓，各有頭緒來歷，如水之有源委也。於是渙然自信曰：作聖之功，其在茲乎？」[6]

他說得非常清楚，對於心學真諦的覺悟，對於「學貴知疑」的覺悟，對於「小疑則小進，大疑則大進」的覺悟，是在靜坐思考中得來的，即所謂靜坐自得，就是他向門生反覆強調的：「為學須從靜坐中養出個端倪來。」[7]因此他最重視「自得」二字，追求自己的心得，不人云亦云。在他看來，「學貴自得，苟自得之，則古人之言我之言也。」[8]他批評當時的學者不求自得的傾向，說：「今世學者各標榜

5（明）陳獻章，〈與張廷實主事〉，《陳白沙集》卷二。
6（明）陳獻章，〈龍崗書院記〉，《陳白沙集》卷一。亦見陳獻章《白沙先生至言》卷二。
7（明）陳獻章，《白沙先生至言》卷二。
8（明）陳獻章，〈與賀克恭黃門〉，《陳白沙集》卷二。
9（明）張羽，〈陳白沙先生行狀〉，《陳白沙集》卷末《附錄》。

門牆，不求自得，誦說雖多，影響而已。」[10]他所寫的〈道學傳序〉有一段批判後學者的文字：「夫子之學非後世人所謂學，後之學者記誦而已耳，詞章而已耳……吾聞之六經夫子之書也，學者徒誦其言而忘味，六經一糟粕耳，猶未免於玩物喪志。今是編也，采諸儒行事之跡與其論著之言學者，苟不但求之書，而求諸吾心。察於動靜有無之機，致養其在我者，而勿以聞見亂之，去耳目支離之用，全虛圓不測之神，一開卷盡得之矣。非得之書也，得自我者也。蓋以我而觀書，隨處得益，以書博我，則釋卷而茫然。」[11]他認為後世之學與孔子之學相去甚遠，因為後世學者只知背誦詞章，拋棄了內核，在他們嘴裡的六經變成了糟粕，研究經學無異於玩物喪志。所以他主張為學之道，最要緊的是「求諸吾心」，「以我觀書」，而不要「以書博我」。

明白了這些，我們就可以理解他高唱「小疑則小進，大疑則大進」的深意了。毫無疑問，臻於這種境界，和他拒絕仕進、隱居靜坐的生涯，有著很大的關係。

「為學須從靜坐中養出個端倪來」

陳獻章，字公甫，廣東新會人，世居白沙里，人稱白沙先生。正統十二年（一四四七），二十歲時鄉試中舉，次年會試中乙榜，得以進入國子監。景泰五年（一四五四），二十七歲時師從吳與弼。康齋先生性格嚴毅，學者來問，大多不答，唯獨優遇陳獻章，問答講求夜以繼日。但是白沙先生並不滿意，因為「未知入處」。半年以後離去，放棄舉子事業，杜門不出，專心致志探求「學貴自得」方法。每天都埋首於書冊，尋尋覓覓，到了廢寢忘食的地步，用功過度，幾乎病倒，仍然沒有「自得」——找不到「此心」與「此理」可以「湊泊吻合」的境界。於是構築陽春臺，每天在其中靜坐思考。終於有一天豁然頓悟，就是他後來所說的「見吾此心之體隱然呈露」，自信地感嘆道：「道在是矣！」[12]後來他每每告誡來向他求學的士人，希望他們在靜坐中養出端倪來，完全是自己的經驗之談。鄧元錫評論道：「學自宋南渡來，以窮理、居敬為二門。而窮理者頗役心於載籍，專文析辭為致精；其居敬者又以心操心，以念克念，以用心失之者恆眾也。公甫實始求之靜，求之一，舍繁求約，舍難求易，而學以自然為宗，以忘己為大，無欲為至。其用力以勿忘勿助之間，纖毫人力不著，為天則也。」[13]

成化三年（一四六七），他再度重遊太學，國子監祭酒邢讓要他和楊龜山〈此日不再得〉詩。他應聲賦詩一首：

能飢謀藝稷，冒寒思植桑。少年負奇氣，萬丈摩青蒼。夢寐見古人，慨然悲流光。吾道有宗主，千秋朱紫陽。說敬不離口，示我入德方。義利分兩途，析之極毫芒。聖學信匪難，要在用心臧。善端日培養，庶免物欲戕。道德乃膏腴，文詞固秕糠。……邇來十六載，滅跡聲利場。閉門事探討，蛻俗如驅羊。隱几一室內，兀兀同坐忘。那知顛沛中，此志竟莫強。譬如濟巨川，中道奪我航。顧茲一身小，所繫乃綱常。樞紐在方寸，操舍決存亡。胡為漫役役，斫喪良可傷。願言各努力，大海終回狂。[14]

就詩論詩，並沒有多少詩意，他的詩人多想闡明哲理——為學之道，比如喜歡用「鳶飛魚躍」的意

10（明）陳獻章，《白沙先生至言》卷二。
11（明）陳獻章，〈道學傳序〉，《陳白沙集》卷一。
12（明）耿定向，〈白沙先生傳〉，《耿天台先生文集》卷十三。
13（明）鄧元錫，〈白沙先生〉，《皇明書》卷三十五《理學》。
14（明）鄭曉，〈翰林檢討陳公〉，《皇明名臣記》卷十九。

象來說明「學貴自得」，「正在勿忘勿助之間，便是鳶飛魚躍」。寫給弟子湛若水的詩曰：「君若問鳶魚，鳶魚體本虛。我拈言外意，六籍也無書。」[15]這首詩也是如此，所要宣揚的是「道德乃膏腴，文詞固粃糠」，有鑑於此，他自己「邇來十六載，滅跡聲利場。閉門事探討，蛻俗如驅羊」。他一向批評學者只知記誦詞章，使得六經淪為糟粕，未免玩物喪志，因為他們不懂得「求諸心」，一味「求之書」。而為學之道的真諦，「非得之書，得自我」。邢讓深知其中三昧，對這首詩大為讚賞：「龜山先生不如也，真儒復出矣！」[16]焦點不在詩的本身，而是「真儒復出」。陳獻章就此名震京師，名士羅倫、莊昶與之結為道學之交，戶科給事中賀欽聽他論學，嘆道：「至性不顯，寶藏猶霾，世即用我，而我奚以為用？」即日辭官而去，執弟子禮。賀欽告別白沙後，回歸家鄉，日夜讀書，隨事體驗，不得要領。陳白沙寫信指點，他的那句傳世名言——「為學須從靜坐中養出個端倪來，方有商量處」，[17]就是致賀欽信的原話。進士姜麟專程前往白沙，謁見陳先生，事後對人說：「吾閱人多矣，如先生者，耳目口鼻，人也；所以視聽言動者，殆非人也。」連聲稱讚：「活孟子，活孟子！」[18]

出於對這位「活孟子」的敬仰，廣東布政使彭韶、巡撫都御史朱英，先後向朝廷推薦，希望仿照當年禮聘吳與弼的先例起用陳獻章。吏部的官僚不以為然，打起了官腔：陳獻章不過是「聽選監生」，並非隱士，如欲起用，必須經過吏部的考試。殊不知陳獻章做學問不是為了當官，當即以舊疾發作為藉口婉言謝絕。為此寫了情真意切的奏疏，向皇帝「懇切終養」，讓人們看到了白沙先生富有感情的另一面：

> 臣父陳琮年二十七而棄養，臣母二十四而寡居，臣遺腹之子也。方臣幼時，無歲不病，至於九齡，以乳代哺。非母之仁，臣委於溝壑久矣。臣生五十有六年，臣母七十有九，視臣之衰，如在繈緥。天下母子之愛雖一，未有如臣母憂臣之至、念臣之深者也。臣以母恩無以為報，而臣母以守節，應例為有司所白，已蒙聖恩，表厥宅里。是臣以母氏之故，荷陛下之深恩厚德，又出於尋常萬

> 萬也。顧臣母以貧賤早寡，俯仰無聊，殷憂成疾，老而彌劇。使臣遠客異鄉，臣母之憂臣日甚，愈憂愈病，愈病愈憂，憂病相仍，理難長久。臣又以病軀憂老母，年未暮而氣已衰，心有為而力不逮……惟陛下以大孝化天下，以至誠體萬物……察臣初年願仕之心，憫臣久病思親不能自已之念，乞敕吏部放臣暫歸田里，日就醫藥，奉侍老母，以窮餘年。[19]

皇帝同意他的請求，授予他翰林院檢討的頭銜，要他在「親終疾癒」之後，「仍來供職」。[20]此後雖然不斷有人推薦，他始終隱居不出。可見他的辭官並非矯情，確實是不願進入仕途，終其一生都在踐履自己的信念：「為學須從靜坐中養出個端倪來。」在他看來，熙熙攘攘你爭我鬥的官場，無法清靜，當然養不出「學貴自得」的端倪來。

弘治十三年（一五〇〇）二月十日，在一片虛寂中，陳獻章安然病逝，享年七十三歲。死前身穿朝服頭戴朝冠，在弟子扶掖下，焚香禮拜，向北面五拜三叩頭，說：「吾辭吾君。」然後作詩一首：

> 托仙終被謗，托佛乃多修。
> 弄艇滄溟月，聞歌碧玉樓。

15（明）尹守衡，《皇明史竊》卷七十二《道學．陳獻章》。
16（明）耿定向，《耿天台先生文集》卷十三《白沙陳先生傳》。
17（明）鄭曉，〈給事中賀公〉，《皇明名臣記》卷十九。
18（明）尹守衡，《皇明史竊》卷七十二《道學．陳獻章》。
19（明）陳獻章，〈乞終養疏〉，《陳白沙集》卷一。
20（明）尹守衡，《皇明史竊》卷七十二《道學．陳獻章》。

他對弟子說：「吾以此辭世。」七月二十一日，葬於圭峰之麓、辛向之原，參加葬禮的有幾千人。十一月十二日，改葬於皂帽峰下。[21]

白沙先生的思想學說，很長一段時間為政界學界主流人士所不屑，張岱為他立傳，在文末道出了其中緣由：「《石匱書》曰：予讀國史載獻章之學，無以逾人，嶺海宿學有仕於朝者，皆不之許。獻章授官之後，稱病不謝而去。途中擁騶從別義槊，揚揚得意，聞者笑恥。疑而不信，取獻章所著書讀之，而後知獻章也。後車數十乘，從者數百人，古人舉動，亡也久矣，末世耳目，宜自異也。所謂嶺海宿學，謂丘濬耶。」[22]當然對陳獻章不屑一顧的並不僅僅只有丘濬一人。直到萬曆年間，朝廷批准他從祀孔廟，爭議才告一段落。

萬曆十二年（一五八四），耿定向為王守仁、陳獻章從祀孔廟所寫的奏疏，給予陳獻章高度評價：「當訓詁汨溺之餘，名理棼呶之日，而學以靜觀默識為務，以致虛立本為宗，其深造自得之趣，堅直明懿之履，抑可謂醇乎醇者矣。昭代學術知反約而求諸心，不為口耳支離之鶩者，實其開先也。」[23]確實，陳獻章的貢獻就在於開一代風氣之先。萬曆十三年（一五八五），皇帝下達詔書：批准陳獻章從祀孔子廟庭，稱先儒陳子，賜諡號文恭。聚訟紛紜多年的公案終於有了定論。門人林俊對先生做了這樣的總結：「其立志甚專，向道甚勇，涵養甚熟，德器粹完，脫落清灑，獨超造物牢籠之外，而寓言寄興於風煙水月之間，蓋有舞雩陋巷之風焉。」[24]其中「獨超造物牢籠之外」，堪稱傳神之筆，與耿定向的開風氣之先的論說，可以遙相呼應。

陳門弟子：從賀欽到湛若水

陳獻章終其一生沒有擔任一官半職，翰林院檢討不過是皇帝賜予的虛銜，從未履職，無權無勢。然而他的思想影響了整整一代知識人，門下弟子無數，較著名的有賀欽、林光、李承箕、湛若水等，紛紛效法先生，不求仕進，專注於學問，把江門心學發揚光大。

賀欽，字克恭，成化二年（一四六六）進士，出任戶科給事中，服膺於白沙先生學說，辭官而去，執弟子禮。告別白沙後，回歸閭山，構築小齋，懸掛先生肖像，夙夜讀書，隨事體驗，覺無要領。白沙先生寫信告誡他：「為學須從靜坐中養出個端倪來，方有商量處。」於是沉味此旨，十餘年杜門不出，有來求教者，他遜謝道：「學者君子之為己，教者聖賢之餘事，自治不贍，何暇及人？」[25]弘治初年，朝廷授予陝西參議、撫治商洛之職，他以老母有病為由，上疏懇辭，但不忘推薦老師，在奏疏中說：「新會縣歷事監生陳獻章，天性高明，學術純正，誠當世之大賢，為士夫之矜式，宜以非常之禮起之，或任內閣，俾參大政；或任經筵，使養君德。」[26]朝廷並沒有接受這一建議，假如真的「以非常之禮起之」，恐怕陳獻章也未必肯出山。由此我們可以窺見賀欽對於老師的高山仰止之情和無上的企盼。

---

21 參見湛若水，〈明故翰林院檢討白沙陳先生改葬墓碑銘〉，《陳白沙集》卷末《附錄》。

22（明）張岱，《石匱書》卷二百一《儒林列傳．陳獻章》。

23（明）耿定向，〈議從祀疏（甲申左院草）〉，《耿大台先生文集》卷二。

24（明）焦竑，〈翰林檢討陳公〉，《熙朝名臣實錄》卷二十一。

25（明）尹守衡，《皇明史竊》卷七十三《道學．賀欽》。

26（明）鄭曉，〈給事中賀公〉，《皇明名臣記》卷十九。

林光，字緝熙，成化間舉人，進京會試時，得見白沙先生，遂納贄稱弟子，放棄會試。先生隱居家鄉不出，他也深居青湖，在欖山築室，閉門靜養。在給先生的書信中說：「端默逾月，從此得些光景，服膺夫子『朝聞夕死』之說，以為聖言激切若此，必不欺天下、誤來世。所謂聞者，斷不在耳目之間，陳跡之上。讀盡天下書，說盡天下理，無自得入頭處，總是閒也。」深得乃師「學貴自得」的真諦，後人評曰：「（林）光之學，務自得，故其體驗獨有卓見若此。」[27]

李承箕，字世卿，成化中鄉試中舉，放棄會試，投奔陳獻章。當時白沙先生以心學名重天下，反對者譏刺其近於禪學。陳獻章對此是不以為然的：「為毀者有曰：自立門戶者是流於禪學者，甚者則曰『妄人率人於偽者』。姑以跡之近似者言。孔子教人文行忠信，後之學孔氏者則曰『一為要』。一者，無欲也，無欲則靜虛而動直，然後聖可學而至矣。所謂『自立門戶者』，非此類歟？佛氏教人曰『靜坐』，吾儒亦曰『靜坐』；曰『惺惺』，吾儒亦曰『惺惺』。調息近於數息，定力有似禪定。所謂『流於禪學者』，非此類歟？」[28]李承箕對陳獻章心悅誠服，不遠千里前往謁見，先生大喜曰：「吾與子神交久矣。」兩人形影不離，登臨吊古，賦詩染翰，投壺飲酒，從不談及為學之方。日子久了，李承箕恍然大悟說：「箕得之矣，凡學以言傳非真傳也，其有目擊而道存者乎？」告別之日，先生贈詩一首：

上上昆崙峰，諸山高幾重？
望望滄溟波，百川大幾何？
卑高入揣料，小大窮多少？
不如兩置之，直於了處了。

李承箕領悟了詩中的微言大義，回到家鄉，每天端坐一室，洗滌身心，徑造本真。有人勸他著書立說，他回答得很妙：「近世箋注繁蕪，郢書燕說，鼎沸絲棼，思一鏟去之，而更推波助瀾耶！」[29]

湛若水，字民澤，一字原明，鄉試中舉之後，焚毀參加會試的「路引」，追隨白沙先生講學。先生歿後，接受朋友勸告，參加會試，弘治十八年（一五〇五）得中進士，由庶吉士而出任翰林院編修。在京師與王陽明一起提倡心學，學者尊稱為甘泉先生。這一點至關重要，陽明與白沙並無直接交往，由於甘泉的關係，構築兩者間的橋梁。陳門弟子中，湛若水傳承乃師衣缽，影響最為深遠，後人評論：「其學自謂白沙傳以道，要曰『勿忘勿助之間』，揭示學者以隨處體認天理。」[30]嘉靖初年，他升任侍讀學士，鑑於皇帝暑月停止經筵，上疏勸諫：「臣職在勸學，願聖明於一日之間，以端居靜思為本，以溫習尋求為業。」升任禮部侍郎後，又上疏重申對於「為學」的看法：「天理者也，即孟子勿忘勿助之謂也，日用之間，隨時隨處，隨動隨靜，存其心於勿忘勿助之間，而天理日見焉。」[31]都是在宣揚白沙先生的思想。[32]

湛若水廣收門徒，所到之處必建書院，祭祀白沙先生，遭致正統人士的非議，御史游居敬在一道奏疏中攻擊道：「王守仁之學主於致良知，湛若水主於體認天理，皆祖宋儒陸九淵之說，而少變其辭，以號召好名謀利之士。然守仁謀國之忠，濟變之才自不可泯。若水迂腐之儒，廣收門徒，私創書院，其言近似，其行大非。乞戒諭以正人心、端士習。」[33]

27（明）尹守衡，《皇明史竊》卷七十四《道學・林光》。

28（明）陳獻章，《白沙先生至言》卷四。

29（明）尹守衡，《皇明史竊》卷七十四《道學・李承箕》。

30（明）尹守衡，《皇明史竊》卷七十五《道學・湛若水》。

31（明）尹守衡，《皇明史竊》卷七十五《道學・湛若水》。

32（明）焦竑，〈尚書湛公〉，《熙朝名臣實錄》卷二十二。焦竑說：「（湛若水）平生志篤而大力勤，無處不授徒，無日不講學，從遊者殆遍天下。所論以自然為本體，以勿忘勿助為工夫，抵得之師門為多。」

王陽明是和他站在同一立場的，在《論學書》中說：「顏子沒而聖人之學亡，曾子唯一貫之旨傳之孟軻。絕又二千餘年，而周程續。自是而後，言益詳，道益晦，析理益精，學益支離，無本而事於外者，益繁以難……而世之學者，章繪句琢以誇俗，詭心色取，相飾以偽，謂聖人之道勞苦無功，非復人之所可為，而徒取辯於言詞之間……而聖人之學遂廢。則今之所大患者，豈非記誦詞章之習？而必之所從來，無亦言之太詳、析之太精者之過歟？」他還特別指出，自從與甘泉先生交往之後，獲益匪淺：「某幼不問學，陷溺於邪僻者二十年，而始究心於老釋。賴天之靈，因有所覺，始乃沿周程之說求之，而若有得焉。顧一二同志之外，莫予翼也，岌岌乎僕而復興。晚得友於甘泉湛子，而後吾志益堅，毅然若不可遏，則予之資於甘泉多矣。甘泉之學務求自得者也，世未之能知，其知者且疑其為禪。」[34]陽明先生公然承認他的學問「資於甘泉多矣」，從中也可以看到陳獻章的間接影響。陳獻章在生命的最後歲月，把湛若水視為繼承遺志的最佳人選，給他留下遺言：「今世學者各標榜門牆，不求自得，誦說雖多，影響而已，無可告語者。」[35]又寫了一封長信，擔心平生所學半途而廢，寄希望於得意門生湛若水：「碧玉樓臥病逾半月，忽得手札，讀之喜甚，遂忘其病也。學無難易，在人自覺耳。才覺退，便是進也；才覺病，便是藥也。眼前朋友可以論學者幾人，其失在於不自覺耳。近因衰病，精力大不如前，恐一旦就木，平生學所至如是，譬之行萬里之途，前程未有脫駕之地，真自枉了也。思於吾民澤告之，非平時漫浪得已不已之言也，倘天假之年，其肯虛擲耶！」[36]他所要交代的依然是學貴自得、學貴自覺。湛若水不負所託，為之發揚光大，得到王陽明的首肯：「甘泉之學務求自得。」

二、王守仁：「雖其言之出於孔子，不敢以為是也」

王守仁，字伯安，因築陽明洞講學而號陽明子，人稱陽明先生。黃宗羲對於這位餘姚同鄉前輩是推崇備至的：

> 有明學術，從前習熟先儒之成說，未嘗反身理會，推見至隱，所謂此亦一述朱耳，彼亦一述朱耳……自姚江指點出「良知人人現在，一反觀而自得」，便人人有個作聖之路。故無姚江，則古來之學脈絕矣。[37]

明確指出他不同於前人之處，不再「習熟先儒之成說」，不再「述朱」——重複朱熹的成說，延續了「古來之學脈」。但是他寫的《姚江學案》，似乎刻意回避這樣一個問題：王陽明死後，他的學說何以被朝廷定為「偽學」、「邪說」？難道僅僅是「致良知」「人人有個作聖之路」？為什麼嘉靖皇帝要指責他「放言自恣，詆毀先儒，號召門徒虛聲附和，用詐任情，壞人心術」？要回答這個問題，必須關注他思想中鋒芒畢露的另一面。

33（明）尹守衡，《皇明史竊》卷七十五《道學・湛若水》。
34（明）王守仁，〈別湛甘泉序〉，《陽明先生道學鈔》卷一《論學書》。
35（明）陳獻章，〈遺言湛民澤〉，《陳白沙集》卷二。
36（明）陳獻章，〈與湛民澤〉，《陳白沙集》卷三。
37（清）黃宗羲，《明儒學案》卷十《姚江學案》。

「學貴得之心」

若要開掘陽明思想鋒芒畢露的一面，我以為最應該關注的是王陽明在〈答羅整庵少宰書〉中的兩段話。一段是：

> 夫道，天下之公道也；學，天下之公學也，非朱子可得而私也，非孔子可得而私也。

另一段是：

> 夫學貴得之心，求之於心而非也，雖其言之出於孔子，不敢以為是也，而況其未及孔子者乎！求之於心而是也，雖其言之出於庸常，不敢以為非也，而況其出於孔子者乎！[38]

這兩段話，氣魄宏偉而又邏輯嚴密，極具震撼力與說服力。以筆者讀史所得，在王守仁的前輩抑或同時代人中，難以看到這樣鋒芒犀利的言辭。其可貴之處就在於，敢於向孔子和朱子大聲說不。在朱熹思想成為欽定的主流意識形態的時代，敢於發出不同的聲音，掙脫無形的網羅，強調無論求學還是求道，都應出於自己的心得，獨立思考，不要以孔子的是非為是非，也不要以朱子的是非為是非，實在是難能可貴的。

為了避免斷章取義，有必要鋪敘來龍去脈。〈答羅整庵少宰書〉是陽明對朋友羅欽順〈與王陽明書〉的答覆。羅氏寫於正德十五年（一五二〇）夏的書信，是平心靜氣的學術探討，與後來桂萼之流的攻訐誣陷截然不同。羅氏〈與王陽明書〉是對王氏所著《大學古本》與《朱子晚年定論》的學術性商榷。既然是商榷，語氣自然客客氣氣：「昨拜書後一日，始獲奉領所惠《大學古本》、《朱子晚年定論》二編，珍感珍感！某無似，往在南都，嘗蒙誨益，第苦多病，怯於話言，未克傾吐所懷，以求歸於一，是恆用為歉。去年夏，士友有以《傳習錄》[39]見示者，亟讀一過，則凡向日所聞，往往具在，而他所未聞者尚多。乃今又獲並讀二書，何其幸也！」

寒暄之後，切入主題，羅氏首先評論《大學古本》。所謂《大學》，即與「五經」並列的「四書」之一。朱熹的《四書集注》在當時已被欽定為科舉考試的範本，蒙上了聖賢經典的色彩。王陽明指出朱熹的《大學集注》修改了孔門相傳的《大學》原貌，編寫了這本《大學古本》，恢復其本來面貌，試圖以此來改變人們對於朱子的盲從傾向。這種大膽的舉動引起朱子信仰者的非議，羅欽順便是其中最具代表性的一位。羅氏批評王氏以「支離」為藉口，「遂去朱子之分章，而削其所補之傳」，勇氣可嘉，但是未免於「俗學」、「禪學」之窠臼：「惟是聖門《大學》之教，其道則無以易，此學者所當由之以入，不可誣也。外此或誇多而鬥靡，則溺於外而遺其內；或厭繁而喜徑，則局於內而遺其外。溺於外而遺其內，俗學是已；局於內而遺其外，禪學是已。凡為禪學之至者，必自以為明心見性，然於天人物我未有不二之者，是可謂之有真見乎？」[40]羅氏意在維護聖門之教，維護朱子的權威，語氣雖然嚴厲，卻

38（明）王守仁，《王文成全書》卷二《語錄二‧傳習錄中》。按：王陽明的著述，由門人徐愛、薛侃、錢德洪、王畿等陸續刊刻成單行本。隆慶六年，浙江巡按御史謝廷傑把單行本合併，刊刻全集，仿照《朱子全書》之例，定名為《王文成全書》。乾隆時，此書收入《欽定四庫全書》之集部別集類。

39 按：《傳習錄》有不同版本。正德十三年，門人薛侃把同門師兄徐愛所輯《傳習錄》一傳習卷，加上自己與陸澄所輯先生論學文字，共三卷，刊刻出版。嘉靖三年，門人南大吉續刻《錄》，增為五卷（其中有〈答羅整庵少宰書〉）。羅欽順看到的《傳習錄》，當為薛侃所編的版本。

40（明）羅欽順，〈與王陽明書（庚辰夏）〉，《困知記‧附錄》。

並未越出學術討論的界線。

王陽明對當朝南京禮部侍郎羅欽順的回信彬彬有禮，完全是朋友之間的商榷。正德十五年（一五二〇）六月，由江西吉安前往泰和途中寫的〈答羅整庵少宰書〉，開頭寫道：「某頓首啟，昨承教及《大學》，發舟匆匆，未能奉答。曉來江行稍暇，復取手教而讀之，恐至贛後人事復紛遝，先具其略以請。」然後談到，近幾年來，對於心學，有人「非笑」，有人「詬訾」，有人「置之不足較量辨議」，而「肯反覆曉諭，惻然惟恐不及救正」，「心深且至者」非先生莫屬。客氣歸客氣，道理必須辯明。他首先講明自己對於當世學風的不滿：「世之學者稍能傳習訓詁，即皆自以為知學，不復有所謂講學之求，可悲矣！」而當世之講學者有兩種人，一種是「講之以身心」，另一種是「講之以口耳」，前者是「行著習察，實有諸己」；後者是「揣摩測度，求之影響」。接下來回答羅氏對於《大學古本》的批評，引出他關於「學貴得之心」的觀點：

來教謂，某《大學古本》之復以人之為學，但當求之於內，而程朱格物之說不免求之於外，遂去朱子之分章，而削其所補之傳。非敢然也，學豈有內外乎？《大學古本》乃孔門相傳舊本耳，朱子疑其有所脫誤，而改正補緝（輯）之。在某則謂其本無脫誤，悉從其舊而已矣。失在於過信孔子則有之，非故去朱子之分章而削其傳也。夫學貴得之心，求之心而非也，雖其言之出於孔子，不敢以為是也，而況其未及孔子者乎！求之於心而是也，雖其言之出於庸常，不敢以為非也，而況其出於孔子者乎！且舊本之傳數千載矣，今讀其文詞，既明白而可通，論其工夫，又易簡而可入，亦何所按據而斷定此段之必在於彼，彼段之必在於此，與此之如何而缺，彼之如何而補，而遂改正補緝之。無乃重於背朱，而輕於叛孔已乎！[41]

他堅持認為《大學古本》是孔門相傳的舊本，朱熹懷疑有所脫誤，擅自改動，不僅分章，而且加上傳注。他不過是恢復原貌而已，為什麼不去追究朱某的「叛孔」，而要追究王某的「背朱」呢？

清初經學家毛奇齡是站在王陽明一邊的，他為王陽明作傳，談及此事說：「時講學京師，嘗以《大學原本》示人。人大驚，反有以改竄聖經訐於廷者。」毛氏對朱熹《四書集注》也有所非議，他的考證結論是：「文成所示者是《禮記原本》，今行世有注釋者，係門人偽入之，大不足據。」[42]可見王陽明是有根據的，並非羅氏所說的「俗學」、「禪學」。不過王陽明的本意並不想考證《大學》的版本，而是想闡明一個道理：「學貴得之心，求之於心而非也，雖其言之出於孔子，不敢以為是也，而況其未及孔子者乎！」

關於《朱子晚年定論》，羅欽順看得非常仔細，他在〈與王陽明書〉中批評道：「又詳《朱子晚年定論》，蓋以其中歲以前所見未真，爰及晚年，始克有悟，乃於其論學書牘三數十卷之內，摘此三十餘條，其意皆主於向裡者，以為得於既悟之餘，而斷其為定論。斯其所擇宜亦精矣，第不知所謂晚年者斷以何年為定？」羅氏指出王氏把早年之文誤作晚年，晚年之文誤作早年，結論是「考之欠詳，而立論之太果」。因此，一方面肯定陽明「天資絕出，而日新不已，向來恍若有悟之後，自以為證諸五經四子，沛然若決江河而放諸四海，無復可疑，某固信其非虛語也」；另一方面奉勸他：「獨於朱子之說有相牴牾，揆之於理，容有是邪！」[43]

對於羅氏指出的「考之欠詳」，王氏虛心接受：「中間年歲早晚，誠有所未考，雖不必盡出於晚

41（明）王守仁，〈答羅整庵少宰書〉，《王文成全書》卷二《語錄二・傳習錄中》。亦見《陽明先生則言》卷下。
42（清）毛奇齡，《王文成傳本》卷一。
43（明）羅欽順，〈與王陽明書（庚辰夏）〉，《困知記・附錄》。

年，固多出於晚年者矣。」他一向不屑於訓詁考據之學，寫《朱子晚年定論》的本意是想破除人們對於朱子的迷信。回信中直言不諱，為了追求「道」，不得已與朱子牴牾，然後引出他的名言「夫道，天下之公道也」：

> 為《朱子晚年定論》，蓋亦不得已耳。然中間年歲早晚，誠有所未考，雖不必盡出於晚年，固多出於晚年者矣。然大意在委曲調停，以明此學為重。平生於朱子之說如神明蓍龜，一旦與之背馳，心誠有所未忍，故不得已而為此。「知我者謂我心憂，不知我者謂我何求。」蓋不忍牴牾朱子者，其本心也；不得已而與之牴牾者，道固如是，不直則道不見也。執事所謂決與朱子異者，僕敢自欺其心哉？夫道，天下之公道也，學，天下之公學也，非朱子可得而私也，非孔子可得而私也。天下之公也，公言之而已矣，故言之而是，雖異於己，乃益於己也；言之而非，雖同於己，適損於己也。益於己者，己必喜之；損於己者，己必惡之。然則某今日之論，雖或於朱子異，未必非其所喜也。[44]

信的末尾，他向羅欽順先生指出：「執事所以教，反覆數百言，皆以未悉鄙人格物之說，若鄙說一明，則此數百言皆可以不待辯說而釋然無滯。」[45]客觀而論，人的一生思想有所變化，尋常之極，即使聖賢也不例外。朱熹晚年曾經表示「覺今是而昨非」的意思，不必翻閱《朱子全書》，只消看看《宋史・朱熹傳》便可明白。王守仁也有今是而昨非的感言：「若某之不肖，蓋亦嘗陷溺於其間幾年，悵悵然既自以為是。賴天之靈，偶有悟於良知之學，然後悔其向之所為包藏禍機，作偽於外，而心勞日拙者也。」[46]因此寫《朱子晚年定論》實在不應該大驚小怪。

據王陽明年譜記載，正德十三年（一五一八）迎來了一個著作出版高潮。這年七月，《大學古本》

與《朱子晚年定論》先後在戎馬倥傯之餘，在江西刊刻出版。八月，門人薛侃刊刻《傳習錄》。關於《大學古本》，年譜寫道：「先生出入賊壘，未暇寧居，門人薛侃、歐陽德、梁焯、何廷仁、黃弘綱……皆講聚不散。至是回軍休士，始得專意於朋友，日與發明《大學》本旨，指示入道之方。先生在龍場時，疑朱子《大學章句》非聖門本旨，手錄古本，伏讀精思，始信聖人之學本簡易明白，其書止為一篇，原無經傳之分。格致本於誠意，原無缺傳可補。以誠意為主，而為致知格物之功，故不必增一敬字……至是，錄刻成書，旁為之釋，而引以敘。」[47]《朱子晚年定論》也同時刊刻出版，陽明為此書所寫的序言，講明其緣起：「昔謫官龍場，居夷處困，動心忍性之餘，恍若有悟，體驗探求，再更寒暑，證諸六經四子，洞然無復可疑。獨於朱子之說有相牴牾，恆疚於心。切疑朱子之賢，而豈其於此尚有未察。及官留都，復取朱子之書而檢求之，然後知其晚歲固已大悟舊說之非，痛悔極艾，至以為自誑誑人之罪不可勝贖。世之所傳《集注》、《或問》之類，乃其中年未定之說，自咎以為舊本之誤，思改正而未及。而其諸《語類》之屬，又其門人挾勝心以附己見，固於朱子平日之說猶有大相繆戾者。而世之學者偈於見聞，不過持循講習於此，其於悟後之論，概乎其未有聞，則亦何怪乎！予言之不信，而朱子之心無以自暴於後世也乎！」[48]這是在強調朱子晚年「大悟舊說之非，痛悔極艾」，有必要澄清其晚年定論，作為學術探討，應該在情理之中。至於陽明先生所說，朱熹的《集注》、《或問》都是中年未定之說，《語類》則挾帶門人自己的見解，似乎言過其實。究竟是否如此，今日學者仍可討論。

44（明）王守仁，〈答羅整庵少宰書〉，《王文成全書》卷二《語錄二・傳習錄中》。

45（明）王守仁，〈答羅整庵少宰書〉，《王文成全書》卷二《語錄二・傳習錄中》。亦見《陽明先生則言》卷下。

46（明）王守仁，《陽明先生則言》卷上。

47（明）王守仁，《王文成全書》卷三十二《附錄一・年譜一・正德十三年七月》。

48（明）王守仁，《王文成全書》卷三十二《附錄一・年譜一・正德十三年七月》。

正德十四年（一五一九），他在給友人的信中談及《朱子晚年定論》，提出另一種解釋：「留都時，偶因饒舌，遂致多口，攻之者環四面。取朱子晚年悔悟之說，集為《定論》，聊藉以解紛耳。門人輩近刻之雩都。初聞甚不喜，然士夫見之，乃往往遂有開發者，無意中得此一助，亦頗省頰舌之勞。」[49]由此看來，此書帶有某種論戰的色彩，是對圍攻者的巧妙反擊。

當代學者對此也有不同看法。陳榮捷認為，由於同朱熹的學說相牴觸，陽明受到許多批評，他編寫此書主要是針對這些批評做出的反應。陳氏說：「王陽明的處境一定非常艱苦。一方面為了減少敵意，另一方面為了使他自己的理論從朱熹嘴裡說出來，他從朱熹寫給二十四人的三十四封信中，每封信選取一段……於一五一八年用以上書名刊行，試圖證明朱熹晚年改變了立場並採取了王陽明所提倡的觀點。這些選摘是任意的，並且多數是斷章取義的。」[50]杜維明則認為：「陽明努力闡明他的新思想，其實並不與朱熹晚年定論相牴觸，這是出於他力求與這位宋代大師的精神取向相一致的內心渴求，而不是出於一個實用的目的：取悅於同輩中的多數學者、官員，他們都是朱熹的追隨者。」[51]

這些解釋都有根據，也言之成理。不過王陽明本人並不就事論事，立論更為高遠，這就是他在答覆羅欽順的質疑時，所強調的基本立場：「夫道，天下之公道也，學，天下之公學也，非朱子可得而私也，非孔子可得而私也」；「夫學貴得之心，求之於心而非也，雖其言之出於孔子，不敢以為是也，而況其未及孔子者乎！求之於心而是也，雖其言之出於庸常，不敢以為非也，而況其出於孔子者乎」！

這是他的思想宣言，也是他始終堅持的根本觀點，在與友人論學時，他再次重申這一看法：「夫君子之論學，要在於得之於心，眾皆以為是，苟求之心而未會焉，未敢以為是也；眾皆以為非，苟求之心而有契焉，未敢以為非也。心也者，吾所得於天之理也，無間於天人，無分於古今。」[52]這是他對儒家經學傳統做了深刻批判之後，悟出的真諦。在他看來，六經非他，乃是「吾心之常道」，《易》是「志吾心之陰陽消息者」，《書》是「志吾心之紀綱政事者」，《詩》是「志吾心之歌詠性情者」，《禮》是

「志吾心之條理節文者」，《樂》是「志吾心之欣喜和平者」，《春秋》是「志吾心之誠偽邪正者」。又說，六經是「吾心之記籍」，六經「具於吾心」，就好像「產業庫藏」俱存於家中，記籍不過是「名狀數目」而已。但是後世學者不明白這個道理，「不知求六經之實於吾心，而徒考索於影響之間，牽制於文義之末，硜硜然以為六經矣」。於是他毫不留情地譴責經學家「亂經」、「侮經」、「賊經」：

> 六經之學其不明於世，非一朝一夕之故矣。尚功利，崇邪說，是謂亂經；習訓詁，傳記誦，沒溺於淺聞小見，以塗天下之耳目，是謂侮經；侈淫辭，競詭辯，飾奸心盜行，逐世壟斷，而猶自以為通經，是謂賊經。若是者，是並其所謂記籍者而割裂棄毀之矣，寧復知所以為尊經也乎？[53]

這樣痛快淋漓的針砭，觸及經學積重難返的弊端。他與顧東橋的長篇答問也涉及這一問題，其中有一段說到孔孟之後，聖學日遠日晦，揭示的仍然是經學的積弊：

> 聖學既遠，霸術之傳積漬已深，雖在賢知，皆不免於習染。其所以講明修飾，以求宣暢光復於世者，僅足以增霸者之藩籬，而聖學之門牆遂不復可睹。於是乎，有訓詁之學而傳之以為名，有記

49（明）王守仁，〈與安之（己卯）〉，《王文成全書》卷四《文錄・書一》。

50 杜維明，《青年王陽明——行動中的儒家思想家》，頁一九四—一九五。

51 杜維明，《青年王陽明——行動中的儒家思想家》，頁一九七。

52（明）王守仁，〈答徐成之〉，《陽明先生道學鈔》卷一《論學書》。按：李贄因《王文成全書》攜帶不便，與汪本鈳摘編成《陽明先生道學鈔》。

53（明）王守仁，〈稽山書院尊經閣記〉，《王文成全書》卷七《文錄・序》。

誦之學而言之以為博，有詞章之學而侈之以為麗，若是者紛紛籍籍，群起角立於天下，又不知其幾家，萬徑千蹊，莫知所適。世之學者如入百戲之場，歡謔跳踉，騁奇鬥巧，獻笑爭妍者四面而競出，前瞻後盼，應接不遑，而耳目眩瞀，精神恍惑，日夜遨遊，淹息其間，如病狂喪心之人，莫自知其家業之所歸。時君世主亦皆昏迷顛倒於其說，而終身從事於無用之虛文，莫自知其所謂。間有覺其空疏謬妄、支離牽滯，而卓然自奮，欲以見諸行事之實者，極其所抵，亦不過為富強功利王霸事業而止。聖人之學日遠日晦，而功利之習愈趨愈下。[54]

類似的批判不勝枚舉，例如：「聖賢之道坦若大路，夫婦之愚可以與知，而後之論者忽近求遠，舍易圖難，遂使老師宿儒皆不敢輕議。故在今時，非獨其庸下者自分以為不可為，雖高者特達皆為此學為長物，視之為虛談贅說，亦許時矣。當此之時，苟有一念相尋於此，真所謂空谷足音。」[55]又如：「後世學術之不明，非為後人聰明識見不及古人，大抵多由勝心為患，不能取善相下。明知其說之已是矣，而又務為一說以高之，是以其說愈多而惑人愈甚。凡今學術之不明，使後學無所適從，徒以致人之多言者，皆吾黨自相求勝之罪也。」[56]

鋒芒畢露的批判，得罪了一批人，對他的責難之聲不絕於耳。陽明平心靜氣地對待，既不為一時之毀譽而動搖，也不以人言為盡非。在給門人陸元靜的書信中寫道：

然則今日之多口，孰非吾儕動心忍性、砥礪切磋之地乎？且彼議論之興，非必有所私怨於我，彼其為說，亦將自以為衛夫道也。況其說本自出於先儒之緒論，固各有所憑據。而吾儕之言驟異於昔，反若鑿空杜撰者。乃不知聖人之學本來如是，而流傳失真，先儒之論所以日益支離，則亦由後學沿襲乖謬，積漸所致……雖然，昔之君子蓋有舉世非之而不顧，千百世非之而不顧者，亦求其是而已矣，豈以一時毀譽而動其心邪！惟其在我者有未盡，則亦安可遂以人言為盡非。伊川、晦庵之在當時，尚不免於詆毀斥逐，況在吾輩，行有所未至，則夫人之詆毀斥逐，正其宜耳。凡今爭辯學術之士，亦必有志於學者也，未可以其異己而遂有所疏外。是非之心人皆有之，彼其但蔽於積習，故於吾說卒未易解，就如諸君初聞鄙說時，其間寧無非笑詆毀之者？久而釋然以悟，甚至反有激為過當之論者矣，又安知今日相詆之力不為異時相信之深者乎！[57]

如此坦蕩而自信，如此自謙而堅定，背後是他堅信的理念「學貴得之心」，不為經典詞句所束縛：「凡看經書，要在致吾之良知，取其有益於學而已，則千經萬典，顛倒縱橫，皆為我之所用。一涉拘執比擬，則反為所束縛，雖或特見妙詣，開發之益，一時不無，而意必之見，流注潛伏，蓋有反為良知之障蔽而不自覺者矣。」[58]由此便可以理解他的那句名言了：「求之於心而非也，雖其言之出於孔子，不敢以為是也。」後人常常譏刺他「六經注我」、「我注六經」，恰恰顯示了他對經學的犀利批判，強調「皆為我之所用」，而不被經典束縛的思想鋒芒。

54（明）王守仁，〈答顧東橋書〉，《王文成全書》卷二《語錄二．傳習錄中》。
55（明）王守仁，〈復唐虞佐（庚辰）〉，《王文成全書》卷四《文錄．書一》。
56（明）王守仁，《陽明先生則言》卷上。
57（明）王守仁，〈與陸元靜（壬午）〉，《王文成全書》卷五《文錄．書二》。
58（明）王守仁，《陽明先生則言》卷上。

貶謫龍場：「動心忍性，恍若有悟」

任何思想家都有思想形成與演變過程，王守仁也不例外。他常常向朋友門生回顧自己的探索經歷，一則說：「某早歲業舉，溺志辭章之習。既乃稍知從事正學，而苦於眾說之紛擾疲爾，茫無可入，因求諸老釋，欣然有會於心，以為聖人之學在此矣。然於孔子之教間相出入，而措之日用，往往闕漏無歸，依違往返，且信且疑。其後謫官龍場，居夷處困，動心忍性之餘，恍若有悟，體驗探求，再更寒暑，證諸六經四子，沛然若決江河而放之海也，然後嘆聖人之道坦如大路。而世之儒者妄開竇徑，踏荊棘，墮坑塹。究其為說，反出二氏之下，宜乎世之高明之士厭此而趨彼也。」[59]再則說：「某幼不問學，陷溺於邪僻者二十年，而始究心於老釋。賴天之靈，因有所覺，始乃沿周程之說求之，而若有得焉。顧一二同志之外，莫予翼也，岌岌乎僕而後興。晚得友於甘泉湛子，而後吾之志益堅，毅然若不可遏，則予之資於甘泉多矣。」[60]前者強調謫官龍場後的頓悟，後者強調通過湛若水得益於「江門心學」的啟示。

總結得最為全面的，莫過於他的得意門生王畿、錢德洪。王畿說：「先師之學凡三變而始入於悟，再變而所得始化而純。」王陽明少年時代英毅凌邁、超俠不羈，氾濫於辭章，馳騁於兵法。接觸朱熹格物窮理之學後苦於其繁難，自嘆與聖學無緣，於是究心於佛老之學（也即他自己所說的「求諸老釋」），日夕勤修，練習伏藏，洞悉機要，頗得其精髓。據他自己說：「嘗於靜中內照形軀如水晶宮，忘己忘物，忘天忘地，與空虛同體，光耀神奇，恍惚變幻，似欲言而忘其所以言，乃真境像也。」[61]但是他並不滿意，所以且信且疑。最大的變化是正德三年（一五〇八）謫官到了貴州龍場之後，困境的磨難使他「恍然神悟」：不離人倫物理的感應，而是是非非無則自見，對照四書五經，殊言而同旨，感嘆聖人之學坦如大路。自此之後，盡去枝葉，一意追求本原，默坐澄心，「精神意思凝至融結，不復知有其他」。一時學者聞之翕然，但是，有的人苦於難以領悟真諦，有的人醉心於頓悟之便捷，忘記學問的積累，漸有喜靜厭動，玩弄疏脫之弊。正德八年（一五一三）在滁州講學時，王陽明提倡「動靜合一，工夫本體」之說，加以糾正。其後在江西平叛期間，不忘與隨從門生論學，專提「致良知」三字，倡導「知之真切篤實處即是行」，「行之明覺精察處即是知」，乃是孔門簡易直截的根源。這大概就是王畿所謂「三變」。至於「再變」，則是嘉靖初年在家鄉居喪守制期間，由於此前的動盪閱歷，使得學問更加成熟，達到化境：時時知是知非，時時無是無非，開口即得本心，更無假借湊泊，如赤日麗空，而萬象自照；如元氣運於四時，而萬化自行。[62]

錢德洪對先生學問的變化也有類似的總結，一則說：「師學靜入於陽明洞，得悟於龍場，大徹於征寧藩，多難殷憂，動忍增益。學益徹，則立教益簡易。」[63]再則說：「滁陽為師講學首地，四方弟子從遊日眾。嘉靖癸丑（三十二年）秋，太僕少卿呂子懷復聚徒於師祠。洪（錢德洪）往遊焉，見同門高年有能道師遺事者。當時，師懲末俗卑汙，引接學者多就高明一路，以救時弊。既後，漸有流入空虛，為脫落新奇之論。在金陵時，已心切憂焉。故居贛則教學者存天理、去人欲、致省察，克治實功。而征寧藩之後，專發致良知宗旨，則益明切簡易矣。」[64]思想的變化，都與動盪而坎坷的經歷密切相關，即錢德洪所說，「多難殷憂，動忍增益」。其中最為關鍵的轉折點，貶謫龍場後三年磨難的動心忍性。

59（明）王守仁，《陽明先生則言》卷上。
60（明）王守仁，〈別湛甘泉序〉，《陽明先生道學鈔》卷一《論學書》。
61（明）王畿，《龍溪先生全集》卷二。
62（明）王畿，《龍溪王先生全集》卷二《語錄‧滁陽會語》。
63（明）王守仁，《王文成全書》卷二十九《續編四》，錢德洪按語。
64（明）王守仁，《王文成全書》卷二十六《續編一‧與滁陽諸生並問答語》，錢德洪按語。

為了說明問題，不妨稍加追述。弘治十八年（一五〇五）五月初六日，三十六歲的孝宗皇帝病危，在乾清宮寢殿召見內閣大學士劉健、李東陽、謝遷，向他們託孤。他知道自己唯一的兒子朱厚照自幼喜好逸樂，將來必定「縱欲敗度」，對內閣大臣說：東宮聰明，但年幼，好逸樂，先生每勤請他出來，讀些書，輔他做個好人。不出所料，朱厚照（明武宗）即位後，果然如此，重用東宮時的親信太監劉瑾、馬永成、谷大用、魏彬、張永、丘聚、高鳳、羅祥，這些人氣焰囂張，號稱「八虎」，每天忙於引導小皇帝遊玩，不理朝政。戶部尚書韓文與各部大臣聯名上疏，彈劾「八虎」，造作巧偽，淫蕩皇上之心，沉迷於擊毬走馬、放鷹逐犬、俳優雜劇，日遊不足，夜以繼之。大臣們請求皇上忍痛割愛，對「八虎」明正典刑。皇帝不但沒有對他們嚴加懲處，反而任命劉瑾為司禮監掌印太監兼任團營提督，馬永成為東廠提督，谷大用為西廠提督，張永等掌管京營軍隊，把宮廷的機要、特務及警衛大權，交給了「八虎」。「八虎」中，司禮監掌印太監劉瑾權勢最為顯赫。

言官戴銑、薄彥徽向皇帝上疏，請求「斥權閹，正國法，留輔保，托大臣」，矛頭直指劉瑾。專擅朝政的劉瑾以「忤旨」罪，逮捕戴銑等言官，關入錦衣衛鎮撫司詔獄。在此緊要關頭，兵部主事王守仁挺身而出。他和李夢陽是好朋友，不但精於辭章，而且都氣節奕奕，對劉瑾之流專擅朝政極為不滿，毅然呈進為戴銑辯護的奏疏——〈宥言官去權奸以彰聖德〉，氣勢逼人：「君仁則臣直，諸官言直，自宜嘉納，開忠讜之路。而乃赫然下令，緹騎旁午，拘攣在道，則驟有上關宗社危疑不測之事，孰從聞之？」[65]他說臣不知戴銑等所言是否在理，其間或許有「觸冒忌諱」之處。但是戴銑等「職居司諫，以言為責」，如果他們的言論是對的，應該嘉納施行；如果言論不妥，也應該予以包容，以利於廣開言路。如今陛下懲處戴銑等人，非但無補於國事，反而彰顯陛下的過錯。[66]

劉瑾見到「危疑宗社」云云，大為光火，假傳聖旨，把王守仁押入錦衣衛詔獄，廷杖五十，死而復蘇之後，貶謫到貴州龍場驛（今貴州修文縣），從正六品的兵部主事降為偏遠山區的小小驛丞。劉瑾不肯善罷甘休，暗中派人尾隨，伺機刺殺。王守仁察覺後，半夜時分，把自己的衣服鞋子放在錢塘江邊，布置投江而死的現場，還留下一首遺詩：「百年臣子悲何及，夜夜狂濤泣子胥。」然後搭乘一艘商船前往舟山，途中遇到颶風，漂流到福建，隱姓埋名於武夷山中。

他十七歲時，在江西鐵柱宮遇見一位道士，相見如故，結為摯友。巧得很，居然在武夷山又巧遇這位道士，王守仁如實相告懼禍隱身之事，道士說：先生意欲遠遁避禍，但是你的尊公（父親）還在朝為官，此舉恐怕連累尊公。聽從他的勸告，王守仁吟詠道「海上曾為滄水使，山中又拜武夷君」，坦然趕赴龍場驛。[67]

龍場驛在萬山叢中，荒涼而貧瘠。他剛到的時候，沒有住房，就在岩洞中住宿。苗民對他十分尊重，為他伐木建造了一間屋子。他是隻身前來的，無書可讀成為最大的寂寞，正是這種境遇成就了日後享譽學界的「心學」。

弘治五年（一四九二），王守仁二十一歲，浙江鄉試得中舉人，次年會試落第。內閣大學士李東陽安慰道，你今年不第，來年必為狀元，試作來歲狀元賦一首如何？他懸筆立就，一旁各位大老驚嘆：「天才，天才。」也有妒忌者說：「此子取上第，目中無我輩矣。」弘治九年（一四九六）再次會試，果然被妒忌者所壓制而再次落第。回到家鄉餘姚，在龍泉山寺結詩社。退休官員魏瀚，平時雄才自放，與他對弈聯詩，見他佳句迭出，遜謝道：老夫當退避三舍。這位才子與一般文人迥然有別。何喬遠說：「守仁初溺於任俠，再溺於騎射，三溺於辭章，四溺於神仙，五溺於佛氏，而歸正於聖賢。」[68] 三舉而中

65（明）王守仁，〈宥言官去權奸以彰聖德〉，《王文成全書》卷九《別錄一．奏疏一》。
66（明）王守仁，〈宥言官去權奸以彰聖德〉，《王文成全書》卷九《別錄一．奏疏一》。
67（明）黃綰，〈陽明先生行狀〉，《王文成全書》卷三十七《附錄六．世德紀》。
68（明）何喬遠，《名山藏》卷八十五《儒林記．王守仁》。

會試第二名，登上「甲榜」，和李夢陽、何景明、邊貢、喬宇、汪俊、儲瓘互相切磋學問。在出任兵部主事之前，早已名聲遠揚。由於直言極諫，遭此厄運，改變了他的仕途，王守仁坦然接受。

貶謫到了龍場驛，沒有書可讀，不得不改變做學問的方法，靜坐頓悟。這一點，以前某些學者有所忽略，以為他是故意「束書不觀」。而明清兩代的史家早已點破，乃不得已而為之。

何喬遠引王陽明原話，說：「龍場在南夷萬山中，無所得書，日坐石穴中，默記舊讀，隨手錄之，意有所會，輒為訓釋，而不必其盡合於先賢者。」[69]

張岱《石匱書》引用了這一段話，可見他是贊同這一說法的。[70]

王世貞說：「諸苗夷相率伐木為室，以居守仁。守仁乃益講學，所治經往往取心得，不必與前訓故比矣。」[71]

耿定向說：「先生於時困衡動忍，不惟得失榮辱胥已解脫，即死生一念亦為拼置，端居澄默以思，倏若神啟，大解從前伎倆見趣，無一可倚，唯此靈昭不昧者相為始終，不離倫物感應，而是是非非天則，自見證之六經四子無不吻合，益信聖人之道坦若大路如此。」[72]

萬斯同說：「既謫龍場，窮荒無所得書，日夕抽繹舊聞，忽悟格物致知當自求諸心，而不當求諸事物，始喟然曰：『道在是矣！』遂篤信不疑……守仁既以此自信，故其為教，以無善無惡為心之體，以有善有惡為意之動，以知善知惡是良知，以為善去惡是格物。」[73]

關於貶謫龍場驛之後的處境與頓悟過程，萬曆時的工部尚書雷禮寫得最為具體：

遂由武夷至廣信，溯彭蠡，歷沅湘，至貴陽龍場。始至，無屋可居，茇於叢棘間，遷於東峰，就石穴而居。夷俗以蠱毒為事，凡中土人至，必下蠱殺之。及欲蠱守仁，卜諸蠱神不協，於是龍場之民日來親狎。以所居陰濕不可久，乃相與伐木為驛樓及屋，乃匾為「何陋軒」、「君子亭」、「賓陽堂」、「玩易窩」以居之。龍場在萬山中，書箧不可攜，止偕三僕以往，諸僕歷險冒瘴皆病，守仁日夕躬為湯糜調護之。（劉）瑾欲害之意未已，守仁於一切得失榮辱之景皆能超脫，惟生死一念尚不能遣於心，乃為石槨，自誓曰：「吾今惟俟命，有死而已，他復何計？」日夜端居默坐，澄心精慮，以求諸湛一之中。一夕，忽大寤，終夜不寐，踴躍若狂者兩日夜。嗣後，以所記憶五經之言證之，一一相契，獨與晦庵（朱熹）注疏若相牴牾。恆往來於心，因著《五經臆說》。時元山席書官貴陽，聞其言論議，有自知其所學之非，至有詆己詆人之說。乃自信曰：「晦翁（朱熹）亦已自悔矣。」日與學者講究體察，愈益精明，而從遊者眾。[74]

清人徐開任《明名臣言行錄》關於王守仁貶謫龍場驛之後，心學的形成，有進一步的發揮：

因念聖人當之，當必有過於此者。忽中夜有悟於致知格物之旨，而攝契於本心，不覺手舞足蹈。自是一意於聖人之學。乃言曰：「聖人之學心學也，宋儒以知識為知，故需博聞強識以為知，既知已乃行，故遂終身不行，亦遂終身不知，不知聖賢教人即本心之明即知，不欺本心之明即行也。」又曰：「至善者心之本體，心即是理，其昭明靈覺之知，則知也。意者心之發物，即心之用。心

69（明）何喬遠，《名山藏》卷八十五〈儒林記．王守仁〉。
70（明）張岱，《石匱書》卷一百三十〈王守仁列傳〉。
71（明）王世貞，〈新建伯文成王公守仁傳〉，《國朝獻徵錄》卷九。
72（明）耿定向，〈新建侯文成王先生世家〉，《耿天台先生文集》卷十三。
73（清）萬斯同，《明史》卷二百七十三〈王守仁傳〉。
74（明）雷禮，《國朝列卿紀》卷五十〈南京兵部尚書行實．王守仁〉。

外無物，心外無理，故心外無學。於是來學者日語之知行合一之旨。而提學副使席書問「朱陸同異」，先生不答，具以其所悟告之。（席）書沉思有省，與往復語數四，乃大豁然謂：「聖人之學復睹於今，朱陸異同各有得失，無事辨詰為也。」辟貴陽書院，率諸生以師禮事之。[75]

我們終於明白，他為什麼要說「心外無物」，「心外無理」，「心外無學」，「良知」就是「人心」，「致良知」就是「向內用心」的靜坐功夫；也就明白，他為什麼要強調「學貴得之心」了。

貴州提學副使席書慕名前往討教，深深折服，為他創建龍崗書院，率諸生聽他講學。王守仁對學生們講的，不是重複聖賢的語錄，而是自己的心得。他的「心得」有特定的含義——「求諸心而得」。這就是他貶謫龍場驛之後的頓悟，倘若沒有這幾年的流放生涯，他能有這樣振聾發聵的「心得」嗎？把龍場頓悟看作王陽明思想發展的轉折點，是毫不為過的。杜維明贊同日本學者島田虔次的觀點：它在陽明的個性發展中，在中國思想史中，都是一個劃時代的事件。[76]他發揮道：「這大概是他一生中最著名、受討論最多的事件。有些學者說這是禪悟，有的學者主張在整個過程中道家方法很重要。有人論證說，這是合乎孟子和陸象山傳統的正統儒學現象……對於陽明來說，禪宗佛學問題、道家問題，甚至作為一個思想體系的儒學，都是次要的。他的狂喜並不來自他突然認識到他是一個真正的儒者，而是來自於他認識到，不論外部局面多麼令人失望，他都應矢志不渝地爭取做聖賢。」杜維明的結論是：「陽明的大悟經驗的突發性，沒法解釋成一個逐漸過程的結果。據記載，陽明本人對這種經驗大為驚訝和震動。我們不得不承認，這是一種意外的質變。」[77]

王陽明的心得集中體現於《五經臆說》。年譜中寫道：「（正德）三年戊辰，先生三十七歲，在貴陽。春至龍場。是年，始悟格物致知。龍場在貴州西北萬山叢棘中……因念聖人處此更有何道，忽中夜大悟格物致知之旨，寤寐中若有人語之者，不覺呼躍，從者皆驚。始知聖人之道，吾性自足，向之求理於事物者誤也。乃以默記五經之言證之，莫不吻合，因著《五經臆說》。」[78]在常人難以忍受的困境中磨練，截然不同於以往書房中的感受。先前苦苦探尋的「理」或曰「道」，始終不得要領，此時忽然有了大徹大悟。把自己的領悟與記憶中的五經語句加以對照，記下來就成了這本《五經臆說》。耐人尋味的是，王陽明竟然把它付之一炬，在他的全集中只保留了十三條。門人錢德洪解釋說：「師居龍場，學得所悟，證諸五經，覺先儒訓釋未盡，乃隨所記憶為之疏解。閱十有九月，五經略遍，命曰臆說。既後自覺學益精，工夫益簡易，故不復出以示人。洪（錢德洪）嘗乘間以請，師笑曰：『付秦火久矣。』」[79]陽明先生用十九個月時間寫成的四十六卷洋洋巨著，居然付諸「秦火」，其中的緣由已經難以知曉，只能從他寫的〈《五經臆說》序〉揣摩一二。

這篇序言不長，卻意味深長，有三層意思。首先，他用魚與筌（捕魚的竹簍）的關係，醪（酒）與糟粕的關係，作為比喻，來說明如何看待五經，如果把「筌」當作魚，把糟粕當作「醪」，那麼就得不到魚與醪。因此他說：「五經，聖人之學具焉，然自其已聞者而言之，其於道也，亦筌與糟粕耳。」其次，強調《五經臆說》是坦陳自己的「胸臆之見」：「龍場居南夷萬山中，書卷不可攜，日坐石穴，默記舊所讀書而錄之，意有所得，輒為訓釋，期有七月，而五經之旨略遍，名之曰『臆說』。蓋不必盡合於先賢，聊寫其胸臆之見，因以娛情養性焉耳。」最後的畫龍點睛之筆是：「嗚呼，觀吾之說而不得其心，以為是亦筌與糟粕也。」[80]所要闡明的是他一貫的思想——「學貴得之心」，希望弟子們有自己的

75（清）徐開任，《明名臣言行錄》卷五十《新建伯王文成公守仁》。

76 杜維明，《青年王陽明——行動中的儒家思想》，頁一四五。

77 杜維明，《青年王陽明——行動中的儒家思想》，頁一四五—一四八。

78（明）王守仁，《王文成全書》卷三十二《附錄一・年譜一》。按：年譜中「臆說」誤刻成「億說」。

79（明）王守仁，《王文成全書》卷二十六《續編一・五經臆說十三條》，錢德洪按語。

80（明）王守仁，〈《五經臆說》序〉，《王文成全書》卷二十二《外集四》。

心得，不要受他的「胸臆之見」所束縛，用心可謂良苦。由此似乎可以窺知《五經臆說》付諸「秦火」的端倪了。正如杜維明所說：「陽明所以不願意公開他的《五經臆說》，一方面因為他心懷如此深邃的內心經驗，以至於他自己也無法用詞句恰當地表達出來；另一方面，是因為他的教育哲學強調，每一個學生在讀經時通過體驗獲得的個人知識都是個人的。」[81]

如果我們斷言，「學貴得之心」是王陽明龍場頓悟的最大收穫，恐怕並不為過吧！他的這種心得，為沉悶而缺乏新意的儒學帶來了清新的空氣。對陽明心學有所批判的顧憲成也不得不承認：「當士人桎梏於訓詁詞章之間，驟而聞良知之說，一時心目俱醒，恍若撥雲霧而見白日，豈不大快！」[82]然而，這種「大快」也引來無窮的麻煩，以至於被保守勢力誣衊為「邪說」、「偽學」。

「功高而見忌，學古而人不識」

正德五年（一五一〇），劉瑾以「反逆」罪凌遲處死，王守仁由龍場驛丞調任江西廬陵知縣。他選拔里正三老，讓他們負責訴訟調解，這種獨特的治理方式收到了「囹圄空虛」的奇效，不久晉升為刑部主事、吏部主事。吏部尚書楊一清器重他的才幹，提拔為南京太僕寺少卿，分管滁州。正德十二年（一五一七），兵部尚書王瓊以為他是「不世出」的奇才，推薦他為都察院右僉都御史，出任南贛汀漳巡撫。

對於他的仕途而言，這是一個轉折點，得以充分展示學問之外的事功，特別是軍事才幹。他少年時代就有「任俠之氣」，會試兩次落第之後，「乃學兵，往塞外觀山川，學騎射」，使他在「平山中賊」時遊刃有餘。他到任後，發布公告，「求通民情，願聞己過，行十家保甲法，務使奸無所容」。又申明賞罰之法，他認為：「古者賞不逾時，罰不後事，過時而賞與無賞同，後事而罰與不罰同。況過時而不賞，後事而不罰，其何以整齊人心，鼓舞士氣？」[83]僅僅用了幾個月時間，平定了贛南延續數十年的匪患，搗毀「賊巢」八十多處。為持久計，他相視形勢險易，立縣設隘，留兵防守。贛人紛紛戴香遮道而迎，為之立生祠。他把贛南的事功，歸功於兵部尚書王瓊的知人善任，如果沒有王公的精心委任，不可能成就功名，因此每次向朝廷報捷，多提及王瓊。此舉引起內閣大老與王瓊交惡，因而連累自己，為他日後的仕途埋下了隱患。

正德十四年（一五一九）六月，寧王宸濠在駐地南昌發動武裝叛亂，馳檄遠近，指斥朝廷，殺死都御史孫燧、按察副使許逵，搶劫府庫，意欲分庭抗禮。王守仁一面上疏告變，一面向各府縣揭露宸濠罪狀，敦促各地出兵勤王。他擔心南京這座不設防的城市一旦落入宸濠之手，後果不堪設想，便發布消息，聲稱京師及湖廣、廣東、廣西、浙江、南京、淮安等地數十萬大軍不日趕到。宸濠信以為真，遲疑半月，不敢離開南昌。待到他決意進攻九江、安慶、南京時，援軍已到。王守仁與吉安知府伍文定指揮若定，先是搗毀宸濠在南昌的巢穴，既而迎戰於鄱陽、柴桑、湓口，僅僅三十五日，叛軍灰飛煙滅，生擒宸濠和他的世子、眷屬，斬首三千級，溺死二萬多，江面上浮屍、衣甲、器物漂流綿亙十幾里。[84]

這是王守仁最為輝煌的事功，人們譽之為：「明世文臣用兵未有如守仁者。」何喬遠寫道：「惟其事功以用兵顯，其俶儻權變，百譎千幻，於蹈險出危之間，不無異時任俠之氣。」[85]

這樣的事功，展現了他的軍事才能，也顯示了他的政治眼光。他由此次事變向皇帝進諫，希望皇上引為教訓，改弦易轍：「陛下在位一十四年，屢經變難，民心騷動，尚爾巡遊不已，致宗室謀動干戈，

81《青年王陽明——行動中的儒家思想家》，頁一六七。

82（明）顧憲成，《小心齋札記》卷三。

83（明）徐開任，《明名臣言行錄》卷五十《新建伯王文成公守仁》。

84（明）黃綰，〈陽明先生行狀〉，《王文成全書》卷三十七《附錄六・世德紀》。

85（明）何喬遠，《名山藏》卷八十五《儒林記・王守仁》。

冀竊大寶。且今天下之覬覦，豈特一寧王？天下之奸雄，豈特在宗室？言念及此，懍骨寒心……伏望皇上痛自克責，易轍改弦，罷出奸諛，以回天下豪傑之心；絕跡巡遊，以杜天下奸雄之望。定立國本，勵精求治，則太平尚有可圖，群臣不勝幸甚。」[86]這種直言無忌的批評，令那些引導皇帝四處巡遊的佞幸們懷恨在心。

更為棘手的是，那些佞幸們都想搶奪平定寧王叛亂的功勞，策動武宗任命安邊伯許泰為總督軍務總兵官，平虜伯江彬為提督軍務，太監張忠為提督策劃機密軍務，查勘宸濠反逆事情，太監魏彬為提督，兵部侍郎王憲督理糧餉，前往江西征討。行至半途，獲悉宸濠已被活捉，佞幸們為了搶奪戰功，祕密奏請武宗親征。武宗也想乘此機會顯示自己的殊勳，自稱總督軍務威武大將軍總兵官、後軍都督、太師鎮國公，欲往江西御駕親征。朝廷大臣極力勸諫，一概不聽，甚至杖死了幾名勸諫的官員，一意孤行。

這就使得王守仁的處境極為不利。江彬、許泰等先領兵由大江至江西，入居南昌城中，散布流言誣陷王守仁「始同宸濠謀反，因見天兵猝臨征討，始擒宸濠以脫罪」，欲一併逮捕王守仁，「各為己功」。[87]那些佞幸們「既聞公已擒宸濠，甚不喜，蓋不以擒叛為功，而以不待上親征，輒擒（宸）濠為擅」。王守仁正由南昌前往廣信途中，太監張忠竟然要他把宸濠釋放到鄱陽湖，等待皇帝來「親擒示武」。他據理反駁：「一日縱敵，數世之患，誰敢以叛藩戲？」[88]不久，他在杭州對御用監太監張永說：江西人民久遭宸濠荼毒，經受大亂，又遭旱災，困苦之極，必逃聚山谷為亂，形成土崩瓦解之勢，然後再來平定，就困難了。張永頗以為然，回應道：我此番前來專為鉗制那些佞幸，欲從中調護，默默輔佐皇上，並非掩蓋你的功勞。王守仁隨即把宸濠交給他，押赴朝廷論處。[89]

王守仁回到南昌，從容應對張忠等率領的京兵、邊兵的騷擾搶掠，出榜宣告：「北軍南征，跋涉數千里，勞苦萬狀，我民念其來為我，宜客事之，毋有所慢。」並且設宴犒勞將士，將士喜嘆：「王都堂好官，我等奈何受人嗾，辱好官耶？」[90]張忠等見軍士不肯侮辱王守仁，且思北歸，不得不班師回朝。

江彬、許泰、張忠圖謀奪功，誣陷王守仁「將叛逆」。張永洞悉彼等陰謀，發誓說：「王都御史乃忠臣為國，今欲以此害之，天理何在？我若不為一明其冤，何可當也？他日朝廷有事，何以使臣子之忠？」回京覆命時，當面向皇帝說明王守仁盡心為國盡忠之功，以及江彬等人意欲加害之意。不久江彬等人果然誣陷王守仁「無君欲叛」，武宗不信，說：「王都御史乃我家忠臣，你等如何好這等說！」[91]

因為這樣的關係，武宗皇帝打算破格冊封他為伯爵——新建伯，由於突然駕崩，來不及付諸實施。世宗皇帝即位，召王守仁入朝接受宴賞，六月十六日下達聖旨：「昔能平亂賊，安靖地方，朝廷新政之初，特茲召用，敕至，爾可馳驛來京，毋或稽遲。」[92]六月二十日，王守仁奉旨啟程。不料遭到內閣輔臣反對，暗中指使言官製造輿論，藉口武宗國喪，資費浩繁，不宜舉行宴賞之事。王守仁行至中途折返，請求回鄉省親。十二月，大行皇帝喪禮過後，世宗皇帝冊封他為新建伯，賜與奉天翊衛推誠宣力守正文臣，特進光祿大夫、柱國，兼南京兵部尚書，參贊機務，歲支祿米一千石，三代並妻一體追封。

嘉靖元年（一五二二），父親王華病故，王陽明辭官回鄉丁憂守制。伴隨榮譽而來的，是一片妒忌與誹謗之聲。一些言官迎合內閣大老之意，老調重彈「勾通宸濠」，又搞出新花樣，攻擊他的學術是「偽學」。雷禮寫道：「嘉靖元年，丁父憂，四方來遊其門講學益眾。科道官迎當路意，首以偽學劾之。服闋，例該起復，輔臣忌其才高望重，六載不召。御史石金等交章論薦，皆不報。禮部尚書席書為

86（明）王守仁，〈奏聞宸濠偽造檄榜疏（正德十四年七月初五日）〉，《王文成全書》卷十二《別錄・奏疏四》。
87（明）黃綰，〈陽明先生行狀〉，《王文成全書》卷三十七《附錄六・世德紀》。
88（明）徐開任，《明名臣言行錄》卷五十《新建伯王文成公守仁》。
89（明）黃綰，〈陽明先生行狀〉，《王文成全書》卷三十七《附錄六・世德紀》。
90（明）徐開任，《明名臣言行錄》卷五十《新建伯王文成公守仁》。
91（明）雷禮，《國朝列卿紀》卷三十《南京兵部尚書行實・王守仁》。
92（明）黃綰，〈陽明先生行狀〉，《王文成全書》卷三十七《附錄六・世德紀》。

疏，特薦守仁及石淙楊一清，曰：『生在臣前見一人，曰楊一清；生在臣後見一人，曰王守仁。』時江西輔臣（楊廷和）嘗有私憾於守仁，乃密譏於上曰：『守仁將宸濠妃二人取歸為妾。』致上疑，以沮其進。」[93]嫉妒其才高望重，權臣們無所不用其極，甚至無端捏造娶宸濠妃子為妾這樣的謊言，來阻止他的復出，不免令人想起南宋時，詆毀朱熹為「偽學逆黨」的佞幸們，為了敗壞其名聲，居然捏造「納其尼女」（娶兩個尼姑為妾）的謊言。手段儘管卑劣，目的還是達到了。王世貞對此感慨系之：「守仁憂居，而從遊者益眾，相與推隆之。又以功高文臣預五等爵，忌者蜂起，有目為偽學者，有以下南昌縱士擄掠，及得寧邸（寧王府）之金寶子女者，至有謂初通宸濠謀，莢其不勝而背之者。」[94]張岱也說：「守仁故以才略為王瓊器任……用是，其形跡不能無疑於士大夫，起家書生，功名獨盛，忌者益蜂響醜詆。至謂守仁陰附宸濠，莢不勝而後背之者，至請黜守仁爵。」[95]誹謗王陽明暗中依附宸濠，串通謀反，畢竟毫無事實依據，世宗皇帝雖然有所動搖，鑑於他「仗義討賊，功固可錄」，不敢貿然取消他的封爵。但是，當他丁憂守制期滿，輕信內閣輔臣之言，遲遲不讓他起復。

汙蔑陽明心學為「偽學」的急先鋒，就是因大禮議而得寵的宵小之徒桂萼。毛奇齡寫道：「時上議大禮，張（璁）、桂（萼）之徒如霍韜、方獻夫輩，皆前後請教，且有從而北面者。惟桂萼憾公（王守仁），指公偽學，而上亦惑之，遲久不召。」[96]在他的影響之下，一些科道官紛紛上疏，含沙射影地攻擊王守仁。嘉靖元年（一五二二）十月，禮科給事中在奏疏中說：「三代而下，論正學者莫如朱熹，近有倡為異學者，大率取陸九淵之簡便，而以朱熹為支離。好高務名之士群然從之。宜嚴禁，以正士習。」所謂「取陸九淵之簡便，而以朱熹為支離」，矛頭直指王守仁。御史梁世鏢也有類似的奏疏。禮部對他們表示支持，批覆道：「二臣之言深切時弊，有補風教。」皇帝根據內閣輔臣的票擬，下達聖旨：「祖宗表章六經，敕從正學，欲成正大光明之業。近來士習詭異，文詞艱險，有傷治化。行督學諭禁，自今教人取士，一依程朱之言，不許妄為不經之書，私自傳刻，以誤正學。」[97]聖旨中雖沒有「偽學」二字，其實已經暗含在內，從兩次提及「正學」，反襯其「私自傳刻」、「不經之書」，不言而喻是「偽學」。

嘉靖二年（一五二三），對王守仁的攻擊反映到了科舉考試之中。鄧元錫提及此事：「癸未（嘉靖二年）南宮發策，至斥為偽學，欲焚書申禁。」[98]年譜中也提及此事：「南宮策士以心學為問，陰以辟先生。」不但指明是射向王守仁的暗箭，而且補充了許多細節。君子坦蕩蕩，王守仁淡然處之，門人徐珊讀到這道以心學為靶子的策問，嘆息道：「吾惡能昧吾知以幸時好耶。」先生不置可否。針對先生闢於前景大明的說法，錢德洪問道：「時事如此，何見大明？」王陽明答道：「吾學惡得遍語天下士？今會試錄雖窮鄉深谷無不到矣，吾學既非，天下必有起而求真是者。」侍候在一旁的鄒守益、薛侃、黃宗明、馬明衡、王艮等，紛紛談到近來「謗議日熾」，王陽明要他們分析其中的原因。有的說：「先生勢位隆盛，以忌嫉謗。」有的說：「先生學以明，為宋儒爭異同，則以學術謗。」有的說：「天下從遊者眾，與其進不保其位，又以身謗。」王陽明說，三種情況誠然都有，我自己明白，諸君的議論還沒有觸及。隨後說道「吾自南京以前尚有鄉愿意思在，今只信良知真是真非處，更無掩藏回護，才做得狂者，使天下盡說我行不掩言，吾只依良知行。」門人請教「鄉愿」與「狂者」的區別，王陽明說：「『鄉愿』以忠信廉潔見取於君子，以同流合汙無忤於小人，故非之無舉，刺之無刺。然究其心乃知忠信廉潔所以

93（明）黃綰，〈陽明先生行狀〉，《王文成全書》卷三十七《附錄六・世德紀》。

94（明）王世貞，〈新建伯文成王公守仁傳〉，《國朝獻徵錄》卷九。

95（明）張岱，《石匱書》卷一百三十《王守仁列傳》。

96（清）毛奇齡，《王文成傳本》卷二。

97（明）沈越，《皇明嘉隆兩朝聞見紀》卷一，嘉靖元年十月。

98（明）鄧元錫，《皇明書》卷四十二《心學紀・王文成公守仁》。

媚君子也，同流合汙所以媚小人也，其心已破壞矣，故不可與入堯舜之道。『狂者』志存古人，一切紛囂俗染，舉不足以累其心，真有鳳凰翔於千仞之意，一克念即聖人矣。」99

面對謗議，王陽明坦蕩之極，堅持做一個「只信良知真是真非」的狂者，不屑和小人同流合汙。他顯然是在以君子之心度小人之腹，沒有料到身死之後，竟然淹沒在洶湧而來的謗議巨浪之中。

嘉靖六年（一五二七），廣西思恩州土官知府岑猛叛亂，提督都御史姚鏌束手無策，兵部侍郎張璁拉攏禮部侍郎桂萼共同推薦王守仁，出任總督廣西等四省軍務，要他去收拾爛攤子。光祿寺少卿黃綰或許知道這個爛攤子很難收拾，向皇帝建議，王守仁「才德堪任輔弼」——可以出任內閣輔臣。皇帝親筆寫了御札，連同黃綰奏疏交付內閣議處，內閣首輔楊一清疑忌王守仁的才幹，極力反對，與張璁聯名回覆皇帝：「王守仁才固可用，但好服古衣冠，喜談新學，人頗以此異之，不宜入閣，但可用為兵部尚書。」桂萼得知黃綰之議，大為惱怒，向皇帝呈進密帖，百般詆毀王守仁。100

王守仁抵達廣西南寧時，岑猛已死，其黨羽盧蘇、王受相繼續叛亂，盧、王二人素來懾於王公威名，進退維谷，陷於窘境。王守仁不想兵連禍結，向皇帝上疏分析此次事變的緣由，岑猛之所以叛亂，地方軍政部門負有不可推卸的責任。一是兩廣軍門「因循怠弛，軍政日壞，上無可任之將，下無可用之兵，一有驚急，必須倚調土官狼兵若（岑）猛之屬者，而後行事。故此輩得以憑恃兵力，日增其桀驁。……及事之平則又功歸於上，而彼無所與」；二是「不才有司因而需索引誘，與之為奸，……始而徵發愆期，既而調遣不至，上嫉下憤，日深月積，劫之以勢，而威益褻，籠之以詐，而術愈窮……至有今日」。有鑑於此，他認為：「所可憤怒者，不過岑猛父子及其黨惡數人而已，其下萬餘之眾固皆無罪之人也。今岑猛父子及其黨惡數人，既云誅戮，已躁揚。所遺二酋，原非有名惡目，自可寬宥者也。又不勝二酋之憤，遂不顧萬餘之命，竭兩省之財，動三省之兵，使民男不得耕，女不得織，數千里內騷然塗炭者兩年於茲，然而二酋之憤至今尚未能雪也，徒爾兵連禍結，徵發益多，財饋益殫，民困益深，無罪之民死者十已六七，山猺海賊乘釁搖動，窮迫必死之寇既從而煽誘之，貧苦流亡之民又從而逃歸之，其可憂危何啻十百於二酋者之為患！」[101]所以他主張對盧蘇、王受實施寬大政策，給予自新之路，息兵罷餉，休養瘡痍之民。

王守仁的判斷是正確的，終於不戰而屈人之兵，成為他作為封疆大吏漂亮的收官之作。皇帝下旨嘉獎：「王守仁受命提督軍務，蒞任未久，乃能開誠宣恩，處置得宜，致令叛夷畏服，率眾歸降，罷兵息民，奇功可嘉。」[102]

他是抱病出征的，十月初八日，當朝廷派來嘉獎的官員趕到廣西時，已經臥病床褥一月有餘。十月初十日，他向皇帝請求回鄉就醫養病，推薦兩廣布政使林富代理職守。

嘉靖七年（一五二八）十月二十九日，王守仁在北上途中，病逝於江西南安，享年五十七歲。臨死前，他向家僮留下遺言：「他無所念，平生學問方才得見數分，猶未能與吾黨共成之，為可恨耳。」[103]江西巡按御史儲良才向朝廷報告訃聞，一向忌憚王守仁的吏部尚書桂萼扣押訃聞，彈劾王守仁擅離職守，指責他處置平叛事宜「恩威倒置」，並且舊事重提，詆毀其擒宸濠「冒濫軍功」。桂萼與楊一清還指使錦衣衛都指揮使聶能遷，無中生有地汙蔑他用一百萬兩金銀托黃綰送給張璁，推薦總督兩廣軍務之職。黃綰奮起辯誣，把聶能遷駁得體無完膚。皇帝下旨：「黃綰學行才識眾所共知，王守仁功高望隆，輿論推重。聶能遷這廝揑詞妄奏，傷害正類。都察院便照前旨，並嚴加審問，務要逐一追究與代做奏詞

99（明）王守仁，《王文成全書》卷三十四《附錄三．年譜三．嘉靖二年癸未》。
100（明）雷禮，《國朝列卿紀》卷五十《南京兵部尚書行實．王守仁》。
101（明）王守仁，〈赴任謝恩遂陳膚見疏（嘉靖六年十二月初一日）〉，《王文成全書》卷十四《別錄．奏疏六》。
102（明）雷禮，《國朝列卿紀》卷五十《南京兵部尚書行實．王守仁》。
103（明）黃綰，〈陽明先生行狀〉，《王文成全書》卷三十七《附錄六．世德紀》。

並幫助奸惡人犯來說。」[104]結果聶能遷成了替罪羊，被活活杖死。

既然「仗義討賊」的事功無法否定，宵小之徒便從「學術」下手，全盤否定他的「心學」。正如嘉靖時的兵部尚書鄭曉所說：「王公才高學邃，兼資文武，近世名卿鮮能及之。特以講學故，眾口交訾。蓋公功名昭揭，不可蓋覆，唯學術邪正未易銓測，以是指斥，則讒說易行，媢心稱快耳。」[105]他的事功朝野上下眾所周知，難以顛倒黑白，只能從學術下手，因為學術的真偽正邪很難衡量，便於信口雌黃。

這種手法，令人想起南宋時朱熹的遭遇，他的政績卓著，無可指責，當權派為了排斥異己，把他的學說誣衊為「專門曲學」、「欺世盜名」，並且羅織一個子虛烏有的「偽學逆黨」，給予嚴厲打擊。從學術觀點上看，王守仁的「心學」與朱熹的「理學」很不一樣，遭遇卻驚人相似，也被誣衊為「偽學」。

令人不可思議的是，皇帝的態度有了很大的變化，接到桂萼攻擊王守仁擅離職守的報告，對這種「事君不忠」的行為大為惱怒，寫了諭旨給內閣首輔楊一清、吏部尚書桂萼，措辭非常嚴厲：「守仁擅離重任，甚非大臣事君之道，況其學術事功多有可議。卿等仍會官詳定是非及封拜宜否以聞，不得回護姑息。」[106]

詹事府詹事黃綰頂著壓力向皇帝上疏，為王守仁的事功與學術辯誣，直指要害：「臣所以深知守仁者，蓋其功與學耳。然功高而見忌，學古而人不識，此守仁之所以不容於世也。」他一一列舉其事功，比如平定宸濠叛亂，「若非守仁忠義自許，身任討賊之事，不顧赤族之禍，倡義以勤王，運籌以伐謀，則天下安危未可知」；比如平定各處盜賊之亂，「守仁所立戰功，皆除大患，卒之以死勤事。夫兵政國之大事，宜為後世法，可以終泯其功乎」？然後分析守仁學術，都源於孔子、孟子等「先民之言」，絕非「邪說」。他說：守仁學術大要有三：「一曰致良知。實本先民之言，蓋致知出於孔氏，而良知出於孟軻性善之論。二曰親民。亦本先民之言，蓋《大學》舊本所謂親民者，即百姓不親之親，凡親賢樂利，與民同其好惡，而為絜矩之道者是已。此所據以從舊本之意，非創為之說也。三曰知行合一。亦本先民之言，蓋知至至之，知終終之，只一事也。守仁發此，欲人言行相顧，勿事空言以為學也。」他的結論是：「是守仁之學，弗詭於聖，弗畔於道，乃孔門之正傳也，可以終廢其學乎？」因此他向皇上建議：「擴一視之仁，特敕所司，優以恤典贈謚，仍與世襲，並開學禁，以昭聖政。」[107]言辭懇切，句句在理，世宗皇帝卻置之不理。給事中周延與黃綰相呼應，寫了奏疏批評皇帝：「以一眚盡棄平生，非所以存國體而昭公論。」又說：「守仁事功學術人所共服，不必更議。」皇帝大為惱怒，申斥道：「朝廷以此為功罪所系，故命集議，周延黨附狂率，謫補外職。」[108]

桂萼得到皇上諭旨，如同尚方寶劍在手，立即以「吏部會議」的名義，上報審查結論：「守仁事不師古，言不稱師，欲立異為名，則非朱熹格物致知之論，知眾論不與，則著《朱熹晚年定論》之書，號召門徒，互相唱和。才美者樂其任意，庸鄙者借其虛聲，遂敢於放肆。傳習轉訛，悖謬日甚。」然而王守仁在正德、嘉靖之際的「事功」，有目共睹，難以否定，桂萼提出貌似折衷的處理方案：剝奪他的封爵——新建伯，美其名曰「彰國家之大信」，達到「申禁邪說，以正天下人心」之目的。[109]皇帝支持桂萼的意見，批示道：「卿等言是。」然後發了一通和桂萼相似的議論：「守仁放言自肆，詆毀先儒，號召門徒虛聲附和，用詐任情，壞人心術。近年士子傳習邪說，皆其倡導。」把他的學說批得一無是處，

104（明）雷禮，《國朝列卿紀》卷五十《南京兵部尚書行實．王守仁》。
105（明）鄭曉，《吾學編》卷四十九。
106《明實錄．明世宗實錄》卷九十八，嘉靖八年二月戊辰。
107（明）王守仁，《王文成全書》卷三十四《附錄三．年譜三》。
108（明）沈越，《皇明嘉隆兩朝聞見紀》卷三。《王文成全書》卷三十四《附錄三．年譜三》。
109《明實錄．明世宗實錄》卷九十八，嘉靖八年二月甲戌。

結論是：「所封伯爵本當追奪，念係先朝信令，姑與終身，歿後恤典俱不准給。都察院榜諭天下，敢有踵襲邪說，果於非聖者，重治不饒。」[110]也就是說，新建伯的封爵隨著他的死亡自然終止，子孫不得世襲。王守仁獨子王正億，在皇帝怒氣消解後才得到了一個小小的錦衣衛副千戶的職位。這些榮譽原本是皇帝賜予的，他當然有權任意剝奪。令人驚訝的是，嘉靖居然以皇帝聖旨的形式，宣布陽明心學是「壞人心術」的「邪說」，禁止傳播與學習，否則「重治不饒」。

值得注意的是，桂萼指責王守仁「事不師古，言不稱師」，所列舉的事實只有《朱子晚年定論》，而且還把書名誤寫成《朱熹晚年定論》，看來他似乎沒有看過此書，只是道聽途說而已。以桂萼的那點學識，根本不可能知道，在王守仁的《朱子晚年定論》之前，早就有人提出過類似的觀點，那就是程敏政。程敏政認為「朱子晚年所以兼受陸子之學，誠不在南軒、東萊之下」，結論是「朱陸二氏之學始異而終同」，所謂「始異」，就是朱子「早年未定之論」；所謂「終同」，就是朱子晚年定論，已經兼受陸子之學。鄧志峰提及此事時指出：元明之際，學術上逐漸有朱陸合流的傾向，「在這股潮流中，活躍在成、弘時代的程敏政尤其值得重視。此人不僅在理學上的見解影響甚大，他的作品《道一編》、他為真德秀《心經》所作的附注，都對朱陸合流起了不小的推動作用。程氏《心經附注》旨在發明朱子之心學多引程子之論。儘管仍未超出朱學範圍，但對心的關注使其影響自不可小覷。《道一編》則明標『朱子晚年所以兼受陸子之學，誠不在南軒、東萊之下』，力主『朱陸二氏之學始異而終同』，把二人不同的觀點看成是『早年未定之論』，開王守仁作《朱子晚年定論》的先河。」[111]由此可見，朱子晚年定論云云，充其量不過是一個經學史上的學術問題，桂萼把它上升為政治問題，企圖證明王守仁是「偽學」、「邪說」。皇帝接受了這一指責，下令禁止傳播、學習，理由是蒼白無力的。

漫長的昭雪之路

統治者總以為動用政權力量打壓一種思潮或一個學派，立刻可以收到萬馬齊喑的效果。其實不然，一種思潮或一個學派一旦為人們所信仰，它的生命力強大無比，絕非政權暴力所能消解。陽明心學就是如此。門人為他編撰的年譜，記錄了門生故友對他的追思，以及對朝廷禁令的蔑視，讓人們看到了不屈服於威權高壓的希望之光。一些文人與官員並沒有被皇帝「重治不饒」的警告嚇倒，依然我行我素，令人敬仰，也令人五味雜陳。讀者諸君不妨耐心閱讀以下的紀錄：

嘉靖八年（一五二九）二月四日，陽明先生的靈柩運抵家鄉餘姚，弟子門人為他舉行祭奠儀式。

嘉靖九年（一五三〇）五月，門人薛侃在天真山建立精舍，祭祀先生。

嘉靖十一年（一五三二）正月，門人方獻夫聯合同志在京師聚會，紀念先生。年譜寫道：「自師沒，桂萼在朝，學禁方嚴，薛侃等既遭罪譴，京師諱言學。至是年，編修歐陽德、程文德、楊名在翰林，侍郎黃宗明在兵部，戚賢、魏良弼、沈謐等在科，與大學士方獻夫俱主會。於時，黃綰以進表入，（錢德）洪、（王）畿以趨廷對入，與林春、林大欽、徐樾、朱衡、王惟賢、傅頤等四十餘人，始定日會之期，聚於慶壽山房。」[112]顯然門人同志對於「敢有踵襲邪說」的警告，不屑一顧。

嘉靖十二年（一五三三），門人歐陽德聯合同門，在南京聚會，紀念先生。年譜寫道：「自師沒，同門既襄事於越。三年之後歸散四方，各以所入立教，合併無時。是年，歐陽德、季本、許相卿、何廷

110《明實錄．明世宗實錄》卷九十八，嘉靖八年二月甲戌。

111 鄧志峰，《王學與晚明的師道復興運動》（上海：社會科學文獻出版社，二〇〇四），頁三一八—三一九。

112（明）王守仁，《王文成全書》卷三十五《附錄四．年譜附錄．十一年壬辰正月》。

仁、劉暘、黃弘綱嗣講東南。（錢德）洪亦假事入金陵。遠方志士四集，類萃群趨，或講於城南諸剎，或講於國子（監）雞鳴（寺），倡和相稽，疑辯相繹。師學復有繼興之機矣。」[113]

嘉靖十三年（一五三四）正月，門人鄒守益在江西安福建立復古書院，祭祀先生。三月，門人李遂在浙江衢州建立講舍，祭祀先生。五月，貴州巡按御史王杏在貴陽建立王公祠。年譜記敘：「是年，（王）杏按貴陽，聞里巷歌聲藹藹如越音，又見士民歲時走龍場致奠，亦有遙拜而祀於家者，始知師教入人之深……乃為贖白雲庵舊址立祠。」[114]

嘉靖十四年（一五三五）二月，《陽明先生文錄》在蘇州刊刻出版。年譜記曰：「先是，（錢德）洪、（王）畿奔師喪，過玉山，檢收遺書。越六年，（錢德）洪教授姑蘇，過金陵，與黃綰、聞人詮等議刻《文錄》……是年二月，鳩工成刻。」[115]

南直隸巡按御史曹煜在九華山建立仰止祠，祭祀先生。

嘉靖十五年（一五三六），浙江巡按御史張景、提學僉事徐階重修天真精舍，禮部尚書黃綰作碑記，其中寫道：「今日書院之創，非徒講學，又以明先生之功也。」[116]

嘉靖十六年（一五三七），門人周汝貞在餘姚建立新建伯祠。同年十一月，僉事沈謐在家鄉秀水縣建立書院，祭祀先生。年譜說：「（沈）謐初讀《傳習錄》，有悟師學，即期執贄請見，師征思田，弗遂……遂拜薛子（侃），率同志王愛等數十人，講學於其中」。[117]

嘉靖十七年（一五三八），浙江巡按御史傅鳳翔在餘姚龍山建立陽明祠。

嘉靖十八年（一五三九），江西提學副使徐階，在江西洪都建立仰止祠，祭祀先生。年譜寫道：「自（徐）階典江西學政，大發師門宗旨，以倡率諸生。於是同門吉安鄒守益、劉邦采、羅洪先，南昌李遂、魏良弼、良貴、王臣、裘衍，撫州陳九川、傅默、吳悌、陳介等，與各郡邑選士俱來合會焉。」[118]

嘉靖十九年（一五四〇），門人周桐、應典等在浙江永康縣建立書院，祭祀先生。

嘉靖二十一年（一五四二），門人范引年在浙江青田縣建立混元書院，祭祀先生。

嘉靖二十三年（一五四四），門人徐珊在湖廣辰州建立虎溪精舍，祭祀先生。

嘉靖二十七年（一五四八）八月，江西萬安縣同志在白雲山麓建立雲興書院，祭祀先生。九月，門人陳大倫在廣東韶州建立明經書院。年譜寫道：「書院在府城。先是，同門知府鄭騮作明經館，與諸生課業，倡明師學。至是，大倫守韶，因更建書院，立師位，與陳白沙先生並祀。」[119]

嘉靖二十九年（一五五〇）正月，吏部主事史際在溧陽建立嘉義書院，祭祀先生。史際聘請錢德洪主持教事，常來參加講會的不下百餘人；春秋祭祀陽明與甘泉兩先生。錢德洪在此期間，把先生《朱子晚年定論》一卷增刻為三卷，重刻先生《山東甲子鄉試錄》。四月，門人呂懷等在南京崇禮街新泉精舍建立大同樓，設先師畫像，舉辦講會。[120]

嘉靖三十年（一五五一），貴州巡按御史趙錦在龍場的龍崗書院旁建立陽明祠。羅洪先撰寫的陽明祠碑記，對陽明先生的事功學術大加讚美：「先生以豪傑之才，振迅雄偉，脫屣於故常，於是一變而為文章，再變而為氣節，當其倡言於逆瑾蠱政之時，撻之朝而不悔，其憂思懇款，意氣激烈，議論鏗訇，真足以淩駕一時而託名後世，豈不快哉！及其擯斥流離，而於萬里絕域，荒煙深菁，狸鼯豺虎之區，形

113（明）王守仁，《王文成全書》卷三十五《附錄四・年譜附錄・十二年癸巳》。
114（明）王守仁，《王文成全書》卷三十五《附錄四・年譜附錄・十三年甲午五月》。
115（明）王守仁，《王文成全書》卷三十五《附錄四・年譜附錄・十六年丁酉十一月》。
116（明）王守仁，《王文成全書》卷三十五《附錄四・年譜附錄・十五年丙申》。
117（明）王守仁，《王文成全書》卷三十五《附錄四・年譜附錄・十六年丁酉十一月》。
118（明）王守仁，《王文成全書》卷三十五《附錄四・年譜附錄・十八年己亥》。
119（明）王守仁，《王文成全書》卷三十五《附錄四・年譜附錄・二十七年戊申九月》。
120（明）王守仁，《王文成全書》卷三十五《附錄四・年譜附錄・二十九年庚戌正月》。

影孑立，朝夕惴惴，既無一可騁者，而且疾病之與居，瘴癘之與親。情迫於中，忘之有不能；勢限於外，去之有不可……至於是而後，如大夢之醒，強者柔，浮者實……然則先生之學，出之而愈張，晦之而愈光，鼓舞天下之人，至於今日不怠者，非雷霆之震，前日之龍場，其風霰也哉！」[121]

嘉靖三十一年（一五五二），提督南贛都御史張烜在贛州鬱孤山建立陽明王公祠。江西僉事沈謐在南安復建陽明王公祠。南安是陽明先生逝世之地，士民哀號哭泣，在學宮之右建造陽明王公祠。其後，由於先生被誣，地方官「承奉風旨」，把祠堂遷往小巷深處，隘陋汙穢，人心不堪，沈謐與有司及師生商議，在舊址復建。

嘉靖三十二年（一五五三），江西僉事沈謐在信豐縣修復陽明王公祠，此後，贛州府所屬十一縣陸續建立陽明王公祠。

嘉靖三十三年（一五五四），南直隸巡按御史閭東、寧國知府劉起宗在涇縣建立水西書院，祭祀先生。

嘉靖三十四年（一五五五），歐陽德改建餘姚天真仰止祠。鄒守益撰寫〈天真仰止祠記〉，講述其始末：「天真書院本天真、天龍、明淨三寺地，歲庚寅（嘉靖九年），同門王子臣、薛子侃、王子畿暨德洪，建書院以祀先生新建伯。中為祠堂，後為文明閣、藏書室、望海亭，左為嘉會堂、遊藝所、傳經樓，右為明德堂、日新館，旁為翼室。置田以供春秋祭祀。歲甲寅（嘉靖三十三年），今總制司馬梅林胡公宗憲按浙，今中丞阮公鶚視學，謀於同門黃子弘綱、主事陳子宗虞，改祠於天真上院，距書院半里許。」[122]

嘉靖三十五年（一五五六）二月，提學御史趙鏜與廣德知州莊士元，修復當初鄒守益貶謫廣德時創建的復初書院。五月，湖廣兵備僉事沈寵在蘄州麒麟山崇正書院建立仰止祠，祭祀先生。錢德洪撰寫〈仰止祠記〉，感嘆先生的遭遇：「昔者夫子之始倡是學也，天下非笑詆訾，幾不免於陷阱者屢矣。夫子惘人心之不覺也，忘其身之危困，積以誠心，稽以實得，見之行事，故天下之同好者共起而以身承之，以政明之，故諸生之有今日，噫，亦難矣！」[123]

嘉靖四十二年（一五六三）八月，提學御史耿定向、知府羅汝芳在宣城建立志學書院，祭祀先生。

嘉靖四十三年（一五六四），內閣首輔徐階撰寫〈陽明先生畫像記〉，對於先生「以論學為世所忌，竟奪爵」深表不滿，說道：「先生在正德間，以都御史巡撫南贛，督兵敗宸濠，平定大亂，拜南京兵部尚書，封新建伯。其後以論學為世所忌，竟奪爵……嗚呼，此其功豈可謂幸成，而其心事豈不皎然如日月哉？忌者不與其功足矣，又舉其心事誣之，甚矣，小人之不樂成人善也。自古君子為小人所誣者多矣，要其終必自暴白。乃予所深慨者，今世士大夫高者談玄理，其次為柔願，下者直以貪黷奔競，謀自利其身。有一人焉，出死力為國家平定大亂，而以忌厚誣之。」[124]徐階觀點鮮明的表態，可以看作昭雪之路的轉折點。

江西巡按御史成守節重修洪都王公仰止祠。內閣大學士李春芳為之作〈王公仰止祠碑記〉：「陽明先生祠，少師存翁徐公（階）督學江右時所創建也。公二十及第，宏詞博學，燁然稱首詞林，一時詞林宿學皆自以為不及，而公則曰：『學豈文詞已也。』日與文莊歐陽公（德）窮究心學，聞陽明先生良知之說，而深契焉……夫致知學發自孔門，而孟子良知之說則又發所未發。陽明先生合而言之曰致良知，則好善惡惡之意誠推其極，家國天下可坐而理矣。」[125]

至此，漫長的昭雪之路，似乎可以看到盡頭了。由於內閣首輔徐階與次輔李春芳的介入，王守仁

121（明）王守仁，《王文成全書》卷三十五《附錄四．年譜附錄．三十年辛亥》。
122（明）王守仁，《王文成全書》卷三十五《附錄四．年譜附錄．三十四年乙卯》。
123（明）王守仁，《王文成全書》卷三十五《附錄四．年譜附錄．三十五年丙寅五月》。
124（明）王守仁，《王文成全書》卷三十五《附錄四．年譜附錄．四十三年甲子》。
125（明）王守仁，《王文成全書》卷三十五《附錄四．年譜附錄．四十三年甲子》。

的昭雪已經指日可待。這當然是門生故友堅持不懈努力的結果，而徐階在其中起了決定性的作用。李贄對徐階稱頌陽明先生的立場大為欣賞，為「少師徐階撰先生像記」寫下這樣的按語：「卓吾曰：徐存齋公作記，大有感慨不平之思，以故得時行志，將當日所盡奪者，一概給與，雖謂存齋公封先生子孫世襲新建伯可也，不啻口出，徐公有焉。而天之默佑陰騭，特地生一賢師相，為先生暴白衷腸，亦可知矣。」[126]李贄為文一向無所顧忌，公然揚言，陽明先生獲得昭雪，歸還封爵，並非出自剛剛上臺的穆宗皇帝的恩典，而是出於內閣首輔徐階的力挽狂瀾，雖然有些狂妄，卻道出了實情。

鄧志峰把王守仁的昭雪，歸功於「在朝王學」，他分析道：「在嘉靖後期南倭北虜、內憂外患紛至遝來的局面下，王門諸子的知兵傾向尤為世人矚目。這一點又成了王學在政治上崛起的新的契機。在熱衷軍事的這一批人中間，徐樾、唐順之、羅洪先，都是其中赫赫有名之輩……其他如三省總督胡宗憲，名將譚綸、戚繼光、翁萬達，都是王學的信徒或同情者。」又說：「在朝王學的重要人物包括歐陽德、聶豹、嚴訥、李春芳、李遂等一大批官運亨通之輩。在其中，堪稱護法的領袖人物是嘉隆之際的內閣首輔徐階，理論代表則是官至戶部尚書的著名學者耿定向。」[127]這樣的分析是言之成理的。

嘉靖、隆慶之際的政治交接，徐階處理得巧妙妥帖，先是以「遺詔」的形式表示先帝的悔悟，繼而以「即位詔書」的形式表示尊重先帝遺願，避免了「改祖宗之法」的非難。朝野上下把他比作正德、嘉靖之際力挽狂瀾的「楊廷和再世」，為王守仁昭雪就是徐階敦促穆宗完成的大手筆。隆慶元年（一五六七），穆宗皇帝鑑於王守仁「恤典贈謚阻陋長久」，下令六部六科及都察院官員會議，四月，部院科道官論定：「王守仁學術純正，勛名熛烈，此正合封冊所云『推誠宣力守正文臣』者。況世爵定典，論功有六：一曰開國，二曰靖難，三曰擒反，四曰平番，五曰禦胡，六曰征蠻。守仁有三焉。」穆宗考慮到王守仁學術純正、事功顯赫，不僅恢復了他的新建伯封爵，還贈予新建侯榮譽，賜給文成公謚號，派遣行人（職掌傳旨冊封的官員）到餘姚，賜造墳墓，宣讀誥詞，給他蓋棺論定：「甫拜省郎，早伸大節，久膺鐵鉞，累建殊勛，紹堯孔之心傳，追呂伊之懿績，而乃謗起功高，賞移罰重。」[128]

王守仁終於以極高的規格得以平反昭雪，朝廷以「學術純正」、「紹堯孔之心傳」，洗刷了「邪說」、「偽學」的誣謗；以「勛名標烈」、「追呂伊之懿績」，肯定了冊封伯爵是應得的獎賞。人們認為，按照陽明先生對於孔孟之道的貢獻，理應給予更高的榮譽：從祀孔廟。隆慶元年（一五六七）六月，禮科給事中趙輄、御史周弘祖題請已故禮部侍郎薛瑄從祀孔子廟庭，大理寺右丞耿定向也題請王守仁從祀孔廟。皇帝命禮部集議，禮部尚書高儀把商議結果上報：「薛瑄相去百年，輿論共服；王守仁尚近，猶恐眾論不一，宜會官集議，以俟聖斷。」[129]

隆慶二年（一五六八）五月，朝廷追錄已故新建伯王守仁平宸濠功，令世襲伯爵。也就是說，王守仁之子王正億可以承襲伯爵，子孫世世相傳。兩年後，皇帝又賜與鐵券，券文寫道：「兩間正氣，一代偉人，具撥亂反正之才，展救世安民之略，功高不賞，朕甚憫焉。因念勛賢，重申盟誓諸語。」[130]

既然是「兩間正氣，一代偉人」，耿定向提出來的從祀孔廟，應該是順理成章之事。實際情況並非如此。不久，徐階致仕，繼任內閣首輔的高拱對王守仁並無好感，此事自然不了了之。到了萬曆元年（一五七三），張居正取代高拱出任內閣首輔，事情似乎有了轉機，官員們陸續上疏提議王守仁從祀孔廟。浙江巡按御史謝廷傑在奏疏中主張「崇祀大儒」，在他看來，「孔孟周程之後所謂大儒，未有過於

126《陽明先生年譜》卷下，四十三年甲子條，李贄評語。按：此年譜係李贄的刪節版（收於《陽明先生道學鈔》卷八），與《王文成全書》所收年譜不同。李贄說：「余舊錄有先生年譜，取譜之繁者刪之，而錄其節要。」對於重要事件，李贄都有文筆犀利的評語。

127 鄧志峰，《王學與晚明的師道復興運動》，頁三一三—三一五。

128（明）朱國禎，《皇明大政記》卷三十五，隆慶元年四月。

129《明實錄·明穆宗實錄》卷九，隆慶元年六月丁未。

130（明）吳瑞登，《兩朝憲章錄》卷十九，隆慶二年五月戊午。

守仁者也」。先前廷臣屢次請求王守仁與薛瑄從祀孔子廟庭，薛瑄已經得到朝廷允准，而守仁仍然「欲待事久論定」，結果是「遲而未決」。原因何在？「不過疑守仁之學專主尊德性，與朱熹之道問學不同而已」。他認為這個理由是不能服人的，因為「學也者，天下之公學也，公學而公言之，則其議論固自不能無異同，亦不害其有異同」。在他眼中的王守仁，「篤信聖人，力探道妙，謂儒者之學，不獨功利非所當為，即訓詁詞章皆在所不足事。故本虞廷精一，孔門博約之旨，以發《大學》格物致知之義，名曰致良知。其大意以為，人心虛靈，萬理畢具，不假外索，而自有真知，是所謂良知也。人能不蔽於物欲，不牿於見聞，使虛靈之體湛然常存，寂然常應，是所謂格物以致良知也……舉凡近世舍內逐外，支離汗漫之習，與夫慕空耽寂、枯槁遺落之弊，一洗而空之。至其行履，則忠孝正直，不愧屋漏。發為文章，措為政事，建為勛業，皆炳炳巍巍，在人耳目」。因此，他希望皇上「崇祀守仁，使與（薛）瑄並俎豆於孔庭」，「庶幾正學昌明，真才輩出，聖治之隆，聖心之副，一舉而兼得之」。[131]

陝西道監察御史李頤與之相呼應，懇切皇上「崇祀真儒」：「頃者，御史謝廷傑疏舉先臣王守仁擬議從祀之列……伏乞皇上不顯文謨，主張斯道，敕下禮部，廣集群議，據實上聞。如果臣言不謬，將胡居仁同薛瑄、王守仁從祀孔廟。」他認為，如此一來，必然「理學益明，真儒輩出」。[132]

但是，掌握「宮府一體」大權的張居正，正在雷厲風行地推行全面改革，對於王門後學到處講學之風頗為不滿，明文規定「不許別創書院，群聚徒黨，及號召他方遊食無行之徒，空談廢業」。[133]王守仁從祀孔廟的事，根本不可能提上議事日程，直到萬曆十年（一五八二）張居正死後，事情才出現轉機。神宗親政以後，為了樹立自己的威權，致力於打擊「威權震主」的張居正，對他徹底否定：「張居正誣衊親藩，侵奪王墳府第，鉗制言官，蔽塞朕聰……專權亂政，罔上負恩，謀國不忠。」[134]於是乎全盤推翻張居正的新政，反其道而行之。另一方面，繼任的內閣首輔張四維，一改先前張居正的「操切煩苛」，推行「寬大之政」，深得神宗歡心。[135]萬曆十一年（一五八三）四月，張四維因為父親病故，丁憂歸里，繼任內閣首輔申時行主張「肅殺之後應有陽春」，「宜乘此施惠」。[136]

在這種背景下，王守仁從祀孔廟的時機出現了，一些官員陸續提出這一問題。

萬曆十二年（一五八四）六月，御史詹事講首先提請「從祀王守仁、陳獻章」。禮部的議覆是模棱兩可的：「隆慶元年，兵科給事中趙思誠，南京福建道御史石檟，俱疏守仁、獻章不宜從祀；戶科都給事中魏時亮，右副都御史徐栻，禮科給事中宗弘暹，御史謝廷傑，戶科給事中趙參魯，御史梁許、蕭廩，工部辦事進士鄒德涵，右御史余乾貞，俱疏『二臣應從祀』。」既然一向有爭議，皇帝的旨意也很謹慎：「從祀重典，著各該儒臣及九卿科道，從公品騭議奏，務協輿論。」[137]

萬曆十二年（一五八四）八月，右中允管司業事吳中行主張，王守仁、陳獻章應當與薛瑄、胡居仁一併從祀孔廟，他在奏疏中說：「今之儒有競虛華之談，而闊略行檢者矣，故若薛瑄、若胡居仁，踐履篤實，足為後學之模，以修身為教，而有功於六經修踐者，是可祀也。今之儒有局支離之跡，而茫昧本源者矣，故若王守仁、若陳獻章，悟識通融，能發先聖之奧，以明心為教，而有功於六經宗源者，是可祀也。斯二者誠不可偏舉而獨遺矣。」他的結論是：「臣以為茲四人者同功一體，所當並議從祀者也。」[138]

131（明）謝廷傑，〈崇祀大儒以明正學以育真才以隆聖澤疏〉，《萬曆疏鈔》卷三十五。
132（明）李頤，〈懇切聖明集公議崇祀真儒以培道脈以隆萬世文治疏〉，《萬曆疏鈔》卷三十五。
133（明）張居正，〈請申舊章飭學政以振興人才疏〉，《張文忠公全集》卷四。
134《明實錄．明神宗實錄》卷一百五十二，萬曆十二年八月丙辰。
135 參見（明）吳伯與，《國朝內閣名臣事略》卷十三〈張文毅傳略〉。
136 參見（明）吳伯與，《國朝內閣名臣事略》卷十三〈申文定傳略〉。
137（明）錢一本，《萬曆邸鈔》萬曆十二年甲申卷，六月。
138（明）吳中行，〈議從祀疏（萬曆十二年八月）〉，《萬曆疏鈔》卷三十五。

一個月後，司經局洗馬陳于陛再次提及王守仁、陳獻章從祀孔廟之議，寫了洋洋灑灑的長篇奏疏。他首先回顧了近幾年來關於此事的經過：「據禮部手本開稱，河南道御史詹事講奏前事，請以先臣尚書王守仁、檢討陳獻章從祀孔子廟庭。奉聖旨：『禮部看了來說，欽此。』該本部題復照先年例，敕翰林院、詹事府、左右春坊、司經局、國子監諸臣，各直抒所見，核議以聞。奉聖旨：『從祀重典，著各該儒臣及九卿科道，從公品騭議奏，務協輿論，欽此。』續據手本，該科道諸臣疏言：尚書章懋，祭酒蔡清、鄒守益，諭德吳與弼，修撰羅倫，僉事吳仲韶，布衣胡居仁、陳真晟、王艮等，並令從祀。部復：照前例行各該衙門一併擬議具奏。奉聖旨：『是，欽此欽遵。』」看來事情比想像的複雜多了，除了王守仁、陳獻章，還提出了章懋、蔡清、鄒守益、吳與弼、羅倫、吳仲韶、胡居仁、陳真晟、王艮等九人，似乎過於寬泛。陳于陛則主張陳獻章、王守仁、胡居仁、蔡清四人，「皆無愧於從祀」，仍然有點寬泛。不過他對於陳獻章、王守仁的品騭還是公允的。

關於陳獻章，他說：「獻章之學，以致虛立本，以主靜養為善之端倪，以勿忘勿助之間為體忍之則，以無所安排、自然應用為實得。蓋始嘗求之聖賢典訓，而無所湊泊也。然後舍煩之約，去耳目支離之用，存虛圓不測之神，真見心體隱然，參前倚右，日用應酬，闔辟卷舒，無不自得，庶幾乎聖人之道知而好，好而樂者也。」

關於王守仁，他說：「守仁之學，以聖人為必可至，以心之良知是謂聖，以萬事萬物之理皆不外乎心。其致良知之說，大意謂：心之本體即天理之昭明靈覺，即良知，人能實致其知。天理常存，和融瑩徹，充塞流行，天下事雖千變萬化，以此應之，更無遺缺滲漏。其道明達而易簡，其工夫直截而灑脫；其文又取之《大學》、《孟子》，而稟裁於靜虛動直，大公順應之指，於聖人之道可謂識其大矣。」

他的結論是：「守仁之世近矣，然能樹標幟於獻章之後，而擔荷甚重。獻章之遇詘矣，然實啟關鑰於守仁之先，而造詣最醇。今遺書具存，諄諄乎仁義忠信之談，娓娓於子臣弟友之際，其於弘闡聖教，醒寤後學，為效卓爾。世之譏獻章者曰『偏於靜』，譏守仁者曰『偏於知』。以為竊陸九淵、楊簡之緒而近禪。臣以為非篤論也……使二臣得事聖門，方且躐遊夏而希回賜，何疑於一從祀哉？」[139]陳于陛是篤信朱子學的，以為朱子學是正學，如欲垂範天下，非朱子學不可，能有如此境界極力主張陳獻章、王守仁從祀孔廟，實屬難能可貴，也可見當時輿論在這一點上也已取得共識。

其中最有影響的莫過於耿定向。都察院左副都御史耿定向向皇帝呈進長篇奏疏，主張王守仁、陳獻章應該從祀孔廟。關於王守仁，他說：「守仁之學，措之行履，信在鄉邦；發之事業，功在宗社。臣不具論。乃其講學淑人，單揭要指曰致良知。夫曰良知云者，即孔子之所謂仁，是人之所以生者也。本諸身，而能視能聽能言能動；顯諸倫，而為忠為孝為弟為信。是非淑慝，靈昭不昧，乃蒸民之所同具，無聖凡古今一也，特有致有不致耳……皇上今綏其猷，此非千載一時哉！臣等集議咸切切焉。皇上俎豆守仁於孔廟之廡者，非曰祀其人已也，蓋藉此以樹杓的，將令天下臣庶率由於其道也……蓋守仁從祀之舉，蓋彰明道術之微機，化成天下之上務也。顧往往請者數矣，間有異議者，或膠於言論意見之異同，而未求諸心；或眩於傳聞疑似之群吠，而未核其實耳。」關於陳獻章，他說：「若獻章，當訓詁汩溺之餘，名理棼呶之日，而學以靜觀默識為務，以致虛立本為宗，其深造自得之趣，堅直明懿之履，抑可謂乎醇者矣。昭代學術反約而求諸心，不為口耳支離之驚者，實其開先也。」他的結論是：「若王守仁、陳獻章二臣者，其議祀已久，輿論已孚，伏乞敕下該部先行從祀，庶令後學知所嚮往。」[140]

耿定向早在隆慶元年就提出過這一問題，過了十多年再度提及，他感受到「異議」壓力之巨大，即他所說的「或膠於言論意見之異同」，「或眩於傳聞疑似之群吠」。這次依然如此。皇帝把他的奏疏交

139（明）陳于陛，〈議從祀以崇聖道疏（萬曆十二年九月）〉，《萬曆疏鈔》卷三十五。
140（明）耿定向，〈議從祀疏（甲申左院草）〉，《耿天台先生文集》卷二。

給禮部尚書沈鯉，要他召集廷臣集議，廷臣意見分歧，難以取得結論。幸虧內閣首輔申時行及時插手，才促成此事。申時行在看到耿定向奏疏時，就向神宗皇帝遞上奏摺，支持耿定向的意見。他向皇上分析說，王守仁的思想出於《大學》和《孟子》，陳獻章的思想出於宋儒周敦頤、程顥，並非自創一個門戶。因此他認為，王守仁和陳獻章從祀孔廟，可以收到意想不到的政治效果。他在題為〈遵明旨析群議以成盛典事〉的奏疏中說：「先該御史詹事講建白，先臣王守仁、陳獻章從祀學宮。或又訾詆守仁，議者紛紛，迄無定論。今該部巍覆議，乃請獨祀布衣胡居仁，臣等切以為未盡也。彼訾詆守仁、獻章者，謂其各立門戶者，必離經叛聖，如老佛莊列之徒而後可。若守仁言致知出於《大學》，良知本於《孟子》；獻章言主靜，沿於宋儒周敦頤、程顥，皆祖述經訓，羽翼聖真，其自創一門戶耶？事理浩繁，茫無下手，必於其中提示切要，以啟關鑰，在宋儒已然，故其為教曰仁曰敬，亦各有主，獨守仁、獻章為有門戶哉？其謂禪家宗旨者，必外倫理、遺世務而後可。今孝友如獻章，出處如獻章，而謂之禪，可乎？氣節如守仁，文章如守仁，功業如守仁，而謂之禪，可乎？其謂無功聖門者，豈必著述而後為功。夫聖賢於道，有以身發明者，比於以言發明，其功尤大也。其謂崇王則廢朱者，不知道固互相發明，並行不悖。蓋在宋時，朱與陸辯，盛氣相攻，兩家弟子有如仇隙，今並祀學宮，朱氏之學既不以陸廢，今獨以王廢乎？大抵近世儒者褒衣博帶以為容，而究其實用，往往病於拘曲而無所建樹；博物洽聞以為學，而究其實得，往往狃於見聞而無所體驗。習俗之弊，沉痼久矣！今祀守仁、獻章，一以明真儒之有用，而不安於拘曲；一以明實學之自得，而不專於見聞。斯於聖化豈不大有裨益乎？」[141]

雖然申時行並非儒臣，也沒有徐階那樣的王學背景，這篇奏疏卻寫得氣勢如虹，邏輯嚴密，極具說服力。神宗接到他的奏疏，為了開創不同於張居正的新局面，不等禮部上報集議結果，就依據申時行的建議，下達聖旨：「皇祖世宗嘗稱王守仁有用道學，與陳獻章、胡居仁既眾論推許，咸准從祀孔廟。朝廷重道崇儒原尚本實，操修經濟都是學問，亦不必別立門戶，聚講空談，反累盛典。禮部其遵旨行。」[142]

其後又有南京戶部郎中唐伯元、大理寺少卿王用汲、光祿寺丞李禎相繼詆毀王守仁，都遭到神宗嚴詞批駁：「王守仁學術原與宋儒朱熹互相發明，何嘗因此廢彼？」[143]神宗對他們的批駁還算客氣的，這些人反對王守仁從祀孔廟，極盡詆毀之能事，言論相當尖銳。例如南京戶部郎中唐伯元在奏疏中說：「六經無心學之說，孔門無心學之教，凡言心學者皆後儒之誤。守仁言良知，俱系邪說，系新學惑世誣民，立於不禪不霸之間，習為多疑多似之行。功已成而議者不休，骨已朽而忿者愈熾。工於護短，巧於盜名，終日招朋聚黨，好為人師，而忘其身之可賤。乃稍知廉恥之士所不肯為，後人效之不為狗成，則從鬼化。」[144]通篇都是人身攻擊，用謾罵取代說理，比當年的桂萼有過之而無不及。神宗寬大為懷，只給了他降三級調外任的處分，以示警告。這些小插曲已經難成氣候，王守仁從祀孔廟已成定局。

王守仁的昭雪之路，以從祀孔廟而達到高潮，可謂功德圓滿。

毛奇齡對此頗為感慨，發了一通議論，頗能令人深省，值得一看。他說：「今陽明事功則直是三代以後千百年一人，即令無學，亦既在孝悌忠信正誼明道志士仁人之上。而學復如是，雖使親入聖門，亦應不出由賜下，而只此從祀一節，尚齟齬論辯，謬之謬矣。宋學惟無用，藉以自便，故造為聖學輕事功之言……陽明龍場節操總廢，何況事功。『有用』二字，非深知聖學者烏能言之。間嘗嘆陽明一生，其事功學術每敗於宵人，而成於聖人。世宗、穆宗已定勛爵，而神宗復表其學術。今世宵人其齟齬者不乏矣，順治末年，竟言王學非宋學，然其合聖學安在？賴世祖皇帝有言：『守仁之學，有似孟子』，眾便翕然。」[145]他特別提到，陽明先生逝

141（明）錢一本，《萬曆邸抄》，萬曆十二年甲申卷，十一月庚寅。
142《明實錄·明神宗實錄》卷一百五十五，萬曆十二年十一月庚寅。
143（明）錢一本，《萬曆邸抄》，萬曆十二年甲申卷，十一月庚寅。
144（明）錢一本，《萬曆邸抄》，萬曆十三年乙酉卷，三月，謫唐伯元條。

世後，各地為了紀念他，先後建立書院七十五所，祠堂四百二十所，感嘆道：「若夫門人相繼，總屬善類，雖學問各出，或不足以導揚師說，而攻者如彼，歸之者又如此，人心之良斯可見。」[146]

誠如毛奇齡所說，從晚明到清初，對於王學始終有譽有毀，作為學術爭議不足為奇，但是，為什麼學術的是非功過一定要由皇帝來當判官，一錘定音？難道學術就是政治，或者等而下之，不過是政治的附庸而已？

皇恩浩蕩再次降臨之際，人們不禁要追問：對中國以及周邊國家影響幾個世紀的「陽明學」，和先前的「朱子學」一樣，都曾經受到政治權力的粗暴干預，被誣為「偽學」，這是為什麼？張岱的話是發人深思的：「（陽明先生）致良知之說行，而人猶訾天下無學術矣；平宸濠、平思田之功成，而人猶訾天下無事功矣。讒口譸張，易白為黑，陽明先生猶不免，而況其他乎！」[147]令才子張岱深深感嘆的是，陽明先生事功與學術兩者都如此傑出，在明代無出其右者，仍然不免於誣陷——「讒口譸張，易白為黑」，何況其他人！人們有必要追問一句：癥結究竟何在？

三、「掀翻天地」的王門弟子

王門弟子遍天下，又各立門派。黃宗羲似乎對其中的一些人有所非議，他說：「陽明先生之學，有泰州、龍溪而風行天下，亦因泰州、龍溪而漸失其傳。泰州、龍溪時時不滿其師說，益啟瞿曇之祕而歸之師，蓋躋陽明而為禪矣。然龍溪之後力量無過龍溪者，又得江右為之救正，故不至十分決裂。泰州之後，其人多能赤手以搏龍蛇，傳至顏山農、何心隱一派，遂復非名教之所能羈絡矣。顧端文曰：『心隱輩坐在利欲膠漆盆中，所以能鼓動得人，只緣他一種聰明，亦自有不可到處。』羲以為，非其聰明，正其學術之所謂祖師禪者，以作用見性，諸公掀翻天地，前不見有古人，後不見有來者。」[148]這自然是一家之言。換一個立場來看，則又是另一番境界。擺脫名教的羈絡，掀翻天地，難道不值得讚揚麼？

「不從人腳跟轉」的王畿

王守仁被朝廷定為「偽學」、「邪說」十二年之後，即嘉靖二十年（一五四一），他的大弟子王畿也被朝廷定為「偽學小人」。兩者都是政治權力對於學術的壓制，都是由皇帝聖旨的形式公之於世的。決策者當然另有其人。前者是剛剛由吏部尚書進入內閣的桂萼，後者是內閣首輔夏言。

關於此事，《明世宗實錄》記載：「刑科等科都給事中戚賢等……因薦南京吏部尚書聞淵、兵部尚書熊浹、吏部尚書劉天和，皆憂國忠君，可寄股肱。南京兵部郎中王畿、主事程文德、福建參議徐樾，皆清修積學，可備館院……疏入，上曰：『宗廟災變，朕方朝夕祗懼，不敢康寧，在廷群臣正宜休念，同加修省，以回天意。戚賢等乃敢因而行私，肆意妄言，變亂邪正……王龍溪偽學小人，專擅薦引，顯是懷奸植黨，欺君誤國。』」[149]

《明世宗實錄》這段話，漏掉了一個關鍵事實：聖旨是內閣首輔夏言「票擬」的，皇帝不過是照發而已。這是有據可查的。尹守衡《明史竊》提及此事，寫道：「三殿災，詔求直言，吏科都給事中戚賢

145（清）毛奇齡，《王文成傳本》卷二。
146（清）毛奇齡，《王文成傳本》卷二。
147（明）張岱，《石匱書》卷一百三十《王守仁列傳》。
148（清）黃宗羲，《明儒學案》卷三十二《泰州學案》。
149《明實錄．明世宗實錄》卷二百四十八，嘉靖二十年四月乙亥。

疏請上審進退，以回天變。所論列皆權寵大臣，而舉海內才望問學之臣十四人，又多講學之士。上曰：『如王畿詐偽小人，亦擅引薦，懷奸植黨，一至於斯。』相貴溪所票旨也。」[150]此處的「相貴溪所票旨」是點睛之筆，所謂「相」即內閣首輔，所謂「貴溪」指的是夏言（夏言是江西貴溪人），所謂「票旨」意為代帝票擬聖旨。萬斯同《明史》提及此事，寫道：「三殿災，給事中戚賢等會薦人才，（王）畿預焉。（夏）言遂擬旨，斥（王）畿偽學，奪（戚）賢職，（王）畿乃再疏謝病歸。」[151]說得很清楚，指斥王畿為「偽學」、「小人」，是夏言「票擬」的聖旨。

這一事件的結果，是戚賢的貶謫——貶為山東布政司都事，以及王畿的罷官。夏言之所以要票擬「偽學小人」這樣的聖旨，反映了他對王學的極度反感。王畿是王陽明的大弟子固不待言，戚賢也對陽明先生執弟子之禮。萬斯同說：「（戚）賢聞王守仁之說，心契之，及官於浙，遂執弟子禮，與王畿、錢德洪、羅洪先、唐順之輩友善。」[152]直接的動因當然是政治的考量。戚賢在推薦王畿等人的同時，抨擊了一些權臣，指責翊國公郭勛「肆逞兇狂，假擅威福，吞噬遍天下」，請求皇上把他「亟行廢黜」；彈劾尚書張瓚、樊繼祖、李廷相，都御史王廷相，胡守中，少卿李開先、戴儒，侍讀胡經，司業王同祖，「大計罷黜，不宜夤緣復進」。[153]在夏言看來，戚賢彈劾朝中權臣，引薦「偽學小人」，顯然是「肆意妄言，變亂邪正」。

王畿當然不是「偽學小人」，猶如陽明學說並非「偽學」、「邪說」。黃宗羲把王畿與王守仁的師承關係，比喻為楊簡與陸九淵的關係：「先生（王畿）親承陽明末命，其微言往往而在。象山（陸九淵）之後不能無慈湖（楊簡），文成（王守仁）之後不能無龍溪（王畿），以為學術之盛衰因之，慈湖決象山之瀾，而先生疏河導源於文成之學，固多所發明也。」[154]王門弟子中，最得老師心傳的當推王畿，直到八十六歲去世之前，始終致力於講學，光大師門學說。

王畿，字汝中，號龍溪，紹興府山陰縣人，弱冠之年得中舉人。此時，陽明先生在姚江倡導良知之學，士人們驚駭不已，他欣然前往受業，與錢德洪成為及門弟子。入試禮部不第，焚毀京兆所給路券而歸，毅然放棄舉子業，只求卒學於師門。一年後大悟：「『致良知』三字誰不聞，信得及者，惟我也。」[155]明年復當會試，陽明命他前往，他不答。陽明解釋道：「吾非欲以一第榮子，顧吾之學疑信者半，而吾及門士樸厚者未通解，穎慧者乏沉毅，能闡明之者無逾子。今宦學者咸集都門，子曷往焉？」王畿於是遵命前往應試。他與妹婿錢德洪都通過了禮部考試，鑑於對時局的不滿，二人一致認為「此非吾輩仕時也」，不就廷試而還。[156]

此後，他專注於陽明夫子之學，深得真傳，對於夫子的「四句教法」——「無善無惡心之體，有善有惡意之動，知善知惡是良知，為善去惡是格物」，有獨到的領悟。錢德洪認為「此是師門教人定本，一毫不可更易。」他卻認為：「夫子立教隨時，謂之權法，未可執定。體用顯微只是一機，心意知物只是一事。若悟得心是無善無惡之心，意即是無善無惡之意，知即是無善無惡之知，物即是無善無惡之物。蓋無心之心則藏密，無意之意則應圓，無知之知則體寂，無物之物則用神……」錢德洪表示反對：「若是，是壞師門教法，非善學也。」他堅定地主張：「學須自證自悟，不從人腳跟轉，若執著師門權法以為定本，未免滯於言詮，亦非善學也。」[157]兩人的爭論，顯然王畿略勝一籌，更符合陽明學說的本

150（明）尹守衡，《皇明史竊》卷七十六《道學‧王畿》。
151（清）萬斯同，《明史》卷二百七十四《王畿傳》。
152（清）萬斯同，《明史》卷二百八十三《戚賢傳》。
153（清）萬斯同，《明史》卷二百八十三《戚賢傳》。
154（清）黃宗羲，《明儒學案》卷十二《浙中王門學案二‧郎中王龍溪先生畿》。
155（明）尹守衡，《皇明史竊》卷七十六《道學‧王畿》。
156（明）尹守衡，《皇明史竊》卷七十六《道學‧王畿》。
157（明）王畿，《龍溪王先生全集》卷一《語錄‧天泉證道紀》。

意。陽明先生一貫主張「學貴得之心，求之於心而非也，雖其言之出於孔子，不敢以為是也」，王畿所說的「學須自證自悟，不從人腳跟轉」，深得師門真傳。錢德洪所說的「師門教人定本，一毫不可更易」，與「學貴得之心」有一段距離。

錢德洪不以為然，希望當面就正於老師。當時王陽明即將受命前往兩廣執行軍務，臨行前的晚上，師生三人在天泉橋上座談，於是就有了陽明先生一番宏論。他講了這樣幾層意思：

> 正要二子有此一問。吾教法原有此兩種：四無之說，為上根人立教，四有之說，為中根以下人立教。
>
> 上根之人悟得無善無惡，心體便從無處立根基，意與知物皆從無生，一了百當。即本體便是工夫。易簡直截，更無剩欠，頓悟之學也。
>
> 中根以下之人未嘗悟得本體，未免在有善有惡上立根基，心與知物皆從有生。須用為善去惡工夫隨處對治，使之漸入悟，從有以歸於無，復還本體，及其成功一也。
>
> 世間上根人不易得，只得就中根以下人立教，通此一路。汝中所見是接上根人教法，德洪所見是接中根以下人教法。
>
> 汝中所見，我久欲發，恐人信不及，徒增躐等之病，故含蓄到今。此是傳心祕藏，顏子明道所不敢言者，今既已說破，亦是天機該發洩時，豈容復祕？然此中不可執著，若執四無之見，不通得眾人之意，只好接上根人，中根以下人無從接授。
>
> 若執四有之見，認定意是有善有惡的，只好接中根以下人，上根人亦無從接授。
>
> 但吾人凡心未了，雖已得悟，不妨隨時用漸修工夫，不如此不足以超凡入聖，所謂上乘兼修中下也。汝中此意正好保任，不宜輕以示人，概而言之，反成漏泄。德洪卻須進此一格，始為玄通。德

洪資性沉毅，汝中資性明朗，故其所得亦各因其所近，若能互相取益，使吾教法上下皆通，始為善學耳。[158]

看得出來，陽明先生對於兩位大弟子都很器重，不想輕易表態，分出伯仲，希望他們互相取益，相得益彰。但是，言談之中不免流露出高下之分：王畿屬上根人，可以頓悟；錢德洪屬中根以下人，可以漸悟。對於王畿所見尤為激賞，他自己早就想提出，恐怕人們不信，故而含蓄至今，想不到這樣的「傳心祕藏」，被王畿說破。這是何等高的評價！

王畿思想的精彩之處就在於，他始終堅信「學須自證自悟，不從人腳跟轉，若執著師門權法以為定本，未免滯於言詮，亦非善學也」。如果不能自證自悟，一味追隨前賢的腳跟轉，人云亦云，重複前賢的語錄，或者執著於師門權法，不敢超越，那就沒有發展，沒有創新，思想界豈不成為一潭死水！王畿在給友人的信中，一再強調這樣的思想：「若不是自己真有個悟入處，雖盡將先師口吻、言句，一字不差，一一抄謄與人說，只成剩語，誑己誑人，罪過更大。以其無得於己也。諸公果肯信不肖之言，不為虛妄，只當聽信先師之言一般，還須轉個關捩子，默默體悟，方得相應。」[159]

他所說的「自己真有個悟入處」，而不是「無得於己」，與陽明先生主張「學貴得之心」是一致的。陽明的〈《五經臆說》序〉，用魚與筌、醪與糟粕的關係做比喻，來說明如何看待五經，如果把捕魚的工具（筌）當作魚，把釀酒（醪）的糟粕當作酒，就不可能得到魚與醪。因此他說：「五經聖人之

158（明）王畿，《龍溪王先生全集》卷一《語錄．天泉證道紀》。按：所引文字於〈天泉證道紀〉中為一段，今以層析之，便於讀者閱讀。

159（明）王畿，〈答李克齋〉，《龍溪王先生全集》卷九。

160（明）王守仁，〈《五經臆說》序〉，《王文成全書》卷二十二《外集四》。

學具焉，然自其已聞者而言之，其於道也，亦筌與糟粕耳。」同樣，對於他自己的學說，也應該如此：「觀吾之說而不得其心以為是，是亦筌與糟粕也。」[160]希望弟子們要有自己的心得，不要受他的「胸臆之見」所束縛，正因為如此，他把洋洋巨著《五經臆說》付諸「秦火」。杜維明說得好：「陽明所以不願意公開他的《五經臆說》，一方面因為他心懷如此深邃的內心經驗，以至於他自己也無法用詞句恰當地表達出來；另一方面，是因為他的教育哲學強調，每一個學生在讀經時通過體驗獲得的個人知識都是個人的。」[161]顯然，陽明先生不希望他的學生跟著他的腳跟轉，王畿是深知其中三昧的嫡傳弟子。

有鑑於此，清朝的四庫館臣對王畿的品評，如果不是出於偏見，便是失之片面。四庫館臣說：「畿傳王守仁良知之學，而漸失其本旨。」又說：「王學末流之恣肆，實自畿始。《明史》雖收入〈儒林傳〉，而稱：『士之浮誕不逞者，率自名龍溪弟子』云云，深著其弊，蓋有由也。」[162]所謂「漸失其本旨」，顯然與事實不符。至於「王學末流之恣肆，實自畿始」，頗有衛道士的陳腐氣息，從反面理解，恰恰是為思想解放推波助瀾。《明史・儒林傳》所謂「浮誕不逞」云云，也是如此。正如鄧志峰所說：「王畿之被視為偽學，正當作如是觀。事實上，從他自己講究『掀翻天地，打破牢籠』，不以先有規則為界限，不以已有之教條為是非，這一角度來看，傳統的氣節、名教本來都與他的理論無關……這個意義上的王畿，倒是一種不折不扣的『真學』。」[163]因此，王畿對自己的學問十分自信，對於「偽學」的誣陷淡然處之。戚賢為了推薦他，卻使之遭「偽學」之謗，頗為內疚。王畿在祭文中說：「兄嘗致書於予，自謂以此相累。偽學之名，雖非清朝所宜有，但觀前朝，當此者何人？復以此相勉於玄，就淡如也。」[164]事實確乎如此，連聲名顯赫的大學問家朱熹都被扣上「偽學」的帽子，又何必耿耿於懷呢！真者自真，偽者自偽，是非自有公論。

王畿堅信「學須自證自悟，不從人腳跟轉」，他的思想極具批判鋒芒。最令人震撼的是「《論語》有病」論：「觀《春秋》、《易》、《詩》、《書》，經聖人手，則知編《論語》者亦有病。《論語》一書多出有子、曾子門人之手，微言隱義間有存者。至如〈鄉黨〉一篇，只記得孔子皮膚影像。若是傳神手筆，絕塵而奔，非步步趨趨所能及也。天下若無著實師友，不是各執己見，便是恣情縱欲。」[165]自從《論語》等四書被奉為「經」以後，地位節節攀升，大有凌駕於五經之上的趨勢，士人一味頂禮膜拜，只敢亦步亦趨地注釋，少有批評。王畿反其道而行之，直率地指出《論語》「有病」，並非「傳神手筆」，「只記得孔子皮膚影像」，顯示了他「不從人腳跟轉」的理論勇氣。

這與他對經學的批判立場是一致的：「漢唐以來分門傳經，訓詁注述之徒，所謂庶孽者，昂然列於廡下，而為宗子者，尚泥於紛紛之說，不得並列於俎豆之間，以承繼述之重，豈亦有似是而難明者乎！」[166]在他看來，這種積習，古已有之，於今為烈：「蓋自霸術以來，功利世情漸漬薰染，入於人之心髓，已非一朝一夕之故。吾人種種見在好名、好貨、好色等習，潛伏膠固，密制其命，不求脫離。終日倚靠意見牽搭支撐，假借粉飾，以任情為率性，以安逸因循為自然，以計算為經綸，以遷就為變通，以利害成敗為是非，以激憤幸戾為剛大之氣……今日學問所以不能光顯於天下，而致茲多口，在吾人誠有不得不任其咎者矣。」[167]因此，他要大聲疾呼，終身致力於講學，力圖改變這種積習。他說：「嗟乎，世人所以病乎此學者，以為迂闊臭腐，縱言空論，無補於身心也；甚或以為立門戶、崇黨與，而侈囂嘩，無關於行實也。審若是，則此學如懸疣附贅，假途措寇，謂之不講也固宜，而其實若有為盡然

161 杜維明，《青年王陽明——行動中的儒家思想家》，頁一六七。
162 《四庫全書存目叢書》史部九十八《龍溪全集》提要。
163 鄧志峰，《王學與晚明的師道復興運動》，頁一五一—一五二。
164 （明）王畿，〈祭戚南玄文〉，《龍溪王先生全集》卷十九。
165 （明）王畿，〈撫州擬峴臺會語〉，《龍溪王先生全集》卷一。
166 （明）王畿，〈與陶念齋〉，《龍溪王先生全集》卷九。
167 （明）王畿，〈答季彭山龍鏡書〉，《龍溪王先生全集》卷九。

者。蓋吾人在世，不能為枯木，為濕灰，必有性情之發，耳目之施，以濟日用，不能逃諸虛空。必有人倫庶物感應之跡。有性情而不知節，則將和蕩而淫矣；有耳目而不知檢，則將物交而引矣；有人倫庶物之交而不知防慎，則將紊秩而棼類矣。此近而諸身，不容一日而離，則此學固不容以一日不講也。」[168]

「此學固不容一日不講」，他不僅這樣說，而且這樣做，直到八十多歲，還在到處奔走講學，弘揚先師的學說。尹守衡寫道：「年八十餘，猶不廢出遊，曰：『吾非好遊，天壤悠悠，誰當負荷？思與海內士夫相與證明先師法旨，續千聖之道脈耳。』」[169]他的講學意在「證明先師法旨」，並非四庫館臣所謂「畿傳王守仁良知之學，而漸失其本旨」。

比如，強調日用飲食、聲色財貨看起來「極粗」，卻是「極精的學問」，便不失先師本旨。嘉靖二十八年（一五四九），王畿偕錢德洪前往江西龍虎山之沖元觀，舉行「沖元大會」。王畿在會上演講，專就「極粗」與「極細」發表自己的見解：「今人講學，以神理為極精，開口便說性說命，以日用飲食、聲色財貨為極粗，人面前便不肯出口。不知講解得性命到入微處，一種意見終日盤桓其中，只是口說，縱令婉轉歸己，亦只是比擬卜度，與本來性命生機了無相干，終成俗學。若能於日用貨色上料理經綸，時時以天則應之，超脫得淨如明珠，混泥沙而不汙，乃見定力。極精的是極細的學問，極粗的是極精的學問，精精粗粗，其機甚微，非真實用工夫之人，不易辨也。」「只因吾人許多習聞舊見纏繞，只得與剖析分疏，譬諸樹木被藤蔓牽纏，若非剪截解脫，本根生意終不條達。」[170]

比如，他強調「人皆可以學聖」，也不失先師本旨。嘉靖三十四年（一五五五），在宣城九龍庵講學，宣揚「人皆可以學聖」。他說：「予赴會水西，太平杜子質偕同志二十餘輩詣會所，請曰：質昔聞先生之教，歸而約諸鄉，立會於九龍。始而至會者惟舉業子也，既而聞『人皆可以學聖』，合農工商賈皆來與會。茲幸先生至，敢請下教，以堅其約。乃攜貢子玄略、周子順之、吳子崇本、王子汝舟，從藍山歷寶峰以達九龍，會者長少餘三百人。鄉中父老亦彬彬來集，以一見為快……會三日，將出山，杜子請一言以示勸誡。予惟『古者四民異業而同道』。」[171]所謂「四民異業而同道」，其真諦就是「人皆可以學聖」。這樣的講會，自然有極大的吸引力，父老鄉親不分長幼，三百多人前來聽講，原因是不言而喻的。他的講會，歡迎農工商賈前來聽講，所以會有「農工商賈皆來與會」的盛況。

傳統文人一向輕視農工商賈，不願與之交往，王畿則不然。他甚至認為，衣冠楚楚的文士如果不知學，與禽獸無異：「吾人若不知學，不干辨性命上事，雖處衣冠之列，即是襟裾之牛馬；綺語巧言，心口不相應，即是能言之鸚鵡，與禽獸何異？」他還認為，飽食終日無所事事的文士，還不如農工商賈：「士與商賈異者，以其尚義而遠利也。農食以力，工食以藝，尚不肯空食。吾人飽食終日，安於素餐，或孳孳於刀錐之間，較量盈縮，不能忘謀利之心，將農工不如，與商賈何異？」[172]這種觀點與後輩李贄何其相似乃爾！

在人們的眼中，追求「掀翻天地」、「打破牢籠」的王畿，似乎有些狂。他始終認為，「狂狷」總比「鄉愿」好：「狂者之意，只是要做聖人，其行有不掩，雖是受病處，然其心事光明超脫，不作些子蓋藏回護，亦便是得力處。若能克念，時時嚴密得來，即為中行矣。狷者雖能謹守，未辨得必做聖人之志，以其知恥不苟，可使激發開展，以入於道，故聖人思之。若夫鄉愿，不狂不狷，初間亦是要學聖人，只管學成彀套，居之行之，像了聖人，忠信廉潔；同流合汙，不與世間立異，像了聖人，混俗倉荒。」這樣的鄉愿，「既足以媚君子」，「又足以媚小人」。所以他寧願做一個「行有不掩」的狂者，因

168（明）王畿，〈新安福田山房六邑會籍〉，《龍溪王先生全集》卷二。

169（明）尹守衡，《皇明史竊》卷七十六《道學・王畿》。

170（明）王畿，〈沖元會紀〉，《龍溪王先生全集》卷一。

171（明）王畿，〈書太平九龍會籍〉，《龍溪王先生全集》卷七。

172（明）王畿，〈申約後語〉，《龍溪王先生全集》卷五。

為「心事光明超脫，不作些子蓋藏回護」，而不願淪為「求媚於世」的鄉愿，即使它表面看來「完全無破綻」。理由很簡單：「吾人學聖人者，不從精神命脈尋討根究，只管學取皮毛枝節，趨避形跡，免於非刺，以求媚於世，方且傲然自以為是，陷於鄉愿之所，而不知其可哀也。」[173]

這或許是「不從人腳跟轉」的王畿可愛之處。因此，《明史・儒林傳》所說「其後，士之浮誕不逞者，率自名龍溪弟子」，[174]四庫館臣以為「深著其弊」云云，[175]都應從反面理解。也就是說，王畿以及那些「浮誕不逞者」，都在為思想解放推波助瀾，在歷史畫卷中綻放出不同尋常的奇異光彩。在正統派人士眼中，覺得非常異議可怪，是不足為奇的。從長時段的歷史眼光來看，「掀翻天地」、「打破牢籠」，恰恰是他們最大的貢獻。李贄對這位前輩推崇備至，萬曆十一年（一五八三）十二月十六日，他獲悉龍溪先生訃聞，設靈祭奠，慨然嘆息：「先生聖代儒宗，人天法眼，白玉無瑕，黃金百煉。今其沒矣，後將何仰？」[176]

「六經皆注腳」的王艮

王門弟子之中，王艮是最為奇特的一人，他出生於地位卑賤的「灶丁」之家，只在塾師那裡識了一點字，粗識《論語》、《孝經》章句。師從陽明先生以後，卓然成為大家，創立名聞遐邇的泰州學派，畢生「扁舟於村落之間」，為下層民眾授道解惑，門人弟子遍天下。據袁承業所編《名儒王心齋先生師承弟子表》，王艮的五傳弟子共計四百八十七人，其中以進士為官者十八人，以貢士為官者二十三人，載入《明史》者二十餘人，載入《明儒學案》者三十餘人。「上自師保公卿，中及疆吏司道牧令，下逮士庶樵陶農吏，幾無輩無之。」袁氏慨嘆道：「心齋先生毅然崛起於草莽魚鹽之中，以道統自任，一時天下之士率翕然從之，風動宇內，綿綿數百年不絕。」[177]他的學生王棟這樣讚美他：「天生我師，崛起海濱，慨然獨悟，直超孔子，直指人心，然後愚夫俗子，不識一字之人，皆知自性自靈，自完自足。先師之功可謂天高而地厚矣。」[178]在晚明思想解放的浪潮中，王艮是不可多得的推手。

王艮，初名銀，王守仁為他更名為艮，字汝止，號心齋，泰州安豐場人。安豐場，是濱海諸多鹽場之一。[179]他從小就跟隨父親在鹽場勞作，七歲時在鄉塾讀書，因為家貧而輟學。弱冠時，受父命經商，往來於齊魯之間，路過闕里，拜謁孔廟，瞻仰從祀大儒，嘆息道：「是聖人者可學而至也。」回家後，日夜誦讀《孝經》、《大學》、《論語》，還把這些經書放在袖子裡，逢人質疑，由此自學成才。正德六年（一五一一），他在自家的「居仁堂」靜思三月半，一夕，忽然頓悟。「心地洞徹，覺天地萬物與己一體……自是，行中規矩，坐修容儀，循誦默識，意恬如也。」[180]趙貞吉為他寫墓誌銘，提及他的頓悟，概括為十六個字：「以經證悟，以悟釋經，行即悟處，悟即行處。」他這樣寫道：「安豐俗負鹽，無宿學者。先生（指王艮）逮粗識《論語》、《孝經》章句，即邈焉希如古聖人信口談解。如或啟之塾師，無敢難者……時年二十矣。先生孝出天成，久益行純心明，悟性無礙，謝役（指灶丁之役）秉禮為儒者，以經證悟，以悟釋經，行即悟處，悟即行處。如是有年，人未之識也。」[181]所謂「以經證悟，以

---

173 （明）王畿，〈與梅純甫問答〉，《龍溪王先生全集》卷一。

174 《明史》卷二百三十八《儒林傳・王畿》。

175 《四庫全書存目叢書》史部九十八《龍溪全集》提要。

176 （明）焦竑，《熙朝名臣實錄》卷二十〈郎中王公〉。

177 侯外廬、邱漢生、張豈之主編：《宋明理學史》（下）（北京：人民出版社，一九八七），頁四四七—四四八。

178 （明）王棟，〈會語正集〉，《王一庵先生全集》卷上。

179 泰州濱海鹽場有富安場、安豐場、梁垛場、東台場、何垛場、丁溪場、草堰場、白駒場、角斜場等，乾隆三十三年析置東台縣後，鹽場劃歸東台縣管轄。參看嘉慶《東台縣志》卷十八《鹽法》，以及卷首《序言》。

180 嘉慶《東台縣志》卷二十四《儒林・王艮》。

悟釋經，行即悟處，悟即行處」，頗為抽象，也頗難解。關鍵就在「以悟釋經」四個字上。

耿定向把它解釋為「六經皆注腳」，可謂切中要害。耿氏說：「先生自童不嫻文義，無所著述，乃其深造自得，所謂六經皆注腳矣。」[182]

王艮的「六經皆注腳」論，與陽明先生《五經臆說》主旨頗為暗合，在師從陽明先生以後，這種觀點得到進一步發揮，貫穿於整個講學活動之中，成為一抹亮色。堅持朱熹正統學脈的學者，對陽明及其弟子非議最多的也正是這一點。顧憲成對王陽明倡言「求諸心而不得，雖其言之出於孔子者，不敢以為是也」，給予這樣的評價：「陽明得力處在此，而其未盡處亦在此」；「其勢必至自能專自用，憑恃聰明，輕侮先聖，注腳六經，高談闊論，無復忌憚。」[183]顧氏所說的「注腳六經」，在他草擬的「東林會約」中，具體化為「六經注我，我注六經」。顧氏批評王門後學「至乃枵腹高心，目空千古，一則曰『何必讀書然後為學』，一則曰『六經注我，我注六經』。即孔子大聖一腔苦心，程朱大儒窮年畢力，都付諸東流已耳」。[184]

站在儒家經學的正統立場，「六經注我，我注六經」顯然有悖於經學的本義，或者說是離經叛道之論。這樣的「原教旨主義」，必然導致抱殘守缺，思想僵化。要想打破牢籠，自由思想，「六經注我，我注六經」是必然的選擇。經典的生命力在於與時俱進，隨著時代的前進，賦予新的解釋，也就是王陽明所說的，應當為我所用，不至於成束縛思想的文字桎梏。

放寬歷史的視野，便不難理解。漢朝的經學弊端叢生，經生沉迷於繁瑣的傳注，只知墨守家法，拘泥、僵化、教條。不滿於這種狀況的士人，跳出原有的圈子，用道家思想詮釋儒家經典，形成耳目一新的魏晉玄學。何晏、王弼以老莊學說解釋《易經》、《論語》，嵇康「不涉經學，又讀老莊，重增其放」，敢於「非湯武而薄周孔」，指斥「六經未必是太陽」。

這樣的魏晉風度，締造了中國文化史上絢爛多彩的一頁。旅美作家木心在《哥倫比亞的倒影》中讚美道：「滔滔泛泛間，『魏晉風度』寧是最令人三唱九嘆的了；所謂雄漢盛唐，不免臭髒之譏；六朝舊事，但寒煙衰草凝綠而已；韓愈、李白，何足與竹林中人論氣節。宋元以還，藝文人士大抵骨頭都軟了，軟之又軟，雖具鬚眉，個個柔弱無骨，是故一部華夏文化史，唯魏晉高士列傳至今擲地猶作金石聲。」[185]如此看來，距離魏晉一千多年之後的晚明，出現「六經皆注腳」、「六經注我，我注六經」，不值得大驚小怪，不但不應譏刺，反倒應該大聲為之叫好。

「六經皆注腳」，貫穿於王艮五十八年的一生。請看他的語錄：

「**六經四書所以印證者也**。」「學者初得頭腦，不可便討聞見支撐，正須養微致盛，則天德王道在此矣。六經四書所以印證者也，若工夫得力，然後看書，所謂溫故而知新也。不然，放下書本，便沒工夫做。」[186]

「**不慮而知，不學而能**。」「天理者，天然自有之理也。良知者，不慮而知，不學而能者也。惟其不慮而知，不學而能，所以為天然自有之理；惟其天然自有之理，所以不慮而知，不學而能也。」

「**學本無異**。」「學本無異，以人之所見者各自以異耳。如一人有名焉有字焉，有知其名而不知其字者，則執其名為是，而以稱字者為非也；有知其字而不知其名者，則執其字為是，而以稱名者為

181（明）趙貞吉，〈泰州王心齋艮墓誌銘〉，《趙文肅公文集》卷十八。
182（明）耿定向，〈王心齋先生傳〉，《耿天台先生文集》卷十四。
183（明）顧憲成，〈與李見羅先生書〉，《涇皐藏稿》卷二。
184 雍正《東林書院志》卷二《院規．顧涇陽先聖東林會約》。
185 木心，《哥倫比亞的倒影》（廣西：廣西師範大學出版社，二〇〇六），頁四五。
186（明）王艮，《重刻心齋王先生語錄》卷上。此書由王艮子孫收錄，門人編校。

非也。是各以己之所見者為是，以人之所見者為非也。」[187]

「**德行為重，六藝為輕**。」「使天下之人曉然知德行為重，六藝為輕，如此則士皆爭自刮磨砥礪，以趨於道德仁義之域，而民與可行矣。夫養之有道而民生遂，教之有方而民行興，率此道也……苟不知從事於此，而惟末流是務，則因陋就簡，補弊救偏，雖不無一時歡虞之效，隨世以就功名，終歸於苟焉而已，非王道之大也。」[188]

王艮雖然自學成才，卻特立獨行，用行動來詮釋「六經皆注腳」——「六經注我，我注六經」。不妨略舉數例。

事例一。正德十四年（一五一九），王陽明巡撫江西，公餘宣講「良知自性本體內足」，大江以南學者翕然從信。有一位江西來的塾師對王艮說，你的高論與巡撫王公講學極其類似。他高興地說：「有是哉？雖然，王公論良知，艮談格物。如其同也，是天以王公與天下後世也；如其異也，是天以艮與王公也。」[189]擺出一副並駕齊驅的架式，十分自信，即日前往江西，造訪王陽明。他的打扮很奇特，頭戴「有虞氏之冠」，身穿「老萊子之服」，手執木簡，上寫「海濱生」三字，以兩首詩作為見面禮。他與王守仁辯論良知，以及堯舜君民事業，始終堅持自己的意見。幾天之後，有所省悟，說：「吾人之學，飾情抗節矯諸外，先生之學精深極微，得諸心者也。」[190]他與王守仁的初次見面，竟是如此與眾不同。

事例二。不久，他回鄉省親，路過南京，前往太學，想為士子講學。士子見他穿著異常，問他所治何經？他回答：「治總經。」[191]令人莫名其妙。四書五經博大精深，一般士子多專治一經，或專攻《詩經》，或專攻《尚書》，從未聽說有什麼「總經」。從他的「治總經」回答中，透露出對一般士子專治一經的不屑一顧，大有「六經皆注腳」的意味。

事例三。嘉靖元年（一五二二），王守仁回歸鄉里。王艮嘆曰：「吾師倡明絕學，何風之不廣也？」

隨即回家製作小車，帶僕人北上，沿途宣講師說，引為奇觀。「所過招要人士，以師說化導，人聚而觀者千百。顧艮言出多獨解，不循傳注，且車服悉古制，皆駭異之。」[192]這種宣講，不僅形式怪異，內容也令人驚駭。所謂「言出多獨解，不循傳注」，就是不拘泥於前賢對經典所作的傳注，發揮自己獨到的見解，顯然是「我注六經」。

王艮的講學活動也頗為特立獨行，致力於面向下層百姓，人稱「先生接引人無問隸僕，皆令有省」。[193]這與他的學術理念密切相關。他認為，百姓日用就是學問：「百姓日用條理處，即是聖人條理處，聖人知，便不失百姓，不知，便會失。」[194]他始終主張，愚夫愚婦都可以「與知與能」，與聖人並無差別。他說：「蒙示有司云，聖愚同性，今古一機。不可謂天下盡無其人，以絕將來之望。山林田野，夫豈可無格物窮理、講學明道、修身治行，而為振古之人豪傑乎？」[195]山林田野的農夫也可以講學明道，成為人豪。所以他喜歡和他們交往，傳道解惑。他的門生中固然不乏焦竑、耿定向這樣的名人，也有樵夫朱恕、陶匠韓貞這樣的普通百姓。

王艮死後，其子王襞繼承父親的衣缽。黃宗羲寫的王襞傳有云：「心齋開講淮南，先生（王襞）又

187（明）王艮，〈天理良知說〉，《重刻心齋王先生語錄》卷上。
188（明）王艮，〈王道論〉，《重刻心齋王先生語錄》卷上。
189（明）趙貞吉，〈泰州王心齋艮墓誌銘〉，《趙文肅公文集》卷十八。
190（明）焦竑，《熙朝名臣實錄》卷二十二《心齋王公》。
191（明）何喬遠，《名山藏》卷八十五《儒林記下．王艮》。
192 嘉慶《東台縣志》卷二十四《儒林．王艮》。
193（明）趙貞吉，〈泰州王心齋墓誌銘〉，《趙文肅公文集》卷十八。
194（明）王艮，《重刻心齋王先生語錄》卷上。
195（明）王艮，〈答侍御張蘆岡先生〉，《重刻心齋王先生語錄》卷下。

相之。心齋歿，遂繼父講席，往來各郡，主其教事，歸則扁舟於村落之間，歌聲振乎林木，恍然有舞雩氣象。」[196]

王艮的學生朱恕，是泰州草堰場人，砍柴養家餬口。一日路過王艮的講堂，唱道：「離山十里，薪在家裡。離山一里，薪在山裡。」王艮聽了，對弟子說：「小子聽之，道病不求耳，求則不難，不求無易。」[197]朱恕聽了此話，浸浸有味，此後每當砍柴歸來，必去門外聽講。

王艮的另一名學生陶匠韓貞，號樂吾，興化縣人，家貧失學，由朱恕引領，來到安豐場王艮家中，後卒業於王襞門下。常自詠曰：「三間茅屋歸新主，一片煙霞是故人。」他學成後，也致力於鄉村講學。耿定向寫道：「後聆先生學有得，毅然以倡道化俗為任，無問工賈傭隸，咸從之遊，隨機因質誘誨之，顧化而善良者以千數。每秋獲畢，群弟子班荊趺坐，論學數日。興盡，則挐舟偕之，賡歌互詠。如別村聚所，常與講如前。逾數日，又移舟如所欲往，蓋遍所知交，居村乃還。翱翔清江，扁舟泛泛下上，歌聲洋洋，與棹音欸乃相應和。睹聞者欣賞，若群仙子嬉遊於瀛閬間也。」[198]如此這般的講學景象，迥異於書院正襟危坐，子曰詩云的樣子，顯然繼承發揚了王艮、王襞特有的講學風格。這位陶匠出身的學者，不僅講學風格酷似乃師，一言一行也直逼乃師。耿定向記錄他的親身見聞：「（韓生）嘗與諸名公卿會論學，間有談及別務者，輒大噪曰：『光陰有幾，乃為此閒泛語！』或稱引經書相辯論，則又大恚曰：『舍卻當下不理會，乃搬弄些陳言，此豈學究講肆耶？』諸名公咸為悚息。識者謂其氣沖牛斗，胸次怡怡，號曰樂吾不虛云。」[199]討論學問時，有人談及別的事務，他指斥為「閒泛語」；有人引用四書五經的詞句，他指斥為「搬弄陳言」。完全是王艮、王襞嫡傳的風格。

田夫夏廷美，是焦竑的學生，可算王艮的再傳弟子。焦竑指點他「得自然之趣」：「要自然，便不自然，可將汝自然拋去。」焦竑要他讀四書，他讀了很久，喟然嘆息，讀了朱子《四書集注》不能了了，還不如讀本文來得切身體貼。這位田夫語出驚人：「《論語》所謂異端者，謂其端異也。吾人須研究自己為學初念其發端果是為何，乃為正學。今人讀孔孟書，只為榮肥計，便是異端，如何又辟異端？」[200]與太老師王艮的見解可謂異曲同工。王艮曾說：「聖人之道無異於百姓日用，凡有異者，皆謂之異端。」[201]這種「異端」觀，與正統派學者大異其趣，正統派學者把泰州學派視為異端，這或許是他們的反唇相譏。平心而論，王艮與夏叟的「異端」觀，反其道而行之，更有新意。

王艮把講學的重心轉向下層百姓，其子王襞發揚光大。鄧豁渠《南詢錄》記載，嘉靖三十一年（一五五二），他訪問王襞，親眼目睹東厓先生的一次講會：「此會也，四眾俱集，雖衙門書手，街上賣錢、賣酒、腳子之徒，皆與席聽講，鄉之耆舊率子弟雅觀雲集，王心齋之風猶存如此。」[202]講學活動能夠吸引引車賣漿者流參加，這樣的盛況，以前罕見，此後也少有，其思想解放的意義自然不可低估。焦竑談及王艮、王襞兩代平民學者，說：「歸則隨村落小大，扁舟往來，歌聲與林樾相激發，聞者以為舞雩詠歸之風復出。至是，風教彬彬盈宇內矣。」[203]「風教彬彬盈宇內」的，無疑是「六經皆注腳」的精彩思想。

196（清）黃宗羲，《明儒學案》卷三十二《泰州學案一．處士王東厓先生襞（附樵夫朱恕、陶匠韓樂吾、田夫夏叟）》。

197（清）黃宗羲，《明儒學案》卷三十二《泰州學案一．處士王東厓先生襞（附樵夫朱恕、陶匠韓樂吾、田夫夏叟）》。

198（明）耿定向，〈王心齋先生傳（樵朱陶韓二子附）〉，《耿天台先生文集》卷十四。

199（清）黃宗羲，《明儒學案》卷三十二《泰州學案一．處士王東厓先生傳（附樵夫朱恕、陶匠韓樂吾、田夫夏叟）》。兩者文字大同小異。

200（清）黃宗羲，《明儒學案》卷三十二《泰州學案一．處士王東厓先生襞（附樵夫朱恕、陶匠韓樂吾、田夫夏叟）》。

201（明）王艮，《重刻心齋王先生語錄》卷上。

202 轉引自吳震，《明代知識界講學活動（1522-1602）》（上海：學林出版社，二〇〇三），頁一八二。

203（明）焦竑，〈王東厓先生墓誌銘〉，《焦氏澹園集》卷三十一。

「非名教之所能羈絡」的顏山農、何心隱

對於顏山農、何心隱，王世貞把他們稱為「江湖大俠」：「嘉隆之際，講學者盛行於海內。而至其弊也，借講學而為豪俠之具，復借豪俠而恣貪橫之私。其術本不足動人，而失志不逞之徒相與鼓吹羽翼，聚散閃倏，幾令人有黃巾、五斗之憂。」[204]王氏稱顏、何二人為「江湖大俠」，無可無不可，但把他們比擬為東漢末年的黃巾起義與五斗米道，顯得誇張失實。由此也可以看出，當時廟堂之上的士大夫，對於顏山農、何心隱獨特的講學行事，是何等的憂心忡忡！改朝換代之後的黃宗羲，沒有了這種擔憂，看法就平和多了：「泰州以後，其人多能赤手搏龍蛇，傳至顏山農、何心隱一派，遂復非名教之所能羈絡矣。」[205]措辭比較有分寸，不過是「非名教之所能羈絡」而已，哪裡談得上「令人有黃巾、五斗之憂」！看來，讀懂歷史是需要時間距離的，太近了未必看得真切，我們現在比黃宗羲距離更遠，理應看得更加真切。

王世貞對王艮、顏山農是頗有偏見的，他說：「自東越（指王守仁）之變為泰州（指王艮），猶未至大壞，而泰州之變為顏山農，則魚餒肉爛，不可復支」；又說：「借講學而為豪俠之具，復借豪俠而恣貪橫之私。」[206]不過「借講學而為豪俠之具」，卻並非毫無根據。黃宗羲也說：「山農游俠，好急人之難。」[207]顏山農喜歡修煉武功，他對門徒說：「凡有志者，欲求此設武功，或二日夜，或三日夜，必須擇掃樓居一所，攤鋪聯榻，然後督置願坐幾人，各就榻上正坐，無縱偏倚，任我指點。收拾個人身子，以絹縛兩目，晝夜不開；綿塞兩耳，不縱外聽；緊密唇齒，不出一言；擎拳兩手，不動一指；趺跏兩足，不縱伸縮；直聳肩背，不肆墮慢；垂頭若尋，回光內照。」[208]這僅僅是開始，叫作「閉關」，而後要「引發各各內照之功」，又要「任意長臥七日」，以達到「道體黜聰，脫胎換骨」的效果。他不僅

有點武功，還精通軍事韜略。《永新縣志》記載：「鐸（即顏山農）好談兵，喜奇計。先是，將軍俞大猷起校尉，罪當斬，鐸一見奇之，請於督府得釋。至是，迎鐸於軍，運籌決策，遂平大寇。」[209]看來，他確有一點豪俠氣概，與其他王門弟子迥然有別。

顏鐸，一名顏鈞，別號山農，江西吉安府永新縣人。王世貞說他是「楚人」，顯然搞錯了。不過說他「讀經書不能句讀，亦不多識字」，倒沒有錯。[210]據說他「兒時不慧，十九讀《孟子》，彌月不成誦」。[211]從兄長顏鑰那裡接觸陽明心學，豁然有悟，幽居山谷中九個月，竟然大悟，歸來見顏鑰等人，大談性命之學，舉座皆驚。父兄迫使他參加科舉考試，他嘆道：「人生寧遂作此寂寂，受人約束乎？」[212]嘉靖十五年（一五三六），師事王守仁與王艮的門生徐樾。後因徐樾的關係，師事王艮，他的自傳如此回憶王艮的點撥：「孔子學止『從心所欲不逾矩也』，矩範《大學》、《中庸》作心印，時運六龍變化為覆載，持幬以遁世。子既有志有為，即宜鑽研此個心印，為時運遁世之造，會通夫子大成之道，善自生長收藏……」[213]看得出來，他最為心儀的師教，一是「從心所欲不逾矩」，二是「時運遁世」，此後一

204（明）王世貞，《弇州史料後集》卷三十五《國朝叢記五・嘉隆江湖大俠》。
205（清）黃宗羲，《明儒學案》卷三十二《泰州學案・顏鈞傳》。
206（明）王世貞，《弇州史料後集》卷三十五《國朝叢記五・嘉隆江湖大俠》。
207（清）黃宗羲，《明儒學案》卷三十二《泰州學案・顏鈞傳》。
208（明）顏鈞著，黃宣民編校，〈引發九條之旨・七日閉關開心孔昭〉，《顏鈞集》卷五（北京：中國社會科學出版社，一九九六）。
209 同治《永新縣志》卷十六《人物志・列傳・顏鐸》。
210（明）王世貞，《弇州史料後集》卷三十五《國朝叢記五・嘉隆江湖大俠》。
211 同治《永新縣志》卷十六《人物志・列傳・顏鐸》。
212 同治《永新縣志》卷十六《人物志・列傳・顏鐸》。光緒《吉安府志》卷三十一《人物志・儒林・顏鐸》。
213（明）顏鈞，《顏鈞集》卷三《自傳》，頁二五。

直身體力行。黃宗羲對他的學說的概括，體現了他「從心所欲」的特點：「其學以人心妙萬物而不測者也，性如明珠，原無塵染，有何睹聞，著何戒懼。平時只是率性所行，純任自然，便謂之道。及時有放逸，然後戒慎恐懼以修之。凡儒先見聞、道理、格式，皆足以障道。」[214]這段話非常貼切地揭示了顏山農的獨特風格：「率性所行，純任自然」，不拘泥於儒學先輩的見聞、道理、格式，無怪乎黃宗羲要說他「非名教之所能羈絡」。

「非名教之所能羈絡」，當然不是罪過。魏晉名士放浪形骸，「散首披髮，裸袒箕踞」，揚言「我以天地為棟宇，屋室為褌衣，諸君何為入我褌中？」其深層原因在於，不滿於黑暗的社會現實，又無力改變它，便佯狂而遁世，極力擺脫儒家名教的羈絡。顏山農的情況有些不同，但是在擺脫「名教羈絡」這一點上毫無二致。因此，他可以坦然地說：「人之好貪財色，皆自性成，其一時之所為，實天機之發，不可壅閼之，第過而不留，勿成固我而已。」[215]他的行為不拘小節，極不檢點，於此可以獲得索解。

不過，他遭到當權派的打壓，並非僅僅由於此點，而是他對於朝政毫不留情的抨擊。他的代表作〈耕樵問答〉對「近代專制」的揭露，很有力度：

今天下四十餘年，上下征利，交肆搏激，刑罰滅法，溢入苛烈，賦稅力役，科竭蔀屋，逐溺邦本，顛覆生業，觸變天地，災異迭突，水旱相仍。韃倭長驅，戰陳不息，殺劫無厭。海宇十室，九似懸罄；圩野老稚，大半啼饑。會而擬之，恰似抄沒律條。近代專制黎庶，不饒一民尺土。[216]

句句都涉及嘉靖時期的國家社會弊病，諸如賦稅徭役的苛重，導致百姓十室九空，北虜南倭（即他所謂「韃倭」）的侵擾，連年戰爭使得國家不堪承受，大臣們議來議去，拿不出什麼辦法。他開出的藥方是什麼呢？簡而言之，就是十二個字：足民食，造民命，聚民欲，復民性，講得具體一點，即：

「大賚以足民食，大赦以造民命，大遂以聚民欲，大教以復民性。」要做到這些，必須有「仁天下之巨臣」。由此而得罪了當時掌握大權的張居正。賀貽孫〈顏山農先生傳〉說：「顧先生性峭直，嘗為上華亭（徐階）及江陵（張居正）書，有所指斥，諸公不悅。」[217]「諸公不悅」引來了報復，報復的由頭並非他的上書，而是別的事情，《永新縣志》說：「巡撫何公遷，二子爭財相殺，莫可解。乃迎鐸至署一月，兄弟不覺抱持大哭，遂相友愛。何公感之，問所欲，鐸曰：『生平遊江湖，不得官舟廣聚英才講學為恨耳。』何公以己舟與之。顧鐸性峭直，嘗為徐華亭、張江陵書，皆有所指斥，諸公不悅。且有人齕之者，傅會何公所與官舟事，遂以盜官舟故，下金陵獄論死。」幸虧門生羅汝芳挺身營救，願以身相抵，才得以免除死刑，流放廣西。[218]

在當權派眼中，他是一個「盜官舟」的匪徒。在同他密切接觸的百姓眼中，則是另一番印象。在囚禁的監獄中，他留給囚犯的印象就相當好：「方鐸之在獄也，日與諸囚論學不倦，諸囚有啟悟者，常白光逵圜扉。及其出獄，諸囚百餘人伏地哭，哀甚。司寇詞曰：『若囚旦暮死不哭，哭顏鐸何為？』囚曰：『不然，顏先生在獄，吾身如在天宮，今先生去矣，吾無所聞，即不死猶死耳。』」[219]這些死囚的肺腑之言，與官場常見的言不由衷的假話截然不同，他們沒有必要講假話、欺世盜名。由此可見，他的講學自有吸引人的魅力，倘若是沒有魅力的說教，要讓監獄中的特殊人群發自內心地喜愛，是難以想像的。

214（清）黃宗羲，《明儒學案》卷三十二《泰州學案一．顏鈞傳》。
215（明）王世貞，《弇州史料後集》卷三十五《國朝叢記五．嘉隆江湖大俠》。
216（明）顏鈞，《顏鈞集》卷六《耕樵問答》。
217（明）顏鈞，《顏鈞集》卷九《附錄一》。
218 同治《永新縣志》卷十六《人物志．列傳．顏鐸》。
219 同治《永新縣志》卷十六《人物志．列傳．顏鐸》。

他的家鄉人對他的印象也很好，與上層人物那種鄙夷不屑的神情截然不同。家鄉人這樣寫道：「鐸事父母甚孝。親沒，廬墓泣血，三年未嘗見齒。雖耄，逢父母生忌，祭必哀。兄弟五人友愛備至，鄉黨煦煦患苦相恤，即古之篤行君子何以逾焉！獨其議論風生，意氣煥發，以此頗為時流所不喜。」[220]你看，對父母孝順，對兄弟友愛，對鄉黨體恤，一般「篤行君子」顯然難以望其項背。他活到九十歲去世，當地人把他奉為「鄉賢」，世代祭祀。但是，史家對他的描述，何以負面信息多於正面信息？原因就在於他「議論風生，意氣煥發」，使得掌握輿論臧否權力的「時流」們對他很反感。

同樣「非名教之所能羈絡」的何心隱，是顏山農的弟子，更加不為時流所喜，以莫須有的罪名被捕，慘死於獄中。他的至交，除了孝感的程學顏，就推麻城的耿定向。耿定向為他立傳，稱他為「何狂」，或者索性去掉姓，徑直稱為「狂」，並非以為他是瘋子，乃是「非名教之所能羈絡」也。請看耿定向的說法：「何狂者，姓梁，名汝元，後自變易姓名為何心隱。余懲其行不中而悲其志，故稱曰『何狂』云。狂蓋吉州永豐右族也，家累萬金，族眾數千指。少補邑庠弟子員，從永新顏鈞遊，與聞泰州王心齋立本指，悅之，遂亢然思自樹。時吉州三四大老，方以學顯於時，狂倚知見，咸狎侮之，獨脈脈心欽鄒文莊（鄒守益），曰：『此孔子胚胎也。』」[221]從他師事王艮、顏山農，狎侮吉安學界三四大老的行跡，已可看到「非名教之所能羈絡」的樣子。

不過，他的被捕並不是由於「非名教之所能羈絡」，而是另外強加的「妖逆」罪。他自己心裡很明白，當局把他視作「名教中罪人」，卻難以用這種不倫不類的罪名逮捕法辦，於是編造了一個「妖逆」罪狀。他在給友人的書信中，談及「為講學被毒事」，這樣寫道：「且以元（梁汝元自稱）為名教中罪人，誠有罪矣。然肆毒於元者，不以名教罪罪，而以妖逆罪罪。」[222]這使他聯想到南宋時韓侂胄誣陷朱熹為「偽學逆黨」的手法：「雖然，（韓）侂胄之鷹犬以毒晦翁者，則以偽學，變而為偽黨，以偽黨變而為逆黨，為一網打盡，是亦以逆罪罪晦翁也。元雖不敢與晦翁擬，而今之罪元者似晦翁罪也，或者是亦名教中之罪人也。」[223]所謂「名教中之罪人」云云，即是「非名教之所能羈絡」的另一種表述。

耿定向稱他為「狂」，他自己也自詡為「如痴如顛」。他在給永豐知縣凌海樓的書信中，對於凌某要他明哲保身，表達了不同看法：士農工商各式人等迫於自身的地位，無可奈何地「保身」，「惟謬見則以身有在而後不容以不保，身在尊而後不敢以不保。如身在農在工在商，身在卑也，不保未有不殞其身者也。是身有在不容以不保也。又如身在士，由士而仕，身日尊矣。身之尊者，言足以興默，足以容信，不敢以不保也。」[224]說明士農工商無論地位之尊卑，都有不得已的原因，不得不「保身」。話鋒一轉說，他自己與眾不同，不必「保身」，也無暇「保身」：「今某不農不工不商，身已不在卑矣，保身何為？況又不士，何由以仕？身已不在尊矣。身不在尊，雖言不見其言，雖默不見其默，何足以興，何足以容？雖欲保身，保身何為？某所以如痴如顛者，以身之無在也；無在而求有在之不暇矣，何暇於身之保耶！」[225]話說得很清楚，他既不是農工商，也不是士，當然不可能做官（即「由士而仕」），因此沒有必要「保身」，可以率性而為，「如痴如顛」，擺脫名教的羈絡。

他一生都為衝破「樊籠」而努力，名教是一種「樊籠」，還有更寬泛的「樊籠」有待衝破。他說：「若在樊籠戀戀，縱得以展高才，不過一效忠立功耿介之官而已，於大道何補？直須出身以主大道，如孔孟復生於世，則大道有正宗，善人有歸宿，身雖不與朝政，自無有不正矣！大道之明，莫明於孔子，

220 同治《永新縣志》卷十六《人物志．列傳．顏鐸》。
221（明）耿定向，〈里中三異傳〉，《耿天台先生文集》卷十六。
222（明）何心隱，〈與鄒鶴山書〉，《何心隱先生爨桐集》卷四。
223（明）何心隱，〈與鄒鶴山書〉，《何心隱先生爨桐集》卷四。按：《爨桐集》由湖廣後學張宿詮訂，卷首有張宿寫於天啟五年的〈刻何心隱爨桐集敘〉。
224（明）何心隱，〈修聚和祠上永豐大尹凌海樓書〉，《何心隱先生爨桐集》卷三。
225（明）何心隱，〈修聚和祠上永豐大尹凌海樓書〉，《何心隱先生爨桐集》卷三。

而孔子之所以明大道者，亦惟出身於春秋，以與國政於朋友之交信也，何嘗戀戀樊籠？且樊籠甚窄，而又多猜多忌，縱有高才，從何以展？」[226]這裡所說的「樊籠」，直指官場。在他看來，在官場這個「樊籠」中，即使得以施展高才，也不過成為一名「效忠立功耿介之官」而已，無補於大道。何況官場這個「樊籠」十分狹窄，又充滿猜忌，縱有高才，也無法施展。所以他不願意進入官場這個「樊籠」，一生致力於講學，以孔子為榜樣，追求「大道之明」，始終無怨無悔。

無須「保身」，不受「樊籠」拘束，特立獨行，常有自己的獨到見解。他說：「某之見，見人之所未見者也。某之憑，憑人之所未憑者也。則謂之見非所見，謂之憑非所憑，皆可也。未見，則非其所非矣。既見，則是其所是矣。是非者之見均也，均之不足疑也。惟自信其所見所憑之必見是於天下於萬世而已。」[227]這並非他的自吹自擂，他確實有一些「見人所未見」的地方，他批駁宋代理學大師周敦頤的「無欲」論，就是最好的例子。他認為人不可能「無欲」，有欲是正常的，人們應該追求寡欲，而不是「無欲」，更不是「滅人欲」。他以孔子、孟子為例，用調侃的筆調譏諷道：「濂溪言無欲，濂溪之無欲也，其孟軻之言無欲乎？孔子言無欲而好仁，似亦言無欲也，然言乎好仁乃己之所好也。惟仁之好而無欲也。不然，好非欲乎？孟子言無欲其所不欲，亦似言無欲也，然其言乎其所不欲，乃己之不欲也。惟於不欲而無欲也。不然，無欲非欲乎？是孔孟之言無欲，孔孟之無欲也，豈濂溪之言無欲乎？且欲惟寡則心存，而心不能以無欲也。欲魚欲熊掌，欲也；舍魚而取熊掌，欲之寡也。欲生欲義，欲也；舍生而取義，欲之寡也。能寡之又寡，以至於無，以存心乎？

欲仁，非欲乎？得仁而不貪，非寡欲乎？從心所欲，非欲乎？欲不逾矩，非寡欲乎？能寡之又寡，以至於無，以存心乎？」[228]巧妙機智的推論，把周敦頤的「無欲」論，駁得體無完膚，使得理學家宣揚的「滅人欲」主張失去了依據。

他對於孔子所說的「從心所欲不逾矩」，有自己的另一種詮釋，並借此抨擊那些理學家掛著學習孔子的幌子販賣私貨的勾當。他批評了這樣幾種學者，一種是：「有欺之以仙術，而不覺其欺於仙家者流也。且默以學，非仙不玄，能不為仙家者流之所欺乎？」另一種是：「有欺之以禪機，而不自覺其欺於禪家者流也。且默以學，非禪不圓，能不為禪家者流之所欺乎？」還有一種是：「又欺於儒家者流，而亦不覺其不有身也、不有家也。儒不有身、不有家，不自覺者久矣。況儒家者流不有身不有家，而混於上下前後左右，以苟成其家，苟已已而不自覺者，亦豈一朝一夕一二已乎！」[229]

嘉靖二十五年（一五四六），他參加江西鄉試，考得第一名，時人譽為「天下奇才」。他確實學有專攻，從王門弟子的學脈上看，可謂第四代傳人，他的老師顏山農是徐樾的門生，而徐樾出於王艮之門。可以串起這樣一條線：王守仁—王艮—徐樾—顏山農—何心隱，因而他的學術帶有王艮、顏山農的明顯特色。黃宗羲《明儒學案》揭出「非名教之所能羈絡」這一點，切中要害，何心隱意欲沖決名教的網羅，挑戰主流意識形態，為當道所不容，鑄就了悲劇下場。然而卻贏得了當世及後世有識之士的交口讚譽，同時代人李贄在他遇害後寫了擲地有聲的〈何心隱論〉，伸張正義。天啟年間出版的《何心隱先生爨桐集》，卷首收了李贄〈何心隱論〉，編者顯然把它當作文集的序言來對待的。

李贄也是一位「非名教之所能羈絡」的學者，引為同道，對何心隱了解得最為真切：「公以為世人聞吾之為，則反以為大怪，無不欲起而殺我者，而不知孔子已先為之矣。吾故援孔子以為法，則可免入室而操戈。然而賢者疑之，不賢者害之，同志終鮮，而公亦竟不幸為道以死也。夫忠孝節義，世之所以死也，以有其名也，所謂死有重於泰山者是也，未聞有為道而死者。」[230]

226（明）何心隱，〈又書（又與凌海樓書）〉，《何心隱先生爨桐集》卷三。
227（明）何心隱，〈答作主〉，《何心隱先生爨桐集》卷三。
228（明）何心隱，〈辯無欲〉，《何心隱先生爨桐集》卷二。
229（明）何心隱，〈矩〉，《何心隱先生爨桐集》卷二。

程學博寫的〈祭梁夫山先生文〉，直言何先生死於非命的原因就是講學：「先生之死也以講學。先生之學，先生所自信，而世所共嫉。世人不喜講學，亦未必不知學。而先生之學，天下後世有定論在焉，予又烏能喋喋於先生之學，以與世之人辯哉……平生精力，自少壯以及老死，自家居以至四方，無一日不在講學，無一事不在講學。自講學而外，舉凡世之身家兒女，一切世情俗態，曾無纖毫眇足以罣先生之口，而入先生之心。」[231]

一生致力於講學的何心隱，學問與人品人所共知，居然為「世所共嫉」，被執政當局置之死地，是令人扼腕的。容肇祖寫於一九三七年的〈何心隱及其思想〉給出了解釋：「泰州一派是王守仁派下最切實、最有為、最激勵的一派，何心隱是這派的後起，而亦是最切實、最有為、最激勵的一人。他抱著極自由、極平等的見解，張皇於講學；抱濟世的目的，而以宗族為試驗。破家不顧，而以師友為性命，所謂『其行類俠』者。卒之得罪於地方官，得罪於時宰，亦所不惜。他是不畏死的，遂欲藉一死以成名。他的思想是切實的，所謂『不墮影響』。他以為欲望是可以寡而不可以無，可以選擇而不可以廢，欲以張皇講學，聚育英才，以補天下的大空。他的目的太高，而社會的情狀太壞，故此為當道所忌，不免終於以身殉道了！」[232]

萬曆五年（一五七七）十月，湖廣巡撫陳瑞通緝何心隱。同年十二月，繼任湖廣巡撫王之垣繼續通緝，萬曆七年（一五七九）三月初三日，何心隱在祁門縣被捕，五月關押於江西南安，一個月後轉解湖廣，九月初二日，被杖殺於獄中。

他的朋友耿定向頂著壓力，囑咐其門生「收骸為殯」，自己寫了招魂詞，希望慘死獄中的何心隱「魂兮歸來」：「永豐梁子，其意學孔，其行類俠，不理於世，斃於楚獄。余傷其無歸，且懼其為厲為水旱災也，因令其徒收骸為殯，而文以招之。」[233]這首招魂詞充滿了理解之同情，文字摹仿《楚辭・招魂》，句末多用「些」字：「決命捐生汝何營，模孔陳跡失孔真些。孔門宗旨曰求仁些，蹈仁而死未前聞些。仁與不仁幾微分，吾昔與子曾極論些。大僕程子楚之英，四明錢子何忱恂，兩人視汝猶弟昆些。盱江羅子汝同門，居常目汝為天人些。余亦知汝故不群，況復千里來相因些……傾萬金之產了不惜，犯三公之怒以為欣些。庸言庸行，孔訓靡遵，舍南容，效禰衡、鶩斯之黨，又頻頻些……魂兮歸來云何吁。」[234]其中「犯三公之怒以為欣些」一句，點明了何心隱至死的原因。那麼，「犯三公之怒」又是什麼呢？

程學博說何心隱以講學至死，容肇祖說何心隱因講學而得罪於地方官與時宰。這樣的怪現象值得追根究柢。講學不過是學術活動，為什麼政府如此神經過敏，視為洪水猛獸？難道講學會動搖一個地方的統治麼？問題恰恰就在這裡，湖廣巡撫王之垣加給何心隱的罪狀，確實是這樣的：「假以聚徒講學為名，擾害地方。」[235]

這就有必要對他的講學活動加以回顧了。從王艮、王襞到顏山農、何心隱，都致力於把儒學通俗化，深入民間傳道，正如黃宗羲所說：「遂以化俗為任，隨機指點，農工商賈，從之遊者千餘。秋成農隙，則聚徒談學。一村既畢，又之一村，前歌後答，弦誦之聲洋洋然也。」[236]這已經有點犯忌了，更何況講學的內容帶有沖決名教網羅的意味，那就更犯忌了。

何心隱在〈修聚和祠上永豐大尹凌海樓書〉中說：「若在樊籠戀戀，縱得以展高才，不過一效忠立

---

230 （明）李贄，〈何心隱論〉，《焚書》卷三《雜述》。
231 程學博，〈祭梁夫山先生文〉，《何心隱集．附錄》（北京：中華書局，一九六〇），頁一三五。
232 容肇祖，〈何心隱及其思想〉，《容肇祖集》，頁三八八。
233 （明）耿定向，〈招梁子詞〉，《耿天台先生文集》卷十二。
234 （明）耿定向，〈招梁子詞〉，《耿天台先生文集》卷十二。
235 容肇祖，〈何心隱及其思想〉，《容肇祖集》，頁三六三。
236 （清）黃宗羲，《明儒學案》卷三十二《泰州學案》。

功耿介之官而已，於大道何補？直須出身以主大道，如孔孟復生於世，則大道有正宗，善人有歸宿，身雖不與朝政，自無有不正矣……孔子設教之至善，而身不與政者也，不與政而賢與立政。」[237]這是頗有一點狂妄的，以孔子為楷模，「設教而不與政」，「不與政而賢於立政」，標榜自己不在官場，卻賢於當朝執政諸位大老，因為他們無補於大道。他在〈答作主〉一文中說，「某之見，見人之所未見者也；某之憑，憑人之所未憑者也」，[238]同樣有傲視當世的意味。因而他的學問被掌握話語權的正統人士蔑視為「偽學」，時時處在違禁的狀態。

容肇祖所說的「得罪於地方官，得罪於時宰」，地方官指的是湖廣巡撫陳瑞、王之垣，「時宰」指的是內閣首輔張居正。欲置何心隱於死地的正是張居正，陳瑞、王之垣不過是秉承首輔旨意行事而已。這並不是後人的栽贓誣陷，而是有事實為證的。

李贄〈何心隱論〉寫道：「公（何心隱）已死矣，吾恐一死而遂湮滅無聞也。今觀其時武昌上下，人幾數萬，無一人識公者，無不知公之為冤也。方其揭榜通衢，列公罪狀，聚而觀者，咸指其誣，至有噓呼叱吒不欲觀焉者，則當日之人心可知矣。由祁門而江西，又由江西而南安而湖廣，沿途三千餘里，其不識公之面而知公之心者，三千餘里皆然也。非惟得罪於張相者有所憾於張相而云然，雖其深相信以為大有功於社稷者，亦猶然以此舉為非是，而咸謂殺公以媚張相者之為非人也。」[239]

這裡所說的「張相」就是內閣首輔張居正。何心隱「得罪於張相」，地方官「殺公以媚張相」，並非傳聞之辭，可以在官修的正史中找到根據，《明神宗實錄》萬曆八年（一五八〇）正月己巳條寫道：「江西永豐人梁汝元，聚徒講學，譏議朝政，吉水人羅巽亦與之遊。汝元揚言，江陵首輔專制朝政，必當入都，詈言逐之。首輔微聞其語，露意有司，令拘押之。有司承風指，斃之獄。」[240]沈德符《萬曆野獲編》說得更為具體：「時有江西永豐人梁汝元者，以講學為名，鳩聚徒眾，譏切時政……江陵（張居正）恚怒，示意其地方官物色之。諸官方居為奇貨。適曾光事起（引者按：指曾光散布妖言惑眾事件），遂竄入二人姓名，謂且從（曾）光反。汝元先逮至，拷死。」[241]

其實所謂「譏議朝政」、「譏切時政」，所謂與散布妖言的曾光「謀反」云云，不過是欲加之罪，毫無根據；他得罪於張居正的根本原因就是「聚徒講學」。主辦此案的湖廣巡撫王之垣給他的罪名是「聚徒講學，擾害地方」，他在《曆仕錄》中說：「湖廣有大奸何心隱……假以聚徒講學為名，擾害地方。中間不法情罪甚多，各省歷年訪拿不獲，俱有案卷。萬曆七年（一五七九），新店把總朱心學於祁門縣捉獲。予發按察司侯廉使查卷提幹連人問理。本犯在監患病身故……事後數年，言官尚有稱冤具疏者。蓋以假講學之名，遂為所惑，不知其有各省訪拿案卷也。」[242]王之垣把獄中「杖殺」謊稱「在監患病身故」，又武斷臆測，為何心隱鳴冤的言官是受其講學迷惑。為了應付輿論，他打出聖旨作擋箭牌，「這有名的兇犯，原應正法，不必行勘」，證明自己先斬後奏正確無誤。

何心隱被害後，不斷有言官向朝廷申訴，其中尤以山東道監察御史趙崇善所寫的〈明公論正大典伸積冤以彰國是疏〉，最為深刻。這份奏疏的全文收在吳亮主編的《萬曆疏鈔》中，關於何心隱案件的一段這樣寫道：

> 至於何心隱之死非其罪，冤尤可憫者。蓋心隱布衣之士，從事學問，素為縉紳所重，如錢同文輩嘗北面而師事之。臣未仕時已知有此人久矣。及臣任婺源知縣，忽然湖廣巡撫王之垣差官帶領兵

237　（明）何心隱，〈又書（又與淩海樓書）〉，《何心隱先生爨桐集》卷三。

238　（明）何心隱：〈答作主〉，《何心隱先生爨桐集》卷三。

239　（明）李贄，〈何心隱論〉，《焚書》卷三《雜述》。

240　《明實錄．明神宗實錄》卷九十五，萬曆八年正月己巳。

241　（明）沈德符，《萬曆野獲編》卷十八《大俠遁免》。

242　容肇祖，〈何心隱及其思想〉，《容肇祖集》，頁三六三—三六四。

快，直抵鄰縣祁門緝拿心隱，急於星火。心隱既獲，不逾時而斃之杖下。臣不勝駭愕，以為心隱何罪，而受禍之慘至此？詢諸士夫，咸謂心隱素與（張）居正講學，直言規過，以觸其怒，後又斥居正不奔父喪，居正忿恚益深，密托王之垣致之死地。之垣不勝其諂媚之心，唯唯聽命。此心隱之所以見殺也。又聞刑部侍郎耿定向，其時致書之垣，力言心隱無罪，不可輕殺，而之垣不聽。皇上倘以臣言為未信，乞召（耿）定向而問之。定向正直無私，必不能為之垣諱也。心隱既死，之垣深慮人議，其後又捏無影事蹟，刊刻傳布，欺天罔人，無所不至。是心隱之冤與劉臺、吳仕期何異哉？殺（劉）臺與（吳）仕期者俱已正罪，而殺心隱者獨得優遊無事，以老於扉下，臣恐天地鬼神昭布森列，必不肯容，而心隱之目亦必不瞑於地下也。[243]

趙崇善揭發王之垣唯唯聽命於張居正，殺害何心隱，而後又捏造「無影事蹟」，欺騙輿論，比如：何心隱「以侵欺皇木銀兩犯罪，拒捕，殺傷吳善五等六命，初擬絞罪，後來減充貴州衛軍著伍，脫逃各省」云云，全是不實之詞。在趙崇善看來，何心隱的冤死與劉臺相似。遼東巡按御史劉臺因彈劾張居正而遭到報復，罷官回到家鄉江西安福縣。江西巡撫王宗載、江西巡按陳世寶秉承張居正的旨意，嗾使安福縣謝耀誣告劉臺「合門濟惡，滅宗害民」。朝廷據此判處劉臺發配極邊遠地方充軍終身。

萬曆十年（一五八二），窮困潦倒的劉臺死於廣西潯州，連殯葬的衣服棺材都沒法置辦，令當地人唏噓不已。萬曆十一年（一五八三），劉臺得以平反，誣陷的罪狀查無證據，對有關責任人分別判處充軍、徒刑、死刑。同樣是諂媚首輔陷害無辜，為何王之垣至今仍逍遙法外？趙崇善的這一責問並非毫無道理。

何心隱與張居正的矛盾由來已久，起因就是講學。何心隱因為直言遭到官員誣陷，流放貴州。胡宗憲仰慕他的才華，聘他為幕僚。嘉靖三十九年（一五六〇）他隨太僕寺丞程學顏前往北京，聚徒講學。

耿定向為何心隱立傳，記敘他與張居正的初次交往：「嘉靖庚申歲也，余時官北臺（都察院），狂（何心隱）匿程（學顏）君邸，即同里士紳避不見，間從比部（刑部）羅汝芳氏遊。余故與程羅兩君交善，時相往反，因晤之。聆其言，貌若癲狂，然間出語有中吾衷者。時張江陵（居正）為少司成（國子監司業），予挈之城東僧舍與晤，狂俯首凝睇，目江陵曰：『公居大學，知大學道乎？』江陵為勿聞者，游目而攝之曰：『爾意時時欲飛，卻飛不起也。』江陵別去，狂舍然若喪曰：『夫夫也，吾目所及不多見，異日必當國，殺我者必夫也。吾黨學應移別掉，不則當北面矣。』」[244]

那是多年前張居正擔任國子監司業期間的事，何心隱念念不忘，後來在《上祁門姚大尹書》中回顧道：「因耿（定向）而與今之閣下張公太岳（居正）官司業時，講學於北之顯靈宮。即睹此公有顯官，有隱毒，凡其所講者即唯唯，即不與之辯學是非，而即憂其必有肆毒於今日也。且此公退即對耿（定向）言：『元（梁汝元）本一飛鳥，為渠以膠滯之。』然元即對耿言：『張公必官首相，必首毒講學，必首毒元。』」[245]

萬曆元年（一五七三）出任內閣首輔的張居正，雷厲風行地推行改革，涉及政治、經濟、軍事、文化各個方面。萬曆三年（一五七五），張居正向皇帝呈進〈飭學政以振興人才〉的奏疏，闡述了整頓教育的主張，為此他制訂了十八條規章，其中第一條最為厲害：「今後各提學官督率教官、生儒，務將平日所習經書義理，著實講求，躬行實踐，以需他日之用，不許別創書院，群聚徒黨，及號召它方遊食無行之徒空談廢業，因而啟奔競之門，開請託之路。」[246]堵塞奔競之門，杜絕請託之路，毫無疑問是切中

243（明）趙崇善，〈明公論正大典伸積冤以彰國是疏（萬曆十三年七月）〉，《萬曆疏鈔》卷六。

244（明）耿定向，〈里中三異傳〉，《耿天台先生文集》卷十六。鄒元標〈梁夫山傳〉所記略同：「已而，程公（學顏）北遷，同居燕畿，聚徒講學。因與司業江陵張公案名居正屢屢講不合，遂構釁端。」

245（明）何心隱，〈上祁門姚大尹書〉，《何心隱先生爨桐集》卷四。

時弊的，但是把這些弊端歸因於「遊食無行之徒空談廢業」，似乎有點不合邏輯；為此而採取的措施竟然是「不許別創書院，群聚徒黨」，似乎過於操切，矯枉過正。矯枉過正的結果，一向致力於民間講學的何心隱，就被視為「遊食無行之徒」，予以整肅了。

「不許別創書院，群聚徒黨」的政策得以貫徹，後果是嚴重的，抓住常州知府施觀民「私創書院贓私狼藉」的把柄，頒布詔令，不僅將施觀民私創的書院搗毀，而且宣布各地私創書院一律改為公廨，書院的田產查歸里甲。[247]之後又宣布取締、禁毀全國六十四家書院，許多歷史悠久、名聞遐邇的書院就此壽終正寢。宋代以來蔚然成風的書院講學，繁榮了學術，培養了人才，居然在「空談廢業」的幌子下，掃蕩一空，弦歌之聲戛然而止。

禁止講學，取締書院，無論如何都談不上是一項德政。萬曆十一年（一五八三），吏科給事中鄒元標批評這種矯枉過正的做法。他寫給皇帝的奏疏〈直抒膚見以光聖德以奠民生疏〉，語氣委婉，卻難掩犀利的鋒芒：「常州知府施觀民，靡費民財，私創書院，毀之誠是矣。乃概將先賢遺跡一概拆廢，臣不知其解也。彼敢於蔑先聖之道者，不過惡聚講，假偽學以鉗天下之口耳……聚徒講誦自古已然，未聞概以偽學斥也。天下生材，囿於所稟，資有純駁，故功有真偽，百偽之中得一真焉，亦足以維世道、匡頹風。因偽棄真，是因沙廢金，因噎廢食矣……臣愚以為，凡所拆過書院先賢遺跡，宜敕禮部令郡邑或概議修復，或量為調停，雖未必真儒輩出，然使天下曉然知陛下崇儒重道盛心，學術從此而正，士習從茲而端，未可知也。」[248]通篇並未提及何心隱三字，其實是在為他鳴冤，一則說聚徒講學是從古以來的傳統，從未聽說一概斥為偽學，加以禁止的；再則說，拆毀常州知府施觀民私創書院，似無不可，擴而大之，把全國書院統統拆毀，這種因噎廢食的舉措目的何在？一言以蔽之，無非是執政者為了控制輿論——「假偽學以鉗天下之口」。

神宗皇帝接受了他的意見——「崇儒重道」。此後，很多書院陸續恢復，聚徒講學之風再度重現，琅琊書聲重新迴響於華夏大地。何心隱泉下有知，或可釋然了。

泰州學派從王艮、王襞到顏山農、何心隱，宣揚「六經皆注腳」，他們的言行「非名教之所能羈絡」，表現出前所罕見的叛逆精神，推動了思想解放的潮流，其意義不容低估。正如《宋明理學史》的作者所說，叛逆精神是泰州學派最可寶貴的傳統，「從明清之際的早期啟蒙思潮到『五四』新文化運動，我們仍能看到這一傳統給予不同時期的進步思想家們的深刻思想影響」。[249]

四、李贄：「咸以孔子之是非為是非，故未嘗有是非」

李贄，初名載贄，字宏甫，號卓吾，福建泉州府晉江縣人，其地又稱溫陵，故時人又叫他李溫陵。他雖不是陽明先生的及門弟子，也可以歸入「掀翻天地」的王門弟子行列。因為他是王艮之子王襞的門生，可以說是陽明先生的三傳弟子。這一點他自己說得很清楚：「心齋之子東崖公，贄之師。東崖之學，實出自庭訓，然心齋先生在日，親遺之事龍溪於越東，與龍溪之友月泉老衲矣，所得更深邃也。東崖幼時，親見陽明。」[250]

246 (明)張居正，〈請申舊章飭學政以振興人才疏〉，《張文忠公全集》卷四。

247 (明)錢一本，《萬曆邸抄》萬曆七年己卯卷，正月，〈毀天下書院〉條。按：《萬曆邸抄》編者不明，據日本學者小野和子考證，《萬曆邸抄》編者為錢一本。其說見小野和子，《明季黨社考——東林黨和復社》(京都：同朋舍，一九九六)，頁一四五—一五六。

248 (明)錢一本，《萬曆邸抄》萬曆十一年癸未卷，十月〈吏科給事中鄒元標奏進五事條〉。

249 邱漢生、張豈之主編，《宋明理學史》(下)，頁四五二。

250 (明)李贄，《續焚書》卷三《讀史匯·儲瓘》。

王襞九歲時曾隨父親王艮前往餘姚，謁見陽明先生。陽明命門生王畿、錢德洪做他的啟蒙老師。焦竑為王襞寫墓誌銘，說道：「先生諱襞，字宗順，學者稱東崖先生……生九齡，隨父之陽明公所，士大夫會者千人。公命童子歌，多囁嚅不能應，先生意氣恬如，歌聲若金石。公召視之，知為心齋子，詫曰：『吾固知越中無此兒也。』輒奇而授之學。是時龍溪、緒山、玉芝皆在公左右，先生以公命，悉師事之。」[251]黃宗羲為他立傳，也這樣說：「王襞，字宗順，號東崖，心齋之仲子也。九歲隨父至會稽。每遇講會，先生以童子歌詩，聲中金石。陽明問之，知為心齋子，曰：吾固疑其非越中兒也。令其師事龍溪、緒山。先後留越中幾二十年。」[252]由此可見，王襞是陽明的再傳弟子，從王畿、錢德洪那裡接受王學的啟蒙，又繼承了父親的王學傳統。王艮在淮南講學，他始終追隨左右。王艮逝世後，他繼承父親的講席，往來於各地，主其教事。[253]

讚揚王門弟子「一代高似一代」

萬曆二年（一五七四），李贄出任南京刑部員外郎。此時王襞在南京主持講會，李贄前往聽講，拜王襞為師。[254]從學術的傳承關係上看，李贄可謂陽明先生的三傳弟子。因此，李贄對於陽明及其弟子推崇備至，是在情理之中的。他編輯《陽明先生道學鈔》八卷、《陽明先生年譜》二卷，弘揚陽明先生的學術。在給友人的信中他讚揚道：「此書之妙，千古不容言」，「士大夫攜之以入扶手，朝夕在目，自然不忍釋去，事上使下，獲民動眾，安有不中款者乎？唯十分無志者乃不入目，稍有知覺能運動，未有不發狂欲大叫者也。」[255]又說陽明先生：「使人人知『致良知』三字出於《大學》、《孟子》，則可以脫禍，而其教亦因以行，此則王先生之善巧方便，千古大聖人所當讓美，所當讓德，所當讓才者也。前此而白沙先生，亦曾親見本來面目矣，幾曾敢露出半語乎？然非龍溪先生五六十年守其師說不少改變，亦未必靡然從風，一至此也。此則陽明王先生之幸，亦天下萬世之大幸。」[256]

對於龍溪、近溪、心齋、山農、心隱等王門弟子及再傳弟子，他都給予高度評價。

他最敬重龍溪（王畿）與近溪（羅汝芳）兩先生。談及對於陽明先生「良知」要旨的領悟，他認為，「近時唯龍溪先生足以繼之，近溪先生稍能繼之。」他說：「龍溪先生年至九十，自二十歲為學，又得明師，所探討者盡天下書，所求正者盡四方人，到末年方得實詣，可謂無工夫乎？公但用自己工夫，勿愁人無工夫用也。有志者自然來共學，無志者雖與之談何益。近溪先生從幼聞道，一第十年乃官，至今七十二歲，猶歷涉江湖各處訪人，豈專為傳法計歟！」[257]談到王畿的《龍溪小刻》，他說：「先生語錄甚多，此直十之一耳，然先生之學具是矣。學至先生而後大明也。我國家以大明稱，豈不信乎！先生少師陽明，早即聞道，享年九十歲，所傳者至廣矣……夫陽明中興之至人也，當其時得道者如林，無不能悉數之，獨淮南一派，其傳為波石、山農數公者……惟先生粹然一接顏氏之絕，無有痕跡可睹。」[258]讚譽他的學問接續孔門弟子顏淵的絕學。談到《龍溪王先生集》，推崇為「前無往古，今無將來」：「《龍溪王先生集》共二十卷，無一卷不是談學之書；卷凡數十篇，無一篇不是論學之言。夫學

251（明）焦竑，〈王東崖先生墓誌銘〉，《焦氏澹園集》卷三十一《墓誌銘》。

252（清）黃宗羲，《明儒學案》卷三十二《泰州學案一．處士王東崖先生襞》。

253（清）黃宗羲，《明儒學案》卷三十二《泰州學案一．處士王東崖先生襞》。

254 參見容肇祖，《李贄年譜》（北京：生活．讀書．新知三聯書店，一九五七），頁三二—三三。容氏引用《明儒王東崖先生集》卷首之《東崖年譜紀略》，對此有所考證。

255（明）李贄，〈與方伯雨〉，《續焚書》卷一《書匯》。

256（明）李贄，〈答馬歷山〉，《續焚書》卷一《書匯》。

257（明）李贄，〈答耿司寇〉，《焚書》卷一《書答》。

258（明）李贄，〈龍溪小刻〉，《李溫陵集》卷十《雜述》。

問之道，一言可蔽，卷若積至二十，篇或累至數十，能無贅乎？然讀之忘倦，卷卷若不相襲，覽者唯恐易盡，何也？蓋先生學問融貫，溫故知新，若滄州瀛海，根於心，發於言，自時出而不可窮，自然不厭而文且理也。而其誰能贅之歟！故余嘗謂先生此書，前無往古，今無將來，後有學者可以無復著書矣，蓋逆料其決不能條達明顯一過於斯也。」[259]他認為龍溪先生講學「明快透髓」：「大抵聖言切實有用，不是空頭，若如說者，則安用聖言為耶！世間講學諸書，明快透髓，自古至今未有如龍溪先生者。」[260]

李贄最瞧不起那些「鄙儒」、「俗儒」、「迂儒」，而認為王艮截然不同，堪稱「名儒」。他說：「故知儒者終無透徹之日，況鄙儒無識，俗儒無實，迂儒未死而臭，名儒死節徇名者乎！最高之儒，徇名已矣，心齋老先生是也。」[261]對於王門弟子王艮及其泰州學派，李贄讚不絕口，認為他們「一代高似一代」：「當時陽明先生門徒遍天下，獨有心齋（王艮）為最英靈。心齋本一灶丁也，目不識一丁，聞人讀書，便自悟性，徑往江西見王都堂，欲與之辯質所悟。此尚以朋友往也，後自知其不如，乃從而卒業焉。故心齋亦得聞聖人之道，此其氣骨為如何者！心齋之後為徐波石（徐樾），為顏山農。山農以布衣講學，雄視一世，而遭誣陷；波石以布政使請兵督戰而死廣南。雲龍風虎，各從其類，然哉！蓋心齋真英雄，故其徒亦英雄也。波石之後為趙大洲（趙貞吉），大洲之後為鄧豁渠；山農之後為羅近溪，為何心隱，心隱之後為錢懷蘇，為程後臺；一代高似一代。所謂大海不宿死屍，龍門不點破額，豈不信乎！心隱以布衣出頭倡道而遭橫死，近溪雖得免於難，然亦幸耳，卒以一官不見容於張太嶽。蓋英雄之士，不可免於世而可以進於道。」[262]

「一代高似一代」，落腳點在「英雄」二字，「心齋真英雄，故其徒亦英雄」。羅近溪「少而學道，蓋真正英雄，真正俠客，而能回光斂焰，專精般若之門者，老而糟粕盡棄，穢惡聚躬，蓋和光同塵之極。俗儒不知，盡道是實如此不肖」。[263]羅近溪是真英雄，何心隱也是真英雄。他說：「何心老英雄莫比，觀其羈絆縲紲之人，所上當道書，千言萬語，滾滾立就，略無一毫乞憐之態，如訴如戲，若等閒日子。今讀其文，想見其為人。其文章高妙，略無一字襲前人，亦未見從前有此文字，但見其一瀉千里，委曲詳盡，觀者不知感動，吾不知之矣。」[264]

如果用「一代高似一代」來衡量李贄，毫無疑問，他也是「一代高似一代」的「真英雄」。他一生特立獨行，挑戰傳統，挑戰主流思想，發出驚世駭俗的聲音，因而被假道學視為「異端」。

「假道學以異端目我」

「異端」一詞，帶有明顯的貶義。孔子在《論語》中說：「攻乎異端，斯害也已。」朱熹解釋道：「攻，專治也。異端，非聖人之道，而別為一端，如楊、墨是也。」在儒家學說定於一尊的專制時代，如果有人挑戰這種統治思想，那就意味著「非聖人之道」，正統派便把他貶為「異端」。王艮反唇相譏：「聖人之道無異於百姓日用，凡有異者，皆謂之異端。」[265]顯然是在與「非聖人之道」的衡量標準唱反調，主張用「百姓日用」作為衡量是否「異端」的標準。李贄被貶為「異端」，他的應對之策更為巧妙、機警。

一則說：「又今世俗子與一切假道學，共以異端目我，我謂不如遂為異端，免彼等以虛名加我，何

259（明）李贄，〈龍溪先生文錄抄序〉，《焚書》卷三《雜述》。
260（明）李贄，《復焦弱侯》，《焚書》卷二《書答》。
261（明）李贄，〈與焦漪園太史〉，《續焚書》卷一《書匯》。
262（明）李贄，〈為黃安二上人三首．大孝一首〉，《焚書》卷二《書答》。
263（明）李贄，〈答周二魯〉，《李溫陵集》卷四《書答》。
264（明）李贄，〈與焦漪園太史〉，《續焚書》卷一《書匯》。
265（明）王艮，〈或問異端〉，《重刻心齋王先生語錄》卷上。

如？」[266]

再則說：「又此間無見識人多以異端目我，故我遂為異端，以成彼豎子之名。」[267]

三則說：「且觀世之人，孰能不避名色而讀異端之書乎？堂堂天朝行頒四書五經於天下，欲其幼而學，壯而行，以博高爵重祿，顯榮家世。不然者，有黜有罰如此其詳明也，然猶有束書而不肯讀者……弟謂兄聖人之資也，且又聖人之徒也。弟異端者流也，本無足道者也。自朱夫子以至今日，以老佛為異端，相襲而排擯之者，不知其幾百年矣。」[268]

在李贄看來，「異端」這頂帽子，是那些俗子、假道學、無見識人強加給他的，索性以「異端」自居，我行我素，君子坦蕩蕩。他的「異端」言論驚世駭俗，令假道學們「莫不膽張心動」。錢謙益說：「卓吾所著書，於上下數千年之間，別出手眼，而其掊擊道學，抉摘情偽，與耿天台往復書，累累萬言，胥天下之為偽學者，莫不膽張心動。」[269]什麼樣的言論竟然有如此魔力，使得「偽學者」們「膽張心動」呢？

其一，不必以孔子之是非為是非。關於是非的標準，他有一段十分精闢的議論：「人之是非，初無定質。人之是非人也，亦無定論。無定質，則此是彼非，並育而不相害；無定論，則是此非彼，亦並行而不相悖矣。然則今日之是非，謂予李卓吾一人之是非，可也；謂為千萬世大賢大人之公是非，亦可也；謂予顛倒千萬世之是非，而復非是予之所非是焉，亦可也。則予之是非，信乎其可也。前三代，吾無論矣。後三代，漢唐宋是也。中間千百餘年，而獨無是非者，豈其人無是非哉？咸以孔子之是非為是非，故未嘗有是非耳。」[270]千百年來沒有是非可言，原因就在於，人們都以孔子之是非作為評判是非的標準，所以就沒有是非可言了。王陽明主張以吾心之是非為是非，李贄把這一理論提升到新的高度。這並非他的心血來潮，而是一貫主張。

在論及司馬遷時，他重申了不必以聖人之是非為是非的觀點：「夫所謂作者，謂其興於有感，而志不容已；或情有所激，而詞不可緩之謂也。若必其是非盡合於聖人，則聖人既已有是非矣，尚何待於吾也？夫案聖人以為是非，則其所言者乃聖人之言，非吾心獨得之言也。言不出於由衷，情非由於所激，則無味矣……夫《春秋》者，夫子之史也，筆則筆，削則削，初未嘗按古之聖人以為己之是非也。故游、夏雖文學，終不能出一辭以贊之，而況為之傳為之注乎！蓋夫子之心則天下後世自知之，至其言之不可知者，初無害其為可知，又何必穿鑿附會，以求合於一字一句之間也！」[271]痛快淋漓而又邏輯嚴密，孔子的《春秋》都沒有以聖人之是非為是非，後人為什麼一定要以聖人之是非為是非呢？否則的話，古之聖人早已有是非了，還要吾輩何用？這就給沉迷於儒家經學的人們迎頭一擊：「何必穿鑿附會，以求合於一字一句之間也！」

其二，不待取給於孔子而後足。在與耿定向的論戰中，對於耿氏所說「學其可無術歟」，予以批駁：「此公所得於孔子而深信之以為家法者也，僕又何言之哉！然此乃孔氏之言也，非我也。夫天生一人，自有一人之用，不待取給於孔子而後足也。若必待取足於孔子，則千古以前無孔子，終不得為人乎？」又說：「且孔子未嘗教人之學孔子也。使孔子而教人以學孔子，何以顏淵問仁，而曰『為仁由己』而不由人也歟哉！何以曰『古之學者為己』，又曰『君子求諸己』也歟哉！惟其由己，故諸子自不必問仁於孔子；惟其為己，故孔子自無學術以授門人。」[272]倘若人們都必須取足於孔子，那麼孔子出生

266（明）李贄，〈答焦漪園〉，《焚書》卷一《書答》。
267（明）李贄，〈與曾繼泉〉，《焚書》卷二《書答》。
268（明）李贄，〈復鄧石陽〉，《焚書》卷一《書答》。
269（清）錢謙益，《列朝詩集小傳》閏集《異人三人・卓吾先生李贄》。
270（明）李贄，〈藏書紀傳總目前論〉，《藏書》卷首。
271（明）李贄，〈司馬遷〉，《李溫陵集》卷十五。
272（明）李贄，〈答耿中丞〉，《焚書》卷一《書答》。

之前「終不得為人」嗎？

他反對把孔子聖人化，認為他也是「庸眾」的一員：「雖孔夫子亦庸眾人類也，人皆見南子，吾亦可以見南子，何禪而何機也？子路不知，無怪其弗悅夫子之見也，而況千載之下耶？人皆可見，而夫子不可見，是夫子有不可也？夫子無不可者，而何不可見之有？」[273]因此，他提出「聖人不高，中人不低」的觀點：「天下之人，本與仁者一般，聖人不曾高，中人不曾低，自不容有惡耳。」由此，他認為只有顏淵「得好學之實」，其他弟子不知夫子所學：「若其他弟子，則不免學夫子之不厭而已，學夫子之不倦而已，畢竟不知夫子之所學為何物，自己之所當有事者為何事……吁，當夫子時，而其及門之徒已如此矣，何怪於今，何怪於今！」[274]

其三，六經皆史。一般以為「六經皆史」是清代學者章學誠提出的至理名言，把《詩》、《書》、《禮》、《樂》、《易》、《春秋》，從「經」的神壇上拉了下來，與史書平起平坐。殊不知，早在二百年前，李贄就高唱「六經皆史」了：「經、史一物也。史而不經，則為穢史矣，何以垂戒鑑乎？經而不史，則為說白話矣，何以彰事實乎？故《春秋》一經，春秋一時之史也。《詩經》、《書經》，二帝三王以來之史也。而《易經》則又示人以經之所自出、史之所從來，為道屢遷，變易匪常，不可以一定執也。故謂六經皆史可也。」[275]六經原本就是史書，被後人尊奉為「經」，披上了神聖的外衣，一字一句都神祕莫測，李贄極力主張應該還它的本來面目——「經史一物」。言簡意賅，在理論深度上，絲毫不遜色於章學誠。

不僅六經如此，四書也是如此。他認為六經和《論語》、《孟子》並非萬世之至論：「夫六經、《語》、《孟》，非其史官過為褒崇之詞，則其臣子極為讚美之語。又不然，則其迂闊門徒、懵懂弟子記憶師說，有頭無尾，得後遺前，隨其所見，筆之於書。後學不察，便謂出自聖人之口也，決定目之為經矣。孰知其大半非聖人之言乎？縱出自聖人，要亦有為而發，不過因病發藥，隨時處方，以救此一等懵懂弟子、迂闊門徒云耳。藥醫假病，方難定執，是豈可遽以為萬世之至論乎？然則六經、《語》、《孟》，乃道學之口實，假人之淵藪也，斷斷乎其不可以語於童心之言明矣。」[276]這樣肆無忌憚地評說儒家經典，簡直聞所未聞，痛快淋漓之極！一則說，這些東西不過是史官的褒崇之詞、臣子的讚美之語，或者是迂闊門徒與懵懂弟子有頭無尾地記憶師說；再則說，大半不是聖人之言，即使出自聖人，也不過是「因病發藥，隨時處方」而已；三則說，這些東西不但不是「萬世之至論」，而且成為「道學之口實，假人之淵藪」。對經學的批判可謂入木三分，此前有哪一位思想家可以與之比肩？

在他看來，儒家經典不明「道」，儒生解經更不明「道」：「道本大道，因經故不明；經以明道，因解故不能明道。然則經者道之賊，解者經之障，安足用歟？雖然，善學者通經，不善學者執經；能學者悟於解，而不能者為解誤，其為賊為障也宜也。夫前人說經，後人解經，要不過為能者通此一線路耳，非與夫不能者道也。」[277]

他認為，宋儒的「道統說」在這方面留下了極壞的影響：「宋人直以濂、洛、關、閩接孟氏之傳，謂為知言云。吁，自秦而漢而唐，而後至於宋，中間歷晉及五代，無慮千數百年，若謂地盡不泉，則人皆渴死矣；若謂人盡不得道，則人道滅矣，何以能長世也？終遂泯沒不見，混沌無聞，直待有宋而始開闢而後可也，和宋室愈以不競，奄奄如垂絕之人，而反不如彼之失傳者哉？好自尊大，徒為標幟，而不知其垢誣亦太甚矣！」[278]

273（明）李贄：〈答周柳塘〉，《李溫陵集》卷四《書答》。
274（明）李贄：〈復京中友朋〉，《焚書》卷一《書答》。
275（明）李贄：〈經史相為表裡〉，《焚書》卷五《讀史》。
276（明）李贄，〈童心說〉，《焚書》卷三《雜述》。
277（明）李贄，〈提綱說〉，《李溫陵集》卷九《雜述》。
278（明）李贄，〈道學〉，《李溫陵集》卷一五《讀史》。

其四，今之講周程張朱者可誅。前面所說的濂、洛、關、閩，即此處所指的周、程、張、朱（周敦頤、程頤、程顥、張載、朱熹），李贄不認為他們「接孟氏之傳」。而當時的假道學卻打著周、程、張、朱的幌子，販賣私貨，嘴巴上講仁義道德，心裡面想的是升官發財，他極為反感，口誅而筆伐，言詞之尖刻令人驚駭：「但見今之講周、程、張、朱者，以為周、程、張、朱實實如是爾也，故恥而不肯講。不講雖是過，然使學者恥而不講，以為周、程、張、朱卒如是而止，則今之講周、程、張、朱者可誅也。彼以為周、程、張、朱者皆口談道德而心存高官，志在巨富；既已得高官巨富矣，仍講道德，說仁義自若也；又從而嘵嘵然語人曰：『我欲勵俗而風世。』彼謂敗俗傷世者，莫甚於講周、程、張、朱者也，是以益不信。」[279]

他對假道學深惡痛絕，嬉笑怒罵，毫不留情：「有一道學，高屐大履，長袖闊帶，綱常之冠，人倫之衣，拾紙墨之一二，竊唇吻之三四，自謂真仲尼之徒焉。時遇劉諧。劉諧者，聰明士，見而哂曰：『是未知我仲尼兄也。』其人勃然作色而起曰：『天不生仲尼，萬古如長夜。子何人者，敢呼仲尼而兄之？』劉諧曰：『怪得羲皇以上聖人盡日燃紙燭而行也！』其人默然自止。然安知其言之至哉！李生聞而喜曰：『斯言也，簡而當，約而有餘，可以破疑網而昭中天矣。其言如此，其人可知也。蓋雖出於一時調笑之語，然其至者百世不能易。』」[280]李贄借用劉諧之口，嘲諷假道學，開口閉口「天不生仲尼，萬古如長夜」，反詰道：「怪得羲皇以上聖人盡日燃紙燭而行也」，與前面所說的：「千古以前無孔子，終不得為人乎？」遙相呼應，令人拍案叫絕。

假道學的要害是「假」，李贄對於他們的「假人」、「假言」、「假事」、「假文」痛加鞭笞：「夫既已聞見道理為心矣，則所言者皆聞見道理之言，非童心自出之言也。言雖工，於我何與，豈非以假人言假言，而事假事、文假文乎？蓋其人既假，則無所不假矣。由是而以假言與假人言，則假人喜；以假事與假人道，則假人喜；以假文與假人談，則假人喜。無所不假，則無所不喜。滿場是假，矮人何辯也？」[281]李贄的文章致力於揭穿假道學的「假」，假人、假言、假事、假文，無所不假。極而言之，「世間萬事皆假，人身皮袋亦假也。然既已假合而為人，一失誠護，百病頓作，可以其為假也而遂不以調攝先之，心誠求之乎？」[282]

在李贄眼中，假道學們口是心非，其人格還不如言行一致的市井小夫：「自朝至暮，自有知識以至今日，均之耕田而求食，買地而求種，架屋而求安，讀書而求科第，居官而求尊顯，博求風水以求福蔭子孫。種種日用，皆為自己身家計慮，無一釐為人謀者。及乎開口談學，便說爾為自己，我為他人；爾為自私，我欲利他；我憐東家之飢矣，又思西家之寒難可忍也；某等肯上門教人矣，是孔孟之志也，某等不肯會人，是自私自利之徒也；某行雖不謹，而肯與人為善，某等行雖端謹，而好以佛法害人。以此而觀，所講者未必公之所行，所行者又公之所不講，其與言顧行、行顧言何異乎？以是謂為孔聖之訓可乎？翻思此等，反不如市井小夫，身履是事，口便說是事，作生意者但說生意，力田作者但說力田。鑿鑿有味，真有德之言，令人聽之忘厭倦矣。」[283]這些偽君子談的是仁義道德，幹的是穿越牆洞的勾當，還自命為「聖人」、「山人」：「今之所謂聖人者，其與今之所謂山人者一也，特有幸不幸之異耳。幸而能詩，則自稱曰山人；不幸而不能詩，則辭卻山人而以聖人名。幸而能講良知，則自稱曰聖人；不幸而不能講良知，則謝卻聖人而以山人稱。輾轉反覆，以欺世獲利，名為山人而心同商賈，口談道德而志在

279（明）李贄，〈又與焦弱侯〉，《焚書》卷二《書答》。

280（明）李贄，〈贊劉諧〉，《焚書》卷三《雜述》。劉諧，字鳳和，號弘原，湖廣麻城人，隆慶五年進士，歷官常熟縣丞、餘干知縣，萬曆七年罷官。李紹文《皇明世說新語》卷七《排調》亦載此事：「有一道學每曰：『天不生仲尼，萬古如長夜。』劉諧曰：『怪得羲皇以上聖人盡日燃燭而行也。』」

281（明）李贄，〈童心說〉，《焚書》卷三《雜述》。

282（明）李贄，〈與耿楚倥〉，《續焚書》卷一《書匯》。

283（明）李贄，〈答耿司寇〉，《焚書》卷一《書答》。

穿窬。」[284]

「快口直腸，目空一切」

近代學者黃節談及李贄時說：「學術者，天下之公器。王者徇一己之好惡，乃欲以權力遏之，天下固不恍也。即恍矣，而易世之後，錄卓吾書者自若，亦非明之列祖列宗所得而如何者……卓吾生儒教專制之時，天王聖明之世，而快口直腸，憤激過甚，破道一風同之見……矧卓吾一身，兼『非儒』、『學佛』二者，為異端之尤者乎？」[285]黃節認為，在「非儒」、「學佛」這兩點上，李贄「快口直腸，憤激過甚」，可謂「異端之尤」，說得通俗一點，就是比異端還要異端。這樣的人，在當時的處境的艱難是可想而知的。

李贄自幼浸淫於儒家經典之中，攻讀《易經》、《禮經》，後來改讀《尚書》。嘉靖三十一年（一五五二），二十六歲時鄉試中舉，自嘲為「竟以《尚書》竊祿」。在回憶錄中調笑道：「稍長，復憒憒，讀傳注不省，不能契朱夫子深心。因自怪，欲棄置不事。而閒甚，無以消歲日，乃嘆曰：『此直戲耳，但剽竊得濫目足矣，主司豈一一能通孔聖精蘊者耶！』因取時文尖新可愛玩者，日誦數篇，臨場得五百。題旨下，但作繕寫謄錄生，即高中矣。」[286]如此率真的自白，嘲諷僵化死板的科舉考試，不屑於傳統的經學，「讀傳注不省，不能契朱夫子深心」，深得明清之際名士張岱的激賞，引入他的《石匱書》，作為揭露科舉八股弊端的例證：「二百八十二年以來，英雄豪傑埋沒於八股中，得售者什一，不得售者什九。此固場屋中之通病也……李卓吾曰：『吾熟讀爛時文百餘首，進場時做一日謄錄生，便高中矣。』此雖戲言，委是實錄……蓋近世學者除四書五經之外，目不睹非聖之書，比比皆是，間有旁及古文，怡情詩賦，則皆遊戲神通，不著要緊，其所造詣，則不問可知矣。」[287]

也許是看透了這一點，他此後不再參加進士考試，徑直踏上仕途，歷任國子監教官、禮部司務、南京刑部主事。萬曆五年（一五七七），五十一歲時出任雲南姚安知府。摯友焦竑寫詩為他送行：

> 相知今古難，千秋一嘉遇。而我狂簡姿，得蒙英達顧。肝膽一以披，形跡非所騖。……君子善尺度，大道固委蛇。所貴志有行，豈云紲塵羈。[288]

對他寄予很高的期許。果然，官場的庸碌令他難以忍受，任期未滿，就辭官而去，到湖廣麻城龍湖芝佛院隱居，埋首著書立說，開啟了「異端之尤」的生涯。

龍湖在麻城縣東北，芝佛院坐落於湖的北面，風景秀麗，是一個做學問的好地方。萬曆二十一年（一五九三），袁宏道、宗道兄弟慕名前去拜訪卓吾，宗道〈龍湖記〉寫道：「龍湖，一云龍潭，去麻城三十里。萬山瀑流，雷奔而下，與溪中石骨相觸，水力不勝石，激而為潭。潭深十餘丈，望之溪清，如有龍眠。潭右為李宏甫精舍，佛殿始落成，倚山臨水……」從李贄〈讀書樂〉看來，他自己非常滿意在這裡的讀書著文生活：「天生龍湖，以待卓吾。天生卓吾，乃在龍湖。龍湖卓吾，其樂如何？四時讀書，不知其餘。讀書伊何？會我者多。一與心會，自笑自歌。歌吟不已，繼以呼呵。慟哭呼呵，涕泗滂

284（明）李贄，〈又與焦弱侯〉，《焚書》卷二《書答》。
285 吳虞，〈明李卓吾別傳〉，《吳虞文錄》卷下，《民國叢書》第二編（上海：上海書店出版社，一九八九年版），頁三三一—三四。
286（明）李贄，〈卓吾論略〉，《焚書》卷三《雜述》。
287（明）張岱，〈文苑列傳總論〉，《石匱書》卷二百二。
288（明）焦竑，〈送李比部〉，《澹園集》卷三十七《五言古詩》。
289（明）李贄，〈讀書樂並引〉，《焚書》卷六《四言長篇》。

沱。」[289]

在將近二十年中，他寫出了《焚書》、《續焚書》、《藏書》，以嬉笑怒罵的筆法，抨擊名教綱常，譏諷馳騁文壇的道學家，在思想界引起軒然大波。

萬曆十八年（一五九〇），《焚書》在麻城付梓。書中的文章，以嬉笑怒罵的筆法，抨擊綱常名教，嘲諷假道學，揭露他們的偽君子面目，痛快淋漓。李贄在龍湖芝佛院的聚佛樓所寫的自序，講到書名時說：「所言頗切近世學者膏肓，既中其痼疾，則必欲殺我矣，故欲焚之，言當焚而棄之，不可留也。」[290]李贄死後，焦竑為此書再版所寫的序言，對此感慨系之：「李宏甫自集其與夷游書札，並答問論議諸文，而名曰《焚書》，自謂其書可焚也。宏甫快口直腸，目空一世，憤激過甚，不顧人有忤者。然猶慮人必忤而托言於焚，亦可悲矣！乃卒以筆舌殺身，誅求者竟以其所著付之烈焰，抑何虐也，豈遂成其讖乎！」[291]正如焦氏所說，「既中其痼疾，則必欲殺我」，一語成讖——「卒以筆舌殺身」。

這樣無所顧忌、鋒芒畢露的文字，在知識界引起了強烈的震動。袁中道說：「公氣既激昂，行復詭異，斥異端者日益側目。與耿公往復辨論，每一札累累萬言，發道學之隱情，風雨江波，讀之者高其識、欽其才、畏其筆，始有以幻語聞當事，當事者逐之。」[292]

萬曆二十七年（一五九九），他的史學巨著《藏書》，由好友焦竑在南京刊刻出版。此書的史論獨具慧眼，發人所未發，蔑視傳統的定論，顯示了卓越的史識。例如：稱頌秦始皇是「千古一帝」，商鞅是「大英雄」，申不害是「好漢」，李斯是「知時識主」的「才力名臣」，卓文君私奔是「善擇佳偶」等等。這些見解現在看來不過是尋常的學術爭鳴而已，在當時的道學家心目中卻是離經叛道之論。袁中道《李溫陵傳》談及《藏書》，有這樣的評論：「最後理其先所詮次之史，焦公等刻之於南京，是為《藏書》。蓋公於誦讀之暇，尤愛讀史，於古人作用之妙，大有所窺。以為世道安危治亂之機，捷於呼吸，微於縷黍。世之小人既幸僥喪人之國，而世之君子理障太多，名心太甚，護惜太甚，為格套局面所拘，不知古人清靜無為，行所無事之旨，與藏身忍垢，委曲周旋之用。使君子不能以用小人，而小人得以制君子，故往往明而不晦，激而不平，以至於亂。而世儒觀古人之跡，又概繩以一切之法，不能虛心平氣，求短於長，見瑕於瑜，好不知惡，惡不知美。至於今，接響傳聲，其觀場逐隊之見，已入人之骨髓而不可破。於是上下數千年之間，別出手眼，凡古所稱為大君子者，有時攻其所短，而所稱為小人不足齒者，有時不沒其所長，其意大抵在於黜虛文，求實用；舍皮毛，見神骨；去浮理，揣人情。即矯枉之過，不無偏有重輕，而舍其批駁謔笑之語，細心讀之，其破的中窾之處，大有補於世道人心，而人遂以為得罪於名教，比之毀聖叛道，則已過矣。」[293]

袁中道對《藏書》的評價是公允平實的，以往的史家「理障太多」，拘泥於「格套局面」，不能「虛心平氣」，所著史書往往「好不知惡，惡不知美」，說好就一切皆好，說壞就一切皆壞。李贄《藏書》反其道而行之，「別出手眼」，從「君子」身上看到其短處，從不足掛齒的「小人」身上看到其長處。當然他也不認為此書一切皆好，其中未免有些偏頗——「矯枉之過，不無偏有重輕」。但是據此認定李贄得罪於名教，加上「毀聖叛道」的罪名，就太過分了。

專制政治體制不能容忍異端思想，當權者加給李贄「毀聖叛道」的罪名，並且他們動用政權的暴力，拆毀李贄賴以安身著述的龍湖芝佛院，把他驅逐出境。走投無路之際，已經罷官的御史馬經綸把他迎到通州自己家中。

290（明）李贄，《焚書》卷首《自序》。
291（明）焦竑，〈焚書序〉，《焚書》卷首。
292（明）袁中道，〈李溫陵傳〉，《珂雪齋近集文鈔》卷七。
293（明）袁中道，〈李溫陵傳〉，《珂雪齋近集文鈔》卷七。

「不死於人，死於口；不死於法，死於筆」

萬曆三十年（一六〇二）閏二月，禮科都給事中張問達獲悉李贄來到通州，如臨大敵，危言聳聽：「通州距都下僅四十里，倘（李）贄一入都門，住寺觀，招致而蠱惑之，則都城無知之士女又被勾引，為麻城士女之續矣！不知京畿何地也？」為此給皇帝呈上奏疏〈邪臣橫議放恣亂真敗俗懇乞聖明嚴行驅逐重加懲治以維持世道疏〉。這份奏疏，《明神宗實錄》只有一個摘要，吳亮主編的《萬曆疏鈔》收錄了全文。通讀全文，通篇氣勢洶洶，強詞奪理，最終導致李贄死於非命，因而有必要仔細審視。

疏文開篇就說：「惟時有李贄號卓吾者，壯歲為官，晚年削髮，業已自外於名教，不足齒矣。近又刻《藏書》、《焚書》、《卓吾大德》等書，流行海內，惑亂人心。是其人不可一日容於聖明之世，其書必不可一日不毀者。」一句「其人不可一日容於聖明之世」，露出了殺機，看來題目中所說的「嚴行驅逐」不過是一個幌子，「重加懲治」才是本意。

張問達首先聲討李贄「刺謬不經」的觀點：[294]

> 呂不韋、李園濁亂宮闈，潛移國姓，此萬古大奸巨盜也，今乃曰「智謀名臣」。以此為訓，是使人起非分無望之想也。李斯坑儒生焚詩書百家語，矯詔擅立君嗣，以貽千萬世無窮之恨，此國之賊也，今乃曰「才力名臣」。以此為訓，是使人長紛更專擅之奸也。
>
> 馮道歷事五朝，朝君臣而暮仇敵，此人臣萬古之戒也，今乃曰「此吏隱也，社稷為重也」。不知由梁而唐而漢而周而契丹，社稷凡幾更矣，道之所存者果誰家之社稷乎？以此為訓，是使人不知有君臣之義也。

> 卓文君不奉父命，而私奔相如，此失身之婦也，其父卓王孫惡而絕之，今乃曰「非失身乃獲身也，卓王孫斗筲小才，安足與計事，孤負良緣，遂失佳偶」。以此為訓，是使人不知男女聚麀之恥也。
>
> 秦始皇行事載在史冊，為千古覆轍可鑑，今乃曰「自是千古一帝」。以此為訓，是以殘忍為英雄也。
>
> 孔子以直道為是非，萬古人倫之至也，今乃曰「以孔子之是非為是非，則無是非」，是又以孔子為不足法，而敢於非至聖也。

他的結論是：「書之詖誕悖戾，未易枚舉，大都多刺謬不經，與夫藏三耳、雞三足、白馬非馬之說何異？是其書不可一日不毀者也。」

在批判了離經叛道思想之後，張問達猶嫌不足，又對李贄進行人身攻擊，極盡汙蔑之能事：

> 至尤可恨可醜者，寄居麻城，肆行不檢，始容無良輩遊於庵，已而無良輩拉妓女裸身，當白晝同浴於池。其究也，遂勾引士人妻女，至有攜衾枕而宿庵觀者。一境之內如醉如狂。
>
> 又作《觀音問》一書，所謂觀音者，皆士人妻女也，皆名曰菩薩。一時士人之妻女，果盡皆真菩薩耶。滅禮義，瀆倫常，壞風俗，蓋至於贄之行也極矣。而後生小子喜其猖狂，而樂其放肆，相率相煽，以至於明劫人財，強摟人婦，公然同於夷貊禽獸，而不之恤。

294（明）張問達，〈邪臣橫議放恣亂真敗俗懇乞聖明嚴行驅逐重加懲治以維持世道疏〉，《萬曆疏鈔》卷三十五《崇儒類》。

他的結論是：「是皆贄之邪說異論浸漬轉移而誘之迷也，嗟嗟，是可一日容於聖明之世哉？」

奏疏的最後亮出了他的意圖：伏望皇上洞察「邪說之非」、「流禍之遠」，命通州地方官將李贄押回原籍治罪，不許再聚生徒講學惑世；並且降旨南北兩京及各省，將李贄刊行諸書與未刊手稿，盡行燒毀，毋令貽亂於後世。[295]

神宗皇帝採納了他的建議，下達聖旨：「李贄敢倡亂道，惑世誣民，便令廠衛五城嚴拿治罪。其書籍已刊未刊者，令所在官司盡行燒毀，不許存留。如有徒黨曲庇私藏，該科及各有司訪參，奏來治罪。」[296]

錦衣衛緹騎奉旨前來通州。其時李贄抱病為《究正易因》定稿，書稿完成，病情加劇。得知緹騎已至，力疾起床，大聲說：是為我也，為我取門板來！隨即躺在門板上疾呼：速行，我罪人也，不宜留。馬經綸欲隨行，他勸阻說：逐臣不入城，制也，且君有老父在。馬經綸堅持隨行，說：朝廷以先生為妖人，我是藏妖人者，死則俱死，不能讓先生前往而自己獨留。

次日，錦衣衛審訊臥於階上的李贄：「你何以妄著書？」李贄答：「罪人著書甚多，具在於聖教有益無損。」[297]拒不承認朝廷對他的指控——「敢倡亂道，惑世誣民」。

幾天後，禮部尚書馮琦給皇帝呈上奏疏，題目是〈為重經術祛異說以正人心以勵人才疏〉，支持張問達的指控，擁護皇帝的聖旨，說道：「頃者皇上納都給事中張問達之言，正李贄『惑世誣民』之罪，盡焚其所著書，其於崇正辟邪，甚盛舉也。」[298]他的這篇奏疏反映了朝廷「崇正辟邪」的觀點，看起來義正詞嚴，實際上迂腐得很。「奇文共欣賞，疑義相與析」，不妨細細讀來。

他洋洋灑灑地展開論證，居然從「春秋大一統」談起：「春秋大一統，統者，統於一世，統於聖真，則百家諸子無敢抗焉；統於王制，則卿大夫士庶無敢異焉。國家以經術取士，自五經四書、《性》、《鑑》、正史而外，不列於學官，不用以課士，而經書傳注，又以宋儒所訂者為准。蓋即古人罷黜百家獨尊孔氏之旨，此所謂聖真，此所謂王制也。」他要營造「百家諸子無敢抗」、「士庶無敢異」的局面，不容許異端思想產生、流行。然而，現實並非如此：「自人文向盛，士習寖漓，始而厭薄平常，稍趨纖靡；纖靡不已，漸騖新奇；新奇不已，漸趨詭僻。始猶附諸子以立幟，今且尊二氏以操戈，背棄孔孟，非毀程朱……以名教為桎梏，以紀綱為贅疣，以放言恣論為神奇，以蕩棄行檢、掃滅是非廉恥為廣大。」[299]在馮琦看來，這就是李贄的罪狀，「背棄孔孟，非毀程朱」，「以名教為桎梏，以紀綱為贅疣」，皇帝定他「惑世誣民」之罪，當然就是「崇正辟邪」的盛舉了。

但是，思想解放的潮流不可阻擋，情況並不樂觀。他憂心忡忡地問道：「世道潰於狂瀾，經學幾為榛莽。部科交列其弊，明旨申飭再三，而竟未能廓然一大變其習者，何也？」即使遵照聖旨「盡焚其所著書」，也不能解決問題：「即如燒毀異說，去年亦奉有明旨，督學而下何曾禁止一處，燒毀一書？等經學於弁髦，得詔書而掛壁。如此，即朝廷之上三令五申，亦復何益？」究竟怎麼辦，他也說不出個所以然，只是說：「容臣等細思考酌，再行題請。」[300]

皇帝對他的奏疏看得很認真，立即批示：「祖宗維世立教，尊尚孔子，明經取士，表章宋儒。近來學者不但非毀宋儒，漸至詆譏孔子，掃滅是非，蕩棄行檢，復安得忠孝節義之士為朝廷用？」[301]

幾天之後，馮琦再次上疏，就整頓「士風文體」，維持「世教」，開出藥方，一共十五條：經術、

295（明）張問達，〈邪臣橫議放恣亂真敗俗懇乞聖明嚴行驅逐重加懲治以維世道疏〉，《萬曆疏鈔》卷三十五《崇儒類》。

296《明實錄．明神宗實錄》卷三百六十九，萬曆三十年閏二月乙卯。

297（明）袁中道，〈李溫陵傳〉，《珂雪齋近集文鈔》卷七。

298（明）馮琦，〈為重經術祛異說以正人心以勵人才疏〉，《宗伯集》卷五十七《奏疏．禮部稿》。

299（明）馮琦，〈為重經術祛異說以正人心以勵人才疏〉，《宗伯集》卷五十七《奏疏．禮部稿》。

300（明）馮琦，〈為重經術祛異說以正人心以勵人才疏〉，《宗伯集》卷五十七《奏疏．禮部稿》。

301（明）馮琦，〈為重經術祛異說以正人心以勵人才疏〉，《宗伯集》卷五十七《奏疏．禮部稿》。

文體、行檢、後場、提學、歲考、入學、冒籍、祠祀、典試、程式、參閱、關節、禁匿名帖、刻書。涉及經學、科舉、學校、出版各個領域，企圖扭轉「世道潰於狂瀾，經學幾為榛莽」的局面。其中與李贄直接相關的是第一條和第十五條。

第一條名曰「經術」：「士子肆業，必經術明而後學術正。我朝明經取士，經書傳注以宋儒所訂者為准，要在發明理奧，羽翼聖真。近日習趨詭異，語尚虛無，甚至背孔孟、非程朱，以怪誕不經之說，競博進取。」為了改變這種狀況，他主張：「以後提學官嚴諭諸生，先將經書、《性》、《鑒》熟讀詳閱，有餘力者可及歷代正史、《皇明制書》。其誣聖不經及浮華無用之書，不必入目，作文必依經傍注，照聖賢口氣發揮。」這顯然是想推行文化專制，一是四書五經必須以宋儒所作傳注為准，二是不得閱讀「誣聖不經及浮華無用之書」，三是作文必須依傍四書五經，「照聖賢口氣發揮」。連「口氣」都要和聖賢一模一樣，專橫而迂腐之極。

第十五條名曰「刻書」，顯然是對於皇帝對李贄下達的聖旨「其書籍已刊未刊者，令所在官司盡行燒毀，不許存留」所作的補充發揮，不僅要燒毀，而且要堵塞它的由來：「近日非聖叛道之書盛行，有誤後學，已奉明旨，一切邪說偽書盡行燒毀，但與其焚其既往，不如慎其將來。以後書坊刊刻書籍，俱照萬曆二十九年明旨，送提學官查閱，果有裨聖賢經傳者，方許刊行。如有敢倡異說，違背經傳，及藉口著述，創為私史，顛倒是非，用泄私憤者，俱不許擅刻。」[302]這是想用行政手段控制書籍出版，嚴加審查，凡是「非聖叛道」之書，一律不准出版，只有那些「有裨聖賢經傳」的書籍才准許出版。這辦得到嗎？後來的事實表明，不過是一紙空文而已，李贄的著作不斷再版，其他「違背經傳」的著作也禁而不止。

但是，皇帝還是批准了禮部的十五條禁令，下達聖旨：「俱依擬，著實行。士子必潛心聖經，恪守王制，他日方能奉公履正，裨益國家。始學既已不經，將來有何豎立？今後考試經書，務重聖賢本意，失旨的黜退。後場條對無遺，方稱實學。毋以浮文詭語為奇解。卷到時，該部科據此評論。坊間私刻，舉發重治勿饒！」[303]

朝廷的這種態度，預示著在獄中的李贄難逃一死。主持正義的馬經綸接連寫了四封書信，奮起為李贄辯誣，駁斥張問達的誣陷不實之辭。這四封書信收錄在余永寧、陳大來刊刻的《李卓吾先生遺書》中，為歷史保留了一絲正直的聲音。

在〈啟當事書〉中，馬經綸首先指責湖廣地方官，驅逐致仕的四品知府之舉，有悖於《大明律》：「卓吾不能安其身於麻城，聞檄被驅，狼狽以避。雖以黃堂四品大夫，《大明律》所謂以禮致仕與見任官同者，而地主獨不相容。雖以七十五歲風燭殘年，孔大聖人所謂老者安之，而顧毀其廬，逐其人，並撤其埋藏此一具老骨頭之塔，忍令死無葬所而不顧，此豈古今之異勢哉！」然後反駁所謂「惑世」、「宣淫」的汙蔑：「緣麻城人以『異端惑世』目之，以『宣淫』誣之耳。夫使誠惑世而宣淫也，天道不容，國法不貸，即殺此七十五歲老翁以正一方之風化，此正豪傑非常作用，弟且為聖門護法慶矣，又何疑於驅逐乎……彼蓋藉宣淫之名，以醜詆其一鄉顯貴之族，又藉逐僧毀寺之名，以實其宣淫之事。於是賄眾狂吠，若以為公論公惡焉耳。此其機械甚深，而其用心亦太勞矣。」[304]

所謂「宣淫」之說，乃至「勾引士人妻女」云云，其實是無稽之談。袁中道說，李贄「體素臒，淡於聲色，又癖潔，惡近婦人，故雖無子，不置妾婢。後妻女欲歸，趣歸之。自稱『流寓客子』。既無家累，又斷俗緣，參求乘理，極其超悟，剔膚見骨，迥絕理路」。[305]錢謙益也說：「袁小修嘗語余曰：『卓

302（明）馮琦，〈為遵奉明旨開陳條例以維世教疏〉，《宗伯集》卷五十七《奏疏．禮部稿》。
303（明）馮琦，〈為重經術祛異說以正人心以勵人才疏〉，《宗伯集》卷五十七《奏疏．禮部稿》。
304（明）馬經綸，〈啟當事書〉，《李卓吾先生遺書．附錄》。
305（明）袁中道，〈李溫陵傳〉，《珂雪齋近集文鈔》卷七。

老多病寡欲，妻莊夫人生一女。莊歿後，不復近女色，其戒行老禪和不復是過也。平生痛惡偽學，每入書院講堂，峨冠大帶，執經請問，輒奮袖曰：『此時正不如攜歌姬舞女，淺斟低唱。』諸生有攜妓女者，見之，或破顏微笑曰：『也強似與道學先生作伴。』於是麻黃之間，登壇講學者銜恨入骨，遂有宣淫敗俗之謗。蟾蜍擲糞，自其口出，豈足以汙卓老哉！」[306]由此可見，張問達的誣陷不實之辭，實在不堪一擊。

在〈啟當事書〉中，馬經綸抨擊所謂偽學之禁：「偽學之有禁也，非自今日始也。宋朝不禁朱元晦，世廟之朝不禁王陽明乎？卓吾生今之世，宜乎為今之人，乃其心事不與今人同，行徑不與今人同，議論不與今人同，著作不與今人同。夫彼既自異於今之人矣，今之人其誰不以彼為異為頗。此固情所必至，勢有固然，無足怪者。夫既以彼為異為頗矣，則忌者誣之曰淫縱，便信以為真淫縱；忌者誣之曰勾引，便信以為真勾引。何也？其心誠疑之也。疑蛇則蛇，疑竊則竊，此亦情所必至，勢有固然，無足怪者。夫以七八十歲垂盡之人，加以淫縱勾引之行，不亦可笑之甚乎？」[307]

張問達對於《藏書》的詆毀，沒有一條站得住腳，對於歷史人物的評價，仁者見仁，智者見智，各抒己見，完全是學術問題，為什麼要把它政治化，上升為一種罪狀？說秦始皇為「千古一帝」，李斯為「才力名臣」，卓文君為「善擇佳偶」，何罪之有？馬經綸把他駁得體無完膚：

> 夫評史與論學不同，《藏書》品論人物，不過一史斷耳，即有偏僻，何妨折衷，乃指以為異為邪，如此則尚論古人者，只當尋行數墨，終身惟殘唾是咽，不敢更置一喙耶……卓吾先生乃陽明之嫡派兒孫也，行己雖枘鑿於世人，而學術實淵源於先正，平生未嘗自立一門戶，自設一藩籬，自開一宗派，自創一科條，亦未嘗抗顏登壇，收一人為門弟子。今李氏刊書遍滿長安，可覆按也。乃不摘其論學之語，商量異同，而顧括其評史之詞，判定邪正，何也？吾觀自來評史之異者，亦不少

> 矣。秦檜千古奸臣也，丘仲深（丘濬）以為再造於宋；太公望萬世大聖也，王元美（王世貞）以為不及管仲；嚴光以一絲維漢九鼎，談節義者必首稱之，而我太祖高皇帝親灑宸翰，特為著論曰：「吾觀天下之罪人，罪人之大者，莫大於嚴光。」噫，何其異也！夫太祖當干戈倥傯之時，而讀史能破拘攣，妙發心得，迥絕老生常談，此亦足以發明舊說之不必盡泥，不必盡同矣。惟不同所以為《藏書》，惟宜藏而不藏，所以有今日之禁。[308]

說得有理有據，邏輯嚴密，評論歷史不應當一再拾前人唾餘，尋行數墨，丘濬、王世貞已有先例，何況太祖高皇帝（朱元璋）「讀史能破拘攣，妙發心得，迥絕老生常談」，為什麼李贄的「妙發心得」要斬盡殺絕呢？

在給刑部尚書蕭大亨的信中，馬經綸為李贄鳴冤：「惟是流言止於智者，觀人決於素行。卓吾先生之素行何如也？宦游二十餘年，一介不取，清標苦節，人所難堪，海內薦紳，誰不慕悅？夫以如是人品，如是操履，而以逾閑蕩檢之事誣之，亦大不倫矣。至於著述，人各有見，豈能盡同，亦何必盡同！有同有異，正以見吾道之大，補前賢之缺。假使講學之家一以盡同為是，以不同為非，則大舜無兩端之執，朱陸無同異之辨矣。」他誠懇地希望主管司法的蕭大亨主持公道：「大抵今日之事，惟仰賴二祖八宗之靈，天地神明之靈，賢人君子之保護，元老大臣之曲全，固國體國脈所系，百世萬世所傳，確乎非一身一家之私議也。」[309]

306（清）錢謙益，《列朝詩集小傳》閏集《異人三人．卓吾先生李贄》。
307（明）馬經綸，〈啟當事書〉，《李卓吾先生遺書．附錄》。
308（明）馬經綸，〈啟當事書〉，《李卓吾先生遺書．附錄》。
309（明）馬經綸，〈與李麟野都諫轉上蕭司寇〉，《李卓吾先生遺書．附錄》。

但是，皇帝聖旨已經定論，任何人都無能為力，馬經綸的辯誣雖然伸張了正義，但是改變不了李贄的命運。

萬曆三十年（一六〇二）三月十五日，李贄在獄中自刎。袁中道〈李溫陵傳〉記述了他用剃頭刀自刎的細節：「一日，呼侍者剃髮。侍者去，遂持刀自割其喉，氣不絕者兩日。侍者問：『和尚痛否？』以指書其手曰：『不痛。』又問：『和尚何自割？』書曰：『七十老翁何所求？』」[310]十六日子夜，李贄氣絕而亡。他以堅毅的死表達對當權派的最後抗議。

對於李贄之死，張岱《石匱書》的評論寫得非常深刻：「其為文，不阡不陌，抒其胸中之獨見，精光凜凜，不可迫視。」又說：「李溫陵發言似箭，下筆如刀，人畏之甚，不勝其服之甚，亦惟其服之甚，故不得不畏之甚也。異端一疏，瘐死詔獄。溫陵不死於人，死於口；不死於法，死於筆。」[311]一舉擊中要害。「發言似箭，下筆如刀」，說明李贄思想的鋒芒有如刀箭，令統治者驚慌失措，所以難逃一死。不過死因很特別——「不死於人，死於口；不死於法，死於筆」。他並沒有犯法，只是他的「口」與「筆」亦即言論與文章闖了禍，或者說是他的思想得罪了當權派，成為專制政治所不容的「思想犯」。

「先生起千載，高言絕群智」

馬經綸聞知死訊，痛哭流涕：「天乎，先生妖人哉？有官棄官，有家棄家，有髮棄髮，其後一著書學究，其前一廉二千石也。」[312]馬氏為他收屍，安葬於通州北門外迎福寺側。墓塚高一丈，周圍有白楊百餘株，墓有兩塊碑，一刻「李卓吾先生之墓，秣陵焦竑題」；一刻「卓吾老子碑，黃梅汪可受撰」。袁宏道得知死訊，寫詩哀悼：

消息遙從天外來，飛雲蕭颯滿燕臺。
只今一枕羲皇夢，化鶴騎鯨莫浪猜。

臨川湯顯祖《嘆卓老》吟道：

自是精靈愛出家，缽頭何必向京華。
知教笑舞臨刀杖，爛醉諸天雨雜花。

平湖陸啟浤《卓吾先生墓下》吟道：

天地表空明，百家立文字。三教既以三，於中復分置。先生起千載，高言絕群智。脫略生死中，不謝死生事。蛻骨宛在茲，黃土表幽閟。古樹索索鳴，拜手托無際。[313]

這些知名人士都表達了對李贄的敬仰與思念。

雖然聖旨已下，其著作已刊未刊盡行焚毀，但並未奏效。萬曆三十七年（一六〇九），李贄的《續藏書》出版。焦竑為之作序：「歲己酉（萬曆三十七年）眉源蘇公弔宏甫之墓，而訪其遺編於馬氏（經

310（明）袁中道，〈李溫陵傳〉，《珂雪齋近集文鈔》卷七。
311（明）張岱，《石匱書》卷二百三《文苑列傳下・李贄・石匱書曰》。
312（明）劉侗、于奕正，《帝京景物略》卷八《畿輔名跡・李卓吾墓》。
313（明）劉侗、于奕正：《帝京景物略》卷八《畿輔名跡・李卓吾墓》。

綸），於是《續藏書》始出。余鄉王君維儼梓行之，而屬余引其簡端。」萬曆四十年（一六一二），余永寧、陳大來刊刻出版《李卓吾先生遺書》。可見一道聖旨難以阻斷人們對於李贄著作的追求。於是天啟五年（一六二五），四川道御史王雅量上疏請求再度禁止，皇帝聖旨再下：「李贄諸書怪誕不經，命巡視衙門焚毀，不許坊間發賣，仍通行禁止。」行政命令的力量並非萬能，這道聖旨依然等於一紙空文，李贄著作屢禁而不絕。顧炎武對李贄並無好感，卻在《日知錄》中如實記述這一現象：「自古以來，小人之無忌憚而敢於叛聖人者，莫甚於李贄。然雖奉嚴旨，而其書之行於人間自若也……而士大夫多喜其書，往往收藏，至今未滅。」[314]

「士大夫多喜其書，往往收藏」，反映了民間輿論的取向，並不以朝廷的意旨為轉移，要喜則喜，要藏則藏，且毫不吝嗇讚美之詞。明末文人陳仁錫預言「先生之書當必傳」，他的看法是有代表性的：「卓吾先生隱矣，而其人物之異，著述之富，如珠玉然，山暉川媚，有不得而自掩抑者。蓋聲名赫赫盈海內矣。或謂先生之為人，與其所為書，疑信者往往相半，何居？余謂此兩者皆遙聞聲而相思，未見形而吠影者耳。先生高邁肅潔如，泰華崇嚴，不可昵近。聽其言，泠泠然，塵土俱盡，而實本人情，切物理，一一當實不虛。蓋一被其容接，未有不爽然自失者也。吾慨學者沉痼於俗流，而迷沿於聞見，於人之言，非其所耳熟不以信。先生程量今古，獨出胸臆，無所規放，聞者或河漢其言，無足多怪……余知先生之書當必傳，久之，學者復耳熟於先生之書，且以為衡鑑，且以為蓍龜。余又知後之學者當無疑。雖然，海內又以快意而歌呼讀之。」[315]這一預見，已為歷史所證實。

五四時期高喊「打倒孔家店」的吳虞，對李贄推崇備至，寫了洋洋萬言的〈明李卓吾別傳〉，他說：「卓吾之書，一焚於萬曆三十年，為給事中張問達所奏請；再焚於天啟五年，為御史王雅量所奏請……陳明卿云：『卓吾書盛行，咳唾間非卓吾不歡，几案間非卓吾不適，朝廷雖禁毀之，而士大夫則相與重鋟，且流傳於日本。』近人黃節曰：『學術者天下之公器，王者徇一己之好惡，乃欲以權力遏之，天下固不恤也。』」[316]

他還說：「近人鄧秋枚曰：『卓吾之學與其理想，皆極高妙，不肯依傍人。其集中之作，屢於孔子有微詞。自王充《問孔》後，二千年來，直斥孔子，實惟先生。則其中所主，必具有大識力者矣。其書明季兩遭禁毀，而刊本猶留宇宙者，則以其申言佛理，能見有真是非，不隨人腳跟立說。於明季帖括專制，學術束縛之極，而得李氏一為摧蕩廓清，故人之嗜愛其說者多也。至今日，學術大通，萬端競進，而卓吾之學，益得以見稱於時。然則焚者焚，禁者禁，而藏者自藏，讀者自讀。帝王之力，固不足以加於儒生之後世也。』」[317]最後這幾句話，真是擲地有聲，振聾發聵。統治者要焚就焚，要禁就禁，民眾藏者自藏，讀者自讀，是多麼有意思的較量！

李贄所有的著作至今仍能看到，其實並不「惑世誣民」。統治者既愚蠢又色厲內荏，他們永遠不會明白，有思想有活力的書是禁不了的。

然而對於李贄而言，因為異端思想而瘐死獄中，畢竟是一幕悲劇。吳虞說得好：「卓吾產於專制之國，而弗生於立憲之邦，言論思想不獲自由，橫死囹圄，見排俗學，不免長夜漫漫之感，然亦止能悲其身世之不幸而已矣，復何言哉！復何言哉！」[318]隻手「打倒孔家店」的吳虞，對他的前輩同道滿懷敬仰，對於「言論思想不獲自由」，流露出無可奈何的感慨。思想解放的先行者為此付出沉重的代價，乃至「橫死囹圄」，並非個人的悲劇，而是時代的悲劇。

314（清）顧炎武，《日知錄》卷十八《李贄》。
315（明）陳仁錫，〈藏書序〉，《陳太史無夢園初集》馬集四。
316 吳虞，〈明李卓吾別傳〉，《吳虞文錄》卷下，頁三三—三四。
317 吳虞，〈明李卓吾別傳〉，《吳虞文錄》卷下，頁四七—四八。
318 吳虞，《明李卓吾別傳》，《吳虞文錄》卷下，頁五一。

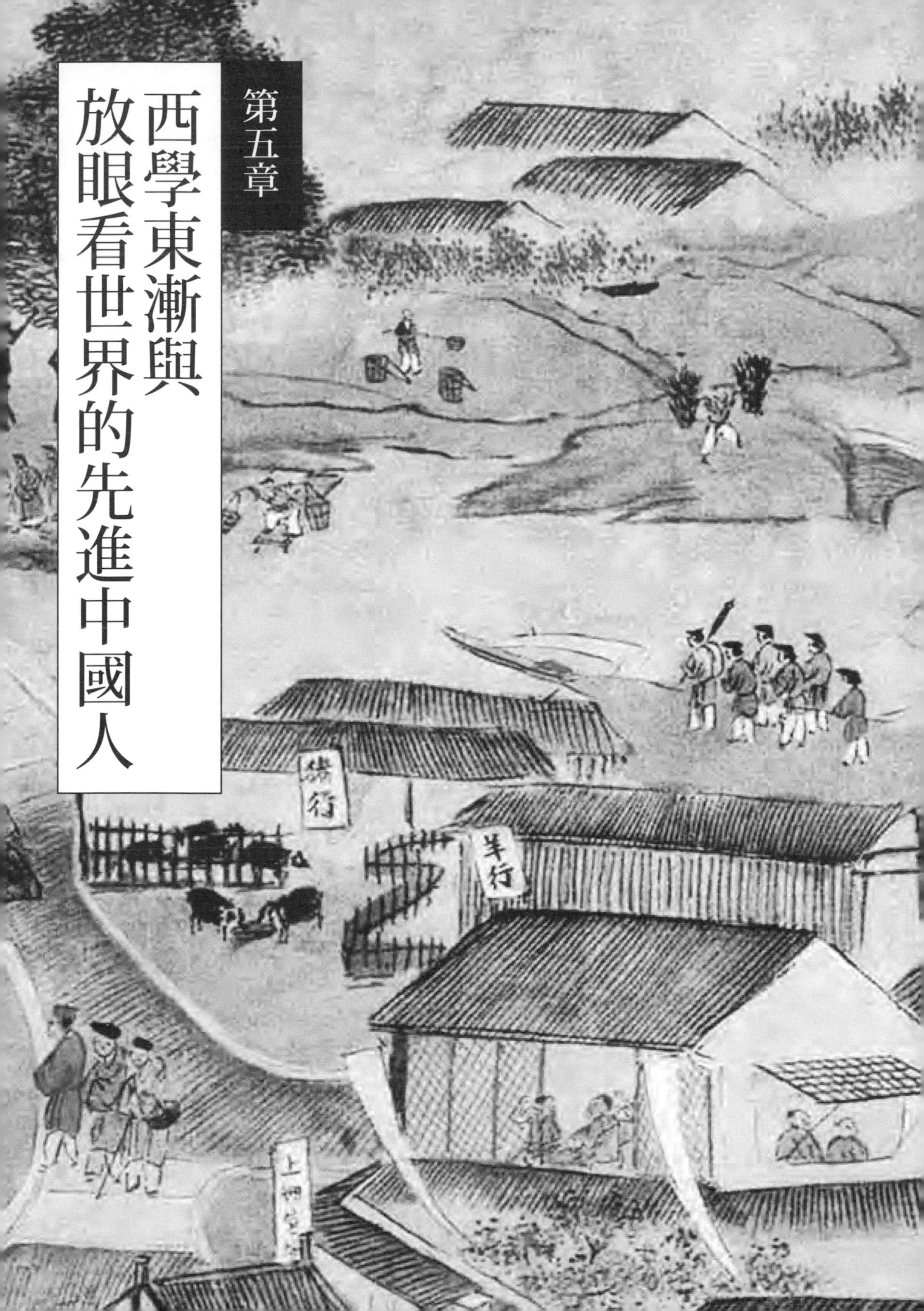

第五章 西學東漸與放眼看世界的先進中國人

地理大發現後的全球化進程，不僅表現在經濟的全球化，而且表現在文化的全球化。其主要標誌就是以耶穌會為代表的教會向世界各國派出傳教士，在傳教布道的同時，傳播文藝復興以來的歐洲科學文化。晚明時期進入中國的耶穌會士，伴隨著天主教教義，帶來的是先進的科學技術與文化。西學東漸，使得中國在文化上逐步與世界接軌。這一方面固然與耶穌會士堅持不懈的努力有關，另一方面也與晚明的社會環境有關。嘉靖、萬曆時期的思想解放浪潮，提供了一個寬容的接受環境。正如周振鶴所說：「思想愈解放，就愈需要新的資源，天主教傳教士的傳教活動除了其他吸引力外，新鮮感本身就是一種號召。晚明的中國大環境似有點讓傳教士們感覺到如魚得水，雖然教徒的數量並不理想，但皈依者的質量卻很高。徐光啟、李之藻與楊廷筠這樣的士人成為入教受洗的中國教徒中官位最高者，也是學術成就最著者，號稱天主教在華三柱石。除三柱石以外，還有許多心性與知識皆是一流的知識分子接受了天主教義」，「儘管教義的宣傳花去傳教士的許多心思，但其效果未必會比輔助的傳教方式更佳。更加吸引中國朝野的新知識顯然不是基督教義而是西方的科學知識。」[1] 他們帶來的科學技術知識涉及面很廣泛，從天文、地理到數學、物理，從機械學到測量學、水利學、解剖學，乃至人文學科的各個領域，深深地吸引了中國的知識階層，激起巨大的反響。考察晚明的大變局，這是一個極佳的視角。

一、耶穌會士東來：利瑪竇的前輩

依納爵．羅耀拉與耶穌會

歐洲在文藝復興的後期發生了與它相呼應的宗教改革，這場運動包括兩個主要階段。第一階段是一五一七年發生的新教革命，使北歐大多數國家脫離了羅馬教會。第二階段是一五六〇年達到高峰的天主教改革，雖然它不是一場革命，卻體現了革命這個字眼的完整含義，因為它使某些中世紀後期的天主教的主要特徵發生了深刻的變化。文藝復興與宗教改革有區別，也有內在的聯繫，他們都是十四至十六世紀破壞現存秩序的強大個人主義潮流的產物；兩者都有著類似的經濟背景——資本主義的發展和資產階級社會的產生；兩者都有著回歸早期根源的性質，即回到希臘、羅馬的文學藝術成就，回到《聖經》和早期基督教的教義。[2]

如果沒有耶穌會士的活動，天主教改革不可能像已經發生的那樣徹底和成功。耶穌會（the Society of Jesus）的創始人是西班牙貴族依納爵．羅耀拉（Ignatius Loyola,1491-1556）。他入教不久就來到聖

1 周振鶴，〈東海西海和而不同〉，《東方早報．上海書評》二〇一三年十一月十七日。該文為周氏為其主編《明清之際西方傳教士漢籍叢刊》所寫的前言，提前刊發於此報。

2 參見伯恩斯、拉爾夫，《世界文明史》第二卷（北京：商務印書館，一九九五），頁一八〇—一八一。

地，打算效法耶穌基督守貧忍辱。後來在巴黎學習期間，結交了一群虔誠的教徒，在他們的幫助之下，於一五三四年創立了耶穌會。他在《耶穌會章程》中指出：羅馬教皇無論現在還是將來命令我們去辨任何旨在淨化靈魂的事情，我們絕不欺詐和推諉。[3]一五四〇年，教皇保羅三世批准了他們的組織。

耶穌會是十六世紀宗教狂熱所產生的最富戰鬥性的修行團體，它不僅是一個修道士的社團，而且是一個宣誓要保衛信仰的戰士組織。耶穌會士們不滿足於守衛信仰陣地，更急於把信仰傳播到地球的遙遠角落：非洲、日本、中國和南北美洲。羅耀拉十分強調傳教的原則性與靈活性相結合，主張耶穌會傳教要「入鄉隨俗」，以後進入中國的耶穌會士都遵循他的「入鄉隨俗」主張。耶穌會士用「寬容的精神」來處理同個人、社會與文化的關係，向一切文化伸出友好之手。進入中國的耶穌會士范禮安（Alexandre Valignani）、利瑪竇（Mathieu Ricci）等，都毫無保留地尊重對方、愛護對方，創造性地貫徹寬容精神，尊重文化的多樣性。有的學者指出，早期耶穌會的傳教方法同天主教已有的模式存在著相當大的差別，他們把人作為宇宙萬物的中心，這是典型的文藝復興思想。他們明確強調以自己的觀點去看待世界和處理問題，對人類本性充滿理解和同情，使得他們的思想向著適應對方和迂迴的方向發展。[4]耶穌會士在中國的活動充分體現了這種精神。

澳門：耶穌會士進入中國的通道

澳門不僅是中西貿易的樞紐，而且是中西文化交流的通道。耶穌會士進入中國，幾乎都是通過被葡萄牙占據的澳門，把它作為耶穌會士向中國傳播天主教的通道。一五六二年（嘉靖四十一年）澳門已有三座簡陋的教堂，擁有六百名天主教徒，隸屬於馬六甲教區。一五六七年，羅馬教廷頒布諭旨，成立澳門教區，任命耶穌會士加內羅為第一任主教，負責遠東地區的傳教事務。規模宏大的聖保祿教堂，俗稱三巴寺，教堂裡的耶穌會士被稱為「三巴寺僧」，在那裡研討傳教方法，學習中文等東方語言。一五六三年以來，三巴寺傳教士雲集，根據黃鴻釗〈澳門三巴寺著名外籍耶穌會士表〉，[5]有培萊思（François Perez）、加內羅（Melchior Carneiro）、孟三德（Edouard de Sande）、費奇規（Gaspard Ferreira）、謝務祿（Alvare de Semedo，又名曾德昭）、陸若漢（Jean Rodriguez Tçuzu）、傅汎際（Francisco Furtado）、孟儒望（Jean Monteiao）、徐日升（Thomas Pereira）、安文思（Gabriel de Magalhaens）、林安多（Antónie de Silva）、范禮安（Alexandre Valignani）、羅明堅（Michel Ruggieri）、利瑪竇（Mathieu Ricci）、郭居靜（Lazare Cattaneo）、龍華民（Nicolas Longobardi）、王豐肅（Alphonse Vagnoni，又名高一志）、熊三拔（Sebbathin de Ursis）、畢方濟（François Sambiasi）、艾儒略（Giulio Aleni）、羅雅谷（Jacques Rho）、陸安德（Andre-Jean Lubelli）、衛匡國（Martino Martini）、金尼閣（Nicolas Trigault）等。

耶穌會士認識到，要想把天主教傳播到中國，自己必須首先成為「中國人」，第一關就是學習中文。在澳門的停留為此提供了條件。他們利用類似於「葡漢辭書」的葡萄牙語與漢語的對照語彙集，以及標注羅馬字的《賓主問答私擬》，練習會話。例如神父與中國人的對話的例句是這樣的：

客曰：「師父到這裡幾年了？」

3 參見〔美〕馬愛德（Edward Malatesta），〈范禮安——耶穌會赴華工作的決策人〉，《文化雜誌》（中文版）第二十一期（一九九四年）。馬愛德是舊金山大學利瑪竇研究院院長。

4 〔澳〕瑞爾，〈「尋找文化的契合點」——論早期天主教耶穌會士在中國的傳教方式〉，《文化雜誌》（中文版）第二十一期（一九九四年）。瑞爾（Ian Rae）是堪培拉大學專業研究中心主任、澳大利亞耶穌會研究會會員。

5 參見黃鴻釗，《澳門史》（福建：福建人民出版社，一九九九），頁五三四—五三八。

答曰：「才有兩年。」

客曰：「如今都曉得我們這邊官話不曉得？」

答曰：「也曉得幾句。」

客曰：「也講得？」

答曰：「略略學講幾句。」

為了適應各種場合，還特地安排文言文與口語的對照：

相公貴處？	大哥你從哪裡來？
高姓？	你姓甚麼？
有貴幹？	有甚麼勾當？
尚乞？	你休怪。

與此相類似的還有「有勞過譽」，「令尊多納福」，「恐汙尊目」，「昨日有勞賜顧，多怠慢」，「昨日承賜厚意，都未曾少謝，尚乞」，「薄禮也不足為禮」，「但勞先生尊裁就是」等。[6]此後廣東的肇慶成為耶穌會士基地，傳教士們學習中文的方法大體也是如此。

沙勿略神父：向中國傳教的創始人和發起者

第一個來到中國的耶穌會士是方濟各・沙勿略（Francisco de Javier,1506-1552）。這位出身於西班牙巴斯克貴族家庭的青年，在羅耀拉的精神感召下，參加了創建耶穌會的活動。一五四〇年，他接受葡萄牙國王派遣，前往東方傳教。一五四二年，抵達葡萄牙在印度的殖民地果阿，開始了傳教生涯。以後他去了馬六甲，在那裡見到了來自中國的商人，了解有關中國的一些情況，促使他前往日本、中國，進行「學術傳教」。

一五四九年，沙勿略一行四人從馬六甲出發，三個月後抵達日本鹿兒島，此後在日本滯留了二十七個月。[7]在日本的傳教活動使他領悟到，要在亞洲成功傳教，必須以當地語言與當地人接觸，必須用當地語言講話、閱讀、書寫，成為社會的一部分，做到「入鄉隨俗」。日本人告訴他，他們的老師和宗主是中國人。他終於認識到，要使日本人皈依基督，必須首先使中國人皈依。[8]

在日本期間，沙勿略寫信給歐洲的耶穌會士說：日本的教義與宗派無不傳自中國，一切經文亦均用漢字。中國幅員廣大，境內安居樂業，以正義卓越著稱，為信仰基督的任何地區所不及。中國人智慧極高，遠勝日本人，且善於思考，重視學術。他準備今年前往中國首都，因為如謀發展吾主耶穌基督的真教，中國是最有效的基地。[9]因此他向東印度群島的葡萄牙總督建議，委派使節前往中國，他本人作為教廷代表隨同前往。總督接受了這個建議，委任沙勿略的朋友佩雷拉（Diogo Pereira）為大使，不料遭到葡萄牙的馬六甲總司令反對，佩雷拉無法啟程，使得沙勿略的計畫落空。他不得已，試圖用偷渡方式進入中國。

6〔日〕古屋昭弘，〈見於傳教士資料的明代官話〉，載《早稻田大學大學院文學研究科紀要》第三十五期（一九九〇年）。

7 參見沈定平，《明清之際中西文化交流史——明代：調適與會通》（北京：商務印書館，二〇〇一），頁一六二—一六五。

8 參見〔美〕約瑟夫．西比斯，〈利瑪竇的前輩〉，《文化雜誌》（中文版）第二十一期（一九九四年）。西比斯（Joseph Sebes）是喬治城大學退休教授。

9 參見方豪，〈方濟各．沙勿略〉，《中國天主教史人物傳》上冊（北京：中華書局，一九九八），頁六〇。

一五五二年八月，在一名中國翻譯的陪同下，他來到廣東沿海的上川島。後來利瑪竇回顧此事，寫道：「上川（島）是一個離中國海岸約三十海里的荒蕪島嶼。當時它是葡萄牙人和中國人貿易點的所在，只有一片用樹枝和稻草胡亂搭成的茅屋。」沙勿略到這裡時，一心想著他的遠征，他馬上到葡萄牙和中國商人中間去，詢問有什麼法子可以進入中國的城市。他獲悉，通往大陸的每條道路都被警衛封鎖和防守著，外國人要登陸是不可能的。事實上，已有極嚴厲的布告禁止外國人入境，也禁止當地人協助他們這樣做。他一點沒有被這種威脅所嚇倒，但既然沒有別的方法入境，他就公開表示要用種種辦法偷渡，而且一旦入境，就直接投到當地官員那裡，宣布他的使命。」[10]

十九世紀來中國的費賴之（Louis Pfister）神父為沙勿略作傳，談到有關偷渡的一些細節：「只有一人願與同謀，約給費二百元，彼將攜之至邊岸，藏伏其家中，然後載之至廣東之一港。沙勿略曾作書云：『我將立時入謁總督，我將告以吾人蓋為入見中國皇帝而來。我將出示主教（臥亞主教）呈皇帝書，而書稱其派我來此傳播天主教理也。」[11]但是這個「願與同謀」的中國商人拿到金錢以後，沒有兌現承諾，逃之夭夭。沙勿略在荒島上患病，得不到藥物，又缺乏食品，終於死在這個荒島。費賴之寫道：「方濟各發熱甚劇，所患者或為肋膜炎，百物皆缺。在所居之茅屋中饑寒交迫。十一月二十二日試移居聖克羅切號上養病，然風浪簸動船舶，苦不能耐。翌日復還島上。有一較為慈善之葡萄牙人接之至其小木屋中，為之放血。放後聖者暈絕，殆因手術之不善也。熱度日增，不能進食。二十四日發譫語，其語有為安敦所不解者，殆為其兒時所操之巴斯克語。餘語由其義僕憶而不忘者，則為迭言之：『請您憐恕我的罪過，耶穌，大衛之子，憐憫我吧！』……彼口誦耶穌之名而終。事在一五五二年十二月三日星期六之黎明前也。」[12]

儘管沙勿略的願望沒有實現，但他把東方傳教的重點放在中國的主張，被後繼者認同，得以貫徹。他的後繼者給他高度的評價，比如利瑪竇就把沙勿略稱為「這次傳教的創始者和發起人」，「最初的想法和實現它的最早的努力都是他的，他的死亡和葬禮導致了傳教的最後成功，這一情況證明他對創始者和奠基者的稱號是當之無愧的。我們深信，當他向他的同道打開中國的大門時，他從他在天國的地位所成就的事業，遠超過他在人間奮鬥一生中出於熱忱而所產生的影響。沙勿略是第一個耶穌會士發覺了這個龐大帝國的無數百姓是具有接受福音真理的資質的，他也是第一個抱有希望在他們當中傳播信仰的人。」[13]

范禮安神父：中國傳教事業之父

一六〇六年一月二十日，范禮安逝世時，利瑪竇在給教區總管的信中說，范禮安是「中國傳教事業之父」，「他的逝去使我們有孤兒之感」。[14]

范禮安（Alexandre Valignani,1539-1606）生長在義大利那不勒斯一個貴族家庭，獲得法學博士學位以後，曾任修道院院長等職。他的後半生專注於中國傳教事業。一五七三年，他被委派為東印度教區耶穌會的視察員，此後在東方傳教三十二年，其中在印度二十一年，在中國和日本十一年，直至一六〇六年病逝於澳門。利瑪竇在回顧向中國介紹天主教教義時說：正是范禮安重新恢復了進入中國的努力，而

10〔義〕利瑪竇、〔比〕金尼閣，《利瑪竇中國札記》（廣西：廣西師範大學出版社，二〇〇一），頁九三—九四。

11〔法〕費賴之著，馮承鈞譯，《在華耶穌會士列傳及書目》（北京：中華書局，一九九五），頁四。按：文中所說「臥亞主教」之「臥亞」，即果阿之異譯。

12〔法〕費賴之著，馮承鈞譯，《在華耶穌會士列傳及書目》，頁五。

13〔義〕利瑪竇、〔比〕金尼閣，《利瑪竇中國札記》，頁八九。

14 參見馬拉特斯塔，〈范禮安——耶穌會赴華工作的決策人〉，《文化雜誌》（中文版）第二十一期（一九九四年）。

這種努力由於與日俱增的阻力幾乎處於半放棄狀態。一五七八年他首次來到澳門，就深知「中國是個秩序井然的高貴而偉大的王國，相信這樣一個聰雋而勤勞的民族絕不會將懂得其語言和文化的有教養的耶穌會士拒之於門外的」。范禮安決定指派若干神父到澳門學習中文，於是才有羅明堅和利瑪竇的到來。[15]

在范禮安心目中，學習中文必須由發現中國文明來補充。當年耶穌會總會長要他寫一本沙勿略傳時，他就關注到這一問題。他在《聖方濟各・沙勿略傳》的卷首寫道：「鑑於歐洲人非常想讀到關於中國的事情，耶穌會的若干朋友急切希望讓大家知道那些事情，因此，只要當時在印度的神父和修士來信一到，他們就趕緊請人譯出來，在許多地方印行。」在羅明堅、利瑪竇的配合下，范禮安完成了《聖方濟各・沙勿略傳》。它的第三章題目是〈論中國的奇蹟〉，主要內容是：歐洲長期認為自己就是「全世界」，而中國是一個文明昌盛之邦，有著與西方文明完全不同的文化，是西方以前所不知道的。范禮安筆下的中國，不是十九世紀歐洲眼中的中國——一個假貨、劣貨、小飾品充斥的中國，雖不失其媚人風姿，卻是一個人工雕琢的中國；也不是十八世紀哲學家，尤其是伏爾泰靜觀神馳的中國；而是人類理性解脫一切超自然羈絆的勝利化身，是十六世紀生長於以查士丁尼體制為依歸的法學環境裡、以古典時代留下的記憶為生的人文主義圈子中的極有修養的才智之士們，在世界邊緣驚喜地發現的中國。

范禮安寫道：「中國可說是與東方其他王國都不一樣，但它還要超過它們；這是整個東方最重要、最豐富的事物，它在若干方面，例如富饒、完美方面，都非常與歐洲相似，在許多地方猶有過之。」他列舉了七大優越之處：一、它是由單獨一個國王統治的領土最遼闊的國家；二、它是人口最多的國家；三、全世界沒有哪個國家比它更富饒、更豐衣足食；四、物產之豐富似乎沒有哪個國家可以相比；五、似乎沒有哪個地區比得上中國山川壯麗、國泰民安；六、居民是世界上最勤勞的；七、在已發現的國家中，中國是最和平、治理得最好的國家。他用了二十一頁篇幅談優點，也用七頁篇幅談缺點，諸如缺乏對上帝及其神聖宗教的認識，雖然治理有序，尚不足以防止嚴重的混亂。因此，要把耶穌基督的信仰引入中國並非輕而易舉，因為「大門關得緊緊的，對於上帝的一切也閉目塞聽，加之，那些官吏根本不肯同外國人有任何交往……他們對一切其他國家都極為渺視，因而我們看不出有什麼辦法進入他們那裡」。[16]

正如喬治城大學教授西比斯（Joseph Sebes）所說，范禮安是一個以開放思想看待每一樣事物的人，當他初到印度這個東方世界時，就決定盡可能去了解每一樣關於中國的事情。他在寄往歐洲的信中說，中國是一個偉大而有價值的民族，進入中國的方法要與目前耶穌會在其他國家採用的方法完全不同。他相信，中國人尊重學問，而且願意用明智的方式聆聽任何陳述，這一點可以用來打開他們的心扉。據此他認為，所有派往中國傳道的人，都必須學會讀、寫和講中國語言，熟悉中國文化和風俗習慣。范禮安比沙勿略有利的地方在於，他有更多開拓的見識，他有更多的時間，因此他取得了比沙勿略更大的成就。[17]他把羅明堅、利瑪竇派往中國，並且派遣麥安東、孟三德、石方西等神父以及中國修士黃明沙、鍾鳴仁，前往中國協助羅明堅、利瑪竇，成就傳教事業。

15 參見馬拉特斯塔，〈范禮安——耶穌會赴華工作的決策人〉，《文化雜誌》（中文版）第二十一期（一九九四年）。

16〔法〕裴化行著，管震湖譯，《利瑪竇神父傳》（北京：商務印書館，一九九八），頁五六—七〇。費賴之《在華耶穌會士列傳及書目》，對於范禮安「論中國的奇蹟」，有一個考證：「雅利克（de Jarric）神甫（《在印度發生的最令人難忘之事》第二卷，第十七章）以為別有一書亦出范（禮安）手，書題《中國奇聞》。考耶穌會士雨果（Hugo）所撰書《日本、印度與祕魯札記》（安特衛普，一六〇五年，八八三—九〇〇頁），確著錄有書名《中國奇聞》，疑為范（禮安）之著作，今日尚可完全採錄。」（頁二一一—二一二）

17 參見西比斯，〈利瑪竇的前輩〉，《文化雜誌》（中文版）第二十一期（一九九四年）。

羅明堅神父：中國傳教事業的實際開創者

出生於義大利那不勒斯的羅明堅，獲得博士學位後，加入耶穌會，在修道院、神學院學習神學。一五七八年，羅明堅神父被派往果阿，開始傳教生涯。次年，他前往澳門。這時范禮安已經去了日本，行前留下了指示，吩咐羅明堅如何為傳教事業做艱苦的準備工作。羅明堅滿腔熱忱地埋頭學習中文，用中文編寫傳教書籍，如《天主十誡》、《聖賢花絮》、《信條》、《要理問答》等。後來在兩名譯員的幫助下，把儒家四書之一的《大學》翻譯成拉丁文。[18]

為了開展對中國的傳教工作，他寫信給在日本的范禮安，建議目前正在印度的耶穌會士利瑪竇和巴范濟（François Pasio）調來澳門，得到了范禮安的同意。當時廣州有每年兩次外商交易會，羅明堅每年兩次隨同葡萄牙商人前往廣州，但是無法獲得在廣州的居留權。一五八二年，駐節廣東肇慶的兩廣總督陳瑞[19]召見澳門的耶穌會士，商談有關他們的傳教請求。羅明堅與巴范濟代表主教前往肇慶。他們換成中國和尚的服飾，希望能夠獲得中國官員的好感。經過兩次挫折之後，終於得到兩廣總督的批准，可以在肇慶建造教堂和住宅。毫無疑問，這是一個巨大的突破。利瑪竇把這一突破稱為「向中國傳教的開始」，他評論道：「像這樣一種突如其來的轉變，只能歸之於上帝的恩典，而不能歸之於人類的功績。我們絲毫不認為它是我們的成就。」[20]

一五八二年九月，羅明堅和利瑪竇在中國使者的護送下，從澳門前往肇慶。從此，耶穌會士向中國的傳教，由澳門階段進入肇慶階段，這是一個劃時代的轉折。誠如西比斯所說：「這是一個有意義的日子，雖然范禮安決定了在中國傳道的新方法，羅明堅卻是首先將之付諸實踐的人。」[21]

在肇慶期間，羅明堅在中文教師及利瑪竇的幫助下，把寫了四年之久的《天主聖教實錄》修訂完成；一五八四年在廣州由傳教士自己購置的機器付印出版。它是傳教士寫的第一部用中文宣講教義的著作，為了適應中國的價值觀念、道德規範及論證方法，借用了儒家的至理名言。[22]

一五八八年，范禮安決定派羅明堅到羅馬去報告當時的傳教情況，請求教皇派遣正式宣道團前往中國。但是幾位教皇相繼去世，使得派遣正式宣道團的事情無法落實。令人遺憾的是，羅明堅因為健康狀況不佳，再也不能回到中國，於一六〇七年在家鄉與世長辭。

二、利瑪竇神父的「本土化」傳教活動

「但求人與我同，豈願我與人異」

一五五二年十月六日，利瑪竇誕生於義大利馬切拉塔城，成為一個多子女（七男一女）家庭的長

18 參見沈定平，《明清之際中西文化交流史——明代：調適與會通》，頁二一八—二二三。

19 陳瑞，字孔麟，福建長樂人。嘉靖三十二年（一五五三）進士。歷官行人、監察御史、山西提學副使、河南參政、廣東按察使、湖廣布政使、南刑部尚書、南兵部尚書。萬曆九年（一五八一）由南兵部尚書兼任兩廣總督，萬曆十一年（一五八三）致仕。參見（民國）《長樂縣志》卷十四《選舉上．進士》，《中國地方志集成》第十輯《福建府縣志輯》（上海：上海書店出版社，二〇〇〇）。

20〔義〕利瑪竇、〔比〕金尼閣，《利瑪竇中國札記》，頁一〇九—一一〇。

21〔美〕西比斯，〈利瑪竇的前輩〉，《文化雜誌》（中文版）第二十一期（一九九四年）。

22《明清之際中西文化交流史——明代：調適與會通》，頁二一八—二二三。

子。正是這一年的十二月二日，沙勿略在荒涼的上川島去世。[23]一五七一年，利瑪竇申請加入耶穌會，次年進入耶穌會創辦的羅馬學院，受到了古典科學文化的薰陶，學習了數學、天文、地理、繪圖等課程，特別是從老師克拉維烏斯（Christoph Claoius）（中文文獻稱為「丁先生」）學習歐幾里得幾何學、行星理論和基督教教曆的計算理論，運用儀器觀察行星和地理測繪的技術，以及製作羅盤、鐘錶的技巧。聖方濟各．沙勿略在遠東傳教的故事，也像哥倫布、麥哲倫的英雄業績那樣，深深地打動了這位年輕人。[24]在耶穌會神學家的指導下，他學會了如何對教義進行清楚的解釋，為他以後的傳教奠定了基礎。一五七七年，他成為印度傳道團的成員，次年前往果阿，在聖保羅學院任教，兩年後成為神父。一五八二年，他奉范禮安之召，來到澳門。次年，他和羅明堅成功地在廣東肇慶立足，開啟了在中國的傳教生涯。

利瑪竇總結了他的前輩在中國傳教活動的經驗教訓，探索出一條新的道路——盡可能使天主教本土化。換句話說，盡力使得天主教教義與中國傳統儒家學說相結合，即所謂「合儒」、「補儒」、「趨儒」。一言以蔽之，儘量中國化。他一度剃去頭髮，穿上僧服，後來接受瞿汝夔（太素）的建議，脫去僧服，換上儒服。他不惜修改教規，默認對祖先的崇拜，以《聖經》附會「四書五經」，因此博得中國士大夫的好感與崇敬。他深知士大夫在中國社會的地位和影響，要得到他們的信仰，自己必須首先熟悉儒學。在肇慶、韶州滯留的十五年中，他埋頭鑽研儒家經典，熟悉到倒背如流的程度，令士大夫大為驚訝，尊稱他為「西儒利氏」。

教會史研究的開拓者方豪最早關注利瑪竇的「本土化」傳教，他在〈明末清初天主教比附儒家學說之研究〉中，開宗明義就指出：「一個宗教，要從發源地傳播到其他新地區去，如果它不僅希望能在新地區吸收愚夫愚婦，並且也希望獲得新地區知識分子的信仰，以便在新地區生根，然後發榮滋長，那麼，它必須首先吸收當地的文化，迎合當地人的思想、風俗、習慣。第一步，也是最重要的一步，是借重當地人最敬仰的一位或幾位先哲的言論，以證實新傳入的教義和他們先輩的遺訓、固有的文化是可以融會貫通的，是可以接受的，甚至於還可以發揚光大他們原有的文化遺產，那就更受新傳教區人民的歡迎了。」[25]他引證了利瑪竇「比附儒家」的許多自白，其中尤為坦誠而懇切的，莫過於《辯學遺牘》中所載的〈利先生復虞銓部書〉，即他給吏部稽勛司郎中虞淳熙的覆信。

虞淳熙，字長孺，號德園，杭州府錢塘縣人，萬曆十一年（一五八三）進士，歷任兵部主事、吏部稽勛司郎中。他對利瑪竇頗為敬重，但對其非議佛教有所不滿，寫信與之商榷。信中寫道：「利西泰先生非中國人，然賢者也，又精天文、方技、握算之術。何公露少參，得其一二，欲傳不佞，會病，結轖眩瞀，不果學，亦不果來學，時時神往左右，恍石交矣。既而翁太守周野出《畸人十篇》，令序弁首。慚非玄晏，妄譏玄白，負弩播粃，聊爾前引，故當轉克醢雞障耳……側聞先生降神西域，渺小釋迦，將無類我魯人詆仲尼東家丘，忽於近耶！及受讀天堂地獄短長之說，又似未翻其書，未了其義者。豈不聞佛書有云：入無間地獄，窮劫不出，他化自在天壽，一晝夜為人間一千六百歲乎……敢請遍閱今上所頒佛藏，角其同異，摘其瑕釁，更出一書，懸之國門，俾左袒瞿曇者恣所彈射，萬一鵠無飲羽，人徒空簸，斯非千古一快事哉！」[26]

利瑪竇用典雅的文言文寫了回信，申述來中國傳教的本意，求同存異，他的名言「八萬里而來，交友請益，但求人與我同，豈願我與人異」，就出於這封回信。信中反覆闡述他的這種意願：

23 參見裴化行，《利瑪竇神父傳》，頁一一。
24 參見鄒振環，《晚明漢文西學經典：編譯、詮釋、流傳與影響》（上海：復旦大學出版社，二〇一一），頁三四。關於克拉維烏斯為何叫作「丁先生」，鄒氏有一個解釋：「Clavi-，在拉丁文中有『釘狀』的含義，中國古字『丁』通『釘』。」
25 方豪，〈明末清初天主教比附儒家學說之研究〉，《臺灣大學文史哲學報》第十一期。
26（明）虞淳熙，〈答利西泰〉，《虞德園先生集》卷二十四。

——捧讀來札，亹亹千言，誨督甚勤，而無勝氣，欲竇據理立論，以闡至道。敝鄉諺云：「和言增辯力。」臺教之謂乎？且鐘鼓不叩擊不發音聲，亦是夙昔所想望也……

——竇自入中國以來，略識文字，則是堯舜周孔而非佛，執心不易，以至於今。區區遠人，何德於孔，何仇於佛哉？若謂竇姑佞孔以諂士大夫，而徐伸其說，則中夏人士信佛過於信孔者甚多，何不並佞佛，以盡諂士大夫，而徐伸其說也？實是堅於奉戒，直心一意，所是所非皆取憑於離合。堯舜周孔皆以修身事上帝為教，則是之；佛氏抗誣上帝，而欲加諸其上，則非之。竇何敢與有心焉？

——至於拙篇中天堂地獄短長之說，鄙意止欲辟輪迴之妄，使為善不反顧，造惡無冀幸耳。孟子云：「不以文害辭，辭害意也。」倘因鄙言悟輪迴之妄，則地獄窮劫不出，天堂一日千歲，此亦言之有據者也，又何待論乎？

——上國自堯舜以來，數千年聲名文物，倘以信佛奉佛者，信奉天主，當日有遷化，何佛氏之久不能乎？

——來教又云，鄙篇所述「了不異佛意」，是誠有之，未足為過。何者？若竇竊佛緒餘，用相彈射，此為操戈入室耳。今門下已知竇未曉佛書，自相合轍，何不可之有？竇所惜者，佛與我未盡合轍耳。若盡合者，即異形骨肉，何幸如之！門下試思，八萬里而來，交友請益，但求人與我同，豈願我與人異耶？[27]

利瑪竇比他的前輩高明之處在於，他對中國有深刻的觀察和領悟，明白中國人的世界觀或者說意識形態是完整的，是一個包括科學、技術、倫理、哲學的有機體，因此他認為有必要把天主教作為一個有機的完整的世界觀來宣揚，要使天主教教義為中國人接受，必須使它成為中國文化的一個組成部分，即「本土化」。他身體力行，從生活方式、觀念及表述方式、道德規範、禮儀等四個方面，推行天主教的「本土化」。他接受了中國人的禮節、飲食以及服飾打扮；在談到「天主」時，他利用中國古典著作中的「上帝」和「天主」畫上等號；他尊敬孔子，允許祭祀祖先與孔子。[28]

《交友論》：「東海西海，此心此理同也」

為了「本土化」傳教，萬曆二十三年（一五九五），利瑪竇撰寫了他的第一本中文著作《交友論》，把西洋名賢的交友格言翻譯成中文，介紹給中國人。他是在江西南昌，與明朝藩王建安王談論交友之道後，寫成此書的。他在引言中說：「因而赴見建安王。荷不鄙，許之以長揖，賓序設醴歡甚。王乃移席握手而言曰：『凡有德行之君子，辱臨吾地，未嘗不請而友且敬之。西邦為道義之邦，願聞其論友道何如？』竇退而從述曩少所聞，輯成友道一帙。」[29]這一本著作收到了意想不到的效果，正如利瑪竇所說，這本書給他以及歐洲增加的威望，超過前此所做的一切，因為其他事情只是使傳教士們有了善於製造機械儀器工具的能工巧匠的名聲，而這篇論文卻為他贏得了文人儒士的美譽，因而許多人願意閱讀、接受，並熱烈讚嘆。他說：「這本書至今仍為人們閱讀和稱羨，並受到讀過它的人的推薦。因為是用歐洲和中國兩種文字寫成，所以它更加風行。就在它付印不久，贛州有一位知縣完全用中文把它加以

27〔義〕利瑪竇，〈利先生復虞銓部書〉，《辯學遺牘》卷首，李之藻輯《天學初函．理編》（臺北：學生書局，一九六五）。亦見朱維錚主編，《利瑪竇中文著譯集》（上海：復旦大學出版社，二〇〇七），頁六五九—六六二。

28 參見西比斯〈利瑪竇的前輩〉。

29〔義〕利瑪竇，《交友論》，《利瑪竇中文著譯集》，頁一〇七。

重印，流傳於各省，包括北京和浙江。這到處受到知識階層的讚許，並常常被權威作家在其他著述中引用。事實上，在一個短得驚人的時期之內，這部書被當作標準讀物為人們所接受。」[30]

利瑪竇並非自我吹噓，《交友論》確實受到中國知識階層的讚許。萬曆二十七年（一五九九），利瑪竇最早結交的好友瞿汝夔，談到了《交友論》的由來：「萬曆己丑，不佞南遊羅浮，因訪司馬節齋劉公，與利公遇於端州。目擊之頃，已灑然異之矣。及司馬公徙公於韶，予適過曹溪，又與公遇於是，從公講象數之學，凡兩年而別。別公六年所，而公益北學中國，抵豫章，撫臺仲鶴陸公留之駐南昌，暇與建安郡王殿下論及友道，著成一編。」瞿氏為此書所作的序言，對利瑪竇讚揚備至：「遐方碩德如利公者，慕化來款，匪希聞達，願列編氓，誦聖謨，遵王度，受冠帶，祠春秋，躬守身之行，以踐真修，中敬事天之旨，以裨正學。即楚材、希憲，未得與利公同日語也。」對《交友論》也給予高度評價：「今利公其彌天之資，匪徒來賓，服習聖化，以我華文，譯彼師授，此心此理，若合契符，借有錄之以備陳風采謠之獻，其為國之瑞，不更在楛矢白雉百累之上哉！至其論義精粹，中自具足，無俟拈出矣。然於公特百分一耳，或有如房相國融等，為筆授其性命理數之說，勒成一家，藏之通國，副在名山，使萬世而下有知其解者，未必非昭事上天之准的也。」[31]

萬曆二十九年（一六〇一），湖廣僉事馮應京所寫的〈刻交友論序〉，把他的讀後感概括為一句話：「東海西海，此心此理同也。」成為傳誦一時的名言。馮氏寫道：「西泰子（利瑪竇）間關入萬里，東遊於中國，為交友也。其悟交道也深，故其相求也切，相與也篤，而論交道獨詳。嗟夫，友之所繫大矣哉！君臣不得不義，父子不得不親，夫婦不得不別，長幼不得不序，是烏可無交？夫交非泛泛然相歡洽、相施報而已。相比相益，相矯相成，根於其中之不容已，而極於其終之不可解，乃稱為交。世未有我以面而友以心者，亦未有我以心而友以面者。烏有友聲，人有友生；烏無偽也，而人容偽乎哉？京不敏，早溺鉛槧，未遑負笈求友，壯遊東西南北，乃因王事敦友誼，視西泰子迢遙山海，以交友為務，殊有餘愧，爰有味乎其論，而益信東海西海，此心此理同也。」[32]

《交友論》的成功，原因就在於它的「本土化」。正如鄒振環所說：「在介紹歐洲友誼觀的過程中大量借助中國本土的知識資源」；「把中國古代聖賢有所體悟但尚未詳細討論的主題，通過編譯西方哲人的話比較透徹的闡發，由此引起了中國士大夫的強烈共鳴」；「利瑪竇熟讀《論語》，《交友論》明顯模仿《論語》的體例，這一文學形式沒有給中國讀者帶來任何不和諧的感覺」。[33]

《天主實義》：「與經傳所紀如券斯合」

在寫作《交友論》的同時，利瑪竇致力於寫作《天主實義》。據臺灣學者林東陽說：《天主實義》的寫作時間起於一五九五年（萬曆二十三年）十一月前後，一直延續到一六〇三年八月初旬……在一六〇三年八月二十二日《天主實義》殺青以前，它曾經以手抄方式流行各地。該書的出版可能遠在一六〇三年底或一六〇四年初，最大可能當在一六〇四年左右。[34]該書上下卷各有四篇，用「中士」與「西士」對話的形式，深入淺出地宣揚天主教教義。上卷首篇為〈論天主始制天地萬物而主宰安養之〉，第二篇為〈解釋世人錯認天主〉，第三篇為〈論人魂不滅大異禽獸〉，第四篇為〈辯釋鬼神及人魂異論，而解天下萬物不可謂之一體〉；下卷第五篇為〈辯排輪迴六道、戒殺生之謬說，而揭齋素正志〉，第六

30〔義〕利瑪竇、〔比〕金尼閣，《利瑪竇中國札記》，頁一一二。

31（明）瞿汝夔，〈大西域利公友論序〉，《利瑪竇中文著譯集》，頁一一七—一一八。

32（明）馮應京，〈刻交友論序〉，《利瑪竇中文著譯集》，頁一一六。

33 鄒振環，《晚明漢文西學經典：編譯、詮釋、流傳與影響》，頁八九—九〇。

34 參見林東陽，〈有關利瑪竇所著《天主實義》與《畸人十篇》的幾個問題〉，載《大陸雜誌》第五十六卷第一期。

篇為〈釋解意不可滅，並論死後必有天堂地獄之賞罰，以報世人所為善惡〉，第七篇為〈論忍性本善，而述天主門士正學〉，第八篇為〈總舉大西俗尚，而論其傳道之士所以不娶之意，並釋天主降生西土來由〉。

利瑪竇自己說：「這個新版本更加充分地闡述了基督教的教義，但在出版前它主要是供異教徒使用的。據認為，新信徒可以從他們作為教徒所參加的教義問答課程中，以及皈依後所經常聽到的勸誡中接受足夠的宗教教誨……這本書裡還包含摘自古代中國作家的一些合用的引語，這些段落並非僅僅作為裝飾，而是用以促使讀別的中文書籍的好奇的讀者接受這部作品。」[35] 這是利瑪竇「本土化」傳教的獨到之處，用「合儒」、「補儒」、「趨儒」的方法，使得中國人樂於接受。試舉一例，在第二篇中談到天主即上帝，寫道：「吾天主，乃古經書所稱上帝也。《中庸》引孔子曰：『郊社之禮，以事上帝也。』朱注曰：『不言後土者，省文也。』竊意仲尼明一之不可為二，何獨省文乎？《周頌》曰：『執競武王，無競維烈，不顯成康，上帝是皇。』又曰：『於皇來牟，將受厥明，明昭上帝。』《商頌》云：『聖敬日躋，昭假遲遲，上帝是祗。』《雅》云：『維此文王，小心翼翼，昭事上帝。』《易》曰：『帝出於震。』夫帝也者，非天之謂。蒼天者抱八方，何能出於一乎？《禮》云：『五者備當，上帝其饗。』又云：『天子親耕，粢盛秬鬯，以事上帝。』《湯誓》曰：『夏氏有罪，予畏上帝，不敢不正。』又曰：『惟皇上帝降衷於下民，若有恆性，克綏厥猷惟後。』《金縢》周公曰：『乃命於帝庭，敷佑四方。』上帝有庭，則不以蒼天為上帝可知。歷觀古書，而知上帝與天主，特異以名也。」[36]

從寫於萬曆三十五年（一六〇七）的李之藻〈天主實義重刻序〉與汪汝淳〈重刻天主實義跋〉，可知此書一再重印，由此可見，利瑪竇比附儒家的傳教方式，是深受歡迎的。不妨看看當時知名人士的評論吧。

馮應京說：「《天主實義》，大西國利子及其鄉會友與吾中國人問答之詞也。天主何？上帝也；實云者，不空也。吾國六經四子，聖聖賢賢，曰『畏上帝』，曰『助上帝』，曰『事上帝』，曰『格上帝』，夫誰以為空？」又說：「是書也，歷引吾六經之語，以證其實，深詆譚空之誤，以西政西，以中化中。見謂人之棄人倫、遺事物，猥言不著不染，要為脫輪迴也，乃輪迴之誕明甚。」[37]

李之藻說：「利先生學術，一本事天，譚天之所以為天甚晰。睹世之褻天佞佛也者，而昌言排之，原本師說，演為《天主實義》十篇，用以訓善坊惡。其言曰：人知事其父母，而不知天主之為大父母也；人知國家有正統，而不知惟帝統天之為大正統也。不事親不可為子，不識正統不可為臣，不事天主不可為人。」又說：「彼其梯航琛贄，自古不與中國相通，初不聞有所謂羲、文、周、孔之教，故其為說，亦初不襲吾濂、洛、關、閩之解，而特於知天事天大旨，乃與經傳所紀如券斯合」，「信哉，東海西海，心同理同，所不同者，特言語文字之際。而是編者，出則同文雅化，又已為之前茅，用以鼓吹休明，贊教厲俗，不為偶然，亦豈徒然？固不當與諸子百家同類而視矣」。[38]

他們共同強調的是，「歷引吾六經之語，以證其實」，「乃與經傳所紀如券斯合」，「東海西海，心同理同」，並以敬天、事天來抨擊佛教輪迴說的荒誕。利瑪竇的這種真諦，徐光啟把它概括為四個字「易佛補儒」，[39]可謂一語中的。

其中的深意大可玩味。鄒振環說：「利瑪竇撰寫《天主實義》時面臨的最大難題，是既要力求向追

35〔義〕利瑪竇、〔比〕金尼閣，《利瑪竇中國札記》，頁三四二。
36〔義〕利瑪竇，《天主實義》，《利瑪竇中文著譯集》，頁二一。
37（明）馮應京，〈天主實義序〉，《利瑪竇中文著譯集》，頁九七。
38（明）李之藻，〈天主實義重刻序〉，《利瑪竇中文著譯集》，頁九九—一〇〇。
39《利瑪竇中國札記》第三四三頁：「當在大庭廣眾中問起保祿博士（按：指徐光啟）他認為基督教律法的基礎是什麼時，他所作的回答非常簡潔並易於理解。他只用了四個音節或者說四個字就概括了這個問題，他說：易佛補儒（Ciue Fo Pu Giu），意思就是它破除偶像並完善了士大夫的律法。」

求理性的中國人灌輸這些屬異質的天主教教義教理的因素，又要盡可能地在保持基督教之宗教獨立性的前提下，與儒家的倫理觀念進行必要的妥協。我們從《天主實義》一書可見，面對這一難題，利瑪竇在兩者的張力之間顯示了自己最高的睿智……大量徵引儒家典籍並加以發揮，努力以一種貌似儒家學者的態度，採用儒學術語來批駁佛老，是《天主實義》的一大特色。為了爭取上層士大夫的支持，利瑪竇努力尋找基督教與儒家思想的切合點。」因此，他的援儒入耶的適應策略受到士大夫階層的歡迎。[40]

「登上了『月球』」

美國現代耶穌會士鄧恩（George H. Dunne）把利瑪竇通過不懈的努力，進入大明帝國首都北京，並且向皇帝進獻禮品，獲得皇帝恩准在北京設立教堂傳教，稱為「登上了『月球』」。[41]在他看來，「晚明時期耶穌會士在中國的成就，應該被列為天主教傳教史上最偉大的成就之一。成就這一事業的這幾十個人，喚醒了天主教世界使命的真諦，將世紀初期天主教的傳統恢復到正確的位置。他們反對將具有普世意義的天主教歪曲為僅僅適合個別國家、個別地方的狹隘宗教。他們的所作所為，不僅僅在天主教的歷史上有著重要的意義，在國際間文化交流的歷史上，也同樣具有重要的意義」。[42]因此，他把耶穌會士克服艱難險阻進入北京，比喻為「登上了『月球』」，雖然誇張，卻極為傳神。

這毫無疑問地印證了利瑪竇「本土化」傳教的成功。他的傳教活動獲得瞿汝夔、馮應京、徐光啟、李之藻、楊廷筠等知名人士的熱烈響應，並且他們先後受洗皈依耶穌基督；也得到了諸如沈一貫、曹于汴、馮琦、李戴等官僚的支持，使西方傳教士能夠破天荒地進入北京，並且在北京立足，順利地傳播天主教教義。

《利瑪竇中國札記》詳細描述了進入北京前前後後的情況，彌補了中國史料記載的缺失。

利瑪竇一行沿著運河北上，抵達運河上的重要商業城市、稅關臨清，得到臨清稅關太監馬堂的同意，他答應為利瑪竇進京朝見皇帝、呈獻禮品之事，報告朝廷。萬曆二十八年十二月五日（一六〇一年一月八日）明神宗批閱了馬堂的奏疏，以及所附的貢品清單，就說：「那座鐘在哪裡？我說，那座自鳴鐘在哪裡？就是他們在上疏裡所說的外國人帶給我的那個鐘。」隨身的太監答道：「陛下還沒有給太監馬堂回話，外國人怎麼能夠未經陛下許可就進入皇城呢？」明神宗立即在馬堂的奏疏上批示：「方物解進，（利）瑪竇伴送入京。」[43]

萬曆二十八年十二月二十一日，利瑪竇從天津進入北京。三天後，他向明神宗上疏並進獻貢品。這份奏疏是經過吏科給事中曹于汴潤飾的。曹于汴認為利瑪竇「是一位模範人物，傳播一種教導人們如何正當生活的教義」，對他很是敬重，在自己家中宴請他，兩人交談了三、四個小時。[44]利瑪竇的奏疏寫道：

> 大西洋陪臣利瑪竇，謹獻土物於皇帝陛下。臣本國極遠，從來貢獻不通，逖聞天朝之聲教文物，竊願沾被餘溉，終身為氓，始為不虛所生。因而，辭離本國，航海遠來，時歷三年，路經三萬餘里，始達廣東。語言未通，有同喑啞，因僦居而習語文，淹留於肇慶、韶州二府垂十五年。頗知中國古先聖人之學，於經籍略能記誦而通其旨。乃復越嶺，由江西至南京，又淹留五年。伏念堂堂天

---

40 鄒振環，《晚明漢文西學經典：編譯、詮釋、流傳與影響》，頁一一〇—一一三。

41〔美〕鄧恩著，余三樂、石蓉譯，《從利瑪竇到湯若望》（上海：上海古籍出版社，二〇〇三），頁五九。

42〔美〕鄧恩，《從利瑪竇到湯若望》，頁二五四。

43〔義〕利瑪竇、〔比〕金尼閣，《利瑪竇中國札記》，頁二八一。《明實錄．明神宗實錄》卷三百五十四，萬曆二十八年十二月五日。

> 朝，方且招徠四夷，遂奮志努力，徑趨闕庭。謹以天主像一幅，天主母像二幅，天主經一本，珍珠鑲嵌十字架一座，報時鐘二架，《萬國圖志》一冊，雅琴一張，奉獻於御前。物雖不腆，然從極西貢來，差足異耳……抑臣在本國忝與科名，已叨祿位，天地圖及度數，深測其祕，製器觀象，考驗日晷，並與中國古法吻合。倘皇上不棄疏微，令臣得盡其愚，披露於至尊之前，斯又區區之大願，然而不敢必也。臣不勝感激待命之至。謹奏。萬曆二十八年十二月二十四日具題。[45]

從奏疏末尾可見，利瑪竇希望在傳教的同時，傳播歐洲的科學技術，特別是地圖測繪、製作儀器、觀測天文，願意貢獻自己的一技之長。這些，暫且按下不表（請看下節）。

明神宗看了奏疏與貢品的反應，明朝官方文獻似乎沒有留下紀錄。而《利瑪竇中國札記》說得很具體：「當皇帝看到耶穌受難十字架時，他驚奇地站在那裡高聲說道：『這才是活神仙。』儘管這是中國人一句陳詞老調，他卻無意中說出了真相。這個名詞在中國至今仍用於耶穌受難十字架，而從那時起，神父們就被稱為給皇帝帶來活神仙的人……這些太監告訴神父們，皇帝親自向雕像表示致敬，並讓人在它們面前焚香和燃其他香料。神父們祈禱上帝會酬獎皇帝的禮敬，並以信仰之光來啟發他。皇帝自己保留了一個最小的耶穌受難十字架，把它放在他心愛的房間裡。」[46]利瑪竇還說，皇帝還派親信太監田爾耕接待神父們。幾天以後，皇帝派人向神父們詢問有關歐洲的每一件事情，諸如風俗、土地、建築、服裝、寶石、婚喪，以及歐洲的帝王們。受皇帝派遣的太監，向神父們學習操作自鳴鐘還不到三天時間，皇帝就迫不及待地把鐘搬到他那裡去。他非常喜歡自鳴鐘，立刻給這些太監晉級加俸。太監很高興地把此事報告給神父們，特別是從那天起，他們之中有兩個人被准許到皇帝面前給鐘上發條。皇帝一直把這個小鐘放在自己面前，喜歡看它、聽它鳴時。皇帝陛下對新奇的東西如此著迷，因此也想看看送禮來的異國人。但是他不肯破壞幾年前自己定下的規矩：除了太監和嬪妃，他絕不在任何人之前露面；而且他不願偏愛外國人有甚於他的官員，所以他放棄了看看異國人的願望。他不召見神父們，而是派畫師去畫神父的像，然後把畫像拿給他看。由於皇帝對耶穌會士的好感，利瑪竇等人受到了一些身居高位的太監們的宴請和拜訪。逐漸地他們認識了宮廷裡的全部侍從，並和其中一些人建立了持久的友誼。[47]

利瑪竇不僅和太監建立了友誼，還和高官有密切交往，上述曹于汴即是一例，此外有更高級別的官員如沈一貫、馮琦、李戴等。沈一貫是當時的內閣大學士，權重一時，利瑪竇拜訪了這位顯貴，贈送一些西洋小禮物做見面禮，其中一件是烏木精製的凹形日晷儀，主人特別喜愛。《利瑪竇中國札記》寫道：「他受到款待和挽留，不僅要坐下來談話，而且還要出席宴會。席間，主人愉快地聽取神父們談論他們正在進行的工作，特別是關於基督教風俗的講解……閣老轉向參加宴會的其他大臣說：『在一個婚姻如此聖潔的國度裡，別的事情看來就不用再問了。僅此就足以說明其他一切都是規範得多麼得當。』他向神父們回贈的禮物遠遠超過神父們送給他的禮品的價值，包括綢緞和皮貨，價值達四十多金幣。然後神父們又回送他的公子一份禮物，後來這位公子和他們發展了非常親密的友誼，在他父親身居高位的整整八年中，他一直保持他父親這種仁慈的態度。」[48]經過刑部尚書蕭大亨的介紹，利瑪竇結識了由禮部侍郎晉升為禮部尚書的馮琦。因為管理外國人是禮部的職責，馮琦批准了耶穌會士在京城的身分，並

44 參見《利瑪竇中國札記》，頁二八七—二九六。按：曹于汴，字自梁，號貞予，山西安邑縣人，萬曆二十年進士，以推官徵授吏科給事中。

45 蕭若瑟，《天主教傳行中國考》（河北：獻縣勝世堂，一九二三），頁一三二—一三三。裴化行《利瑪竇神父傳》收錄了奏疏全文，譯者根據蕭一山《清代通史》抄錄，文字有出入。沈定平《明清之際中西文化交流史》根據黃伯祿《正教奉褒》、《增訂徐文定公集》援引該疏，比較接近原文。又見《利瑪竇中文著譯集》，頁二三二—二三三。

46 〔義〕利瑪竇、〔比〕金尼閣，《利瑪竇中國札記》，頁二八二—二八三。

47 《利瑪竇中國札記》，頁二八三—二八六。

48 〔義〕利瑪竇、〔比〕金尼閣，《利瑪竇中國札記》，頁二九六—二九八。

且免除了任何干擾之憂。吏部尚書李戴也是利瑪竇的好朋友，經常邀請他到家中敘談，討論對來世的畏懼和希望的事情。幾年之後，利瑪竇把他與李戴、馮琦等人的談話寫成一本書——《畸人十篇》。

日本學者葛谷登指出，禮部尚書馮琦一反從來的政策，支持利瑪竇滯留北京，對新來的天主教表示了寬容的關心，稱他為「容教人士」。[49]

清朝的四庫館臣對此書的評價較為公允，他們認為，同樣宣揚天主教教義，《天主實義》「支離荒誕」，而《畸人十篇》「立說較巧」：「其言宏肆博辯，頗足動聽，大抵掇拾釋氏生死無常、罪福不爽之說，而不取其輪迴、戒殺、不娶之說，以附會於儒理，使人猝不可攻。較所作《天主實義》純涉支離荒誕者，立說較巧。以佛書比之，《天主實義》猶其禮懺，此則猶其談禪也。」[50]

因此之故，佛教徒虞淳熙對此書頗有好感：「利西泰，故歐羅巴人，傳記所不載，無考也。西泰始入中國，喜論交，遍交中國士，士以此附之。馮司成、何使君為余言，西泰蓋此方張平子之流云。已，翁太守來授所著書《畸人十篇》使讀，讀之再乙而遍，曰：此不乃西極化人耶！……其睿通明，其言巧辯，誾誾亹亹，殷殷偲偲，比物曲喻，復衍有格，宗我經，核我史，搜漁我百氏，而事我之事……將西泰子日澡月祓，齋戒沐浴，為我國先引，而置帝左右，羹牆姬文，輔翼三后矣，詎不孅哉？……讀而屢嘆之也，嘆其孅也。」[51]松江人曹藩對此書也很欣賞，出資為之刊刻。《五茸志逸》寫道：「曹介人（藩）在京遇利西泰，問利公尊庚幾何，答云：『已無五十。』時公正五十，云『無』者，為已往也。接其論，多奇致新趣，正如腼膏炙炰之後，而忽進水陸草藻，嘗者當自味也。介人為刻《畸人十篇》，是亦公之桓譚矣。」[52]

為傳教士們留下了敞開功德之門

利瑪竇在京期間活動非常繁忙，裴化行〈利瑪竇年表〉有簡要的紀錄：

一六〇二年（明萬曆三十年）利瑪竇在北京繼續廣泛交往；李瑪諾（Emmanuel Diaz Senior）從韶州抵京，同利瑪竇用了兩個多月時間討論傳教組織問題。

一六〇三年（明萬曆三十一年），范禮安來澳門，命利瑪竇留任駐華傳教團教長。

一六〇四年（明萬曆三十二年），徐光啟中進士，在京期間同利瑪竇交往密切，從此不斷利用閒暇時間協助神父撰寫著作；利瑪竇的《二十五箴言》由徐光啟、馮應京作序；是年，利瑪竇刊印《天主實義》，《交友論》再版；李之藻再次印刷《輿地圖》（有三種版本在京流傳）。

一六〇五年（明萬曆三十三年）年初，利瑪竇寫道：「在中國，通過我們的科學，就能收穫累累碩果。」五月十二日寫信要求耶穌總會「派數學家並隨身帶科學書來北京」。

一六〇六年（明萬曆三十四年），利瑪竇發表《畸人十篇》，手稿為士大夫傳抄（以後於一六〇七年刊印）；八月二十七日，利瑪竇遷入所購北京宣武門前房屋一處，大小房間四十多間（即今南堂）；九月，徐光啟每天來此三、四小時，與利瑪竇合作，幹了一年多，於一六〇七年五月二十四日以後譯完克拉韋烏斯神父編的歐幾里得《幾何原本》前六卷。

49 參見葛谷登，〈容教人士馮琦〉，《一橋論叢》第九十八卷第四號。

50 《欽定四庫全書總目》卷一百二十五《子部．雜家類．存目二》，〈畸人十篇二卷附西琴曲意一卷〉提要。

51 （明）虞淳熙，〈畸人十篇序〉，《虞德園先生集》卷六。

52 （明）吳履震，《五茸志逸》卷六。

一六〇七年（明萬曆三十五年），熊三拔神父來京協助利瑪竇工作；十月，接收利瑪竇的筆記，整理為《札記》中的三章；是年，郭青螺將《坤輿全圖》翻印成書；李之藻把所譯克拉韋烏斯關於測象儀的著作付梓。

一六〇八年（明萬曆三十六年），八月二十二日信上說，有一天忽被皇上傳召入宮，由太監降旨，命獻六軸十二幅綢印《坤輿全圖》；隨時可進宮調鐘或幹其他工作。

一六〇九年（明萬曆三十七年），利瑪竇彙報來華傳教情況，指出滿懷希望的八個原因，主要提到：學問極受敬重，「很容易講道理來證明我們信仰的真理」，儒教雖不關心超自然的事情，但倫理觀點「完全與我們一致」；十二月，說北京已收到四百多基督教徒（全國有兩千多）。[53]

一六一〇年（明萬曆三十八年）五月三日，利瑪竇外出訪客返回教堂，頭痛得厲害，他病倒了。熊三拔神父得到消息，趕去他的臥室，只見他正在捫心自問：「是巴不得工作就此結束，好去與上帝同樂呢，還是為在當前這種狀態下，撇下傳教團、他的神父們和修士們而遺恨終生。」人們給他請來了京城首屈一指的名醫，診斷為輕度的時疫，開了一劑湯藥處方。然而病情絲毫不見好轉。神父們又請來多位名醫會診，依然不見起色。五月八日，利瑪竇向熊三拔神父懺悔，回顧一生。五月九日，神父們給他拿來臨終聖餐，他掙扎著，跪下來接受，念了「臨終懺悔」，盡情傾訴，涕淚俱下。五月十日晚上十點，他清醒過來，要求臨終塗油，和教友們一起祈福。他留給世界的最後一句話：「我留下你們在敞開的大門口，通往極大的功績，但不是沒有許多危險、艱巨工作的。」次日，他端坐在床上，面容安詳地親吻十字架和耶穌會創始人羅耀拉的畫像，慢慢閉上了眼睛，似乎陷入了沉思，又仿佛睡熟了一般。就這樣，他把自己的靈魂交還了造物主。[54]

這就是利瑪竇離開人世的時間：一六一〇年五月十一日，星期二，晚上七點。一五五二年十月六日出生的他，享年五十八歲。

喪禮舉行了四天，前來弔唁的人絡繹不絕，異口同聲地讚揚他的聖潔。天主教徒畫家游文輝為他畫了像。後來這幅畫像被帶回羅馬，和羅耀拉、沙勿略的畫像一起，供奉在耶穌會教堂，供人們瞻仰。

在教堂的申請和高官的支持下，皇帝賞賜他一塊在城門外的墳地，人們為利瑪竇修建了頗有氣派的墓園。裴化行寫道：「經過幸運的交涉，終於皇上恩准賜予北京城門外一塊墳塋地。他們幾經尋覓，選定在一個太監的地產上。一六一一年諸聖日，利瑪竇神父的靈柩下穴於此純淨化了的土地。從此，在復活了的中國天主教會起源上有了一座墓地……已故利瑪竇的庇護無異於一份對基督教給予官方承認的執照，這就正如利瑪竇自己預見並許諾的：『促進基督教的最有效的辦法，就是為它犧牲性命。』他的去世不單單是他那全心全意傳道的一生功德圓滿，而且在一個始料所不及的意義上是確定不移地建立了中國的基督教會……王應麟撰寫的碑銘上題名的有好些當時著名士大夫或顯宦：總督、尚書、御史、史官、戶部侍郎、太子太傅、翰林、郎中、副使、知府、知州、知縣……這是全中國社會哀悼它已經完全容納的一個人——泰西進士利瑪竇。」[55]

或許有人會說，裴化行（R. P. Henri Bernard）是二十世紀的法國耶穌會士，對耶穌會士利瑪竇推崇備至，在情理之中。此話並不全面。裴化行所寫的利瑪竇傳記帶有歷史學家的客觀性，正如《利瑪竇神父傳》的譯者管震湖在〈譯序〉中所說：「其著作參考引證的他人著述數量極大，可謂廣徵博引，言之有據，表明一種做學問的嚴肅認真的態度。」[56]值得注意的是，教外人士也對利瑪竇讚揚有加。明末清初的歷史學家為他寫了傳記，使他的業績留在了中國史冊上，開創了一個罕見的先例，足見利瑪竇人格

53 參見《利瑪竇神父傳》，頁六三九—六四一。
54 參見《利瑪竇神父傳》，頁六一九—六二三。
55〔法〕裴化行，《利瑪竇神父傳》，頁六二三，譯注：墓在北京二里溝（柵欄）。
56〔法〕裴化行，《利瑪竇神父傳》，頁一。

魅力之大。

黃宗羲的學生萬斯同，並非天主教徒，他寫的《明史》，有利瑪竇的傳記，反映了明末清初知識階層對利瑪竇的一般看法，非常有歷史研究價值，以往學者關注甚少，特迻錄於下：

> 利瑪竇，字西泰，歐羅巴人，萬曆九年自本國航海九萬里入中國，貢耶穌像、萬國圖、自鳴鐘、鐵絲琴等。帝嘉納之，命給廩餼，賜邸舍以居，並令禮部尚書馮琦叩所學，則以嚴事天主、謹事國法、勤事器算對。所云耶穌，譯言救世者陡斯，則降生後名陡斯，造天地萬物，無始終形際。漢哀帝二年庚申誕於如德亞國童女瑪利亞家，稱耶穌。耶穌居世三十三年，般雀比剌多以國法死之。死三日生，生三日升去。其教耶穌曰契利斯督，法王曰俾斯波，傳法者曰撒責而鐸德，奉教者曰契利斯當。祭陡斯以七日，曰米撒；於耶穌升天、降生等日曰大米撒。所言誕妄不經，略如此。然其為人，深湛多思，善算法，考測躔度，為巧曆所不能建。所製器若簡平儀、龍尾車、沙漏、遠鐘之類，尤擅絕當世。瑪竇紫髯碧眼，面赤色如朝華。既入中國，則襲衣裳、修揖讓，循循娖娖，以儒雅稱。兼通醫，其友人鄧玉函曰：「吾國中劑草木不以質以露，露用銀鍋蒸之，取以療病人，輒奇效。每嘗中國草根，則已知葉形、花色、莖實、香味，將遍擷而次第蒸之，取其露以驗成書，未果也。」萬曆三十八年，瑪竇卒，詔以陪臣禮葬阜城門外二里嘉祐觀之旁，祔而葬於左，即玉函也。[57]

文中對有關耶穌傳聞一節譏為「誕妄不經」，但通觀全文，還算平實公允，稱讚他「深湛多思，善算法」，製作的儀器「擅絕當世」。尤為令人感興趣的是，關於利瑪竇長相的描述，「紫髯碧眼，面赤色如朝華」，為各書所僅見。如欲拍攝電影電視，這是栩栩如生的參照資料。

比萬斯同年長的張岱，在《石匱書》中有更加詳細的利瑪竇傳，也較少為人關注，反映了明末清初不信教的一般文人對於利瑪竇與天主教的普遍看法。他評論道：「天主一教盛行天下，其所立說，愈誕愈淺，《山海經》、《輿地圖》，荒唐之言，多不可問。及所出銅絲琴、自鳴鐘之屬，則亦了不異人意矣。若夫《西士超言》一書，敷詞陳理，無異儒者，倘能通其艱澀之意，而以常字譯太玄，則又平平無奇矣。故有褒之為天學，有訾之為異端，褒之訾之，其失均也。」[58]看來他對於天主教頗有異議，對於利瑪竇的評價，既不「褒」也不「訾」，與萬斯同相比，更為冷峻。但是，他寫的利瑪竇傳很詳細，顯示了史家秉筆直書的職業操守。請看他筆下的利瑪竇：

利瑪竇者，大西洋國人，去中國八萬里，行三年，以萬曆八年始至……自言其國廣大，不異中國，有七十餘國，正北亦有虜……此七十餘國各有主，而不自尊，尊惟教化主，其令能廢置諸國主而俯聽焉。教化主者，起於齊民，初有聖人仁德者設是教，嚴事天主……而竇來中國，始知有佛教，言佛尊己不尊天，不足事也。其聖人亦著書，比吾之六經……俗自有音樂，所為琴縱三尺，橫五尺，藏櫝中，弦七十二，以金銀或煉鐵為弦，各有柱，端通於外，鼓其端而自應。竇以此獻天子，又有自鳴鐘，祕不知其術，而大鐘鳴時，小鐘鳴刻，以定時候。嘗言彼國人他無所長，獨於天文有晷器，類吾渾天儀。又有四刻漏，以沙為之。他尚多。其數早起拜天，願己今日不生邪心、不道邪言、不為邪行。晚復拜天，陳己今日幸無邪心、無邪言、無邪行。久則早晚願己生如干善心，道如干善言，為如干善行，如此不廢，著書皆家人語。竇始至肇慶、贛州，復至南昌，學漢音，讀孔氏書，故能通吾言。始來偕十餘人，死亡大半。自二十五離家，猶童子體。嘗為《山海與地

57（清）萬斯同，《明史》卷三百九十七《方技傳上．利瑪竇》。
58（明）張岱，《石匱書》卷二百四《方技列傳．利瑪竇列傳》。

> 全圖》，荒大比鄒衍，言大地浮於天中，天之極西即通地底而東，極北即通地底而南，人四面居其中，多不可信。竇遊南都，從禮科給引，以其天主像三，及自鳴鐘諸物來獻。道經臨清，為稅關馬堂搜而獻之。隔月入京師，館餼於禮部。禮部請冠帶之，聽其自便，不報。竇亦自言幼慕道，逾艾不娶，無子，非有他覬，惟聞聖化遠來，得安插居已矣，館餼非所敢望。亦不報。[59]

張岱受限於當時的眼界，以為《山海輿地全圖》「多不可信」，但能夠如實為利瑪竇立傳，已屬難能可貴。形成鮮明對比的是，清朝保和殿大學士兼吏部尚書張廷玉，奉敕領銜纂修的《明史》，不列利瑪竇傳。兩相對照，萬、張二氏的利瑪竇傳彌足珍貴，反映了當時民間對利瑪竇和天主教持有相當寬容的心態。

鄧恩說得好：「這為數不多的一夥人，以他們所創建的中國與歐洲的思想聯繫，部分地改變了中國歷史的進程，也改變了自那以後的世界。如果不是後來的曲折，把他們燦爛輝煌的貢獻貶低了，耶穌會士所做出的傑出貢獻還會更加光彩照人。正如一位現代作家評論的那樣，『世界大同是現代文明的中心點……它可以幫助在東方與西方之間建造起一座橋梁，為全世界的人民都是兄弟的理想做出突出的貢獻』。他們願意將『歐洲人主義』的偏見拋擲一旁，通過他們的適應性，他們清白地結交上層人物，有著單純的自我滿足感，他們善於發現好的事物，不願意關注壞的事物，他們將同情與理解用於與中國的接觸中。對重建世界各民族間的文化交往關係，他們指出了一條路。同時他們自身的榜樣至今仍給我們提示一種方法。耶穌會士不應該僅僅在中國和天主教世界內部享有榮譽，而應該在所有同意這樣一句中國格言的人中間享有榮譽，這句格言就是：『四海之內皆兄弟。』」[60]

至今我們仍可以在北京看到利瑪竇墓，墓碑依然保存完好；他所創建的北京天主教堂也巍然屹立在原址。每一個來到這裡瞻仰的人們，緬懷這一段中西文化交流的佳話，永遠不會忘記一個名字：

Mathieu Ricci。

三、西方科學文化的傳播

利瑪竇在中國傳教的成功，固然得益於「本土化」策略，更重要的是在傳教的同時，帶來了歐洲較為先進的科學文化，令當時的知識階層耳目一新。西學以前所未見的巨大魅力，深深地吸引一批正在探求新知識的士大夫們，短短幾年間，掀起了一個學習西學的高潮。

冰凍三尺非一日之寒，這是一個過程，是利瑪竇進入中國後逐漸推進的。西方學者瑞爾（Ian Rae）把利瑪竇稱為「科學家傳教士」，他說：「關於耶穌會傳教士的歷史一直有一種說法，即傳教士是靠他們所掌握的西方科學和數學才取得最初的立足點的。的確，早期的耶穌會傳教士，特別是利瑪竇神父，敏銳地看到中國人的數學知識雖然並不落後，但卻未能將其應用在諸如天文學這樣的領域。不過，耶穌會傳教士確實希望喚起中國人對歐洲科學的興趣，並借此發展其傳教活動。」[61]

利瑪竇進入中國結識的第一位知識界名流瞿汝夔（字太素）皈依天主教，就是深深為科學所折服。利瑪竇在回憶錄中多次提到瞿太素，都強調這一點：「在結識之初，瞿太素並不洩露他的主要興趣是搞煉金術……但他們每天交往的結果倒使他放棄了這種邪術，而把他的天才用於嚴肅和高尚的研究。他從

59（明）張岱，《石匱書》卷二百四《方技列傳．利瑪竇列傳》。

60〔美〕鄧恩，《從利瑪竇到湯若望》，頁三五四。

61〔澳〕瑞爾，〈「尋找文化的契合點」——論早期天主教耶穌會士在中國的傳教方式〉，《文化雜誌》（中文版）第二十一期（一九九四年）。

研究算學開始，歐洲人的算學比中國的更簡單和更有條理……他接著從事研習丁先生的地球儀和歐幾里得的原理，即歐氏第一書。然後他學習繪製各種日晷的圖案，準確地表示時辰，並用幾何法則測量物體的高度……經驗證明，神父們在這個人身上沒有白費時間。大家都已知道，這個雄心勃勃的貴人是一位歐洲教士的學生。歐洲的信仰和科學始終是他所談論的和崇拜的對象。」[62]

早在萬曆十一年（一五八三），羅明堅和利瑪竇在肇慶成立了傳教所和聖母堂，在那裡展覽各種西洋物品，如三棱鏡、宗教畫、書籍、日晷、自鳴鐘等，而以一幅《輿地全圖》最受人注意。[63]這絕非偶然，因為中國人第一次從地圖上看到了外面的世界，必然是興奮不已的，甚至連高級官員也不例外。從南京去北京的路上，南京禮部尚書王忠銘，在看到利瑪竇將要呈獻給皇帝的禮品中有一個大木板，上面刻著世界地圖，附有利瑪竇神父用中文寫的簡略說明。王尚書非常高興地觀看了這幅世界地圖，使他感到驚訝的是，他能夠看到在這樣一個小小的表面上雕刻出廣闊的世界，包括那麼多新國家的名稱和他們的習俗。他願意非常仔細地反覆觀看它，力求記住這個世界的新概念。[64]

當然，利瑪竇畢竟不是科學家。一些研究者指出，第一批耶穌會士並非個個都擅長科學或數學，實際上一些耶穌會士的科學知識屬中等水平。因此利瑪竇寫信給羅馬，希望派一、二名「好的天文學家」來中國，但是杳無音信。後來利瑪竇和中國的天主教學者徐光啟、李之藻等人合作翻譯西方的數學著作，據瑞爾說：「他們（指徐光啟、李之藻）所掌握的數學知識遠比他（指利瑪竇）所懂得的豐富得多。」[65]儘管如此，利瑪竇為中國人打開通向西方科學的大門，居功至偉，以至於可以說，如果沒有利瑪竇，就不可能造就晚明如此眾多的科學家及其科學成就。

《山海輿地全圖》與《坤輿萬國全圖》

利瑪竇在肇慶期間，最有影響的科學創舉是把歐洲的地理學和世界地圖首次介紹給中國人。他在肇慶的教堂接待室牆上，掛上一幅用歐洲文字標注的世界地圖。他很關注中國人看到它的反應，「有學識的中國人嘖嘖稱羨它，當他們得知它是整個世界的全圖時，他們很願意看到一幅用中文標注的同樣的地圖」，因為「他們對整個世界是什麼樣子一無所知」。地方長官請利瑪竇在譯員的幫助下，把他的地圖譯為中文，結果就出現了《山海輿地全圖》。「新圖的比例比原圖大，從而留有更多的地方去寫比我們自己的文字更大的中國字，還加了新的注釋。」[66]

當他到達南京，準備前往北京呈獻給皇帝的禮品中，就有這幅地圖。南京禮部尚書王忠銘看到這幅地圖的印象非常深刻：「（呈獻給皇帝的禮品中）有一個大木板，上面刻著世界地圖，附有利瑪竇神父用中文寫的簡略說明，尚書非常高興地觀看了這幅世界地圖，使他感到驚訝的是他能看到在這樣一個小小的表面上雕刻出廣闊的世界，包括那麼多新國家的名稱和他們的習俗一覽。」利瑪竇寫道：「碰巧這位（南京）總督從南京省某個市長（鎮江知府）那裡得來一幅世界地圖，原是利瑪竇神父在肇慶時所做

62〔義〕利瑪竇、〔比〕金尼閣，《利瑪竇中國札記》，頁一七三—一七四。

63 方豪，〈利瑪竇年譜〉，《方豪六十自定稿》（臺北：學生書局，一九六九），頁一五六八—一五六九。

64 參見《利瑪竇中國札記》，頁二二五—二二六。

65〔澳〕瑞爾，〈「尋找文化的契合點」——論早期天主教耶穌會士在中國的傳教方式〉，《文化雜誌》（中文版）第二十一期（一九九四年）。

66〔義〕利瑪竇、〔比〕金尼閣，《利瑪竇中國札記》，頁一二四—一二五。

的。他非常喜歡這幅地圖，並在蘇州鐫石，並加上一篇讚揚地圖雕刻美觀的序文」；「利瑪竇一眼就看出，顯然他是在看自己的作品。他說他第一次在肇慶刊印這幅地圖，把複本送給了朋友，它就流傳到這裡。」[67]

關於這幅地圖，當時中國人也有記錄。比如白鹿洞書院山長章潢，在他的著作《圖書編》中，就有兩則文字與此相關。一則是〈輿地山海全圖敘〉：

> 嘗聞陸象山先生悟學有云，原來只是個無窮，今即輿地一端言之，自中國以達四海，固見之地無窮盡矣。然自中國及小西洋道途二萬餘里，使地止於茲，謂之有窮盡可也。若自小西洋以達大西洋，尚隔四萬餘里，矧自大西洋以達極西，不知可以里計者又當何如？謂之無窮盡也非歟！此圖亦自大西洋以至廣東，其海上程途可以里計者如此，故並後小西洋圖並存，以備考云。[68]

這段文字的可貴之處在於，真實地反映了當時人對世界地圖的直觀反應，章潢對世界之大的觀感可以概括為三個字：無窮盡。在另一則文字中他的觀感進一步發揮為「地與海本圓形，而同為一球」，較之同代人明顯高出一籌。他說：

> 地與海本圓形，而同為一球，居天球之中……且予自大西浮海入中國，轉南過大浪山，已見南極，高三十六度，則大浪山與中國豈不相為對待乎……此圖本宜作圓球，以其入冊籍，不得不析圓為平，其經緯線畫每十度為一方，以分置各國於其所，東西線數自中國起，南北線數自福島起也。此圖即太西（泰西利瑪竇）所畫，彼謂皆其所親歷者，且謂地像圓球是或一道也。[69]

鄒振環認為：「據文中的『予自大西浮海入中國』可知此文非章潢所撰，而是『太西』——利瑪竇的作品。」[70]說得確切一點，是章潢引用利瑪竇的文字，這從側面反映了章潢對他的宇宙觀與世界觀是認同的，這篇文字的價值正在於此。章潢是一個醇儒，「自少迄老，口無非禮之言，身無非禮之行，交無非禮之友，目無非禮之書」，他的《圖書編》輯錄「自古河洛太極諸圖，爰及天道、地道、人道」，[71]對前所未見的世界地圖有這樣的看法，難能可貴。

利瑪竇在中國居留的二十八年中，繪製了多種世界地圖，其中影響最大、流傳最廣的是萬曆三十年（一六〇二）由李之藻為之刊印的《坤輿萬國全圖》。李之藻一向喜愛地理，曾經繪製中國十五省地圖，當他看到南京翻刻的利瑪竇世界地圖，深為佩服，但是嫌它的篇幅太小，便雇工刻印成有一人多高的大幅地圖（也就是利瑪竇所說的「共成大屏六幅」），增補一些內容，比原圖更加清晰。利瑪竇為此圖所寫的跋文，充分肯定了這一點：

> ……繕部李存我（之藻）先生夙志輿地之學，自為諸生，編輯有書，深賞茲圖，以為地度之上應天躔，乃萬世不可易之法，又且窮理極數，孜孜盡年不舍。歉前刻之隘狹，未盡西來原圖什一，謀更恢廣之。余曰：「此乃數邦之幸，因先生得有聞於諸夏矣，敢不虔意再加核閱。」乃取敝邑原圖及通志諸書重為考訂，訂其舊譯之謬，與其度數之失，兼增國名數百，隨其楮幅之空，載厥國俗土

67〔義〕利瑪竇、〔比〕金尼閣，《利瑪竇中國札記》，頁二一五—二一六。

68（明）章潢，《圖書編》卷二十九《輿地山海全圖敘》。這段文字左面，附有《輿地山海全圖》的圖版。

69（明）章潢，《圖書編》卷二十九《地球圖說》。

70 鄒振環，《晚明漢文西學經典：編譯、詮釋、流傳與影響》，頁四〇。

71（清）萬斯同，《明史》卷三百八十五《儒林傳・章潢》。

產。雖未能大備，比舊圖亦稍贍云。

……地形本圓球，今圖為平面，其理難於一覽而悟，則又仿敝邑之法，再作半球圖二焉，一載赤道以北，一載赤道以南，其二極則居二圖當中，以肖地之本形，便於互見。[72]

李之藻在序言中說明了為何要刊刻這幅地圖的緣由：

……此圖白下諸公曾為翻刻，而幅小未悉。不佞因與同志為作屏障六幅，暇日更事殺青，厘正胥象，益所未有。蓋視舊業增再倍，而於古今朝貢中華諸國名尚多缺焉。意或方言殊譯，不欲傳其所疑，固自有見，不深強也。別有南北半球之圖，橫割赤道，蓋以極星所當為中，而以東西上下為邊，附刻左方，其式亦所創見。然考黃帝《素問》已有其義……今觀此圖，意與暗契，東海西海，心同理同，於茲不信然乎！於乎，地之博厚也，而圖之楮墨，頓使萬里納之眉睫，八荒了如弄丸。明晝夜長短之故，可以挈曆算之綱，察夷隩析因之殊，因以識山河之孕，俯仰天地，不亦暢矣大觀！[73]

李之藻的理解是深刻的。他一方面指出，中國古代的輿地學說可以與《坤輿萬國全圖》相呼應，再次印證了「東海西海，心同理同」的道理；另一方面指出，歐洲地圖以南北極為經，赤道為緯，周天經緯三百六十度，令人可以俯仰天地，開闊眼界。

利瑪竇編繪的世界地圖，給予中國思想界的衝擊是無可比擬的，打破了流傳已久的「天圓地方」觀念，了解到天朝大國不過是地球的一小部分，大大開拓了士大夫階層的眼界。但是，利瑪竇也做了一些遷就，中國以天下中央自詡，為了迎合這一偏見，他把子午線從全圖中央向左移動一七〇度，使中國正好出現在《坤輿萬國全圖》的中央。請看利瑪竇自己的說法：「他們認為天是圓的，但地是平而方的，他們深信他們的國家就在它的中央。他們不喜歡我們把中國推到東方一角上的地理概念。他們不能理解那種證實大地是球形、由陸地和海洋所組成的說法，而且球體的本性就是無頭無尾的。這位地理學家因此不得不改變它的設計，他抹去了福島的第一條子午線，在地圖兩邊留下一道邊，使中國正好出現在中央。這更符合他們的想法，使得他們十分高興而且滿意。」[74]人們現在看到的中國歷史博物館收藏的墨線仿繪本《坤輿萬國全圖》、南京博物院收藏的彩色摹本《坤輿萬國全圖》，全是這種變通了的樣子。不獨此也，現在中國出版的世界地圖，中國位於地圖中央，與有些國家出版的世界地圖中國位於地圖的最東面（即所謂「遠東」）截然不同，就是沿用了利瑪竇的發明。

即便如此，利瑪竇的《坤輿萬國全圖》仍是晚明中外地理學交流的突出成果，理所當然引起後世學者的高度關注。日本學者藪內清說，李之藻刊刻的《坤輿萬國全圖》，現在日本京都大學等處仍殘存三幅，這個地圖參考了一五八〇年荷蘭刊行的世界地圖等資料，繪成橢圓形圖，並標出了經緯線。以往中國人所認識的大地是作為平面來考慮的，而從《坤輿萬國全圖》看到的大地是球形的，令他們大為驚異。[75]鄒振環追溯了先前的研究史，指出：「一九三六年的《禹貢》第五卷三、四合期上刊出了『利瑪竇世界地圖專號』，其中有洪業的〈考利瑪竇的世界地圖〉和陳觀勝的〈利瑪竇對於中國地理學之貢獻及其影響〉二文，對世界地圖的中國藏本做了系統分析，至今仍是研討利瑪竇世界地圖的典範之作。日本學者鮎澤信太郎在一九三六年先後發表了〈利瑪竇的世界地圖〉（載《地球》第二十六卷第四號）、

72 利瑪竇，〈坤輿萬國全圖跋〉，《利瑪竇中文著譯集》，頁一八二—一八三。

73 （明）李之藻，〈坤輿萬國全圖序〉，《利瑪竇中文著譯集》，頁一七九—一八〇。

74 〔義〕利瑪竇、〔比〕金尼閣，《利瑪竇中國札記》，頁二一五。

75 〔日〕藪內清，〈西歐科學和明末的時代〉，載《日本學士院紀要》第四四卷第二號。

〈《月令廣義》所載之《山海輿地全圖》及其系統〉（載《地理學》第十二卷第十號），澄清了《兩儀玄覽圖》的刊刻者是李應試，補正了洪業一文之缺。一九三八年德國衛禮賢以梵蒂岡教廷圖書館的藏本為主，加上世界各地的抄本，完成了義大利文版的《利瑪竇《坤輿萬國全圖》》（梵蒂岡教廷圖書館一九三八年版），該書將前人研究成果全部采入，並著錄了中國、日本、倫敦、巴黎所藏的利瑪竇『世界地圖』照片。」[76]學者們之所以如此關注《坤輿萬國全圖》，原因就在於「利瑪竇的世界地圖是明末清初中國士人瞭望世界的一個窗口。它帶來了明末中國士大夫聞所未聞的大量的新的知識信息，可以毫不誇張地說，整個明清間的世界地圖的知識系譜都源於利瑪竇的世界地圖」。[77]

《幾何原本》、《同文算指》與《圜容較義》

利瑪竇早年在羅馬學院曾經師從克拉維烏斯學習歐幾里得幾何學，來到中國後，希望把它介紹給中國人。徐光啟被委派與他合作翻譯此書，利瑪竇告訴他，除非是有突出天分的學者，沒有人能承擔這項任務並堅持到底。徐光啟不畏艱難，擔負起這項工作。經過日復一日的勤奮學習和探討，徐光啟已能領悟所學到的一切，一年之內就以利瑪竇口授、徐光啟筆錄的形式翻譯了此書的前六卷。徐光啟還想翻譯此書的其餘部分，利瑪竇認為，就他們適合的目的而言，這六卷已經足夠了。後來徐光啟把這六卷印成一冊出版，並且寫了序言，介紹翻譯此書的緣起：「利先生從少年時，論道之暇，留意藝學，且此業在彼中所謂師傳曹習者，其師丁氏（克拉維烏斯）又絕代名家也，以故極精其說。而與不佞遊久，講談餘暑，時時及之。因請其象數諸書，更以華文。獨謂此書未譯，則他書俱不可得論，遂共翻其要約六卷。既卒業而復之，由顯入微，從疑得信。蓋不用為用，眾用所基，真可謂萬象之形囿，百家之學海。雖實未竟，然以當他書，既可得而論矣。」[78]徐光啟言簡意賅地談到幾何學作為基礎學科的作用——「不用為用，眾用所基」，表面看起來似乎「無用」，實際是各門學科的基礎，用處大得很，無怪乎利瑪竇要說「此書未譯，他書俱不可得論」。關於這一點，《利瑪竇中國札記》講得很清楚：「這本書大受中國人的推崇，而且對於他們修訂曆法起了重大的作用。為了更好地理解這本書，有很多人都到利瑪竇神父那裡，也有很多人到徐保祿（徐光啟）那裡求學。在老師的指導之下，他們和歐洲人一樣很快就接受了歐洲的科學方法，對於較為精緻的演證表現出一種心智的敏捷。」[79]利瑪竇強調的是，《幾何原本》提供了「歐洲的科學方法」。

對此，徐光啟是心有靈犀一點通的。他說，通過此書學習歐洲的科學方法，可以「祛其浮氣，練其精心」，可以「資其定法，發其巧思」。他在〈幾何原本雜議〉中寫道：「下學工夫，有理有事，此書為益，能令學理者祛其浮氣，練其精心；學事者資其定法，發其巧思。故舉世無一人不當學……能精此書者，無一事不可精；好學此書者，無一事不可學。」他還用「四不必」、「四不可得」、「三至三能」這樣的誇張語言，來彰顯學習《幾何原本》的好處：「此書有四不必：不必疑，不必揣，不必試，不必改。有四不可得：欲脫之不可得，欲駁之不可得，欲減之不可得，欲前後更置之不可得。有三至三能：似至晦，實至明，故能以其明明他物之至晦；似至繁，實至簡，故能以其簡簡他物之至繁；似至難，實至易，故能以易易他物之至難。易生於簡，簡生於明，綜其妙，在明而已。」因此他大膽地預言，「百年之後，必人人習之」：「此書為用至廣，在此時尤所急需。余譯竟，隨偕同好者梓傳之。利先生作敘，亦最喜其亟傳也，意皆欲公諸人人，令當世亟習焉。而習者蓋寡。竊意百年之後，必人人習之。」[80]

76 鄒振環，《晚清西方地理學在中國》（上海：上海古籍出版社，二〇〇〇），頁五。
77 鄒振環，《晚明漢文西學經典：編譯、詮釋、流傳與影響》，頁四七。
78（明）徐光啟，〈刻幾何原本序〉，《徐光啟集》卷二（北京：中華書局，一九六三），頁七五。
79〔義〕利瑪竇、〔比〕金尼閣，《利瑪竇中國札記》，頁三六四—三六五。

果然不出所料，在此後的很長時期內，《幾何原本》一版再版，成為一本經典著作。利瑪竇和徐光啟所首創的幾何學名詞術語，如點、線、直線、平面、曲線、四邊形、多邊形、平行線、對角線、直角、鈍角等等，一直沿用至今。

在〈譯幾何原本引〉中，利瑪竇把「不用為用」演化為七大用處：

其一量天地之大，若各重天之厚薄，日月星體去地遠近幾許、大小幾倍，地球圍徑道里之數；又量山嶽與樓臺之高，井谷之深，兩地相距之遠近，土田、城郭、宮室之廣袤，廩庾、大器之容藏也。

其一測景以明四時之候，晝夜之長短，日出入之辰，以定天地方位，歲首三朝，分至啟閉之期，閏月之年，閏日之月也。其一造器以儀天地，以審七政次舍，以演八音，以自鳴知時，以便民用，以祭上帝也。

其一經理水土木石諸工，築城郭，作為樓臺宮殿，上棟下宇，疏河注泉，造作橋梁，如是諸等營建，非惟飾美觀好，必謀度堅固，更千萬年不圮不壞也。

其一制機巧，用小力轉大重，升高致遠，以運芻糧，以便泄注，乾水地，水乾地，以上下舫船，如是諸等機器，或借風氣，或依水流，或用轉盤，或設關捩，或恃空虛也。

其一察目視勢，以遠近正邪高下之差，照物狀可畫立圜立方之度數於平板之上，可遠測物度及真形。畫小，使目視大；畫近，使目視遠；畫圜，使目視球。畫像有坳突，畫室屋有明暗也。

其一為地理者，自輿地山海全圖，至五方四海，方之各國，海之各島，一州一郡，僉布之簡中，如指掌焉。全圖與天相應，方之圖與全相接，宗與支相稱，不錯不紊，則以圖之分寸尺尋，知地海之百千萬重，因小知大，因邇知遐。[81]

如此不嫌其煩地羅列它的用處，無非是想說明幾何學在測量天地、測天候、制器、建築、機械製造、測量、繪製地圖等方面的功用，以期喚起中國人的興趣。[82]

一般讀者要了解此書，最簡便的方法就是看一下四庫館臣的提要：「其書原十三卷五百餘題，利瑪竇之師丁氏為之集解，又續補二卷於後，共為十五卷。今止六卷者，徐光啟自謂，譯受是書，此其最要者也。其書每卷有界說，有公論，有設題……卷一論三角形，卷二論線，卷三論圓，卷四論圓內外形，卷五卷六俱論比例。」[83]

與翻譯《幾何原本》一樣的方式，利瑪竇和李之藻合作編譯的《同文算指》，系統介紹歐洲筆算的代表作——克拉維烏斯《實用算學概論》，同時兼採中國數學家程大位《算法統宗》，編成一本融會中西的筆算技法著作。《四庫全書》的提要這樣介紹此書：「《同文算指》前編二卷、通編八卷，明李之藻演西人利瑪竇所譯之書也。前編上下二卷，言筆算定位加、減、乘、除之式，及約分、通分之法。通編八卷，以西術論《九章》……然中土算書，自元以來散失尤甚，未有能起而搜輯之者。利氏獨不憚其煩，積日累月，取諸法而合訂是編，亦可以為算家考古之資矣。」[84]這篇提要寫的還算平允，不過，把此書的作用說成「可以為算家考古之資」，似乎過於輕描淡寫了。

不妨看看李之藻、徐光啟是如何評價此書的。李之藻寫於萬曆四十一年（一六一三）的《同文算指前編序》說：「往遊金臺，遇西儒利瑪竇先生，精言天道，旁及算指，其術不假操觚，第資毛穎，喜其便於日用，退食譯之，久而成帙。加減乘除，總亦不殊中土，至於奇零分合，特自玄暢，多昔賢未發之旨。盈縮勾股，開方測圜，舊法最難，新譯彌捷。」[85]強調的是「多昔賢未發之旨」，「舊法最難，新

80（明）徐光啟，〈幾何原本雜議〉，《徐光啟集》卷二，頁七六—七七。

81（義）利瑪竇，〈幾何原本引〉，《利瑪竇中文著譯集》，頁二九八—二九九。

82 王萍〈西方算學之輸入〉一文對此有詳細論述。該文載臺灣《近代史研究所專刊》第一七輯。

83《四庫全書．子部六．天文算法類二．算書之屬．幾何原本．提要》。

84《四庫全書．子部六．天文算法類二．算書之屬．同文算指．提要》。

85《四庫全書．子部六．天文算法類二．算書之屬．同文算指前編序》。

譯彌捷」，顯然不是「算家考古之資」所能概括的。

徐光啟寫於萬曆四十二年（一六一四）的〈刻同文算指序〉認為，算書之學廢於近世數百年間，原因有二，其一為「名理之儒土苴天下之實事」，其二為「妖妄之術謬言數有神理」，使得算書之學「不能得之士大夫間」。好友李之藻慨嘆此事，行求當世算術之書，「既又相與西國利先生遊，論道之隙，時時及於理數，其言道言理，既皆返本蹠實，絕去一切虛玄幻妄之說，而象數之學亦皆溯源承流，根附葉著，上窮九天，旁該萬事，在於西國膠庠之中，亦數年而學成者也。吾輩既不及睹唐之《十經》，觀利公與同事諸先生所言曆法諸事，即其數學精妙，比於漢唐之世十百倍之，因而造席請益……振之（李之藻）兩度居燕，譯得其算術如干卷。既脫稿，余始間請而共讀之、共講之。大率與舊術同者，舊所弗及也；與舊術異者，則舊所未之有也。旋取舊術而共讀之、共講之，大率與西術合者，靡弗與理合也；與西術謬者，靡弗與理謬也」。[86]徐光啟著意指出《同文算指》兩大優點：一是西方數學精妙，超過漢唐十百倍；二是該書與舊術同者，舊所不及，與舊術異者，舊所未有。

《圜容較義》也是李之藻與利瑪竇合作的產物，《四庫全書》收入此書，做這樣的介紹：「《圜容較義》一卷，明李之藻撰，亦利瑪竇之所授也。」這是一本理論著作，或者說是一本探討多邊形與圜（圓）的著作。開宗明義寫道：「萬形有全體，目視惟一面，即面可以推全體也。面從界顯，界從線結，總曰邊線。邊線之最少者為三邊形，多者四邊、五邊，乃至千萬億邊，不可數盡也。三邊形等度者，其容積固大於三邊形不等度者。四邊以上亦然。而四邊形容積恆大於三邊形，多邊形容積恆大於少邊形。恆以周線相等者驗之，邊之多者莫如渾圜之體……凡形愈多邊則愈大。故造物者天也，象天者圜也。圜故無不容，無不容所以為天。」[87]後面幾句把「圜」與「天」相聯繫，又說「造物者天也」，顯然帶有些許天主教的色彩。

李之藻為該書所寫的序，強調的仍然是數學的原理：「凡厥有形，惟圜為大，有形所受，惟圜為多。夫渾圜之體難明，而平面之形易晰。試取同周一形，以相參考，等邊之形必巨於不等邊形，多邊之形必巨於少邊之形。最多邊者圜也，最等邊者亦圜也，析之則分秒不億。是知多邊聯之，則圭角全無。是知等邊不多邊，等邊則必不成圜。惟多邊等邊，故圜容最巨……非徒廣略異聞，實亦闡著實理，其於表裡算術，推演幾何，合而觀之，抑亦解匡詩之頤者也。」[88]

《奇器圖說》與《泰西水法》

《奇器圖說》是中國學者王徵與耶穌會士鄧玉函（Jean Terrenz）合作編譯的物理學、機械工程學著作。明末鄒漪為王徵立傳，寫道：「公諱徵，字良甫，號葵心，自號了一道人，陝西三原人也。生而穎異，立志落落，敦尚氣節，肆力問學。弱冠登賢書，困公車三十年，芒履蔬食，以著書講學為務……壬戌成進士……返初服十五年，卻掃著書，不異秀才。時里居，值寇盜充斥，公悉力戰守，創為連弩、活橋、自行車、自飛炮諸奇器，演為《圖說》。」[89]言外之意似乎《奇器圖說》是為了對付寇盜而創制的，隻字不提耶穌會士鄧玉函。《四庫全書》關於《奇器圖說》的提要寫得稍好：「《奇器圖說》三卷，明西洋人鄧玉函撰；《諸器圖說》一卷，明王徵撰。徵，涇陽人，天啟壬戌（二年）進士，官揚州府推官。嘗詢西洋奇器之法於玉函，玉函因以其國所傳文字口授，徵譯為是書。其術能以小力運大，故名曰重，又謂之力藝。大旨謂天地生物，有數、有度、有重。數為算法，度為測量，重則即此力藝之學。皆

86（明）徐光啟，〈同文算指前編序〉，《徐光啟集》卷二，頁八〇—八一。

87（明）李之藻，《圜容較義》，《四庫全書．子部六．天文算法類一．推步之屬．圜容較義》。

88（明）李之藻，〈圜容較義序〉，《四庫全書．子部六．天文算法類一．推步之屬》。

89（清）鄒漪，《啟禎野乘》一集卷十一《王端節傳》。

相資而成，故先論重之本體，以明立法之所以然。」[90]

臺灣學者方豪最早對之做了深入而全面的研究，寫了長篇論文〈王徵之事蹟及其輸入西洋學術之貢獻〉，開篇第一段話就提出了問題意識：「明季國人之以介紹西洋科學著稱者，近人多豔稱徐（光啟）、李（之藻）。光啟從事之範圍最廣，官至相位；之藻亦以修曆及研習數學等，授光祿寺少卿，為世人所習知；獨王徵世尚罕知其詳者。然徵在研習拉丁字注音，贊助金尼閣研究西洋物理、機械工程學，譯述《奇器圖說》，其功不在徐、李之下，其巧思則非二人所能及。」[91]方豪認為王徵的巧思非徐、李所能及，令人茅塞頓開。

王徵在〈奇器圖說序言〉中說：「《奇器圖說》，譯西庠文字而作者也。西庠凡學各有本名，此學本名原是力藝。力藝之學，西庠首有表性言，且有解，所以表此學之內美好；次有表德言，所以表此學之外美好。」關於「力藝」或「力藝之學」，他有這樣的解釋：「力藝，重學也。力是氣力、力量，如人力、馬力、水力、風力之類；又用力、加力之謂，如用人力、用水風之力之類。藝則用力之巧法，巧器所以善用其力、輕省其力之總名也。重學者乃公稱，重則私號，蓋文學、理學、算學之類，俱以學稱，故曰公。而此力藝之學，取其義，本專屬重，故獨私號之曰重學云。」對於「奇器」之「奇」，他也有一番解釋：「人多勝多，或人多而勝寡，不怪也。人寡能勝人多，則可怪。如以大力運大重，奚足怪！今用小小機器能舉大重，使之升高，使之行遠，有不驚詫為非常者，鮮矣。然能通此學，知機器之所以然，則怪亦平常事也。」因此，他認為，書中所寫的這些「奇器」，不但有利於民間日用，也有利於國家政治大務，可謂利益無窮。[92]

據方豪研究，王徵自幼師從舅舅張鑑（字湛川），尊稱為「舅師」，他之所以酷愛西洋物理、機械之學，是深受「舅師」之啟發。萬曆四十二年（一六一四）冬或四十三年（一六一五）春，讀到耶穌會士龐迪我的《七克》一書，王徵十分喜歡此書，欣慕作者其人。該書宣揚謙讓以克驕傲，仁愛以克嫉妒，捨財以克吝嗇，含忍以克忿怒，淡泊以克食迷，絕欲以克色迷，勤於天主之事以克懈惰。一年之後，王徵終於在京師會見了龐迪我。不久，他接受天主教洗禮，教名斐禮伯。天啟七年他與鄧玉函合作編譯《奇器圖說》時，自稱「關西景教後學」，可見其時早已皈依天主教。[93]

方豪之所以說王徵的巧思非徐光啟、李之藻所能及，主要原因就在於，他不僅能著書立說，而且能動手製作各種器物。方氏論文的第六章〈自製諸器考略〉，列舉了自行車、自轉磨、輪壺（即自鳴鐘）、代耕、連弩、活動兵輪、活動櫺木、活揭竿與活舂竿、活閘、運重機器與活動地平、龍尾、鶴飲、虹吸、恆升、活杓、弩機與火機、天球自轉、拒馬力、西洋神器測量定表、榨油活機、水銃等。

臺灣清華大學教授黃一農對王徵有細緻入微的研究，還到他的家鄉實地考察，其專著《兩頭蛇：明末清初的第一代天主教徒》有專章論述王徵。他說：「王徵在母舅張鑑的影響之下，對製器之學的興趣一直頗濃，他為秀才時，每天只是『眠思坐想』，『專一好作古今所不經見、奇巧之器具』；中進士後，曾在北京成功試製一具用齒輪帶動木人以擂鼓撞鐘並準確報時之輪壺；在戶部觀政時，亦曾製作省力的代耕；任官廣平時，也製成鶴飲、龍尾、恆升、活杓和活機水閘諸器以治水。天啟六年冬，王徵在服滿繼母喪之後抵京，偶自龍華民、鄧玉函、湯若望三位耶穌會士處得見大量西方機械工程方面的書籍，因此興奮不已，遂在鄧玉函的協助下，譯刊《遠西奇器圖說錄最》（或名《奇器圖說》），在該書的前序中，王徵稱有友人質疑其從事『末流之學』，他答辯曰：『學原不問精粗，總期有濟於世人；亦不問中西，總期不違於天。茲所錄者，雖屬技藝末務，而實有益於民生日用，國家興作甚急也！』」[94]

90《四庫全書．子部九．譜錄類一．器物之屬．奇器圖說提要》。

91 方豪，〈王徵之事蹟及其輸入西洋學術之貢獻〉，《方豪六十自定稿》，頁三一九。

92（明）王徵，《奇器圖說》卷一《序言》。

93 參見方豪，〈王徵之事蹟及其輸入西洋學術之貢獻〉，《方豪六十自定稿》，頁三二〇—三二八。

王徵談到編譯此書的動機時說，他從耶穌會士那裡看到西洋奇器的圖說不下千百餘種，「其器多用小力轉大重，或使升高，或令行遠，或資修築，或運芻餉，或使泄注，或上下舫舶，或預防災祲，或潛禦物害，或自舂自解，或生響生風，諸奇妙器無不備具。有用人力物力者，有用風力水力者，有用輪盤，有用關捩，有用空虛，有即用重為力者。種種妙用，令人心花開爽」。[95]王徵為了譯著此書，引用了十八種參考書：《勾股法義》、《圜容較義》、《蓋憲通考》、《渾蓋通憲圖說》、《泰西水法》、《幾何原本》、《坤輿萬國全圖》、《簡平儀說》、《天問略》、《同文算指》、《天主實義》、《畸人十篇》、《七克》、《自鳴鐘說》、《望遠鏡說》、《職方外紀》、《西學或問》、《西學凡》。[96]從這一參考書目，人們約略可以窺知當時西學東漸的大體狀況。

與《奇器圖說》相類似的是《泰西水法》，因為後者也提及許多農田水利的「奇器」。《四庫全書》收錄此書，如此說：「《泰西水法》六卷，萬曆壬子西洋熊三拔撰。」[97]這種說法不確切。理由一，徐光啟在他的著作《農政全書》卷十九和卷二十，收錄了《泰西水法》三卷；理由二，該書收入李之藻《天學初函》，前四卷題為「泰西熊三拔撰說、吳淞徐光啟筆記」。[98]因此可以說，《泰西水法》是徐光啟與熊三拔合作編譯的作品。《四庫全書》的提要說：「是書皆記取蓄水之法。一卷曰《龍尾車》，用挈江河之水。二卷曰《玉衡車》，附以《專筩車》；曰《恆升車》，附以《雙升車》，用挈井泉之水。三卷曰《水庫記》，用蓄雨雪之水。四卷曰《水法附餘》，皆尋泉作井之法，而附以療病之水。五卷曰《水法或問》，備言水性。六卷則諸器之圖式也。」四庫館臣對它的評價還不錯：「西洋之學以測量步算為第一，而奇器次之。奇器之中，水法尤切於民用，視他器之徒矜工巧，為耳目之玩者又殊，固講水利者所必資也。」[99]

從徐光啟為此書所寫的序言可知，此書的編譯出版，與利瑪竇的大力推薦有著密切的關係。利瑪竇曾對徐光啟說：「薄遊數十百國，所見中土土地人民、聲名禮樂，實海內冠冕，而其民顧多貧乏，一遇水旱則有道殣，國計亦詘焉，何也？」[100]為了解決這一國計民生問題，利瑪竇向徐光啟推薦熊三拔具體介紹這方面的知識。起初，對水法頗有研究的熊三拔有些猶豫，怕被人誤解。徐光啟所作〈泰西水法序〉中，記載了熊三拔與他的一段對話。熊三拔說：「有作色者深恐此法盛傳，天下後世見視以公輸、墨翟，即非其數萬里東來，捐頂踵、冒危難，牖世兼善之意爾。」徐光啟對他開導說：「人富而仁義附焉，或東西之通理也。道之精微，拯人之神；事理粗跡，拯人之形。並說之，並傳之，以俟知者，不亦可乎？先聖有言：『備物致用，立成器以為天下利，莫大乎聖人。』器雖形下，而切世用，茲事體不細已。且窺豹者得一斑，相劍者見若狐甲而知鈍利，因小識大，智者視之，又何遽非維德之隅也！」這番話使得熊三拔決定教授水法，全書編譯工作自萬曆三十九年夏開始，次年春刊行。[101]此書介紹了西方的水利機械——龍尾車（螺旋式提水車）、玉衡車與恆升車（利用吸水管、活塞的提水唧筒），比中國傳統的提水工具輕巧而效率高，是當時歐洲科學的新成就，向中國人展示了螺旋原理、液壓技術的具體應用。[102]

---

94 黃一農，《兩頭蛇：明末清初的第一代天主教徒》（新竹：清華大學出版社，二〇〇五），頁一三六—一三七。

95 徐宗澤，《明清間耶穌會士譯著提要》（北京：中華書局，一九八九），頁二九七—二九八。

96 參見方豪，〈王徵之事蹟及其輸入西洋學術之貢獻〉，《方豪六十自定稿》，頁三四六—三四七。

97 《四庫全書．子部四．農家類．泰西水法提要》。

98 鄒振環，《晚明漢文西學經典：編譯、詮釋、流傳與影響》，頁一九五。

99 《四庫全書．子部四．農家類．泰西水法提要》。

100 （明）徐光啟，〈泰西水法序〉，《明清間耶穌會士譯著提要》，頁三〇八—三〇九。

101 鄒振環，《晚明漢文西學經典：編譯、詮釋、流傳與影響》，頁一九四。

102 曹增友，《傳教士與西方科學》（北京：宗教文化出版社，一九九九），頁一六五—一六九。

《崇禎曆書》

中國人自古以來就關心宇宙形態、地球在天空的位置，亦即它與其他天體的關係。古人相信天象與人世間的政事是互相影響的，天象會干預人間，人事也會感應上天，因此天文學的研究一直不曾間斷。明朝使用的《大統曆》，是對元朝的《授時曆》稍加改動而成的，受科技水平的限制，推算日食、月食屢次不準。明中葉以來，朝廷上下主張修改曆法的呼聲相當高漲。

利瑪竇來華後，也有志於修改曆法，未能如願。直到萬曆三十八年（一六一〇），利瑪竇逝世，禮部只是推薦徐光啟、李之藻「同譯西法」，協助改曆，並未付諸實施。

關於此事，頗有一番曲折。早在萬曆二十四年（一五九六），河南按察司僉事邢雲路就已指出，推算日食不準，建議修改曆法。萬曆三十八年（一六一〇）十一月初一日，發生日食。禮部右侍郎翁正春重彈「天人感應」老調，認為是「災異尤甚」；「君德象日，宜照臨宣布，不宜暗汶閉藏」。兵部職方司員外郎范守己批駁欽天監推算日食時刻差誤，指出問題所在：「歲差之法既有錯誤，則日食之時又安得與天符合也。」於是官員周子愚上言：「大西洋歸化遠臣龐迪我、熊三拔等攜有彼國曆法，多中國典籍所未備者，乞視洪武中譯西域曆法例，取知曆儒臣，率同監官，將諸書盡譯，以補典籍之缺。」[103]《明通鑑》對此有一個補充說明：「先是，大西洋人利瑪竇進貢土物，而（龐）迪我、（熊）三拔及龍華民、鄧玉函、湯若望等先後至，俱精究天文曆法。禮部因奏：『精通曆法如邢雲路、范守己為時所推，請改授京卿，共理曆事。翰林院檢討徐光啟、南京工部員外郎李之藻，亦皆精心曆理，可與（龐）迪我、（熊）三拔等同譯西洋法。俾（邢）雲路等參訂修改。然曆法疏密，莫顯於交食，欲議修曆，必重測驗。乞敕所司修治儀器，以便從事。』疏入，留中。未幾，雲路、之藻皆召至京，參預曆事。雲路據其所學，之藻則以西法為宗。西法入中國，自此始。」[104]

萬曆四十一年（一六一三），已經升任南京太僕寺少卿的李之藻，向朝廷條陳西洋曆法。他說：「伏見大西洋國歸化陪臣龐迪我、龍華民、陽瑪諾等諸人，慕義遠來，讀書談道，俱以穎異之資，洞知曆算之學，攜有彼國書籍極多，久漸聲教，曉習華音。在京士紳與講論，其言天文歷數，有我中國昔賢所未及者。」以下他列舉了十四條「所未及者」，然後總結道：「此十四事者，臣觀前此天文曆志諸書，皆未論及，或有依稀揣度，頗與相近，然亦初無一定之見。惟是諸臣能備論之……觀其所製窺天窺日之器，種種精絕，即使郭守敬諸人而在，未或測其皮膚，又況見在臺監諸臣，刻漏塵封，星臺跡斷，晷堂方案尚不知為何物者，寧可與之同日而論，同事而較也……昔年利瑪竇最稱博覽超悟，其學未傳，溘先朝露，士論至今惜之。今龐迪我等鬚髮已白，年齡向衰。遐方書籍按其義理，與吾中國聖賢可互相發明，但其言語文字絕不相同，非此數人，誰與傳譯？恃今不圖，政恐日後無人能解。」[105]因此，他向皇帝建議，由禮部開設館局，將西洋曆法依照原文譯出成書。皇帝不置可否，事情就擱置下來，一直要到崇禎二年（一六二九）才開始啟動。

崇禎二年（一六二九）五月月食，徐光啟依照西法預推：順天府見食二分有奇，瓊州食既，大寧以北不食。而用《大統曆》推算順天府見食三分有奇，用《回回曆》推算順天府見食五分有奇。屆時事實證明，徐光啟的西法推算是準確的，其他推算皆有誤。皇帝因此切責欽天監官員。於是禮部奏請開設曆局，修改曆法，任命徐光啟「督修新法」。皇帝批准此事，下旨：「西法不妨於兼收，諸家務取而參

103《萬曆邸鈔》，萬曆三十八年庚戌捐，十一月壬寅；《明史紀事本末》卷七十三《修明曆法》；《明通鑑》卷七十四，萬曆三十八年壬寅。

104《明通鑑》卷七十四，萬曆三十八年壬寅。

105（明）李之藻，〈請譯西洋曆法等書疏〉，《李我存集》卷一《疏》。

合，用人必求其當，制象必核其精……責有攸歸，爾其慎之。」[106]

徐光啟隨即上疏，詳細陳述依照西法修曆的道理：「三百五十年來，並（郭）守敬之書亦皆湮沒，即有志之士殫力研求，無能出（郭）守敬之藩。更一舊法，立一新義，確有原本，確有左驗者，則是曆象一學，至元而盛，亦自元而衰也……邇來星曆諸臣，頗有不安舊學，志求改正者。故萬曆四十年有修曆譯書、分曹治事之議……臣等愚心以為，欲求超勝，必須會通；會通之前，先須翻譯。蓋大統書籍絕少，而西法至為詳備，且又近今數十年間所定，其青於藍、寒於水者，十倍前人。又皆隨地異測，隨時異用，故可為目前必驗之法，又可為二三百年不易之法，又可為二三百年後測審差數，因而更改之法，又可令後之人循習曉暢，因而求進，當復更勝於今也。」[107]

皇帝同意他的意見，批示道：「這修改曆法事宜四款，俱依議。徐光啟見在本部，著一切督領，李之藻速與起補，早來供事。」徐光啟接旨後再上一疏，詳細開列具體事項，比如「曆法修正十事」，包括議歲差、議歲實、每日測驗日行經度等。最要緊的是「修曆用人三事」。除了李之藻已蒙錄用，其他專門名家，亦宜兼收。此外特別強調「用西法」：「萬曆間西洋歸化陪臣利瑪竇等，尤精其術，四十等年，曾經部復推舉。今其同伴龍華民、鄧玉函二臣見居賜寺，必得其書其法，方可以較正訛謬，與之會通歸一，則事半而功倍矣。」[108]

他的「用西法」修曆，起用耶穌會士龍華民、鄧玉函參與修曆的主張，得到皇帝許可，於九月間開設曆局，正式啟動。遺憾的是，這年十一月李之藻從杭州抵京不久病故，鄧玉函也於第二年四月病故，徐光啟繼續推薦耶穌會士湯若望、羅雅谷參加曆局的譯書演算工作。

徐光啟從利瑪竇那裡學習到不少西方天文曆法知識，認識到修曆非「用西法」不可，用西法則必須先從事翻譯。這時歸國述職的耶穌會士金尼閣從歐洲帶回七千部書，為翻譯歐洲的數學、天文學提供了可供選擇的良好底本，也為修曆提供了基礎。[109]

已經升任禮部尚書的徐光啟大權在握，修曆工作進展順利。崇禎四年（一六三一）正月，他向皇帝呈進《曆書總目》一卷，《日躔曆指》一卷，《測天約說》二卷，《大測》二卷，《日躔表》二卷，《割圓八線表》六卷，《黃道升度表》七卷，《黃赤道距度表》一卷，《通率表》二卷。繼而又向皇帝呈進《測量全義》十卷，《恆星曆指》三卷，《恆星曆表》四卷，《恆星總圖》一折，《恆星圖像》一卷，《揆日解訂訛》一卷，《比例規解》一卷。崇禎五年（一六三二），又呈進《月離曆指》四卷，《月離曆表》六卷，《交食曆指》四卷，《交食曆》二卷，《南北高弧表》十二卷，《諸方半晝分表》一卷，《諸方晨昏分表》一卷。[110]崇禎六年（一六三三），禮部尚書兼東閣大學士徐光啟病逝，他所主持編修的《崇禎曆書》，洋洋一百多卷，除了前面已經提到的，還有《五緯曆指》九卷，《五緯表》十卷，《元史揆日訂誤》一卷，《通率立成表》一卷，《割圓八線立成長表》四卷，《黃道升度立成中表》四卷，《曆學小辨》一卷，《曆學日辨》五卷。[111]阮元評論道：「自利氏東來，得其天文數學之傳者，光啟為最深。洎乎督修新法，殫其心思才力，驗之垂象，擇為圖說，洋洋乎數千萬言，反覆引伸，務使其理其法足以人人通曉而後已。以視術士之祕其機械者，不可同日而語矣。」[112]阮元身為乾嘉時代的學者型高官，評價如此精當，毫無迂腐偏見，令人心懷敬意。

《崇禎曆書》編成後還來不及刊印，明朝就滅亡了。清朝初年，由湯若望加以刪改，以《西洋新曆

106（明）徐光啟，《新法算書》卷一《緣起》。
107（明）徐光啟，〈曆書總目〉，《徐文定公集》卷六《疏》。
108（明）徐光啟，〈恭承恩命謹陳愚見以祈聖明採擇事〉，《徐文定公集》卷六《疏》。
109（日）藪內清，〈西歐科學與明末的時代〉，《日本學士院紀要》第四十四卷第二號。
110 參見《明史紀事本末》卷七十三《修明曆法》。
111（清）阮元，〈徐光啟〉，《疇人傳》卷三十二《明四》。
112（清）阮元，〈徐光啟〉，《疇人傳》卷三十二《明四》。

法》為名刊印出版。看起來更像是一部叢書，詳細介紹了第谷的《論新天象》、《新編天文學初階》，托勒密的《大綜合論》，哥白尼的《天體運行論》，開普勒的《論火星的運動》等西方天文學著作。科學史專家江曉原指出，《崇禎曆書》編纂的時候，正是歐洲近代天文學確立階段。當時哥白尼提出日心說還不到一百年，此後伽利略這些人都贊成了。但是《崇禎曆書》體系的基礎是第谷天文學。為什麼不採用哥白尼體系？因為當時哥白尼體系在理論上、實測上都不很成功，當時天文學家對哥白尼學說持懷疑態度。我們今天熟知的地球環繞太陽轉的證據，是到了十八世紀才最終被發現的。《崇禎曆書》採用第谷體系是可以理解的。[113]

無庸諱言，《崇禎曆書》仍有種種時代的侷限性。不過平心而論，對於當時的中國而論，畢竟引進了西方的先進天文學理念，因此它的意義已經越出修曆本身，標誌著中國傳統天文學的轉型，開啟了中國人認識宇宙的新階段。

江曉原還指出，《崇禎曆書》編成的時候，中國跟歐洲天文學的差距很小。但是此後兩百多年幾乎不變，完全脫離了歐洲天文學的進程，而歐洲在這兩百年間天文學發展迅猛。《崇禎曆書》使得我們有一個機會跟國際接軌，卻很快脫軌，最終等到鴉片戰爭結束，西方天文學第二次大舉進入的時候，我們中國人幾乎不認識它了，因為我們落後了兩百年。[114]這是今人研究《崇禎曆書》，最值得深思的地方。

四、放眼看世界的先進中國人

以利瑪竇為代表的耶穌會士的傳教活動，以及隨之而來的西方科學文化的傳播，向長期封閉的中華帝國吹進了一股清新空氣，讓人們接觸到了前所未聞的新思想、新事物，一些敏感的先進知識人把耶穌會士看作自己的朋友和老師，如飢似渴地向他們學習，從他們那裡汲取新的精神營養，從而改變了世界觀和價值觀。這種變化對於中國社會的影響，無論如何評價都不嫌過分。

第一個結識利瑪竇的名士瞿汝夔

瞿汝夔，號太素，蘇州府常熟縣人，出身於高級官僚家庭。其父瞿景淳，字師道，八歲能屬文，久困諸生，教授里中自給。嘉靖二十三年（一五四四）會試第一，殿試第二，授編修，典制誥，清介自持，官至禮部左侍郎兼翰林院學士。[115]瞿景淳有四子：汝稷、汝夔、汝益、汝說，但明人文集與地方志都沒有瞿汝夔的記載。原因在於，汝夔與長嫂——汝稷之妻通姦，遭家族除名，後人避而不談。《常熟昭文合志》的瞿景淳傳，載其子三人：汝稷、汝益、汝說，不見汝夔，原因就在於此。[116]黃一農考證，「通姦」一事，瞿汝稷的《瞿冏卿集》卷首所收錢謙益寫的〈瞿元立傳〉，略有提及：「公仲弟夔與婦徐（氏）以奸聞，公叱婦徐，去之。」汝夔之侄兒瞿式耜為老師錢謙益刊印《牧齋初學集》，刪去了〈瞿元立傳〉中「公仲弟夔與婦徐以奸聞」一句，改成：「徐有通問之奸，公叱去之。」[117]

因為這樣的關係，見諸文獻的瞿汝夔資料很少。由於被家族除名，他沒有走傳統的科舉道路，四

113 江曉原，〈徐光啟與《崇禎曆書》〉，《中西文化會通第一人——徐光啟學術研討會論文集》（上海：上海古籍出版社，二〇〇六），頁二八—三〇。

114 江曉原，〈徐光啟與《崇禎曆書》〉，《中西文化會通第一人——徐光啟學術研討會論文集》，頁二八—三〇。

115 參見王世貞，〈瞿文懿公景淳傳〉，《弇州史料後集》卷一。

116 光緒《常熟昭文合志》卷二十五《人物志四・耆舊・瞿景淳》。

117 參見黃一農，《兩頭蛇：明末清初的第一代天主教徒》，頁四九—五〇。黃一農影印了《瞿冏卿集》卷首的《元立瞿公傳》，以及《牧齋初學集》卷七十二的《瞿元立傳》，比較兩者的文字異同。

處漂泊。他來到廣東，同耶穌會士交往，與利瑪竇成為莫逆之交。他為利瑪竇《交友論》寫的序言說：「萬曆己丑，不佞南遊羅孚，因訪司馬節齋劉公，與利公遇於端州，目擊之頃，已灑然異之矣。及司馬公徙公於韶，予適過曹溪，又與公遇。於是從公講象數之學，凡兩年而別。」[118]很清楚地回顧他初遇利瑪竇時，向他求教歐洲科學的情境。利瑪竇對此有詳細的記載，他的回憶錄有一章，標題就是「瞿太素」。他寫道：「瞿太素是我們將有機會常常提到的人，他是一個被稱為尚書[119]的第二級高官的兒子，蘇州人，是受過良好教育的知識分子……如果繼續學習的話，他肯定會得到最高的榮譽。相反地，他變成了一個公開的敗家子。」[120]瞿太素在韶州拜會利瑪竇，「他請求利瑪竇收他當學生，第二天他邀請老師在他家裡吃飯，送給他綢料為禮……在結識之初，瞿太素並不洩露他的主要興趣是搞煉金術……但他們每天交往的結果倒使他放棄了這種邪術，而把他的天才用於嚴肅和高尚的科學研究。他從研究算學開始……接著從事研習丁先生的地球儀和歐幾里得的原理，即歐氏的第一書。然後他學習各種日晷的圖案，準確地表示時辰，並用幾何法則測量物體的高度」。這些學習使得瞿太素發生了巨大的變化，以至於當地的老百姓都知道，瞿太素「這個雄心勃勃的貴人是一位歐洲傳教士的學生，歐洲的信仰始終是他所談論的和崇拜的對象。在韶州和他浪跡的任何地方，他無休無止地讚揚和評論歐洲的事物」。[121]

費賴之認為，利瑪竇名聲大彰與瞿太素的宣揚有很大的關係：「有名士瞿太素者，初識利瑪竇於肇慶，至是至韶州，願奉瑪竇為師。太素初冀從瑪竇得仙丹，然所肄習者為宗教真理，與夫數學、幾何、重學等科目。太素得瑪竇之薰陶，頗有心得，迨至其受洗（一六〇五年）後，瑪竇之名遂以大彰，蓋太素學者而兼名士，影響輿論實深也。」[122]

確實如此，瞿太素的巨大影響，可以追溯到利瑪竇初入中國之時的本土化傳教方針。精通儒學的他深知天主教要在中國發展，必須首先符合儒家傳統薰陶出來的士大夫的眼光。瞿太素向利瑪竇建議，放棄先前的和尚打扮，改穿儒生的服飾，「標誌著利瑪竇的傳教路線在適應占統治地位的儒家思想方面，邁出了決定性的一步」。[123]瞿太素為宣揚利瑪竇帶來的科學知識，不遺餘力，所以利瑪竇才會說：「在韶州和他浪跡的任何地方，他無休無止地讚揚和評論歐洲的事物。」這也可以在中文史料中得到印證。白鹿洞書院山長章潢，學問淵博，第一次見到利瑪竇帶來的世界地圖時，「不解其義」，聽了瞿太素的解釋，才恍然大悟。他這樣說：「前十餘載，傳聞有番僧航海入中國者，盤詰身中，止懷昊天圖像一幅，畫天為九瓣……初亦不解其義。近接瞿太素，謂曾遊廣南，睹一僧，自稱胡羅巴（歐羅巴）人，最精曆數，行大海中，惟觀其日軌，不特知時知方，且知距東西南北遠近幾何。因攜其所製之儀，大不盈尺，中分九層，機可轉旋。予細玩而繹之，與九瓣圖義稍相似。」[124]章潢所說的「圖」與「儀」，似為世界地圖與地球儀，經過瞿太素的說明，才解疑釋惑。

瞿太素是第一個結識利瑪竇的名士，但皈依天主教卻比較晚，什麼原因呢？利瑪竇在回憶錄中專門寫了一章，標題就是〈瞿太素終於皈依了基督〉。在談到他不能入教的原因時指出：第一，他納妾並生了兩個兒子；第二，他對偶像崇拜深有修養。這兩點都有悖於天主教教義，因此他左右搖擺，拿不定主意。在反覆分析研究教義後，他下定決心，要求領洗。他的第一步，就是和他的妾正式結婚；第二步，把家裡的全部偶像，以及印刷的刻版和有關書籍，送到教堂，請求把它們付之一炬。萬曆三十二年（一六〇四）的聖母領報節[125]那天接受洗禮，教名依納爵。瞿太素寫了一篇洋洋灑灑的信仰聲明：「幾年

---

118 （明）瞿汝夔，〈大西域利公友論序〉，《利瑪竇中文著譯集》，頁一一七。

119 瞿太素之父瞿景淳死後，皇帝賜予其禮部尚書頭銜。

120 〔義〕利瑪竇、〔比〕金尼閣，《利瑪竇中國札記》，頁一七三。

121 〔義〕利瑪竇、〔比〕金尼閣，《利瑪竇中國札記》，頁一七三—一七四。

122 〔法〕費賴之，《在華耶穌會士列傳及書目》，頁三三。

123 沈定平，《明清之際中西文化交流史——明代：調適與會通》，頁三三七。

124 （明）章潢，《圖書編》卷十六《九天說符》。

前，我有幸遇到泰西遠來的真理大師利瑪竇和郭居靜以及助手鍾鳴仁修士，他們是最初告訴我神明的奧祕的人……我謹保證從我接受洗滌靈魂每一種玷汙的洗禮之日起，將把殘存在我頭腦裡的對於偽神和環繞它的不合理的教義的信仰徹底掃除乾淨。我還保證在我的思想中，絕不有意地卑鄙地追求不適當的炫耀個人的那種願望，也不追求世俗的虛榮以及任何其他虛假而危險的誘惑。」[126]

應該說，瞿太素的皈依天主教，並不是一個簡單的改變宗教信仰的問題，而是隨著對西方科學文化的深入了解，逐漸改變了對西方文明的認識，反映了當時先進的中國人對於「西學東漸」的積極反應。利瑪竇回憶道：「瞿太素對神父經常是滔滔不絕地加以讚美，還補充說明他所帶給中國的科學知識以及他是怎樣開闊了知識界的眼界的；在他到來之前，他們的眼界一直是封閉的。根據瞿太素的說法，這就是他為什麼如此之受人歡迎，為什麼大家都想見他並願和他在一起的原因。」[127]利瑪竇神父帶來的科學知識開闊了知識界的眼界，改變了過去那種封閉的狀況，人們開始放眼看世界。

研究中國科學技術史的權威李約瑟認為，中國的科學技術在宋朝已經達到巔峰狀態，此後逐漸式微。裴化行神父補充道，到晚明時代出現了復興：「自從一三六八年逐出蒙古人以來實際上已經乾涸的科學發明之風，就這樣一下子又興起了。不僅如此——而在這方面，利瑪竇開創了一個運動，它幾經變化之後，最後於十九世紀歸結為曾國藩，二十世紀歸結為現今的文化復興——據說，瞿太素還『用非常明晰優美的文辭把所學撰寫成文拿去給別人看』。這對中國的未來具有至關重大的意義，因為，如果說中國現時已成一場文化倫理革命的場所，那是因為從四面八方早有新思想浸入，深入人心，攪亂人們的固有觀念，精神的『資產』（如果可以用『資產』一詞的話）已經深刻改變。而在十六世紀，這場運動就有其默默無聞的先鋒，他們並不是出國考察者，因為誰也不能走出帝國之外去異邦尋求這些新科學，他們只是譯者或編者，是他們讓讀者得以接觸外來的著作。且不說那些福建籍秀才和肇慶的其他文人——利瑪竇後來如實說這些人迻譯他的《萬國全圖》實在差勁得很，真正開始有用而又謙虛的中介人，把西方文明的成就引入遠東世界的，是瞿太素。」[128]這段話寫得非常深刻，不僅肯定了瞿太素「把西方文明引入遠東世界」的貢獻，還在於他指出了當時先進的中國人放眼看世界的獨特方式：他們不可能出國考察，只能專注於編譯外來的著作，復興了已經乾涸的科學發明之風。在這方面，瞿太素開了一個頭，徐光啟、李之藻、楊廷筠等人繼而跟進，形成一場轟轟烈烈的運動。

可以與湯瑪斯·摩爾媲美的徐光啟

徐光啟，字子先，號玄扈，松江府上海縣人。他的科舉之路並不順利，萬曆二十五年（一五九七），他在三十六歲時才成為舉人；萬曆三十二年（一六〇四），四十三歲時才成為進士。正是這樣的經歷，使得他在踏入仕途之前，有機會接觸耶穌會士，接觸天主教和西學。

萬曆十六年（一五八八），他在太平府參加鄉試，落第後，前往廣東。在韶州，進入利瑪竇在韶州所建的天主教堂，遇見了郭居靜神父。利瑪竇這樣描述當時對他的觀感：「郭居靜神父在這裡居留的第二年，發生了一樁真正重要的事情。教堂這盞明燈保祿[129]在這個教堂成了一名基督徒……他是一個可以期待成大器的人，上天註定了要他美飾這個初生的教會……他是一名出色的知識分子，天資美好，秉性善良。作為士大夫一派中的一員，他特別期望知道的是他們特別保持沉默的事，那就是有關來生和靈魂

125 即一六〇四年三月十六日。
126〔義〕利瑪竇、〔比〕金尼閣，《利瑪竇中國札記》，頁三五七—三五九。
127〔義〕利瑪竇、〔比〕金尼閣，《利瑪竇中國札記》，頁二四〇。
128〔法〕裴化行，《利瑪竇神父傳》，頁一三九—一四〇。
129 保祿，指徐光啟。

不朽的確切知識。中國人無論哪個教派都不完全否定這種不朽。他在偶像崇拜者的怪誕幻想中曾聽到許多關於天上的光榮與幸福的事，但是他的敏銳的思想卻只能是找到真理方休。」[130]

有趣的是，利瑪竇把中國的鄉試（舉人考試）稱為「碩士學位考試」，把會試（進士考試）稱為「博士學位考試」。他說：「一五九七年，他在北京的碩士學位考試獲得第一名，這是帶來極高威望的一種榮譽。他在考博士學位時卻不那麼走運，他認為他的失敗是上帝的殊恩，聲稱這是他得救的原因。」[131]指的是，萬曆二十五年（一五九七）徐光啟參加順天鄉試，為主考官焦竑賞識，選拔為第一名，成為解元。但是此後的會試，卻意外地名落孫山。利瑪竇之所以說徐光啟把這次失敗看作「上帝的殊恩」，使他「得救」，是因為落第使他在下次會試及第前，有了充裕的時間，進一步了解天主教，並成為天主教徒。利瑪竇說：「由於疏忽，他被算作第三百零一號與試者，而法定人數只限三百名，所以他的考卷被擯斥了。因此他無顏去見他的家人便隱退到廣東。正是在韶州，他和當時住在教團中的郭居靜神父交談，才初次和神父們結識，也正是在這裡他第一次禮拜了十字架。」[132]

萬曆二十八年（一六〇〇）徐光啟在南京遇見利瑪竇，他忙於趕回上海，來不及深談皈依的問題。三年後即萬曆三十一年（一六〇三），他因事返回南京，拜會了羅如望神父。他進屋時在聖母像前禮拜，而且在首次聽到一些天主教的原理後，馬上決定信仰天主教。那一整天直到很晚，他一直安靜地思索著基督信仰的主要條文。他把教義的一份綱要——〈天主教要〉，還有利瑪竇神父的教義問答——《天主實義》的一個抄本帶回去閱讀。他請羅如望神父盡可能多地解釋某些段落，因為他必須在年底回家以前完成領洗。為了弄清他是否真正嚴肅地對待此事，神父要他每週一天來接受教誨。他回答說：我要一天來兩次。他確實這樣做了，總是準時到達。在他動身回家的那一天，他受了洗，正式成為天主教徒，教名保祿（Paul），神父們稱他為徐保祿。[133]

次年，他再度參加會試，進士及第，被選為庶吉士，此後歷任翰林院檢討、少詹事兼河南道御史、禮部尚書兼文淵閣大學士。美國學者畢得信（Willard J. Peterson）認為，他可能是當時擔任官職最高的天主教徒，他的達官貴人身分並不影響他對天主教的虔誠信仰，在以後的三十多年中，他多次運用自己的財富、才智和政治影響，支持和推動天主教會活動，正如利瑪竇所言，他成為天主教在中國的「柱石」。[134]

萬曆四十四年（一六一六），禮部侍郎、署理南京禮部尚書沈漼向朝廷上疏，主張排斥天主教，以「崇正學，黜異端，嚴華夷」為藉口，揚言天主教「有窺伺之心」，「有傷孝道」，「私習曆法」，「傷風敗俗」，請求朝廷禁止天主教。徐光啟挺身而出，寫了〈辯學章疏〉，維護天主教：「彼國教人皆務修身以事上主，聞中國聖賢之教，亦皆修身事天，理相符合，是以辛苦艱難、履危蹈險，來相印證。欲使人人為善，以稱上帝愛人之意。其說以昭示上帝為宗本，以保救身靈為切要，以忠孝慈愛為工夫，以遷善改過為入門，以懺悔滌除為進修。」他的結論是：「諸陪臣所傳事天之學，真可以補益王化，左右儒術，救正佛法也者。」所謂「左右儒術，救正佛法」云云，其實就是「易佛補儒」。[135]

萬曆後期，明朝與後金的戰事屢遭敗績，徐光啟多次上疏，建議「京師宜築重層墩臺，鑄巨炮；薊州、遼左諸臺堡宜仿此修建」。[136]所謂「鑄巨炮」，就是引進西洋的火炮技術，大量製造。在一份奏疏中說：「臣之愚慮以為，勘定禍亂，不免用兵；用兵之要全在選練……選用教師，群居聚處，日夜肆

130（義）利瑪竇、（比）金尼閣，《利瑪竇中國札記》，頁四六七。
131（義）利瑪竇、（比）金尼閣，《利瑪竇中國札記》，頁四六七。
132（義）利瑪竇、（比）金尼閣，《利瑪竇中國札記》，頁三二八。
133（義）利瑪竇、（比）金尼閣，《利瑪竇中國札記》，頁三二八—三二九。
134（美）畢得信，〈楊廷筠、李之藻、徐光啟為何會成為基督徒〉，《文化雜誌》（中文版）第二十一期（一九九四年）。
135 方豪，〈明末清初天主教比附儒家學說之研究〉，臺灣大學《文史哲學報》第十一期。
136（清）鄒漪，《啟禎野乘》一集卷六《徐文定傳》。

習之，又博求巧工利器，如車乘、甲冑、軍火、器械等，盡法製造，以配給之。」[137]在另一份奏疏中，詳細設計了「都城萬年臺」的計畫：「臣再四思維，獨有鑄造大炮，建立敵臺一節，可保無虞。造臺之法，於都城四面切附門垣，用大石壘砌，其牆極堅極厚，高與城等，分為三層，下層安置極大銃炮，中層、上層以漸差小。臺徑可數丈，每臺約用慣習精兵五百人。其最大炮位平時收藏內府，第二三等藏之戎政衙門。聞有警急，既行修整安置，賊寇攻圍，相機施放，雖有大眾，一時殲滅矣。」[138]此後又遵旨陳述「急切事宜」六條，其中「議徵求」條說：「軍中所需精好器甲，大小神器及軍火器材料，教師巧匠，有遠方所有，近地所無者，須一一徵求，以便傳授製造。」主要是指「西洋大小諸色銃炮」，亦即通常所說的西洋大炮。[139]可惜的是，這些建議沒有得到採納。

崇禎二年，徐光啟鑑於遼東形勢日趨緊急，上疏請飭當事諸臣，籌備西洋大炮，由西洋人擔任教練。皇帝採納了他的建議，下旨：「著西洋人留京，任製造教演等事。徐光啟還與總提協商酌行，仍擇京營將官軍士應用，但不得迂緩，多事勸諭。」[140]同年十一月，清軍突破長城要塞，兵臨北京城下。朝廷上下在「守城」與「城外紮營」之間猶豫不決，徐光啟堅決主張「守城」，反對「城外紮營」，他說：「昔遼陽之變，臣再遺書諸當事云，城外列營置炮，萬分不可，只憑城用炮，自足拒敵。寧遠之捷，憑城用炮，殲敵萬眾，事可證焉。」皇帝當場採納這一主張。說：「既如是，定於守城，乃令安民廠造西洋炮，從西士法。」徐光啟遵旨，「晝夜練兵，飢渴俱忘，風雨不避，手面皸瘃，提點軍士。二十三日，德勝門外三發大炮，戕敵甚眾。十二月初九日，公奏請造大鳥銃二三千門，用資戰守。二十二日，疏陳訓練造銃四策。不一月，敵兵連遭挫折，公之力居多」。[141]此事可以看作徐光啟把西學用於軍事最為成功的嘗試，也是他最受皇帝賞識的事功。

徐光啟晚年作為禮部尚書最大的事功，毫無疑問是用西學修曆一事。他自始至終強調向西方學習：

……臣等愚心，以為欲求超勝，必須會通；會通之前，先須翻譯。蓋大統書籍絕少，而西法至為詳備，且又近今數十年間所定，其青於藍、寒於水者，十倍前人。又皆隨地異測，隨時異用，故可為目前必驗之法；又可為二三百年不易之法；又可為二三百年後測審差數，因而更改之法；又可令後之人循習曉暢，因而求進，當復更勝於今也。……萬曆間，西洋天學遠臣利瑪竇等尤精其術，四十等年，曾經部復推舉，今其同伴龍華民、鄧玉函二臣見居賜寺，必得其書、其法，方可以較正訛謬，增補缺略。蓋其術業既精，積驗復久，若以大統書法與之會通歸一，則事半而功倍矣。[142]

徐光啟在與利瑪竇等耶穌會士的交往中深刻認識到，西學是國家致盛治保太平之策。畢得信說：「徐（光啟）所發現的一種治學方法——向上天學習的方法，這一方法正如傳教士們所示範的那樣，這一方法又使他在繼承傳統的道德價值之上增加了重要地位和約束規條。『天學』集各種學問之大全，並非孕育於任何人的頭腦，而是奠基於被概括為『天』的整個外在世界之上。同時這些學問不是受制於當局的法令批准，而是服從於每個人自身的查究實證。」[143]徐光啟之所以成為一個科學家，與他成為一個天主教徒以及對天主教教義的信仰密不可分。或許可以這樣說，如果沒有耶穌會士，沒有天主教，就不會有科學家徐光啟。

137（明）徐光啟，〈敷陳末議以殄凶酋疏〉，《徐文定公集》卷一《疏》。
138（明）徐光啟，〈遼左阽危已甚疏〉，《徐文定公集》卷一《疏》。
139（明）徐光啟，〈恭承新命謹陳急切事宜疏〉，《徐文定公集》卷一《疏》。
140 李杕，〈徐文定公行實〉，《中西文化會通第一人》，頁二四一。
141 李杕：〈徐文定公行實〉，《中西文化會通第一人》，頁二四三。
142（明）徐光啟，《新法算書》卷一。
143〔美〕畢得信，〈楊廷筠、李之藻、徐光啟為何會成為基督徒〉，《文化雜誌》（中文版）第二十一期（一九九四年）。

裴化行在寫到徐光啟受洗時，激情洋溢地說：「就在這時，未來的閣老保祿徐光啟確定不移地歸屬於教會，以後他成為全中國最大的光明。中國理想中最合乎人情、最高度平衡的一切，絕妙地集於他一身，至今也無人不折服（《天主教月刊》一九三三年為紀念他逝世三百週年用漢語出版的專號，刊載了許多表示崇敬心情的文章）。事實上，當我們靜觀『這位偉大的政治家，看見他位極人臣而始終保持謙遜平易，在比我們困難得多的條件下努力不懈地運用其影響為基督為教會服務的時候』，我們不禁聯想到與他同時代的那個人——英國人文主義最純淨光輝之一，即聖湯瑪斯·摩爾。」他還說：「就是在這種相當混亂的情況下，利瑪竇率人數不多的弟子（其中以後嶄露頭角的是保祿·徐光啟），英勇無畏地繼續其促成西方基督教文明和遠東儒教文明之間文化倫理接近起來的工作，其深度、強度和影響，現今的史家才開始予以正確估價。」[144]

《幾何原本》、《泰西水法》、《崇禎曆書》，已經使徐光啟的名字永遠彪炳史冊。如果時代為他提供更好的環境，也許他可以做出更多的貢獻。鄒漪為他立傳，對此頗為感嘆：「文定公固文武全才，即其所學，出入天人，上下經史，而身當筦鑰，一拂意於璫人，再觸忌於司馬，遂不得竟其大用，殊可惜也！後之論世者，屈指兩朝綸扉輔佐，文章節義，蓋不乏人，而求其宏通淵博，足為萬邦之憲，如公豈有二哉！」[145]他所說的「拂意於璫人」，是指天啟五年間魏忠賢專權，指使御史彈劾徐光啟，致使他落職閒住；「觸忌於司馬」，是指與兵部尚書意見不合，遭到御史彈劾，移疾而歸。萬斯同談到崇禎五年（一六三二）徐光啟以禮部尚書兼東閣大學士入參機務，也有類似的感嘆：「光啟雅負經濟才，有志用世，及是柄用，而年已老。周延儒、溫體仁專政，亦不能有所建白。」[146]未免令人遺憾。

「以西法為宗」的李之藻

李之藻，字振之，又字我存，號淳庵居士，一號存園叟，杭州府仁和縣人，嘉靖四十四年（一五六五）出生於杭州一個書香門第。萬曆二十六年（一五九八）進士及第，次年就開始與利瑪竇交往，為利瑪竇的人格魅力所折服，服膺天主教教義。他與徐光啟、楊廷筠並稱明末天主教三柱石，在「西學東漸」中的貢獻，可與徐光啟相媲美。他刊刻利瑪竇的《坤輿萬國全圖》，與耶穌會士合作編譯《同文算指》、《圜容較義》、《渾蓋通憲圖說》、《乾坤體義》、《簡平儀說》、《名理探》、《寰有詮》等西學名著，編輯出版第一部天主教叢書《天學初函》，為後世學術界開啟接受西學的門徑。因此，方豪說：「西學傳入我國，徐、李並稱始祖。」[147]

萬曆三十五年（一六〇七），汪孟樸在杭州重刻《天主實義》，李之藻為之作序，對利瑪竇的傳教給予高度評價：「利先生學術，一本事天，談天之所以為天甚晰，睹世之褻天佞佛也者，而倡言排之；原本師說，演為《天主實義》十篇，用以訓善坊惡……彼其梯航琛贄，自古不與中國相通，初不聞有所謂羲、文、周、孔之教，故其為說亦初不襲吾濂、洛、關、閩之解，而特於知天事天大旨，乃與經傳所紀如券斯合。」[148]在他眼中，《天主實義》與儒家學說是不謀而合的。正如他在刻印《天學初函》的題

144〔法〕裴化行，《利瑪竇神父傳》，頁四八二。
145（清）鄒漪，《啟禎野乘》一集卷六《徐文定傳》。
146（清）萬斯同，《明史》卷三百五十六《徐光啟傳》。
147 方豪，〈明末清初天主教比附儒家學說之研究〉，臺灣大學《文史哲學報》第十一期。
148（明）李之藻，〈天主實義重刻序〉，《利瑪竇中文著譯集》，頁九九－一〇〇。

辭中所說，天主教的「天學」，「不脫六經之旨」。他對天主教的信仰是十分虔誠的，但是經過了整整九年，一直到利瑪竇去世前兩個月，他才在北京受洗，正式成為天主教徒。

在他心目中，利瑪竇是一位「異人」，不遠萬里甘冒各種風險來到中國，而不企求任何回報，實在是一位「智人」，也是一位「博聞與韜術之人」：崇拜真理，反對謬說，勤奮讀書，過目成誦，懂得如此之多有關玄學、天文學、地理學、數學等前輩大師未曾明瞭的學問。在利瑪竇的感召下，他在公務繁忙之餘，從事有關天文學、數學著作的翻譯出版工作。崇禎二年（一六二九），伴隨《天學初函》的出版，他的努力達到高峰。該書收錄了當時幾乎所有在中國印刷的西學重要書籍。全書分為「理編」和「器編」兩大部分，「理編」以《天主實義》為首，主要是有關教義的著作九種（附錄一種）；「器編」以《幾何原本》為首，主要是有關科學技術的著作十一種。

畢得信分析李之藻皈依天主教的原因，指出兩點：一是他和相當數量的士大夫們都為傳教士帶入中國的「科學」所吸引；二是他和許多人一樣，被利瑪竇的人格力量所征服。而這兩者又是密不可分的，李之藻欣賞利瑪竇的，是科學與美德的完美結合。李之藻說，他在萬曆二十九年（一六〇一）目睹利瑪竇的世界地圖之後，做過計算，證實地球真的是大小如利瑪竇所稱的那樣一個圓球。當利瑪竇的世界地圖出版之時，他認為那是「萬世不可易之法」。他甚至花了一年時間來計算那些經緯度與天宇軌徑相對應，以推測其形制合理。他在為該圖所作的注釋中，將地圖上的事物與中國有關大千世界分為多極的古訓聯繫起來。他感興趣的是「科學」，以及「天學」，謀求學習更多學問和知識。因此他在「天學」的名目下，把科學著述和宗教著述一同出版。他在探究「永恆不變之法」，通過有關天體的數學和計算，通過對「東海」與「西海」具有相同精神和本性的意識，心甘情願地接受這個永恆的萬能的「天主」。[149]

李之藻的治學特點很明顯，可以概括為五個字：「以西法為宗。」萬曆後期，禮部鑑於〈大統法浸疏〉，主張修訂曆法，上奏皇帝，把南京工部員外郎李之藻調來北京，與西洋人龐迪我、熊三拔等「同譯西洋法」，「備參訂修改」，其理由就是李之藻「以西法為宗」。[150]

萬曆四十一年（一六一三），已經改銜為南京太僕寺少卿的李之藻，向皇帝詳細條陳「西洋法」，強調向西方學習，指出中國所不及者十四條：「伏見大西洋國歸化陪臣龐迪我、龍華民、熊三拔、陽瑪諾等諸人，慕義遠來，談書論道，俱以穎異之資，洞知曆算之學，攜有彼國書籍極多，久漸聲教，曉習華音。在京士紳與講論，其言天文、歷數，有我中國昔賢所未及道者，凡十四事。」在詳細列舉這十四事之後，總結道：

> 此十四事者，臣觀前此天文曆志諸書，皆未論及。或有依稀揣度，頗與相近，然亦初無一定之見。惟是諸臣能備論之，不徒論其度數而已，又能論其所以然之理。

接下來，他從天文曆法說開去，縱論西學關於水利、數學、地理、醫學等方面的優越性：

> 今諸陪臣真修實學，所傳書籍又非回回曆等書可比。其書非特曆術，又有水法之書，機巧絕倫，用之灌田濟運，可得大益。又有算法之書，不用算珠，舉筆便成。又有測望之書，能測山嶽江河遠近高深，及七政之大小高下。有儀象之書，能極論天地之體，與其變化之理。有日軌之書，能立表於地，刻定二十四氣之影線，能立表於牆面，隨其三百六十向，皆能兼定節氣。種種製造不同，皆

149〔美〕畢得信，〈楊廷筠、李之藻、徐光啟為何會成為基督徒〉，《文化雜誌》（中文版）第二十一期（一九九四年）。

150〔清〕阮元，〈李之藻〉，《疇人傳》卷三十二〈明四〉。亦見光緒《杭州府志》卷一百四十七《疇人傳．李之藻》。

> 與天合。有《萬國圖志》之書，能載各國風俗山川，險夷遠近。有醫理之書，能論人身形體血脈之故，與其醫治之方。有樂器之書，凡各鐘琴笙管，皆別有一種機巧。有格物窮理之書，備論物理事理，用以開導初學。有《幾何原本》之書，專究方圓平直，以為製作工器本領。以上諸書，多非吾中國書傳所有，想在彼國亦有聖作明述，別自成家，總皆有資實學，有裨世用。[151]

這是李之藻一篇很重要的奏疏，全面系統地闡述了他對西學的看法，表明他的「以西法為宗」，絕非泛泛而談，而是建立在對西學深入細緻研究基礎之上的，寬闊的視野，精闢的見識，當時的一般官員難以望其項背。可惜的是，崇禎四年（一六三一）他病逝於任上，留下了才情未盡的遺憾。《杭州府志》為他立傳，寫他「卒於官」，有一段話很有意思：「之藻沒後，新法算書成，有許胥成者著《蓋載圖憲》，純以西書為據。蓋自之藻創其說，光啟等繼之，歐羅巴之祕盡泄矣。」[152]這句話也許並不全面，卻道出了李之藻、徐光啟等人向西方學習的成效是明顯的——後繼者著書立說「純以西書為據」，便是一個證據；「歐羅巴之祕盡泄」，則是另一個證據。

李之藻放眼看世界，在「西學東漸」中的貢獻，不僅在科學史上，而且在思想史上，刻下了深深的印跡，留下了豐富的遺產，卻長期被官方忽視。裴化行感慨系之，寫下一段頗動感情的文字：「這位謙遜的開拓者迄今還被官方傳記家幾乎全然忽視，即使那些不得不給予他的好友保祿·徐光啟以一席地位（雖然是極小的地位）者，也似乎千方百計不肯提及他。然而，沒有他，十七世紀末、十八世紀初諸如顧炎武、閻若璩等等大學者就無從發展思想，對於這樣的一個人全然抹煞，難道公正嗎？這種蓄意遺忘，我們願意歸咎於哲學史家黃宗羲，既然黃宗羲過於受佛學偏見的影響。誠然，李之藻基本上是一位翻譯家，不僅僅翻譯科學著作，還翻譯哲學、神學；但是，部分地缺乏獨創性，難道就可以使普魯塔克的譯者安米約這樣的作家不名列十六世紀法國文學光榮榜上嗎？特別是假如我們把這位杭州進士的譯述同乾隆大百科全書（《四庫全書》）收入的那些叫人難以下嚥、催人入眠的著作相比較！」[153]雖然該書譯者的翻譯文筆實在令人難以恭維，我們還是看懂了裴化行的意思，他談到了很重要的一點：如果沒有李之藻的文化遺產，顧炎武、閻若璩等大學者「就無從發展思想」。這樣的論斷，恐怕是中國思想史研究者很少想到的。

由佛教到天主教的楊廷筠

楊廷筠，字仲堅，號淇園，杭州府仁和縣人，生於嘉靖三十六年（一五五七），祖父和從弟都是進士出身。他本人於萬曆七年（一五七九）鄉試中舉，萬曆二十年（一五九二）進士及第。作為明末天主教三柱石，他與徐光啟、李之藻都是進士，仕途卻有所不同——他的大部分仕途生涯是在地方基層度過的。不知什麼原因，關於他的傳記資料，杭州地方志所記很簡略，且多錯誤。乾隆《杭州府志》寫道：「楊廷筠，字作堅，[154]仁和人。萬曆乙未[155]進士，授安福知縣，擢御史，巡太倉，會中旨取太倉庫金三十五萬，廷筠奏曰：『祖宗積貯至今尚存八百餘萬，陛下御極以來支用七百餘萬，今一旦又支若干，脫有急需，何以應之？』時礦稅之使四出，廷筠數以疏諫，盡發陳奉、馬堂、陳增等奸狀。出按江西，[156]以

151（明）李之藻，〈請譯西洋曆法等書疏〉，《李我存集》卷一《疏》。
152 光緒《杭州府志》卷一百四十七《疇人傳·李之藻》。
153〔法〕裴化行，《利瑪竇神父傳》，頁三〇〇—三〇一。
154 按：當為「字仲堅」。
155 按：當為「萬曆壬辰」。
156 按：當為「出按蘇松等府」。

三吳民重困榷稅，上減榷疏，遷按察副使，請告歸。以薦起河南副使，遷順天府丞。會魏忠賢用事，遂乞歸。」[157]光緒《杭州府志》與之大同小異，也有不少錯誤，如把「字仲堅」誤作「字作堅」，把「江西安福」誤作「湖廣安福」，把「出按蘇松」誤作「出按江西」。[158]清代杭州人已對楊廷筠不甚了了，令人百思不得其解。

楊廷筠進士及第後，歷任地方官，政績都很好。出任江西吉安府安福縣的知縣，「緩催科，均徭役，尤加意學校，月課歲試，獎進不倦……久旱，廷筠兼程至，雨亦隨降，父老歡呼，稱為『仁侯雨』」。[159]萬曆三十三年（一六〇五），出任蘇、松等府巡按御史時，向朝廷建議停止編派綾紵與河工加賦。《松江府志》如此記載：「三十二年巡視漕運，又二年巡按蘇松，論改織綾紵，蘇松不下三十萬（匹），向無額編，何以供命？請悉罷止。又論河工加賦，蘇、松、常、鎮四府當天下什三，焚林竭澤，民豈堪此！言甚剴切，不報。」此後，他督導學政，為方孝孺在松江的後裔作了不少善舉。《松江府志》寫道：「求方正學嫡裔在松江者，復其姓，捐三百金，建求忠書院，祀正學衣冠。其子孫奉烝嘗不絕。」[160]

楊廷筠與李之藻是同鄉摯友，關係密切，然而兩人接受天主教與西學的心路歷程截然不同。楊廷筠有深厚的儒學、佛學修養，使他難以超脫或割捨。他在為官時期的言行，處處透露出他的這種修養。比如整頓學校風紀，改良文教設施，表彰節婦孝子，厚待大儒後裔，高揚道德意識，為顧憲成復興東林書院出一臂之力。脫離官場退隱時，則提倡結社，弘揚道學，鼓勵講學活動。在鄉里設立類似同善會的「仁會」，救濟貧民。陳繼儒為他的母親立傳，提及他「首捐資為倡」建立「仁會」，「餒者飧，寒者襦，疾者藥，暴者殮，以逮孤煢故舊，皆倚為外府。其他傾廩以活餓人、積貯以需平價，助創先覺講院，以納遠近負笈之門人」。[161]

這種背景，使他有別於李之藻。正如沈定平所說：「最能反映李、楊二人在學術志趣和素養上的差別，從而影響到他們接受西學的不同方式的，莫過於楊廷筠專注於『形而上』的倫理道德宗教領域，希望從闡明人生性命的真諦和克己自律的道德實踐中，重塑儒家的傳統價值，以達到匡時救世的目的，充分顯示了一個道學家的本色。而李之藻則在恪遵儒家價值觀的前提下，更多地關心『形而下』的具體實用之學，關心傳統科學技術的現狀和發展，儼然博物家的胸懷。」[162]

楊廷筠是一個虔誠的佛教徒。他出生在杭州，受明末三大高僧之一——雲棲寺的袾宏法師影響巨大，楊府一家都篤信佛教。他的父親楊兆坊用來教導子弟的《楊氏塾訓》，其中就有「戒傷生」的篇目，內列四十八則，顯然受了袾宏法師宣揚「放生功德」的感化。楊廷筠本人熟讀《華嚴經》、《金剛經》、《法華經》、《維摩經》、《無量壽經》、《楞嚴經》、《藥師琉璃經》等。[163]他如何由一個佛教徒轉化為基督徒，美國普林斯頓大學教授畢得信有精深的研究。

萬曆三十年（一六〇二），楊廷筠在北京會見了利瑪竇，討論「名理」問題，似乎談得很投機，大有稱兄道弟的趨勢。但是他對利瑪竇所談的西方數學方面的內容，一竅不通；利瑪竇也認為，楊廷筠沒有徐光啟、李之藻那樣「聰明了達」。十年之後，情況終於發生了變化。

萬曆三十九年（一六一一）四月，李之藻丁憂回到杭州，郭居靜神父、金尼閣神父同行。楊廷筠在弔唁李父時，遇見了郭居靜、金尼閣，表示非常樂意探索他們宗教的奧妙。當他看見「主」的形象時，

---

157 乾隆《杭州府志》卷八十一《人物一·名臣二·楊廷筠》。
158 光緒《杭州府志》卷一百三十四《人物·仕績三·楊廷筠》。
159 乾隆《吉安府志》卷三十七《秩官志·安福名臣·楊廷筠》。
160 嘉慶《松江府志》卷四十二《名宦三·楊廷筠》。
161（明）陳繼儒，〈武林楊母呂恭人傳〉，《陳眉公先生集》卷四十五。
162 沈定平，《明清之際中西文化交流史——明代：調適與會通》，頁六八七。
163 葛谷登，〈奉教士人楊廷筠〉（上），日本一橋大學《一橋研究》第十七卷第一號。

恭敬地朝向祂，又如置身於「天主」面前，而「主」正給予他指引。為了學得更多，他拋開了其他一切事務，潛心探索「天學」的基本原理。郭居靜和金尼閣神父向他講解教義，他承認天主是天上和地球萬物的主宰，但對祂將會給信仰佛教的地方帶來何種損害，感到疑惑。一天，金尼閣神父和一位來自廣東的中國教徒，向他解釋基督教的儀式，他有些焦慮地問：這些都是怎麼想出來的？上帝降臨人間是為了贖回世人的罪孽，我怎麼竟然還對此表示懷疑呢？其時，他已經準備好去相信這一切了。當楊廷筠向神父表示希望立即受洗時，金尼閣沒有答應，因為他除了妻子，還有一個侍妾，並且為他生了兩個兒子。他隨即向李之藻訴苦，他作為一個以前的高官，心甘情願為他們服務，而他們卻以有侍妾而拒絕了他，佛教肯定不會如此對待他。李之藻解釋說，這恰恰是佛教僧侶不能與來自西方的傳教士相比的原因，傳教士希望拯救別人，但不願為了你破壞教規；他們希望改造這個墮落的世界，但不敢不尊重教規。楊廷筠放棄了侍妾，依教規行事。一六一一年（萬曆三十九年）六月，傳教士為他入教受洗，賜予教名彌額爾。

據楊振鍔《楊淇園先生年譜》援引的一些西方資料顯示，正是李之藻的鼓勵，加深了他對天主教的認識，才使得楊廷筠放棄佛教，投入天主教的懷抱。這種認識大約有五個方面：第一，隱匿於天堂和地球萬物之後的天主，不僅屬遙遠的西方，而在任何時間、任何地點主宰著世界的每個角落；第二，任何關於釋迦牟尼「擎天蔽日」的說法，由於不承認天主的萬能，而被視為愚蠢，應該擯棄；第三，在「主」的品格中，「至善」和對人類的關心最為突出，這在「主」用自己的身體去贖回人類的罪孽，可以得到印證；第四，明白了此點後，他不再懷疑，迅速領悟天主教的真諦，十年之後他撰寫《代疑編》絕非偶然；第五，從傳教士因他蓄妾而固執地阻止他入教，他體會到，教規是不容改變和妥協的。[164]

一旦成為天主教徒，他就義無反顧地宣揚天主教教義，寫了《代疑編》、《代疑續編》、《聖水記言》、《鴞鸞不並鳴說》、《天釋明辨》、《廣放生說》等。在《代疑編》中，他主張，儒者不必把天主教看作異端，在「畏天命」、「事上帝」上，天主教徒與儒者是一致的。在為耶穌會士龐迪我的著作《七克》所寫的序言中，他認為天主教教義與儒家學說是「脈脈相符」的。在為耶穌會士艾儒略的著作《西學凡》所寫的序言中，他說中國傳統的「天學」幾近晦暗，利瑪竇等耶穌會士帶來的西學能使「天學」重放光芒。[165]

他的代表作《代疑編》、《代疑續編》是對儒者疑問的逐一解答，不妨略舉一二，以見一斑。《代疑編》說：

> 西國之法，極重書教，以此繫民之耳目，關民之心志。一訛則無所不訛，故先聖特預防之。掌教事者必當代聖賢，聰明睿智，高出人群，而傳世之書，必經掌教親目鑑定，毫釐無差，然後發鐫。若不農不賈，身必常貧。衣食既窘，不得不仰面求人。求之不遂，未免輾轉營求，或裝飾行徑，或恢張言語。眼前流弊，誠可概見。

《代疑續編》說：

> 惜哉，世人營營朝夕，不越目前，無異蜉蝣蟪蛄，懵然而生，倏然而死。夫死者必至之期也。高年者死，稚年亦死；多病者死，無病者死；困窮者死，榮富者死。死事無人替得，好歹只自承當，妻子父母、親戚朋友如我何哉！

164〔美〕畢得信，〈楊廷筠、李之藻、徐光啟為何會成為基督徒〉，《文化雜誌》（中文版）第二十一期（一九九四年）。

165 方豪，〈明末清初天主教比附儒家學說之研究〉，臺灣大學《文史哲學報》第十一期。

自己只有一身，更無二身。此身只一生死，無二生死。

《天釋明辨》以天主教徒的立場徹底批判佛教：

今舍四民之業，徑入空門，而身衣口食不免仰食十方。其勢不得不生希冀，生希冀便增榮謀，增榮謀便入裝飾，而掩惡著善之事無不有矣……一郡之中，披剃者數萬人，失數萬人之業，須倍得數萬人之力作以養之。無功世間，虛叨供養。

今學佛者，或為窘迫事故，或為利人衣食，全非慕道之心。為之師長者，止令之供役使、守庵院、了應赴，絕無法嗣之意。求田問舍，不異俗人，而穢媟不可言，又俗家所未有者矣。

人之行仁，自有次第……親親而仁民，仁民而愛物，此次第法也……釋氏卻不從此理會。無論疏遠，即至親瓜葛，亦漠然等之路人。

他的耶穌會士朋友艾儒略的兩本著作《西學凡》和《職方外紀》，與他有著密切關係。《西學凡》是第一本簡要闡釋有關歐洲耶穌會學校教育專業設置、學校體制和「建學育才」的綱要及其課程大綱的著作，被認為是向中國人介紹當時西方教育的一本教材，同時也是最早介紹西方近代學術分科知識的一本專著，可以視為一部西方學術與分科知識的「概說」。耶穌會士與中國學者曾經醞釀一個龐大的譯書計畫。利瑪竇傳教策略的忠實執行者金尼閣，萬曆四十一年（一六一三）奉命回到歐洲，在教皇支持下，收集了有關宗教、哲學和科學的西書七千部，於六年後運到澳門。以後他與艾儒略、楊廷筠、李之藻等商議全面的譯述計畫。天啟三年（一六二三）艾儒略以答述的形式，將歐洲學校所授各科課程，按照文科、理科、醫科、法科、教科、道科六部分，編成《西學凡》，對七千部書做了提綱挈領的介紹。他還打算，用十幾年時間，把這些書翻譯成中文，促進中西文化交流。[166]

天啟三年（一六二三），《西學凡》在杭州刊印，楊廷筠為它作序。他在序言中說：「儒者本天，故知天、事天、畏天、敬天，皆中華先聖之學也。《詩》、《書》所稱，炳如日星，可考鏡已。自秦以來，天之尊始分；漢以後，天之尊始屈。千六百年，天學幾晦，而無有能明其不然者。利氏自海外來，獨能洞會道原，實修實證，言必稱昭事，當年名公碩士皆信愛焉。」清楚地表明了他的觀點：一千六百年來，中國傳統的「天學」幾近晦暗，利瑪竇等耶穌會士帶來的西學使得「天學」重放光明。他還指出，這七千部西學書籍的傳入，是以往傳入的佛經無法比擬的：「所稱六科經籍，約略七千餘部，業已航海而來，具在可譯。此豈蔡愔、玄奘諸人近采印度諸國寂寂數篇所可當之者乎？」因此他決心與艾儒略等人把它們翻譯出來：「假我十年，集同志數十手，眾其成之。」[167]

《職方外紀》，艾儒略的一本世界地理著作。《四庫全書》的提要如此介紹：「《職方外紀》五卷，明西洋人艾儒略撰。其書成於天啟癸亥。因西洋利氏齎進《萬國圖志》，龐氏奉命翻譯，儒略更增補以成之。蓋因利瑪竇、龐我迪[168]舊本潤色之不盡，儒略自作也。所紀皆絕域風土，為自古輿圖所不載，故曰《職方外紀》。其說分天下五大州……」這個提要，大體沿用艾儒略為該書所寫的自序。艾氏寫道：「吾友利氏齎進《萬國圖志》，已而吾友龐氏又奉翻譯西刻地圖之命，據所聞見，譯為圖說以獻，都人士樂道之者，但未經刻本以傳。迨至今上御極，而文物重新，駸駸乎王會萬方之盛矣。儒略不敏，幸廁觀光，慨慕前庥，誠不忍其久而湮滅也。偶從蠹簡得睹所遺舊稿，乃更竊取西來所攜，手輯方域梗概，

166 鄒振環，《晚明漢文西學經典：編譯、詮釋、流通與影響》，頁二二五—二二六。
167 （明）楊廷筠，〈刻西學凡序〉，《四庫全書存目叢書・子部・雜家類・西學凡》。
168 龐我迪，當為龐迪我。

為增補以成一編，名曰《職方外紀》。」在自序的末尾，他特別強調：「淇園楊公雅相孚賞，又為訂其蕪拙，梓以行焉。」[169]也就是說，這部書是在楊廷筠協助下完成的。據鄒振環說：《職方外紀》的明刊本，「原署名『西海艾儒略增譯，東海楊廷筠匯記』。『匯記』是指文字加工潤飾，所謂『訂其蕪拙』，使文字顯得比較儒雅，合乎中國讀者的閱讀習慣。該書兩人同時署名，不難判斷楊廷筠在編纂過程中出力甚多。」[170]

以上種種，足以顯示，楊廷筠在西學東漸過程中的作用不容低估。他的這些著作涉及儒、道、佛三教，激起了巨大的反響——由於他主張儒、道、佛三教的宇宙觀原理與天主教教義基本一致，被反天主教陣營攻擊為背叛中國傳統思想；在天主教陣營內部，因其受佛學影響至深，又被天主教信仰者指責為異端。楊廷筠在天主教信仰的思想史上是一個非常值得探討的人物。

「讀書必開眼」的方以智

出生於萬曆三十九年（一六一一）的方以智，是明末很有特點的文人，與侯方域、冒襄、陳貞慧並稱為明末四公子。他出身名門，祖父方大鎮、父親方孔炤都是高官，自然算得上公子哥兒。溫睿臨說他「為人風流自喜」，[171]卻沒有侯方域與李香君、冒襄與董小宛那樣的風流韻事。他追隨徐光啟、李之藻、楊廷筠，服膺耶穌會士和他們帶來的西學，卻不是天主教徒，晚年皈依佛門，出家為僧。

桐城方家是當地的名門望族，以學問名世。方以智的曾祖父方學漸，沒有功名，卻是「方氏家學的草創者」，[172]不滿於王畿的「四無說」，與顧憲成、高攀龍意見相合，曾到東林書院講學。朱彝尊說：「方氏門才之盛，甲於皖口，明善先生實浚其源，東南學者推為職志焉。」[173]明善先生即方以智的曾祖父方學漸。他的祖父方大鎮，萬曆十七年（一五八九）進士，官至大理寺少卿，曾在鄒元標、馮從吾創辦的首善書院講學，因不滿魏忠賢專權，辭官歸鄉。鄉居時，與門人講學不輟，潛心學問，著有《聞斯錄》、《桐川講義》、《易意》、《詩意》、《禮說》等，鄒漪稱讚他「端毅純正，允為一代大儒」。[174]他的父親方孔炤，萬曆四十四年（一六一六）進士，天啟初為兵部職方司員外郎，得罪閹黨頭目崔呈秀而削籍。崇禎十一年（一六三八）以都察院右僉都御史巡撫湖廣，後又總督大名軍務。京師陷落，南奔留都，因馬士英、阮大鋮亂政，遂歸隱。他一生研究易學，著有《周易時論》、《潛草》，涉及天文、曆法、博物等，對耶穌會士傳入的西學懷有濃厚的興趣。他的隨筆集《潛草》，方以智在《物理小識》中再三引用。[175]

在這樣的家學淵源中薰陶出來的方以智，註定不是等閒人物。溫睿臨說他「少美姿貌，聰穎絕倫，書無所不讀」。[176]朱彝尊說他「紛綸五經，融會百氏，插三萬軸於架上，羅四七宿於胸中」。[177]《桐城縣志》說他「九歲即善屬文，比冠，著書數萬言，與江左諸賢雋力倡大雅」。[178]

方以智，字密之，號曼公，又號浮山愚者。崇禎十二年（一六三九）舉人，崇禎十三年（一六四

169（義）艾儒略，《職方外紀》卷首《自序》。
170 鄒振環，《晚明漢文西學經典：編譯、詮釋、流傳與影響》，頁二五八—二五九。
171（清）溫睿臨，《南疆逸史》卷四十《隱遁．方以智》。
172 參見〔日〕劉岸偉，〈圍繞西學的中日兩國的近世——方以智的場合〉，《札幌大學教養部紀要》第三十九號。
173（清）朱彝尊，《靜志居詩話》卷十四《方學漸》。
174（清）鄒漪，《啟禎野乘》一集卷二《方大理傳》。
175〔日〕劉岸偉，〈圍繞西學的中日兩國的近世——方以智的場合〉，《札幌大學教養部紀要》第三十九號。
176（清）溫睿臨，《南疆逸史》卷四十《隱遁．方以智》。
177（清）朱彝尊，《靜志居詩話》卷十九《方以智》。
178 道光《桐城續修縣志》卷十四《人物志．理學．方以智》。

〇）進士，授翰林院檢討。京師陷落，乘間脫歸，前往南京。由於五年前曾參與復社諸君子的〈留都防亂公揭〉，揭發閹黨餘孽阮大鋮的真面目，遭到已在弘光小朝廷掌權的阮大鋮報復，亡命廣東。南明唐王、桂王先後起用他出任高官，均不赴，轉側於洞壑間，艱苦備至，旋即落髮為僧，法號弘智，字無可。父親去世，他回歸桐城，廬墓三年，「勵志砥行，惟與子弟講業論道，語不及世事」。《桐城續修縣志》寫道：「家世理學，至以智益集其成。為人操履平恕，不恥惡衣食。博極群書，天人禮樂、象數名物，以及律曆醫藥、聲音文字，靡不淹洽精貫。」[179]一生著作頗豐，有《通雅》五十二卷、《物理小識》十二卷、《藥地炮莊》九卷、《易餘》二卷、《切韻聲源》一卷，另有《浮山文集》（前後編）二十二卷，以及《方子流寓草》一卷。[180]以往學者研究方以智，多從理學角度開掘，對他關注西學，放眼看世界，關注不夠。而這恰恰是他最值得稱道之處。

他的巨著《通雅》洋洋五十二卷，從寫於崇禎十四年（一六四一）的自序來推斷，此書的撰寫應該在此前幾年。四庫館臣將此書定位為「考證名物、象數、訓詁、音聲」之作，對它評價頗高：「明中葉以後，以博洽著者稱楊慎，而陳耀文起而與爭，然慎好偽說以售欺，耀文好蔓引以求勝。次則焦竑，亦喜考證，而習與李贄遊，動輒牽綴佛書，傷於蕪雜。惟以智崛起崇禎中，考據精核，迥出其上。風氣既開，國初顧炎武、閻若璩、朱彝尊等沿波而起，始一掃懸揣之空談。雖其中千慮一失，或所不免，而窮源溯委，詞必有證，在明代考證家中，可謂卓然獨立者矣。」[181]話說得不錯，「考據精核」確實超越楊慎、陳耀文、焦竑輩，然而僅此而止，亦未免「千慮一失」，他的「迥出其上」，還另有所在，那就是對於西學的吸收與貫通，不但楊、陳、焦等人不及，連後繼的顧、閻、朱也難望其項背。他在書中強調：「讀書必開眼，開眼乃能讀書……由此言之，苟非專精深幾，眼何能開？又況閉而開之，開而閉之，習此坎埳，喪失性命，故知不少。」[182]他真的做到了「讀書必開眼」，不僅開眼看古書，而且開眼看世界。

他的《通雅》多次提及利瑪竇。談到天文時，提到利瑪竇帶來的西學對於糾正傳統天文學的誤解，令人眼界大開：「九天之名，分析於《太玄》，詳論於吳草廬，核實於利西江。按《太玄經》九天：一中天，二羨天，三從天，四更天，五睟天，六廓天，七咸天，八沈天，九成天。此虛立九名耳。吳草廬澄始論天之體實九層。至利西江入中國，而暢言之：自地而上為月天、金天、日天、火天、木天、土天、恆星天。至第一重為宗動天，去地六萬（應為億）四千七百三十二萬八千六百九十餘里，地心至月天四十八萬二千五百二十餘里。地球周九萬里，日輪大於地球一百六十五倍又八分之三，大於月輪六千五百三十八倍又五分之一，而地球大於月者三十八倍又三分之一。」[183]

關於崇禎設局修曆，他提及耶穌會士湯若望、羅雅谷參與其事：「崇禎時立局修曆，玉山魏太乙奉旨別局改修《授時》、《大統》諸法，已並用湯（若望）、羅（雅谷）兩西士，立局講求。」又分析了中曆不及西曆的原因：「今《大統》本於《授時》，《授時》本於《大明》，千二百餘年於此矣，焉得無差？而西曆於萬曆癸亥方經改定，崇禎戊辰尚多測改，其疏密可知也……西曆推其經緯，更真於月日，西法更立正弦、餘弦、正切、餘切、正割、餘割等線，始以三角對數法為測量新義，詳見《天步真源》……算惟隨時，測之乃准耳。」[184]

他從利瑪竇那裡了解到「地與海本是圓形」：「地與海本是圓形，而同為一球，居天球之中，如雞

179 道光《桐城續修縣志》卷十四《人物志・理學・方以智》。

180 道光《桐城續修縣志》卷二十一《藝文志》。容肇祖，〈方以智和他的思想〉，《容肇祖集》（山東：齊魯書社，一九八九），頁四四七。

181 《四庫全書・子部十・雜家類二・雜考之屬・通雅・提要》。

182 （清）方以智，《通雅》卷首三《文章薪火》。

183 （清）方以智，《通雅》卷十一《天文・曆測》。

184 （清）方以智，《通雅》卷十一《天文・曆測》。

卵黃在青內。有謂地為方者，乃語其定而不移之性，非語其形體也。天既包地，則二極周度、緯度、赤道皆相應……利公自大西浮海入中國，至晝夜平線見南北二極，轉南過大浪山見南極，出地三十二度，則大浪與中國正對矣。又按西書，南亞墨利加瑪八作正中國對足處。」[185]

關於利瑪竇帶來的世界地圖，他說：「利瑪竇為兩圖，一載中國所嘗見者，一載中國所未見者……真可謂決從古之疑。」[186]

即此數例，已經可見方以智放眼看世界之一斑。日本東京工業大學教授劉岸偉指出：他年輕時在南京看似放浪的「狂生」，卻始終追求新的學問，訪問耶穌會士畢方濟，質問歐洲的曆算和奇器，評論耶穌會士金尼閣的《西儒耳目資》。他以後的著作《通雅》、《物理小識》中的學問性格和方法，就是在這時形成的。據劉岸偉統計，《物理小識》引用耶穌會士艾儒略《職方外紀》的文字，達五十處之多。他寫於南京時代的《膝寓信筆》提到利瑪竇，對這位西洋學者渡海來到中國，讀中國書，感服孔子，表示欽佩。他說，自己讀過李之藻編的《天學初函》，還和精通西學、著有《格致草》的熊明遇討論過此事。[187]

其實，方以智不僅在《物理小識》中引用艾儒略的《職方外紀》，此前的《通雅》已經多次引用此書。最顯著的例子就是「五大州」，[188]即歐邏巴州（歐洲）、利未亞州（非洲）、亞細亞洲（亞洲）、南北亞墨利加州（南北美洲）、墨瓦臘泥加州（大洋洲）。方以智寫道：「……又以地勢分五大州：曰歐邏巴，南至地中海，北至臥蘭的亞及冰海，東至大乃河、墨河的湖大海，西至大西洋；曰利未亞，南至大浪山，北至地中海，東至西紅海、仙勞冷祖島，西至河折亞諾倉，即此州，只以聖地之下微路，與亞細亞相聯，其餘全為四海所圍；曰亞細亞，南至沙馬大臘、呂宋等島，北至西增白臘，及北海，東至日本島、大明海，西至大乃和、墨河的湖大海，西紅海、小西洋；曰南北亞墨利加，全為四海所圍，南北以微地相聯；曰墨瓦臘泥加，盡在南方，惟見南極出地，而北極常藏焉……」[189]

方以智的著作中，尤以《物理小識》為最著名，影響也最大。四庫館臣的「提要」這樣定位此書：「《通雅》之餘緒，掇拾以成編者。」方以智自己把它歸結為學習西學的成果：「萬曆年間遠西學入，詳於質測，而拙於言通幾，然智士推之，彼之質測猶未備也。儒者守宰理而已，聖人通神明、類萬物，藏之於易，呼吸圖策，端幾至精，曆律醫占皆可引觸，學者幾能研極之乎！」[190]因此，書中引用耶穌會士有關西學的言論，比比皆是。列於首位的無疑是艾儒略和他的《職方外紀》，且舉數例於下：

西齊里亞沸泉如醋，物入便黑。翁加里亞有水噴出地即凝石者，有冬月流而夏冰者，有投鞭成泥，再鎔成銅者，有色綠而凍成綠石者。勿里諾山之泉，物墜其中，半月便生石皮，周裹其物。福島無雨，而大樹釀雲氣，夜生甘水，滿樹下之池。

度爾格有一海，味鹼性凝，不生波浪，而皆不沉，不生水族，命曰死海。水性不同如此，將怪而不信耶！[191]

度爾格內有國曰亞剌比亞，有一海，長四百里，水鹼性凝，不生波浪，常湧大塊如松脂，不能沉物，不生水族，名曰死海。[192]

185（清）方以智，《通雅》卷十一《天文．曆測》。
186（清）方以智，《通雅》卷十一《天文．曆測》。
187〔日〕劉岸偉，〈圍繞西學的中日兩國的近世——方以智的場合〉，《札幌大學教養部紀要》第三十九號。
188 現今所稱「五大洲」，艾儒略寫作「五大州」，方以智沿用此寫法，作「五大州」。
189（清）方以智，《通雅》卷十一《天文．曆測》。
190（清）方以智，《物理小識》卷首《自序》。
191（清）方以智，《物理小識》卷一《天類．水》。
192（清）方以智，《物理小識》卷二《地類．弱水死海》。

> 多勒多城在山上作一器，盤水直至山城。延平有水老為一城人視水，入廚管杇頻易，開則水至，塞則水止。[193]

提到其他耶穌會士的也不少，如引利瑪竇的話，關於「歲差」：「萬曆中，利瑪竇入，仍約六十六年八閱月而差一度，每年不及周天一分五十秒。」又如關於「日大於地」：「利瑪竇曰：地周九萬里，徑二萬八千六百六十六里零三十六丈，日徑大於地一百六十五倍又八分之三（距地心一千六百零五萬五千六百九十餘里），木星大於地九十四倍半（距地一萬二千六百七十六萬九千五百八十四餘里），土星大於地九十倍又八分之一（距地二千七百四十一萬二千一百里餘），金星小於地三十六倍又二十七分之一（距地二百四十萬六百八十一里餘），月小於地三十八倍又三分之一（距地四十八萬二千五百二十二里餘），水星小於地二萬一千九百五十一倍（距地九十一萬八千七百五十里餘）。經星有六等，皆大於地，以遠故，望之小耳。」[194]

關於溫泉是否與硫有關，引用熊三拔、金尼閣的話：「先儒曰：地中陽氣遇濕而結為硫，雷火亦有硫氣，陽氣也。唐子西取硫置水，水不溫，以此駁之。熊三拔謂：別無朱砂與礬之別。金尼閣曰：西國有七十餘湯，各標主治。布那姑山皆硫，不聞泉湯也。」[195]

關於《崇禎曆書》，他提及徐光啟，也提及他的父親方孔炤：「自徐元扈[196]奏立曆官，而《崇禎曆書》成矣。老父以學者從未實究，故作《崇禎曆書約》。」[197]反映他們父子兩代對於徐光啟的崇敬之情。書中多次引用方孔炤的《崇禎曆書約》，例如，談到「日月行度」的一段文字：「日一日行三百六十五度，全數恆星天過一度。月一日行一百五十三度，遲周天十二度，恆星天國十三度。月二十九日六時三刻，合於日而同度，為朔日。照月側為弦十四日九時餘，日月對望而見全圜，曰望。日光在月上，其魂不見為晦，日與天會，一年而多五日三時，曰氣盈。月與日會，一年而少五日七時三刻，曰朔虛。

其月行疾，日行遲者，以曆算自東行西紀度也。月九行者四方，出入黃道者八，與黃道者為九也。」以下特別注明：「五星行度，詳老父《曆書約》。」[198]所謂《曆書約》即《崇禎曆書約》。

方以智的學問，除了家學淵源，還源自老師虛舟先生。虛舟本名王宣，字化卿，金溪人，生於桐城。方以智為他作傳，稱道先生「邁志好古，為詩歌文詞，凌轢晉唐，上軋周秦」。科場失意後，放棄舉子業，倘然高蹈，自號虛舟子，以《易》為終始之學。方以智少年時師從於他：「智十七八，即聞先生緒論，曠觀千世，嘗詩書歌詠間，引人聞道，深者證之象數。其所雜著，多言物理。是時先生年七十，益深於《河》、《洛》，揚、京、關、邵，無有能出其宗者。智方溺於詞章，得先生之祕傳，心重之。自以為晚當發明，豈意一經亂世，遂與先生永訣哉！」[199]方以智的著作中，經常引用虛舟的論斷，加以發揮。

家學與師承之外，方以智的學問更重要的是向耶穌會士學習所得，《通雅》、《物理小識》多是如此，《浮山文集》也留下了痕跡，其中為游子六《天經或問》寫的序言，就是最突出的一例，對萬曆時進入中國的耶穌會士極為讚許，也指出他們在「通幾之理」方面有所欠缺：

> 《天經或問》，建陽游子六所約以答客者也。概言曆象，取泰西之質測，以析世俗之疑。往年良

193 （清）方以智，《物理小識》卷二《地類．水激成瀑法》。
194 （清）方以智，《物理小識》卷一《曆類．歲差乃星度與日周差而歲實無差》。
195 （清）方以智，《物理小識》卷二《地類．暖谷溫泉》。
196 徐元扈當為「徐玄扈」，清人為避康熙帝諱，改「玄」為「元」。
197 （清）方以智，《物理小識》卷一《曆類．圜體》。
198 （清）方以智，《物理小識》卷一《曆類．日月行度》。
199 （清）方以智，〈虛舟先生傳〉，《浮山文集後編》卷一《藥地愚者隨筆》。

孺熊公作《格致草》、《原象原理》，晚隱書林，而子六學焉。子六沉潛好學，角立淵渟，遇亂棄舉子業，隱於曆算日者，以養其母。專精天人之故，一室褐塞，風雨掩戶，不汲不戚，蕭然自得。愚者聞而敬之。讀吾三世之《易》，反覆鼎薪，致書見問，愚者答之曰：神無方，而象數其端幾也，准固神之所為也，勿以質測壞通幾，而昧其中理；勿以通幾壞質測，而荒其實事。人者，天地之心，人不盡人，而委天乎？人不明天，烏知所以自盡乎？不通象數，烏知天人之本一而享秩序之不亂乎？……萬曆之時，中土化洽，太西儒來，脬豆合圖，其理頓顯，膠常見者駭以為異，不知其皆聖人之所已言也。特其器數甚精，而於通幾之理，命詞頗拙，故執虛者辟之。子曰：「天子失官，學在四夷。」猶信立靜天以考度，定黃赤之兩軸，穆天心主之冒如斯也，原不破也。[200]

容肇祖說，方以智早年留心西洋科學，後來，他和湯若望友好，對於西洋天文算學亦精，有他兒子的話為證。他的兒子方中通的〈與西洋湯道未先生論曆法〉詩注：「先生崇禎時已入中國，所刊曆法故名《崇禎曆書》，與家君交最善。家君亦精天學，出世後絕口不談。」由此可見，他承認西洋科學的精確，但以為中國學問亦有貫通和先識的長處，頗有後來「中學為體，西學為用」的意味。[201]這一點，是否當時先進中國人學習西方的普遍心態呢？

200（清）方以智，〈游子六《天經或問》序〉，《浮山文集後編》卷二《藥地愚者智隨筆》。

201 容肇祖，〈方以智和他的思想〉，《容肇祖集》，頁四四八—四四九。

第六章 新氣象：文人結社與言論

科舉時代，士子們熱衷於所謂「制藝」，即應試的本事，博取功名，踏上仕途。為此，他們或尋師覓友，或會集志趣相投者，互相切磋學問，交流心得，形成一個小圈子，少則十幾人，多則幾十人乃至幾百人，稱為文社，宗旨是「以文會友，以友輔仁」。這樣的文人結社風氣，晚明是很盛的。早在一九三〇年代，謝國楨《明清之際黨社運動考》以大量的篇幅論述這一問題：

結社這件事，本來是明代士大夫以文會友很清雅的故事。他們一方面學習時藝，來揣摩風氣；一方面來選擇很知己的朋友。所以侯方域《壯悔堂集》卷三〈癸未去金陵日與阮光祿書〉說：「及僕稍長知讀書，求友金陵。」杜登春《社事始末》記：「楊維斗先生設帳於滄浪亭內，為其子焯擇友會文。」求友的故事，見於記載很多。所以明季幾社的成立，他們只師生通家子弟在一塊結合，外人是不能參加的。後來才門戶開放，「社集之日，動輒千人」。不意一件讀書人的雅集，卻變成了一種社會上政治的運動。[1]

謝氏關注的是，「讀書人的雅集」變成了「社會上政治的運動」。杜登春則著意於文社的本身：「大抵合氣類之相同，資眾力之協助，主於成群聚會而為名者也」；「社之始，始於一鄉，繼而一國，繼而暨於天下。各立一名以自標榜，或數十人，或數百人，或攜筆硯而課藝於一堂，或徵詩文而命駕於千里。齊年者砥節礪行，後起者觀型取法。一卷之書，家弦戶誦；一師之學，燈盡薪傳。」[2]

顧炎武的說法則更具有學究氣息：「社之名起於古之國社、里社，故古人以鄉為社」，「今河南、太原、青州鄉鎮猶以社為稱」，「後人聚徒結會亦謂之社」，「萬曆末，士人相會課文，各取名號，亦曰某社某社」。[3]亭林先生對於文社的說明很確切，因為他本人就是文社的一員，早年參加復社，是有文獻為證的：「顧絳，字寧人，昆山人，後更名炎武。有《亭林詩集》。寧人早年入復社，與同邑歸莊齊名，兩人皆耿介不混俗，鄉人有『歸奇顧怪』之目。」[4]顧氏認為「士人相會課文」的文社興起於萬曆末是有根據的，廣義地說，當時書院的「講會」也可以看作「社」。東林書院的創辦者顧憲成就把東林書院稱為「東林之社」：「東林之社，是弟書生腐腸未斷處，幸一二同志並不我棄，欣然共事，相與日切月磨於其中。」[5]

晚明的文社，不同於宋元以來的詩社，詩家朱彝尊說：「詩流結社，自宋元以來代有之。迨明慶、曆間，白門再會，稱極盛矣。至於文社，始天啟甲子，合吳郡、金沙、檇李，僅十有一人……分主五經文字之選，而效奔走以襄厥事者，嘉興府學生孫淳孟樸也，是曰『應社』。」[6]在他看來，晚明文社始於天啟四年的應社。

1《明清之際黨社運動考》（北京：中華書局，一九八二年版），頁一一九。
2（明）杜登春，《社事始末》。
3（清）顧炎武，《日知錄》卷二十二《社》。
4（清）朱彝尊，〈顧絳〉，《靜志居詩話》卷二十二。
5（明）顧憲成，〈簡修吾李總漕〉，《涇皋藏稿》卷五。
6（清）朱彝尊，〈孫淳〉，《靜志居詩話》卷二十一。

一、「慮聖教之將絕」的應社

文人結社之風由來已久

謝國楨認為，應社的起源可以追溯到萬曆末年的拂水山房社。他說：「應社的成立，時間是很早的，在萬曆末年，蘇州的拂水山房社，就是應社的起源。」為此，他援引計東〈上吳祭酒書〉：「應社之本於拂水山房，浙中讀書社之本於小築，各二十餘年矣。」又引徵李延昰《南吳舊話錄》：「范文若，字更生，萬曆丙午舉於鄉。美姿容，以風流自命。與常熟許士柔、孫朝肅，華亭馮明玠，昆山王煥如五人為拂水山房社。而必跋文壇，必推更生為最。一日東南風大起，拂水岩如萬斛珍珠，從空拋撒，更生把酒揖之曰：『始覺吾文負於此。』」[7]他還引用朱倓《明季南應社考》的說法：「拂水山房倡與瞿純仁，其同社皆常熟人，繼之者許士柔、孫朝肅亦常熟人。承其遺風，乃與上海范文若、華亭馮明玠、昆山王煥如，仍用舊址，相結為社。此二十餘年中，拂水文社之見於記載者僅此九人。應社始於天啟甲子，亦倡於常熟。」[8]

謝、朱二氏所說，應社的「會文」活動可以追溯到拂水山房社，自有其根據。但是，需要指出的是，早在拂水山房社之前，常熟已有文人結社的記載。且舉一例：趙用賢的〈北虞邵先生暨元配張孺人墓誌銘〉寫道：「邵圭潔字伯如，一字茂齋，號北虞，常熟人，嘉靖二十八年舉人，選德清教諭，卒。圭潔有文名，與瞿景淳、嚴訥輩結社為文，時稱十傑，推圭潔為領袖。」[9]顯然，這個文社在嘉靖年間已經存在，比拂水山房社早多了。

關於范文若，《上海縣誌》、《松江府志》均有傳，比《南吳舊話錄》稍詳：「范文若，字更生，初名景文，上海人，萬曆三十四年舉於鄉，與常熟許士柔、孫朝肅，同郡馮明玠，昆山王煥如五人為拂水山房社。以奇文鳴一時。四十七年成進士，知汶上縣，以嚴察為治，調秀水，簿書填委，不廢篇翰。再調光化，意不自得，或兼旬不治事，扁舟往來江漢間，以釣筒詩卷自娛。遷南京兵部主事，為考功陳某中傷，左謫，稍遷南京大理寺評事，以憂去官，卒於家，時年四十八。文若，美姿容，工談笑，雅慕晉人風度，好為樂府詞章，識者擬之湯臨川云。」[10]

應社成立於天啟四年（一六二四），創立者是楊廷樞，地點是在常熟縣的唐市。朱彝尊認為，晚明文人結社風氣之盛，應社是一個重要的開端。他的《靜志居詩話》多處提及此事：

> 楊廷樞字維斗，吳縣人。崇禎庚午鄉試第一。有《古柏軒詩集》。先生倡「應社」於吳中，評騭

7 謝氏所引，與原文有出入。茲將原文轉錄於下：「范更生，美姿容，以風流自命。與常熟許士柔、孫朝肅，華亭馮明玠，昆山王煥如五人為拂水山房社。而躍跋文壇，必推更生為最。一日，東南風大起，拂水岩如萬斛珍珠，從空拋撒。更生把酒揖之曰：『始覺吾輩詩文負於改知秀此。』」同書卷十三的范更生條，內容相近：「范更生，美姿容。知汶上縣，以嚴察為治。以釣水，案牘之間不廢文翰。久之，再調光化，便意不自得，或兼旬不治事，扁舟往來江漢間，筒詩卷自娛，遠近稱為『仙吏』。」

8 謝國楨，《明清之際黨社運動考》，頁一二三。

9 （明）趙用賢，《松石齋集》卷十九〈北虞邵先生暨元配張孺人墓誌銘〉。光緒《常昭合志稿》卷二十五的邵圭潔傳，大同小異：「邵圭潔，字伯如，學於唐荊川，與瞿文懿、嚴文靖結社會文，時稱十傑，圭潔為領袖，工古文辭，不斤斤繩削，而參軌名家。」

10《松江府志》卷五十五《古今人傳・范文若》。

五經文字，張溥天如、朱隗雲子主《易》，楊彝子常、顧夢麟麟士主《詩》，周銓簡臣、周鐘介生主《春秋》，張采受先、王啟榮惠常主《禮記》，而先生與嘉善錢栴彥林主《書》，後與「復社」、「幾社」合。領解之後，聲譽日重，門下著錄者二千人……晚歲岩居，忽罹維縶，其舟中遺書云：「廷樞幼讀聖賢之書，長懷忠孝之志，為孝廉者一十五載，生世間者五十三年，作士林鄉黨之規模，肩綱常名教之重任。惜時命之不猶，未登朝而食祿，值中原之有難，遂蒙禍以捐生，其年則丁亥之歲……」[11]

應社與廣應社

朱彝尊在談到文社始於天啟四年，提出了「應社」與「廣應社」兩個概念，他說：「詩流結社，自宋元以來，代有之。迨明（隆）慶、（萬）曆間，白門再會，稱極盛矣。」接下來談到了應社與廣應社：

至於文社，始於天啟甲子，合吳郡金沙檇李僅十有一人，張溥天如、張采受先、楊廷樞維斗、楊彝子常、顧夢麟麟士、朱隗雲子、王啟榮惠常、周銓簡臣、周鐘介生、吳昌時來之、錢栴彥林，分主五經文字之選，而效奔走以襄厥事者，嘉興府學生孫淳孟樸也。是曰「應社」。當其始取友尚隘，而來之、彥林謀推大之，訖於四海，於是有「廣應社」。貴池劉城伯宗、吳應箕次尾、涇縣萬應隆道吉、蕪湖沈士柱昆銅、宣城沈壽民眉生，咸來會，聲氣之孚，先自「應社」始也。[12]

關於這一點，陸世儀也談到了：「先是，貴池吳次尾應箕與吳門徐君和鳴，時合七郡十三子之文為匡社，行世已久。至是，共推金沙（周鐘）主盟。介生乃益擴而廣之，上江之徽、寧、池、太及淮、陽、廬、鳳，與越之寧、紹、金、衢諸名士，咸以文郵致焉，因名其社為應社。與萊陽宋氏、侯城方氏、楚黃梅氏遙相應和，於是應社之名聞於天下。」[13]這個聞名天下的應社，就是所謂「廣應社」。因此謝國楨說：

> 那時應社的勢力，逐漸地擴大，同社的吳昌時以為應社當其始取友尚隘，想把應社推廣起來，於是有廣應社之作。《七錄齋集》卷一〈廣應社序〉云：「應之為名，有龍德焉。予昔嘗一序其說，多恢愕怪宕，不可究詰之辭，及今視之，益雜而弗舉矣。乃來之（吳昌時）、彥林（錢栴）欲因其社而擴大之，訖於四海，則將引意自明，夫亦言其可信焉……」因此，應社的範圍既廣，就有南北之分。

在他看來，應社（或者說廣應社更為確切）可分為三部分——第一是江南的應社，第二是江北的應社，第三是河北的應社[14]——是有根據的。張溥在他的文集中就談到他在京師時「從遊者數十輩」，可以看作河北應社；又談到以中州商丘為中心的江北應社。[15]他談到「廣應社」，除了上引〈廣應社序〉，還有〈廣應社再序〉，闡述了其志趣：

11（清）朱彝尊，〈楊廷樞〉，《靜志居詩話》卷二十一。
12（清）朱彝尊：〈孫淳〉，《靜志居詩話》卷二十一。
13（明）陸世儀，《復社紀略》卷一。
14 謝國楨，《明清之際黨社運動考》，頁一二五—一二六。
15（明）張溥，〈江北應社序〉，《七錄齋詩文合集．古文近稿卷一》。

> 夫朋友之義與宗族之情，其本槩殊，比而同說，則安稱焉。然而有其一者，所謂親親之道，彼此之通也。且以十五國之人，各方峻阻，一旦而道姓氏稱兄弟，雖人事之應求，原其聲氣，不可謂非天也。天之所與，德者上也，才者次也，再況其下，則無之矣。是以社名之立義本周官，而今之文士取以為號，擇而後交，在久不渝，四海之大，有同井之風焉。[16]

關於應社，當事人張采的記載無疑是最具價值的，他為楊彝的《四書稿》所寫的序言，追述了應社創立前後的事情：

> 二十年前，余方冠，即知虞山有楊子常，讀其文章，輒嘆士不虛有名。時余因困躓一室，百步之內，為里兒所誚，不敢結遠交。迨癸亥（天啟三年）始通姓氏。甲子（天啟四年）冬，始與張子天如同過唐市，問子常廬請見。唐市者，虞山北野鎮，去婁（太倉）可七十里，子常所居地也。子常方與麟士同業，賓主敘述如平生，因遂定應社約。

這裡透露了應社成立時是有〈社約〉的，就像後來的復社有〈社約〉那樣。倘若沒有張采的紀錄，後人很難知道〈應社約〉是什麼。張采寫道：

> 〈約〉之詞曰：「毋或不孝弟，犯乃黜。窮且守，守道古處，在官有名節。毋或墜，墜共諫，不聽乃黜。潔清以將，日慎一日。」敘年，子常長，登壇申約，諸兄弟曰諾。

張采還寫到了，應社「諸兄弟」之間如同手足的情誼，後來的「社事」以及楊彝特立獨行的品格：

「時子常兒靜，僅四歲，嘻嘻几席間。余有初生女，諸兄弟遂贊成婚姻。丙寅（天啟六年）春，以選政偕子常泊吳門，偶遊天平山，遇時相子赫奕叱行人辟路。余呼子常曰：『噫！』子常有老母，一第將亟歸，自指頸曰：『我棄此，血濺諸奸矣。』余曰：『山神實聞諸。』子常歸舟猶憤憤。嗣後，社兄弟相繼登科第，余亦以粃糠在前，而子常至今僅明經……然使子常初有名時即一第去，不過居官稱貴人，烏能四海之內懷思觀止！且文章小技不足豔，自約社，從未聞子常有一辭之失。持身若處子，人固無横加子常者，間有，第嗛嗛謝。六七年來，竊社事以賣名聲者變百出，子常介然玉立，既絕搖溷，復不急自別白……」[17]

「尊經復古」

張溥對於應社有許多回憶性的文字，記錄了它的存在實態，其中關於應社的宗旨——「尊經復古」，最值得注意：

應社之始立也，所以志於尊經復古者，蓋其志也。是以五經之選，義各有託，子常（楊彝）、麟士（顧夢麟）主《詩》，維斗（楊廷樞）、來之（吳昌時）、彥林（錢栴）主《書》，簡臣（周銓）、介生（周鐘）主《春秋》，受先（張采）、惠常（王啟榮）主《禮》，溥與雲子（朱隗）則

16（明）張溥，〈廣應社序〉，《七錄齋詩文合集．古文存稿卷三》。
17（明）張采，〈楊子書四書稿序〉，《知畏堂文存》卷一。

主《易》。振振然白其意於天下，夫天下亦已知之矣……若是者五經之選其為時不已曠乎？於是孟樸（孫淳）慨然興曰：「文教之不通，則朋友之疏為之累也，今欲聚諸國之遠，開文論志，正其法式，訖於成事，伐木釃酒，不敢忘也。」[18]

談到「定社之大指」——「先與乎其人，後與乎其文」，更值得注意：

> 應社之始立也，蓋其難哉，成於數人之志，而後漸廣以天下之意。五年之中，此數人者度德考行，未嘗急於求世之知，而世多予之。其所以予之者何也？則以其誠也，無意於名，而有其實，不嬰念於富貴貧賤，而當其既至，皆有以不亂。是故先與乎其人，後與乎其文，為人之道有一不及於正者則辭之，而不敢就。既與其人，而文或有未至者，則必申以正，因其材之所命而樂其有成，是以邪僻之意無所形之於文，而四方之欲交此數人者，嘗觀其文而即知其人之無偽，則定社之大指也。[19]

因此之故，應社很重視「社格」與「選例」：

> 此應社之立，所以與子常（楊彝）、麟士（顧夢麟）共之也。夫一經之學，人各為家，而其事彌困，則莫若折衷於一，以定其所向，故必同盟之人無不與聞乎。故而後其說可行，不得其人則無取乎多之也，既得其人則無取乎靳之也。雖然，吾黨於今之人既無所靳矣，而復正之以社格，嚴之以選例，簡其人矣，而又取其文之數而簡之。[20]

應社的活動地點在常熟縣的唐市，因而在地方志中留下了痕跡。常熟東南的唐市，僅僅是一個小市鎮，居然成為吳中的文化中心。方燧深〈唐市志序〉寫道：「唐市雖小，有水市，有物產，有名勝，有科第，有仙釋節烈。經術之深湛，於明則有楊（彝）、顧（夢麟）；文章之雄偉，於本朝則有蘇苞九、陶子師；書畫擅長則有丘嶼雪、黃尊古，諸家諸體咸備。」[21]

《唐市志》介紹楊彝及應社的活動，說楊彝與顧夢麟並稱「楊顧」，號稱「唐市派」，在江南文壇影響很大，當時有「天下翕然從風」的美譽。又說，應社諸文士沉潛於五經，每人各治一經，楊彝專治《詩經》，弟子從學者無數，僅著錄者即達數百人。此後成立的復社，楊彝也是中堅人物之一。[22]天啟五年（一六二五），楊彝在唐市的鳳基園召開應社文會，盛況空前，一時傳為文壇佳話。當時人說，唐市出了個楊彝，「以故唐市之名聞天下」。[23]唐市成為吳中文士聚會的場所絕非偶然，天啟初年柏小坡建造柏園，董其昌為其題寫匾額「十畝之間」，風采雅致，「凡吳中騷人墨士、琴師棋客，咸集於中。園之主人每夜張燈開宴，家有男女梨園，按次演劇。」[24]

由此可見，雖然有「廣應社」，但是應社的主要舞臺是在常熟為中心的蘇州地區，而楊彝與顧夢麟是當仁不讓的主角。張溥說：「然而此數人者未嘗一日忘古人也，慨時文之盛興，慮聖教之將絕，則各取所習之經，列以大義，聚前者之說，求其是以訓乎俗。苟或道里之遠，難於質析，則假之制義，通

18（明）張溥，〈五經徵文序〉，《七錄齋詩文合集．古文存稿卷三》。
19（明）張溥，〈詩經應社序〉，《七錄齋詩文合集．古文存稿卷五》。
20（明）張溥，〈詩經應社再序〉，《七錄齋詩文合集．古文存稿卷五》。
21 乾隆《唐市志》卷首《唐市志序》。
22 乾隆《唐市志》卷中《人物》。
23 乾隆《唐市志》卷上《園亭》；卷首《唐市志序》。
24 乾隆《唐市志》卷上《園亭》。

其問難，於是專家之書各有其本，而匡救近失，先著於制義之辨，以示易見。若此詩義之行，則子常（楊彝）、麟士（顧夢麟）為之端也。」[25]楊、顧等人匡救「時文之興盛」、「聖教之將絕」，提倡尊經復古，起到了重要的作用。錢謙益說得好：「萬曆之季，時文日趨於邪僻，婁江顧麟士、虞山楊子常申明程朱之緒言，典型先民，以易天下，海內謂之『楊顧』……麟士於有宋諸儒之學，沉研鑽極已深，知六經之指歸，而毛鄭之詩，專門名家，故其所得者為尤粹。」[26]看得出來，應社成立的初衷，以研討五經文字為宗旨，互相分工，相得益彰，張溥、朱隗主攻《易經》，楊彝、顧夢麟主攻《詩經》，周銓、周鐘主攻《春秋》，張采、王啟榮主攻《禮記》，楊廷樞、錢栴主攻《尚書》，顯然帶有科舉「制藝」的色彩。這些人都是當時的名流，影響巨大，各地士子遙相呼應，嘉興孫淳、貴池吳應箕、涇縣萬應隆、蕪湖沈士柱、宣城沈壽民等，都來交流切磋，形成了超越常熟地域的「廣應社」，為日後的復社奠定了基礎。

二、「負韜世之才，懷救時之術」的幾社

「十人社」、「六人社」與「十八子社」

松江的幾社成立於崇禎初年。但是松江地區文人結社之風早已有之。明末清初松江人李延昰的《南吳舊話錄》記錄松江府的軼聞遺事，特辟一卷題為「名社」，介紹當地的文社，寫了拂水山房社、幾社，還提及早期的其他文社。

其一是「十人社」：

林弘齋、董環亭、盛淳庵、王玉宇、錢傅岩、華繩庵、喬弦所取文社，李屯部南湄、朱司成文石兩公為甲乙，共十人。初會則淳庵冠其曹，而弘齋亞之；次會文石首弘齋，而次淳庵；後林、盛俱登甲，餘亦鄉薦，所未經許可者竟無所遇。[27]

其二是「六人社」：

黃憲副明為諸生時，與顧文僖清、錢修撰福、李憲使希顏、曹侍御閔、顧比部斌，結社課文，乃當縣治西共營一寓，留儒衣冠於其側。遇朔望，必偕詣學宮展謁。既退，以月課互相批閱，絕無假借。事竟，則沽酒盡飲，翌明各理歸棹。[28]

其三是「十八子社」：

方眾甫、范牧之、唐元徵、董元宰、王敬夫、陸以寧、楊彥履、馮咸甫、何士抑、高皋甫、陳子有，檇李馮開之，吳江沈孝通，所稱十八子社。[29]

25（明）張溥，〈詩經應社序〉，《七錄齋詩文合集．古文存稿卷五》。
26（清）錢謙益，〈顧麟士詩集序〉，《牧齋有學集》卷十九。
27（清）李延昰，《南吳舊話錄》卷二十三《名社．十人社》。
28（清）李延昰，《南吳舊話錄》卷二十三《名社．六人社》。
29（清）李延昰，《南吳舊話錄》卷二十三《名社．十八子社》。

最值得注意的是「六人社」，他們的「結社課文」竟然早在弘治年間，令人大開眼界。顧清，字士廉，號東江，松江華亭人，弘治六年（一四九三）進士，累官至南京禮部尚書，死於嘉靖七年（一五二八）。錢福，字與謙，松江華亭人，弘治三年（一四九〇）進士（會試殿試皆第一），授翰林院修撰，詩文藻麗敏妙，弘治十七年（一五〇四）死，年僅四十四歲。曹閔，松江上海人，弘治九年（一四九六）進士，歷任沙縣知縣、御史。諸生黃明與顧清、錢福、李希顏、曹閔、顧斌等人的「結社課文」，當在他們進士及第之前的弘治初年或更早。如果李延是的記載可靠，那麼松江文人結社之事，早於萬曆年間，是毫無疑問的。另一值得注意的是「十人社」，創辦者林景暘，字紹熙，號弘齋，松江華亭人，隆慶二年（一五六八）進士，官至南京太僕寺卿。朱大韶，字象玄，號文石，松江華亭人，嘉靖二十六年（一五四七）進士，官至南京國子監司業。由此推斷，「十人社」似應成立於隆慶、嘉靖之際。「十八子社」也值得注意，創辦者是大名鼎鼎的唐文獻（元徵）、董其昌（玄宰）。此事在《靜志居詩話》中也有記載：「松江舊有『十八子社』，唐文恪、董文敏，及吾鄉馮祭酒與焉。」[30]唐文獻，字元徵，號抑所，松江華亭人，萬曆十四年（一五八六）進士，累官至禮部侍郎。此人出於趙用賢門下，以名節相矜詡。董其昌，字玄宰，號思白，松江華亭人，萬曆十七年（一五八九）進士，累官至南京禮部尚書。其昌天才俊逸，以書畫享譽後世。由唐、董二人進士及第的時間推斷，「十八子社」似應成立於萬曆初年。由此可見，松江地區的文人結社由來已久。李延是乃幾社名士徐孚遠的弟子，寫松江「名社」，當然不會漏掉幾社：

> 幾社首倡六人，周勒卣立勛、杜仁趾麟徵、李舒章雯、徐闇公孚遠、陳臥子子龍、夏瑗公允彝、彭燕又賓……周夭亡，杜成進士死，夏慷慨赴難死，徐漂泊二十餘年，終不食死。李先客燕中，因就中書舍人。彭乃謁選司李汝寧卒。[31]

「絕學有再興之幾」

幾社延續十人社、六人社、十八子社的傳統，與鄰近的應社、復社遙相呼應，以文會友，不僅僅滿足於科舉制藝的訓練，更強調振興絕學，之所以稱為「幾社」，就帶有這種意味：「幾者，絕學有再興之幾。」[32]朱彝尊談到徐孚遠，寫道：「徐孚遠，字闇公，松江華亭人，崇禎壬午（十五年）舉人。先生，達齋侍郎之裔，太師文貞公族孫，與臥子、彝仲、勒卣輩六人，倡幾社於雲間，切磨古今，文詞傾動海內。」[33]談到周立勛：「周立勛，字勒卣，松江華亭縣學生……崇禎中，勒卣偕陳、夏諸公倡『幾社』，首事僅六人，以詩古文辭相砥礪，今所傳《壬申文選》是已。」[34]強調幾社「切磨古今」、「以詩古文辭相砥礪」，至於他所說的《壬申文選》，就是崇禎五年（一六三二）（壬申年）的《幾社壬申合稿》。全書二十卷，收錄幾社諸子歷年所寫的賦、詩、序、論、議、封事、對、難、策文、冊文、制辭、教、表、檄、啟、彈文、章、書、說、辯、短長言、箴、問、頌、銘等。陳子龍寫的《幾社壬申合稿凡例》，陳述了他們「以文會友」的志趣：

> 文當規摹兩漢，詩必宗趣開元，吾輩所懷，以茲為正。至於齊梁之贍篇，中晚之新構，偶有間出，無妨斐然。若晚宋之庸還，近日之俚穢，大雅不道，吾知免矣……辛未（崇禎四年）之春，余

30（清）朱彝尊，〈周立勛〉，《靜志居詩話》卷二十一。
31（清）李延昰，《南吳舊話錄》卷二十三《名社・六人社》。
32（明）杜登春，《社事本末》。
33（清）朱彝尊，〈徐孚遠〉，《靜志居詩話》卷十九。
34（清）朱彝尊，〈周立勛〉，《靜志居詩話》卷二十 。

> 與彝仲、讓木、燕又俱遊長安，日與偕者，江右楊伯祥，彭城萬年少，吳中楊維斗、徐九一，婁江張天如、吳駿公，同郡杜仁趾，擬立燕臺之社，以繼七子之跡。後以升落零散，遂倡和鄉里，不及遠方。[35]

字裡行間流露出「再興絕學之幾」的願望。

而與陳子龍等人以「社兄」、「社弟」相稱的摯友張溥，為該書所寫的序言，對此是推崇備至的：

> 辛未（崇禎四年）之秋，聯事鄉黨治古文辭者九人，壬申（崇禎五年）冬成二十卷，悉所期約……諸子生不出里閈，年未及強仕，為時幾何，其言滿堂，不綦盛歟！庚午之役，予偕勒卣（周立勛）、闇公（徐孚遠）、臥子（陳子龍）、燕又（彭賓）東歸，論著作抵夜分，臥子憤曰：「誠如子言，即不得官，可不恨。」大聲慷慨，舟人動色。辛未，彝仲（夏允彝）、燕又、臥子罷春官歸，謂予曰：「今年不成數卷書，不復與子聞。」今其言皆驗……或謂諸子文辭太盛，無束帛丘園之義，疑與儒者不合。然則六經非聖人作乎？委巷之言，君子所鄙，言久行遠，四國賴之。[36]

畢竟是「社兄」、「社弟」，志同道合，真正讀懂了《幾社壬申合稿》作者們急切地想大聲發出聲音，表明糾正時弊的意見，即使「與儒者不合」也在所不惜。這種心境，另外兩位作序者也看出來了。

姚希孟說：

> 近有雲間六七君子，心古人之心，學古人之學，糾集同好，約法三章，月有社，社有課，仿梁園、鄴下之集，按蘭亭、金谷之規，進而受簡，則勇竟倍於師中；聚而獻規，又譏彈嚴於柱後。此

二百年來所創見也。[37]

徐鳳彩則從另一個角度窺探出幾社諸君子寫這些詩文的心態：「天下嘗苦於鮮才，以諸君子觀之，多卓乎之彥矣。平素之所講論，皆古今之故，當世之急也……至於文章之事，非諸君所急也。各懷異才而無所用，壯心難抑，則假柔翰以解之，然其寄寓遐深，情見乎辭，古人所不免矣。天下多事，有可用之才而不見知，徒使其放情文史之林，良足悼也。」[38]因為懷才不遇，放情於文史之林，而文章講論的主題看起來是「古今之故」，其實都是當今之急務。

剖析朝政利弊的《幾社壬申合稿》

這份「壬申合稿」的作者有十一人，比起初的「幾社六子」——陳子龍、夏允彝、徐孚遠、周立勛、李雯、彭賓，多了五人：朱灝、顧開雍、宋存楠、王元玄、宋存標。按照幾社的規矩，「月有社，社有課」，其課藝不可避免帶有科舉應試的色彩，圍繞同一個題目做文章，然後互相切磋，取長補短，是這本「合稿」的最大特色。例如陳子龍、李雯、徐孚遠都寫了同題的〈皇明同姓諸侯王年表敘〉，陳子龍、李雯、周立勛、夏允彝、朱灝、彭賓、顧開雍都寫了同題的〈中州災異對〉，陳子龍、周立勛、徐孚遠、朱灝、李雯、夏允彝、顧開雍都寫了同題的〈擬山巨源答嵇叔夜絕交書〉，陳子龍、徐孚遠、

35（明）陳子龍，〈幾社壬申合稿凡例〉，《幾社壬申合稿》卷首。

36（明）張溥，〈雲間幾社詩文選序〉，《七錄齋詩文合集．古文近稿》卷一。《幾社壬申合稿》卷首《張溥序》。

37《幾社壬申合稿》卷首《姚希孟序》。

38《幾社壬申合稿》卷首《徐鳳彩序》。

周立勛、李雯、夏允彝、顧開雍都寫了同題的〈班定遠西域銘並序〉。這些文章的立論與辭藻各有色彩，卻有共同之處，用徐鳳彩的話來說，就是「寄寓遐深，情見乎辭」，說得更直白一點，都著意於剖析朝政的利弊。明太祖朱元璋封建同姓諸侯王，原本想為皇權構築屏障，求得長治久安，結果適得其反，引來了燕王朱棣的反叛，顯然，沒有接受西漢吳楚「七國之亂」與西晉「八王之亂」的歷史教訓。陳子龍〈皇明同姓諸侯王年表敘〉寫道：

昔之建侯求其利，今之置王畏其害，何則？機變既繁，猜情日急，往事多戒，而後防益深也……漢家統千里之封，晉室擅三軍之勢，而七國合逆，八王逞兇，原其喪亂，起於無制……至於骨肉相怨，肺腑摧裂。唐宋以來更酌時宜，親近則虛崇名號，開邸京師，既鮮逾絛，亦無重任……

明興，高皇帝以海內殷遠，天下新定，即位之三年，大封諸子以鎮撫之。十三年復封，幾二十餘國。當此之時，諸王皆親高帝子，或從高帝定天下，無不有帝制心。雖跨州連邑，與漢不侔，而厚壅資財，盛設兵衛，縱橫之資具矣。莫不冕旒逶蛇，龍章繽紛，護衛皆騰健之徒，官屬有精采之士，庶子、子侯、尚王、支郡、上公、丞相拜伏下塵，儼然一國主焉。至於建文君之時，緣飾太平，隙開諸叔，晁錯之謀益亟，田叔之火無聞，縛以裨將，幽之請室。文皇帝積不堪之心，藉可乘之業，奮兵北平，奄有天物。嗣是而後，虛禮攸崇，昔權益脫。夫既以此得國，即以此而疑人，人情不其然歟！[39]

顯然對明太祖的「封建」諸子有所非議，因為此舉造成尾大不掉之勢——「厚壅資財，盛設兵衛」，終於導致燕王朱棣以高皇帝「祖訓」為幌子，聲討仿效晁錯削藩的齊泰、黃子澄，以清君側為藉口發動叛亂，奪取帝位。成祖文皇帝上臺後，「既以此而得國，即以此而疑人」，生怕此後的諸王如法炮製，從反對削藩一變而為積極削藩，使得以後的諸王不再擁有重兵，削奪其政權與財權。正德年間寧王宸濠的叛亂，迅即平定，原因就在於此。這樣的分析不但否定了明太祖「封建」諸子的必要性，也否定了燕王（即後來的文皇帝）發動「靖難之役」的合法性。

李雯的同題文章也著眼於此：

> 高皇帝崩，太孫即位，群叔挾開章之謀，朝廷乏主父之算，動躁變起。而文皇用興，大業既就，則精畏之慮亦頗相深矣。雖太祖諸王狃於自擅，見事既大，未循厥軌，然藩力之削，自此其始也。40

和陳子龍一樣，他對明朝「二祖列宗」的「二祖」——太祖、成祖，沒有什麼好感。

這樣的史識，也反映在明太祖殺戮功臣這種敏感話題上，對其後遺症感慨系之。陳子龍說：

> 明興，高皇帝無尺寸之資，諸將皆起徒步，莫不並志一力，艱難盡瘁，或繫身肺腑之間，或生長子姓之列，不獨資以摧敵，蓋將托之機務，豈有侯王之號招徠，以就權宜馳驅之勢，搖足而分強弱哉……胡、藍（胡惟庸、藍玉）株累，醞釀綿聯，至今二百餘年之間，非有大變革也，佐命之臣搖落將盡……或云高帝春秋高，諸王咸有非常之望，故廣布流言，傾危宿碩，理或有之，非所敢論。獨以承平清宴，多歷歲年，則開物定基，功非渺細，雖十世其可宥，睹九原以誰歸？撫陵園而思股

39（明）陳子龍，〈皇明同姓諸侯王年表敘〉，《幾社壬申合稿》卷十二《序》。

40（明）李雯，〈皇明同姓諸侯王年表敘〉，《幾社壬申合稿》卷十二《序》。

> 肱，臨山河而憑血食。耿、賈高勛，徒在雲臺之上；房、杜後人，無復夏畦之祭。而豎儒俗吏，於國家無毫髮之功，折枝之力，而坐擁高位，或世其家者累累也，可勝道哉！[41]

高皇帝「廣布流言，傾危宿碩」，大興胡惟庸黨案、藍玉黨案，殺戮開國元勛數萬，這恐怖的一頁，給後世留下刻骨銘心的記憶。王世貞〈高帝功臣侯伯年表序〉說：「然至藍氏之株累，而幾若掃矣。夫以馮宋公、傅潁公之雄，而卒不免死嫌。」[42]馮宋公即宋國公馮勝，因為高皇帝「不欲諸將久典兵」，而被賜死——皇上賜宴，「酒歸而暴卒」，美其名曰「賜死」。傅潁公即潁國公傅友德，也是皇上「賜死」的。其中細節是這樣的：「藍玉誅，（傅）友德以功多內懼，定遠侯王弼謂友德：『上春秋高，行且旦夕盡我輩……』太祖聞之，會冬宴，從者徹饌，徹不盡一蔬。太祖責友德不敬，且曰：『召二子來！』友德出，衛士有傳太祖語曰：『攜其首至。』頃之，友德提二子首以入，太祖驚曰：『何遽爾忍人也？』友德出匕首袖中，曰：『不過欲吾父子頭耳。』遂自刎。太祖怒，分徙其家屬於遼東、雲南地，而王弼亦自盡。」[43]陳子龍所說「高帝春秋高，諸王咸有非常之望，故廣布流言，傾危宿碩」，其內心獨白蓋出於王弼所說「上春秋高」云云。

陳子龍的社友們圍繞這個題目做文章，所發的感慨是大同小異的。

夏允彝說：

> 高皇帝數詔天下，未嘗不曰我諸臣力。當其時，河山載起，丹圭永誓，儀惠餝優，漑及昆裔。蓋一封而公者六，侯者二十八；載封而公者四，侯者二十一，伯者二。無德不仇，豈有恧歟。藍、胡繼僨，黃鉞數下，旨酒婁封，宋、潁飲血，卒其所繇盭戾，豈咸得而昭覲者！[44]

這裡所說的「藍、胡繼僨，黃鉞數下」，當指胡惟庸、藍玉黨案；「旨酒婁封，宋、潁飲血」當指宋國公馮勝、潁國公傅友德「賜死」之事。至於「丹圭永誓」云云，是指大封功臣之後，高皇帝頒賜「免死鐵券」，向功臣們發誓：「朕本疏愚，皆遵前代哲王之典禮，茲與爾誓：除謀逆不宥，其餘若犯死罪，爾免二死，子免一死，以報爾功。」[45]言猶在耳，那些功臣陸續以莫須有的「謀逆」罪名被處死，「爾免二死，子免一死」云云，不過是一句空話。皇帝賞賜的「免死鐵券」，不是護身符，充其量只能算作榮譽證書，他可以變著法兒讓你死，還不能說他出爾反爾、言而無信。夏允彝因此感嘆「隙緜鶩啟，戾以纖滋」。

徐孚遠的同題文章用「嗚呼」的口氣寫道：「高皇帝之深計，豈不欲扶絕繼微，世世保其茅社也。然而釁繇二豎，詿誤連類，微嫌自引，殃及苗裔者，不可勝言。至於末年，勛臣之有後者，殆不能十一也。」[46]這是在說，當年殺戮功臣是連根剷除的，所以到了幾社諸子生活的崇禎時代，勛臣後裔還在的竟然不到十分之一。王元玄也有類似的感嘆：「皇祖之意，徒以春秋既高，太孫尚幼，去此怏怏，用綏末命。然而始以一眚之繩，終乖十世之議，金甕屢將於私裡，丹書絕誓於子侯，報短功長，古以為悼。至乃靖難興戈，老成徂喪，捍關據藩者，非無徹侯世將之子，而望實不敵，國步家聲，同時殄悴。」[47]功臣宿將殺戮殆盡的後果是，建文帝為了平定燕王的叛亂，竟然無將可用，不得不讓年邁的長興侯耿炳

41（明）陳子龍，〈高帝功臣年表序〉，《幾社壬申合稿》卷十二《序》。
42（明）王世貞，《弇州史料前集》卷一〈高帝功臣侯伯年表序〉。
43（明）張岱，《石匱書》卷七十一〈馮國用馮勝傳友德列傳〉。
44（明）夏允彝，〈高帝功臣年表序〉，《幾社壬申合稿》卷十二《序》。
45 關於免死鐵券，可以參看呂毖《明朝小史》有關魏國公、韓國公鐵券的記述。
46（明）徐孚遠，〈高帝功臣年表序〉，《幾社壬申合稿》卷十二《序》。
47（明）王元玄，〈高帝功臣年表序〉，《幾社壬申合稿》卷十二《序》。

文出征，敗局已定。高皇帝豈不是在自毀長城！故而王元玄要說「國步家聲，同時殄悴」。

如果說幾社諸子所寫的「序」（或「敘」），偏重於歷史，那麼他們所寫的「論」則著眼於現實。例如夏允彝的《擬皇明宦官列傳論》，針對幾年前的魏忠賢閹黨專政，批判宦官干政：

> 引覽前古，流禍則均，推之本朝，於斯為極。豈制不善哉？自漢迄宋，諸條闊疏，故勢夷而制雜。本朝文紀星繁，有司牙制，其為法也無不密，於宦官則疏……宦官扼中轃之樞，乘無制之勢，即亂烏得而不劇哉……本朝之勢專利宦官者三：君臣之交絕也，內官不隸廷臣轄也，在內者分相柄，在外者管將權，二重咸屬也。[48]

夏允彝所說「在內者分相權，在外者管將權」，看起來是在評述「本朝之勢專利宦官」，其實他所處的崇禎時代何嘗不是如此，他是有感而發的。

李雯的《朋黨論》的現實針對性更加明顯。崇禎元年（一六二八）會推閣臣，溫體仁、周延儒為了阻止錢謙益進入內閣，以天啟元年浙江科場舞弊案為口實，在御前會議上對錢謙益橫加誣陷。激起其他官員的反感，吏科都給事中章允儒針對溫體仁所說「滿朝都是錢謙益黨」，反駁道：「黨之一字，從來小人所以陷君子，皆是這等說。臣猶記得當日魏廣微欲逐趙南星，陳於廷諸臣於會推吏部尚書汪應蛟、喬允升，刑部尚書缺，使魏忠賢加一『黨』字，盡行削奪。大抵小人為公論所不容，將公論之所歸者指之為黨。流傳至今，為小人害君子的榜樣。」這一席話信手拈來，影射溫體仁為小人，企圖以「結黨」的罪名陷害君子。但是他沒有考慮周全，如果皇帝站在溫體仁一邊，豈不是支持小人陷害君子嗎？崇禎皇帝已經意識到這一點，勃然大怒，大聲呵斥：「胡說！御前奏事，怎這樣胡扯？拿了！」[49] 震驚朝野的這場辯論，李雯是記憶猶新的，於是乎寫了這篇《朋黨論》：

> 朋黨者何？君子小人之分也。其族既異，則勢不得而同。不同則必爭，爭則君子必負其名以敗，小人雖敗而可以復勝。負其名以敗者，君子之不幸也。小人雖敗而復勝者，君子之不斷也……蓋天下君子之類寡，而小人之徒眾，為君子者不務精其識，而務博其途聽悅耳之淺言……故曰：小人之黨精於小人，精則純；君子之黨不精於君子，不精則離，離則敗。今天下小人有勝君子之心，而無可以為勝之名；君子有可以勝小人之名，而又無不敗之實。則朋黨之論恐紛紛其未有已也……漢唐以前，朋黨之名恆在小人；漢唐以後，朋黨之名恆在君子。然則人主將疾朋黨乎？疾之，則小人受其福，而君子蒙其禍。[50]

在李雯看來，既然小人用「朋黨」之名來整君子，那麼皇帝不分是非，一概打擊「朋黨」，其結果必然是「小人受其福，而君子蒙其禍」，這已為天啟末崇禎初的政爭所證明。何況當時有人指責幾社也是「朋黨」，李雯當然要辯論個一清二楚。

《南吳舊話錄》寫到幾社時，有這樣一條信息：「幾社非師生不同社。或指為此朋黨之漸，苟出而仕宦，必覆人家國。陳臥子（子龍）聞而怒，夏考功（允彝）曰：『吾輩以師生有水乳之合，將來立身，必能各見淵源。然其人所言，譬如挾一良方，雖極苦口，何得不虛懷樂受？』臥子曰：『兄言是。』乃邀為上客。」[51]師生之間水乳交融，志同道合，結為一社，切磋學問，與「朋黨」風馬牛不相及。

《幾社壬申合稿》的文章，與科舉制藝的八股文截然不同。晚明文人對於八股文的弊端已有清醒的

48（明）夏允彝，〈皇明宦官列傳論〉，《幾社壬申合稿》卷十三《論》。
49（明）金日升，《頌天臚筆》卷四《召對》。
50（明）李雯，〈朋黨論〉，《幾社壬申合稿》卷十三《論》。
51（清）李延昰，《南吳舊話錄》卷二十三《名社．夏考功》。

認識，張岱所寫的《文苑列傳總論》分析得最為鞭辟入裡：

> 二百八十二年以來英雄豪傑埋沒於八股中，得售者什一，不得售者什九。此固場屋中之通病也……李卓吾曰：「吾熟讀爛時文百餘首，進場時做一日謄錄生，便高中矣。」此雖戲言，委是實錄……是以我明人物，埋沒於帖括中者甚多。蓋近世學者除四書本經之外，目不睹非聖之書者，比比皆是，間有旁及古文，怡情詩賦，則皆遊戲神通，不著要緊，其所造詣，則不問可知矣。52

幾社諸子深知其中利弊，與八股保持一些距離，直抒才情，當然要引來非議。《南吳舊話錄》記錄了一則軼聞：「臥子常月夜泛舟白龍潭，匏尊獨酌，興至輒高詠良久。岸上一人曰：『足下少住。』亦棹扁舟攜壺，竟上臥子船頭。各不交語，吟詠間作，夜深始徹。其人上岸大聲曰：『我朝以八股壞天下，幾社諸君又以才情壞八股。』臥子欲與再談，乃搖頭而去。明日，臥子語夏瑗公（允彝），瑗公曰：『此公為劉公榮則不足，為顧子敦則有餘。我輩終落其齒牙。』」53

「關於軍國，濟於時用」的《皇明經世文編》

幾社諸君「以才情壞八股」，是非自有公論。夏允彝所說的「我輩終落其齒牙」，並非戲言，崇禎十一年（一六三八），幾社諸君編成一部五百餘卷皇皇巨著《皇明經世文編》，震驚文壇。幾社的青年才俊主張學問必須經世致用，在王朝走向末路的危難之際，把本朝有識之士的經世致用文章彙編成書，供當朝執政者借鑑。正如編者徐孚遠在序言中所說：「當國者覽此書，以為有裨於鹽梅之用，庶幾因是推其由來，以漸窺高皇帝之淵藪，或有弘益哉，或有弘益哉！」54

陳子龍在該書序言中指出：「明興二百七十年，海內治平，駕周漂漢，賢才輩生，勛在竹帛，而遺文緒論未有統匯，散在江海。蓋有三患焉：一曰朝無良史，二曰國無世家，三曰士無實學……積此三患，故成書也。」接下來他說：

> 予自幼讀書，不好章句，喜論當世之故，時從父老談名公偉人之跡，至於忘寢……夫王業之深淺，覩於人才之盛衰。我明既代有翊運輔佐之臣，而主上旁求俊乂，用人如江湖，則是編也，豈惟益智，其以教忠哉！[55]

字裡行間流露出追求「當世之故」、「名公偉人之跡」，是編輯此書的旨趣，因而它的作用不僅僅是「益智」，更在於「教忠」，擔負起天下的興亡。宋徵璧為此書撰寫的凡例，雖然略顯繁瑣，其宗旨與陳子龍並無二致。開宗明義指出，徐孚遠、陳子龍、宋徵璧三人，選取本朝名臣文集，擷其精華，編成一書，「志在徵實」，所以題目叫作「經世」。接著他闡述了編輯的主旨，不妨選錄若干條，以見一斑：

> 夫國家之景運既如彼，我皇之聖明又如此，必有異人並出，以助緝熙，不愧肅皇之世者。當拭目觀其盛耳。予與徐子、陳子論昭代人才之概，而於名公貴卿深有望云。

52（明）張岱，《石匱書》卷二百二《文苑列傳總論》。

53（清）李延昰，《南吳舊話錄》卷二十三《名社．陳臥子》。

54《皇明經世文編》卷首〈徐孚遠序〉。崇禎年間出版的《皇明經世文編》，頗有廣告意識與版權意識，封面上端橫寫著：「方禹修陳眉公兩先生鑑定」，右邊豎寫著：「陳臥子先生評選」，左下方寫著：「雲間平露堂梓行」、「本衙藏版翻刻必究」。

55《皇明經世文編》卷首《陳子龍序》。

> 天下有一定之理，有萬變之事，正心誠意之言，親賢遠佞之說，治忽之分，罔不由茲。然義簡而直，數語可盡，故集中惟元臣正士，入告我後者，載數十首，以概其餘。
>
> 而治體事功，人文國典，關係一代。夫采野史則多失實，搜家乘則恆溢美，斯編折衷兩端，間有標識，庶竊取乎識小之義，為異日作史之資云爾。
>
> 本朝文士，風雲月露，非不斐然，然求之經濟，十不一二。至若宋文憲（宋濂）之精粹，李空同（李夢陽）之諒直，王浚川（王廷相）之練達，王弇州（王世貞）之博識，寧非卓爾之姿，濟世之彥哉！罕有通才，未當一概。其他若丘文莊（丘濬）、霍文敏（霍韜）、馮文敏（馮琦）、徐文定（徐光啟），學術淵深，足為世用，一稱立言立家，一為實用之准。
>
> 高皇詔廢中書，文皇政歸內閣，三楊秉鈞而後，勢以益重，至嘉隆之間，幾幾真相矣。若洛陽（劉健）、餘姚（謝遷）之讜亮，永嘉（張璁）、丹徒（楊一清）之才略，新都（楊廷和）、華亭（徐階）之弘博，新鄭（高拱）、江陵（張居正）之英毅，山陰（王家屏）、歸德（沈鯉）之端方，內輔君德，外總機務，朝政之清濁，海內之安危，職任綦重，裒輯尤詳。
>
> 當世所急，民窮本患，至徵兵輸餉，所在驛騷。然乞活鼠竊，已經數見，雖同飆風，旋即草薙。當時條索在我，剿撫互施，取則不遠，皆為前鑑。其謀可垂遠，事多切今者，摭采無遺，庶勵志請纓仗劍討賊者知所審焉。[56]

看得出來，此書著眼於現實，突出「徵實」與「經世」色彩，得到了為其寫序的地方長官、知名人士的高度讚揚。

當時的松江知府方岳貢（即該書封面所寫「鑑定者」方禹修）在序言中說：

> 今皇帝勤思大業，宵旦未遑，仰二祖之風猷，闡列宗之光烈，將以對揚厥美，旁求俊乂。而先朝股肱胥輔之臣，折衝禦侮之士，或有欽其績而不睹其文，睹其文而不識其用者，則後起之徒毋乃暗汶惑昧，不克當於天子之意。主日聖而臣日愚，卿大夫之辱也。貢待罪守郡十有一年，政拙心長，勞輕過重，猶幸此鄉多文雅之彥，若徐文學孚遠、陳進士子龍、宋孝廉徵璧，皆負韜世之才，懷救時之術，相與網羅往哲，搜抉巨文，取其關於軍國、濟於時用者，上自洪武，迄於今皇帝改元，輯為經世一編。[57]

方岳貢以政治家的眼光為此書做「鑑定」，指出徐孚遠、陳子龍、宋徵璧三位主編負韜世之才、懷救時之術，決定了本書的特色——「關於軍國、濟於時用」。

應天等十府巡撫張國維的觀點與方岳貢略同，一個說「濟於時用」，一個說「濟世安邦」：「雲間陳臥子同徐闇公、宋尚木所集《經世編》成，郡守以其書示余。余讀而嘆曰：猗與旨哉！我國家治安三百年，列聖之所疇咨，諸臣之所竭思，大約可見於茲矣。夫士大夫之學術，知今而不知古，其蔽也凡陋；知古而不知今，其蔽也迂疏。必欲兼之，則知古易而知今難者……今三君俱以通達淹茂之才，懷濟世安邦之略，采遺文於二百七十餘年之間，襄盛事於數月之內。」[58]

張國維所強調的是，陳、徐、宋三君，不同於一般士大夫「知今而不知古」或「知古而不知今」，

56《皇明經世文編》卷首《凡例》。

57《皇明經世文編》卷首《方岳貢序》。方岳貢字四長，號禹修，湖廣谷城人，天啟二年進士，崇禎時任松江知府多年，治績卓異。

58《皇明經世文編》卷首《張國維序》。張國維字九一，號玉笥，浙江東陽人，天啟二年進士，崇禎時任應天等十府巡撫，為人寬惠，得士大夫心。

既不「凡陋」，也不「迂疏」，用「通達淹茂之才」編成了這部「濟世安邦」的巨著，無怪乎他要感嘆：「猗與旨哉！」

自署「社弟」的張溥所寫的序言，不同於地方長官，完全是同志兼兄弟的口氣：

> 余間語同志，讀書大事，當分經史古今為四部。讀經者輯儒家，讀史者辨世代，讀古者通典實，讀今者專本朝。就性所近，分部而治，合數人之力，治其一部，不出二十年，其學必成。同志聞者，咸是餘說。而雲間徐闇公、陳臥子、宋尚木尤樂為之，天才英絕，閉關討論，直欲以一人兼四部不難也。客年與余盱衡當代，思就國史，余謂賢者識大，宜先經濟。三君子唯唯，遂大搜群集，採擇典要，名《經世文編》，卷凡五百。偉哉是書，明興以來未有也……孰有分別政事，明白讜言，如《文編》者哉！三子志存治世，詞不苟榮，進善退惡，一稟《春秋》。《文編》所載，網羅稍寬，有補兵食中禮樂者，般般收錄，不忍遐遺，使明主見而拊髀，執事聞而交儆，用其言而顯其人，棄其人而存其言，賞罰自在也，其思深而其文遠矣。[59]

「社弟」張溥佩服「社兄」徐、陳、宋三君子，打通「讀經」、「讀史」、「讀古」、「讀今」的界線，編成這部「明興以來未有」的大書，目的在於「治世」。雖然他對於「網羅稍寬」有所批評，還是肯定這些文章對於明主（皇帝）和執事（大臣）是有益的，因為它「思深」而「文遠」。

因為這樣的關係，現代學者對於此書頗為讚譽，朱希祖《皇明經世文編跋》就是一例。他說：「案陳（子龍）、徐（孚遠）、宋（徵璧）三子皆松江人，為明季幾社名人，見於杜登春《社事始末》，而又同時入復社，見於吳應箕《復社姓氏錄》，故是書每卷之首書選輯之名，必有幾社之人，列於陳、徐、宋三人之下，如夏允彝、彭賓、周立勛、何剛、李雯等，皆幾社之英俊，而作序之張溥又為復社之首領。此可見當時集社之人，尚以讀書著作為事，非沾沾於功名利祿已也。張溥輯《漢魏六朝百三名家集》，又成《宋元史紀事本末》一百三十六卷，則其文史之業亦已盛矣。若陳子龍則既與徐孚遠同撰《史記正義》一百二十卷，又刪補徐光啟《農政全書》六十卷，已為人所難能，至所輯《經世文編》，則其志更不在小，精深博大，超出於諸書之上遠甚。蓋痛夫浮文無裨實用，泥古未能通今，故發憤而為此書也。考此書凡例，言此編始於戊寅（明崇禎十一年）仲春，成於戊寅仲冬，僅閱十月而成書五百卷之多，蓋出於幾社眾人之手，而三子總其成，故能彙集有明一代文集數百十部，或購或借，或棄或取，披沙揀金，而蔚成此巨著。」[60]

從《幾社壬申合稿》與《皇明經世文編》來看，似乎幾社諸子意在回顧歷史，其實他們的目光始終沒有離開現實。陳子龍就是最好的例證，他在崇禎十年（一六三七）得中進士之前一年（即崇禎九年），寫過一系列策論，直擊朝政的弊端。在〈別邪正〉中寫道：

夫國家不幸而有朋黨之禍，為人君者惟有速去小人，刪除迸放之務盡，獨用君子，以責其成效可也。若徒憤人臣之私交，而務破其黨，則君子必敗，小人必勝，而禍及於社稷……夫世主所切齒而去之唯恐其不速者，莫過於朋黨。然使君子小人各植交以相角，而朋黨之名必在君子，人主之所惡亦必在君子。小人未嘗無黨，而人主卒不可得而見之也，其何故哉？君子以道義相期，以意氣相鼓，自以為其名甚高，其事甚顯，翹翹然號為一輩；而小人之交亦自知無所執以為名也，故每陰相結納，而人不知。君子有致君澤民之志，故好論天下之事，議論之合，交相引重；而小人志趣卑下，塞默安靜，使人莫得其端倪。君子以仁恕為心，與人同功，亦與人同禍；而小人天性殘忍，雖

59《皇明經世文編》卷首《張溥序》。

60 朱希祖，《明季史料題跋》（北京：中華書局，一九六一），頁一一九－一二〇。

> 其私暱，時時有所割棄以自全。君子以廉恥名節為重，故一事之激，則群起而爭之；而小人無恥，雖有難堪之辭，茹而不厭，至於鷙擊之時，其黨但陰為之謀，而不出師以相助，惟使一身搏戰，以邀孤立之名……彼人君者立於巍巍之上，豈能盡知天下之情？而但見如此，則必以君子似私似橫似有黨，而小人似忠似柔似孤立。故臣曰君子必敗小人必勝也。[61]

當時的文社成員，如李雯、夏允彝、吳應箕、侯方域等，先後都對「朋黨」及「君子小人」這個話題發表觸及時事的評論，而以陳子龍這篇最為深刻，最為尖銳。一看便知針對當時以溫體仁為首的小人以「朋黨」來攻擊誣陷復社的背景而發的議論，希望皇帝擦亮眼睛，透過「君子似私似橫似有黨，小人似忠似柔似孤立」的表象，看清小人的真面目，否則必將「禍及於社稷」。所以他在〈去欺蔽〉的策論中說：「人臣之大罪，人主所最惡者，莫甚於欺蔽。陛下亦嘗發聖怒、設嚴刑以懲之矣，而其風不為衰止者，能懲一人之欺，而不能懲天下之皆欺；能知一時之欺，而不能知其欺之甚久也。」[62]有鑑於此，陳子龍忠心耿耿地為皇上進言：

> 今天子以英聖之姿，當壯盛之會，魁柄自握，紀綱畢張，而又以時方多難，意用重典，故朝夕坐便殿親決庶事，一語詰責則百官惴惴，相隨入司敗矣，而緹衣之帥鋃鐺而收，方鎮以下者相望於道……然則今天子之所為固合於求治之方矣，而成效不見，何與？臣以為知威權之可以御世，而不知所以用之之道，故令屢出而人疑，威嘗試而反挫，求治甚速，而道遠彌甚也。[63]

以上這些逆耳忠言，都是對當時朝政積弊的透徹分析，可見倡導「絕學有再興之幾」的幾社君子們，並非一群只會吟詩作賦的書呆子。關於幾社，有一事需要釐清。復社成立之後，幾社和其他文社都以團體成員加入，因而成為復社的一分子，不過他們的活動是有分有合的，或者說，復社的活動並沒有取代其他文社自身的活動。在崇禎年間，復社的名聲很大，幾乎掩蓋了幾社，但幾社在松江的活動依然有聲有色。對於這一點，謝國楨說得非常好：

> 在崇禎初年，幾社雖然與復社合作，但是復社對外，幾社對內。復社整天地在外邊開會活動，幾社的同志卻閉戶埋首讀書。復社開了三次大會，風頭真是出夠了，但是張天如已死，復社就嗣響終絕，而幾社的文會卻繁盛起來。楊鐘義《雪橋詩話》云：「雲間幾社，李舒章（雯）與陳臥子承復社而起，要以復王、李之學。共七十三人，王玠石為首，青浦邵景悅梅芬繼之，與張處中、徐桓鑑、王勝受業於臥子，時稱四子。少受知於知府方岳貢，歲科果試第一，問業者甚眾，同時入學至十七人。王卻非司空日藻、張蓼匪布政安茂皆出其門，與方密之、陸講山、陸鯤庭皆訂文字之交。當陳、夏《壬申文選》後，幾社日擴，多至百人。」
>
> 那時幾社的同志日漸眾多，所選的制藝除宋存標《幾社壬申文選》之外，還有《幾社會義》初集……《幾社會義》人數比較多了，我們知道的有宋徵輿、張安茂、徐孚遠、張密、張寬等人。所以杜登春說：「《幾社會義》初集擴至百人。」……但幾社由極盛而漸變成分裂之勢，就分成求社、景風兩派。[64]

61（明）陳子龍，〈別邪正（丙子歲作）〉，《安雅堂稿》卷九《策》。

62（明）陳子龍，〈去欺蔽〉，《安雅堂稿》卷十《策》。

63（明）陳子龍，〈振主權（丙子）〉，《安雅堂稿》卷十《策》。

64 謝國楨，《明清之際黨社運動考》，頁一五五—一五六。謝著中〈幾社始末〉一章的後半部分寫得很詳細，請參看該書頁一五六—一六六。

杜登春所說「擴至百人」，並非誇張。嘉慶《松江府志》在寫到徐爾鉉、徐汲承父子「皆以詩文名幾社」之後，專門提及不能立傳的幾社成員名單：「幾社中聲望最著者，同郡又有：郁汝持、陸亮輔、莫暨、杜林、談璘、李延渠、李淑、徐銘敬、陸廣、朱積、張壽孫、唐允諧、徐期生、盛翼進、宋卓、陳夢梅、杜甲春、翁起鶚、宋家禎、李是楫、陸公樞、王有孚、王釬、金震龍、杜駿徵、騏徵、李苞根、大根、何德著、徐恆鑑、彭師度、徐煒、王宗熙、顧必達、范彤弧、蝥弧、夏鼎、張憲、趙侗如、陳爾振、章颺、高何竹、唐鉉、唐鎔、湯[illegible]、郁繼垣、駱金聲、徐度遼、章闇、吳楨、王元一諸人，或終明世，或入國朝，間登仕籍，亦有失其行事，不能立傳者，故附著之。」65

三、遊走於學術與政治之間的復社

復社的尹山大會、金陵大會與虎丘大會

晚明文社中規模最大、名氣最響的無疑是復社，它有狹義的和廣義的兩個含義：前者是指作為眾多文社之一的復社，後者是指作為眾多文社聯合體的復社。朱彝尊寫道：

崇禎之初，嘉魚熊開元宰吳江，進諸生而講藝，於是孟樸（孫淳）里居，結吳翻扶九、吳允夏去盈、沈應瑞聖符等肇舉「復社」。於是雲間有「幾社」，浙西有「聞社」，江北有「南社」，江西有「則社」，又有歷亭「席社」，昆陽「雲簪社」，而吳門別有「羽朋社」、「匡社」，武林有

「讀書社」，山左有「大社」，僉會於吳，統合於「復社」。復社始於戊辰，成於己巳，其盟書曰：「學不殖將落，毋蹈匪彝，毋讀非聖書，毋違老成人，毋矜厥長，毋以辯言亂政，毋干進喪乃身，嗣今以往，犯者小用諫，大者擯。僉曰：諾。」是役也，孟樸渡淮、泗，歷濟魯以達於京師。賢大夫士必審擇而定衿契，然後進之於社。故天如（張溥）之言曰：「忘其身惟取友是急，義不辭難，而千里必應，三年之間，若無孟樸，則其道幾廢。」蓋先後大會者三，「復社」之名動朝野，孟樸勞居多，然而斂怨深矣。[66]

由此可見，當時的吳江知縣熊開元，聚集諸生研習科舉制藝，孫淳與吳翻等創建了復社，那是崇禎元年的事。吳翻與孫淳不僅參與創建復社，而且把它擴大為全國性的文社聯合體。朱彝尊寫道：

> 扶九居吳江荻塘，藉祖父之資，會文結客，與孫孟樸最厚，倡為「復社」。既而思合天下英才之文甄綜之，孟樸請行，出白金二十鎰，家穀二百斛，以資孟樸。閱歲，群彥胥來，大會於吳郡，舉凡應社、匡社、幾社、聞社、南社、則社、席社，盡合於復社。論其文為國表。雖太倉二張主之，實引次尾（吳應箕）、扶九相助。[67]

孫孟樸與吳扶九草創之功是顯而易見的，還不應忘記吳應箕，他並非蘇松名士（是池州府貴池縣人），是復社執牛耳的數人之一，雖然此後在復社中成為領袖的是「婁東二張」——張溥、張采。

---

65 嘉慶《松江府志》卷五十五《古今人傳・徐爾鉉傳》。

66（清）朱彝尊，〈孫淳〉，《靜志居詩話》卷二十一。孫淳字孟樸，嘉興府學生。

67（清）朱彝尊：〈吳翻〉，《靜志居詩話》卷二十一。吳翻字扶九，吳江縣學貢生。

朱彝尊的說法是有根據的。夏燮寫的《吳應箕年譜》提供了重要的信息：

> 崇禎元年戊辰，先生三十五歲。是年，婁東張天如吉士（溥）與同里受先大令（采）始倡復社之會，蘇松名士楊解元（廷樞）、夏考功（允彝）、陳黃門（子龍）皆附之；大江以上則先生（應箕）及劉伯宗徵君（城）預焉。一時有「小東林」之稱。[68]

夏燮的主要依據有兩條，一是劉伯宗（劉城）所寫的〈吳應箕傳〉，其中提到：「崇禎初元，三吳中倡為復社，才十餘人耳，不佞（劉城自稱）與次尾（吳應箕）實共之。」另一是冒襄為吳應箕所寫的序言，談到復社的創立：「大江以上為吳樓山（吳應箕），大江以下為楊維斗（楊廷樞）、張天如（張溥）。然則此十餘人者皆執牛耳，主壇坫，為東林之中興。先生其一也。先生是時未至吳中，而聲氣之通若合符節。迨庚午（崇禎三年）金陵大會，復社之名遂聞於朝野間。」[69]

二張志同道合，張溥比張采小六歲，卻比張采早死，張采為張溥寫了傳記——〈庶常天如張公行狀〉，其中早年讀書生涯，以及主持復社的經歷，極具史料價值，迻錄如下：

> 公諱溥，初字乾度，改字天如，號西銘，遠近學者稱天如先生最顯。蘇之太倉州人……公六七歲奇慧，不逐童戲……公日夜取成書斷章手錄，其後同采讀書時，將所錄本篇篇投火，復日夜手錄，及十日或半月，同采高吟一過，又復投火。采問曷存斯，曰：「聊用強記，奈何留滯心路。」余笑謂：「世間節錄本侈行，公如存者充棟矣。」用是右手握管處大指及掌心咸成繭，五六月須割去，冬月且皸，日數沃盥。其勤學殆天性，方私習舉子業且一年，已成章，當年師猶未知……十五歲喪父，同金母出居西郭，顏一陋室曰「七錄齋」，益讀經史諸書亡厭。十九補博士弟子，聲聞籍甚，

交一時名賢，志為大儒。戊辰（崇禎元年）以覃恩選貢入太學。是年適余先成進士，公策款段之京師，托余邸，會所貢天下士，暨公卿雅流，咸願獲交公，幸一望見。公則循牆謝不敏，而乃拜瞻宮殿，訪南北郊制，問辟雍石鼓文，上下齊魯，伏謁闕里，氣益優裕。兩人先後歸。冬季，采令臨川，公送抵錢塘江，執手欷歔曰：「出處庸有時，弟舍我踽踽獨學行，奈何？」泣數行別去。

先是六年前，公延余讀書七錄齋。公晨出，夜分入，兩人扃戶下帷。公上自皇古，下迄今茲，凡治亂典廢，賢愚是否，無不殫厥理要。此如行舟，公自繫帆，置余作相風，舟行不干相風，輒時占顏，以故兩人深相得，不能頃步離。隔三日，即信使相望。

公既別錢塘歸，果踽踽頗不聊，又念友生若參昴，古學罔攸明，因集吳越間俊造，凡經明行修一輩，定規模，要計程課。既集，公揚言於眾曰：「不殖將落，毋陷匪彝，毋讀非聖書，毋違老成人，毋矜厥長，毋以辯言亂政，毋干進喪乃身。嗣今往，犯者小用諫，大則視勿與。世教衰，茲其復起，名社曰復，共勗諸。」眾咸曰諾。於是復社之名振天下，由吳越以及四方，凡其地俊造，經明行修者，以不得與為恥。[70]

張溥在大會上慎重宣布的復社宗旨，用一種「盟詞」的形式表達出來，可見是經過深思熟慮的共識。當時張采已經出任臨川知縣，獲悉這一「盟詞」後，他評論道：「善哉，張子志則廣矣，難乎其後也。」[71]在他看來，這樣的高標準對於日趨衰微的「世教」，可以起到當頭棒喝的作用，令他擔憂的

68（清）夏燮，《忠節吳次尾先生年譜》，崇禎元年戊辰條。
69（清）夏燮，《忠節吳次尾先生年譜》，崇禎元年戊辰條。
70（明）張采，〈庶常天如張公行狀〉，《知畏堂文存》卷八。
71（明）張采，〈庶常天如張公行狀〉，《知畏堂文存》卷八。

是，今後能否堅持到底。張采所記錄的「盟詞」文字，與朱彝尊所記載的文字，有一些出入，但內容是一致的。這次會議，是復社成為文社聯合體的標誌性事件——崇禎二年（一六二九）的尹山大會。

關於尹山大會，《復社紀略》是有紀錄的：

> 吳江令楚人熊魚山開元，以文章經術為治，知人下士，慕天如名，迎至邑館。巨室吳氏、沈氏諸弟子俱從之遊學。於是為尹山大會，苕、霅之間，名彥畢至。未幾，臭味翕集，遠自楚之蘄黃，豫之梁宋，上江之宣城、寧國，浙東之山陰、四明，輪蹄日至。比年而後，秦、晉、閩、廣多有以文郵致者。
>
> 是時江北匡社，中州端社，松江幾社，萊陽邑社，浙東超社，浙西莊社，黃州質社，與江南應社，各分壇坫，天如乃合諸社為一，而為之立規條、定課程，曰：「自世教衰，士子不通經術，但剽耳繪目，幾幸弋獲於有司。登明堂不能致君，長郡邑不知澤民；人才日下，吏治日偷，皆由於此。溥不度德，不量力，期與四方多士共興復古學，將使異日者務為有用，因名曰復社。」又申盟詞曰：「毋從匪彝，毋讀非聖書，毋違老成人，毋矜己長，毋形彼短，毋巧言亂政，毋干進辱身。嗣今以往，犯者小用諫，大則擯。既布天下，皆遵而守之。」又於各郡邑中推擇一人為長，司糾彈要約，往來傳置。
>
> 天如於是裒十五國之文而詮次之，目其集為《國表》，受先（張采）作序冠弁首。集中詳列姓氏，以示門牆之峻；分注郡邑，以見聲氣之廣云。[72]

此處所說的「盟詞」與朱彝尊、張采記錄的大同小異，可以看作第三種版本，值得注意的是朱張二氏沒有提及，張溥在大會上針對「士子不通經術」，而提出「規條」、「課程」，以期達到「興復古學」、「務為有用」之目的，道出了之所以命名為「復社」的原因。此處所說的《國表》，是張溥把各地送來的文章編輯成的文集，張溥在序言中說，「國表之文凡更四選，其名不易，雖從天下之觀，亦以志舊日、示不忘也」。由各府縣的社長先行審稿，比如蘇州、松江等府由周鐘、楊廷樞、楊彝、顧夢麟、周勒卣負責，浙江各府由錢栴、吳昌時負責，安慶等府由吳應箕、沈壽民、劉城等人負責，江西各府由陳際泰、羅萬藻、艾南英負責，湖廣各府由易道暹負責，福建各府由陳燕翼、陳元綸負責，山東各府由宋繼澄負責，「是以人無濫登，文無妄予」。[73]

張溥關於「士子不通經術」的批評，據其門生吳偉業說，是在他作為貢生進入北京後有感而發的：

> 先生以貢入京師，縱觀郊廟辟雍之盛，喟然太息曰：「我國家以經義取天下士垂三百載，學者宜思有表章微言、潤色鴻業。今公卿不通六藝，後進小生剽耳傭目，幸弋獲於有司。無怪乎椓人持柄，而析枝舐痔，半出於誦法孔子之徒。無他，詩書之道虧，而廉恥之途塞也。新天子即位，臨雍講學，丕變斯民。生當其時者，圖仰贊萬一，庶幾尊遺經，砭俗學，俾盛明著作，比隆三代，其在吾黨乎？」乃與燕趙衛之賢者為文言志，申要約而後去。[74]

這是他對北方（燕趙衛）文人賢者申述的「要約」，其中所說「今公卿不通六藝，後進小生剽耳傭目，幸弋獲於有司」，與他在一年後在尹山大會所講「士子不通經術，但剽耳繪目，幾幸弋獲於有司」

72（明）陸世儀，《復社紀略》卷一。
73（明）張溥，〈國表四選序〉，《七錄齋詩文合集．古文近稿卷四》。
74（清）吳偉業，〈復社紀事〉，《梅村家藏稿》卷二十四《文集二．雜文》。

云云，幾乎如出一轍。

「興復古學」是張溥為之奮鬥的目標，他極力主張「正風俗」，關鍵在於士子的學風與文風：

> 風俗之不古也，士子為甚。逆璫之亂，獻諂造祠者倡於松江；奴酋之横，開城乞降者見於永平。於是天下爭言士子之變淪胥已極，幾甚於堯時之洪水，周初之猛獸。要之，此其人不足以謂之士子也……今日之人心莫患乎諱道學之名，而指六經為迂闊，不樂聞封疆之急，而幸目前為苟安……則為今日太平之計，欲使風俗之正，亦教之以忠義而已矣。[75]

這是復社同人的共識，張采進一步解釋道：「世教衰，急趨功名，上者耽文章，不知功名是才子餘事，趨亦得，不趨亦得，與其趨也，三公曷貴？文章亦才子餘事，天地生之，所期不止此……所以不肖絕去兩端，專事理學，非絕功名與文章也。絕功名，將絕經濟；絕文章，將絕經史。經濟絕，世何由治平？經史絕，世何由聞見？但理學中兩者具足，離之則為枝葉。不肖正絕去枝葉，專務根本耳。」[76]宋存標感慨道：「逮世下衰，無功矜功，無才忌才，豪傑始自愛其鼎，寧貧賤而輕世肆志焉……得志者功名盛而學術衰，其智不足權變，勇不足決斷，仁不能以取予，強不能有所守，一旦有事，隨風靡矣」[77]徐汧也作如是觀，「與婁東張采、金沙周鐘倡立復社，聯絡聲氣。時文風詭譎，見者欲嘔，公一以昌明宏碩，返始持正」。[78]

張溥短暫的一生，著作等身，大多是經學與史學。經學方面有：《周易注疏大全合纂》、《尚書注疏大全合纂》、《詩經注疏大全合纂》、《春秋三書》、《四書注疏大全合纂》、《十三經詁釋》等。史學方面有：《宋史紀事本末》、《元史紀事本末》、《通鑑紀事本末》、《南北史異同》、《歷代史論》、《讀史管見》、《皇明經濟書》、《歷代名臣奏議》等。摯友張采談到他的讀書著述之勤奮，令人驚訝：「張子曰高起，夜分後息，起即坐書舍，擁卷丹黃，呼侍史繕錄，口占手注，旁侍史六七輩，不暇給。又急友聲，書生故人子挾冊問詢，無用剝啄，輒通坐恆滿，四方尺牘且咄咄酬應。而張子俯仰浩落，未嘗逾時廢翰墨。」[79]又說：「天如小予六年，所讀書較予不下多幾萬卷，卒未嘗有驕色……且文為小道，天如之文，其於十三經之表明，與二十一史之詮次，皆有撰述。每云：此書必十年可以見端，欲觀厥成，其三十年乎。」[80]張溥對張采說：「經學微渺，未有究暢，欲用昔人限年法，幾年月畢一經，統幾年月畢諸經，令各就本緒，則如三傳三禮者，雖分專家，義原一貫，當條序成列，融於大通。」又說：「窮經，則王道明；通史，則王事著。明王道者與立體，著王事者與適用。」[81]

看得出來，「興復古學」在他那裡不是一句空話，而是身體力行的。他痛感於「士子不通經術」，滿足於道聽途說，一知半解，進入仕途，上不能「致君」，下不能「澤民」，所以要大聲疾呼：「興復古學，務為有用」。這種宗旨，與應社、幾社以及其他文社的同志是遙相呼應的，因此尹山大會與會人數之多，堪稱盛況空前。《復社紀略》專門記錄了參加此次大會的各地人員名單，日本學者小野和子在《明季黨社考》中據此列出了統計表，我把這個表簡化為文字：南直隸二三四，浙江一六八，江西一二三，湖廣六四，福建四〇，山東二〇，廣東一四，河南八，山西四，四川三，貴州一，共計六八〇。[82]

到了崇禎三年（一六三〇）金陵大會與崇禎六年（一六三三）虎丘大會，復社人數飛速增加達幾倍

75（明）張溥，〈正風俗議〉，《七錄齋詩文合集・論略卷一》。
76（明）張采，〈答龔子書〉，《知畏堂文存》卷一。
77（明）宋存標，〈送友之金陵序〉，《秋士偶編》（不分卷）。
78（清）鄒漪，《啟禎野乘》二集卷二〈徐學士傳〉。
79（明）張采，〈西銘近集序〉，《知畏堂文存》卷二。
80（明）張采，〈天如稿序〉，《知畏堂文存》卷三。
81（明）張采，〈論略題辭〉，《知畏堂文存》卷五。

之多，令人刮目相看。

門戶之爭與政治謠言

文人結社本來都是地方性的，附近的士子相互切磋學問，賦詩作文，是令人羨慕的雅集。到了復社那裡，竟然擴大成為全國性聚會，堪稱前無古人的創舉。雖說當時有結社的自由，但跨地域的全國性結社活動，畢竟聞所未聞。謝國楨說：「復社的同志，本來僅集合太倉等七郡的人物，後來由江南而蔓延到江西、福建、湖廣、貴州、山東、山西各省，吳應箕編《復社姓氏錄》二卷，其孫吳銘道又為《續錄》一卷，著錄復社同志共二千二十五人，那真可以說是秀才造反了。」[83]「秀才造反」云云，似乎過於誇張而失實，他們想的是如何「補天」，而不是「拆臺」，怎麼會「造反」？不過，一個「以文會友」的社團，規模大到這種程度，確實令人震驚。

關於復社成員名單數字，一向有不同說法。其資料來源無非是陸世儀《復社紀略》、吳翽《復社姓氏錄》、吳應箕《復社姓氏錄》。謝國楨說是二千二十五人，朱希祖《鈔本復社姓氏傳略跋》則說：「考復社姓氏者，有陸世儀《復社紀略》本，有貴池吳應箕本，有吳江吳翽本。陸氏僅取《國表》首集七百餘人，其數最少；翽本似取之《國表》一集二集，約二千二百數十人；應箕本則取之《國表》三集至五集，約二千四百餘人。其後應箕之孫銘道，匯合兩吳本相對校……附於應箕本前後兩卷之後，共合三千餘人。」[84]日本學者井上進廣泛蒐集資料，進行考訂，著成〈復社姓氏校錄〉，統計出復社總人數為三千零四十三人（與朱希祖所說大致相近），其成員遍布全國各地，主要集中於太湖周邊的蘇州、松江、常州、鎮江、嘉興、杭州、湖州七府之地，有一千二百二十六人，其中又以蘇州府為最多，有五百零六人。[85]這種盛況當然是金陵大會與虎丘大會以後的事。

崇禎三年（一六三〇）適逢應天鄉試，江南士子前往金陵參加考試，復社成員楊廷樞、張溥、吳偉業、吳昌時、陳子龍等，都高中舉人，復社聲譽一時高漲。在這種背景下，復社在金陵召開第二次大會。次年京師會試，吳偉業、張溥金榜題名，吳偉業為榜眼，張溥授予庶吉士。皇帝欽賜吳回鄉完婚，張回鄉葬親，皇恩浩蕩之下，復社在虎丘召開了第三次大會，進入了鼎盛階段。

復社原本是一個以生員為主的文社，成員的經歷集中在科舉制藝，也就是說為了科舉考試合格，才來入社的。隨著它由一個地方性文社發展成為全國性的文社聯合體，其所宣揚的「尊經復古」主張招來各種非議，捲入門戶是非之爭。復社的精英吳偉業說：

> （崇禎）三年庚午省試，胥會於金陵，江淮宣歙之士咸在，主江南試為江西姜燕及（薑曰廣）先生。榜發，維斗（楊廷樞）裒然為舉首；自先生以下，若臥子（陳子龍）及偉業輩凡一二十人列薦名，吳江吳來之昌時亦與焉，稱得士。而大士（陳際泰）同時始舉於其鄉，主者從廢卷中力索之乃遇，燕及先生猶以不得介生（周鐘）有餘恨云。四年辛未，偉業舉禮部第一，先生（張溥）選庶吉士，天下爭傳其文。而艾千子（艾南英）獨出其所為書相訾謷。千子之學雅，自命大家，熟於其鄉南豐、臨川兩公之言，未嘗無依據；顧為人褊狹矜愎，不能虛公以求是。嘗燕集弇洲山園，臥子年十九，詩歌古文傾一世，艾旁睨之，謂此年少何所知？酒酣論文，仗氣罵坐，臥子不能忍，直前毆

82〔日〕小野和子，《明季黨社考》（京都：同朋舍，一九九六），頁四三三，表四。不知何故，人數最多的蘇州府，表五統計為九十人，我反覆核對名單，卻是九十一人。

83 謝國楨，《明清之際黨社運動考》，頁一二三。

84《明季史料題跋》，頁一六。

85〔日〕井上進，〈復社姓氏校錄〉，京都大學《東方學報》第六十五冊。參看小野和子《明季黨社考》，頁四三二—四三四。

之，乃嘿而逃去。已復僑居吳門，論定帖括，挾異同，賈聲利，故為抑揚，以示縱橫，非其讀書本指已。先生既篤志五經諸史，不復用制藝與千子爭短長，獨取其事折衷於介生。[86]

當時江西文壇名士艾南英與江南文壇名士周鐘在制藝選文的標準上存在分歧，顯示了江左與江右聲氣的差異。早在天啟六年（一六二六），艾南英在給周鐘的信中指出：「夫文之通經學古者，必以秦漢之氣，行六經、《語》、《孟》之理。即降而出入歐、蘇、韓、曾，非出入數子也，曰是數子者，固秦漢之嫡子嫡孫也。今也不然，為辭章者，不知古文為何物，而獵弇州、於鱗之古以為足，不知此非古也，六朝之浮豔而割裂補綴，飾之以《史》、《漢》之皮毛者也。」在他看來，當今搞「制藝」的人們，根本「不知古文為何物」，對江南士子很是鄙夷。[87]周鐘則認為艾南英「鄙儒不知時變」。[88]

艾南英獲悉張溥與張采返回江南張揚社事，海內同人翕然公推張溥為宗主，便由客居的齊魯趕赴蘇州，約與周鐘辯論。陳子龍自詡才高意廣，駕一葉扁舟直駛吳門。艾、陳二人各持己見，互相詰難。艾南英抓住陳子龍的疏漏，痛加駁斥，譏諷道：「《震川集》願足下遲遲其論，足下學至震川，駁之未晚。貴鄉有婁子柔（名堅）、陳仲醇（名繼儒）兩人，雖未得歐韓之深，然皆能言其本末，足下宜贄請為師，得其一言，晝夜思之，思無越畔，然後十年讀書，與不佞論文，未為晚也。」[89]這是對陳子龍極大的蔑視，結果發生了吳偉業所說的，陳子龍上前毆打艾南英的事。當時作為制藝的「房選」，出版了各家的選本，艾南英對其他各家的本子不予評論，唯獨選擇張溥的選本加以詆毀。他在〈房選刪定序〉中說：「今世舉業家所據以為名者，曰經也、史也、子也。是三者，兩漢以後立言之士莫不由之，何獨至今而疑之，而有不然者？」「今必贅經語以就題，復強吾意以就經，有況夫專經而不能通其解，業一經而誤用其四，而號於人曰尊經。吾恐先聖有知，必以為穢而吐之矣！嗚呼，今日制舉之弊已至於此，一人唱之，人人和之，遂至臭腐而不可讀，吾以為此皆空疏不學之故也。」[90]這顯然是對應社、幾社、復社的「尊經」主張的肆意曲解。張溥表示憂慮：「世之所謂選文者，吾憂之，非憂其說之長也，以其無一辭之有，而盛矜己之色。己不自憂，而吾代之憂也。」[91]

艾南英依然故我，張溥不得不給在江西臨川的摯友張采寫信，表示他要反擊的意思：「閱艾千子房選，顯肆攻擊，大可駭異！吾輩何負於豫章（指艾氏），而竟為反戈之舉，言之痛心。兄見之須面責問其故。艾為人貪利無恥，出其本性，又在武陵最久，中間構釁者不少，且往來俱銅臭之子，不識一字之流，固宜與名教悖戾也。弟斷不能嘿無一言，特以聞之老兄……」[92]吳昌時也寫信給張采，痛斥艾南英：「天如（張溥）、介生（周鐘）負海內重望，為我黨尊師，與兄主盟周旋者非一日矣，而貴治子民有心懷反側，倡議翻局，希建奇功，遂至指介生為罪人，目天如為黠惡者。兩兄當之，可付不校，吾輩聞之，恥辱莫甚於斯！且其言論狂妄，視我應社皆目不識丁，愚陋如弟，宜受之矣，如吾兄也何？如同社諸兄弟何？人非至愚，必能別白邪正。而一種未附聲氣，與夫外附而中懷觀望者，咸竊其說以為談資，如吾鄉之金五貞，豈非門牆一大患哉……弟不揣謬陳疏妄於長者之前，伏祈深結豫章之在聲氣者，獨擯此叛道負友之小人，使鄉黨棄之，天下公憤之，則鬼魅之術立破矣。」[93]

86（清）吳偉業，〈復社紀事〉，《梅村家藏稿》卷二十四《文集二・雜文》。

87（明）艾南英，〈與周介生論文書〉，《天傭子集》卷一。

88（明）陸世儀，《復社紀略》卷一。艾南英字千子，江西東鄉人。萬曆末，科舉場屋文字腐爛不堪，艾南英與同郡章世純、羅萬藻、陳際泰以興起斯文為己任，時人翕然歸之。

89（明）陸世儀，《復社紀略》卷一。

90（明）陸世儀，《復社紀略》卷一。

91（明）張溥，〈房稿文始經序〉，《七錄齋詩文合集・古文存稿卷五》。

92（明）陸世儀，《復社紀略》卷一。

93（明）陸世儀，《復社紀略》卷一。

張采收到張溥、吳昌時的來信，決意出面調停，寫信給艾南英委婉規勸：「江右江左並為人文淵藪，在豫章向操海內衡文之柄，近時介生、天如參執牛耳，然皆聲氣相倚，亦未有不尊奉豫章者也。宜共遵尊經篤古之約，力追大雅，以挽頹靡，幸勿自開異同，為世口實。」艾南英卻固執己見，毫不退讓，回信說：「吾輩聲價非謗者壞之，乃尊奉者壞之也。譬有人焉，遇周禮而知敬，及遇盜跖，亦以為周孔，則周孔何地可以自容？此不特大士（陳際泰）、大力（章世純）、文止（羅萬藻）諸兄學問淵源，嘗為評其品地，不可向鹽醋缸中埋殺，即老父母文章經術亦當有以自明。將來取鹽醋缸中物，同類而並稱之，老父母甘之乎？不肖備極苦心，獨救一人，正為諸兄地步，並為老父母地步也。」[94]

從艾南英稱呼張采為「老父母」來判斷，這一事件發生在張采出任臨川知縣之後。具體的時間，據吳偉業說是在崇禎四年（一六三一）辛未會試之後，張溥的弟子吳偉業以會試第一名成為「會元」，張溥自己也進士及第，被選為庶吉士，「天下爭傳其文」，「而艾千子獨出其所為書相訾謷」。就其性質而言，雙方各執一詞，或許可以說是學派門戶之爭，情況並不嚴重。

隨著張溥與復社聲譽的日趨高漲，情況發生了變化。吳偉業是張溥的門人，兩年之內科舉考試連連告捷，直摘會元鼎甲，皇帝欽賜歸娶，天下以為無上榮耀。張溥也因吳偉業而聲名大振。陸世儀寫道：

> 遠近謂士子出天如門者必速售，大江南北爭以為然。以溥尚在京師，不及親炙，相率過婁（太倉），造庭陳幣，南面設位，四叩定師弟禮，謂之遙拜，挽掌籍者登名社錄而去。比溥告假歸，途中鷁首所至，挾策者無虛日。及抵里，四遠學徒群集。癸酉（崇禎六年）春，溥約集社長為虎丘大會。先期傳單四出，至日，山左江右晉楚閩浙，以舟車至者數千餘人。大雄寶殿不能容，生公臺、千人石，鱗次布席皆滿。往來絲織，遊於市者，爭以復社會命名，刻之碑額。觀者甚眾，無不詫異，以為三百年來從未一有此也！[95]

復社聲譽如此鼎盛，張溥、吳偉業或許沒有料到，從此捲入了政治鬥爭的漩渦，而且是最高層的權力鬥爭之中。溫體仁與周延儒聯手，在改組內閣之際，把競爭對手錢謙益打倒，周延儒升任內閣首輔，溫體仁升任內閣次輔，兩人之間的矛盾逐漸激化。他們互相傾軋的第一回合，是圍繞著崇禎四年（一六三一）的會試而展開的。按照慣例，會試的主考官應該由內閣次輔擔任，內閣首輔周延儒為了擴大自己勢力，破例擔任主考官，引起內閣次輔溫體仁不滿，因此被稱為「溫周相軋之第一事」。[96]科舉考試一向的慣例，考生與主考官之間有所謂「門生」與「座主」的關係，一直維繫到官場，結成幫派。進士及第的復社諸君不由自主地都成了周延儒的「門生」，不由自主地捲入「溫周相軋」的政治紛爭。

崇禎六年（一六三三），溫體仁終於抓住機會，把周延儒趕下臺，順利升任內閣首輔。為了把周延儒的復社「門生」拉到自己麾下，他想出了一個絕妙的主意；復社在蘇州虎丘召開大會時，指使其弟溫育仁申請加入復社。不料遭到張溥的堅決拒絕。惱羞成怒的溫育仁仰仗兄長的強大後臺，雇人寫了《綠牡丹傳奇》，來諷刺挖苦復社。陸世儀交代了事情的始末：

> 當天如之選《國表》也，湖州孫孟樸淳實司郵置，往來傳送，寒暑無間。凡天如、介生遊蹤所及，淳每為前導，一時有孫鋪司之目。兩越貴族子弟與素封家兒，因淳拜居周、張門下者無數。諸人一執贄後，名流自負，趾高氣揚，目無前達。烏程溫育仁，相國介弟也，心鄙之，著《綠牡丹傳

94（明）陸世儀，《復社紀略》卷一。
95（明）陸世儀，《復社紀略》卷二。
96（明）陸世儀，《復社紀略》卷二。

奇》誚之。一時爭相搬演，諸門生深以為恥，飛書兩張先生，求為洗刷。兩張因親蒞浙，言之學臣黎元寬。黎與兩張同盟也，因禁書肆，毀刊本，究作傳主名，執育仁家人下於獄，獄竟而後歸。當是時，越中飯命社局者，爭頌兩張夫子不畏強御，而婁江（指婁東兩張）與烏程（指溫體仁）顯開大隙。[97]

關於此事，張鑑說得更為清楚：

> 此吾鄉溫氏啟釁於復社之原。近日讀而知其故者鮮矣……據《復社紀略》，各有指斥。其於越人疑亦王元趾、陳章侯一流，而吳興沈重者，以在朝則影黎愧庵、倪三蘭，在野則影張天如、楊子常、周介生輩。大致如《風箏誤》、《燕子箋》，亦明季文字風氣所趨，而語語譏切社長，極嬉笑怒罵之致……蓋相國子弟育仁暨二子儼、伉雇人為之。[98]

吳梅也如是說：

> 余按石渠此書，為烏程相國攻訐復社之端。當張天如創建復社也，湖州孫孟樸實為司郵，介紹兩浙子弟。時烏程相國弟育仁欲入社不許，因請石渠作此詞誚之，浙中梨園爭相搬演。[99]

基於這樣的背景，關於張溥與復社的各種離奇的誹謗，傳得沸沸揚揚。陸世儀《復社紀略》記錄了這些離奇的流言蜚語：隨著復社聲氣遍天下，士子們都以「兩張」為宗師，不敢直呼其名，稱呼漳浦為「西張」，稱呼張采為「南張」；及門弟子則稱呼為「西張先生」、「南張先生」；以後又尊稱為「西張夫子」、「南張夫子」。更有甚者，把張溥的家鄉太倉稱為「闕里」，與孔子的故里相提並論，也享有配祀的待遇，他的弟子有所謂「四配」、「十哲」、「十常侍」。「四配」是趙自新、王家穎、張誼、蔡伸；「十哲」是呂雲孚、周肇、吳偉業、孫以敬、金達盛、許煥、周群、許國傑、穆雲桂、胡周鼐；張溥的昆弟十人是「十常侍」：張浚、張源、張士治、張撙、張漣、張泳、張哲先、張濯、張濤、張應京；還有「依託門下效奔走展財幣」的「五狗」：黃某、曹某、陳某、趙某、陶某。[100]

這樣的流言蜚語實在匪夷所思，在當時政治體制下，簡直是膽大妄為的僭越，以張溥的人品節操與學識涵養，他能縱容或指使這種咄咄怪事嗎？答案自然是否定的。細細閱讀《復社紀略》關於「闕里」、「四配」、「十哲」、「十常侍」、「五狗」的文字，前面有一段帶出此段文字的引語，便可看出其中的端倪：

> 武陵苕、霅之間為澤國，士大夫家備艅艎，懸燈皆顏復社。一人用之，戚里交相借托，幾遍郡邑。久之，泖河群盜多竊效，官司多捕獲，當事頗以為詬，天如病之，力禁不能止，而謗讟興矣。[101]

這段話中，最為關鍵的句末的五個字「而謗讟興矣」，所謂「謗讟」就是誹謗的意思。緊接著這五

97（明）陸世儀，《復社紀略》卷二。

98（清）張鑑，〈書綠牡丹傳奇後〉，《冬青館甲集》卷六。

99 吳梅，《曲選》卷四《綠牡丹》。參考大木康〈明末江南出版文化的研究〉，《廣島大學文學部紀要》卷五十（特集一），頁一二六—一二九。

100（明）陸世儀，《復社紀略》卷二。

101（明）陸世儀，《復社紀略》卷二。

個字的，就是關於「闕里」、「四配」、「十哲」、「十常侍」、「五狗」的一段文字。從上下文語氣判斷，這段文字是作為事例來說明「謗讟興矣」的，這種「謗讟」的事例，自然不能作為已經存在的事實來看待。

這也可以從吳偉業那裡找到佐證，吳氏談及此事，其結論是「傅會指目」、「語皆不經」：

往者邑子不快於社事，謂先生以闕里自擬，曰配，曰哲，傅會指目。先生葬母，門下士以古文字書志表，誤配作妃，尋手自竄定，其本已有流傳者。（周）之夔草《復社或問》，遂大書之，訐為僭端。又無名氏詭托徐懷丹檄復社十大罪，語皆不經。[102]

顯然，吳偉業為張溥辯誣，是言之成理的，所謂「闕里」、「四配」、「十哲」之類荒誕不經的流言，不能信以為真。

至於緊接著「闕里」這段文字，下面還有一段：「而溥獎進門弟子亦不遺餘力，每歲科兩試，有公薦，有轉薦，有獨薦。公薦者，某案領批，某科副榜，某院某道觀風首名，某郡某邑季考前列，次則門弟子某公弟，甚至某公孫，某公婿，某公甥，更次則門牆某等，受先門下某等。轉薦者，江西學臣王應華視薦牘發時，案撫州三學，諸生鼓噪，生員黜革。應華奪官，後學臣相戒不受竿牘。三吳社長更開別徑，開通京師權要，專札投遞。如左都商周祚行文南直學憲，牒文直書『仰甘學潤當堂開拆』，名為公文，實私牘也。獨薦者，公薦雖已列名，恐其泛常，或有得失，乃投專札。爾時有張、浦、許三生，卷已經黜落，專札投進，督學倪元珙發三卷於蘇松道馮元颺，達社長另換謄進，仍列高等，是大妨賢路。局外者復值歲科試，輒私擬等第名數，及榜發，十不失一。所以為弟子者，爭欲入社，為父兄者，亦莫不樂其子弟入社。迨至附麗者久，應求者廣，才俊有文倜儻非常之士雖入網羅，而嗜名躁進、逐臭慕膻之徒，亦多竄於其中矣。」[103]

這段文字以繪聲繪影的手法，向人們傳遞似是而非的信息：張溥與復社的名聲成為士子們科舉考試的晉身階梯，張溥的一紙薦書可以決定十年寒窗苦讀士子的命運，於是乎有了所謂「公薦」、「轉薦」、「獨薦」的花樣。有了這樣的推薦，科舉考試十拿九穩——「私擬等第名數，及榜發，十不失一」。那個時代，科場舞弊屢見不鮮，但都是偷偷摸摸暗中進行，如此光天化日公開操縱考試，聞所未聞，其可信度是大成問題的。我們寧可相信吳偉業所說的「傅會指目」、「語皆不經」，或者陸世儀所說的「謗讟興矣」。

謝國楨在徵引上述「公薦」、「轉薦」、「獨薦」的文字之後，得出了這樣的結論：

> 復社既然握了極大的黜陟之權，所以一般士子士大夫都想與復社聯合，而那一般夠不上與復社聯合的，就竭力造謠與復社作對。然而復社的領袖又借著民眾的勢力，來把持政權，膨脹社中的勢力。因此復社本來是士子讀書會文的地方，後來反變成勢利的場所。[104]

謝先生看到了復社的「兩面」，無疑是有眼光的，指出了「竭力造謠與復社作對」的同時，卻說復社的領袖「把持政權」，把讀書會文的地方變成「勢利的場所」，實在令人難以苟同。復社的領袖張溥不過是小小的庶吉士，張采不過是小小的知縣，不可能神通廣大到「把持政權」的地步。我想提醒的

102（清）吳偉業，〈復社紀事〉，《梅村家藏稿》卷二十四《文集二・雜文》。
103（明）陸世儀，《復社紀略》卷二。
104 謝國楨，《明清之際社黨運動考》，頁一二四。

是，千萬不要把宵小之徒的流言蜚語當成事實真相。

細細閱讀陸世儀《復社紀略》，便可找到這類謠言的來源，那就是對復社懷恨在心的宵小之徒——託名徐懷丹，捏造一篇聲討復社十大罪狀的檄文。奇文共欣賞，疑義相與析，請看這篇奇文：

復社之興主為張溥，佐為張采，下亂群情，上搖國是，禍變日深，愚衷哀痛。嘗著其論於數年之前，而因循莫悟，今復舉其十罪，開訴四方，共祈鳴鼓焉。

一曰僭擬天王。春秋之法，誅心為烈；素王之政，正名為先。惟天王至尊，稱天以臨之，莫有匹也。今張溥何人？敢僭號天如，其心之妄肆可知矣！且世有鹿馬之指，而溥公然任之。張王治、張源、張質先、張浚等十人，時稱「十常侍」，諺呼「十大王」。挾以江南小天子之威，聚財納叛，隱姓埋名（一名李樽，一名沈景應），意欲何為？此罪之一也。

一曰妄稱先聖。夫仲尼萬世莫京，而溥、采何人？竊其位號，並以趙、張、王、蔡名「四配」（趙自新、王家穎、張誼、蔡申），孚、肇、煥等稱「十哲」（呂雲孚、吳偉業、周肇、孫以敬、許煥、金達盛、吳周肅、周群、吳國主、穆雲桂十人），其誕妄如此，罪之二也。

一曰煽聚朋黨。夫大道為公，而溥、采惟私聲氣，至於千里赴會，萬艘停橈。僧道優倡，俱入社中；醫卜星相，莫非友人。其品行如此，罪之三也。

一曰妨賢樹權。夫賞罰為君柄，今溥、采擅之，入其社者功名可操，在社外者擯逐迭加，使人俱震其權。罪之四也。

一曰招集匪人。夫實行之士，杜門自守，今溥、采社中，或號神行太保（孫孟樸），或稱智多學究（曾同遠），種種奸匪，聚匿為群，有司莫敢過問。罪之五也。

一曰傷風敗俗。夫聖王首重彝倫，今則托名士子，熏心利欲。富貴是圖，子可以逐其父；名勢相

> 軋，弟可以傾其兄。其餘長幼朋友，以及君臣，又何知乎？習以成風，恬不知怪。其罪六也。
>
> 一曰謗訕橫議。夫有言責者自當建議，今復社中同己者則親之，異己者即謗之。遭其詆毀，雖公侯可驟失貴；邀其盼睞，雖寒酸可立致身。嘻，盟社如此，使人有履霜之警矣。罪之七也。
>
> 一曰汙壞品行。夫士為四民之首，今社中遊博馬吊之戲，老傳而童習；中冓賈豎之言，途誦而口占。誇豪舉於一擲，錙銖動與詬詈；買歡笑於千觴，別袂已見睚眥。其劣薄如此，罪之八也。
>
> 一曰竊位失節。夫有才幹者必建功名，今復社自稱名士者幾數萬人，未見文追管樂之猷，武比頗牧之績。以致有志之士，不肯與社中人同應制科，蓋羞與為伍也。其為人擯如此，罪之九也。
>
> 一曰召寇致災。夫災盜貴乎能弭，今社黨布結，橫於朝野，主司無非社友，道府多是社朋。苞苴所遺，不問而收；拳勇之徒，不呼而集。大則肆其憤毒，小則開其釁端。故怨陰伏陽之變，有召而來，近日風蝗，亦由其所感。罪之十也。[105]

讀者諸君看了這篇奇談怪論，一定對其信口雌黃而感到震驚，居然能夠編造出如此離奇的謊言來蠱惑人心，甚至於把近日的風災、蝗災都歸咎於復社——「亦由其所感」，簡直匪夷所思。無怪乎此人不敢署真名，而假託「嘉定徐懷丹」，造謠者畢竟心虛。不過，他還是有點貢獻的，至少讓我們明白了，原來關於張溥、張采自比於孔子，把太倉自擬為闕里，還有什麼「四配」、「十哲」、「十常侍」、「五狗」之類，不過是謠言而已，其源蓋出於此。

105（明）陸世儀，《復社紀略》卷四。

甚囂塵上的攻訐

復社的成員大多是諸生，或剛入仕途的官員，由於他們的文章聞名遐邇，影響巨大，引起內閣首輔溫體仁及其黨羽的反感，視為政敵，必欲置之死地而後快。其中的原因是複雜的。崇禎四年（一六三一）會試的主考官是周延儒，得中進士的復社頭面人物張溥、吳偉業等人成了周延儒的「門生」，在溫體仁與周延儒的權力傾軋中，復社成員自然被他看作異己分子。正如吳偉業所說：「陽羨周挹齋先生主辛未會試，在先生（張溥）及偉業為座主，自以位尊顯無所稱於士大夫間，欲介門下士以收物望，尋謝政得請。而烏程（溫體仁）竊國柄，陰鷙慘核，謀於其黨刑部侍郎蔡奕琛，兵科給事中薛國觀，思所以剸刃東南諸君子。」[106]此其一。其二是，崇禎六年（一六三三），升任內閣首輔的溫體仁，為了把支持周延儒的復社納入自己麾下，指使其弟溫育仁加入復社，遭到張溥嚴詞拒絕。溫育仁策劃了《綠牡丹傳奇》來攻擊復社，一時間鬧得沸沸揚揚。故而陸世儀說：「當是時，越中皈命社局者，爭誦兩張夫子不畏強御，而婁江（即『兩張夫子』）與烏程（溫體仁）顯開大隙已。」[107]更為主要的原因，溫體仁掌權以來，推行沒有魏忠賢的魏忠賢路線，打擊排擠東林人士不遺餘力，錢謙益、錢龍錫、文震孟、鄭鄤都是被他整肅的。在他心目中，復社是東林的延續，必然是他的打擊對象。

幾社才子同時又是復社成員的夏允彝也看到了這一點，他認為，復社捲進黨爭，是以前東林捲進黨爭的繼續。他說：「而門戶之說，為上所深惡。幸上神聖，知兩黨各以私意相攻，不欲偏任，故政府大僚俱用攻東林者，而言路則東林為多。時又有復社之名，與東林繼起，而其徒彌盛，文采足以動一時，雖朝論苛及之，不能止也。」[108]在他看來，東林一派的領袖，從顧憲成、鄒元標開始，繼起者有楊漣、左光斗，此後又有文震孟、姚希孟，最後則是張溥、馬世奇輩，都是「文章氣節，足動一時」之人。

而「攻東林者」，由沈一貫開始，而後有亓詩教之流，繼起者有魏忠賢、崔呈秀，此後是溫體仁、周延儒，最後則是馬士英、阮大鋮，都是「公論所不與」之人。

巧合的是，逮捕錢謙益與攻訐復社，兩案幾乎同時而起。錢謙益革職為民，回到家鄉常熟，「閒住」了七年，政敵溫體仁仍不放過他。崇禎十年（一六三七），溫體仁指使常熟知縣衙門的師爺張漢儒，捏造罪名，誣陷錢謙益以及受牽連罷官的瞿式耜在鄉里橫行不法，作惡多端。張漢儒不愧為刀筆吏，有一手無中生有顛倒黑白的本領，「告御狀」的狀子寫得十分厲害，一共列舉了錢謙益與瞿式耜五十八條罪狀。

與此同時，「復社之獄並起」。吳偉業寫道：

> ……而烏程竊國柄，陰鷙慘核，謀於其黨刑部侍郎蔡奕琛、兵科給事中薛國觀，思所以剚刃東南諸君子。先生（張溥）扼腕太息，早夜呼憤。其門弟子從苕、雲間來者，具得相溫（體仁）陰事，名為廉潔奉法，實縱子弟暴橫鄉里，招權利，通金錢。先生引滿聽之，以為笑謔，語稍稍流聞相溫（體仁）。時盛修郤虞山（錢謙益），思一舉並中之，未得間也。會上憂耳目壅閼，詔吏民極陳時政缺失……相溫（體仁）陰計此便，遂鈎致陳履謙、張漢儒與謀。履謙、漢儒者，故虞山胥吏，有罪亡命入京師，而政府遣腹心延之東第，密受記，告牧齋（錢謙益）及其門人瞿公式耜所為不法，相

106（清）吳偉業，〈復社紀事〉，《梅村家藏稿》卷二十四《文集二．雜文》。

107（明）陸世儀，《復社紀略》卷二。

108（明）夏允彝，《幸存錄．門戶大略》，留雲居十輯，《明季稗史初編》卷十四。清初葉珍撰《明季編遺》卷三《門戶始末》，與《幸存錄》幾乎相同，只有少許文字差異。《明季編遺》寫道：「時又有復社之名，吳門諸君子為社長，凡四方儒宿英畏，附名復社者，無不自謂與東林紹起。而其徒眾文采足以動一時，雖朝論每苛及之，不能止也。」

溫（體仁）從中下其章，鋃鐺逮治，而復社之獄並起。[109]

於是有太倉市井無賴（所謂「駔儈無行」）陸文聲，蘇州府推官周之夔先後上疏誣陷復社的案件發生。

文秉《烈皇小識》崇禎十年（一六三七）四月條，也有簡單的記述：

> 太倉民陸文聲疏言，風俗之弊，皆起於士子。因參太倉庶吉士張溥、前任臨川知縣張采，倡立復社，以亂天下。有旨：著提學御史倪元珙核奏。既而元珙回奏，極斥文聲之妄。而申詳者蘇松道馮元颺也。有旨：元珙、元颺著該部從重議處。後部覆上，俱降三級調用。去歲張漢儒疏參虞山（錢謙益），以致逮問，故一時讒小得意，告訐四起。先是，蘇州推官周之夔，以爭軍儲事與溥、采相忤。蓋溥欲利盡歸於太倉，而之夔欲公普之合郡，事本甚公甚正。後之夔密揭溥等於漕撫，並傷知州劉士斗。於是眾議沸然，皆歸罪於夔。夔與士斗俱不安其位以去。至是，之夔亦許奏溥等樹黨挾持，則曲甚矣。[110]

周之夔誣奏「復社紊亂漕規」，對於這種無端捏造，張溥十分氣憤，寫信給摯友侯方域，希望在朝為官的其父侯恂出面辯白。侯方域在回信中，一方面指出是溫體仁在幕後操縱的報復之舉，另一方面有勸他不必與周之夔這批宵小之徒「屑屑角逐」。信中寫道：「承示，閩漳事有關於漕糧者即當轉白家大人。閩漳（指周之夔）初以文人操入室之戈，已自支離，今乃以軍國如許重務博一快己，此其心術豈尚可問哉？西銘清識至德，本末瞭然，亦不必屑屑與角逐也。某竊謂，朋黨所以報漢，而漢亡於朋黨；道學所以扶宋，而宋弱於道學。此其故在上在下固兩失之，然欲為調停之說，則君子不取。蓋與其失身無益，不如終守道也……而當路乃堅報復恩怨之旨，借忮刻為孤立，以聳動人主，而夙負處士，更有咄咄持空函以邀之者，不止閩漳一輩，說者亦必願西銘針漢士之褊狹，藥宋儒之闊迂，刓方就圓，與時消息，不識果遂以為可否……貴鄉虞山（錢謙益）之爭枚蔔，長洲（文震孟）之去國，為數年來極有關係事，長洲已與日月爭光，天下所觀望者，惟虞山與婁東耳。」[111]信寫得很有意思，所說的「當路」無疑是指溫體仁，投靠他門下的不止周之夔一個。遭到誣奏，調停固然不可取，針鋒相對也大可不必，清者自清，希望張溥珍惜「天下觀望者」的美譽。

關於陸文聲、周之夔攻訐復社一案，記載最為詳細的當屬陸世儀《復社紀略》。根據他的記載，情況大致如下：陸文聲，字居實，少年時在外祖父周文潛家，張采與他同學。崇禎九年（一六三六）三月，兩人因小事失和。陸文聲懷恨在心，進京上疏，攻訐張采「交通上官，把持武斷」。太倉望族王時敏是前內閣首輔王錫爵的後人，與溫體仁有「兩世通家之誼」，深受溫體仁倚重，恩禮較其他親信尤厚。當時太倉望族首推琅琊王氏、太原王氏、清河張氏。琅琊王氏即萬曆時官至刑部侍郎的王世貞家族，太原王氏即萬曆時官至內閣首輔的王錫爵家族，清河張氏即復社的張溥家族。以前難以與琅琊王氏、太原王氏相抗衡的張溥倡立復社之後，門牆熾盛，許多望族子弟皆贄居門下。王時敏由此蓄怨於復社，陸文聲正是看準了這一點，才找上門去，告以入京之意。王時敏說：「相君（溫體仁）仇復社，參之正當其機，但相君嚴重，不輕見人，耳主局者惟德清（蔡奕琛）為政，宜就商之。」陸文聲遵囑拜訪了蔡奕琛，呈進疏稿。溫體仁看了蔡奕琛送來的疏稿，回應道：「誰為張采？不過三家村兔園學究耳，

109（清）吳偉業，《復社紀事》，《梅村家藏稿》卷二十四《文集二．雜文》。
110（明）文秉，《烈皇小識》卷五。
111（明）侯方域，〈答張天如〉，《壯悔堂文集》卷三《書》。

烏足瀆聖聽！今朝廷所急者張溥耳，能並彈治溥，當授官如（陳）啟新也。」蔡奕琛把這一意見轉告陸文聲，命他修改疏稿。幾天後，蔡奕琛向溫體仁獻計：「張漢儒訐錢、瞿，已遣緹騎。此案遽列名，當並得逮，江南一時興兩獄，恐聳上聽，反至起疑。不若藉端籌餉，歷陳奸弊，末後指及黨局，姑下地方查復，俟錢、瞿獄竟，乃具第二疏指名究處耳。」於是陸文聲再次修改疏稿，從「藉端籌餉，歷陳奸弊」角度攻訐張溥。

皇帝很快下達聖旨：「三吳逋餉悉由奸胥攬解，分派侵吞……俱關地方重大情弊，著該撫逐款詳查，明白奏奪。至太倉復社結黨恣行，把持武斷，提學臣所職何事？致士習囂橫如此！著倪元珙一面查究懲飭，據實回奏。」

張溥獲悉後，立即派人對陸文聲之子陸茂貞說：「忝在同里，與尊君素昧平生。若因他人負罪，而無故加兵，是城火池殃也，如陰騭何？」陸茂貞馬上赴京，向父親轉告張溥之意。當時復社成員夏允彝、陳子龍、吳克孝等都在京，以為陸文聲必定受人指使，為了社局的安定，莫如為之謀求一個「善地員缺」，讓他不再參奏。到了崇禎十年（一六三七），得到陸茂貞的確信，張溥拜謁蘇松道馮元颺、蘇州知府陳洪謐，並且轉告蘇松提學御史倪元珙。徐汧對倪元珙說：「社中有傑才，科名恆出其中，但使社局得無恙，公祖目前雖暫屈，後必大伸。」倪元珙於是根據府道的申文，遵旨「據實回奏」：

> 臣受命督江南學政，奉有復社一案。夫結社會友，乃士子相與考德問業耳，此讀書本分事，不應以此為罪。陸文聲挾私憾誣欺瞞，故奏事不以實，熒惑上聽，臣昧死據實以聞。[112]

倪元珙的據實回奏起到了穩定社局的作用，卻付出了降級調用的代價。吳偉業說：「州人陸文聲者駔儈無行……踵漢儒上章誣奏。上疑兩案難並逮，下提學御史山陰倪公元珙驗治。倪公賢者，即蘇松道慈溪馮公元颺所讞以奏曰：『臣奉詔董諸生，而復社多高材生，相就考德問業，不應以此為罪。文聲挾私憾，瞞讕抵欺，熒惑上聽，所奏故不以實，昧死聞。』有詔，並（馮）元颺鐫級調用。」[113]

談遷《國榷》繫此事於崇禎十年三月：「先是，奸人陸文聲詭陳風俗之敝皆原於士子，士子皆以復社亂天下。蓋太倉庶吉士張溥、前臨川知縣張采倡復社，海內靡然趨之。事下南直提學御史倪元珙按之，元珙奏：社有之，非有把持武斷之跡。上責其蒙飾，俾更核。元珙不屈，已，降光祿寺錄事。」[114]

鄒漪為倪元珙立傳，這樣寫道：

> 時張太史溥、張儀部采倡立復社，四方名士絡繹奔會。而蘇州推官某，以漕兌事與張訐口，遂迎執政（溫體仁）意，舉以入告，幾拘黨禍。事下提學御史勘議，公力護持，辨言：『諸生引徒眾講習，實非黨，無可罪者。且文章為士精心，即國元氣，厲治士不便。』執政恨公庇士，嚴旨切責，鐫秩補光祿寺錄事，升行人司副。[115]

他對倪元珙有很高的評價：「凡除害興利，有益地方者，咸挺然身任。生平無不可告天地鬼神之事，合親疏遠邇皆樂歸依。學一本諸姚江，為諸生便以天下為己任。」並且為之寫了這樣的評語：「跡先生去官以復社，則先生之大有功於三吳人士可知」。案件並未就此了結，蔡奕琛以授予御史為誘餌，催促陸文聲再上第二疏，重申「復社結黨恣行」的意見。陸文聲「佯言他事以謝」，沒有再上第二疏；

112（明）陸世儀，《復社紀略》卷四。
113（清）吳偉業，〈復社紀事〉，《梅村家藏稿》卷二十四《文集二・雜文》。
114（明）談遷，《國榷》卷九十六，崇禎十年三月庚子。
115（清）鄒漪，《啟禎野乘》一集卷四《倪光祿》。

爾後他被選調為湖廣永州府的「吏目」，離開了這個是非之地。

倪元珙離職後，蘇松提學御史由亓瑋繼任，奉旨再次勘查復社一案。不久，亓瑋因為丁艱回鄉守制，提學御史由張鳳翮繼任，對復社一案壓下不理。蔡奕琛計無所出，命前任泗州衛弁拿了他的手書前往福建，要前任蘇州府推官周之夔再次挑起事端。於是周之夔的〈復社首惡紊亂漕規逐官殺弁朋黨蔑旨疏〉出籠了，依然是老調重彈：

> 惟是臣職兑護漕，受翰林院庶吉士張溥、江西臨川告病知縣張采毒害，撫按不敢言。即近日聖明嚴究復社，天下共曉，而溥、采正復社首惡，寧代受譴，莫肯實對者，同黨相護也。

其中連篇累牘談到漕運事宜，說張溥張采「把持徇飾」、「逐官殺弁」，不過是一個幌子，在奏疏的末尾顯露了殺機：

> 至溥、采自誇社集之日，維舟六七里，祖道六百人，生徒妄立「四配」、「十哲」，兄弟盡號「常侍」、「天王」。同己者雖盜跖亦曰聲氣，異己者雖曾閔亦曰逆邪。下至娼優隸卒，無賴雜流，盡收為羽翊。使士子不入社，必不得進身；有司不入社，必不得安位。每一番歲科，一番舉劾，照溥、采操權飽壑，孤寒飲泣。惡已彰聞，猶為壅蔽。臣恐東南半壁從此不可治矣！其他婪場弊，窩盜賊，詐鄉民，有證據之贓，已累巨萬。一疏難盡，容臣列款詳奏。何敢冒瀆？緣受害冤深，奉旨嚴查，猶經年寢閣，萬不得已，七千里匍匐伏闕。臣孤立無援，攖此雄鋒，自分必死。然生無可報國，不惜捐軀以明漕儲利害，朋黨罪惡。伏望皇上立奮乾綱，大破黨局，提張溥、張采與臣面鞫。得實，乞斬溥、采以謝朝廷，並斬臣以謝朋黨。[116]

談遷《國権》繫此事於崇禎十年五月，「前蘇州推官周之夔訐奏太倉庶吉士張溥、前臨川知縣張采，倡諸生立復社，樹黨挾持，紊漕政，逐上官。章下所司。」[117]周之夔的用心極其險惡，企圖以「四配」、「十哲」、「常侍」、「天王」之類僭越的稱呼，激起皇帝的怒氣，置張溥、張采於死地，而且直截了當地乞求皇帝處死婁東二張。皇帝並沒有發怒，只是把奏疏轉發給有關部門，有關部門又把它轉給蘇松提學御史，張鳳翮把它壓下不予回覆。一場「乞斬溥采以謝朝廷」的鬧劇不了了之。原因就在於，事件的幕後主使者溫體仁於這年六月罷官而去。八月，錢謙益案件得以平反，以處死誣陷者張漢儒等而收場。復社一案自然不再追究。

事情並未了結。新任內閣首輔張至發繼承溫體仁的衣缽，復社的危險仍然存在。正如當時已任翰林院編修的吳偉業所說：「首臣張至發新猷方始，故轍猶存，其近辯溫體仁曰孤執，曰不欺。夫體仁當國，有唐世濟、閔洪學、蔡奕琛、張漢儒、陸文聲驅除異己，何得謂孤？庇樞貳，則總理可不設，而事敗乃設；徇鳳撫，則鎮可不移，而事敗乃移。何得謂執？家窩巨盜，孽子招權，何得謂不欺？今首臣滌心改行，以收實效，臣何敢議？如其不然，首臣亦何以酬主恩而塞輿望耶！」[118]張至發並沒有「滌心改行」，擔任首輔的時間不長；此後擔任內閣首輔的薛國觀也是溫體仁的羽翼，一年後遭到「削籍」的處分。

崇禎十四年（一六四一）五月，張溥病逝於家。十一月，蔡奕琛因賄賂薛國觀被逮捕，不肯入獄，

116（明）陸世儀，《復社紀略》卷四。
117（明）談遷，《國榷》卷九十六，崇禎十年五月己丑。
118（明）吳偉業，〈劾元臣疏〉，《梅村家藏稿》卷五十七《文集三十五・奏疏》。

上疏為自己鳴冤：「庶吉士張溥、故禮部右侍郎常熟錢謙益等倡復社，朋陷及臣。」還說：「復社殺臣，謙益教之也。」這簡直是胡攪蠻纏，第一，蔡奕琛賄賂薛國觀這一事實，與復社是否「朋陷」無關；第二，錢謙益並不是復社的倡立者；第三，「復社殺臣」毫無根據，「謙益教之」更沒有根據。皇帝還是要他們三人對質。

錢謙益與婁東二張並不是同一代人，且與復社無關，當然不能接受這種無端的誣陷，上疏答辯道：

臣自往歲觸權被拘，蒙皇上鑑臣無辜，寬赦歸里。頂踵高厚，杜門屏跡，朝夕焚香，祝頌萬壽。頃於十一月十二日接得刑部諮文，內開：「原任刑部侍郎蔡奕琛奏為再陳神通廣大等事。奉聖旨：『復社一案，屢奉明旨，延捱不結，明有把持。今觀〈復社或問〉及〈十大罪〉之檄，僭妄奸貪兼備，於人才治亂大有關係，何可不問？張溥、張采、錢謙益殊干法紀，俱著回將話來，還勒限去。該部知道。欽此。』欽遵。」……臣於復社有無干涉，不容不力辯於聖明之前者，敢矢心瀝血為皇上縷陳之。奕琛疏稱張溥首創復社，臣中萬曆庚戌科進士，溥中崇禎辛未科進士，相去已二十餘年。結社會文，原為經生應舉而設。臣以老甲科叨冒部堂，何緣廁跡其間？其不容不辯者一也。〈復社或問〉係原任蘇州府推官周之夔所作，及徐懷丹〈十大罪檄〉，原本具在，未曾隻字及臣。若臣果係復社，則之夔何不先指臣，直待奕琛始拈出耶？其不容不辯者二也。

復社屢奉明旨察奏，亦未曾有臣姓名。屢旨見在御前。其不容不辯者三也。

復社一案，聞往年撫按回奏，已經部覆。臣方被逮在京，無由與知。其有未經回奏者，事在所司。有無把持，諸臣見在可問。其不容不辯者四也。

復社自復社也，臣自臣也。奕琛欲紐而一之，而無端插入一語曰：謙益發縱。此所謂捕風捉影也。其不容不辯者五也。

復社自復社也，奕琛自奕琛也。復社自有周之夔之案，奕琛自有薛國觀之案，奕琛又欲紐而一之，而曰復社操戈，由臣指授。此所謂桃僵李代也。其不容不辯者六也。……奕琛以舊輔溫體仁姻戚，疑臣報復。不知臣生平素無藏蓄，固未嘗仇體仁於生前，乃奕琛顧欲代體仁仇臣於身後。人之不同量若此，又何言哉！[119]

錢謙益列舉事實為自己聲辯的同時，點明了事情的本質，蔡奕琛作為溫體仁的姻戚與親信，繼承其衣缽，妄圖把錢謙益拖入復社之獄的泥淖中。

已經杜門養病的張采，也遵旨回話，寫了〈具陳復社本末疏〉為復社辯護：

原任江西撫州府臨川縣知縣告病回籍臣張采謹奏為遵旨回話事。臣係崇禎元年進士，選授前職，在官兩載，以勞成疾，告病歸家十餘年，殘廢在床，不能窺戶外。

今十月中忽聞邸報，有原任刑部侍郎某一本〈再陳神通廣大合謀拘陷事〉，奉聖旨云云欽此……惟復社一案責張溥及臣回奏，惜溥已死，臣謹齋沐陳之。

我朝制科取士，因重時文，凡選鄉會中式文曰程墨，選進士文曰房書，選舉人文曰行卷，其諸生徵文匯選曰社稿，從來已久。若復社之起，臣已為縣令，不預書生事。張溥時猶未第，故選社文，以臣向同硯席，代臣作序。及溥成進士，而臣已病廢矣。豈意臣裡中奸人私隙中傷，有復社一款，下蘇松提學。前學臣倪元珙曾經具覆，奉旨再察。既學臣亓瑋以丁憂去，張鳳翮以外轉去，懸案未結，事會致然，罪不在溥與臣也。

119（清）錢謙益，〈遵旨回話疏〉，《牧齋初學集》卷八十七。

> 乃夏五月初八日溥病身死，惟臣僅生，謂復社是臣事，則出處年月不符；謂復社非臣事，則溥實臣至交，生同砥礪，死避羅弋，負義圖全，臣不出此。
>
> 竊惟文者昭代之所重，社者古義所不廢。推廣溥志，不過欲楷模文體，羽翼經傳耳，未嘗有一毫出位躍冶之思也。至於〈或問〉及罪檄，此忌溥者羅織虛無，假名巧詆，不惟臣生者不聞，亦溥死者不知。若使徐懷丹果有其人，臣願剖心與質；倘其人烏有，則事必誣拘。獨念溥日夜解經論史，矢心報稱，曾未一日服官，懷忠入地，即今嚴綸之下，並不得泣血自明，良足哀悼。臣雖與世隔越，孤立杜門，而兢兢勉學，頗知省察，不欲一字自欺，豈敢一字欺皇上！[120]

張采強調復社是為了科舉應試而倡立的文社，宗旨不過是「楷模文體，羽翼經傳」而已，沒有一絲一毫「出位躍冶之思」，陸文聲、周之夔之流「羅織虛無」，託名徐懷丹者「假名巧詆」，表示願意和他對簿公堂，諒他不敢，故而說：「倘其人烏有，則事必誣構。」

皇帝終於明白真相，下達聖旨：「書生結社，不過倡率文教，無他罪，置勿問。」[121]據楊彝《復社事實》說，崇禎十五年，御史金毓峒、給事中姜埰，各上疏白其事，始奉旨：「朝廷不以語言文字罪人，復社一案准註銷。」[122]

議論紛紜十幾年，復社終於從皇帝那裡討回了公道，以前強加於它的種種誣陷不實之辭，諸如「操縱朝政」、「把持科場」、「橫行鄉里」、「自擬闕里」云云，統統是站不住腳的。皇帝所下的結論：「書生結社，不過倡率文教」，以及「朝廷不以語言文字罪人」，對於復社和其他文社而言，無疑是最有權威性的定論，也是最符合事實真相的。

復社的理想政治——吳應箕的個案

崇禎時期圍繞復社的政治風波，其實是東林黨爭的延續，吳應箕寫了《東林本末》來回顧這段歷史，說：「東林者門戶之別名也，門戶者又朋黨之別號。夫小人欲空人國，必加之以朋黨，於是東林之名最著，而受禍為獨深。要亦何負於人國哉！東林爭言真偽，其真者必不負國家，偽者或至負東林。」又說：「嘗觀國家至敗亡，未有不起於小人傾君子之一事；而小人之傾君子，未有不托於朋黨之一言。」[123]顯然是針對群小誣陷復社而發的議論。

萬曆、天啟時代黨爭，「實錄」不實，正史多曲筆，吳應箕反其道而行之，為當代史揭示真相。對此，周鍾給予高度讚揚：

> 清議所病固非一端，獨如神宗朝四十八年，其大者始爭、國本、晚爭三案，諸疏恆芟削不詳，他小人邪說傾翻，則連章累牘書之；其次者鄒南皋先生論張江陵奪情，江陵敗，先生除給事，既又

120（明）張采，〈具陳復社本末疏〉，《知畏堂文存》卷一。

121（清）鄒漪，《啟禎野乘》一集卷七《張庶常傳》。鄒氏寫道：「公死後，復有攻公希跳獄者，再得嚴旨，責公及張公采各自陳。采具疏備述顛末……疏上，上亦鑑書生結社，不過倡率文教，無他罪，置勿問。」

122 楊彝，《復社事實》，轉引自謝國楨《明清之際黨社運動考》，頁一三七。張廷玉《明史》卷二百九十五《金鉉峒傳》：「因言復社一案，其人盡縫掖，不可以一夫私怨開禍端。帝多採納。」鄒漪《啟禎野乘》一集卷十一〈金御史傳〉：「其解黨錮一疏，尤諍於群小羅織清流之日，而為海內所傳誦者也。」萬斯同《明史》卷三百七十一《姜埰傳》：「溫體仁與復社之獄，七年未結，（姜）埰言：『諸生率闡明經史，無可罪，而張溥一代著述才，齎志以沒，宜責易名之典。』時周延儒已復召當國，事乃大解。」

123（明）吳應箕，《東林本末》卷上《門戶始末》。

以言事被謫，諸疏亦不盡載，諸小人之攻之者，則又連累書之……江上吳子次尾有憂之，每抵掌時政，奮髯垂涕，悲憤交作。三年以其所作詩文若干卷視周子曰：「古之君子得志則以其所行者紀載之，不得志則以其所見者著明之，此予是編所由成也。」[124]

這是周鐘為《樓山堂集》所寫的序言。吳應箕所說的「不得志則以其所見者著明之」，就是他所寫的《國朝紀事本末論》、《東林本末》、《兩朝剝復錄》等當代史，為洞察崇禎年間的「黨爭」提供一面鏡子。

這種史論，其實就是政論，用歷史委婉地批評當時的朝政。看一下侯方域所寫的〈朋黨論〉便可以明白。由於孔尚任的《桃花扇》的流傳，明末四公子之一的侯方域留給人們的印象，似乎是風流倜儻的公子哥兒，掩蓋了他的見識與才情。其實他是很有思想的才子，請看他的這篇文章：

君子小人之不能不分也久矣。其禍必成於小人，其罪必歸於君子，此二者相持不並立之勢也。而小人必勝，君子必敗。其小人之所以勝者，大率自稱孤立；其君子之所以敗者，必以為朋黨……夫主上居深宮之中，與臣庶隔絕，常恐天下之欺己，而密以為防，群天下之人而有朋，群國家之臣而有黨，此豈人主所樂聞哉……自世之既衰也，而黨人之目在下，蓋小人既逐君子，則朝廷之上可以惟我所為，而恆恐君子之在下者得而非議之。於是因其議論而指為譏刺，觀其風節而誣為標榜，群天下名彥之士，而盡陷之語言文字之中，使其辨之無可辨，而逃之不可逃，則小人之勢成矣！[125]

他在文章末尾，特別寫了一句畫龍點睛之筆：「人主奈何不之悟也！」據文集編者徐鄰唐的點評：「此係朝宗少年作」，文集的另一位編者徐作肅的點評也指出：「明朝門戶自四明（沈一貫）始分，至烏程（溫體仁）而後，士大夫之禍始烈。朝宗家學最熟最悉，故兩篇議論鑿鑿，無一字依傍影響。」[126]由此可見，這篇文章針對溫體仁攻訐錢謙益、文震孟等東林人士，故而文中說「其小人之所以勝者，大率自稱孤立」，因而得到皇帝的信任。其時復社聲譽高漲，而招來小人疑忌，「因其議論而指為譏刺，觀其風節而誣為標榜」。所以他要感嘆：「人主奈何不之悟也！」

由此可以透視出吳應箕《東林本末》的現實意義。

吳應箕是復社初創時期的中流砥柱，屢屢在科舉考試中落第——「七試南都不第」，始終沒有踏入仕途，主要精力都集中於著書立說與社事活動。據他的年譜記載，萬曆四十六年（一六一八）他二十五歲，參加金陵鄉試，不第而歸，從此開始「勵志於學」。[127]天啟七年（一六二七），四應南都試不第，便於崇禎元年（一六二八）投入張溥、張采創建復社的事宜中。崇禎三年（一六三〇），五應南都試不第，當即投身復社的金陵大會，並與同鄉劉城（伯宗）創辦「國門廣業之社」，成為復社人士的一個分支活動。所謂「國門」當然是指南京，「廣業」則是南京國子監的一個廳堂的名稱，每次鄉試，諸生論文考藝，都集中於廣業堂中。當年考試之後，諸生們在廣業堂舉行雅集，由吳應箕、劉城、沈士柱（昆銅）主持，並且約定，以後每三年舉行一次，與會者輪流主持。[128]吳應箕在〈國門廣業序〉中回憶道：

> 南京故都會也，每年秋試，則十四郡科舉士及諸藩省隸國學者咸在焉。衣冠闐駢，震耀衢街，

124（明）吳應箕，《樓山堂集》卷首《周鐘序》。
125（明）侯方域，〈朋黨論〉，《壯悔堂文集》卷七《論》。
126 侯方域，〈朋黨論・下〉，恭士（徐作肅）、爾黃（徐鄰唐）所寫的「點評」，《壯悔堂文集》卷七〈論〉。
127（清）夏燮，《忠節吳次尾先生年譜》，萬曆四十六年戊午條。
128（清）夏燮，《忠節吳次尾先生年譜》，崇禎三年庚午條。

豪舉者挾資來，舉酒呼徒，徵歌選伎，歲有之矣。而號為有氣志能文章者恥之，鍵戶若無聞，遇則逡巡從道旁避去。數十年來，求勝遊之可傳，高會之足紀者，蓋渺耳。自崇禎庚午（三年）秋，吾黨士始合十百人為雅集。其集也，自其素所期向者遴之，稱名考實，相聚以類，亦自然之理也。計其時為聚者三，主之者劉伯宗、許德先、沈崑銅也。癸酉（六年）則楊龍友、方密之。再一舉行，而莫盛於姚北，若丙子（九年）之役。夫吾黨自庚午後，匯聚之士半為升用，其本末固已見於天下矣，攻之者且四面至，物盛而忌，夫何怪乎！於是天下方以社事為諱，而姚子獨於憂疑滿腹、讒口方張之日，大聚吾徒，而盟之曰：「吾黨所先者道也，所急者誼也，所講求者異日之風烈事功，所藉以通氣類者，此文藝而假以宣彼我之懷者……」姚子獨毅然行之，一無所畏，固為其難者哉！[129]

最能反映復社理想政治的，是吳應箕寫於崇禎九年（一六三六）的〈擬進策〉。他從邸報見到臣民紛紛進言，皇帝都有批示，有的人因此「驟荷進用」。但是在他看來，這些奏章「於天下大計俱有未當也，私以為言者皆負上」，因此草擬了十策。由於他是無名之輩，無法呈進朝廷，後來收入文集，成為書生論政的一個紀錄。這篇〈擬進策〉[130]包括十個方面：持大體、別邪正、謹信任、審言術、勵廉恥、重變更、儲邊材、罷無用、養民財、塞貪源。略選其中若干，以饗讀者：

持大體

總紀綱、挈要領，一切兵刑錢穀各責之所司而已……此所謂大體得也。體失而後務為操切，操切之過，臣下奉行不及，則益工為欺蔽，而叢脞因之。至於叢脞，則操切亦有時而窮，而廢隳因之，究之，柄且為人所旁操而不覺。是故得體而治，失體而亂，自古至今，未有能易者也……臣觀神宗初年，張居正為相，其蕩滌振刷不可謂無功，然亦似稍刻矣。神宗一以寬大繼之，跡若倦勤，而政實得體，故海宇晏如者幾五十年矣。迨其末年，不無廢弛惰窳之象，亦其勢然也。因而（熹宗即位）邊隅孽生宮禁，逆璫之禍，海內沸然。幸陛下神明踐祚，然後人心始有所恃，於是懲先朝之失馭，創群工之積弛，手攬萬機，躬親庶政，至於閭閻銖兩之奸，皆勤詔旨，雖漢宣之精勵，豈能及陛下之萬一哉！然臣固有慮焉，事無大小，俱自上操，使天下皆重足而立者，欺罔之藉也；言無是非，俱得達陛，使天下皆裹足不至者，奸佞之叢也。大臣無所執持，小臣相為朋比者，衰亂之征也。是故欲懲貪而愈以風之，欲革弊而愈以啟之，何也？失體也。

他用張居正的操切來反襯神宗的寬大，看似倦勤，其實是「得體」，所以幾十年海內晏如。再談到當今陛下手攬萬機、躬親庶政，勵精圖治的漢宣帝不及陛下之萬一。然後話鋒一轉，崇禎一朝九年來，皇帝大權獨攬，過於操切，天下重足而立、裹足不至，欺罔奸佞叢生，貪弊愈演愈烈。根源就在於「失體」，亦即皇帝沒有「持大體」。

別邪正

今夫國家之患，莫大於人臣之自為朋黨，而其病由於人主之不分邪正。夫不分邪正，使君子小人雜進，於是君子以小人為小人，小人亦以君子為小人；小人指君子為朋黨，君子亦自以為黨而不辭。始未嘗不從國家起見，後不過爭競門戶。迨爭競門戶，而君子常易衰弱，非易衰弱也，君子難進而易退，難榮而易辱。於是小人揣得其情，攻之以必忌，持之以難久。不幸君子或授之以間，又

129（明）吳應箕，〈國門廣業序〉，《樓山堂集》卷十七《序》。

130（明）吳應箕，〈擬進策並序〉，《樓山堂集》卷九《策》。

不幸附君子者或因之為市，而君子之勢孤矣。君子之勢孤，國家之事去矣……陛下試觀即位以來，誰為順悅，誰為憨直？誰重氣節而輕於禍福，誰矢念於國家，誰快心於報復？其擠掇閱歷不可謂不熟矣。又試觀神廟以來，所謂身在朋黨橫被攻擊者，其後之孤忠勁節、甘死如飴者何如？又觀天啟中所謂志在進取、力攻朋黨者，其時之誦德稱功、嗜利無恥者何如？而邪正之數有不較然乎？今之時勢又與先朝不同，則夫希名而附和，與夫懲跡而矯飾者，其蒼素黑白誠難遽別，然而涇渭之源流自在也。陛下誠能窮治之源，而登進斥逐，一以其權歸之於上，使眾正匯進，而憸險小人無所緣而售其奸，將國家之治理可以計日而待。

他和李雯、夏允彝、侯方域等人一樣，提及當時熱門的話題：朋黨與君子、小人，尖銳地指出，病根在於皇帝「不分邪正」，結果是君子日趨孤立，「國家大事去矣」。如果能使「力攻朋黨」的陰險小人無以售其奸，國家何患不治！

謹信任

臣聞天下之患莫大乎君有疑其臣之心，而信任之不專，尤莫患乎臣有要其主之心，而信任之太篤。不專之與太篤，皆足為患，而第其輕重則無所別，而篤任之者其為禍甚深也……高皇帝神武開天，猶失之胡惟庸；肅皇帝英明絕世，猶失之嚴嵩。是故信任之不可不謹，其在英主為尤甚。皇上躬戡璫禍，手攬萬機。念夷寇之交訌也，尚方之賜時出；憫財賦之日匱也，司農之任獨久。總紀綱於中丞，歸操柄於塚宰，不專之患，可幸無之。且陛下始欲借內鎮以風勵諸臣，未幾撤之如脫槁，即昨日召置輔相，士大夫方舉手加額，而旋以一人之言棄之。人方疑陛下信任之理太輕，臣即竊於此有慮者……故臣願陛下益去其菲薄臣下之見，程力量能，執虛公以馭下。[131]

這是在討論理想的君臣關係，君不能有疑臣之心，否則對臣的信任就會不專；臣不能有要主之心，否則對臣的信任就會太篤。他以胡惟庸、嚴嵩為例，指出了皇帝對篤信寵臣的危害，特別強調「信任之不可不謹，其在英主為尤甚」，顯然是在影射崇禎皇帝過於篤信溫體仁。在談到審言術、勵廉恥、重變更、儲邊材、罷無用、養民財之後，吳應箕的第十策是「塞貪源」。他說「今天下盜賊生於民貧，民貧由於官貪」，陛下赫然嚴懲，反而愈演愈烈，原因在於只治「貪之流」，而未治「貪之源」。他列舉了一些「貪之源」，其一是士子金榜題名剛入仕途，就必須「營選」、「鑽缺」，為了打點，不息借高利貸。因此早晨剛上任，晚上討債者就趕到。為了填補漏洞，「外官取償於民，京官取償於外官」，源頭是相同的。各種關係都需要打點，比如，有奧主，有座師，有同年，有鄉曲，哪一個都要擺平。此外還時時有各種需索，比如有考核官員的大計、京察之類，還有遭到彈劾請求從輕發落，收到推薦希望求得肥差，都是要花錢的。他慨乎言之：「凡此能虛得之乎？視其人之崇卑戚疏，以厚薄其貽饋，而其人即以其厚薄之數為效力之淺深。鄉貢監吏之屬，苟有所求，益愈竭其資而不恤。尤可怪者，今以功令之嚴，益設為簡易之法，入國門者皆短刺空函，而金已達其家矣。又變白（銀）為黃（金），取諸其寄，所以致之者愈巧。」[132]這就是為什麼「禁愈嚴而貪愈熾」的根本原因。然而要想「塞貪源」談何容易！

131（明）吳應箕，〈擬進策並序〉，《樓山堂集》卷九《策》。

132（明）吳應箕，〈擬進策並序〉，《樓山堂集》卷九《策》。

〈留都防亂公揭〉

吳應箕的理想政治並不停留於口頭上，有時也有實踐的嘗試，最值得稱道的是起草了擲地有聲的〈留都防亂公揭〉。陳貞慧（定生）《書事七則》之〈防亂公揭本末〉說，閹黨餘孽前光祿寺卿阮大鋮，在清查閹黨逆案時，受到「削籍」的懲處。此人小有才華，卻心術不正，一心想翻案，企圖重登官場，來到南京招搖過市，吳應箕看穿阮大鋮本性難改，如不予以迎頭痛擊，後患無窮。崇禎十一年（一六三八），他和顧憲成之孫顧杲（字子方）商議，顧杲義正詞嚴地表示：「杲也不惜斧鑕，為南都除此大憝。」兩人同去徵求陳貞慧的意見，陳貞慧奮然回應道：「（阮大）鋮罪無藉揭，士大夫與交通者，雖未盡不肖，特未有『逆案』二字提醒之。使一點破，如贅癰糞溷，爭思決之為快，未必於人心無補。」於是吳應箕在陳貞慧寓所起草了聲討阮大鋮的檄文。

然而，為吳應箕撰寫年譜的夏燮考證，此事有一個過程。他說，留都防亂的議論起於崇禎九年。這年夏，在金陵「三舉國門廣業之社」；秋，吳應箕與冒襄（辟疆）、陳貞慧（定生）、顧杲（子方）等在桃葉渡寓所，會見天啟年間遭閹黨迫害致死諸公的遺孤十三人，楊漣之子因故未至。就在這次會上，談及避亂於金陵的阮大鋮，「遂起留都防亂之議」。據冒襄回憶，當時魏大中之子魏學濂把其父臨終前所寫的血書，出示給社中同人，魏學濂為亡父鳴冤奏疏提及阮大鋮，激起眾人齊聲痛罵阮大鋮。接下來夏燮寫道：「值大鋮方居金陵，欲以新聲高會，招徠天下，為夤緣起用地。復社諸君子適睹此疏，共憤填膺，於是始起留都防亂之議。」不過僅僅是議論而已，真正起草要到兩年之後。地點並非陳貞慧所說的在他的寓所，而是在無錫顧杲家中。證據是吳應箕〈與顧子方書〉，夏燮說：「證之先生集中與顧子方書，乃戊寅（崇禎十一年）在梁溪所草，雖戊寅之前早有此議，不過徒托空言。」[133]具體情況是這樣的：

> 崇禎十一年戊寅，先生四十五歲。夏六月，東遊梁溪，主顧子方家凡兩月。遊錫山，謁道南祠，與子方合刻《梁溪唱和集》。時陳定生自荊溪過訪，示以沈眉生劾楊嗣昌奪情疏，遂及大鋮，於是先生與子方、定生成留都防亂揭……先生與子方、定生三人共成此揭。其餘列名之一百四十人皆在後也。[134]

這年八月，吳應箕從無錫來到宜興，入住陳貞慧家。可能此時吳應箕又修改了檄文，所以陳貞慧以為揭文起草於他家。隨後是向復社成員徵求對揭文的意見，因為有不同意見，所以吳應箕寫了〈與友人論〈留都防亂公揭〉書〉。

這篇檄文，分頭寄給各地復社成員，獲得絕大多數人的支持，只有楊廷樞表示異議，以為小題大做。陳貞慧《書事七則》引用楊廷樞的話：「（阮大）鋮不燃之灰，無俟眾溺，如吾鄉逐顧秉謙、呂純如故事。在鄉攻一鄉，此輩窘無所托足矣。」吳應箕在給友人的書信中談及此事，所說「小題大做」者，就是指楊廷樞。他的這封書信，把起草〈留都防亂公揭〉的思考寫得淋漓盡致：

> 留都防亂一揭，乃顧子方倡之，質之於弟，謂可必行無疑者，遂刻之以傳。當刻揭時，即有難之者二，謂揭行則禍至。此無識之言，不足辨矣。又謂，如彼者何足揭，而我輩小題大做。此似乎有

133（清）夏燮，《忠節吳次尾先生年譜》，崇禎九年丙子條。
134（清）夏燮，《忠節吳次尾先生年譜》，崇禎十一年戊寅條。

見，而亦非也……夫我輩非欲自附於正人也。邪正之辨，自根人天性學問，豈待附乎？若謂逆案已定，何待再辨？夫我正為既定而不得不辨，何也？今士大夫曾有謂此逆人也而絕之者乎？縉紳不與交歡，交歡而不為之驅使者，誰也？士子不從之遊，從之遊而不互相贊誦，多為招引者，誰也？

夫法加於人，有時而盡。邪根中於人心，逆氣流為風俗，天下之患可勝道哉？使我輩不言，則將來變為從逆世界，必有以欽定為非，而恨魏忠賢之不復出也。足下以為此可已乎，不可已乎？故不若挾清議以攻之，負眾力以撼之，使知名節與法紀，原表裡山河，而我輩之尊君安國，為高皇帝留讀書種子之心，無在不寓，又何有今日異日之別乎？[135]

次年，復社人士乘金陵鄉試之機，在冒襄（辟疆）的淮清橋桃葉渡河房，召開大會，正式發布〈留都防亂公揭〉，聲討阮大鋮，在〈公揭〉上簽名的有一百四十二人，領銜的是東林弟子代表顧杲，天啟被難諸家代表黃宗羲。這篇檄文揭露阮大鋮的逆案禍首老底，寫得慷慨激昂，氣勢奪人：

杲等伏見皇上御極以來，躬戡黨凶，親定逆案，則凡身在案中，幸寬鐵鉞者，宜閉門不通水火，庶幾腰領苟全足矣。矧爾來四方多故，聖明宵旰於上，諸百職惕勵於下，猶未即睹治平，而乃有幸亂樂禍，圖度非常，造立語言，招求黨類，上以把持官府，下以搖通都耳目，如逆黨阮大鋮者，可駭也！大鋮之獻策魏璫，傾殘善類，此義士同悲，忠臣共憤，所不必更述矣。乃自逆案既定之後，愈肆兇惡，增設爪牙，而又每驕語人曰：「吾將翻案矣，吾將起用矣。」所至有司信為實然，凡大鋮所關說情分，無不立應，彌月之內，多則巨萬，少亦數千，以至地方激變，有「殺了阮大鋮，安慶始得寧」之謠。意謂大鋮此時亦可稍懼禍矣。乃逃往南京，其惡愈甚，其焰愈張，歌兒舞女，充溢後庭，廣廈高軒，照耀街衢。日與南北在案諸逆交通不絕，恐喝多端。而留都文武大吏半為搖惑，即有賢者，亦噤不敢發聲。又假借意氣，多散金錢，以至四方有才無識之士貪其饋贈，倚其薦揚，不出門下者蓋寡矣。[136]

在揭露了阮大鋮種種劣跡與野心之後，最後寫道：

杲等讀聖人之書，附討賊之義，志動義慨，言與憤俱，但知為國除奸，不惜以身賈禍。若使大鋮罪狀得以上聞，必將重膏斧鑕，輕投魑魅。即不然，而大鋮果有力障天，威能殺士，杲亦請以一身當之，以存此一段公論，以寒天下亂臣賊子之膽，而況亂賊之必不容於聖世哉！謹以〈公揭〉布聞，伏惟戮力同心是幸。[137]

真是大快人心事，復社同人舉杯慶祝。夏燮如此描述當時的盛況：「時四舉國門廣業之社，凡揭中之一百四十餘人，大半入會中，周仲馭（鑣）亦至焉。於是留都防亂之揭傳播南中……金沙周仲馭抗疏歸，有重名，時以謝喪來南都，集門徒五百餘人於高座寺。於是揭中之執牛耳者，布衣則推先生（吳應箕），縉紳則推仲馭（周鑣），貴胄則推定生（陳貞慧），而東林之後推子方（顧杲），忠臣之後推南雷（黃宗羲）。日置酒高會，輒集矢懷寧（阮大鋮），嬉笑怒罵以為常。」[138]

135（明）吳應箕，〈與友人論〈留都防亂公揭〉書〉，《樓山堂集》卷十五《書》。
136（明）吳應箕，〈留都防亂公揭〉，《明清之際黨社運動考》，頁一四八。
137（明）吳應箕，〈留都防亂公揭〉，《明清之際黨社運動考》，頁一五〇。
138（清）夏燮，《忠節吳次尾先生年譜》，崇禎十二年己卯條。

阮大鋮懾於清議的威力，不得不躲進南門外的牛首山，暫避鋒芒，派遣心腹四出收買〈公揭〉文本，孰料愈收愈多，傳布愈廣。彷徨無計之時，他想到了剛剛來到南京的侯方域，阮與其父司徒公（侯恂）有年誼，算是侯公子的父執輩，企圖利用這一人脈來緩和與復社的關係，由親信王將軍代他出面示好，不惜重金撮合侯公子與秦淮名妓李香君。侯方域嚴詞拒絕，他後來寫信給阮大鋮重申自己的立場：

> 執事（阮大鋮）僕之父行也，神宗之末與大人同朝，相得甚歡。其後乃有欲終事執事而不能者，執事當自追憶其故，不必僕言之也……忽一日，有王將軍過僕甚恭。每一至，必邀僕為詩歌，既得之，必喜而為僕貰酒奏伎，招遊舫，攜山屐，殷殷積旬不倦。僕初不解，既而疑，以問將軍。將軍乃屏人告僕曰：「是皆阮光祿所願納交於君者也。光祿方為諸君所詬，願更以道之君之友陳君定生、吳君次尾，庶稍湔乎。」僕斂容謝之曰：「光祿身為貴卿，又不少佳賓客，足自娛，安用此二三書生為哉？僕道之兩君，必重為兩君所絕。若僕獨私從光祿遊，又竊恐無益光祿，辱相款八日，意良厚，然不得不絕矣。」凡此皆僕平心稱量，自以為未甚太過，而執事顧含怒不已，僕誠無所逃罪矣。[139]

侯方域為李香君所寫的傳記提及此事，措辭更加直白：「初，皖人阮大鋮者，以阿附魏忠賢論城旦，屏居金陵，為清議所斥。陽羨陳貞慧、貴池吳應箕實首其事，持之力。大鋮不得已，欲侯生解之，乃假所善王將軍，日載酒食與侯生遊。姬（李香君）曰：『王將軍貧，非結客者，公子盍叩之？』侯生三問將軍，乃屏人述大鋮意。姬私語侯生曰：『妾少從假母識陽羨君，其人有高義，聞吳君尤錚錚，今皆與公子善，奈何以阮公負至交乎？且以公子之世望，安事阮公？公子讀萬卷書，所見豈後於賤妾耶！』侯生大呼稱善，醉而臥，王將軍者殊怏怏，因辭去，不復通。」[140]

令人讚歎的是侯方域在崇禎十六年（一六四三）已經察覺到，日後阮大鋮一旦得志，必定大肆報復的心態，他寫道：「僕今已遭亂無家，扁舟短棹，措此身甚易。獨惜執事忮機一動，長伏草莽則已，萬一復得志，必至殺盡天下以酬其宿所不快，則是使天下士終不復至執事之門，而後世操簡書以議執事者，不能如僕之詞微而義婉也。」[141]不幸被他言中，後來阮大鋮在弘光小朝廷的所作所為正是如此。可惜的是，復社君子們的努力，難以挽回明王朝日暮途窮的末路，這或許是生不逢辰的悲劇吧！

報國無門的悲劇

吳應箕沒有進入仕途，始終是一介文士，報國無門令他很無奈，寫信給閣老錢士升，一吐胸中的鬱悶：

> 相公閣下，某雖不肖，嘗有志於天下之故，自恨不得稍藉尺寸，使有所發抒其志氣。又嘗欲以當世所急，及胸中所籌畫可行之事，上書於公卿大僚，及巡方守土諸官，徒以勢分懸絕，雅無知故，雖言之，恐不見省錄，故卒鬱鬱，不得一吐。[142]

139（明）侯方域，〈癸未去金陵與阮光祿書〉，《壯悔堂文集》卷三《書》。

140（明）侯方域，〈李姬傳〉，《壯悔堂文集》卷五《傳》。夏燮《忠節吳次尾先生年譜》記載，此事後來為孔尚任《桃花扇》渲染，以楊龍友替代王將軍：「而王將軍一事遂為孔東塘《桃花扇．卻奩》一劇之藍本，又以楊龍友代王將軍。傳奇之體，裝點排揚，巧配腳色，義亦無嫌，惟以侯生納李姬，大鋮辨裝，系之癸未三月，則不然也。」

141（明）侯方域，〈癸未去金陵與阮光祿書〉，《壯悔堂文集》卷三《書》。

142（明）吳應箕，〈上嘉善錢相公書〉，《樓山堂集》卷十三《書》。

甲申之變以後，他又寫了長篇大論，反思亡國之痛。其中〈原君〉、〈原相〉兩篇最有見地。

客問：「古有君明而國亡者乎？」他的回答，陷入了兩難境地，一則說「烏有是哉」，再則說「非主不明而亡」。其實他對崇禎皇帝是有所批評的，一是過於明察，二是過於操切。他說：「夫主貴明而忌察，察則傷明也，故多恃，恃而莫予抗也，於是下務為蔽匿則生疑，疑而莫予當也，於是上益務。夫操束，則滋擾，卒於法不必信，用違其才，朝出令而夕責成，前見賢而後獲罪，奸雄適以藉資，庸下趨之僕負，譬之木心已蠹而枝葉尚在，方以為此翹然者可資棟梁而假蔭庇也。詎知大風過而幹摧根拔，遂已全無木哉。」[143]但是面對客人的提問：「然以先帝之憂勤，猶無救覆亡，則豈有荒暗淫虐者足乂安保世乎？」他又為崇禎皇帝辯解，充滿了同情與惋惜：「崇替者運也，廢興者數也。天之所去，誰能留之？且夫以（泰）昌（天）啟之末運，而承閹禍潰決之餘，丞輔覆餗，列職負乘，獨恃此一人者，兢唐業虞，挈此將羸極敝者，以累存栘枝於十七年之久。」在他眼中的先帝，僅憑一人之力支撐十七年之久，已屬難能可貴；更何況他「毅然身死社稷，其風烈足以視二帝三王而無愧哉」。因此他的結論是：「國不幸而亡也，非主不明而亡也」，「吾君非亡國者也」。[144]

在《原相》篇中，回答客人的問題：「崇禎十七年，所置相幾五十人，豈無賢者？而任不專，專不久，豈無專且久者？而益不治，其謂之何？」他說得很乾脆：「崇禎時謂之無一相可矣，何謂數十人哉？」在他看來，崇禎一朝的內閣輔臣沒有一人值得稱道：「夫蒲州（韓爌）豈非君子哉，先帝初立，即召之，天下方望其風采，而不能使人主信且憚者，則道不足而術疏也。於是烏程（溫體仁）以矯行愎，而見謂精忠；陽羨（周延儒）以柔濟貪，而舞其機用；武陵（楊嗣昌）資悍，以兵敗而計窮；韓城（薛國觀）意忌，卒讒行而身死。此數人者，方其人主信之，同列下之，天下士大夫附之，所謂專且久者是也。挾全盛之餘資，負英主之方向，豈難強國庇民，創弊夷患，而乃強敵在門，重寶入室，封疆日蹴，門戶牢持。」然後他一一列舉：

溫體仁執政八年，「蘊崇滔天之大變」；

楊嗣昌督師前線，「遽增餉至七百餘萬，用兵無絲毫功，豈惟藩國覆、巨寇張、驕鎮叛，而大勢亦自是不支矣」；

薛國觀「未窮厥慝，卒蒙惡聲」；

周延儒復出，「惘然自以為姚、宋（姚崇、宋璟）而不疑，方其起廢籍，蠲積逋、撤內緝、出久系，探懷納說，捷若轉圜，豈不亦救時雅望哉？而牢籠翕張，以恩為市，如京師大賈，所居積轉販傾天下，天下廉恥，益以墮壞」。其結果是嚴重的——「於是使人主切齒，以為人臣無一可信，故一切按誅，而國家之事去矣。」[145]

吳應箕分析得鞭辟入裡，精彩之極！由此人們可以清楚地看到，復社雖然是一個文社，卻並非不問世事的象牙塔，間或議論時政，抨擊弊端，目光之透徹，言詞之銳利，一般官僚望塵莫及。

吳應箕的人生結局和大多數復社成員一樣，是慷慨激烈的。弘光元年五月十五日，南京陷落。閏六月，金聲在徽州績溪起兵抗清，吳應箕在池州起兵響應。那時的他，獲得了平生第一個官職——福建隆武政權授予的池州推官監紀軍事，不過如同曇花一現，很快兵敗被清軍俘虜，犧牲於家鄉貴池縣之石灰冲。壯志未酬的五十二年人生以悲劇告終。

莫謂書生空議論，頭顱擲處血斑斑。

143（明）吳應箕，〈原君〉，《樓山堂集》卷十九《客問》。

144（明）吳應箕：〈原君〉，《樓山堂集》卷十九《客問》。

145（明）吳應箕，〈原相〉，《樓山堂集》卷十九《客問》。

一百多年後，處死他的大清王朝已然進入盛世，忽然大發慈悲，追謚他為「忠節」。這樣的皇恩浩蕩未免晚了一點，不過對於吳氏後人而言，多少是一個安慰。

四、餘論

晚明的文人結社活動，隨著明清之際的改朝換代，在政治高壓與文化專制的雙重打擊之下，已成強弩之末，日趨萎縮。順治十五年（一六五八），皇帝在給戶部的諭旨中，明確表示要對江南鄉紳、進士、舉人、貢監、生員等拖欠賦稅的現象給予嚴厲打擊。在蘇州府、松江府、常州府、鎮江府、江寧府這些賦稅重地，查出拖欠賦稅者一萬三千多人，以「抗糧」的罪名，革去功名、官職，並處以重罰。所謂「抗糧」，近乎吹毛求疵，剛剛成為「探花」（進士一甲第三名）的葉方藹拖欠稅銀一厘，折合制錢一文，竟被革去功名，民間哄傳：「探花不值一文錢。」被新朝任命為國子監祭酒的吳偉業，也以少量欠稅而遭到革職處分。可見當局此舉並非著眼於區區一點欠稅，而是藉故迫使江南鄉紳、士子就範。正如松江人董含《三岡識略》所說，其結果是「鞭樸紛紛，衣冠掃地」。這正是奏銷案所要追求的目標。與此相伴隨的科場案，也是借題發揮，意在打擊江南文人以及他們所依託的家族和社會。江南鄉試案比順天鄉試案猶有過之而無不及，兩房主考官、十八房考官被處死，家產充公，妻子籍沒為奴；參與舞弊的考生鋃鐺入獄，發配充軍。杜登春《社事始末》說：江浙文人牽涉丁酉鄉試案的不下一百人，一向興旺的圍繞科舉應考的社事活動，從此蕭條，幾乎停息。一年之間，人們忙於為囚車送行李，為躲藏者送衣食，沒有消停的日子。

順治十七年（一六六〇），禮科給事中楊雍建上疏，要求嚴禁文人結社，他寫道：「朋黨之害每始於草野，而漸中於朝寧，拔本塞源，尤在嚴禁結社訂盟。今之妄立社名，糾集盟誓者，所在多有，江南之蘇松，浙江之杭嘉湖為尤甚。其始由於好名，其後因之植黨，相習成風，漸不可長。請敕部嚴飭學臣實心奉行，約束士子，不得妄立社名，糾眾盟會，其投刺往來亦不許用『同社』『同盟』字樣，違者治罪；倘奉行不力，糾參處分，則朋黨之根立破矣。」皇帝接受了這一要求，下達聖旨：「士習不端，結社訂盟，把持衙門，關說公事，相煽成風，深為可惡，著嚴行禁止。以後再有此等惡習，各該學臣即行革黜參奏，如學臣隱徇，事發一體治罪。」[146]「嚴行禁止」的結果是可以預料的：「自是，家家閉戶，人人屏跡，無有片言隻語敢涉會盟之事矣。」[147]晚明文人結社之風，至此煙消雲散，以後也不曾再現。何以見得？請看下文。

康熙、雍正、乾隆三朝號稱盛世，卻推行文化專制政策，大興文字獄，吹毛求疵，望文生義，以片言隻語定罪，置人於死地。一朝比一朝更為嚴酷，更為強詞奪理，愈演愈烈的恐怖氣氛瀰漫於整個社會。

康熙時代，當局最忌諱的是明清鼎革之際的歷史，文人稍有涉及，便遭殺身之禍。莊廷鑨的「明史獄」，戴名世的「南山集獄」，令人不寒而慄。莊廷鑨是湖州南潯鎮富商，順治年間購得同鄉前輩朱國禎的《明史稿》，聘請名士修改，增補了天啟、崇禎及南明史事，以《明史輯略》書名作為自己的著作出版。一時轟動，被烏程縣知縣告發，遂釀成大獄。康熙二年（一六六三），莊廷鑨已死，遭到斲棺戮屍的刑罰，凡是為該書作序、校補、刻印、發售者，乃至與該書有一字牽連者，幾乎無一倖免，先後處

146（清）王先謙，《東華錄》，順治朝卷三十四，順治十七年正月。馮玉榮，《明末清初松江士人與地方社會》（北京：中國社會科學出版社，二〇一一），頁一〇四—一〇五。

147（清）杜登春，《社事始末》。

死七十多人，株連七百多戶人家。戴名世是安慶府桐城縣人，康熙四十八年（一七〇九）進士，任翰林院編修。戴名世的文集《南山集》中，把南明福王、桂王政權視為正統。都察院左都御史趙申喬告發他用南明弘光、永歷年號，釀成大獄。不僅戴名世被處死刑，其祖孫三代親屬，年齡在十六歲以上的，全被處死，受株連的有幾百人之多。

雍正時代，汪景祺、查嗣庭、錢名世、曾靜等，都因文字遭禍。禮部侍郎查嗣庭在江西主持科舉考試，被別有用心的人告發，所出試題中有「維民所止」字樣，竟然說「維」字、「止」字是有意砍去「雍正」的首級，大逆不道。這是典型的拆字遊戲式樣的文字獄。為了找到更為直接的證據，在他的日記中查出「狂妄悖逆」的字句，如他認為侍講錢名世因為寫詩歌頌大將軍年羹堯，遭到革職處分，是「文字之禍」。因為這些話是在私下的日記中流露出來的，被定罪為「腹誹朝政，謗訕君上」。查氏死在監獄，又遭戮屍的刑罰，親屬學生受到牽連。

乾隆時代的文字獄變本加厲。戴名世死後，隔了五十多年，乾隆皇帝借「南山集案」大興冤獄，處死舉人蔡顯，株連二十四人。由頭是，有人揭發蔡顯的著作《閑閑錄》，有「怨望謗訕」之詞。所謂「怨望謗訕」之詞，不過是蔡顯引用古人〈詠紫牡丹〉詩句「奪朱非正色，異種盡稱王」，原意是說，紅牡丹才是上品，把紫牡丹奉為上品是奪了牡丹的正色，是「異種稱王」。到了那些製造文網的酷吏眼裡，看出了另外的意思，指責蔡顯影射奪取朱明王朝的滿人是「異種稱王」。面對這種令人毛骨悚然的罪狀，蔡顯只得被迫自首，祈求寬大處理。結果，坦白並未從寬，兩江總督高晉、江蘇巡撫明德上報皇帝，主張按照「大逆」罪凌遲處死蔡顯。乾隆皇帝看了高晉和明德的奏疏以及隨同奏疏附上的《閑閑錄》，大發雷霆，下達聖旨，把蔡顯的凌遲改為斬首，卻對高晉和明德大加訓斥。因為乾隆自己從《閑閑錄》中看到了這樣的字句：「戴名世以《南山集》棄市，錢名世以年（羹堯）案得罪。」而高晉、明德查辦此案時，竟然沒有發現這些非議朝政的字句，是「有心隱躍其詞，甘與惡逆之人為伍」，該當何罪！[148]

此後的王錫侯《字貫》案，更為離奇，更加蠻不講理。江西舉人王錫侯，鑑於《康熙字典》篇幅龐大，使用不便，編了一本精簡的字典——《字貫》。江西巡撫海成立即報告皇帝，王錫侯擅自刪改《康熙字典》，另刻《字貫》，狂妄不法，建議革去他的舉人功名。乾隆皇帝原本以為是一個尋常誑誕之徒，妄行著書立說。待到他親自看了隨同海成的奏疏附上的《字貫》，發現該書序文後面的凡例中，把聖祖（康熙）、世宗（雍正）的廟諱以及自己的「御名」，都開列出來，大為憤慨。認為是「深堪髮指」、「大逆不法」之舉，應該按照「大逆」律問罪。但是海成僅僅主張革去舉人功名，大錯特錯。他在給軍機大臣的諭旨中狠狠訓斥道：海成既然經辦此案，竟然沒有看過原書，草率地憑藉庸陋幕僚的意見上報。上述「大逆不法」的字句就在該書第十頁，開卷就可以看見，「海成豈雙眼無珠茫然不見耶？抑見之而毫不為異，視為漠然耶？所謂人臣尊君敬上之心安在？而於亂臣賊子人人得而誅之之義安在？」結果，王錫侯處死，海成革職，押送京城，交刑部治罪。[149]

乾隆時代，諸如此類的文字獄有一百多起，占整個清朝文字獄的百分之七十左右。此起彼伏的文字獄，使得文人們噤若寒蟬，處於極度恐怖之中。

美國漢學家富路特（Luther Carrington Goodrich）一九三五年出版的英文著作《乾隆時期的文字獄》，所得到的結論是：乾隆大興文字獄完全是一種心理畸形。乾隆總的來說是個應該受到歷史譴責的暴君，他干預學者的獨立研究，故意篡改歷史，殘酷地迫害文人，接二連三地禁書、毀版。乾隆朝雖然號稱盛世，實際上是清朝衰落的開始，而《四庫全書》的編纂雖名為保存國粹，實際上是別有用心地為

148 參見孟森，〈《閑閑錄》案〉，《明清史論著集刊正續編》（河北：河北教育出版社，二〇〇〇），頁四〇八—四一八。
149 參見孟森，〈《字貫》案〉，《明清史論著集刊正續編》，頁三九八—四〇七。

了達到鉗制思想的目的。

富路特的著作出版後，受到西方學界歡迎，有的評論者指出，以往西方人只知道乾隆的文治武功，富路特的貢獻在於首次揭示出了乾隆的陰暗面，讓人們看到了盛世中隱藏的危機和衰敗的萌芽。[150]所謂盛世竟然如此色厲內荏，它的由盛轉衰也就不足為奇了。

150 參見顧鈞，〈西方學者眼中的乾隆朝文字獄〉，《中華讀書報》二〇一四年四月二日。

後記

年過七十以後，我依然保持以前的讀書寫作習慣。只是節奏較為舒緩，每天工作五個小時。好在如今無論讀書還是寫作，都可以在電腦上進行，不必像以前那樣跑圖書館看書抄書，體力完全可以勝任。好心的親戚朋友勸我，到了這個年紀，可以休息了。意思是，應該像多數老年人那樣逛逛公園，打打太極拳，練練書法，消磨時間。我不想過那樣的日子，不願意白白浪費大好時光。

這些年來，不斷在報刊發表歷史隨筆，是我讀書寫作的一部分成果。另外的成果是出版了幾本書：《歷史與文化》（復旦大學出版社，二〇一〇年）；《明朝大人物》（復旦大學出版社，二〇一一年）；《明史講稿》（中華書局，二〇一二年）；《明代文人的命運》（中華書局，二〇一三年）。《晚明破與變》是第五本。每年出一本書的頻率，朋友們感到驚訝。其實，我是以細水長流的方式，慢慢寫出來的，從不「趕任務」，也不「拚命」。

不過，說句老實話，一定得堅持不懈，每天工作五個小時，連節假日也不例外。對於老年人而言，無所謂節假日。「工作日」和「節假日」已經沒有區別。既然每一天可以是「節假日」，那麼每一天也可以是「工作日」，只是不用上班下班而已。

我在《明代文人的命運》的〈後記〉中說：「作為『三〇後』，到了『逾七』、『奔八』的年紀，沒有了先前課題任務的拘束，讀書寫作全憑興趣，率性而為。這樣的讀書寫作生活，其樂無窮，純粹為學問而學問，是精神的寄託，思想的抒發，個性的張揚。這種自由馳騁的樂趣，不到這個年齡的人恐怕無法體會，到了這個年齡而不再讀書寫作的人也難以享受。」

今後是否再寫呢？現在不能打包票，得看命運。如果蒙上天恩賜，仍然思維敏捷，那麼一定會有新作奉獻給喜愛我的讀者。請你們祝我好運！

樊樹志

歷史大講堂
晚明破與變：絲綢、白銀、啟蒙與解放，16-17世紀的世界與中國

2018年3月初版　　定價：新臺幣450元

著者	樊樹志
編輯主任	陳逸華
叢書編輯	張擎
校對	馬文穎
封面設計	陳文德
內文排版	極翔企業公司

出版者	聯經出版事業股份有限公司	總編輯	胡金倫
地址	新北市汐止區大同路一段369號1樓	總經理	陳芝宇
編輯部地址	新北市汐止區大同路一段369號1樓	社長	羅國俊
叢書主編電話	(02)86925588轉5321	發行人	林載爵
台北聯經書房	台北市新生南路三段94號		
電話	(02)23620308		
台中分公司	台中市北區崇德路一段198號		
暨門市電話	(04)22312023		
台中電子信箱	e-mail：linking2@ms42.hinet.net		
郵政劃撥帳戶第0100559-3號			
郵撥電話	(02)23620308		
印刷者	文聯彩色製版印刷有限公司		
總經銷	聯合發行股份有限公司		
發行所	新北市新店區寶橋路235巷6弄6號2樓		
電話	(02)29178022		

行政院新聞局出版事業登記證局版臺業字第0130號

本書如有缺頁，破損，倒裝請寄回台北聯經書房更換。　ISBN 978-957-08-5088-8 (平裝)
聯經網址：www.linkingbooks.com.tw
電子信箱：linking@udngroup.com

本書中文繁體字版由中華書局（北京）授權出版

國家圖書館出版品預行編目資料

晚明破與變：絲綢、白銀、啟蒙與解放，16-17世紀的世界與中國/樊樹志著．初版．新北市．聯經．2018年3月（民107年）．520面．17×23公分（歷史大講堂）
ISBN　978-957-08-5088-8（平裝）

1.明史

626.5　　　107002045